21世纪会计系列教材

U0745678

审计学 第2版

Auditing

+ 阚京华 周友梅 管亚梅 主编

人民邮电出版社

北京

图书在版编目（CIP）数据

审计学 / 阚京华，周友梅，管亚梅主编. -- 2版
. -- 北京 ：人民邮电出版社，2016.8
21世纪会计系列教材
ISBN 978-7-115-43359-6

Ⅰ. ①审… Ⅱ. ①阚… ②周… ③管… Ⅲ. ①审计学
－高等学校－教材 Ⅳ. ①F239.0

中国版本图书馆CIP数据核字(2016)第202476号

内 容 提 要

本书内容共 4 篇：第一篇为审计的基本理论与方法，主要介绍审计的基本属性、审计主体、审计职业规范体系、审计过程、审计方法、审计目标、审计计划、审计证据、审计工作底稿、审计重要性、审计风险、内部控制、风险评估与风险应对等；第二篇为业务循环审计，系统介绍销售与收款循环的审计、采购与付款循环的审计、生产与存货循环的审计、投资与筹资循环的审计、人力资源与工薪循环的审计、货币资金审计等；第三篇为终结审计，系统介绍完成审计工作和出具审计报告；第四篇为内部控制审计。

本书可作为高等院校经管类专业的本科生教材，也可以作为企事业单位会计、审计、经济管理人员及自学者的学习参考书。

- ◆ 主　编　阚京华　周友梅　管亚梅
  责任编辑　武恩玉
  执行编辑　赵　月
  责任印制　沈　蓉　彭志环
- ◆ 人民邮电出版社出版发行　北京市丰台区成寿寺路 11 号
  邮编　100164　电子邮件　315@ptpress.com.cn
  网址　https://www.ptpress.com.cn
  涿州市般润文化传播有限公司印刷
- ◆ 开本：787×1092　1/16
  印张：27.25　　　　　　　2016 年 8 月第 2 版
  字数：793 千字　　　　　2025 年 3 月河北第 20 次印刷

定价：65.00 元

读者服务热线：(010)81055256　印装质量热线：(010)81055316
反盗版热线：(010)81055315

前 言 Preface

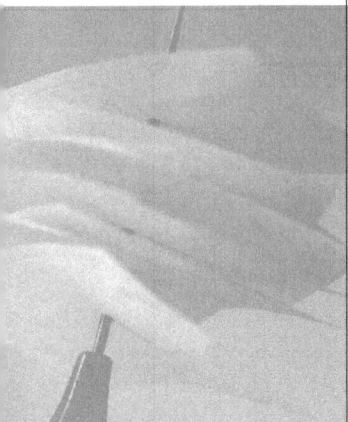

审计是一种保证经济活动合法合规、信息真实公允、运营有效的制度安排。世界经济的发展越来越证明，没有审计对经济活动合法性的监督，徇私舞弊将无法遏制；没有审计对信息的鉴证，资本市场将土崩瓦解；没有审计对经营管理有效性的评价，企业成长可能无法持续。正是基于这样的认知，才需要我们培养更多懂得审计理论与实务知识的人才。高质量的教材对专业人才的培养具有一定的推动作用，基于此，我们编写并出版了《审计学》教材。经过3年的使用，汇集来自各方的意见，我们对第1版进行了全面的修订。修订后的第2版教材体现以下4个特征。

（1）体系完整。融政府审计、民间审计、内部审计的基本知识与方法为一体，包含财务报表审计和内部控制审计两大业务范畴。是一本适合普通高等学校经济管理类专业本科学生的审计课程教材。

（2）内容适时。及时吸收国内审计法律法规、审计准则与标准、审计实务的变化，更新和补充教材内容，提供最新的知识，与时俱进。

（3）视野开阔。在强调应知应会的基础上，适当引入国内外审计应用理论方面的前沿研究和报告，注重培养审计思维、开拓审计视野。

（4）体例新颖。每章体例包含教学目标、引例、正文、知识链接（二维码）、思考题、关键术语（中英文对照）。生动有趣的引例引发学生的兴趣，深度丰富的知识链接拓展学生的视野和思维，引人入胜。

本书由阚京华、周友梅、管亚梅任主编。各章编写分工如下：第一章、第二章由周友梅教授编写；第四章、第六章由阚京华教授编写；第十二章、第十五章由管亚梅教授编写；第十三章、第十四章由何玉教授编写；第七章、第八章、第九章由毛敏副教授编写；第五章由朱海涛副教授编写；第十章、第十一章由常华兵副教授编写；第十六章、第十七章由恽碧琰博士编写；第三章、第十八章由张宏伟博士编写。主编对全书进行了修改、补充和总纂。

在本书的编写中，作者参阅和借鉴了大量专家和学者的著作、文献，在此表示感谢。还要感谢人民邮电出版社的领导和编辑对本书编写的大力支持。

由于编者水平有限，书中不当、不足之处在所难免，恳请读者批评指正。

编者

2016 年 7 月

目 录 Contents

第一篇

审计的基本理论与方法

第一章 | 绪论

【教学目标】

通过本章的学习，学生应能了解审计产生的客观基础、发展的历程及规律；熟悉审计的分类尤其是审计的基本分类；理解审计的概念和审计的本质；掌握审计的职能和作用及其关系；把握审计学学科及其学科体系构成。本章的学习将使学生对审计的基本理论问题有一个初步认识。

【引例】

"中国社会并不缺少善心，缺少的是对公益组织的信心。"这是国际著名咨询机构麦肯锡公司对中国公益事业做出的评价。但如何建立公众的信心，很多公益组织似乎并没有认真想过。2011年6月20日，微博上一个名叫"郭美美baby"的女孩引起了众人瞩目。她经常在微博上展示自己的生活照，照片中她开玛莎拉蒂跑车、在别墅开生日会，皮包、手机、手表都是奢侈品。然而她微博认证的身份是"红十字会商业总经理"，正是这一点，引发了公众的强烈质疑：一个年仅20岁的女孩就当上了总经理，并拥有名包豪车，财产来源是否与中国红十字会总会（下称"红十字会"）有关？以致红十字会在资金使用等问题上开始备受社会各界关注和猜疑。一时间出现"网友说了什么，红十字会便马上发表声明予以否认"的现象。红十字会声明不断，还想用法律捍卫诚信，但并没有降低舆论情绪，相反只是加剧了公众的质疑，更加引发网络热议。"'郭美美'的事没弄清楚，没心情捐款！"这是新浪微博上一句由"郭美美"事件引发的造句。怎样才能提高人们对红十字会的信任度？这就需要有效的审计监督。2011年6月27日，国家审计署发布《2011年第31号审计结果公告》显示：中国红十字总会及其所属单位，在预算执行中存在5个不符合会计制度规定的问题，并指出问题金额为219.71万元。消息公布后，各界开始对这一金额是否源于社会捐款产生疑问。次日，红十字总会副会长王伟解释称：公告所披露的问题是针对总会2010年财政拨款的使用，不涉及社会捐款，且问题均源于技术层面操作不当与核算不规范，不存在贪污腐败、假公济私、"小金库"等问题。这一解释开始打消人们的上述疑问。通过公布国家审计结果来挽回公众信任、消弭公众怀疑的行为是值得肯定和嘉许的。审计是一种独立的监督、鉴证、评价活动，审计的目标在于提高会计信息的可信性。

第一节 | 审计的概念

一、审计的定义

审计作为一种监督机制，其实践活动历史悠久，但人们对审计的定义却众说纷纭。

（一）美国会计学会 1973 年对审计的定义

关于审计的定义，最具代表性的是美国会计学会（AAA）审计基本概念委员会于 1973 年发表的《基本审计概念说明》（A Statement of Basic Auditing Concepts）中的定义："审计是一个系统化过程，即通过客观地获取和评价有关经济活动与经济事项认定的证据，以证实这些认定与既定标准的符合程度，并将结果传达给有关使用者。"

（二）我国审计界对审计的定义

我国审计界曾对审计定义进行过大量的探索和论证，1989 年中国审计学会在贵州省安顺市举行学术讨论会，确定了审计的定义：审计是由专职机构和人员，依法对被审计单位的财政财务收支及其有关经济活动的真实性、合法性、效益性进行审查，评价经济责任，维护财经法纪，改善经营管理，提高经济效益，促进宏观调控的独立性的经济监督活动。

1995 年 1 月 3 日时任国家审计署审计长的郭振乾向各级审计机关、审计学会、审计科研单位和教育部门的同仁们发出了《关于研究审计定义的一封信》，号召大家研讨确定一个简明通俗、能够基本反映审计特征并与国际惯例接轨的审计定义。信一发出立即引起广大审计工作者和会计、审计界知名专家、学者热烈地响应。1995 年全国审计定义研讨会给审计确定了一个简明的定义："审计是独立检查会计账目，监督财政财务收支真实、合法、效益的行为。"

（三）什么是审计

审计定义是对审计实践的科学总结，是对审计这一客观事物特有属性的揭示，它受一定的时间、空间条件的影响。社会经济发展及审计环境不断变化，审计目的也随之变化，审计定义也必然会随之发展和演进。为此，我们提出一个既能反映现代审计特征，又与国际惯例接轨的审计定义。

审计是由专职机构和人员接受委托或授权，按照既定标准，以被审计单位的经济活动及经济事项为对象，运用专门的方法，收集和评价证据，判明其合法性、合规性、公允性、效益性，并出具审计报告的一种独立的监督、鉴证、评价活动。

这个定义准确地说明了审计的本质，审计的主体、客体，审计的基本工作方式和主要目标。说明审计定义由下述 6 大要素组成。

（1）审计的本质：审计是一种独立的监督、鉴证、评价活动，同时也体现了审计的 3 个职能。

（2）审计的主体：审计的主体是专职机构和人员，且专职机构和人员是接受委托或授权的。

（3）审计的客体：审计的客体是被审计单位的经济活动及经济事项，界定了审计对象的范围。

（4）审计的标准：审计的既定标准，既界定了审计评价的标准，也概括了审计的准则。

（5）审计的方法：审计是运用专门的方法收集和评价证据。

（6）审计的目标：审计的目标是判明其合法性、合规性、公允性、效益性，并出具审计报告。

二、审计的职能、任务与作用

（一）审计的职能

审计的职能是审计工作的客观要求和内在功能，是审计本身固有的，是审计工作的抽象化。审计具有下述 3 个职能。

1. 经济监督职能

经济监督职能是指审计的监察与督促，主要是通过对被审计单位经济活动及其经济资料真实性、公允性、合法性、合理性、有效性的审核检查，查处错弊，监察和督促被审计单位的经济活动在规定的范围以内、在正常的轨道上进行，监察和督促其履行经济责任。

2. 经济评价职能

经济评价职能是指就受托责任做出评定，在审核检查的基础上，对被审计单位的经济活动做出判定，确认财务状况、经营成果的优劣，经济效益的高低和受托责任的履行结果，并提出管理建议。

3. 经济鉴证职能

经济鉴证职能是指鉴定和证明，通过审核检查来判定被审计单位反映和说明经济事项或经济活动的资料是否符合实际、可信，并出具书面证明。这一职能突出地表现在外部审计，而内部审计由于其独立性受到限制使得这一职能很难为社会所认同。

（二）审计的任务

审计的任务是审计职能、审计对象和各个时期的客观要求决定的审计应该担负的责任，是审计应该做些什么的问题。审计的基本任务包括以下几项。

（1）审查评价经济资料的公允性、合法性、合规性，提高会计信息的可信性；

（2）审核检查财政财务收支及有关的经济活动，确认和解脱经济责任，维护所有者的权益；

（3）审查和评价经济活动的效益性，促进改善经营管理，提高经济效益；

（4）审查评价计划、预算的制订、执行及其结果，完善内部控制和加强风险管理。

（三）审计的作用

审计的作用是指履行审计职能、完成审计任务所产生的客观效果。审计的作用和任务从属于审计的职能，是从职能里派生出来的。审计的任务是人们认识职能后，根据客观条件，在特定的审计发展阶段，对审计工作提出一定的要求。审计的作用则是发挥了审计固有的功能，完成了任务的结果，是审计工作的外在表现或显示，是审计工作的具体化。审计有制约、促进、证明三种作用。

1. 制约作用

审计的制约作用，即防护性作用，是指在完成经济监督职能所赋予的任务之后发挥出来的作用。

2. 促进作用

审计的促进作用，即建设性作用，是指在完成经济评价职能所赋予的任务之后发挥出来的作用。

3. 证明作用

审计的证明作用，即审计的公证性作用，是指在完成经济鉴证职能所赋予的任务之后发挥出来的作用。

三、审计的特性

审计特性是标志着审计这一职业活动区别于其他职业活动的显著特征。审计的特性包括审计的本质和基本特征两个方面。

（一）审计的本质

审计的本质是指审计本身所固有的并区别于其他专业性监督的特殊属性，具有 3 个方面含义：其一，指审计是一种经济监督活动，经济监督是审计的基本职能；其二，指审计是一种授权或委托的经济监督活动，审计监督与司法行政和经济监督的根本区别在于，审计监督必须经审计授权人或委托人的授权或委托之后才有权对被审计人进行审计，其审计对象、范围和内容由审计授权人或委托人来决定。而其他形式的监督，如法院、检察院、财政、税务、工商、物价等部门的司法、行政和经济监督，是在执行自己业务的同时进行，其监督的对象和内容，也存在于自身的业务范围之中；其三，指审计具有独立性，独立性是审计监督的最本质特征，是区别于其他经济监督的关键所在。

（二）审计的基本特征

审计与经济管理活动、非经济监督活动以及其他专业性经济监督活动相比较，具有以下几方面的基本特征。

1. 独立性特征

独立性是审计的本质特征，也是保证审计工作顺利进行的必要条件。独立性就是审计人员执行审计业务，应当保持形式上和实质上的独立。形式上的独立性是指审计人员与被审计单位没有任何特殊的利益关系，如不得拥有被审计单位股权或承担其高级职务，不能与管理当局有亲属关系等。否则，就会影响审计人员公正的执行业务。实质上的独立性也称精神上的独立或事实上的独立，是指审计人员在执行审计时，应当不受个人或外界因素的约束、影响和干扰，保持客观且无私的精神态度。因此，审计人员应在实质上和形式上没有任何被认为有影响独立、客观、公正的利益。国内外审计实践经验表明，审计在组织、人员、工作、经费上均具有独立性。为确保审计人员能够实事求是地检查，客观、公正地评价与报告，审计人员与被审计单位应当不存在任何经济利益关系，不参与被审计单位的经营管理活动；如果审计人员与被审计单位或者审计事项有利害关系，应当回避。

2. 权威性特征

审计的权威性总是与独立性相关，它离不开审计组织的独立地位与审计人员的独立执业。各国法律对实行审计制度、建立审计机关以及审计机构的地位和权力都做了明确规定，这样使审计组织具有法律的权威性。审计人员依法执行职务，受法律保护。各国为了保障审计的权威性，分别通过《中华人民共和国公司法》（以下简称《公司法》）、《中华人民共和国证券法》（以下简称《证券法》）、《中华人民共和国注册会计师法》（以下简称《注册会计师法》）、《中华人民共和国企业破产法》（以下简称《企业破产法》）等，从法律上赋予审计超脱的地位及监督、评价、鉴证职能。一些国际性的组织为了提高审计的权威性，也通过协调各国的审计制度、准则以及制定统一的标准，使审计成为一项世界性的权威的专业服务。

3. 公正性特征

与权威性密切相关的是审计的公正性。从某种意义上说，没有公正性，也就不存在权威性。审计的公正性，反映了审计工作的基本要求。审计人员应站在第三者的立场上，进行实事求是的检查，做出不带任何偏见、符合客观实际的判断，并做出公正的评价和进行公正的处理，以正确地确定或解除被审计人的经济责任。审计人员只有同时保持独立性、公正性，才能取信于审计授权者或委托者以及社会公众，才能真正树立审计权威的形象。

四、审计学

（一）审计学的概念与特性

审计学是一门专门研究审计理论和方法，探索审计发展规律，对经济活动进行有效监督的社会科学。审计学是在审计实践的基础上产生的，是经过实践检验和证明了的，是客观事物本质及其规律的正确反映。审计学发展至今已成为一门具有综合性的应用科学，它不仅具有很强的理论性，而且还具有实践性和技术性。其理论性主要表现为审计学探讨和研究了审计活动规律及其应用，对审计实践进行了高度概括和科学总结。其实践性主要表现为审计学可以应用于审计实践之中，指导审计工作，并有明显的经济和社会效果；其技术性主要表现为审计学吸纳了各种科学成果，为审计活动提供了各种科学技术方法和手段。

（二）审计学的学科体系

由于审计职能的扩大，不仅财务审计有了很大发展，经营审计、管理审计、绩效审计也应运而生。就现代审计学来说，其学科体系一般由审计学原理、财务审计学、管理审计学、比较审计学 4 个分学科组成。

1. 审计学原理

审计学原理是主要研究审计的基本理论、基本方法和审计发展规律的一门学科，包括审计的概念、对象、性质、职能、分类、准则、范围、工作组织、程序研究、一般规律、一般方法和基本技术、各种关系的处理以及管理等。审计学原理研究的是审计事物带有共性的、普遍意义的审计理论知识和应用知识。它是审计知识的抽象与审计实务的概括的结合体。

2. 财务审计学

财务审计学是指研究企业、行政事业等单位的财政、财务收支活动的真实性、合法性和合规性的审计理论、审计方法和工作规律的专业基础审计学。

3. 管理审计学

管理审计学是对被审计单位经济管理行为进行监督、检查及评价的一种审计活动。这种审计的主要内容是"三E"审计，即经济审计、效率审计、效果审计。

4. 比较审计学

比较审计学是对中国和世界各主要国家、主要国际审计组织的审计制度、审计理论与实务进行分析比较的审计学科。其研究对象主要是不同国家的审计模式和审计现状，不仅阐述不同国家、地区审计理论和实务的差异，还分析产生差异的主、客观因素，探讨不同审计制度下的审计规律。

第二节 审计的分类

一、审计分类方式

按照一定的标准，将性质相同或相近的审计活动归属于一种审计类型的做法，即审计分类。对审计进行科学的分类，有利于加深对各种不同审计活动的认识，探索审计规律；有利于更好地组织审计工作，充分发挥审计的作用。研究审计的分类，是有效地进行审计工作的一个重要条件。

审计分类的一般方法是：首先提出分类的标志，并根据每一种标志，确定归属其下的某几种审计；然后按照一定的逻辑顺序，将各类审计有秩序地排列起来，形成审计类型的群体。

（一）按审计主体来划分

如按审计主体的不同分类，可以分为政府审计、民间审计和内部审计；按审计主体与被审计单位的关系不同分类，可以分为内部审计与外部审计；按审计执行地点不同，可以分为就地审计和报送审计；等等。

（二）按审计客体来划分

如按审计内容与目的分类，国内外有不同的划分方法，我国将审计分为财政财务收支审计、财经法纪审计、经济效益审计和经济责任审计；国际上将审计分为财务审计、弊端审计、管理审计和综合审计4类；等等。

审计分类的标准有很多，但体现审计本质的分类是基本分类，即按主体和目的、内容的分类，此外的分类均为其他分类。

二、审计的基本分类

（一）按审计主体的性质不同分类

审计按其主体不同，可以分为国家审计、民间审计、内部审计三类。

1. 国家审计

国家审计，也称政府审计，是指国家专设的审计机关，代表国家对各级政府所辖区域内被审计单位所进行的审计。我国的国家审计署及派出机构和地方各级人民政府审计厅（局）所组织和实施的审计，均属于国家审计。

2. 民间审计

民间审计，也称注册会计师审计，是指经由国家有关部门批准注册的审计法人，接受客户委托所实施的审计。我国社会审计组织主要是会计师事务所。注册会计师提供的审计服务可以分为财务报表审计、经营审计和合规性审计。

（1）财务报表审计

财务报表审计是注册会计师通过执行审计工作，对财务报表是否按照适用的财务报告编制基础发表审计意见。

（2）经营审计

经营审计是注册会计师为了评价被审计单位经营活动的效率和效果，而对其经营程序和方法进行的审计。

（3）合规性审计

合规性审计是注册会计师确定被审计单位是否遵循了特定的法律、法规、程序或规则，或者是否遵守将影响经营或报告的合同的要求。

3. 内部审计

内部审计，是指由本部门和本单位内部专职的审计组织，对系统和单位所实施的审计。该种审计属于内部审计，其审计组织独立于财会部门之外，直接接受本部门本单位最高负责人领导，并向其报告工作。内部审计涉及范围广泛，审计方式也较为灵活，一般是根据本部门和本单位经营管理的需要而定。该种审计又可以进一步分为部门审计和单位审计。

（二）按主体与被审单位的关系分类

从审计主体考察审计分类，就审计机构与被审单位的关系划分，审计可以分为外部审计和内部审计。

1. 内部审计

内部审计包括部门内部审计和单位内部审计。部门内部审计，是指由政府部门或企业主管部门的审计机构或专职审计人员，对本部门及其所属单位的财政收支及经济活动所进行的审计监督。部门审计具有行业性强、针对性强以及灵活、及时的特征。单位内部审计是由企事业单位内部设置的审计机构或专职审计人员，对本单位范围的经济活动进行的审计。

2. 外部审计

外部审计是指由被审单位以外的国家审计机关和民间审计组织所实施的审计。由于这种审计是由本部门、本单位以外的审计组织以第三者身份独立进行的，所以具有公正、客观、不偏不倚的可能，因而具有公证的作用。外部审计与内部审计在独立性、强制性、公证作用等诸方面有所不同。

（三）按目的、内容不同分类

1. 我国的分类

（1）财政政务收支审计，是指对被审计单位财政财务收支活动和会计资料的合法性、真实性、正确性所进行的审计。财政财务收支审计按照其对象不同，又可以分为财政预算审计、财政决算审计和财务收支审计。财政预算审计，主要对财政预算编制、预算收入与支出的执行情况进行审计；财政决算审计，主要对年终财政收入决算、支出决算、财政结余、预算外资金进行审计；财务收支审计，主要对企事业单位的财务收支活动进行审计。

（2）财经法纪审计，是指对国家机关和企事业单位严重违反财经法纪行为所进行的专案审计。财经法纪审计可以单列一类，也可以认为是财政财务收支审计的一个特殊类别。一般是在财务审计中对案情比较重大的违反法纪事件专门立案审查，这样有助于集中精力，查明要害问题，同时也有利于进行专案处理，追究经济责任。我国的财经法纪审计类同于国外的弊端审计和法规审计。

（3）经济效益审计，是以审查和评价实现经济效益程度及其途径为内容，以促进经济效益提高为目的的审计。经济效益审计的主要对象是生产经营活动和财政经济活动能取得的经济效果或效率，它通过对企业生产经营成果、基本建设效果和行政事业单位资金使用效果的审查，评价经济效益的高低、经营情况的好坏，并进一步发掘提高经济效益的潜力和途径。经济效益审计在审计对象、目的、作用、方式、方法、依据、主体等方面与财政财务收支审计有所区别。

（4）经济责任审计，是以审查和评价经营者任期经济责任履行情况为内容，以确认和解脱经济责任为目的的审计。由于经济责任涉及面广，经济责任审计具有内容上的综合性。经济责任审计的具体内容主要是审查企业使用国家资金、财产情况及国家财产的安全完整情况，审查企业完成指令性计划情况及经济效益的真实、合法性，审查企业行政领导人（法定代表人）有无失职和不法行为，确定或解除法定代表人的经济责任。

2. 国际上的分类

联合国开发署和最高审计机关国际组织，1982年9月在维也纳举行的第五次地区性讲习会上将世界各国的审计工作按其内容与目的的不同，分为财务审计、弊端审计、管理审计和综合审计4类。

（1）财务审计，是指以财务活动为内容，审查会计资料和财物，查明财务状况和经营成果的公允性，判断经济活动的真实性和合法性的一种审计。财务审计包括财务报表审计和依法审计。

① 财务报表审计：主要审查被审单位财务报表是否公允地表达了它的财务状况与经营成果，会计核算是否符合公认的会计准则。

② 依法审计：主要审查被审单位的经济活动是否遵守法律、财经纪律及规章制度。

（2）弊端审计，又称财务造假甄别。是指以审查被审单位有无弊端行为，并查明发生舞弊的原因、造假手段及影响为目的一种专门审计。

（3）管理审计，是指以审查被审单位资源利用目标达成、工作效率为内容，以提高经济效益为目的的一种审计。这种审计的主要内容是"三E"审计，即经济性审计、效率性审计、效果性审计。

① 经济性审计（Economy Audit）：资源是否节约、有无浪费、原因。（实际投入比计划投入）

② 效率性审计（Efficiency Audit）：业务管理部门的成绩。（实际投入比实际产出）

③ 效果性审计（Effectiveness Audit）：既定目标的完成情况。（实际产出比计划产出）

（4）综合审计，包括事前对经营目标、组织机构、管理制度、决策过程等方面的审查，以及事中和事后对各项活动的真实性、正确性、合法性、有效性等方面进行的全面审查。

3. 我国分类与国际分类的比较

我国分类与国际分类的比较如表1-1所示。

表1-1 　　　　　　　　　　　　　中外按目的、内容不同审计分类比较

我国审计分类		国际审计分类
1. 财政财务收支审计	基本属于	1. 财务审计 （1）财务报表审计 （2）依法审计
2. 财经法纪审计	相当于	2. 弊端审计
3. 经济效益审计	近似于	3. 管理审计
4. 经济责任审计		4. 综合审计

三、其他分类标准及其内容

（一）按审查的业务范围分类

审计按审查的业务范围分类，可以分为全面审计和局部审计。

1. 全面审计

全部审计是指对被审计单位审计期内的全部财务收支及有关经济活动的真实性、合法性和效益性进行审计。优点：审查详细彻底，容易查出问题，有利于促进被审计单位改善经营管理，提高经济效益。不足：审计的工作量大，费时费力，审计成本较高。适用范围：一般仅适用于规模较小、业务量较少，或内部控制系统极不健全、存在问题较多的单位。

2. 局部审计

局部审计是指对被审计单位审计期内的部分财务收支及有关经济活动的真实性、合法性和效益性进行审计。优点：范围小，审查重点突出，针对性强，省时省力，审计成本较低。不足：审计覆盖面有限，较容易遗漏问题。全部审计不同于详细审计，局部审计也不同于抽样审计。详细审计和抽样审计均属于一种审计方法，分别称为详查法和抽查法，而全部审计和局部审计则均是一种审计的类别。

（二）按审计项目的范围分类

审计按审计项目范围分类，可以分为综合审计和专题审计。

1. 综合审计

综合审计，是指对被审计单位的多种审计项目一起进行审计。

2. 专题审计

专题审计，是指对被审计单位某一个特定项目进行审计。

（三）按审计执行地点分类

审计按执行地点不同，可以分为就地审计和报送审计。

1. 就地审计

就地审计，是指审计机构委派审计人员到被审单位进行现场审计，以全面调查和掌握被审单位的情况，做出准确的审计结论。

2. 报送审计

报送审计，又称送达审计，是指被审计单位根据审计组织的要求，将审查资料送到审计组织所在地进行的审计。如审计机构对被审单位依法定期报送来的计划、预算和财务报表及有关账证等资料进行的审计，又如内部审计组织对企业的有关信息资料进行在线审计，国家审计机关对规模较小的事业单位进行的财务审计。

（四）按审计执行的时间分类

1. 按审计对象的进程分类

按审计对象的进程分类，可以分为事前审计、事中审计和事后审计。

（1）事前审计是指在被审单位经济业务实际发生以前进行的审计。这实质上是对计划、预算、预测和决策进行审计，如国家审计机关对财政预算编制的合理性、重大投资项目的可行性等进行的审查；会计师事务所对企业盈利预测文件的审核；内部审计组织对本企业生产经营决策和计划的科学性与经济性、经济合同的完备性进行的评价等。开展事前审计，有利于被审单位进行科学决策和管理，保证未来经济活动的有效性，避免因决策失误而遭受重大损失。

（2）事中审计是指在被审单位经济业务执行过程中进行的审计。例如，对费用预算、经济合同的执行情况进行审查。通过这种审计，能够及时发现和反馈问题，尽早纠正偏差，从而保证经济活动按预期目标合法、合理、有效地进行。

（3）事后审计是指在被审单位经济业务完成之后进行的审计。大多数审计活动都属于事后审计。事后审计的目标是监督经济活动的合法合规性，鉴证企业会计报表的真实公允性，评价经济活动的效果和效益状况。

2. 按审计是否定期执行分类

按审计是否定期执行分类，可以分为定期审计和不定期审计。

（1）定期审计是按照预定的间隔周期进行的审计，如注册会计师对股票上市公司年度会计报表进行的每年一次审计；国家审计机关每隔几年对行政事业单位进行的财务收支审计等。

（2）不定期审计是出于需要而临时安排进行的审计，如国家审计机关对被审计单位存在的严重违反财经法规行为突击进行的财经法纪专案审计；会计师事务所接受企业委托对拟收购公司的会计报表进行的审计；内部审计机构接受总经理指派对某分支机构经理人员存在的舞弊行为进行审查等。

（五）按审计是否通知被审单位分类

按审计是否在实施审计前通知被审单位分类，可分为预告审计和突击审计。预告审计是在实施审计以前预先通知被审计单位而进行的审计；突击审计是在实施审计以前不通知被审计单位而进行的审计。

（六）按审计执行的强制程度分类

按审计执行的强制程度分类，可分为强制审计和任意审计。强制审计是根据法律规定行使审查权而进行的审计；任意审计是出于被审计单位自身的需要，要求审计组织进行的审计。

第三节 审计的演进

审计作为一种经济监督活动，自从有了社会经济管理活动，就必然在一定意义上存在了。所不同的是，在社会发展的各个时期，由于生产力发展水平不同，社会经济管理方式不同，审计的广度、深度和形式也有所差异。审计是因监督、评价受托责任履行的需要而产生的，并随着受托责任内容的扩展而演进。

一、审计产生的客观基础

（一）审计与受托责任

审计是在所有权与管理权的分离所形成的受托责任关系下，基于评价受托责任履行情况的客观需要而产生的。所谓受托责任（Accountability），就是财产的所有权与管理权分离以后，财产的所有者将其部分或者全部财产委托给他人经营管理，并通过受托人的经济活动来实现自己的经济目标，而受托人对委托人承担受托财产经营管理的所有责任，即受托责任。受托责任关系的确立是审计产生的前提条件。但确立了受托经济责任，并不一定产生审计活动。只有当这种受托责任的评价活动由授权委托者委派独立的机构和人员代行时，才会产生审计活动。在生产力低下的原始社会不需要审计；在经济不发达的时期，对于小规模的经济，生产资料的占有者可以亲临管理，生产资料的所有者，也是生产资料的经营者和监督者，当然也不需要第三者去审计。随着社会生产力的提高和社会经济的发展，社会财富日益增多，当生产资料的所有者不能直接管理和经营其所拥有的财富时，就有必要授权或委托他人代为管理和经营，这就导致了财产所有权与经营管理权的分离，从而也就产生了委托和受托代理之间的受托责任关系，这就为以监督检查为职责的审计诞生奠定了基础。因为财产物资的所有者为了保护其财产的安全完整并有所增值，需要定期或不定期地了解其授权或委托的代理人员是否忠于职守、尽职尽责地从事管理和经营，有无徇私舞弊及提供虚假财务报告等行为，所以就有必要授权或委托熟悉会计业务的人员去审查代理人员所提供的会计资料及其他管理资料，以助于在辨明真伪、确认优劣的基础上定赏罚，由此就产生了审计关系。

审计与受托责任关系之间，是一种相互依存的关系。没有受托责任，就无所谓审计；同样，没有审计，受托责任的有效评价也就成为一句空话。审计是维系受托责任关系中不可缺少的环节，有三点值得关注：一是受托经济责任是审计产生的客观基础；二是财产的所有权和经营管理权的分离以及管理者内部分权制，是受托责任关系形成的基本根据，也是审计赖以存在和发展的社会条件；三是财产的所有者对经营管理者无法直接监督，是审计产生、发展的直接动因。因为财产所有者与实际经营者之间的受托责任关系，所有者需要公正、独立的第三方对经营者的业绩行为做出客观的描述，所以审计就产生了。

（二）审计关系人定律

审计与受托责任之间的关系，可以通过审计关系人得到充分体现。所谓审计关系就是构成审计三要素之间的关系。任何审计都具有 3 个基本要素，即审计主体、审计客体和审计授权或委托人。审计主体指审计行为的执行者，即审计机构和审计人员，为审计第一关系人；审计客体指审计行为的接受者，即被审计的资产代管或经营者，为审计第二关系人；审计授权或委托人指依法授权或委托审计主体行使审计职责的单位或人员，为审计第三关系人。

作为审计主体的第一关系人在审计活动中起主导作用，他既要接受第三关系人的委托或授权，又要对第二关系人所履行的经济责任进行审查和评价，但是他独立于两者之间，与第二关系人及第三关系人不存在任何经济利益上的联系。作为审计授权或委托人的第三关系人，在审计活动中起决定作用，他如果不委托第二关系人对其财产进行管理或经营，那么就不存在第三关系人和第二关系人之间的经济责任关系，自然也就不必要委托或授权第一关系人去进行审查和评价。因此，受托责任关系，才是审计产生的真正基础。

二、政府审计的产生与发展

我国"审计"一词，从词义上解释，"审"为审查，"计"为会计账目，审计就是审查会计账目。"审计"一词英文单词为"Audit"，注释为"查账"，兼有"旁听"的含义。由此可见，早期的审计就是审查会计账目，与会计账目密切相关。

（一）我国政府审计的产生与发展

我国的政府审计从其产生与发展的过程看，大致可分为几个不同阶段：即初步形成阶段、最终确立阶段、日臻健全阶段、停滞不前阶段、不断演进阶段、振兴发展阶段。

1. 政府审计的初步形成阶段

当社会生产力发展到一定的水平时，奴隶主国家疆土的扩大与财富的增多，导致了统治者分封王族、功臣和贵族到各地做诸侯，这些诸侯受命于国王，管理国王的土地，并向国王缴纳一定的贡赋。这种土地国有制与经营权的分离，也即是国家授权管理的开始，它使国王与各路诸侯之间不仅存在政治依附关系，也出现了经济责任关系，官厅审计（即政府审计）工作正是基于这种经济关系而产生的。多数人认为我国的官厅审计产生于公元前 700 多年前的西周时期，因为当时出现了类似于审计性质的职官，即"宰夫"。西周时期的审计主要表现在以"宰夫"为职掌的外部审计和"上计制度"方面。因此，早在西周时期，我国就有政府审计的萌芽，根据《周礼》一书的记载，当时国家财计机构大体分为两个系统：一是掌握财政收入的"地官司徒"系统；二是掌握财政支出、会计核算、审计监督的"天官冢宰"系统。"宰夫"是独立于财计部门之外的职官，标志着我国政府审计的产生。"上计"制度是指各级地方官吏将所辖区域内的有关土地、人口的增减以及钱谷的出入逐级定期向上汇报，并由皇帝亲自受理。这种定期的"上计"制度实际上是定期报表审计的开端。继西周之后，在东周提出了"明法审数"原则，这是"依法审计"原则的开端。"明法审数"有两层含义：一是审计人员应该熟悉法律，并依法行事；二是审计人员必须清楚国家财政收支情况，并据此进行审查。

2. 政府审计的最终确立阶段

秦代实行御史监察制度，当时由御史大夫负责掌管全国的政治与经济监察大权。在全国上下都形成了严密的审计监察系统。汉承秦制，政府审计也由御史大夫兼管，但这一时期的"上计制度"则更受重视，也更趋完善，并制定了"上计律"，这便是我国审计立法的开端。秦汉时期是我国政府审计的确立阶段，主要表现在3个方面：一是初步形成审计与监察相结合的审计模式；二是"上计"制度日趋完善；三是审计的地位提高、职权扩大。

3. 政府审计的日臻健全阶段

在隋、唐、宋时期，我国的政府审计正式与财政监督和行政监督相分离，逐步形成了独立的、权威的和具有司法性质的审计监督工作。隋朝在刑部尚书下设"比部曹"，负责管理稽核工作，这便是专职审计制度的开始。刑部主管刑罚，属司法部门，比部隶属于刑部，使审计工作开始具有司法监督的性质。唐代也在刑部下设比部来负责全国的行政审计和军队审计。唐代审计范围已经涉及了财政经济活动的各个领域。同时，在唐代已经正式使用"审计"一词。公元737年（唐开元25年）唐玄宗敕："癸末，敕以方隅底定，令中书门下与诸道节使，量军镇闲剧利害，审计兵防定额……"这便是在我国历史上第一次出现"审计"一词。以后作为财政经济监督的专门术语，沿用迄今不废。唐代作为我国历史上封建社会的强盛时期，其经济的繁荣与当时严密的审计监督制度是有密切关系的。

宋初百余年间的审计制度不够严密，当时没有专门的审计机构，因监督不力，财物流失与贪污舞弊滋生。宋太宗淳化三年（即公元992年），在大府寺设置"审计院"，此乃我国历史上第一个以"审计"一词命名的监督机构，但不久即被撤销。宋神宗元丰三年（即公元1080年）实行改制，置三司并归户部，整顿财计工作，重又在比部下设"审计司"主管全国的审计工作，但未能发挥应有的监督作用。

4. 政府审计的停滞不前阶段

元、明、清三个朝代的审计，在发展方面停滞不前，其共同特点是没有设置专门的审计机构来主管审计工作，重又回到了财政监察代行审计职责的老办法上。清末宣统年间曾设"审计院"，并制定了一定的审计法规，但终因政治腐败而只能流于形式。

5. 政府审计的不断演进阶段

辛亥革命后，政府审计进入了演进时期。1912年，在北洋军阀控制下的北京政府，在国务院下设立中央审计处，在各省设立审计分处，并先后颁布了《审计处暂行规定》《暂行审计规则》等审计法规。1914年，改审计处为审计院，并颁布了《审计法》和《审计法施行规则》。这是我国正式颁布的第一部《审计法》。民国时期审计的一个最重要的特点是审计法规的完备达到空前的程度。一方面，它突破了历代将审计内容附于其他刑事法规之内的习惯做法，公布了大量的专门的审计法规；另一方面，所颁布的审计法规涉及审计的各个方面，形成了审计法规的体系。

6. 政府审计的振兴发展阶段

中华人民共和国成立后，全面学习苏联的经验，以财政监督和主管部门的会计检查代替了专职的政府审计制度，并赋予会计人员会计监督权。这种"财审合一"的制度和会计人员的自我监督制度在新中国成立初期起到了积极作用。但随着社会经济的不断发展，这种制度的局限性越来越明显，几十年社会主义建设的实践表明，没有独立专门的审计监督制度，就不能适应经济发展的要求。因此，在 1982 年 12 月 4 日发布的《中华人民共和国宪法》中明确规定，县以上各级政府都应建立政府审计机构，实行审计监督制度。1983 年 9 月，隶属于国务院的国家审计署正式成立，标志着我国社会主义政府审计制度的恢复。

1985 年 8 月公布了《国务院关于审计工作的暂行规定》，同年 10 月又公布了《审计工作试行程序》。1988 年 12 月，国务院发布了《中华人民共和国审计条例》。1994 年第八届全国人大常委会第九次会议通过了《中华人民共和国审计法》，对审计监督的基本原则、审计机关和审计人员、审计机关职责、审计机关权限、审计程序、法律责任等做了全面规定，自 1995 年 1 月 1 日起施行。1997 年国务院又发布了《中华人民共和国审计法实施条例》，《中华人民共和国审计法实施条例》经 2010 年 2 月 2 日国务院第 100 次常务会议修订通过，2010 年 2 月 11 日公布，自 2010 年 5 月 1 日起施行，1988 年国务院发布的《中华人民共和国审计条例》同时废止。2006 年 2 月 28 日第十届全国人民代表大会常务委员会第二十次会议通过《关于修改〈中华人民共和国审计法〉的决定》，修订审计法。

（二）国外政府审计的建立

国外一些国家的政府审计，既具有悠久的历史，又具有一定的特色，更体现了现代商品经济发展的需要。

据考证，早在奴隶制度下的古埃及、古罗马和古希腊时代，就有了官厅审计机构及政府审计的事实。审计人员以"听证"的方式，对掌管国家财物和赋税的官吏进行考核，成为具有审计性质的经济监督工作。

在西方的封建王朝中，也设有审计机构和人员，对国家的财政收支进行监督。例如，法国在资产阶级大革命前就设有审计厅，在资产阶级大革命后，拿破仑一世创建的审计法院，至今仍是法国政府实施事后审计的最高法定机构。

在资本主义时期，随着社会的发展和资产阶级国家政权组织形式的完善，政府审计也有了进一步的发展。欧洲的许多国家于 19 世纪在宪法或特别法令中都规定了审计的法律地位，确立国家审计机关的职权、地位，审计独立地对财政、财务收支进行监督。

在现代资本主义国家中，大多实行立法、行政、司法三权分立的国家政权组织形式，议会为国家的最高立法机关，并对政府行使包括财政监督在内的监督权。为了监督政府财政收支，执行财政预算法案，维护统治阶级的利益，多数西方国家在议会下设有专门的审计机构，由议会或国会授权，对政府及国有企业单位财政财务收支进行审计监督。

（三）国外政府审计的发展

目前，世界上已有 160 多个国家（地区）建立了适合自己国情的政府审计制度。从目前情况看，各国的政府审计发展，基本上可划分为立法模式、司法模式、行政模式和独立模式的发展演进历程。

1. 立法模式的政府审计的发展

立法模式的政府审计，监督行政部门的权力归议会，审计机构代表议会监督国家财产的收支与分配，以保证预算和决算的合法性和有效性。这种模式源于英国，后来在美国得到进一步完善与成熟，也称英美派。

（1）立法模式政府审计的开拓者。英国议会于 1866 年通过了《国库和审计部法案》，规定政府的一切收支，应由代表议会而独立于政府之外的主计审计长实施审查。1866 年 6 月 28 日《国库和审计部法案》的通过，标志英国首创立法模式的国家审计发展之路。1867 年成立了国库审计部，统一实施国库监督和账目审查。几经波折后于 1921 年修订了国库和审计部法案，扩大了国库审计部的职权，从而终于建立起立法模式政府审计制度的基本框架。而后进入了一个对政府审计的改革时期，1983 年议会通过了《国家审计法案》，规定从 1984 年 1 月 1 日起设立国家审计署。

（2）立法模式政府审计的发展者。美国是立法模式政府审计的发展者。国会于 1921 年通过了《预算与会计法案》，此立法的目的在于"设立一个国家预算制度和对政府账目的独立审计"，从而实现了美国国家审计发展的重大转折。因为根据该法案，在国会之下，设置了独立的政府审计机关——审计总署。以后，国会先后于 1945 年、1946 年、1950 年、1962 年、1966 年、1974 年和 1980 年……多次通过法案，扩展和加强审计总署的职权，使国会的监督权力得以强化。

（3）立法模式政府审计的后继者。由英国开创并在美国得以发展的立法模式的政府审计，是民主政治强有力的推动器，吸引着加拿大、澳大利亚、以色列、挪威、罗马尼亚、波兰、坦桑尼亚、哥斯达黎加、塞浦路斯、埃及等众多的国家加入立法模式政府审计的发展队伍，它们是这一模式的后来者和继承者，其影响是世界性的，也使这一模式在诸多方面得以进一步完善。

2. 司法模式的政府审计的发展

司法模式与立法模式相比，它不仅仅局限于向议会提供服务，而且全面监督并制约政府官员的廉洁，政府审计拥有司法权，能直接进行处理，可以直接进行终审判决，审计人员享有司法地位。这种模式最初来自法国，亦称法国派。

（1）司法模式政府审计的开拓者。法国选择这一模式有其特殊的社会环境。革命前的法国，政府审计机关是巴黎审计院，为国王服务，审计员经常出现受贿的丑闻。革命后（1789 年），导致政治家对这个机构的不满，一度取消了这一机构，建立会计署。到了拿破仑统治时期，为了整顿国家财政，重建审计监督体系。1807 年拿破仑力排众议，主张加强政府审计监督，同年 9 月 16 日正式颁布法令，采用法国最高法院的体制，建立审计法院。1807 年 11 月 5 日，原大司库勒布亲王正式组建了审计法院。法令规定：审计法院院长实行终身制，审计法院的地位仅次于最高法院，权力相同，具有终审权。1807 年审计法院的建立，标志着法国开创了司法模式的政府审计。此时的审计法院不是立法机构的附属物，它首先要向最高行政领导服务。1814 年审计法院与议会的关系开始密切起来，1822 年接受议会委托对国家预算管理进行审查，到 1832 年要求审计法院向议会报告工作。这样致使审计法院逐渐脱离行政，到 1869 年审计法院正式成为一个独立的介于立法和行政之间的最高审计司法机构。

（2）司法模式政府审计的参与者。由于司法模式具有独特作用，在西欧、南美和非洲一些原为法国殖民地的发展中国家尽管远隔千山万水，各有不同文化、经济、政治背景，但先后都按照法国模式，建立起司法模式的政府审计。意大利、西班牙、塞内加尔原为法国殖民地，1960 年独立后在政府审计建设上，采用司法模式，建立了带有司法性质的政府审计，在最高法庭内设立专门的审计机构实施审计业务。选择司法模式的国家，在最高审计机关名称上，一般多称"审计法院"。

3. 行政模式的政府审计的发展

行政模式的政府审计，审计机关隶属于政府行政系列，审计部门是国家行政部门的一个组成部分，管理权与监督集于政府一身，审计是上级对下级的监督控制。这种模式由两大派别组成。

（1）北欧派——以瑞典和瑞士为代表，所设的审计机关隶属于财政部，或者实行财审合一制度，发展政府审计监督，从而使财政监督与审计监督成为一体。如瑞士联邦审计局在组织上是瑞士政府财政部的一个行政机构；瑞典国家审计局隶属于国家预算局。

（2）远东派——以远东一些国家为代表，在政府行政体系中建立专门的最高审计机关，直接负责国家审计的监督业务。

4. 独立模式的政府审计的发展

有些国家的政府审计机关围绕三权分立与制衡机制，在其平衡点选择了独立于立法、司法、行政之外，具有高度自治的审计监督模式。如德国的联邦审计院，它的地位同立法、行政、司法并列；日本会计检查院是一个对内阁具有独立地位的国家审计机关，但又不属于国会，而介于立法与行政之间；菲律宾审计委员会，它既不属于议会，也不受总统领导，按宪法规定，独立行使审计监督，不受他人或任何机关的干涉。独立模式的国家审计，名副其实地确保了审计的独立性，能够不带政治偏向地、公正地行使审计监督职能。

（四）国外政府审计制度的三大发展趋势

四大模式的政府审计制度类型中，各自隶属关系、职责权限、独立性等都存在差异，但随着世界经济的发展，各国经济的运行环境、运行模式、运行方法等有着求同存异的特点，世界经济作为一个整体存在的概念越来越受到重视，由美国债券危机引发的世界范围内的金融危机就是很充分的实例。因此监督国家经济运行的审计制度也出现三大发展共性。

一是绩效审计在国家政府审计工作领域中占据越来越重要的地位，成为国家政府审计未来发展方向之一。

二是政府审计准则随着社会经济运行复杂程度的提高越来越规范，对政府审计从业人员的要求也越来越高。

三是作为一国经济健康运行的政府监督机构，各国政府审计机构的独立性逐渐得到加强。

三、民间审计的起源与发展

（一）西方民间审计的产生与发展

民间审计起源于意大利合伙企业制度，形成于英国股份制企业制度，完善于美国发达的资本市场。

1. 意大利民间审计起源

民间审计起源于16世纪的意大利。商业发展，办了合伙制企业，合伙人有的参与经营管理，有的不参与经营管理，参与的要向不参与的履行受托责任，客观需要第三者进行监督检查。1581年在威尼斯创立了会计师协会，成为世界上第一个会计职业团体。

2. 英国民间审计的形成

英国是产业革命最早开始和最先完成的国家。由于股份公司的企业组织形式的大量出现，财产的所有权与经营权处于普遍的分离之中，企业股东和债权人为了维护自己的权益，公司经营者为了维护自己的信誉，民间审计便应运而生。1721年英国出现了"南海公司事件"，英国议会聘请会计师查尔斯·斯奈尔对"南海公司"进行审计。斯奈尔以"会计师"名义提出了"查账报告书"，从而宣告了独立会计师——注册会计师的诞生。1844年，英国政府为了保护广大股票持有人的利益，颁布了《公司法》，规定股份公司必须设监察人，负责审查公司账目。因当时的监察人一般由股东担任，大多并不熟悉会计业务和审计技术，难以有效实施监督检查。所以，在1845年修订该法时规定：股份公司可以聘请注册会计师代监察人办理查账业务。这一修订为英国民间审计的发展开创了一个良好的开端。1853年，在苏格兰的爱丁堡成立了"爱丁堡会计师协会"，这是英国第一个注册会计师的专业团体。此后，英国《公司法》又多次明确了特许会计师审查公司账目及充当破产清算人的法律地位。

3. 美国民间审计的发展

19世纪末，随着美国工业化的急速推进，英国巨额资本流入美国，为了保护广大投资者、债权人的利益，英国的注册会计师到美国开展民间审计业务。在英国的直接影响下，美国建立了自己的民间审计组织。1887年美国公共会计师协会成立。经过几次改组更名后，1956年，形成"美国公证会计师协会"，即 AICPA。美国对民间审计的推进，在 3 个方面具有重要影响。

（1）美式审计的推出。英国开端的民间审计是采用"详细审计"的技术与方法，美国审计界认为英国式审计过于详细，因此，主张采用抽样审计方法。审计方法由详细审计方法向以内部控制评审为前提的抽样审计方法的转变。

（2）法定审计的出台。1933 年和 1934 年先后颁布的《证券法》和《证券交易法》，规定每个企业发行有价证券，须经民间审计审签其财务报表，从而使财务报表审计作为法定审计而出台，提高了民间审计在整个资本主义世界经济秩序中的作用。

（3）管理咨询业务的兴起。第二次世界大战以后，民间审计又推出了管理咨询服务业务。管理咨询业务的展开，为民间审计的发展，提供了更广泛的前景，审计的业务范围从主要从事查账验证扩展到管理咨询的领域，使民间审计在经济生活中发挥了更为重要的作用。

（二）我国民间审计的兴起与发展

1. 旧中国民间审计的发展

我国的民间审计依附于民族工商业的兴起，1915～1918 年是中国民族工商业发展的黄金时期。我国民间审计的奠基人是谢霖，江苏武进县人，1905 年东渡日本就读于明治大学，专攻商科。1909 年回国，先后在湖南大学、北京大学、上海商学院、复旦大学执教"簿记学"。1918 年他主持中国银行会计的改革，担任中国银行总司长。1918 年 6 月，谢霖向当时的北京政府农商部和财政部呈请执业民间审计，申请在北京开设会计师事务所，并附开办业务的《章程》。农商部、财政部分别于 1918 年 6 月 24 日和 28 日批复，批准他开办民间审计业务。谢霖于 1918 年 7 月 16 日在《银行周报》上刊登了广告，向社会承办民间审计业务，此例一开，有许多人跟着学，也申请开办此项业务。这就需要政府尽快制定相应的法律规范，但政府部门对民间审计知道的甚少，就去找谢霖了解情况，谢霖进行详细解释，并接受农商部的委托，代为拟定《会计师暂行章程》（计 10 条内容），1918 年 9 月 7 日农商部以谢霖所拟定的 10 条增加"第 11 条：本章程自公布之日施行"后公布了《会计师暂行章程》（以下简称《章程》），标志着我国民间审计的建立。经《章程》规定，谢霖领取了中国第一号会计师证书；第二号是徐永祚（日本留学），第三号是潘序伦（美国留学）。后来有了 4 大闻名的会计师事务所，他们为开创我国的民间审计事业做出了贡献。

2. 新中国民间审计的发展

我国民间审计，从 1980 年恢复到现在，经历了 3 个阶段。

（1）起步阶段。从 1980 年 12 月恢复注册会计师制度至 1986 年 7 月《注册会计师条例》的发布，可称之为起步阶段。1980 年 12 月 23 日，财政部发布《关于成立会计顾问处的暂行规定》，标志着我国注册会计师行业开始恢复。1981 年 1 月 1 日，"上海会计师事务所"宣告成立，成为新中国第一家由财政部批准独立承办注册会计师业务的会计师事务所。不少地方相继成立了一些会计师事务所或审计公司，接受社会各方面委托办理的查证工作。各级审计机关、财政机关积极引导民间审计工作。

（2）创业阶段。从《注册会计师条例》实施至 1988 年 11 月中国注册会计师协会成立，可称之为创业阶段。在这一阶段中会计师事务所和审计事务所以及注册会计师均有增加。1987 年国家审计署下发了《关于进一步开展社会审计工作若干问题的通知》，扶持审计事务所有计划、有步骤地发展。

（3）稳步发展阶段。从中国注册会计师协会成立到现在，可称之为稳步发展阶段。注册会计师协会成为注册会计师自我管理、自我教育的行业公会，1991 年举行了第一次注册会计师全国统一考试，注册会计师队伍有了稳步发展。1993 年 10 月 31 日《注册会计师法》的通过，并从 1994 年 1 月 1 日起施行，是我国民间审计事业走向新的发展阶段的重要里程碑。

四、内部审计的建立与发展

（一）西方内部审计的建立与发展

西方国家的内部审计同样可以追溯到古代和中世纪，由于受托责任关系的产生，经济组织中的内部经济监督也就有了必要，庄园审计、宫廷审计、行会审计、寺院审计也就因此而产生。以上所述可以看出，中世纪内部审计发展的突出表现是出现了内部审计人员，其审计的目的是查错防弊，审查单位内部受托人的诚实性，解脱受托者的经济责任。20 世纪前后，资本主义经济的发展，使生产和资本高度集中，托拉斯式的大型企业大量出现，企业内部只能采取分级、分散管理体制。这就导致了大型企业内部要设立专门的机构和人员，由最高管理当局授权，对其所属分支机构的经营业绩进行独立的内部审计监督，近代内部审计也就因此而产生。20 世纪 40 年代，第二次世界大战以后，资本主义经济得到了空前的发展，竞争更激烈。企业为了在竞争中求生存、求发展，十分重视加强内部经济监督，现代内部审计随着内部控制的加强而产生和发展起来。内部审计单纯的监督、控制以及保护企业财产的"警察"角色，发展至今日以企业风险管理为导向，协助企业达成目标、提供咨询，并成为 CEO 和 CFO 不可或缺的企业伙伴。

1. 以"控制"为导向的内审阶段

20 世纪 40～60 年代，在内审制度产生的初期，企业只在总公司一级设立内审机构，实行自上而下的巡回式审计，一般由会计部门领导，实质上履行的是会计监督职能。为了独立和及时开展审计工作，第二次世界大战后，许多西方企业纷纷建立了专门且独立的内审部门，并成为公司控制系统中的核心环节，主要从财会资料和财务收支出发，关注对交易事项记录的核实、比对以及合规的检查，这是一种事后的控制机制。美国很多大中型企业从 20 世纪 30 年代就设立了内部审计，1941年内部审计师协会就建立起来了，后来发展成了一个国际组织。

2. 以"流程"为导向的内审阶段

不同于上一阶段，内审职能到了 20 世纪 70～80 年代，变成以业务流程为关注点，对组织内关键业务流程的设计、效果和效益进行评价。此变化主要是因为这个时期的法律法规更为强调企业管理当局的责任，要求企业的内控制度必须随着企业发展而完善，并且组织的效率没有因业务控制点的设置而降低，从而产生了需要内审对业务流程的控制点设置给予评价的机制，强调业务流程的梳理与优化，关注当前流程与最佳流程之间的差异。

3. 以"风险基础"为导向的内审阶段

演进至 20 世纪 80～90 年代，随着国际金融一体化进程加快，打破国际藩篱的市场竞争日益激烈，衍生性金融商品的自由交易，信息技术和电子交易的广泛应用，计算机犯罪机会的增加等因素使企业所面临的风险日益增高。英国巴林银行的倒闭，日本住友银行期货铜交易巨额亏损案等金融风暴，都迫使企业管理当局不得不深思如何透过内审功能来控制这些风险，以"风险基础"为导向的内审应时而出，主要关注对企业关键业务流程以及关键控制的风险的辨识，从而采取措施，降低组织面临的风险。

4. 以"企业风险管理"为导向的内审阶段

到了 20 世纪 90 年代后期，企业对风险的认识产生了较大的转变——认为企业所面临的是包含了财务管理、业务经营、流程管理以及战略管理等多方面的风险，是企业的整体风险，而不是局限于某一部分、某一功能或某一区域。这种关注企业整体风险管理的观念，逐渐为更多企业所接纳和采用。在这过程中，内审部门为配合管理当局需要，主动调整自己的工作方向，更加关注组织战略目标的实践、管理层的风险容忍度、关键风险度量、业绩指标以及风险管理能力。在此发展趋势下，COSO 委员会应企业需求所制定的《企业风险管理整体框架》逐步成形并出台。

（二）我国内部审计的建立和发展

1. 我国早期内部审计

奴隶社会是内部审计的萌芽时期。如西周时期的司会，它不仅掌管政府会计工作，而且也同时行使内部审计之权。无论是日常的会计核算，还是所有的会计报告，均须经"司会"之手进行考察。这就是内部审计的萌芽。

2. 我国现代内部审计

我国现在的内部审计是伴随政府审计的恢复和重建而产生与发展的。在国家与国家审计署早期阶段颁布的法律法规中，一般都有关于内部审计的规定和说明。目前我国很多大型企业集团都设置了内部审计机构，制定了有关内部审计的规定、制度，对我国内部审计的发展产生了巨大影响。

1985 年 8 月审计署颁布了《内部审计暂行规定》，为内部审计提供了法律依据。《内部审计暂行规定》要求政府部门和大中型企事业单位实行内部审计监督制度。1985 年 12 月审计署颁布了《审计署关于内部审计的若干规定》，这是审计署成立后第一个关于内部审计的法规文件，对我国内部审计的发展起到了规范和一定的推进作用。1989 年 12 月 5 日审计署重新颁布《审计署关于内部审计工作的规定》，废止 1985 年的规定；1995 年 7 月 14 日，时任审计长郭振乾颁布中华人民共和国审计署令第 1 号《审计署关于内部审计工作的规定》取代了 1989 年的规定，这次规定较之以前有了较大的改变。

2003 年 3 月 4 日审计署发布了《审计署关于内部审计工作的规定》。按照规定，国家机关、金融机构、企业事业组织、社会团体以及其他单位，应当按照国家有关规定建立健全内部审计制度。2018 年 1 月审计署发布了《审计署关于内部审计工作的规定》，自 2018 年 3 月 1 日起施行，2003年发布的规定同时废止。

3. 我国现代内部审计的飞跃

2003 年 3 月 4 日，时任审计长李金华签署了中华人民共和国审计署令第 4 号《审计署关于内部审计工作的规定》，要求自 2003 年 5 月 1 日实行新规定，此次规定是在总结 1995 年规定的经验教训基础上，适应新的形势需要而制定的，可以说是一个划时代的规定，我国内部审计发生了质的飞跃。首先，在这次规定中，内部审计机构的领域拓宽到任何组织，从而摆脱了国家审计从属的地位；另外，审计机关对内部审计的直接指导和监督，变为通过内部审计协会进行间接的指导、监督和管理，这充分表明我国的内部审计已从国家审计的辅助地位走上独立行使监督职能，成为真正意义上的内部审计。其次，内部审计的职责进一步拓宽，涉及企业经营的方方面面，包括事前、事中、事后的全过程审计。此时，内部审计不再侧重于监督控制，而是着眼于服务，即评价和改善组织的风险管理、内部控制、管理过程的有效性，从而提升组织的价值和改善组织的经营管理服务。这要求内部审计人员除及时准确地报告有关差错防弊和资产保护信息以外，更重要的是针对管理和控制的缺陷，提出建设性意见和改进措施，协助管理人员更有效地管理和控制各项活动以提高经济效益，寓监督于服务之中。最后，内部审计的范围扩展到"经济活动"，使内部审计的外延大大扩展，以"促进加强经济管理和实现经济目标"，此时不再单单局限于内部审计，更在于增加企业价值。

（三）国外内部审计的发展趋势

现代内部审计出于经济预测和事先控制的需要开展了事前审计；现代内部审计的领域由财务审计扩大到对经营、管理及经济效益方面的审计；现代内部审计从过去的详细审计改变为以评价内部控制制度为基础的抽样审计。内部审计在工作目标、功能、手段以及主体要求等方面都有明显的趋势。

1. 内审目标的转变

国际内部审计师协会（International Internal Audit，IIA）对内审的最新定义为："内部审计是一种独立管理的保证与咨询活动，目的是为机构增加价值并提高机构的运作效率。"内审设立的初衷应该与企业组织的目标一致，也就是要通过有系统的方式收集、辨识、评价、管理以及监督风险，协助企业达到其所设定的目标。因此，企业管理层、董事会以及企业相关利益者对内审人员的要求，如今已提升至对企业战略、目标和计划制定的参与或了解，知道企业经营的管理模式以及熟悉经营流程等各个层面的能力。

2. 信息技术演变

信息技术日新月异的发展，对内审功能有一剑双刃的影响：一方面，新兴的信息技术为企业带来管理上的便利，增加营运的效率，同时也要求审计方式和技能的跟进；另一方面，内审工作可以通过先进的信息技术，将庞大的审计测试工作降至最低，使审计工作在成本和效益之间取得平衡。然而，伴随着信息系统的快速升级、更新和变化，内审的审查对象——经营活动与内部控制渐趋自动化，信息系统横跨许多部门，运用系统审计并佐以关键控制的人工审计的技能，将是不可阻挡的趋势。

3. 企业风险管理知识和运用技能的要求

"企业风险管理是由企业的董事会、管理层和其他人员实施的，从战略层面开始并贯穿整个企业的一个过程"（参阅 COSO 对"企业风险管理"的定义）。此过程的设计目的，在于协助企业对阻碍或影响企业达成目标的风险进行事前的预估、辨识、管理以及持续监督，以确保企业目标的实现。而今天内审职能设置的宗旨与企业的目标也是一致的，因此内审人员除了应清楚在企业中所扮演的角色和独立的职能之外，也应熟悉风险管理的观念，并对此模型或架构的运用驾轻就熟，以协助企业从公司层面开展，使风险管理的机制得以发挥。因此，以"企业风险管理"为导向的内审职能的发展，以及对审计人员在风险管理知识和技能的要求的提高，已是不言自明的未来趋势。

4. 对内审人员的要求

随着企业对内审功能的重视程度日益加强，内审人员的职能，从以前的合规检查逐步转型为协助企业提升绩效，提供增值咨询以达成企业目标。随着跨部门、向上向下、对外对内的沟通、协调机会大量增加，口头和书面的沟通能力、人际关系处理能力和技巧以及整合与协调能力，已成为执行内审工作时不可或缺的重要技能之一。此外，由于内审人员被赋予了更多的责任和期望，所以在内审知识之外，对于与经营企业相关的知识和专业技术的涉猎也是至关重要的课题之一，必须立即付诸行动。

知识链接-01

思考题

1. 什么是审计？审计为什么会产生？审计产生的客观基础、直接原因是什么？
2. 什么是审计关系？审计具有哪几方面的关系？
3. 什么是审计职能、审计任务和审计作用？三者之间有何联系和区别？
4. 审计按照内容与目的分类，中外有何异同的表现？
5. 什么是审计学？审计学科体系结构包括哪些内容？
6. 我国政府审计的发展经历了哪几个阶段？各个阶段有哪些主要发展事实？
7. 什么是内部审计？内部审计的发展趋势有哪些方面？

关键术语

政府审计　　Government Audit

民间审计　　Private Audit

内部审计　　Internal Audit

外部审计　　External Audit

财务审计　　Financial Audit

管理审计　　Management Audit

事前审计　　Pre-Audit

事后审计　　Post-Audit

就地审计　　Field Audit

审计主体 | 第二章

【教学目标】

通过本章的教学，能使学生了解国家审计机关、内部审计机构的设置，以及国外最高审计机关隶属模式的概况；理解民间审计组织的设置、业务范围和职权，掌握我国国家审计机关的职责和权限，掌握我国内部审计机构设置模式。

【引例】

2011年6月中旬发生的"郭美美事件"，使中国红十字会遭遇了自1904年成立以来最大的信任危机。在事件发生以后，围绕重建公信力的问题，中国红十字会已加大对捐赠款物的监督和管理。为此，继中国红十字会提前邀请国家审计署进行监督后，中国红十字基金会于2012年3月13日在中国政府采购网发布审计服务招标公告，启动审计服务会计师事务所招标工作，这是红会首次面向社会公开招标审计服务。4月24日揭晓了中标的5家会计师事务所分别是北京兴华会计师事务所有限责任公司、天职国际会计师事务所有限公司、中磊会计师事务所有限责任公司、中审亚太会计师事务所有限公司和中准会计师事务所有限公司。中国红十字会此次面向社会公开招标审计服务，希望能够更广泛地选聘综合实力、技术力量和社会公信力强的审计机构来参与审计工作，以提升中国红十字会总会工作的透明度和公信力。

中国红十字会寄望于通过国家审计机关和民间审计组织的审计来挽回公众信任、消弭公众怀疑的努力是值得肯定和嘉许的，这也是其履行《中华人民共和国红十字会法》中规定的"红十字会的经费使用情况依照国家有关法律、法规的规定，接受人民政府的检查监督"之必然责任。中国红十字会应该全面实施综合性的审计监督体系，除了通过国家审计机关和注册会计师审计等外部审计以外，还应该实施有效的内部审计。如国际红十字会除委托实施注册会计师审计以外，还设有内部审计部。内部审计部将红十字国际委员会作为整体进行审计，它旨在独立地评估红十字国际委员会的表现，并判断其资金配置与该组织的策略是否相关。在财务方面，内部审计部的作用是对大会委托之外部审计公司的工作进行补充。审计主体是指从事审计活动的执行机构或执行者，包括政府审计机关、会计师事务所审计和内部审计机构。

第一节 | 政府审计

一、国外的审计机关

（一）国外审计机关的隶属模式

国家审计机关是代表国家依法行使监督权的行政机关，它具有国家法律赋予的独立性和权威性。国家审计机关不仅是最早的审计组织形式，而且是现代各国审计机构体系中最重要的组成部分。尽管各国审计机关的称呼不一，但都是国家政权的一个重要组成部分。目前世界政府审计机关的设置，由于世界各国的文化传统和政治体制的不同，根据最高审计机关独立性的不同可以分为4大类型，分别是：立法模式的政府审计机关（以下简称"立法型"）、司法模式的政府审计机关（以下简称"司法型"）、行政模式的政府审计机关（以下简称"行政型"）和独立模式的政府审计机关（以下简称"独立型"）。

1. 立法型的审计机关

立法型的国家最高审计机关隶属立法部门，一般为议会或国会，审计机关依照国家法律赋予的权力行使审计监督权，直接对议会负责，并向议会报告工作。立法型的政府审计制度着重强调向议会或国会报告预算及执行情况，一般只有调查权和建议权，没有处理权。这一类型政府审计制度的主要代表国家为英国、美国和加拿大等国。例如，英国是这一类型审计制度的先驱，其最高审计机关——国家审计署隶属于议会；奥地利审计院直接隶属国民议会，每年向国民议会提交工作报告；加拿大审计长每年向议院报告审计长公署工作中重要的应提请众议院注意的任何事项；美国审计总局（署）隶属国会，不受任何行政当局干涉，独立行使审计监督权。立法型审计机关地位高、独立性强、权威性大，不受行政当局的控制和干预，因而是一种较为理想的政府审计机关的设置模式。

2. 司法型的审计机关

司法型的国家最高审计机关隶属于司法部门，一般以审计法院的形式存在，拥有很强的司法权力。法国是这一类型审计制度的起源国家，其审计法院具有审判权，直接向两院报告审查结果，因而成为典型代表；意大利审计法院对公共财务案件和法律规定的其他案件有裁判权，审计法院直接向两院报告审查的结果；西班牙审计法院拥有自己的司法权力。司法型审计机关可以直接行使司法权力，具有司法地位，因而具有很高的权威性。

3. 行政型的审计机关

行政型的最高审计机关隶属于政府行政部门，它是政府行政部门中的一个职能部门，根据国家赋予的权限，对政府所属各级、各部门、各单位的财政财务收支及其经济活动进行审计。它们对政府负责，保证政府财经政策、法令、计划、预算的正常实施。例如，沙特阿拉伯王国审计总局是对首相负责的独立机构，年度报告应呈递国王陛下；泰国审计长公署应向内阁总理呈报；瑞典审计局认为有必要报告有关情况，则应首先向负责部门或有关机构报告，如认为无此必要，可直接向政府报告；我国国家审计署隶属于国务院。行政型审计机关依据政府法规，进行审计工作，其独立性相对较低。

4. 独立型的审计机关

这种模式的政府审计机关独立于立法权、司法权和行政权之外，介于立法、司法及行政部门之间，政府审计机关不带政治偏向地、公正地行使审计监督权职能。例如，日本会计检察院既不属于议会，对内阁也具有独立地位，认为其检查报告需要向国会申诉时，可由检察官出席国会，或用书面说明。德国联邦审计院是联邦机构，是独立的财政监督机构，只受法律约束，其法定职能是协助联邦议院、联邦参议院和联邦政府做出决议。一般而言，其组织形式是会计检察院或者审计院，审计机关只受法律约束，而不受政府机关的直接干预。独立型的审计机关比较看重建议权，政府审计机关独立性最强，这一类型政府审计制度的主要代表国家是德国和日本。

（二）国外中央审计机关与地方审计机关的隶属关系

国外审计机关之间的领导体制因各国情况不同而有差别。概括起来主要有以下几种情况：

1. 国家只设一级政府审计机关

国家只设一级政府审计机关，不设地方分支机构，如日本、奥地利、西班牙等。

2. 最高审计机关在地方设置派出机构

国家设立最高审计机关，最高审计机关在地方和部门直接设置并管理若干派出机构，如澳大利亚、巴基斯坦等。

3. 中央与地方分别设置政府审计机关

中央与地方分别设置政府审计机关，联邦制国家在联邦和州分别设置审计机关，相互间没有领导关系，如美国、加拿大等。

4. **最高审计机关对地方审计机关实行垂直领导**

国家最高审计机关对地方审计机关实行垂直领导，如菲律宾等。

（三）国外审计机关的权限

审计权限和审计职责是做好审计工作必须把握好的两个重要方面。审计机关的权限就是国家依法赋予审计机关在审计监督过程中享有的资格和权能，即国家为了保障审计机关有效履行审计监督职责而赋予的法定权力。国外审计机关权限，在各国的法律、法令中均有明确的规定，综合起来分析，不外乎下列几种权限。

1. **审计机关的检查权**

国外审计法一般都赋予了审计机关有权检查被审计单位的有关资料和资产的权力。这是审计机关履行职责最基本的权力，被审计单位应当接受审计机关的检查，不得拒绝。如英国审计法规定，主计审计长可以对任何部门、机构和其他团体进行经济性、效率性、效果性检查。

2. **审计机关的调查取证权**

国外审计法一般都规定了审计机关在进行审计时，有向单位和个人调查情况，并取得证明材料的权力。审计机关进行调查时，有关单位和个人应当接受调查，并如实反映情况，提供有关的证明材料。如法国审计法院法规定，为执行任务，审计人员拥有必需的调查权力；日本会计检察院法规定，会计检察院可以根据检查需要，要求政府、公共团体和其他人员提供资料和证据。

3. **审计机关的要求报送资料权**

国外审计法一般都规定了审计机关有权要求被审计单位报送与财政收支、财务收支有关的情况和资料，被审计单位不得拒绝、拖延、谎报。如法国审计法院法规定，被审计单位有义务向审计官提供文件和有关资料。审计官在审查账目时，被审计单位应采取一切措施提供有关文件和资料。日本会计检察院法规定，日本会计检察院可以根据需要，要求被审计单位提交账簿文件和报告。

4. **审计机关的报告权**

国外审计法一般都规定审计机关有权将审计结果向议会提出报告，有的同时送给政府或有关部长。英国审计法规定，英国国家审计署的报告不仅送交议会，再由议会责成有关政府部门或社会团体予以回应，同时也在因特网上公布并向媒体披露，形成社会舆论压力。美国总审计署可以定期检查政府各部门管理和使用国会拨款的结果，可以就联邦资金使用状况和效率发表独立评论，向国会报告预算执行结果和决算审计情况。

5. **审计机关的处理处罚权**

国外一些国家的审计机关依法行使经济处理处罚权，有的可以将审计中发现的违规犯罪人员移交有关部门，建议给予处理。法国审计法院有处罚权，审计法院正式开庭审理案件并做出判决，并可做出处罚。意大利审计法院有权对确无正当理由而不按规定期限报告账目的官员，下令处以罚款并不得上诉。日本会计检察院对造成重大损失的责任人员，可以要求其上级及其监督者给予惩罚或者处分。

（四）国外审计机关的职责

审计机关的职责，是指国家法律规定的审计机关应当完成的任务和承担的责任。国家审计的职责体系是国家审计最重要的组成部分，它的构建应以服务于社会经济发展、确保财政经济活动合法为基础。在各国的宪法和有关法令中，一般对审计机关的职责都有明确的规定，主要体现在以下方面。

1. **审查预算及经费**

审计机关的主要职责是对政府机构的经费开支进行审查，查明决算是否按预算执行进行。

2. **合法性审查**

审计机关检查会计处理是否依据法令和规章而恰当地加以处理，评价其合法性。

3. 经济性、效率性审查

审计机关检查经济活动是否经济和有效地加以实施，评价其经济性和效率性。

4. 效果性审查

审计机关检查经济活动是否按预期的目标完成，评价其效果性。

二、我国的审计机关

（一）我国审计机关的设置和管理体系

1. 中央审计机关

我国政府审计最高审计机关——中华人民共和国审计署隶属于政府，作为国务院的一个职能部门存在，对政府负责。在我国国务院组成部门的名称一般称部、委员会，审计署是特例（另一个特例是中国人民银行）。因为中央审计机关对国务院其他部门具有审计监督的职责，为体现这一特殊职能，故中央审计机关的名称不称部或者委员会，而称中华人民共和国审计署，与部、委员会有所区别。中华人民共和国审计署成立于1983年9月15日，它是国务院所属部委级的国家机关，是我国最高审计机关。审计署按照统一领导、分级负责的原则组织和领导全国的审计工作。

为履行职责，审计署设置了财政审计司、行政事业审计司、农业与资源环保审计司、固定资产投资审计司、金融审计司、企业审计司、社会保障审计司、外资运用审计司、境外审计司等职能机构。我国各级审计机关的审计范围是按照被审计单位财政财务的隶属关系来划分，如属于中央的企事业单位由审计署负责审计；属于地方的企事业单位，分别由省、市、县审计机关负责审计。为了就近审计和同行业审计的需要，审计机关有必要在重点地区和部门派出审计特派员。

审计署根据工作需要派出审计特派员，设立审计派出机构。国家审计已在上海、南京、沈阳、武汉、广州、成都、西安、京津冀、深圳等16个城市和地区设立了特派员办事处，负责对该地区的中央企业、事业单位以及省级政府财政进行审计监督。这些特派员办事处直接受审计署领导，对审计署负责并报告工作，处以上的干部由审计署任免。1994年审计署经国务院批准，在国务院所属的审计业务较多的37个部门或直属机构派出审计特派员，设立了审计署派出机构。派驻部门审计机构的编制由审计署负责核定，处以上干部由审计署任免。

2. 地方审计机关

地方审计机关是指省、自治区、直辖市、设区的市、自治州、县、自治县、不设区的市、直辖区人民政府设立的审计组织，负责本行政区域内的审计工作。地方审计机关也是根据宪法、审计法有关条文规定设立的，同样也具有法律地位。省、自治区审计机关称审计厅，其他地方各级审计机关统称为审计局。《审计法》第8条规定："省、自治区、直辖市、设区的市、自治州、县、自治县、不设区的市、市辖区人民政府审计机关分别在省长、自治区主席、市长、州长、县长、区长和上一级审计机关的领导下，负责本行政区域内的审计工作。"地方审计机关按照国家法律和本级政府的政策、决议行使权力，处理行政事务。

3. 地方审计机关的双重领导体制

我国地方审计机关实行双重领导，对本级人民政府和上一级审计机关负责并报告工作，审计业务以上级审计机关领导为主。地方审计机关，行政上隶属地方政府，工作中接受上级审计机关的业务指导。这种"双重领导"体制还体现在以下方面：

（1）地方审计机关要遵照执行上级机关颁布的审计规章和做出的审计工作决定；

（2）地方审计机关要认真办理上级审计机关布置的工作任务；

（3）地方审计机关的工作情况和查出的重要问题，要及时向上级审计机关报告；

（4）地方审计机关如遇有地方政府对审计工作的指示、决定与上级审计机关的决定、规章相违背时，应按上级审计机关的执行。上级审计机关当然也要考虑下级审计机关及其政府的意见。

（二）我国审计机关的权限

为了保证审计机关能够顺利地履行职责，《审计法》赋予了审计机关相应的权限。我国审计机关有 16 种权限：（1）要求报送资料权；（2）检查权；（3）查询存款权；（4）制止权；（5）调查取证权；（6）采取取证措施权；（7）暂时封存账册资料权；（8）通知暂停拨付款项权；（9）责令暂停使用款项权；（10）申请法院采取保全措施权；（11）建议给予行政处分权；（12）建议纠正违法规定权；（13）处理权；（14）处罚权；（15）申请法院强制执行权；（16）通报或者公布审计结果权。其中，制止权、采取取证措施权、暂时封存账册资料权、通知暂停拨付款项权、责令暂停使用款项权，这 5 种权限可统称为行政强制措施权。申请法院采取保全措施权、申请法院强制执行权可统称为申请权。建议给予行政处分权、建议纠正违法规定权可统称为建议权。处理权、处罚权可统称为处理处罚权。因此，这 16 种权限可以归纳为九大类权限，即：要求报送资料权、检查权、查询存款权、调查取证权、行政强制措施权、申请权、处理处罚权、通报或者公布审计结果权、建议权。

1. 要求报送资料权

要求报送资料权也称资料索取权，是指审计机关在实施审计时，要求被审计单位按照规定的期限和要求提供或报送与财政收支、财务收支有关情况和资料的权力，被审计单位必须提供或报送，不得拒绝、拖延、谎报。被审计单位应当对所提供资料的真实性、合法性做出承诺。被审计单位向审计机关提供或报送的情况和资料主要有：

（1）在银行和非银行金融机构设立账户的情况；

（2）经过批准的政府、部门、其他国家机关、社会团体和其他单位的收支预算；

（3）财务收支计划。即企业以货币形式预计一定时期内资金的筹集、运用和分配的计划；

（4）预算执行情况。即预算收支进度、预算内和预算外收支划分、预算预备费的动用和预算周转金的运用、预算收支平衡状况；

（5）决算。即政府、部门、单位在每一预算年度终了后编制的年度会计报表和有关财务收支或生产经营情况的说明书的总称；

（6）财务报告。即反映单位财务状况或经营成果的书面文件，如资产负债表、损益表、现金流量表、附表及会计报表附注和财务情况说明书等；

（7）社会审计机构出具的审计报告、验资报告、资产评估报告以及办理企业事业单位合并、分立、清算事宜出具的有关报告；

（8）其他与财政收支或财务收支有关的资料。如有关的规范性文件、财务电算化资料等。

审计机关的要求报送资料权具有强制性，被审计单位必须按审计机关的要求报送资料、提供情况，否则追究法律责任。

2. 检查权

检查权是指审计机关实施审计时，对被审计单位的与财政收支或者财务收支有关的资料和资产进行检查的权力。

审计机关的检查权涉及的资料和资产主要有会计凭证、会计账簿、会计报表、运用电子计算机管理财政收支、财务收支的财务会计核算系统（包括运用电子计算机储存、处理的财政收支、财务收支电子数据以及有关资料等）、其他与财政收支或者财务收支有关的资料以及资产。

审计机关的检查权具有强制性，被审计单位必须接受检查，不得拒绝，不得转移、隐匿、篡改、毁弃会计凭证、会计账簿、会计报表以及其他与财政收支或者财务收支有关的资料，不得转移、隐匿所持有的违反国家规定取得的资产，否则追究法律责任。

3. 查询存款权

查询存款权是指审计机关对被审计单位在金融机构的各项存款具有查询并取得证明材料的权

力。有关金融机构应当予以协助，并提供证明材料。

审计机关到异地金融机构查询被审计单位在金融机构的存款时，可以直接到异地金融机构查询，不受审计管辖范围的限制。

4. 调查取证权

审计机关的调查取证权是指审计机关就审计事项的有关问题向有关单位和个人进行调查并取得证明材料的权力。有关单位和个人应当支持、协助审计机关工作，如实向审计机关反映情况，提供有关证明材料。

5. 行政强制措施权

审计机关的行政强制措施权是指审计机关对被审计单位正在进行的违反国家规定的财政收支或者财务收支的行为、正在或者可能违法处理与财政收支或者财务收支有关资料的行为、正在违法处理违法取得的资产的行为，采取或者通知有关部门采取的强制手段的权力。

（1）制止权。制止权是指审计机关对被审计单位正在进行的违反国家规定的财政收支或者财务收支的行为、正在违法处理与财政收支或者财务收支有关资料的行为、正在违法处理违法取得的资产的行为，采取的责令停止违法行为的强制手段的权力。

（2）采取取证措施权。采取取证措施权是指审计机关有根据认为被审计单位可能转移、隐匿、篡改、毁弃会计凭证、会计账簿、会计报表以及其他与财政收支或者财务收支有关的资料的，有权采取取证措施。

（3）暂时封存账册资料权。暂时封存账册资料权是指审计机关对被审计单位可能违法处理与财政收支或者财务收支有关资料的，采取的暂时封存其账册资料的权力。

（4）通知暂停拨付款项权。通知暂停拨付款项权是指审计机关对被审计单位违反国家规定的财政收支或者财务收支行为转移或隐匿违法取得资产的行为，经制止无效后，通知有关部门暂停拨付有关款项的权力。

（5）责令暂停使用款项权。责令暂停使用款项权是指审计机关对被审计单位正在进行的违反国家规定的财政收支或者财务收支的行为、转移或隐匿违法取得资产的行为经制止无效而责令其暂停使用有关部门已经拨付的有关款项的权力。

6. 申请权

审计机关申请权是指审计机关申请人民法院采取保全措施或者强制执行的权力。

（1）申请法院采取保全措施权。申请法院采取保全措施权是指审计机关对被审计单位转移、隐匿违法取得的资产时，申请法院采取的保证资产不被转移、隐匿的强制措施的权力。

（2）申请法院强制执行权。申请法院强制执行权是指审计机关对被审计单位未按规定的期限执行审计决定而申请人民法院强制执行的权力。

7. 处理处罚权

审计机关的处理处罚权是指审计机关对被审计单位违反国家规定的财政收支、财务收支行为予以处理、处罚的权力。

（1）处理权，也称审计处理权。处理权是指审计机关对被审计单位违反国家规定的财政收支、财务收支行为采取纠正的权力。审计处理的种类有：责令限期缴纳、上缴应当缴纳或者上缴的财政收入；责令限期退还被侵占的国有资产；责令限期退还违法所得；责令冲转或者调整有关会计账目；采取其他纠正措施。

（2）处罚权，也称审计处罚权。处罚权是指审计机关对被审计单位违反国家规定的财务收支行为和违反《审计法》的行为采取行政制裁措施的权力。审计处罚的种类有：警告、通报批评；罚款；没收违法所得；依法采取的其他处罚。

8. 通报或者公布审计结果权

审计机关的通报或者公布审计结果权是指审计机关在审计完毕后，向政府有关部门通报或者向社会公布审计结果的权力。

（1）通报审计结果。通报审计结果是指审计机关向本级人民政府有关部门、下级人民政府及其有关部门，告知审计管辖范围内重要审计事项的审计结果。依照《审计机关通报和公布审计结果的规定》的规定，审计机关可以向本级人民政府有关部门、下级人民政府及其有关部门通报下列事项的审计结果：

① 模范遵守国家财经法规的单位和个人；

② 经济效益好的单位；

③ 严重违反国家规定的财政收支、财务收支行为及其处理情况；

④ 严重损失浪费问题及其处理情况；

⑤ 针对审计查明的问题，提出加强和改进管理的意见和建议；

⑥ 其他需要通报的审计结果。

审计机关通报审计结果应当采取书面形式。

（2）公布审计结果的情形。公布审计结果是指审计机关将审计管辖范围内重要审计事项的审计结果首次向社会公众公开。依照《审计法实施条例》《审计机关通报和公布审计结果的规定》的规定，审计机关可以向社会公布下列审计事项的审计结果：

① 本级人民政府或者上级审计机关要求向社会公布的审计事项；

② 社会公众关注的审计事项；

③ 法律、法规规定向社会公布的其他审计事项的审计结果。

（3）公布审计结果的形式。审计机关向社会公众公布审计结果，可以采取下列形式：

① 通过电台、电视台播放；

② 通过报纸、刊物等出版物发表；

③ 举办新闻发布会；

④ 发布公报、公告；

⑤ 其他形式。

9. 建议权

审计机关的建议权是指审计机关建议给予有关责任人员行政处分或者纪律处分或者就被审计单位执行的违法规定建议有关主管部门纠正的权力。

（1）建议给予行政处分或者纪律处分权。建议给予行政处分或者纪律处分权是指审计机关对被审计单位的有关责任人员建议有关部门或者单位给予行政处分或者纪律处分的权力。该建议具有强制性，有关部门或者单位应当依法及时做出决定，并将结果书面通知审计机关。

（2）建议纠正违法规定权。建议纠正违法规定权是指审计机关就被审计单位执行的违法规定建议有关主管部门纠正的权力。有关主管部门不予纠正的，审计机关有权提请有权处理的机关依法处理。

（三）我国审计机关的基本职责

审计机关职责，是指国家法律、行政法规规定的审计机关应当完成的任务和承担的责任。我国《宪法》第 91 条原则地规定了我国审计机关的基本职责，《审计法》第 1 章和第 3 章，分别规定了我国审计机关的基本职责和具体职责。

从总体上讲，我国审计机关的基本职责是对国家财政收支和与国有资产有关的财务收支进行审计监督。主要包括以下 3 个方面的内容。

（1）审计监督范围：包括国务院所属各部门、地方各级人民政府及其各部门、国有的金融机构和企业事业组织，以及法律、行政法规规定的其他单位。

（2）审计监督内容：包括上述监督范围内的财政收支、财务收支及其有关的经济活动。

（3）审计监督要求：审计机关要检查审计监督范围的财政、财务收支的真实、合法和效益情况。此外，审计机关作为政府内部的职能部门，还承担主管本行政区域内审计工作的重要职责。

（四）我国审计机关的具体职责

根据《审计法》和《审计法实施条例》的规定，审计机关具体职责表现为以下一些方面。

（1）审计署和地方审计机关直接进行下列审计。

① 本级财政预算执行情况和其他财政收支。

② 下级人民政府预算的执行情况和决算以及预算外资金的管理和使用情况。

③ 与本级人民政府财政部门直接发生预算缴款、拨款关系的国家机关、军队、政党、社会团体、国有企业和事业单位的财务收支。

④ 国有金融机构的资产、负债、损益。国有金融机构包括：国家政策性银行、国有商业银行、国有非银行金融机构、国有资产占控股地位或者主导地位的银行或者非银行金融机构。

⑤ 国有资产占控股地位或者主导地位的企业。这些企业包括：国有资本占企业资本总额的50%（含本数）以上的企业；国有资本占企业资本总额的比例不足50%，但是国有资产投资者实质上拥有控制权的企业。

⑥ 国家建设项目（包括基本建设项目和技术改造项目）预算的执行情况和决算，以及与国家建设项目直接有关的建设、设计、施工、采购等单位的财务收支。

⑦ 政府部门管理的和社会团体受政府委托管理的社会保障基金、社会捐赠资金、环境保护资金及其他有关基金、资金的财务收支。这里的社会保障基金包括养老、医疗、工伤、失业、生育等社会保险基金，救济、救灾、扶贫等社会救济基金，以及发展社会福利事业的社会福利基金。

⑧ 国际组织和外国政府援助、贷款项目的财务收支。

⑨ 法律、行政法规规定应当由审计机关进行的其他审计事项。

（2）中央银行的财务收支只能由审计署进行审计，地方审计机关不能审计。

（3）各级审计机关分别在本级政府行政首长的领导下，对本级预算执行情况进行审计后，向本级人民政府和上一级审计机关提出审计结果报告。

（4）受本级人民政府的委托，向本级人大常委会提出本级预算执行和其他财政收支的审计工作报告。

（5）审计机关对与国家财政收支有关的特定事项，可以向有关地方、部门、单位进行专项审计调查，并向本级人民政府和上一级审计机关报告审计调查结果。

（6）审计机关受干部管理部门的委托，对党政领导干部和国有企业领导干部进行任期经济责任审计，审计结果作为干部升降、任免等的依据之一。

（7）指导、监督内部审计。

（8）监督社会审计（审计事务所、会计师事务所）的审计业务质量。

三、国家审计人员

（一）国家审计人员构成

广义的审计人员是指在国家审计机关、内部审计机构、社会中介审计组织中执行审计业务的人员，包括国家审计人员、内部审计人员和独立审计人员。

国家审计人员是审计机关中接受国家委托，依法行使审计监督权，从事审计事务的人员。国家审计人员实质上是代表国家行使审计监督权，从事审计工作的人员，专指在中央审计机关、地方审计机关和派出审计机构中工作的人员，不包括在其他行政机关、国家权力机关、审判机关、检察机关中的工作人员，也不包括在内部审计机构、社会中介审计组织中工作的人员。

国家审计人员包括国家审计署的审计长、副审计长、地方各级审计厅、局的厅、局长、各级审计机关的领导人员和非领导职务的一般工作人员。

审计长是审计署的行政首长。按照宪法有关条文的规定，审计长是根据国务院总理提名，全国人民代表大会常务委员会决定，由中华人民共和国主席任命。审计署实行审计长负责制，审计长是国务院的组成人员。审计长每届任期5年，可以连任。全国人民代表大会有权罢免审计长。

根据中华人民共和国《国务院组织法》和国务院的有关规定，审计署设副审计长4名，协助审计长的工作，并对审计长负责。副审计长的任免由国务院决定。

根据中华人民共和国地方各级人民代表大会和地方各级人民政府组织法中有关规定，审计厅、局长由本级人民代表大会常务委员会决定任免。审计厅、局长是本级人民政府的组成人员。

除上述主要负责人以外的其他审计人员，由有关部门根据《国家公务员暂行条例》和其他法律规定的干部管理权限决定任免。

由于国家审计代表政府组织，因而，国家审计工作人员都属于国家公务人员。大多数国家审计机关只设职务，不设职称。我国审计机关除设厅长、局长、处长、科长、助理等领导职务外，一般审计人员只有办事员、科员、主任科员或调研员之别。虽然也设有高级审计师、审计师、助理审计师等专业职称，但与工资待遇不挂钩。

（二）国家审计人员的素质要求

审计人员的素质是指审计人员应当具备与其从事的审计工作相适应的专业知识和业务能力。国外的审计机关对审计人员专业知识和业务能力的要求是通过审计准则来实现的。2003年修订的《美国政府审计准则》第3章特别强调了审计组织和审计师个人的独立性、专业判断运用及审计师的胜任能力等问题。最高审计机关国际组织于1977年在利马颁布的《利马宣言》第14节"审计人员"中明确指出：最高审计组织的成员和审计人员应具备必要的资历和道德品质，以便更好地完成其工作任务。最高审计组织招聘工作人员时应适当重视较高的知识水平和能力及足够的专业经验。应当充分重视提高审计组织所有成员和审计人员的理论水平和实际工作水平。我国《审计法》第12条规定"审计人员应当具备与其从事的审计工作相适应的专业知识和业务能力"。我国《国家审计基本准则》第8条规定，承办审计业务的审计人员应当具备下列条件：①熟悉有关的法律、法规和政策；②掌握审计及相关专业知识；③有一定的审计或者其他相关工作经验；④具有调查研究、综合分析、专业判断和文字表达能力。可见，审计人员的素质水平主要表现专业知识和业务能力两个方面。

1. 专业知识

（1）审计专业知识。审计人员必须通晓审计理论和方法，熟悉审计相关的各项法规、制度，否则会对审计质量、结果产生很大影响。因此，审计人员必须熟练掌握并灵活运用各种审计方法，并能在实践中实施。

（2）会计专业知识。会计专业知识是开展审计工作的基础知识，在一定程度上影响着审计工作质量的提高。因此，审计人员要掌握《财务会计》《财务管理》等会计专业知识。人们说"有不懂审计的会计，但没有不懂会计的审计"，做审计必须懂会计。

（3）法律法规知识。审计人员发现被审计单位有违反国家规定的财政、财务收支行为需要依法定性时，国家法律、法规和行业的规章制度就显得尤为重要。审计人员只有熟悉和掌握国家的法律、法规，才能做到依法审计。

（4）计算机知识。随着计算机技术、网络技术的发展和普及，计算机审计势在必行，这就要求审计人员必须懂得计算机知识。审计人员一定要熟练掌握计算机的操作运用，以适应不断发展变化的审计事业的需要，提高审计人员专业素质中的科技含量。

2. 业务能力

（1）要有高度的判断能力。判断能力不仅仅是简单的分析判断，而是要从问题的宏观层面进行剖析，分析问题的产生和发展脉络，对被审计单位所处的行业现状有不同程度的研究，能够把握审计所涉及的方方面面。在统筹分析的基础上才能对所掌握的材料进行高度的概括和总结，做到对问题准确的处理，提出有价值的意见和建议。

（2）具有宏观的思维能力。审计工作要发挥宏观监督职能，审计人员就必须具备宏观思维能力。广大审计人员务必要加强学习，不断提高自身的综合分析和文字表达能力，力争多出高层次的"成品""精品"审计报告，少出或不出低层次的"次品""劣品"审计报告，努力使审计监督发挥更大的价值。

（3）具有较强的沟通能力。作为一名审计人员，要与不同审计对象打交道，因此，审计人员要摆正自己的位置，既做到不卑不亢，又不能简单地以监督者自居，要掌握沟通的艺术和技巧，使被审计单位能够端正态度，积极配合，共同完成审计项目。

（4）具有较强的协调能力。审计工作需要协调处理好审计与被审计对象、与各有关部门的关系。上述关系协调处理好坏，将直接影响到审计机关的形象与威信。

（5）文字表达能力。审计报告、审计信息是审计成果的载体，集中反映了审计工作的整体水平和审计人员的业务水平。要让更多的审计报告、审计信息进入领导决策，提高审计地位，审计人员就必须要有良好的文字表达能力。

（三）国家审计人员的资格条件

审计工作对审计人员素质的要求，也就决定了从事审计工作的人员必须具备一定的资格条件。我国《审计法》第12条规定：审计机关实行审计职业资格制度。对国家审计人员具体的任职资格要求，主要反映在对高级审计师、审计师和助理审计师的资格认定上。

1. 高级审计师（高级专业职务）

（1）具有系统、坚实的审计专业和经济理论基础知识，熟悉财政、税务、金融和基建、企业财务管理、会计核算等相关知识。

（2）了解国家宏观经济政策和各项经济改革措施，熟悉与审计工作相关的各项经济法律、行政法规，通晓审计法规、会计法规及有关行业的财务会计制度。

（3）了解国内外审计专业的发展趋势，国际审计准则及审计国际组织中主要成员国有关审计的法律、规范、办法等。

（4）能熟练运用经济基础理论和专业知识，解决审计领域中重要或关键的疑难问题；能针对审计工作发展趋势，提出相适应的审计工作重点、方式和方法；能解决审计工作与其他工作配合、协调中的重大问题。

（5）能够组织、指导与考核中级审计人员的业务学习和工作，能够主持审计课题科研工作；具有较高的文字表达能力。

（6）能熟练学习一门外国语；了解计算机基础知识，掌握计算机操作技能。

我国对高级审计师资格实行评审制度。审计人员应具有中级职务一定的任职年限、具备一定的学历和取得一定的业绩和成果，才有资格参加晋升高级审计师的评审。

2. 审计师（中级专业职务）

（1）掌握比较系统的审计专业理论和业务知识，有一定的经济基础理论和经济管理知识以及经济法知识。

（2）熟悉并能正确运用国家有关经济法律、行政法规、规章制度，以及党和国家的方针、政策。

（3）有较丰富的审计实际工作经验和一定的分析能力，能组织和指导具体的审计项目的审计工作并担任主审工作；能组织实施行业性审计或审计调查工作；能承担重大专案审计工作；具有一定的审计科研能力和文字表达能力。

（4）掌握计算机基础知识并能运用计算机完成有关的审计业务；掌握一门外国语。

3. 助理审计师（初级专业职务）

（1）掌握审计专业基理论和专业知识，掌握经济管理基础知识并基本掌握经济法知识。

（2）熟悉并能够正确执行国家有关经济法律、行政法规、规章制度以及方针、政策。

（3）掌握并运用有关的审计技术方法，能承担某一方面的审计工作任务。

（4）了解计算机基础知识并能运用计算机处理某一方面的审计业务；初步掌握一门外国语。

审计人员要取得审计师资格或初级资格均要通过国家考试。

四、最高审计机关国际组织

最高审计机关国际组织（The Inter-national Organization of Supreme Audit Institutions，INTOSAI），是由世界各国最高一级国家审计机关所组成的国际性组织。创立于 1953 年，1968 年在东京召开的第六次会议上，该组织的章程被通过，最高审计机关国际组织正式宣布成立，受联合国经社理事会领导。最高审计机关国际组织总部设在维也纳，由奥地利审计法院负责日常工作，该组织的会费由各成员国按联合国缴纳会费的比例分摊。自 1953 年成立以来，最高审计机关国际组织从 34 个成员发展至如今的 190 个成员，成为全球第二大国际组织。我国于 1982 年加入该组织。最高审计机关国际组织的主要职责是统一规范审计标准，加强业务合作，促进审计事业发展以及各会员国之间的信息交流与沟通。该组织的宗旨：互相交流情况，交流经验，推动和促进各国审计机关更好地完成本国的审计工作。

INTOSAI 为有效运作，设置了以下组织：

*会员国大会（the Congress，又称 INCOSAI）

*理事会（the Governing Board）

*秘书处（the General Secretariat）

*区域性工作小组（the Regional Working Groups）

*常设委员会及工作小组（the Standing Commissions and Working Groups）

第二节 民间审计

一、民间审计的性质

（一）民间审计的含义

民间审计也称注册会计师审计或独立审计。所谓民间审计，是指依法成立的民间审计组织接受委托，对被审计者的财务收支及其经济活动的真实性、合法性、效益性，依法独立进行审计查证和咨询服务活动。民间审计是指注册会计师依法接受委托、独立执业、有偿为社会提供专业服务的活动。

（二）民间审计与政府审计的关系与区别

民间审计和政府审计，都属于外部审计。同样都处于比较超脱的地位，有较强的独立性和权威性及客观公正性。在国家的审计体系中，审计机关是领导管理机关，民间审计组织在机构业务要受国家财政和审计机关管理和指导。审计机关可以将其审计范围内的事项，委托会计师事务所进行审计。民间审计与政府审计的区别，体现在以下4个方面。

1. 设置的法律依据不同

审计机关是根据宪法设置的。会计师事务所是依法批准的组织，具有法人资格。审计机关的任务，是代表国家实行外部审计监督。会计师事务所的业务，是向社会承办审计查证和咨询服务。

2. 组织机构的性质不同

政府审计的主体是各级国家审计机关，属政府序列，审计机关是各级政府的组成部分，其所需经费纳入国家财政预算，由财政拨款解决。而民间审计组织的审计主体是经国家有权机关批准成立的会计师事务所，不是政府的职能部门，通过有偿服务取得收入，实行自收自支的独立核算。

3. 审计权限的行使不同

国家审计是强制性审计监督，有权要求被审计单位报送有关资料，有检查权、调查权和临时处置权等。审计之后有权依法进行处理，包括经济处罚权、通报权、建议处分权等，被审计单位必须执行。而民间审计组织只能接受有权机关和单位委托，在被受命时才有检查权、建议权和处理权。所以民间审计组织在审计过程中的职权是由委托方授予的，其范围不超过委托方的职权。

4. 职能履行的不同

国家审计机关根据宪法与有关规定可以主动地制定审计计划，对被审计单位进行审计。而民间审计组织只有在接受委托之后承诺履行职责，不能像国家审计工作机关那样实行强制性审计，不能直接安排审计任务。所以这种委托审计的方式形成了民间审计组织在履行职能上的被动性，同时还要向被审计单位和委托单位承担一定的义务和法律责任。

二、国外的民间审计组织

国外的民间审计组织为会计师事务所，或称为会计公司。在西方国家，数以千万计的企业基本上都是私营的，审计业务都要委托会计师事务所办理，因而民间审计组织在西方处于相当重要的地位。西方的会计师事务所均为私营公司，一般采用合伙方式组建。

（一）西方国家会计师事务所的组织形式

随着执业环境和职业规则的变化，注册会计师选择的会计师事务所的组织形式也在不断变化。目前，西方国家常见的会计师事务所的组织形式主要有以下4个方面。

1. 独资（Proprietorship）

独资会计师事务所是由注册会计师个人单独设立的，承担无限责任。其优点是责权利明确，经营灵活，能较好地满足小型客户对代理记账、代理纳税等服务上的需求。但缺点是独立性和稳定性差，业务承受能力和风险承受能力弱。

2. 普通合伙制（General Partnership）

普通合伙制会计师事务所是由两名或两名以上注册会计师共同出资设立的，共同经营，共担风险。合伙人以各自的财产对事务所的债务承担无限连带责任。其优点是有利于增强注册会计师的风险意识和业务拓展的能力，但缺点是任何一个合伙人的执业失误都有可能导致整个事务所遭受灭顶之灾，而且在事务所规模扩大到一定程度后不便于进行内部的管理。普通合伙制长期以来是西方国家，特别是美国会计师事务所的主要组织形式。

3. 有限责任公司制（Limited Liability Company）

有限责任公司制会计师事务所是由若干名注册会计师通过认购股份组成的具有法人资格的事务

所。注册会计师以其认购股份对会计师事务所承担有限责任,而会计师事务所以其全部资产对其债务承担有限责任。成立有限责任公司制的事务所有利于筹集资本,较快扩大事务所的经营规模,但却不利于强化对注册会计师不当执业行为的约束,从而淡化了注册会计师的风险意识和职业责任感。欧洲联盟成员国现在已允许会计师事务所采取股份有限公司形式。

4. 有限责任合伙制(Limited Liability Partnership)

有限责任合伙制会计师事务所,是指事务所以其全部资产对其债务承担有限责任,而各个合伙人对其个人执业行为承担无限责任。具体含义是,A 合伙人负责一个审计项目,一旦发生审计诉讼,A 对该项审计业务承担无限责任,但事务所内其他合伙人员对此项业务只负有限责任。这种组织形式集中了合伙制和有限责任公司制的优点,兴起于 20 世纪 90 年代后期的美国,它顺应了当时美国注册会计师对减轻法律诉讼困扰的现实要求。有限责任合伙制已成为目前世界上许多国家会计师事务所组织形式的发展趋势。

(二)国外对民间审计组织的业务范围

国外民间审计组织均有一定的法律地位,民间审计有一定的职业保障。这一保障主要通过民间审计的立法来实现。随着经济的不断发展,事务所的服务开始渗透于各行各业,且服务范围一直在不断扩展。

1. 鉴证服务

鉴证服务是会计师事务所传统和核心的业务,包括审计、审核、审阅和执行商定程序等业务。具体来说,主要表现为会计报表审计、盈利预测审核、期中会计报表审阅、特殊目的业务审计等。

2. 税务代理

税务代理一般包括代理纳税申报、纳税策划、代理客户出庭。

3. 资产评估

对受托评估的资产价值进行估计和计算。

4. 会计服务

会计服务是小型事务所的主要业务,包括代理记账、编制会计报表、处理工资单等。

5. 管理咨询

管理咨询服务范围很广,主要包括对公司的组织机构、信息系统、人事管理、财务会计、经营效率、效果和效益等提供建议和帮助。

6. 税务咨询、信息技术咨询、融资咨询

(三)国外民间审计组织的管理模式

不同国家民间审计人员的称谓、组织和管理情况各不相同,世界各国对民间审计组织的管理办法主要有以下几种方式:

1. 由民间审计组织自我管理

由有关部门授权民间审计组织的职业团体进行管理,如美国、加拿大、法国、印度等国,主要由民间审计协会承担对民间审计人员的培训、考试、颁发执照、业务指导和监督检查等工作,并负责制定民间审计准则,对民间审计人员进行纪律制裁。如美国由会计师协会负责制定民间审计准则和民间审计人员的考试工作;各州会计事务委员会具体管理本州的民间审计工作。在加拿大,各州会计事务委员会具体管理本州的民间审计工作。

2. 由半官方半民间的机构管理

由半官方半民间的机构管理,就是成立一个由政府官员、民间审计人员、教授等人组成的机构,负责对民间审计工作进行管理。如泰国,在 1962 年颁发的《审计会计师条例》中规定,成立审计监督委员会，由商业部次长任主任委员，商业注册厅厅长、中央财会厅厅长、税务厅厅长、审计长公署审计长、朱拉隆大学商业会计系主任、法律大学商业会计系主任为当然委员，以及由部长任命的委员 8 人（其中注册审计会计师的人数不得少于半数）等组成。审计监督委员会的权力与任务是接受审计会计师注册登记，并发给执照；责令注册审计会计师停职或吊销其执照；制定注册审计会计师的申请、发给营业执照；责令注册审计会计师停职或吊销其执照；制定注册审计会计师的申请、发给执照、延期初发执照等有关规定、条件与办法；为大学或其他教育部门提供有关审计、会计专业学历的咨询。

3. 由政府有关部门直接参与管理

这种管理模式是政府有关部门直接参与管理民间审计工作。根据其不同的隶属关系，一般又可以细分为以下几种。

（1）由财政部管理，如日本、西班牙等国家。日本大藏省直接参与对公认会计师及其审计工作的管理，具体负责管理的机构是大藏省所属的企业会计审议会。大藏省参与管理主要体现在 3 个方面：一是考试合格的公认会计师，报大藏省认定后，方可注册登记；二是成立审计法人须得到大藏省的同意；三是审计法人审计大公司的报告要报送大藏省。

（2）由商务（经济）部管理，如英国、德国、荷兰等国家。目前英国注册会计师行业共有 6 个行业协会组织，其中英格兰—威尔士特许会计师协会（ICAEW）、苏格兰特许会计师协会（ICAS）、爱尔兰特许会计师协会（ICAI）、特许注册会计师协会（ACCA）4 个协会组织是法律认可的注册会计师行业管理组织。英国《1989 年公司法》第 53 条第（1—B）款规定：英国贸工部通过制定标准或办法指导、监督会计职业团体的工作。德国从事民间审计的人员包括两大类：经济审计师（WP）和宣誓会计师（VBP）。两者都要求接受审计师公会的监督，在自愿的基础上加入审计师协会。因此，在德国经济审计师的职业团体有两个：一个是经济审计师公会，另一个是经济审计师协会。经济审计师公会是依照《经济审计师法》成立的，他是一个半官方组织，在德国的联邦经济事务部的监督下开展工作。经济审计师协会是一个民间执业团体，与经济审计师公会不同，公会是一个公法社团，而协会是根据民法组织的，经济审计师必须参见公会，但参加协会则是自愿的，不过绝大多数的经济审计师和审计公司都是协会的会员。在荷兰对注册会计师行业进行监督的政府部门主要是经济事务部，荷兰注册会计师协会负责荷兰注册会计师行业的日常管理工作。

（3）由司法部门管理，如意大利等国家。意大利注册会计师行业政府主管部门是司法部。意大利注册会计师协会全国理事会设在司法部，协会理事会选举结果、重要事项决定以及注册簿名单等要报备司法部，有些重要事项还必须在司法部官方报纸上公告，协会规章制度须经司法部批准，注册会计师要从事审计业务须到司法部注册。

（4）由政府证券交易管理委员会管理，如巴西等国家。巴西注册会计师行业实行政府干预型管理体制，注册会计师行业由政府证券交易管理委员会管理。其特点是由国家制定和颁布专门法律，对注册会计师的地位、资格，会计师事务所的设立以及注册会计师从事审计的依据、工作规范等做出明确的规定。

（四）国外民间审计组织的内部结构

1. 会计师事务所内部机构

在西方国家，从事民间审计的一般组织机构是会计师事务所。会计师事务所是由取得注册会计师资格的人员组成，其规模大小不一，小的只有一人单独挂牌执业，大的可以成百上千人结合而共同提供民间审计服务。根据西方国家有关法令和注册会计师团体的职业守则，如果两个或两个以上的注册会计师共同执业，必须采取合伙组织形式，禁止采用股份有限公司组织形式。会计师事务所内部一般设置有审计服务部、税务服务部、咨询服务部、职业发展部等职能部门，负责相关业务或事务。

2. 会计师事务所人员的构成

会计师事务所人员的构成包括：合伙人、经理、督导（协理）、高级审计人员、助理人员、专家等。

（1）合伙人：会计师事务所的所有者，对事务所的各项业务负最后责任。其主要职责是发展客户、承接审计聘约、审阅审计工作底稿、签发审计报告等。

（2）经理：会计师事务所内部的高级职员，其主要职责是拟定审计计划，协商解决审计过程中产生的问题、草拟审计报告等。

（3）高级审计师：有 3 年以上的工作经验，主要负责审计小组的工作，是经理的下属职员，主要职责是草拟审计工作方案、组织实施审计外勤检查、处理业务中的技术问题。

（4）助理人员：会计师事务所新雇用及尚未取得注册会计师资格的人员。

（5）专家：非注册会计师的其他专业人员，如计算机专家、税务专家、财务分析专家、律师等，参与协助审计工作。

（6）出资人：实际上享有合伙人权利与职责的非注册会计师人员，相当于事务所的所有者。

会计师事务所人员的级别如图 2-1 所示。

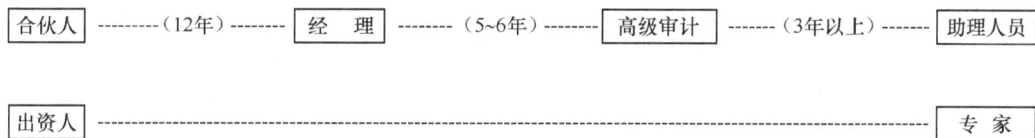

| 合伙人 | --------（12年）-------- | 经　理 | --------（5~6年）-------- | 高级审计 | -------（3年以上）------- | 助理人员 |

| 出资人 | -- | 专　家 |

图 2-1　会计师事务所人员的级别

三、我国的民间审计组织

（一）我国会计师事务所基本模式及设立条件

在我国，会计师事务所是国家批准、依法设立并独立承办注册会计师业务的机构，实行自收自支、独立核算并依法纳税。事务所是注册会计师的工作机构，注册会计师只有加入事务所才能承接业务。当前，我国会计师事务所主要有三种组织形式。

1. 有限责任制会计师事务所

有限责任制会计师事务所是指由注册会计师出资发起设立、承办注册会计师业务并负有限责任的社会中介机构。事务所以其全部资产对其债务承担责任，出资人承担的责任以其出资额为限。设立有限责任制会计师事务所必须符合下列条件：不少于人民币 30 万元的注册资本；有 10 名以上的在国家规定职龄以内的专职从业人员，其中至少有 5 名注册会计师；有 5 名以上符合规定条件的发起人；有固定的办公场所；审批机关规定的其他条件。

2. 合伙制会计师事务所

合伙制会计师事务所是由注册会计师合伙设立、承办注册会计师业务的社会中介机构。合伙人按出资比例或者协议的约定，以各自的财产对事务所的债务承担无限连带责任。设立合伙制会计师事务所必须具备下列条件：有两名以上符合规定的注册会计师作为合伙人，由合伙人聘用一定数量符合规定条件的注册会计师和其他专业人员参加事务所工作；有固定的办公场所和必要的设施；有能够满足执业和其他业务工作所需的资金。申请成为事务所合伙人的注册会计师必须符合如下条件：必须是中华人民共和国公民；持有中华人民共和国注册会计师有效证书，有 5 年以上在会计师事务所从事独立审计业务的经验和良好的道德记录；不在其他单位从事谋取工资的工作；至申请日止在申请注册地持续工作 1 年以上。

3. 特殊普通合伙制会计师事务所

根据国家财政部、工商总局《关于推动大中型会计师事务所采用特殊普通合伙组织形式的暂行规定》，财政部制定了《大中型会计师事务所转制为特殊普通合伙组织形式实施细则》，大型会计师事务所应当于 2010 年 12 月 31 日前转制为特殊普通合伙组织形式；鼓励中型会计师事务所于 2011 年 12 月 31 日前转制为特殊普通合伙组织形式。会计师事务所转制为特殊普通合伙组织形式，应当有 25 名以上符合规定要求的合伙人、50 名以上的注册会计师，以及人民币 1 000 万元以上的资本。事务所转制后，分所名称统一为"××会计师事务所（特殊普通合伙）+行政区划+分所"。采用特殊普通合伙组织形式的会计师事务所，一个合伙人或者数个合伙人在执业活动中因故意或者重大过失造成合伙企业债务的，应当承担无限责任或者无限连带责任，其他合伙人以其在合伙企业中的财产份额为限承担责任。合伙人在执业活动中非因故意或者重大过失造成的合伙企业债务以及合伙企业的其他债务，由全体合伙人承担无限连带责任。

（二）我国民间审计组织管理体制

我国《注册会计师法》第 5 条规定，国务院财政部门和省、自治区、直辖市人民政府财政部门，依法对注册会计师、会计师事务所和注册会计师协会进行监督、指导。财政部、审计署合发的财办字 1995 年 25 号文件确定："中国注册会计师协会与中国注册审计师协会实行联合，称为中国注册会计师协会，依法对社会审计进行行业管理，并依法接受财政部、审计署的监督、指导。"《审计法》第 30 条规定："对依法独立进行社会审计的机构的指导、监督、管理，依照有关法律和国务院的规定执行。"上述规定，明确了对社会审计机构进行指导、监督、管理，是审计机关的一项基本职责；同时也明确了审计机关应当按照注册会计师法和国务院的有关规定，依法对社会审计机构进行指导、监督、管理。其主要内容包括：与财政部共同成立注册会计师协会，实施注册会计师的考试、注册以及对注册会计师及其事务所的指导、监督、管理工作。可见，我国民间审计组织管理体制主要体现在以下两个方面。

（1）财政部门。国务院财政部门和省、自治区、直辖市人民政府的财政部门依法对社会审计行业进行指导、管理和监督。主要职责是：认定注册会计师执业资格，审批会计师事务所，制定收费标准，颁布执业准则，处罚违法违规执业的注册会计师及其会计师事务所。

（2）审计机关。各级审计机关依法对社会审计工作质量进行监督和检查。通过质量检查，对违法违规执业的注册会计师及其会计师事务所，建议财政部门和行业协会进行处理处罚。

（三）我国会计师事务所的业务范围

根据《中华人民共和国注册会计师法》的规定，注册会计师依法承办审计业务和会计咨询、会计服务业务。此外，注册会计师还根据委托人的委托，从事审阅业务、其他鉴证业务和相关服务业务。

1. 审计业务

（1）历史财务报表审计。

（2）企业内部控制审计。

（3）企业合并、分立、清算审计。

（4）特殊目的审计。

2. 审阅业务

审阅业务的目标，是注册会计师在实施审阅程序的基础上，说明是否注意到某些事项，使其相信财务报表没有按照适用的会计准则的规定编制，未能在所有重大方面公允反映被审阅单位的财务状况、经营成果和现金流量。相对审计而言，审阅程序简单，保证程度有限，审阅成本也较低。

3. 其他鉴证业务

除了审计和审阅业务外，注册会计师还承办其他鉴证业务，如预测性财务信息审核、系统鉴证等，这些鉴证业务可以增强使用者的信任程度。我国注册会计师承办的业务范围较为广泛，既有针对历史财务信息的审计和审阅业务，又有历史财务信息以外的其他鉴证业务，如预测性财务信息的审核等。

4. 相关服务

相关服务包括对财务信息执行商定程序、代编财务信息、税务服务、管理咨询等。

注册会计师的业务可以分为保证服务与非保证服务，保证服务包括上述的审计业务、审阅业务、其他鉴证业务；而非保证服务是指对财务信息执行商定程序、代编财务信息、税务服务、管理咨询等相关服务。

鉴证服务是注册会计师提供的一种保证服务，而鉴证业务的保证程度分为合理保证和有限保证，合理保证的保证水平要高于有限保证的保证水平。审计业务属于合理保证的鉴证业务，审阅业务属于有限保证的鉴证业务。合理保证的鉴证业务的目标是注册会计师将鉴证业务风险降至该业务环境下可接受的低水平，以此作为以积极方式提出结论的基础。有限保证的鉴证业务的目标是注册会计师将鉴证业务风险降至该业务环境下可接受的水平，以此作为以消极方式提出结论的基础。

（四）我国会计师事务所的权限与义务

1. 会计师事务所的权限

会计师事务所和注册会计师在承接和执业中，具有以下权限。

（1）会计师事务所受理业务，不受行政区域、行业的限制。

（2）委托人委托会计师事务所办理业务，任何单位和个人不得干预；注册会计师和会计师事务所依法独立、公正执行业务，受法律保护。

（3）注册会计师执行业务，可以根据需要查阅委托人的有关会计资料和文件，查看委托人的业务现场和设施，要求委托人提供其他必要的协助。

2. 会计师事务所的义务

注册会计师及会计师事务所依法执行审计业务时，有以下几方面的义务。

（1）会计师事务所对本所注册会计师依照《注册会计师法》规定承办的业务，承担民事责任。

（2）注册会计师与委托人有利害关系的，应当回避；委托人有权要求其回避。

（3）注册会计师对在执行业务中知悉的商业秘密，负有保密义务。

（4）会计师事务所依法纳税。会计师事务所按照国务院财政部门的规定建立职业风险基金，办理职业保险。

（5）注册会计师执行审计业务，遇有下列情形之一的，应当拒绝出具有关报告：

① 委托人示意其作不实或者不当证明的；

② 委托人故意不提供有关会计资料和文件的；

③ 因委托人有其他不合理要求，致使注册会计师出具的报告不能对财务会计的重要事项做出正确表述的。

四、民间审计人员

（一）国外对民间审计人员的条件要求

民间审计人员，是指在社会中介审计组织中接受委托从事审计和会计咨询、会计服务的执业人员。我国民间审计人员是指注册会计师，注册会计师是依法取得注册会计师证书并接受委托从事审计和会计咨询、会计服务业务的执业人员。多数国家都把达到合格水平的工作人员称之为注册会计师，或称之为执业会计师、特许会计师等，但也有些少数国家称之为公共会计师、公证会计师、经济检查师、公认会计师等。不同国家民间审计人员的称谓有差异。在考试、学历、资历、年龄等方面都有一定的条件要求具体如表 2-1 所示。

表 2-1　　　　　　　　　　　　　国外对民间审计人员的条件要求

国家	学历	资历（年）	年龄限制	人员称谓
美国	大学	1～2	25 岁以上	注册会计师、公共会计师
英国	大学	3～4	30 岁以上	特许会计师、注册会计师
法国	中专	3	25 岁以上	法定审计师、认可审计师
德国	大学并取得学士学位	6	30 岁以上	经济审计师、宣誓账目审计师
日本		3		公认会计师
荷兰	会计学博士、高级会计师		30 岁以上	注册会计师
加拿大	高中毕业	5	21 岁以上	特许会计师
泰国				注册审计会计师

1. 学历要求

对民间审计人员学历的要求，多数国家要求大学学历，少数国家要求取得会计学博士学位，也有少数国家要求中专以上的学历。

2. 资历要求

对民间审计人员资历的要求：具有一定的实际工作经验，要求从事会计、审计等实际工作 2 年以上，当然具体情况各国均有规定。对民间审计人员的年龄也有限制，一般要求 25 岁以上。

3. 考试要求

各国对民间审计人员均实现了考试制度，但具体的考试科目、次数等方面不完全相同。以下以美国、英国等国为例加以说明。

美国实行一次性考试，由美国公证会计师协会负责考试题目的制定，由各州各自组织。考试科目为审计与签证、财务会计与报告、法规、商业环境。对申请人的考试资格的要求是 4 年大学及具备下列条件者：（1）会计学士；（2）州承认的学习大学课程 2 年或者学习公共会计课程 4 年者；（3）相当于上述各条件并经州认可者。其考试的内容、题型及时间如表 2-2 所示。

表 2-2　　　　　　　　　　　　　　　美国注册会计师考试

科目内容	题型及比重	考试时间
Part1：审计与签证	单项选择题组（占 70%）和模拟案例题组（占 30%）	4.5/H
Part2：财务会计与报告	单项选择题组（占 70%）和模拟案例题组（占 30%）	4.0/H
Part3：法规	单项选择题组（占 70%）和模拟案例题组（占 30%）	3.0/H
Part4：商业环境	全部单项选择题组	2.5/H

英国与其他国家有所不同，其注册会计师认证并不只有一个。目前具有英国法定执业资格的合资格会计师[特许公认会计师（ACCA）、特许会计师（CA 或 ACA）和国际会计师（AIA）]得到了欧洲联盟成员国、欧洲经济共同体国家成员国认可，赋予他们法定权力可以在当地执业。在中国影响最大的应该是 ACCA，英文翻译"特许注册会计师"，实际上是 The Association of Chartered Certified Accountants（特许公认会计师公会）的缩写，它是英国具有特许头衔的四家注册会计师协会之一，也是当今最知名的国际性会计师组织之一。ACCA 考试共分为三个阶段 14 门课程，每次考试最多只能报考 4 门，学员只要在注册后 10 年内完成所有考卷就可以获得 ACCA 的资格认

证。所以，按最理想化的方式计算，通过所有的 14 门考试，花上将近 3 年时间也就够了，而实际情况却远非如此。

4. 业务素质

要求审计人员有一定的专业知识和业务能力。如美国公证会计师协会于 1947 年发表的《审计准则试行方案》以及后来形成的"一般审计准则"指出，审计工作应由经过专门训练并具有熟练技能的审计人员去执行。审计人员在执行工作时，必须保持独立的态度，执行工作及撰写审计报告时，必须保持职业上应有的严谨态度。

（二）国外不同层级审计人员的地位和职责

在合伙制会计师事务所里，不同层级审计人员的地位和职责不同，构成一个"金字塔"式的结构。处于最高层次的是事务所的合伙人（Partner），以下依次为项目经理（Manager）、高级审计师（Senior Auditor）和审计员（Auditor）。一个注册会计师以助理人员身份在会计师事务所开始公开执业生涯，一般需在每个层次的岗位上积累 2～3 年的实践经验，才能最终成为合伙人。逐级升迁既是培养审计人员专业技能和积累经验的需要，也是对审计人员的一种激励机制。各层次审计人员的主要职责如表 2-3 所示。

表 2-3 合伙制会计师事务所各层次审计人员的职责

地位	职责
合伙人	寻找客户并协调与客户的关系；审核审计工作，签发审计报告；对与审计有关的事项负最终责任
项目经理	负责安排审计工作，直接检查、监督审计任务的完成
高级审计师	参与制订审计计划，协调和负责外勤工作，包括指导、复核助理人员的工作
审计员	执行各种具体审计程序，编制审计工作底稿

（三）我国注册会计师资格考试与登记

我国自 1991 年起实行注册会计师全国统一考试制度。考试办法由财政部制定，由中国注册会计师协会组织实施。

1. 报考条件

（1）报名资格。根据《注册会计师法》的规定，具有高等专科以上学校毕业的学历或者具有会计或者相关专业中级以上技术职称的中国公民，可以申请参加注册会计师全国统一考试；具有会计或者相关专业高级技术职称的人员，可以免予部分科目的考试。对外国籍公民，根据互惠原则决定其是否允许参加考试。

（2）专业阶段。注册会计师专业阶段考试报名条件：

① 具有完全民事行为能力；

② 具有高等专科以上学校毕业学历，或者具有会计或相关专业中级以上技术职称。

（3）综合阶段。注册会计师综合阶段考试报名条件：

① 具有完全民事行为能力；

② 已取得财政部考委会颁发的注册会计师全国统一考试专业阶段考试合格证书。

（4）免试条件。免试规定：具有会计或者相关专业高级技术职称的人员（包括学校及科研单位中具有会计或者相关专业副教授、副研究员以上职称者），可以申请免予专业阶段考试 1 个专长科目的考试。申请免予考试的人员，应当填写《注册会计师全国统一考试——专业阶段考试科目免试申请表（2010 年度）》，并向报名所在地省级财政厅（局）注册会计师考试委员会办公室（以下简称地方考办）提交高级技术职称证书及复印件。地方考办审核无误后，报财政部注册会计师考试委员会办公室（以下简称财政部考办）审核批准，方可免试。

2．考试科目

（1）考试划分为专业阶段考试和综合阶段考试。考生在通过专业阶段考试的全部科目后，才能参加综合阶段考试；

（2）专业阶段考试科目：会计、审计、财务成本管理、公司战略与风险管理、经济法、税法 6 个科目；

（3）综合阶段考试科目：职业能力综合测试（试卷一、试卷二）。

3．考试方式与答题时间

（1）考试采用闭卷、计算机化考试（简称机考）方式。即，在计算机终端获取试题、作答并提交答案。

（2）会计科目考试时间为 180 分钟，审计、财务成本管理考试时间各为 150 分钟，经济法、税法、公司战略与风险管理考试时间各为 120 分钟。

4．注册登记

注册会计师依法执行业务，应当取得财政部统一制定的中华人民共和国注册会计师证书。参加注册会计师全国统一考试成绩合格（经依法认定或者考核具有注册会计师资格），并在中国境内从事审计业务工作 2 年以上者，可以向省级注册会计师协会申请注册。

（1）申请注册需要提交的材料。注册申请人申请注册，应当通过所在的会计师事务所向会计师事务所所在地的省级注册会计师协会提交下列材料：

① 注册会计师注册申请表；

② 注册会计师全国统一考试全科合格证书复印件；

③ 2 名注册会计师出具的注册申请人从事审计业务 2 年以上证明表；

④ 与所在会计师事务所签订的聘用合同复印件；

⑤ 有效身份证件或者身份证明复印件（外国人应当提交护照和签证复印件，中国香港、澳门特别行政区及台湾地区居民应当提交在香港、澳门特别行政区及台湾地区的身份证件复印件，以及中国出入境行政管理部门发放的通行证复印件替代此项材料）；

⑥ 有效人事档案证明或者退休证明复印件（外国人和中国香港、澳门特别行政区及台湾地区居民应当提交由中国劳动行政管理部门发放的就业证复印件替代此项材料）。

（2）不予注册的情形。注册申请人有下列情形之一的，不予注册：

① 不具有完全民事行为能力的；

② 因受刑事处罚，自刑罚执行完毕之日起至申请注册之日止不满 5 年的；

③ 因在财务、会计、审计、企业管理或者其他经济管理工作中犯有严重错误受行政处罚、撤职以上处分，自处罚、处分决定生效之日起至申请注册之日止不满 2 年的；

④ 受吊销注册会计师证书的处罚，自处罚决定生效之日起至申请注册之日止不满 5 年的；

⑤ 因以欺骗、贿赂等不正当手段取得注册会计师证书而被撤销注册，自撤销注册决定生效之日起至申请注册之日止不满 3 年的；

⑥ 不在会计师事务所专职执业的；

⑦ 年龄超过 70 周岁的。

（3）注册申请的受理。省级注册会计师协会受理或者不予受理注册申请，应当向注册申请人出具加盖本单位专用印章和注明日期的书面凭证。

① 省级注册会计师协会做出准予注册决定的，应当自做出决定之日起 10 个工作日内向注册申请人颁发注册会计师证书。

② 省级注册会计师协会做出不予注册决定的，应当自做出决定之日起 15 个工作日内书面通知

注册申请人。书面通知中应当说明不予注册的理由，并告知注册申请人享有依法申请行政复议或者提起行政诉讼的权利。

五、民间审计人员职业团体

（一）国际会计师联合会

民间审计人员职业团体在国际上是国际会计师联合会。国际会计师联合会（International Federationof Accountants，IFAC）成立于 1977 年 10 月 14 日的德国慕尼黑，其前身是国际会计职业协调委员会，成立于 1972 年的澳大利亚悉尼第 10 届国际会计师大会上。其最高领导是代表大会及理事会。其代表大会的成员非个人，而是世界各国的会计师职业团体。国际会计师联合会的总部设于美国的纽约，它在瑞士日内瓦注册。中国注册会计师协会于 1997 年 5 月 8 日正式成为国际会计师联合会成员。

1. 联合会的机构

国际会计师联合会下设会员大会、理事会、秘书处以及 7 个专业委员会和若干特别工作组（Task Force），并设会长、副会长、秘书长、副秘书长等职。会员大会是 IFAC 的最高权力机构，每个会员团体可选派一名代表参加。会员大会每年召开一次会议，负责决定一些重大问题以及选举理事会。IFAC 每年都会就其运作情况和开展的活动发布年度报告。理事会由主席和来自 16 个国家的代表组成，任期 3 年，负责制定政策和监督 IFAC 的运作、计划的执行以及 IFAC 各专业委员会和特别工作组的工作。理事会每年召开 3 次会议。秘书处负责总体的指导和管理工作，职员是来自世界各地的会计专业人员。

理事会下设 7 个常设委员会：教育委员会、职业道德委员会、国际审计实务委员会、国际大会委员会、管理会计委员会、计划委员会和地区组织委员会。每个委员会都规定有其工作范围和期限。在这 7 个常设委员会中，权限最大的是国际审计实务委员会，它可代表国际会计师联合会理事会制定和公开发布有关审计的标准，并在发布国际审计标准时无需国际会计师联合会理事会的事前批准，它是国际会计师联合会中一个有一定独立性的组织。

2. 联合会的宗旨

联合会的宗旨是以统一的标准发展和提高世界范围的会计专业，促进国际范围内的会计协调。其任务是决定国际会计师大会的主办国；保持与参加国际会计师大会的各国的联系；促进国际的地区机构的发展和信息的交流；参考和吸收各国提出的意见，扩大国际会计职业协调委员会的业务，并为改进业务提供咨询。

3. 会员资格

尽管 IFAC 名为会计师联合会，但会计师个人不能加入该组织，必须以国家或地区的身份加入，也就是说，必须是国家或地区认可的全国性或地区性会计组织才能申请加入 IFAC。不过，对每个国家来说，没有名额限制，只要是国家或地区认可的会计组织都可以申请加入。目前 IFAC 有三种会员资格：正式会员（Full）、准会员（Associate）和联系会员（Affiliate）。中国注册会计师协会于 1997 年 5 月 8 日加入 IFAC 成为其正式会员，并同时也成为 IASC 成员。目前，IFAC 拥有来自 114 个国家的 156 个会员团体，代表着全球范围内 240 多万名会计师。

（二）中国注册会计师协会

中国注册会计师协会是依据《中华人民共和国注册会计师法》和《社会团体登记管理条例》的有关规定设立的社会团体法人，是中国注册会计师行业的自律管理组织。

1. 中注协的基本情况

中国注册会计师协会（简称"中注协"）成立于 1988 年 11 月 15 日，是在财政部党组和理事会领导下开展行业管理和服务的法定组织，依据《注册会计师法》和《社会团体登记条例》的有关规定设立，承担着《注册会计师法》赋予的职能、财政部党组委托和财政部领导交办的职能，以及协会章程规定的职能。已拥有团体会员 5 000 多家，个人会员 13 万多人，其中，执业会员约 6.5 万人，非执业会员 7 万多人。

2. 中注协的组织结构

（1）中注协的最高权力机构为全国会员代表大会。全国会员代表大会每 5 年举行一次，必要时，由本会理事会决定延期或提前举行，延期召开全国会员代表大会的期限不得超过 1 年。

（2）全国会员代表大会选举理事若干人组成本会理事会。每届理事会任期五年，理事可以连选连任。理事会会议每年举行一次，必要时，可以提前或推迟召开。

（3）秘书长主持秘书处日常工作，副秘书长协助秘书长工作。秘书处各职能部门的设置，由秘书长提出方案，经理事会审议后，报财政部批准。

（4）理事会设若干专门委员会。专门委员会是理事会履行职责的专门工作机构，对理事会负责。

（5）各省、自治区、直辖市注册会计师协会是本会的地方组织，其章程由当地会员代表大会依法制定，并报本会和当地政府主管行政机关备案。

3. 中注协的宗旨

宗旨是服务、监督、管理、协调，即以诚信建设为主线，服务本会会员，监督会员执业质量、职业道德，依法实施注册会计师行业管理，协调行业内、外部关系，维护社会公众利益和会员合法权益，促进行业健康发展。

4. 中注协的会员

中国注册会计师协会的会员有 3 类：个人会员、团体会员、名誉会员。

（1）个人会员：凡参加注册会计师全国考试全科合格、经批准者，为注册会计师协会个人会员。

（2）团体会员：凡依法批准设立的事务所，均为中国注册会计师协会的团体会员。

（3）名誉会员：境内、外有关知名人士，经有关方面推荐，由理事会批准，可以聘请为协会的名誉会员。

第三节　内部审计

一、内部审计的本质

内部审计是由部门、企业事业单位内部专设的审计机构和审计人员，依据国家有关法规和本部门、本单位的规章制度，按照一定的程序和方法，相对独立地对本部门、本单位财务收支的真实、合法和效益进行监督的行为。内部审计就其性质来看，是一种管理权的延伸，是一种组织内部的管理活动，是代表管理权的审计，是内部控制的重要组成部分。

（一）内部审计的含义

（1）2003 年 6 月，中国内部审计协会发布《内部审计准则》，做出定义："内部审计是指组织内部的一种独立客观的监督和评价活动，它通过审查和评价经营活动及内部控制的适当性、合法性和有效性来促进组织目标的实现。"

（2）国际内部审计师协会理事会于 1996 年 6 月通过了内部审计的新定义，并于 2001 年写入《内部审计事务标准》，该定义为："内部审计是一种独立客观的保证和咨询活动，其目的在于为组织增加价值和提高组织的运作效率，它通过系统化和规范化的方法，评价和改进风险管理控制和治理过程的效果，帮助组织实现其目标。"

（二）内部审计的特征

与国家审计、民间审计相比较，内部审计具有以下特征：

1. 以内向服务作为其工作目的

无论是国家审计还是民间审计，其工作的目的是要服务于委托者或授权者，两者都是服务被审计单位以外的主体。内部审计是要服务于组织的管理者，是对内提供服务的，因此有审计服务上的内向性。

2. 内部审计只有相对的独立性

独立性是审计监督的基本特性。内部审计在本部门、本单位主要负责人的领导下开展工作，在对所属部门或机构进行审计时，由于其本身不参与这些部门或机构的业务经营活动，在组织上也不受这些部门和机构的领导，所以能够保持其一定程度上的独立性。但是由于内部审计人员本身为该单位职工，个人利益与单位利益休戚相关，又受本单位负责人（经营者）的领导。因此，内部审计的独立性是有限的，是相对独立。

3. 具有广泛的审查范围

审查的范围是由审计目的决定的。社会审计的目的是要对会计报表发表审计意见，其审查范围主要是企业的会计资料；国家审计机关对真实、合法、效益进行审计，审计范围较为广泛，但因其目的侧重不同，审计的范围不一定面面俱到。内部审计由于其审计的目的是对内提供服务，决定了其审查的范围也较为广泛。

（三）内部审计与外部审计的不同

1. 独立性不同

根据 IIA 国际内部审计师协会于 2011 年发布的《IPPF 内部审计实务框架》第 1100 章、第 1110 章节，内部审计的独立性包含两方面，一方面是指内审人员履职时免受威胁，另一方面指审计组织机构的独立，即与董事会的汇报关系的独立。相比外部审计常用的《独立审计准则》，因两者的目标不同和服务对象不同，导致两者独立性不相同。

2. 两者的审计目标不同

外部审计的目标常常受到法律和服务合同的限制，如常见业务——财务报表审计的目标是财报的合法性、公允性做出评价，而内部审计的目的是评价和改善风险管理、控制和公司治理流程的有效性，帮助企业实现其目标。

3. 两者关注的重点领域不同

外部审计的关注重点领域受到法律和合同的指定，例如财务报表审计中，外部审计主要侧重点是会计信息的质量和合规性，也就是对财报的合法性、公允性做出评价。而内部审计主要侧重点是经济活动的合法合规、目标达成、经营效率等方面。

4. 业务范围不同

外部审计的业务范围受到法律和合同的指定，如财务报表审计、内部控制审计、鉴证审计、尽职调查等业务。而内部审计是以企业经济活动为基础，拓展到以管理领域为主的一种审计活动。

5. 审计标准不同

内部审计的标准是非法定的公认方针和程序，如 IPPF；外部审计的标准是法定的独立审计准则和相关法律法规。

二、国外的内部审计机构

（一）国外内部审计机构的设置方式

内部审计机构，从事着一个组织内部中的独立审计活动，它的基本任务是对全部管理职能进行系统的检查和评价，向管理部门报告关于内部管理的方针、实务和控制是否具有效率性、经济性和效果性。一般而言，内部审计机构的设置采取分级管理和集中管理两种方式。

1. 分级管理方式

所谓分级管理方式，是指按照单位的组织级次设置审计机构，一级组织相应设置一级审计机构；单位本级的审计机构对下属各内部审计机构进行统一指导，下属审计机构独立行使职权。分级管理的方式可使内部审计人员熟悉各自单位的环境和情况，使审计有较强的针对性和及时性。

2. 集中管理方式

所谓集中管理方式，是指只在本单位最高层次设置内部审计机构，在下属基层不专门设置内部审计机构，由专门派出的审计人员对下属单位进行审计。在这种设置方式下，派出人员对下属单位具有较高的权威，其独立性程度也较高。

实际上，分级管理与集中管理也不是截然分开的，内部审计机构的设置可根据企业的特点灵活选择。

（二）国外内部审计机构的领导体制

西方国家的企业内部审计机构的领导体制，一般就其领导关系有以下4种类型。

1. 受本单位董事会或董事会所设的审计委员会的直接领导

公司内部审计机构由董事会或董事会所设的审计委员会的直接领导，内部审计人员不受公司经营管理部门的约束。审计委员会对内部审计的领导主要表现在批准内部审计章程及内部审计部门的组织结构，批复年度审计计划及人员、费用预算，任免审计主管，考核审计工作成果。

2. 受本单位最高管理者（如总经理）直接领导

公司内部审计机构由本单位最高管理者直接领导，如总经理（总裁）领导。按"两权"分离原则，总经理负责日常经营活动，由董事会进行考核聘用。内部审计机构隶属于总经理领导，有利于日常性审计工作展开，内部审计服务目标明确。

3. 受本单位主计长（或总会计师）的领导

公司内部审计机构由本单位主计长（或总会计师）直接领导，美国公司中的主计长，被看作是高级管理者的守护人、帮手，守护人的任务是通过向各级领导人员提供积累的资料和报表来完成的，帮手的任务是提醒管理者注意问题并协助他们解决问题。

4. 受本单位董事会的审计委员会与总经理的双重领导

公司内部审计机构由本单位董事会的审计委员会与总经理的双重领导，即在董事会下设审计委员会，又在公司行政系统设置审计机构，审计部的审计业务既要向审计委员会负责并报告，也要向总经理负责并报告，审计委员会成员由董事长、非执行董事、独立董事等组成。这种领导类型的内部审计部门同时向管理高层和董事会负责报告，并与其他职能部门保持独立。与此同时，内部审计部门还必须接受审计委员会的监督，通过审计委员会不受限制地与董事会保持接触。

分析上述国外内部审计机构的4种领导体制，内部审计在其领导关系中，影响内部审计独立性和权威性的，更直接的是内部审计机构负责人本身在企业中的位置。这一位置的高低将直接影响内部审计的权威性，内部审计机构直属领导的层次越高，其独立性越强，权威性越高，工作也就容易开展。内部审计机构的设置必须平行或略高于其他职能部门，否则就很难开展工作。

（三）国外内部审计机构的职责

内部审计机构根据公司各阶段工作重点，组织安排审计工作。主要负责对公司财务管理、内控制度的建立和执行情况等进行监督，主要职责如下。

1. 财务审计

财务审计主要对公司财务计划、财务预算、信贷计划的执行和决算情况、与财务收支相关的经济活动及公司的经济效益、财务管理内控制度执行情况等进行内部审计监督。

2. 内部控制审计

内部控制审计主要对公司内部管理控制系统及执行国家财经法规进行内部审计监督；督促建立、健全完善的公司部控制制度，促进公司经营管理的改善和加强，保障公司持续、健康、快速地发展。

3. 工程审计

工程审计主要对公司范围内各项工程建设项目，由公司审计部审计。

4. 合同审计

合同审计主要对公司工程建设合同、大宗物资采购合同、产品销售合同、承包租赁合同等实行审查制，并不定期检查，对存在的问题和违规违章情况进行内部审计监督。

5. 岗位职责审计

岗位职责审计主要对管理人员任职期间岗位职责履行情况、目标完成情况进行评价、鉴证，明确岗位交接双方的责任，加强内控管理。

6. 经营审计

经营审计主要对企业整个经营过程中的经济性、效率性和效果性进行审计。经济性是衡量投入的标准；效率性是衡量投入与产出关系的标准；效果性是衡量产出的标准。

三、我国的内部审计机构

我国的内部审计机构，由本部门、本单位主要负责人领导，接受国家审计机关的业务指导。政府部门的内部审计机构，一般是在政府部门设立审计局、处、科、股等。在本部门负责人领导下，依照国家法律、法规和政策的规定，对本部门及其下属单位的财务收支及经济效益进行内部审计监督。部门内部审计机构应接受同级审计机关的业务指导，并向本部门和国家审计机关报告工作。

企事业单位的内部审计机构，一般是在本单位设立审计处、科、股或室，在本单位主要负责人领导下，对本单位及其下属单位的财务收支和经济效益进行审查、监督，接受同一级国家审计机关和上一级主管部门审计机构的业务指导，并向本单位和同级国家审计机关和上一级主管部门的审计机构报告工作。

（一）我国内部审计机构的地位

内部审计是建立于组织内部的审计机构，它是从属于本单位的领导，是为本单位服务的，是一个专职监督机构。内部审计的目的是协助该组织的领导成员有效地履行他们的职责，不具体承办经营管理工作。这就决定了内部审计具有其自身的特点，内部审计机构的地位主要体现在以下 3 个方面：

（1）内部审计机构是级别不低于其他职能管理部门的独立的监督部门，独立于单位内部其他各职能管理部门；

（2）内部审计机构接受本单位最高领导决策层的直接领导，并独立开展工作；

（3）内部审计机构对单位的主要领导人负责，并向其报告工作。

内部审计机构成为一个单位整个管理体系中不可或缺的特殊的一环，服务于本单位的总体目标。由此可见，内部审计本身具有特殊地位，是其他部门所不能取代的。

（二）内部审计机构的组织模式

《审计署关于内部审计工作的规定》要求，"设立内部审计机构的单位，可以根据需要设立审计委员会，配备总审计师"，强调"内部审计机构在本单位主要负责人或者权力机构的领导下开展工作"。这些规定从行政法规角度为内部审计机构设置的基本模式提供了依据。由于我国把内部审计部门定位于本单位、本部门主要负责人领导，赋予了内部审计部门较高的地位，但由于主要负责人并不是一个很具体的概念，因此，在实践中内部审计机构的设置就出现了多种形式。目前，我国企业内部审计机构的组织模式，按隶属关系划分，主要有以下4种。

（1）董事会领导的组织模式。

内部审计部门受董事会的领导，并向其报告工作。董事会是公司的经营决策机构，职责是执行股东大会的决议，决定公司的生产经营策略等重大事项以及任免总经理等。在这种组织模式下，内部审计能够保持较高的独立性、权威性和组织地位。

（2）监事会领导的组织模式。

内部审计部门受监事会的领导，并向其报告工作。监事会是公司的监督机构，它由股东代表和职工代表组成，主要是对董事、经理在执行公司职务时是否违反法律、法规和章程进行监督，对公司财务进行检查。但是由于监事会属于公司高层制衡机制组成部分，不参与公司的日常经营管理，没有经营管理权，而内部审计的主要任务是通过审计促进企业改善经营管理，提高经济效益，因此，监事会领导的组织模式有利于对公司财务的检查和对下属单位管理人员的监控，但它不能直接服务于经营决策，也就难以实现通过内部审计，改善经营管理，提高经济效益的目的。

（3）总经理领导的组织模式。

内部审计部门受总经理的领导，并向其报告工作。这种组织模式使内部审计更接近经营管理层，能直接为日常经营决策服务，随时可以发挥内部审计作为一个管理过程的作用，在公司内部控制体系中更好地发挥监督、评价、咨询、控制职能，有利于实现内部审计提高经营管理水平，提高经济效益的目的；同时，也保持了审计的独立性和较高的组织地位。然而，总经理领导的组织模式履行职责有其局限性，主要实行下审一级的管理体制，难以对公司总部财务和总经理的经济责任进行监督和评价，还需要社会审计的帮助。

（4）隶属于职能部门的形式。

内部审计部门隶属于职能部门，内部审计机构只是开展部分日常性的审计工作，不能直接为经营决策者服务，不能很好地实现审计的根本目的。这种组织模式无论从层次、地位和独立性来讲，都是稍微偏差。

（三）内部审计机构的权限

单位主要负责人或者权力机构应当制定相应规定，确保内部审计机构具有履行职责所必需的权限。根据《内部审计工作规定》第11条，在审计管辖范围内，内部审计机构有以下主要权限。

（1）要求报送资料权。根据内部审计工作的需要，要求有关单位及时报送计划、预算、决策、报表和有关文件、资料等。

（2）审核检查权。即审核凭证、账表、决策资料，检查资金和财产，检测财务会计软件，查阅有关文件和资料。

（3）参加会议权。内部审计机构及其有关人员有权参加本部门、本单位召开的与审计有关的会议及重要的经营决策会议。

（4）调查取证权。对审计涉及的有关事项进行调查，并索取有关文件、资料等证明材料。

（5）临时制止权。对正在进行的严重违反财经法规、严重损失浪费的行为，经部门或者单位负责人同意，做出临时制止决定。

（6）临时措施权。对阻挠、妨碍审计以及拒绝提供有关资料的，经单位领导人批准，可以采取必要的临时措施，并提出追究有关人员责任的建议。

（7）建议意见权。内部审计机构有权提出改进管理、提高效益的建议和纠正、处理违反财经法规行为的意见。

（8）建议反映权。对严重违反财经法规和造成严重损失浪费的直接责任人员，内部审计机构有权提出处理的建议，并按有关规定，向上级内部审计机构或者审计机关反映。部门、单位可以在管理权限范围内，授予内部审计机构处理、处罚的权限。

四、内部审计人员

内部审计人员是指在部门、单位内部审计机构从事审计事务的人员，以及在部门、单位内设置的专职从事审计事务的人员。

（一）国外的内部审计人员

在国外内部审计已发展成为一个公认的专门职业，因此，对其人员有最基本的要求：其一，包括注册内部审计师和内部审计师在内的审计人员要具备丰富的专业知识。注册内部审计师资格必须经过资格考试获得。专业人员必须严格遵守注册内部审计师协会制定的职业道德准则。内部审计人员还应具备相应的知识体系，内部审计人员必须掌握以下各门学科知识：会计与财务、行为科学、经济学、经济法规、定量分析方法、会计与管理制度程序设计、电子信息处理等；其二，包括注册内部审计师和内部审计师在内的审计人员要不断接受继续教育的培训。企业管理当局也常常鼓励内部审计人员参与各种学术团体活动，并为其提供继续受教育的机会。

随着企业对内审功能的重视程度日益加强，内审人员被赋予了更多的责任和期望，所以在内审知识之外，对于与经营企业相关的知识和专业技术的涉猎也是至关重要的。无可置疑，内部审计师的角色已从"经济警察"逐步转变为协助企业整合治理、风险管理、合规及改进绩效等多重目标的"咨询顾问"和"业务伙伴"。国际内部审计师协会（IIA）在其 2004 年颁布的新标准中，除了对内部审计人员的专业能力、对舞弊的识别与发现、应有的职业谨慎等作了相应的要求外，针对业务素质增加了两项内容：一是内部审计人员应当熟练地应用与特定审计工作有关的主要信息技术，熟悉相关的风险和控制方法；二是内部审计人员应当考虑应用计算机辅助审计技术和其他数据的新技术。

（二）我国的内部审计人员

根据我国《内部审计工作规定》："任免内部审计机构的负责人，应当事前征求上级主管部门或单位的意见。内部审计人员应当具备必要的专业知识。内部审计人员专业技术职务资格的考评和聘任，按照国家有关规定执行。"内部审计人员中除熟悉会计、财务、审计的专业人员以外，也可视工作需要配备其他专业人员，如经济师、工程师、律师等。我国《内部审计基本准则》第 6 条要求内部审计人员应具备必要的学识及业务能力，熟悉本组织的经营活动和内部控制，并不断通过后续教育来保持和提高专业胜任能力。

关于内部审计人员的条件，内部审计人员应当在具有良好的政治素质和道德素质的基础上，具备必要的专业知识和技能。这些专业知识和技能，主要体现在以下几方面。

（1）多方面才能：具有大局观，能够对整个组织的价值增长具有前瞻性考虑；

（2）熟悉业务：要参与和了解组织的各项业务，发现问题能够及时提出解决措施；

（3）精通技术：应用专业技术知识来预防和减少风险，改进组织治理结构，提高组织的运营效率；

（4）保障服务：能够根据需要即使提供后勤保障、培训和咨询等服务；

（5）主导角色：在风险控制和改进组织的效果方面应积极并能够发挥领导作用。

（三）国际注册内部审计师

国际注册内部审计师（Certified Internal Auditor）的英文简称是 CIA，它不仅是国际内部审计领域专家的标志，也是目前国际审计界唯一公认的职业资格。CIA 需经国际内部审计师协会（The Institue of internal Auditors，IIA）组织的考试取得。IIA 自 1974 年起在全球指定地点举行注册内部审计师资格考试，给考试合格者颁发注册内部审计师证书，授予"注册内部审计师"称号。1998 年中国内审协会与 IIA 签订协议，将 IIA 在国际上举办的国际注册内部审计师考试引入中国，并取得成功。

中国内部审计协会负责全国国际注册内部审计师资格考试的组织领导和协调工作，负责与国际内部审计师协会的联系和协调工作，并向其报告考试工作情况。

CIA 考试是由总部设在美国佛罗里达州的"国际注册内部审计师协会"的 Certificatition Department 出题并在全世界 50 多个国家用 20 多种语言进行统一考试。在中国，可以自由选择用英语或中文作为考试语言，报名时自己选择确定。

CIA 认证至少具有 3 个方面的价值：

（1）证明持证者遵守诚信执业原则，同时表明其对所从事的内部审计专业工作精益求精的承诺；

（2）证明持证者符合国际接轨的专业标准，同时表明其掌握现代内部审计管理原理和知识的程度；

（3）证明持证者具备权威认可的职业资质，同时表明其胜任现代内部审计管理实际工作的经验和能力水平。毫无疑问，取得 CIA 资格对于内部审计专业人员顺利进入优秀的组织、建立高尚的执业信誉、获得优越的职业发展机会具有极大的帮助。

五、内部审计人员职业团体

内部审计作为一种独特的监督和评价活动，它既区别于外部审计，也不同于单位内部的管理咨询活动，它已成为一种公认的为管理服务的职业。在许多发达国家都已建立了内部审计的职业组织，而且还建立了全球性内部审计职业组织——国际内部审计师协会。我国为促进内部审计的发展，提高内部审计的人员素质和工作质量，也建立了我国的内部审计职业组织——中国内部审计师协会，对内部审计进行职业管理。

（一）国际内部审计师协会

国际上权威的内部审计职业组织是"国际内部审计师协会"，这是个世界范围的内部审计职业组织，该协会于 1941 年在美国纽约成立，其前身为美国内部审计师协会，后迁往佛罗里达州。该组织在联合国经济和社会开发署享有顾问地位，是最高审计机关国际组织的常任观察员，国际政府财政管理委员会、国际会计师联合会团体会员。中国内部审计学会 1987 年加入该协会，成为国家分会。协会拥有 200 多个分会，现有全球会员 7 万多人。国际内部审计协会的组织机构主要有理事会、执行委员会、国际委员会和总部。

协会成立以来，为在全球范围内推动内部审计事业的发展做了卓有成效的工作。其中最重要的成果是：

（1）1947 年制定《内部审计职责说明》，是协会最早颁布的重要文件。对内部审计及其职责下了定义。

（2）1968 年首次颁布内部审计人员《职业道德准则》，是协会会员和注册内部审计师必须遵守的行为规范。它的制定和颁布被认为在提高内部审计人员的地位和作用方面是一个最大的进步。

（3）协会从 1974 年起在例示指定地点举行注册内部审计师资格考试，给考试及格者颁发注册内部审计证书。为内部审计师取得合法地位，得到更高层次的培训和晋升创造了条件。我国从 1998 年起在广东开考，现时已发展到 12 个省市。

（4）协会在 1978 年制定和颁布了《内部审计实务标准》。它的颁布为内部审计这一特殊职业制定了职业规范和判断标准，对外树立了一定的质量标准和可信性；对内要求内部审计机构和人员承担一定的责任，提高自己的可信性。从而为人们承认它是一种职业创造了条件，因为一种职业没有一套被公认的标准是不能自立的。

（二）中国内部审计协会

中国内部审计协会（China Institute of Internal Audit，CIIA）。是由具有一定内部审计力量的企事业单位、社会团体和从事内部审计工作的人员自愿结成的全国性、行业性、非营利性社会组织。接受业务主管单位审计署和社团登记管理机关民政部的业务指导和监督管理。

中国内部审计协会前身是 1987 年 4 月成立的中国内部审计学会，2002 年 5 月经民政部批准，更名为中国内部审计协会。中国内部审计协会的宗旨：服务、管理、宣传、交流。即以内部审计职业化建设为主线，通过向会员提供优质服务、实行职业自律管理、加强内部审计宣传、开展国内外交流，实现协助国家审计机关对内部审计业务履行指导和监督职责，不断提升本会的职业代表性和社会影响力，充分发挥现代内部审计理念引领者、职业代言人、实践推动者、智力支撑者的作用，以推动我国内部审计事业的科学发展。

第四节　审计的法律责任

一、审计法律责任的概念

（一）审计法律责任的含义

法律责任是指行为人违反法律规定的义务而应承担的法律后果。法律责任一般特征是：法律责任是违反法定义务的后果；法律责任是由法律明文规定的；法律责任具有强制性。审计法律责任，是指与审计有关的各种法律责任的总称。广义的审计法律责任，包括国家审计的法律责任、民间审计的法律责任和内部审计的法律责任。在本章节中，主要阐述注册会计师的法律责任。

（二）注册会计师的法律责任

注册会计师法律责任是指注册会计师在承办业务的过程中，未能履行合同条款，或者未能保持应有的职业谨慎，或出于故意未按专业标准出具合格报告，致使审计报告使用者遭受损失，依照有关法律法规，注册会计师或注册会计师事务所应承担的法律责任。

注册会计师在执行审计业务时，应当按照审计准则的要求审慎执业，保证执业质量，控制审计风险。否则，一旦出现审计失败，就有可能承担相应的责任。

1. 经营失败

经营失败是指企业由于经济或经营条件的变化，而无法满足投资者的预期。经营失败的极端情况是申请破产。

2. 审计失败

审计失败是指注册会计师由于没有遵守审计准则的要求而发表了错误的审计意见。例如，注册会计师可能指派了不合格的助理人员去执行审计任务，未能发现应当发现的财务报表中存在的重大错报。

3. 审计风险

审计风险是指财务报表中存在重大错报，而注册会计师发表不恰当审计意见的可能性。

关于经营失败、审计失败、审计风险的关系，应该注意：第一，经营失败不等于审计失败，但在经营失败的同时，很可能会追究注册会计师是否存在审计失败；第二，审计失败是注册会计师没有执行好审计准则造成的，只要存在审计失败，就意味着注册会计师在执业过程中有过失，有过失就有责任，因此，在发生审计失败的情况下，很可能审计风险就变为实际的损失，进而被追究法律责任；第三，由于审计中的固有限制影响注册会计师发现重大错报的能力，注册会计师不能对财务报表整体不存在重大错报获取绝对保证。

二、对注册会计师法律责任的认定

违约、过失和欺诈，是注册会计师过错造成审计法律责任的主要原因。如果这些行为在法律上认定是违法的，注册会计师就应承担相应的法律责任。

（一）违约

所谓"违约"，是指合同的一方或几方未能达到合同条款的要求。当违约给他人造成损失时，注册会计师应负违约责任。比如，会计师事务所在商定的期间内，未能提交纳税申报表，或违反了与被审计单位订立的保密协议等。

（二）过失

所谓"过失"，是指在一定条件下，缺少应具有的合理的谨慎。评价注册会计师的过失，是以其他合格注册会计师在相同条件下可做到的谨慎为标准的。当过失给他人造成损害时，注册会计师应负过失责任。通常将过失按其程度不同分为普通过失和重大过失。

1. 普通过失

普通过失（也有的称"一般过失"）通常是指没有保持职业上应有的合理的谨慎；对注册会计师则是指没有完全遵循专业准则的要求。比如，未按特定审计项目取得必要和充分的审计证据的情况，可视为一般过失。

2. 重大过失

重大过失通常是指连起码的职业谨慎都不保持而造成的过失。对于注册会计师而言，则是指根本没有遵循专业准则或没有按专业准则的基本要求执行审计而造成的过失，如注册会计师完全不按《审计准则》来执行审计业务。

（三）欺诈及推定欺诈

欺诈是以欺骗或坑害他人为目的的一种故意的错误行为。具有不良动机是欺诈的重要特征，也是欺诈与普通过失和重大过失的主要区别之一。对于注册会计师而言，欺诈又称注册会计师舞弊，是指为了达到欺骗他人的目的，明知委托单位的会计报表有重大错报却加以虚伪的陈述，出具无保留意见的审计报告。推定欺诈，又称涉嫌欺诈，是指虽无故意欺诈或坑害他人的动机，但却存在极端或异常的过失。

三、注册会计师承担法律责任的种类

根据《注册会计师法》，注册会计师因为违约、过失或欺诈，可能被追究行政责任、民事责任或刑事责任。注册会计师因违约、过失或欺诈给被审计单位或其他利害关系人造成损失的，按照有关法律和规定，可能被判负行政责任、民事责任或刑事责任。这三种责任可单处，也可并处。行政处罚对注册会计师个人来说，包括警告、暂停执业、吊销注册会计师证书；对会计师事务所而言，包括警告、没收违法所得、罚款、暂停执业、撤销等。民事责任主要是指赔偿受害人损失。刑事责任主要是指按有关法律程序判处一定的徒刑。一般来说，因违约和过失可能使注册会计师负行政责任和民事责任，因欺诈可能会使注册会计师负民事责任和刑事责任。表 2-4 所示为注册会计师法律责任的种类表。

表2-4　　　　　　　　　　　　注册会计师法律责任的种类表

责任种类 / 承担责任的主体	行政责任	民事责任	刑事责任
注册会计师	（1）警告 （2）暂停职业 （3）罚款 （4）吊销注册会计师证书	赔偿受害人损失	（1）罚金 （2）有期徒刑 （3）其他限制人身自由的刑罚
会计师事务所	（1）警告 （2）没收违法所得 （3）罚款 （4）暂停营业 （5）撤销	赔偿受害人损失	罚金

四、注册会计师避免或减少法律责任的相应对策

分析注册会计师的法律责任，需要全面考虑各种因素的影响和原因，然后才能行之有效地避免或者减少注册会计师的法律责任。

（1）严格遵循职业道德和专业标准要求，建立健全会计师事务所质量控制制度。

（2）深入了解被审计单位的业务，审慎选择被审计单位。

（3）提取风险基金或购买责任保险。在西方国家，投保充分的责任保险是会计师事务所一项极为重要的保护措施，尽管保险不能免除注册会计师可能受到的法律诉讼，但能防止或减少诉讼失败时会计师事务所发生的损失。

（4）在进一步充实完善现行《独立审计准则》的前提下，使审计准则成为司法判断的根本依据，确立《独立审计准则》在司法实践中的权威。

（5）提高注册会计师协会的服务水平，加强对各会计师事务所遵守国家法律法规和工作规则的情况、业务制度的执行情况的监督检查。

知识链接-02

思考题

1. 什么是国家审计机关？国外的国家审计机关有哪几种隶属模式？
2. 我国国家审计机关有哪些方面的职责？并且有哪些方面的权限？
3. 我国注册会计师资格考试和内部审计人员资格考试有哪些不同的规定？
4. 世界各国对社会中介审计组织管理的模式有哪几种？
5. 内部审计机构为什么要处于较高的地位？内部审计机构有何特征？
6. 我国内部审计机构有哪些方面的权限？
7. 简述我国对高级审计师、审计师、助理审计师在任职资格上的要求。
8. 注册会计师造成审计法律责任的主要原因是什么？注册会计师的法律责任主要有哪些种类？

关键术语

审计主体	Audit Subject
审计机关	Auditing Body
会计师事务所	Accounting Firm
审计人员	Auditing Officers
注册会计师	Certified Public Accountant
内部审计人员	Internal Auditors
注册内部审计师	Certified Internal Auditor
审计法律责任	Legal Liability

【教学目标】

通过本章学习，能使学生了解和掌握注册会计师审计、政府审计和内部审计的执业规范和职业道德；理解和掌握注册会计师审计业务对独立性的要求。

【引例】

深圳市鹏城会计师事务所成立于1992年，是较早获得证券、期货审计资格的会计师事务所之一。2000年，中天勤等8家会计师事务所被证监会暂停证券、期货审计资格之后，该所在深圳市上市公司审计市场中占据领头羊的地位。

较高的市场占有率，一方面是对会计师事务所审计质量的肯定，另一方面也是对会计师事务所保持和提高审计质量的鞭策。然而，深圳市鹏城会计师事务并没有珍惜来之不易的市场口碑，放松了对审计质量的控制，导致2008～2013年间，多次遭受中国证监会的处罚。

中国证监会行政处罚决定书［2008］27号认定深圳市鹏城会计师事务所和签字注册会计师张兵舫、陈艳在审计金荔科技2002年度、2003年度财务报表过程中，未全面遵循《审计准则》、依照规定工作程序出具审计报告，致使出具的2002年和2003年审计报告未发现虚假购销业务、虚构应付款、虚增主营业务利润、虚列在建工程款等问题。

中国证监会行政处罚决定书［2008］29号认定深圳市鹏城会计师事务所和签字注册会计师刘军、刘丹在审计大唐电信2004年年报中存在未发现投资收益确认不当、未指出计提坏账准备与公开披露的会计政策不一致、未对两笔管理费用转入在建工程支出提出异议、建议将律师费用和相关中介费用由财务费用转入长期股权投资、审计工作底稿缺乏复核人签字和复核人意见、未有效执行三级复核制度等问题。

中国证监会行政处罚决定书［2013］26号、27号认定深圳市鹏城会计师事务所未勤勉尽责，未对部分银行账户进行函证、未真实完整编制工作底稿；签字注册会计师姚国勇、廖福澍未勤勉尽责，造成其未发现绿大地在为发行上市所编制的财务报表中编造虚假资产、虚假业务收入。

2013年2月27日晚，证监会认定绿大地在招股说明书和2007年、2008年、2009年年度报告中虚增资产、虚增业务收入。证监会做出处罚，撤销深圳鹏城证券服务业务许可，拟对相关责任人员行政处罚和终身证券市场禁入；撤销相关保荐代表人资格和证券从业资格。

在会计师事务所"做大做强"的形势下，如何建立健全会计师事务所质量控制制度，使得注册会计师的执业行为符合审计准则和职业道德规范的要求，挽回社会公众的信任，是整个注册会计师行业必须认真思考的问题。

资料来源：根据中国证券监督管理委员会行政处罚决定书等整理

第一节 | 审计执业规范

一、注册会计师审计执业规范

（一）注册会计师审计执业准则的发展历程

注册会计师审计执业准则作为规范注册会计师执行业务的权威性标准，对提高注册会计师执业质量，降低执业风险，维护社会公众利益具有重要作用，其建设经历了以下 3 个阶段。

1. 起步阶段（1980～1993 年）

1980 年注册会计师行业恢复重建后不久，针对当时的审计验资业务，启动了执业标准的制定工作。从 1991～1993 年，中注协先后发布了《注册会计师检查验证会计报表规则（试行）》等 7 个执业规则，这些执业规则对我国注册会计师行业走向正规化和专业化起到了积极作用。

2. 制定准则阶段（1994～2004 年）

1993 年 10 月 31 日，第八届全国人民代表大会第四次会议通过《注册会计师法》，赋予中注协依法拟定执业准则、规则的职能。经财政部批准同意，中注协自 1994 年 5 月开始起草独立审计准则，截至 2004 年中注协先后分 6 批制定 41 项独立审计准则，基本建立起我国审计准则体系框架。

3. 国际趋同阶段（2005 年至今）

2005 年财政部提出了我国会计审计准则国际趋同的主张和中国会计审计准则体系建设的目标。2006 年 2 月 15 日财政部在"中国会计审计准则体系发布会"上对外宣告 39 项《企业会计准则》和 48 项《注册会计师审计准则》正式发布，这标志着适应我国市场经济发展要求、与国际惯例趋同的企业会计准则体系和注册会计师审计准则体系正式建立。2009 年，根据国际审计准则明晰项目，启动对 38 项审计准则的修订，2010 年 11 月正式发布，2012 年 1 月 1 日起施行。为了和国际审计报告准则变革趋同，财政部在 2016 年 12 月 23 日发布了《中国注册会计师审计准则第 1504 号——在审计报告中沟通关键审计事项》等 12 项准则。

（二）注册会计师审计执业准则体系

中国注册会计师执业准则体系包括注册会计师业务准则和会计师事务所质量控制准则。其中注册会计师业务准则又可分为鉴证业务准则和相关服务准则。

鉴证业务准则由鉴证业务基本准则统领，按照鉴证业务提供的保证程度和鉴证对象的不同，分为中国注册会计师审计准则、中国注册会计师审阅准则和中国注册会计师其他鉴证业务准则（以下分别简称审计准则、审阅准则和其他鉴证业务准则）。审计准则是整个执业准则体系的核心。

审计准则用以规范注册会计师执行历史财务信息的审计业务。在提供审计服务时，注册会计师对所审计信息是否不存在重大错报提供合理保证，并以积极方式提出结论。审阅准则用以规范注册会计师执行历史财务信息的审阅业务。在提供审阅业务时，注册会计师对所审阅信息是否不存在重大错报提供有限保证，并以消极方式提出结论。其他鉴证业务准则用以规范注册会计师执行历史财务信息审计或审阅以外的其他鉴证业务，根据鉴证业务的性质和业务约定的要求，提供有限保证或合理保证。

相关服务准则用以规范注册会计师代编财务信息、执行商定程序、提供管理咨询等其他服务。在提供相关服务时，注册会计师不提供任何程度的保证。

会计师事务所质量控制准则用以规范会计师事务所在执行各类业务时应当遵守的质量控制政策和程序，是对会计师事务所质量控制提出的制度要求。

1. 注册会计师鉴证业务基本准则

鉴证业务基本准则的目的在于规范注册会计师执行鉴证业务，明确鉴证业务的目标和要素，确定《中国注册会计师审计准则》《中国注册会计师审阅准则》《中国注册会计师其他鉴证业务准则》适用的鉴证业务类型。

该准则共 9 章 60 条，主要对鉴证业务的定义与目标、业务承接，以及鉴证业务的三方关系、鉴证对象、标准、证据、鉴证报告等鉴证业务的要素等方面进行了阐述。

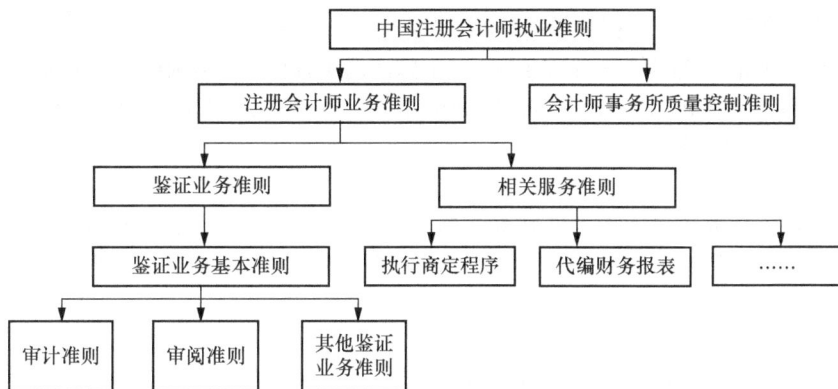

图 3-1　中国注册会计师执业准则体系框架

　　注册会计师执行历史财务信息审计业务、历史财务信息审阅业务和其他鉴证业务时，应当遵守该准则以及依据该准则制定的审计准则、审阅准则和其他鉴证业务准则。如果一项鉴证业务只是某项综合业务的构成部分，该准则仅适用于该业务中与鉴证业务相关的部分。如果某项业务不存在除责任方之外的其他预期使用者，但在其他所有方面符合审计准则、审阅准则或其他鉴证业务准则的要求，注册会计师和责任方可以协商运用该准则的原则。在这种情况下，注册会计师的报告中应注明该报告仅供责任方使用。

　　2. 注册会计师审计准则

　　审计准则共包括 38 项，用以规范注册会计师执行历史财务信息的审计业务。审计准则涉及审计业务的一般原则与责任、风险评估与应对、审计证据、利用其他主体的工作、审计结论与报告、特殊领域审计 6 个方面。

　　（1）一般原则与责任

　　规范审计业务的一般原则与责任的准则具体包括以下 9 项：《中国注册会计师审计准则第 1101 号——注册会计师的总体目标和审计工作的基本要求》《中国注册会计师审计准则第 1111 号——就审计业务约定条款达成一致意见》《中国注册会计师审计准则第 1121 号——对财务报表审计实施的质量控制》《中国注册会计师审计准则第 1131 号——审计工作底稿》《中国注册会计师审计准则第 1141 号——财务报表审计中与舞弊相关的责任》《中国注册会计师审计准则第 1142 号——财务报表审计中对法律法规的考虑》《中国注册会计师审计准则第 1151 号——与治理层的沟通》和《中国注册会计师审计准则第 1152 号——向治理层和管理层通报内部控制缺陷》《中国注册会计师审计准则第 1153 号——前任注册会计师和后任注册会计师的沟通》。

　　（2）风险评估与应对

　　规范风险评估与应对的审计准则共 6 项，即：《中国注册会计师审计准则第 1201 号——计划审计工作》《中国注册会计师审计准则第 1211 号——了解被审计单位及其环境并评估重大错报风险》《中国注册会计师审计准则第 1221 号——计划和执行审计工作时的重要性》《中国注册会计师审计准则第 1231 号——针对评估的重大错报风险采取的应对措施》《中国注册会计师审计准则第 1241 号——对被审计单位使用服务机构的考虑》《中国注册会计师审计准则第 1251 号——评价审计过程中识别出的错报》。

　　（3）审计证据

　　与审计证据有关的审计准则共有 11 项，包括：《中国注册会计师审计准则第 1301 号——审计证据》《中国注册会计师审计准则第 1311 号——对存货等特定项目获取审计证据的具体考虑》《中国注册会计师审计准则第 1312 号——函证》《中国注册会计师审计准则第 1313 号——分析程序》《中国注册会计师审计准则第 1314 号——审计抽样》《中国注册会计师审计准则第 1321 号——审计会计估计（包括公允价值会计估计）和相关披露》《中国注册会计师审计准则第 1323 号——关联方》《中国注册会计师审计准则第 1324 号——持续经营》《中国注册会计师审计准则第 1331 号——首次审计业务涉及的期初余额》《中国注册会计师审计准则第 1332 号——期后事项》和《中国注册会计师审计准则第 1341 号——书面声明》。

（4）利用其他主体的工作

涉及利用其他主体的工作的审计准则有 3 项，包括：《中国注册会计师审计准则第 1401 号——对集团财务报表审计的特殊考虑》《中国注册会计师审计准则第 1411 号——利用内部审计的工作》和《中国注册会计师审计准则第 1421 号——利用专家的工作》。

（5）审计结论与报告

涉及审计结论与报告的审计准则共有 6 项，包括：《中国注册会计师审计准则第 1501 号——对财务报表形成审计意见和出具审计报告》《中国注册会计师审计准则第 1502 号——在审计报告中发表非无保留意见》《中国注册会计师审计准则第 1503 号——在审计报告中增加强调事项段和其他事项段》《中国注册会计师审计准则第 1504 号——在审计报告中沟通关键审计事项》《中国注册会计师审计准则第 1511 号——比较信息：对应数据和比较财务报表》和《中国注册会计师审计准则第 1521 号——注册会计师对其他信息的责任》。

（6）特殊领域审计

特殊领域审计指对特殊行业、特殊性质的企业和企业特殊业务、特殊事项的审计。与特殊领域审计有关的审计准则共有 3 项，包括：《中国注册会计师审计准则第 1601 号——对按照特殊目的编制基础编制的财务报表审计的特殊考虑》《中国注册会计师审计准则第 1603 号——对单一财务报表和财务报表的特定要素、账户或项目审计的特殊考虑》《中国注册会计师审计准则第 1604 号——对简要财务报表出具报告的业务》。

3. 注册会计师审阅准则

目前中国注册会计师执业体系中只有一项审阅准则，即《中国注册会计师审阅准则第 2101 号——财务报表审阅》。该准则对审阅范围和保证程度、业务约定书、审阅计划、审阅程序和审阅证据、结论和报告等进行了重点说明，以规范注册会计师执行财务报表审阅业务。

4. 注册会计师其他鉴证业务准则

其他鉴证业务是指注册会计师执行历史财务信息审计或审阅以外的鉴证业务。其他鉴证业务准则包括两项，《中国注册会计师其他鉴证业务准则第 3101 号——历史财务信息审计或审阅以外的鉴证业务》和《中国注册会计师其他鉴证业务准则第 3111 号——预测性财务信息的审核》。

《中国注册会计师其他鉴证业务准则第 3101 号——历史财务信息审计或审阅以外的鉴证业务》旨在规范注册会计师执行其他鉴证业务。其他鉴证业务的保证程度分为合理保证和有限保证。该准则从承接与保持业务、计划与执行业务、利用专家的工作、获取证据、考虑期后事项、形成工作记录、编制鉴证报告、其他报告责任等方面对注册会计师执行其他鉴证业务做出了规定。《中国注册会计师其他鉴证业务准则第 3111 号——预测性财务信息的审核》用于规范注册会计师执行预测性财务信息审核业务的行为，涉及保证程度、接受业务委托、了解被审核单位情况、涵盖期间、审核程序、列报和审核报告等内容。

5. 注册会计师相关服务准则

中国注册会计师执业准则体系中的相关服务准则有两项，《中国注册会计师相关准则第 4101 号——对财务信息执行商定程序》和《中国注册会计师相关服务准则第 4111 号——代编财务信息》，分别对注册会计师执行商定程序和代编财务信息提供指引。两项准则分别从业务约定书、计划、程序与记录、报告等方面对注册会计师执行商定程序和代编财务信息业务进行了规范。注册会计师执行这两种相关服务都没有独立性要求，且出具的报告不发表任何鉴证意见。

6. 会计师事务所业务质量控制准则

《质量控制准则第 5101 号——会计师事务所对执行财务报表审计和审阅、其他鉴证和相关服务业务实施的质量控制》从对质量控制制度的目标和要素、对业务质量承担的领导责任、相关职业道德要求、客户关系和具体业务的接受与保持、人力资源、业务执行、监控和对质量控制制度的记录等 8 个方面指导、提高会计师事务所的业务质量。

（三）鉴证业务概述

1. 鉴证业务的定义和要素

鉴证业务是指注册会计师对鉴证对象信息提出结论，以增强除责任方之外的预期使用者对鉴证对象信息信任程度的业务。鉴证对象信息是按照标准对鉴证对象进行评价和计量的结果，如责任方按照会计准则和相关会计制度对其财务状况、经营成果和现金流量进行确认、计量和列报形成的财务报表。

鉴证业务要素包括鉴证业务的三方关系、鉴证对象、标准、证据和鉴证报告。

2. 鉴证业务的目标

鉴证业务的保证程度分为合理保证和有限保证。合理保证的保证水平要高于有限保证的保证水平。

合理保证的鉴证业务的目标是注册会计师将鉴证业务风险降至该业务环境下可接受的低水平，以此作为以积极方式提出结论的基础。

有限保证的鉴证业务的目标是注册会计师将鉴证业务风险降至该业务环境下可接受的水平，以此作为以消极方式提出结论的基础。

3. 鉴证业务的类型

鉴证业务分为基于责任方认定的业务和直接报告业务。

在基于责任方认定的业务中，责任方对鉴证对象进行评价和计量，鉴证对象信息以责任方认定的形式为预期使用者获取。如在财务报表审计中，被审计单位管理层（责任方）对财务状况、经营成果和现金流量（鉴证对象）进行确认、计量和列报（评价或计量）而形成的财务报表（鉴证对象信息）即为责任方的认定，该财务报表可为预期使用者获取，注册会计师对财务报表出具审计报告，这种业务属于责任方认定的业务。

在直接报告业务中，注册会计师直接对鉴证对象进行评价或计量，或者从责任方获取对鉴证对象评价或计量的认定，而该认定无法为预期使用者获取，预期使用者只能通过阅读鉴证报告获取鉴证对象信息。如在会计信息系统审计业务中，注册会计师可能无法从管理层（责任方）获取其对会计信息系统有效性的评价报告（责任方认定），或虽然注册会计师能够获取该报告，但预期使用者无法获取该报告，注册会计师直接对会计信息系统的有效性（鉴证对象）进行评价并出具审计报告，预期使用者只能通过阅读该审计报告获得会计信息系统有效性的信息（鉴证对象信息），这种业务属于直接报告业务。

基于责任方认定的业务和直接报告业务的区别主要表现在以下 4 个方面。

（1）预期使用者获取鉴证对象信息的方式不同。在基于责任方认定的业务中，预期使用者可以直接获得鉴证对象信息，而不一定要通过阅读鉴证报告。在直接报告业务中，由于可能不存在或者预期使用者无法获取责任方认定，因而预期使用或者只能通过阅读鉴证报告获取有关的鉴证对象信息。

（2）注册会计师提出结论的对象不同。在基于责任方认定的业务中，注册会计师提出结论的对象可能是责任方认定，也可能是鉴证对象。在直接报告业务中，无论责任方认定是否存在、注册会计师能否获取该认定，注册会计师在鉴定报告中都将直接对鉴证对象提出结论。

（3）责任方的责任不同。在基于责任方认定的业务中，由于责任方已经将既定标准应用于鉴证对象，形成鉴证对象信息，因此责任方应当对鉴证对象信息负责，同时可能也要对鉴证对象负责。在直接报告业务中，无论注册会计师是否获取了责任方的认定，鉴证报告中都不体现责任方的认定，责任方仅需对鉴证对象负责。

（4）鉴证报告的内容和格式不同。在基于责任方认定的业务中，鉴证报告的引言段通常会提供责任方认定的相关信息，进而说明其所执行的鉴证程度并提出鉴证结论。在直接报告业务中，注册会计师直接说明鉴证对象、执行的鉴证程度并提出鉴证结论。

4. 鉴证业务的三方关系

是否存在三方关系人是判断某项业务是否属于鉴证业务的重要标准之一。鉴证业务涉及的三方关系人包括注册会计师、责任方和预期使用者，责任方和预期使用者可能是同一方，也可能不是同一方。三方之间的关系是，注册会计师对责任方负责的鉴证对象或鉴证对象信息提出结论，以增强除责任方之外的预期使用者对鉴证对象信息的信任程度。

（1）注册会计师

注册会计师是指取得注册会计师证书并在会计师事务所执业的人员，有时也指其所在的会计师事务所。如果鉴证业务涉及的特殊知识和技能超出了注册会计师的能力，注册会计师可以利用专家协助执行鉴证业务。在这种情况下，注册会计师应当确信包括专家在内的项目组整体具备执行该项鉴证业务所需的知识和技能，并充分参与该项鉴证业务和了解专家所承担的工作。

（2）责任方

对责任方的界定与所执行鉴证业务的类型有关，责任方是指下列组织或人员：①在直接报告业务中，对鉴证对象负责的组织或人员；②在基于责任方认定的业务中，对鉴证对象信息负责并可能同时对鉴证对象负责的组织或人员。

注册会计师通常提请责任方提供书面声明，表明责任方已按照既定标准对鉴证对象进行评价或计量，无论该声明是否能为预期使用者获取。在基于责任方认定的业务中，注册会计师对责任方认定出具鉴证报告，责任方通常会提供有关认定的书面证明。在直接报告业务中，当委托人与责任方不是同一方时，注册会计师可能无法获取此类书面证明。

（3）预期使用者

预期使用者是指预期使用鉴证报告的组织或人员。责任方可能是预期使用者，但不是唯一的预期使用者。如果鉴证业务服务于特定的使用者或具有特殊目的，注册会计师可以很容易地识别预期使用者。当各种可能的预期使用者对鉴证对象存在不同的利益诉求时，注册会计师可能无法识别使用鉴证报告的所有组织和人员。注册会计师应当根据法律法规的规定或与委托人签订的协议识别预期使用者。在可行的情况下，鉴证报告的收件人应当明确为所有的预期使用者。

5. 鉴证业务的对象

鉴证对象与鉴证对象信息具有多种形式，主要包括：（1）当鉴证对象为财务业绩或状况时（如历史或预测的财务状况、经营成果和现金流量），鉴证对象信息为财务报表；（2）当鉴证对象为非财务业绩或状况时（如企业的运营情况），鉴证对象信息可能是反映效率或效果的关键指标；（3）当鉴证对象为物理特征时（如设备的生产能力），鉴证对象信息可能是有关鉴证对象物理特征的说明文件；（4）当鉴证对象为某种系统和过程时（如企业的内部控制或信息学技术系统），鉴证对象信息可能是关于其有效性的认定；（5）当鉴证对象为一种行为时（如遵守法律法规的情况），鉴证对象信息可能是对法律法规遵守情况或执行效果的声明。

鉴证对象具有不同的特征，可能表现为定性或定量、客观或主观、历史或预测、时点或期间，这些特征将对按照标准对鉴证对象进行评价或计量的准确性以及证据的说服力产生影响。通常，如果鉴证对象的特征表现为定量的、客观的、历史的或时点的，评价和计量的准确性较高，注册会计师获取证据的说服力相对较强，对鉴证对象信息提供的保证程度也较高。

适当的鉴证对象应当同时具备以下条件：（1）鉴证对象可以识别；（2）不同的组织或人员对鉴证对象按照既定标准进行评价或计量的结果合理一致；（3）注册会计师能够收集于鉴证对象有关的信息，获取充分、适当的证据，以支持其提出适当的鉴证结论。

不适当的鉴证对象可能会误导预期使用者，如果注册会计师在承接业务后发现鉴证对象不适当，应当视其重大与广泛程度，出具保留意见或否定意见的报告。不适当的鉴证对象还可能造成工作范围受到限制，如果注册会计师在承接业务后发现鉴证对象不适当，应当视工作范围受到限制的重大与广泛程度，出具保留意见或无法提出结论的报告。在适当的情况下，注册会计师可以考虑解除业务约定。

6. 鉴证业务的标准

标准是指用于评价或计量鉴证对象的基准，当涉及列报时，还包括列报的基准。需要指出的是，对同一鉴证对象进行评价或计量并不一定要选择同一标准。

标准可以是正式的规定，也可以是某些非正式的规定。正式的规定通常是一些"既定"的标准，是由法律法规规定的，或是由政府主管部门或国家认可的专业团体依照公开、适当的程序发布的。非正式的规定通常是一些"专门制定"的标准，是针对具体的业务项目"量身定做"的，包括企业内部制定的行为准则、确定的绩效水平或商定的行为要求等。标准的类型不同，注册会计师在评价标准是否适合于具体的鉴证业务时，所关注的重点也不同。

标准是否适当、是否适用于具体的鉴证业务离不开注册会计师的职业判断。适当的标准应当具备下列特征。（1）相关性：相关的标准有助于得出结论，便于预期使用者做出决策；（2）完整性：完整的标准不应忽略业务环境中可能影响得出结论的相关因素，当涉及列报时，还包括列报的基准；（3）可靠性：可靠的标准能够使能力相近的注册会计师在相似的业务环境中，对鉴证对象做出合理一致的评价或计量；（4）中立性：中立的标准有助于得出无偏向的结论；（5）可理解性：可理解性有助于得出清晰、易于理解、不会产生重大歧义的结论。注册会计师基于自身的预期、判断和个人经验对鉴证对象进行的评价和计量，不构成适当的标准。

标准应当能够为预期使用者获取，以使预期使用者了解鉴证对象的评价或计量过程。标准可以通过下列方式供预期使用者使用：（1）公开发布；（2）在陈述鉴证对象信息时以明确的方式表述；（3）在鉴证报告中以明确的方式表述；（4）常识理解，如计量时间的标准是小时或分钟。

如果确定的标准仅能为特定的预期使用者获取，或仅与特定目的相关，鉴证报告的使用也应限于这些特定的预期使用者或特定目的。

二、政府审计执业规范

（一）政府审计准则的发展历程

1. 国家审计准则的初步建立阶段

1996 年，国家审计署制定并颁布了 38 条审计规范，其中包括《国际审计基本准则》《审计机关审计方案编制准则》《审计证据准则》《审计机关审计工作底稿准则》《审计机关审计事项评价准则》《审计机关审计报告编审准则》以及一系列的办法和规定，标志着我国国家审计准则体系的初步建立。

2. 国家审计准则的逐步完善阶段

2000 年 1 月，审计署发布了《中国国家审计准则序言》，修订、颁布了《中华人民共和国国家审计基本准则》；同年 8 月，审计署发布了《审计机关审计方案准则》《审计机关审计证据准则》《审计机关审计工作底稿准则》和《审计机关审计复核准则》4 项准则；2001 年 8 月，审计署发布了《审计机关专项审计准则》《审计机关公布审计结果准则》《审计机关审计人员职业道德准则》《审计机关审计档案工作准则》和《审计机关国家建设项目审计准则》5项准则。

2003年12月，审计署发布了《审计机关审计重要性与审计风险评价准则》《审计机关分析性复核准则》《审计机关内部控制测评准则》《审计机关审计抽样准则》和《审计机关审计事项评价准则》5项准则。这个阶段的审计准则体系继承了1996年颁布实施的国家审计准则的基本框架，并加以完善，是原有审计准则框架的深化和发展，但是并没有突破原来的基本框架。

3．中国国家审计准则日臻完善阶段

2010年9月审计署颁布了《中华人民共和国国家审计准则》，并于2011年1月1日起实施，共计7章200条。新国家审计准则充分借鉴了国际政府审计准则的内容和外国审计机关的有效做法，参考《审计机关审计项目质量控制办法（试行）》的体系结构，将原有国家审计基本准则和通用审计准则规范的内容统一纳入新国家审计准则，形成一个完整、单一的国家审计准则。改变了修订前的国家审计准则体系结构比较零散、相关准则间的内容存在交叉、不便于审计人员系统学习和掌握的缺陷，标志着我国国家审计准则的建设日臻完善。

（二）中国政府审计基本准则的主要内容

政府审计基本准则是规范国家审计机关及其审计人员依法办理审计事项时应遵守的行为规范，是衡量审计质量的基本尺度，是依据《审计法》及其实施条例制订的，是政府审计准则的总纲，是统率各项具体审计业务规范和审计管理规范制订的重要依据。

它由5章47条组成。主要内容如下。

（1）总则。总则是对制订基本准则的目的、依据、基本准则的定义、执行政府审计的基本原则所作的规定。

（2）一般准则。一般准则是对审计机关及其审计人员应当具备的基本资格条件和职业要求所作的规定。其主要内容包括：审计机关办理审计事项，应当具备下列条件：独立的审计组和具备相应业务能力的审计人员；法定的职责和权限；健全的审计质量控制制度和执法过错责任追究制度；必要的经费保证。

（3）作业准则。作业准则是审计机关和审计人员在审计计划、准备和实施阶段应当遵守的行为规范。

（4）报告准则。报告准则是审计组反映审计结果、提出审计报告以及审计机关审定审计报告时应当遵守的行为规范。

（5）审计报告处理准则。审计报告处理准则是审计机关审定审计报告后，对审计事项做出评价，出具审计意见书，对违反国家规定的财政收支、财务收支行为以及违反《审计法》的行为，做出处理、处罚的审计决定，或者提出审计建议以及报告审计工作时应当遵循的行为规范。

三、内部审计执业规范

受传统审计理论和实务的影响，我国内部审计规范建设相对落后，直到2003年审计署发布第4号令《关于内部审计工作的规定》，内部审计才基本有法可依。中国内部审计协会据此于2003年4月12日正式发布了《内部审计基本准则》《审计人员职业道德规范》和10个具体内部审计准则。

2005年11月，中国内部审计协会下辖的准则委员会依据《中国内部审计协会2006年至2010年工作规划》，草拟了《中国内部审计协会准则委员会2006年至2010年工作规划的建议（征求意见稿）》，确立了准则工作的五年总体目标和主要任务，先后召开了7次内部审计准则、指南研讨和定稿会，对经济性审计等9个具体准则的初稿进行了深入的研讨、论证和修改，并经协会理事会批准后正式发布；同时，先后立项草拟了5个实务指南，其中审计报告指南、信息系统审计指南和高校内部审计指南已经正式发布。

为了适应内部审计发展和转型的需要，2009年8月，组建了内部审计准则修订小组，启动了对内部审计基本准则、内部审计人员职业道德规范和29个具体准则的梳理和修订工作，经多次组织研讨，于2010年11月完成了修订稿。

2013年，中国内部审计协会对内部审计准则进行了全面修订，并于8月发布了《中国内部审计准则》，自2014年1月1日起施行。修订后的中国内部审计准则包括内部审计基本准则、内部审计人员职业道德规范和29个内部审计具体准则。

此次修订对准则体系采取了四位数编码进行编号，千位数代表准则的层次，百位数代表准则在某一层次中的类别，十位数和个位数代表某具体准则在该类别中的排序。内部审计基本准则和内部审计人员职业道德规范作为第一层次，分别编号1101号和1102号。内部审计具体准则作为准则体系的第二层次，编码为2000，并细分为作业类、业务类和管理类三个类别。实务指南作为准则体系的第三个层次，编码是3000。

修订后的内部审计基本准则由原来的27条调整为33条，内容包括一般准则、作业准则、报告准则和内部管理准则。（1）一般准则对内部审计机构和内部审计人员的基本资格条件和工作方式进行了规范，是内部审计人员合理确定审计目标、设计审计程序、形成审计结论的前提保证。（2）作业准则是内部审计准则的核心，从如何根据审计目标了解被审计单位以充分识别和评估审计风险开始，到对评估的审计风险实施应对措施，再到内部审计技术方法的具体运用和审计计划方案的具体实施，实现了对整个审计证据收集过程的技术性规范。（3）报告准则规范了内部审计结论的表现形式，包括内部审计报告的编写要求和内容，以及内部审计人员在形成审计结论过程中的具体要求。（4）内部管理准则规范了内部审计机构构建内部管理制度和质量控制体系，旨在确保内部审计目标的更好实现。

内部审计基本准则修订的主要内容包括：（1）内部审计定义：将内部审计职能改为"确认和咨询"，将内部审计范围定为"业务活动、内部控制和风险管理的适当性和有效性"，内部审计方法的定义增加了运用"系统、规范的方法"的规定，将内部审计目标界定为"促进组织完善治理，增加价值和实现目标"；（2）准则的适用范围：为了涵盖内部审计外包的情况，准则中增加了"其他组织或者人员接受本组织委托、聘用，承办或者参与的内部审计业务，也应当遵守本准则"的规定；（3）一般准则中增加了内部审计章程中应当明确规定内部审计的目标、职责和权限的内容，增加了内部审计人员保密义务的内容；（4）作业准则中增加了内部审计人员应当全面关注组织风险，以风险为基础实施审计业务的内容；增加了内部审计人员应当关注组织舞弊风险，对舞弊行为进行检查和报告的内容；增加了内部审计人员为组织提供适当咨询服务及帮助组织增加价值的内容；（5）报告准则中不再保留后续审计的内容，内部审计机构可以根据具体情况依据后续审计的具体准则确定是否进行后续审计及所采用的审计程序；（6）管理准则中增加了内部审计机构与董事会或最高管理层的关系、内部审计机构管理体制，以及内部审计机构对内部审计实施有效质量控制等内容。

针对原有具体准则中存在的内容交叉、重复，个别准则不适应内部审计最新发展等问题，此次修订对准则体系结构进行了调整，对部分准则内容进行了整合，并根据实际情况取消了部分准则。修订后的内部审计准则分为作业类、业务类和管理类3大类：（1）作业类准则涵盖了内部审计程序和技术方法方面的准则，包括《内部审计具体准则第2101号——审计计划》《内部审计具体准则第2102号——审计通知书》《内部审计具体准则第2103号——审计证据》《内部审计具体准则第2104号——审计工作底稿》《内部审计具体准则第2105号——结果沟通》《内部审计具体准则第2106号——审计报告》《内部审计具体准则第2107号——后续审计》《内部审计具体准则第2108号——审计抽样》《内部审计具体准则第2109号——分析程序》9个具体准则；（2）业务类准则包括《内部审计具体准则第2201号——内部控制审计》《内部审计具体准则第2202号——绩效审计》《内部审计具体准则第2203号——信息系统审计》《内部审计具体准则第2204号——对舞弊行为进行检查和报告》4

个具体准则；（3）管理类准则包括《内部审计具体准则第 2301 号——内部审计机构的管理》《内部审计具体准则第 2302 号——与董事会或最高管理层的关系》《内部审计具体准则第 2303 号——内部审计与外部审计的协调》《内部审计具体准则第 2304 号——利用外部专家服务》《内部审计具体准则第 2305 号——人际关系》《内部审计具体准则第 2306 号——内部审计质量控制》《内部审计具体准则第 2307 号——评价外部审计工作质量》7 个具体准则。

第二节 | 审计职业道德

一、注册会计师审计职业道德

（一）注册会计师审计职业道德规范

2009 年 10 月 18 日，中注协发布《中国注册会计师职业道德守则》和《中国注册会计师协会非执业会员职业道德守则》，自 2010 年 7 月 1 日起施行。其中，《中国注册会计师职业道德守则》针对注册会计师业务承接、收费报价、专业服务开展等各环节可能遇到的与遵循职业道德相关的情形，对注册会计师的职业道德行为做出了全面规范，是指导注册会计师职业道德建设、保障行业诚信水平的重要规范性文件，具体包括《中国注册会计师职业道德守则第 1 号——职业道德基本原则》《中国注册会计师职业道德守则第 2 号——职业道德概念框架》《中国注册会计师职业道德守则第 3 号——提供专业服务的具体要求》《中国注册会计师职业道德守则第 4 号——审计和审阅业务对独立性的要求》和《中国注册会计师职业道德守则第 5 号——其他鉴证业务对独立性的要求》。2014 年 11 月 1 日，中注协发布《中国注册会计师职业道德守则问题解答》，自 2015 年 1 月 1 日起施行。《中国注册会计师职业道德守则问题解答》包括 30 个具体问题，内容涵盖职业道德概念框架、网络事务所、审计和审阅业务对独立性的要求、非执业会员职业道德守则等多个领域，为注册会计师恰当理解职业道德守则、解决实务问题提供细化指导和提示。

（二）职业道德基本原则

《中国注册会计师协会会员职业道德守则》规定了职业道德基本原则和职业道德概念框架，会员应当遵守职业道德基本原则，并能够运用职业道德概念框架解决职业道德问题。

会员为实现执业目标，必须遵守一系列前提或一般原则。这些基本原则包括下列职业道德基本原则：诚信、独立性、客观和公正、专业胜任能力和应有的关注、保密、良好职业行为。

1. 诚信

诚信是指诚实、守信。诚信原则要求会员应当在所有的职业关系和商业关系中保持正直和诚实，秉公处事、实事求是。

会员如果认为业务报告、申报资料或其他信息存在下列问题，则不得与这些有问题的信息发生牵连：（1）含有严重虚假或误导性的陈述；（2）含有缺乏充分依据的陈述或信息；（3）存在遗漏或含糊其词的信息。

注册会计师如果注意到已与有问题的信息发生牵连，应当采取措施消除牵连。在鉴证业务中，如果注册会计师依据执业准则出具了恰当的非标准业务报告，不被视为违反上述要求。

2. 独立性

独立性，是指不受外来力量控制、支配，按照一定之规行事。独立性原则通常是对注册会计师而非非执业会员提出的要求。在执行鉴证业务时，注册会计师必须保持独立性。在市场经济条件下，投资者主要依赖财务报表判断投资风险，在投资机会中做出选择。如果注册会计师不能与客户保持独立性，而是存在经济利益、关联关系，或屈从于外界压力，就很难取信于社会公众。

美国注册会计师协会在 1947 年发布的《审计暂行标准》（The Tentative Statement of Auditing Standards）中指出："独立性的含义相当于完全诚实、公正无私、无偏见、客观认识事实、不偏袒。"传统观点认为，注册会计师的独立性包括两个方面—实质上的独立和形式上的独立。注册会计师执行审计和审阅业务以及其他鉴证业务时，应当从实质上和形式上保持独立性，不得因任何利害关系影响其客观性。会计师事务所在承办审计和审阅业务以及其他鉴证业务时，应当从整体层面和具体业务层面采取措施，以保持会计师事务所和项目组的独立性。

3. 客观和公正

客观，是指按照事物的本来面目去考察，不添加个人的偏见。公正，是指公平，正直，不偏袒。客观和公正原则要求会员应当公正处事、实事求是，不得由于偏见、利益冲突或他人的不当影响而损害自己的职业判断。如果存在导致职业判断出现偏差，或对职业判断产生不当影响的情形，会员不得提供相关专业服务。

4. 专业胜任能力和应有的关注

专业胜任能力和应有的关注原则要求会员通过教育、培训和执业实践获取和保持专业胜任能力。会员应当持续了解并掌握当前法律、技术和实务的发展变化，将专业知识和技能始终保持在应有的水平，确保为客户提供具有专业水准的服务。

专业胜任能力是指会员具有专业知识、技能和经验，能够经济、有效地完成客户委托的业务。会员如果不能保持和提高专业胜任能力，就难以完成客户委托的业务。事实上，如果会员在缺乏足够的知识、技能和经验的情况下提供专业服务，就构成了一种欺诈。一个合格的会员，不仅要充分认识自己的能力，对自己充满信心，更重要的是，必须清醒地认识到自己在专业胜任能力方面存在的不足。如果会员不能认识到这一点，承接了难以胜任的业务，就可能给客户乃至社会公众带来危害。

注册会计师在应用专业知识和技能时，会员应当合理运用职业判断。专业胜任能力可分为两个独立阶段：（1）专业胜任能力的获取；（2）专业胜任能力的保持。会员应当持续了解和掌握相关的专业技术和业务的发展，以保持专业胜任能力。持续职业发展能够使会员发展和保持专业胜任能力，使其能够胜任特定业务环境中的工作。

应有的关注，要求会员遵守执业准则和职业道德规范要求，勤勉尽责，认真、全面、及时地完成工作任务。在审计过程中，会员应当保持职业怀疑态度，运用专业知识、技能和经验，获取和评价审计证据。同时，会员应当采取措施以确保在其授权下工作的人员得到适当的培训和督导。在适当情况下，会员应当使客户、工作单位和专业服务的以及业务报告的其他使用者了解专业服务的固有局限性。

5. 保密

会员能否与客户维持正常的关系，有赖于双方能否自愿而又充分地进行沟通和交流，不掩盖任何重要的事实和情况。只有这样，会员才能有效地完成工作。会员与客户的沟通，必须建立在为客户信息保密的基础上。这里所说的客户信息，通常是指涉密信息。一旦涉密信息被泄露或被利用，往往会给客户造成损失。因此，许多国家规定，在公众领域执业的注册会计师，在没有取得客户同意的情况下，不能泄露任何客户的涉密信息。

保密原则要求会员应当对在职业活动中获知的涉密信息予以保密，不得有下列行为：（1）未经客户授权或法律法规允许，向会计师事务所以外的第三方披露其所获知的涉密信息；（2）利用所获知的涉密信息为自己或第三方谋取利益。

会员在社会交往中应当履行保密义务。会员应当警惕无意泄密的可能性，特别是警惕无意中向近亲属或关系密切的人员泄密的可能性。近亲属是指配偶、父母、子女、兄弟姐妹、祖父母、外祖父母、孙子女、外孙子女。

另外，会员应当对拟接受的客户或拟受雇的工作单位向其披露的涉密信息保密。在终止与客户或工作单位的关系之后，会员仍然应当对在职业关系和商业关系中获知的信息保密。如果变更工作单位或获得新客户，会员可以利用以前的经验，但不应利用或披露以前职业活动中获知的涉密信息。会员应当明确在会计师事务所内部保密的必要性，采取有效措施，确保其下级员工以及为其提供建议和帮助的人员遵循保密义务。

会员在下列情况下可以披露涉密信息：（1）法律法规允许披露，并且取得客户或工作单位的授权；（2）根据法律法规的要求，为法律诉讼、仲裁准备文件、提供证据，以及向有关监管机构报告所发现的违法行为；（3）法律法规允许的情况下，在法律诉讼、仲裁中维护自己的合法权益；（4）接受注册会计师协会或监管机构的执业质量检查，答复其询问和调查；（5）法律法规、执业准则和职业道德规范规定的其他情形。

6. 良好的职业行为

会员应当遵守相关法律法规，避免发生任何损害职业声誉的行为。会员在向公众传递信息以及推介自己和工作时，应当客观、真实、得体，不得损害职业形象。会员应当诚实、实事求是，不得有下列行为：（1）夸大宣传提供的服务、拥有的资质或获得的经验；（2）贬低或无根据地比较其他注册会计师的工作。

（三）职业道德概念框架

1. 职业道德框架的内涵

中国注册会计师职业道德守则提出职业道德概念框架，以指导会员遵循职业道德基本原则，履行维护公众利益的职责。职业道德概念框架是指解决职业道德问题的思路和方法，用以指导注册会计师：（1）识别对职业道德基本原则的不利影响；（2）评价不利影响的严重程度；（3）必要时采取防范措施消除不利影响或将其降至可接受的低水平。职业道德概念框架适用于会员处理对职业道德基本原则产生不利影响的各种情形，其目的在于防止会员认为只要行为守则未明确禁止的情形就是允许的。

在运用职业道德概念框架时，会员应当运用职业判断。如果发现存在可能违反职业道德基本原则的情形，会员应当评价其对职业道德基本原则的不利影响。在评价不利影响的严重程度时，会员应当从性质和数量两个方面予以考虑。如果认为对职业道德基本原则的不利影响超出可接受的水平，会员应当确定是否能够采取防范措施消除不利影响或将其降至可接受的低水平。

在运用职业道德概念框架时，如果某些不利影响是重大的，或者合理的防范措施不可行或无法实施，会员可能面临不能消除不利影响或将其降至可接受水平的情形。如果无法采取适当的防范措施，注册会计师应当拒绝或终止所从事的特定专业服务，必要时与客户解除合约关系，或向其工作单位辞职。

2. 对遵循职业道德基本原则产生不利影响的因素及防范措施

注册会计师对职业道德基本原则的遵循可能受到多种因素的不利影响。不利影响的性质和严重程度因注册会计师提供服务类型的不同而不同。可能对职业道德基本原则产生不利影响的因素包括自身利益、自我评价、过度推介、密切关系和外在压力。

自身利益导致的不利影响。如果经济利益或其他利益对会员的职业判断或行为产生不当影响，将产生自身利益导致的不利影响。

自我评价导致的不利影响。如果会员对其（或者其所在会计师事务所或工作单位的其他人员）以前的判断或服务结果做出不恰当的评价，并且将据此形成的判断作为当前服务的组成部分，将产生自我评价导致的不利影响。

过度推介导致的不利影响。如果会员过度推介客户或工作单位的某种立场或意见，使其客观性受到损害，将产生过度推介导致的不利影响。

密切关系导致的不利影响。如果会员与客户或工作单位存在长期或亲密的关系，而过于倾向他们的利益，或认可他们的工作，将产生密切关系导致的不利影响。

外在压力导致的不利影响。如果会以受到实际的压力或感受到压力（包括对会员实施不当影响的意图）而无法客观行事，将产生外在压力导致的不利影响。

防范措施是指可以消除不利影响或将其降至可接受水平的行动或其他措施。应对不利影响的防范措施包括下列两类：（1）法律法规和职业规范规定的防范措施；（2）在具体工作中采取的防范措施。

3．道德冲突的解决

在遵循职业道德基本原则时，会员应当解决遇到的道德冲突问题。在解决道德冲突问题时，会员应当考虑下列因素：（1）与道德冲突问题有关的事实；（2）涉及的道德问题；（3）道德冲突问题涉及的职业道德基本原则；（4）会计师事务所或工作单位制定的解决道德冲突问题的程序；（5）可供选择的措施。

在考虑上述因素并权衡可供选择措施的后果后，会员应当确定适当的措施。如果道德冲突问题仍无法解决，会员应当考虑向会计师事务所或工作单位内部的适当人员咨询，寻求帮助解决问题。如果道德问题涉及会员与某一组织的冲突或是组织内部的冲突，会员还应当确定是否向该组织的治理层（如董事会）咨询。

如果某项重大冲突未能解决，会员可以考虑向相关职业团体或法律顾问获取专业建议。如果以不提及相关方的方式与相关职业团体讨论所涉事项，或在法律特权保护下与法律顾问讨论所涉事项，会员通常能够在不违反保密原则的条件下获得解决道德问题的指导。在考虑所有相关可能措施后，如果道德冲突仍未解决，会员不得再与产生冲突的事项发生关联。会员应当确定是否退出项目组或不再承担相关任务，或向所在会计师事务所或者工作单位辞职。

（四）注册会计师职业道德概念框架的具体运用

1．可能对职业道德原则产生不利影响的因素

自身利益导致不利影响的情形主要包括：（1）鉴证业务项目组成员在鉴证客户中拥有直接经济利益；（2）会计师事务所的收入过分依赖某一客户；（3）鉴证业务项目组成员与鉴证客户存在重要且密切的商业关系；（4）会计师事务所担心可能失去某一重要客户；（5）鉴证业务项目组成员正在与鉴证客户协商受雇于该客户；（6）会计师事务所与客户就鉴证业务达成或有收费的协议；（7）注册会计师在评价所在会计师事务所以往提供的专业服务时，发现了重大错误。

自我评价导致不利影响的情形主要包括：（1）会计师事务所在对客户提供财务系统的设计或操作服务后，又对系统的运行有效性出具鉴证报告；（2）会计师事务所为客户编制原始数据，这些数据构成鉴证业务的对象；（3）鉴证业务项目组成员担任或最近曾经担任客户的董事或高级管理人员；（4）鉴证业务项目组成员目前或最近曾受雇于客户，并且所处职位能够对鉴证对象施加重大影响；（5）会计师事务所为鉴证客户提供直接影响鉴证对象信息的其他服务。

过度推介导致不利影响的情形主要包括：（1）会计师事务所推介审计客户的股份；（2）在审计客户与第三方发生诉讼或纠纷时，注册会计师担任该客户的辩护人。

密切关系导致不利影响的情形主要包括：（1）项目组成员的近亲属担任客户的董事或高级管理人员；（2）项目组成员的近亲属是客户的员工，其所处职位能够对业务对象施加重大影响；（3）客户的董事、高级管理人员或所处职位能够对业务对象施加重大影响的员工，最近曾担任会计师事务所的项目合伙人；（4）注册会计师接受客户的礼品或款待；（5）会计师事务所的合伙人或高级员工与鉴证客户存在长期业务关系。

这里的项目合伙人是指会计师事务所中负责某项业务及其执行，并代表会计师事务所在报告上

签字的合伙人。在有限责任制的会计师事务所，项目合伙人是指主任会计师、副主任会计师或具有同等职位的高级管理人员。如果项目合伙人以外的其他注册会计师在业务报告上签字，中国注册会计师职业道德守则对项目合伙人做出的规定也适用于该签字注册会计师。

外在压力导致不利影响的情形主要包括：（1）会计师事务所受到客户解除业务关系的威胁；（2）审计客户表示，如果会计师事务所不同意对某项交易的会计处理，则不再委托其承办拟议中的非鉴证业务；（3）客户威胁将起诉会计师事务所；（4）会计师事务所受到降低收费的影响而不恰当地缩小工作范围；（5）由于客户员工对所讨论的事项更具有专长，注册会计师面临服从其判断的压力；（6）会计师事务所合伙人告知注册会计师，除非同意审计客户不恰当的会计处理，否则将影响晋升。

2. 应对不利影响的防范措施

注册会计师应当运用判断，确定如何应对超出可接受水平的不利影响，包括采取防范措施消除不利影响或将其降低至可接受的水平，或者终止业务约定或拒绝接受业务委托。在运用判断时，注册会计师应当考虑：一个理性且掌握充分信息的第三方，在权衡注册会计师当时可获得的所有具体事实和情况后，是否很可能认为这些防范措施能够消除不利影响或将其降低至可接受的水平，以使职业道德基本原则不受损害。应对不利影响的防范措施包括法律法规和职业规范规定的防范措施和在具体工作中采取的防范措施。

在具体工作中，应对不利影响的防范措施包括会计师事务所层面的防范措施和具体业务层面的防范措施。

会计师事务所层面的防范措施：（1）领导层强调遵循职业道德基本原则的重要性；（2）领导层强调鉴证业务项目组成员应当维护公众利益；（3）制定有关政策和程序，实施项目质量控制，监督业务质量；（4）制定有关政策和程序，识别对职业道德基本原则的不利影响，评价不利影响的严重程度，采取防范措施消除不利影响或将其降低至可接受的水平；（5）制定有关政策和程序，保证遵循职业道德基本原则；（6）制定有关政策和程序，识别会计师事务所或项目组成员与客户之间的利益或关系；（7）制定有关政策和程序，监控对某一客户收费的依赖程度；（8）向鉴证客户提供非鉴证服务时，指派鉴证业务项目组以外的其他合伙人和项目组，并确保鉴证业务项目组和非鉴证业务项目组分别向各自的业务主管报告工作；（9）制定有关政策和程序，防止项目组以外的人员对业务结果施加不当影响；（10）及时向所有合伙人和专业人员传达会计师事务所的政策和程序及其变化情况，并就这些政策和程序进行适当的培训；（11）指定高级管理人员负责监督质量控制系统是否有效运行；（12）向合伙人和专业人员提供鉴证客户及其关联实体的名单，并要求合伙人和专业人员与之保持独立；（13）制定有关政策和程序，鼓励员工就遵循职业道德基本原则方面的问题与领导层沟通；（14）建立惩戒机制，保障相关政策和程序得到遵守。

具体业务层面的防范措施：（1）对已执行的非鉴证业务，由未参与该业务的注册会计师进行复核，或在必要时提供建议；（2）对已执行的鉴证业务，由鉴证业务项目组以外的注册会计师进行复核，或在必要时提供建议；（3）向客户审计委员会、监管机构或注册会计师协会咨询；（4）与客户治理层讨论有关的职业道德问题；（5）向客户治理层说明提供服务的性质和收费的范围；（6）由其他会计师事务所执行或重新执行部分业务；（7）轮换鉴证业务项目组合伙人和高级员工。

3. 专业服务委托

（1）接受客户关系

在接受客户关系前，注册会计师应当确定接受客户关系是否对职业道德基本原则产生不利影响。注册会计师应当考虑客户的主要股东、关键管理人员和治理层是否诚信，以及客户是否涉足非法活动（如洗钱）或存在可疑的财务报告问题等。

客户存在的问题可能对注册会计师遵循诚信原则或良好职业行为原则产生不利影响，注册会计师应当评价不利影响的严重程度，并在必要时采取防范措施消除不利影响或将其降低至可接受的水平。

防范措施主要包括：①对客户及其主要股东、关键管理人员、治理层和负责经营活动的人员进行了解；②要求客户对完善公司治理结构或内部控制做出承诺。

如果不能将客户存在的问题产生的不利影响降低至可接受的水平，注册会计师应当拒绝接受客户关系。如果向同一客户连续提供专业服务，注册会计师应当定期评价继续保持客户关系是否适当。

（2）承接业务

注册会计师应当遵循专业胜任能力和应有的关注原则，仅向客户提供能够胜任的专业服务。在承接某一客户业务前，注册会计师应当确定承接该业务是否对职业道德基本原则产生不利影响。

如果项目组不具备或不能获得执行业务所必需的胜任能力，将对专业胜任能力和应有的关注原则产生不利影响。注册会计师应当评价不利影响的严重程度，并在必要时采取防范措施消除不利影响或将其降低至可接受的水平。

防范措施主要包括：①了解客户的业务性质、经营的复杂程度，以及所在行业的情况；②了解专业服务的具体要求和业务对象，以及注册会计师拟执行工作的目的、性质和范围；③了解相关监管要求或报告要求；④分派足够的具有胜任能力的员工；⑤必要时利用专家的工作；⑥就执行业务的时间安排与客户达成一致意见；⑦遵守质量控制政策和程序，以合理保证仅承接能够胜任的业务。

当利用专家的工作时，注册会计师应当考虑专家的声望、专长及其可获得的资源，以及适用的执业准则和职业道德规范等因素，以确定专家的工作结果是否值得依赖。注册会计师可以通过以前与专家的交往或向他人咨询获得相关信息。

（3）客户变更委托

如果应客户要求或考虑以投标方式接替前任注册会计师，注册会计师应当从专业角度或其他方面确定应否承接该业务。如果注册会计师在了解所有相关情况前就承接业务，可能对专业胜任能力和应有的关注原则产生不利影响。注册会计师应当评价不利影响的严重程度。

由于客户变更委托的表面理由可能并未完全反映事实真相，根据业务性质，注册会计师可能需要与前任注册会计师直接沟通，核实与变更委托相关的事实和情况，以确定是否适宜承接该业务。

注册会计师应当在必要时采取防范措施，消除因客户变更委托产生的不利影响或将其降低至可接受的水平。如果采取的防范措施不能消除不利影响或将其降低至可接受的水平，注册会计师不得承接该业务。

防范措施主要包括：①当应邀投标时，在投标书中说明，在承接业务前需要与前任注册会计师沟通，以了解是否存在不应接受委托的理由；②要求前任注册会计师提供已知悉的相关事实或情况，即前任注册会计师认为，后任注册会计师在做出承接业务的决定前，需要了解的事实或情况；③从其他渠道获取必要的信息。

注册会计师可能应客户要求在前任注册会计师工作的基础上提供进一步的服务。如果缺乏完整的信息，可能对专业胜任能力和应有的关注原则产生不利影响。注册会计师应当评价不利影响的严重程度，并在必要时采取防范措施消除不利影响或将其降低至可接受的水平。采取的防范措施主要包括将拟承担的工作告知前任注册会计师，提请其提供相关信息，以便恰当地完成该项工作。

前任注册会计师应当遵循保密原则。前任注册会计师是否可以或必须与后任注册会计师讨论客户的相关事务，取决于业务的性质、是否征得客户同意，以及法律法规或职业道德规范的有关要求。

注册会计师在与前任注册会计师沟通前，应当征得客户的同意，最好征得客户的书面同意。前任注册会计师在提供信息时，应当实事求是、清晰明了。如果不能与前任注册会计师沟通，注册会计师应当采取适当措施，通过询问第三方或调查客户的高级管理人员、治理层的背景等方式，获取有关对职业道德基本原则产生不利影响的信息。

4. 利益冲突

注册会计师应当采取适当措施，识别可能产生利益冲突的情形。这些情形可能对职业道德基本原则产生不利影响。注册会计师与客户存在直接竞争关系，或与客户的主要竞争者存在合资或类似关系，可能对客观和公正原则产生不利影响。注册会计师为两个以上客户提供服务，而这些客户之间存在利益冲突或者对某一事项或交易存在争议，可能对客观和公正原则或保密原则产生不利影响。

注册会计师应当评价利益冲突产生不利影响的严重程度，并在必要时采取防范措施消除不利影响或将其降低至可接受的水平。在接受或保持客户关系和具体业务前，如果与客户或第三方存在商业利益或关系，注册会计师应当评价其所产生不利影响的严重程度。如果客户不同意注册会计师为存在利益冲突的其他客户提供服务，注册会计师应当终止为其中一方或多方提供服务。

注册会计师应当根据可能产生利益冲突的具体情形，采取下列防范措施：（1）如果会计师事务所的商业利益或业务活动可能与客户存在利益冲突，注册会计师应当告知客户，并在征得其同意的情况下执行业务；（2）如果为存在利益冲突的两个以上客户服务，注册会计师应当告知所有已知相关方，并在征得他们同意的情况下执行业务；（3）如果为某一特定行业或领域中的两个以上客户提供服务，注册会计师应当告知客户，并在征得他们同意的情况下执行业务。

除采取上述防范措施外，注册会计师还应当采取下列一种或多种防范措施：（1）分派不同的项目组为相关客户提供服务；（2）实施必要的保密程序，防止未经授权接触信息。例如，对不同的项目组实施严格的隔离程序，做好数据文档的安全保密工作；（3）向项目组成员提供有关安全和保密问题的指引；（4）要求会计师事务所的合伙人和员工签订保密协议；（5）由未参与执行相关业务的高级员工定期复核防范措施的执行情况。

如果利益冲突对职业道德基本原则产生不利影响，并且采取防范措施无法消除不利影响或将其降低至可接受的水平，注册会计师应当拒绝承接某一特定业务，或者解除一个或多个存在冲突的业务约定。

5. 应客户的要求提供第二次意见

在某客户运用会计准则对特定交易和事项进行处理，且已由前任注册会计师发表意见的情况下，如果注册会计师应客户的要求提供第二次意见，可能对职业道德基本原则产生不利影响。

如果第二次意见不是以前任注册会计师所获得的相同事实为基础，或依据的证据不充分，可能对专业胜任能力和应有的关注原则产生不利影响。不利影响存在与否及其严重程度，取决于业务的具体情况，以及为提供第二次意见所能获得的所有相关事实及证据。

如果被要求提供第二次意见，注册会计师应当评价不利影响的严重程度，并在必要时采取防范措施消除不利影响或将其降低至可接受的水平。

防范措施主要包括：（1）征得客户同意与前任注册会计师沟通；（2）在与客户沟通中说明注册会计师发表专业意见的局限性；（3）向前任注册会计师提供第二次意见的副本。

如果客户不允许与前任注册会计师沟通，注册会计师应当在考虑所有情况后决定是否适宜提供第二次意见。

6. 收费

会计师事务所在确定收费时应当主要考虑专业服务所需的知识和技能、所需专业人员的水平和经验、各级别专业人员提供服务所需的时间和提供专业服务所需承担的责任。在专业服务得到良好的计划、监督及管理的前提下，收费通常以每一专业人员适当的小时收费标准或日收费标准为基础计算。

收费是否对职业道德基本原则产生不利影响，取决于收费报价水平和所提供的相应服务。注册会计师应当评价不利影响的严重程度，并在必要时采取防范措施消除不利影响或将其降低至可接受的水平。防范措施主要包括让客户了解业务约定条款，特别是确定收费的基础以及在收费报价内所能提供的服务、安排恰当的时间和具有胜任能力的员工执行任务。

在承接业务时，如果收费报价过低，可能导致难以按照执业准则和相关职业道德要求的要求执行业务，从而对专业胜任能力和应有的关注原则产生不利影响。如果收费报价明显低于前任注册会计师或其他会计师事务所的相应报价，会计师事务所应当确保在提供专业服务时，遵守执业准则和相关职业道德要求的要求，使工作质量不受损害并使客户了解专业服务的范围和收费基础。

或有收费可能对职业道德基本原则产生不利影响。不利影响存在与否及其严重程度取决于下列因素：（1）业务的性质；（2）可能的收费金额区间；（3）确定收费的基础；（4）是否由独立第三方复核交易和提供服务的结果。

除法律法规允许外，注册会计师不得以或有收费方式提供鉴证服务，收费与否或收费多少不得以鉴证工作结果或实现特定目的为条件。注册会计师应当评价或有收费产生不利影响的严重程度，并在必要时采取防范措施消除不利影响或将其降低至可接受的水平。

防范措施主要包括：（1）预先就收费的基础与客户达成书面协议；（2）向预期的报告使用者披露注册会计师所执行的工作及收费的基础；（3）实施质量控制政策和程序；（4）由独立第三方复核注册会计师已执行的工作。

注册会计师收取与客户相关的介绍费或佣金，可能对客观和公正原则以及专业胜任能力和应有的关注原则产生非常严重的不利影响，导致没有防范措施能够消除不利影响或将其降低至可接受的水平。注册会计师不得收取与客户相关的介绍费或佣金。注册会计师为获得客户而支付业务介绍费，可能对客观和公正原则以及专业胜任能力和应有的关注原则产生非常严重的不利影响，导致没有防范措施能够消除不利影响或将其降低至可接受的水平。注册会计师不得向客户或其他方支付业务介绍费。

7. 专业服务营销

注册会计师通过广告或其他营销方式招揽业务，可能对职业道德基本原则产生不利影响。在向公众传递信息时，注册会计师应当维护职业声誉，做到客观、真实、得体。

注册会计师在营销专业服务时，不得有下列行为：（1）夸大宣传提供的服务、拥有的资质或获得的经验；（2）贬低或无根据地比较其他注册会计师的工作；（3）暗示有能力影响有关主管部门、监管机构或类似机构；（4）做出其他欺骗性的或可能导致误解的声明。

注册会计师不得采用强迫、欺诈、利诱或骚扰等方式招揽业务。注册会计师不得对其能力进行广告宣传以招揽业务，但可以利用媒体刊登设立、合并、分立、解散、迁址、名称变更和招聘员工等信息。

8. 礼品和款待

如果客户向注册会计师（或其近亲属）赠送礼品或给予款待，将对职业道德基本原则产生不利影响。注册会计师不得向客户索取、收受委托合同约定以外的酬金或其他财物，或者利用执行业务之便，牟取其他不正当的利益。

注册会计师应当评价接受款待产生不利影响的严重程度，并在必要时采取防范措施消除不利影响或将其降低至可接受的水平。如果款待超出业务活动中的正常往来，注册会计师应当拒绝接受。

9. 保管客户资产

除非法律法规允许或要求，注册会计师不得提供保管客户资金或其他资产的服务。注册会计师保管客户资金或其他资产，应当履行相应的法定义务。保管客户资金或其他资产可能对职业道德基本原则产生不利影响，尤其可能对客观和公正原则以及良好职业行为原则产生不利影响。

注册会计师如果保管客户资金或其他资产，应当符合下列要求：（1）将客户资金或其他资产与其个人或会计师事务所的资产分开；（2）仅按照预定用途使用客户资金或其他资产；（3）随时准备向相关人员报告资产状况及产生的收入、红利或利得；（4）遵守所有与保管资产和履行报告义务相关的法律法规。

如果某项业务涉及保管客户资金或其他资产，注册会计师应当根据有关接受与保持客户关系和具体业务政策的要求，适当询问资产的来源，并考虑应当履行的法定义务。如果客户资金或其他资产来源于非法活动（如洗钱），注册会计师不得提供保管资产服务，并应当向法律顾问征询进一步的意见。

10. 对客观和公正原则的要求

在提供专业服务时，注册会计师如果在客户中拥有经济利益，或者与客户董事、高级管理人员或员工存在家庭和私人关系或商业关系，应当确定是否对客观和公正原则产生不利影响。

在提供专业服务时，对客观和公正原则的不利影响及其严重程度，取决于业务的具体情形和注册会计师所执行工作的性质。注册会计师应当评价不利影响的严重程度，并在必要时采取防范措施消除不利影响或将其降低至可接受的水平。

防范措施主要包括：（1）退出项目组；（2）实施督导程序；（3）终止产生不利影响的经济利益或商业关系；（4）与会计师事务所内部较高级别的管理人员讨论有关事项；（5）与客户治理层讨论有关事项。

如果防范措施不能消除不利影响或将其降低至可接受的水平，注册会计师应当拒绝接受业务委托或终止业务。

在提供鉴证服务时，注册会计师应当从实质上和形式上独立于鉴证客户，客观公正地提出结论，并且从外界看来没有偏见、无利益冲突、不受他人的不当影响。在执行审计和审阅业务以及其他鉴证业务时，为了达到保持独立性的要求，注册会计师应当分别遵守《中国注册会计师职业道德守则第 4 号——审计和审阅业务对独立性的要求》和《中国注册会计师职业道德守则第 5 号——其他鉴证业务对独立性的要求》的规定。

（五）非执业会员对职业道德概念框架的运用

1. 基本要求

非执业会员在从事专业服务时，应当遵守《中国注册会计师协会非执业会员职业道德守则》《中华人民共和国会计法》以及其他相关法律法规的有关规定。投资者、债权人、工作单位、政府部门和社会公众等都可能依赖非执业会员的工作。非执业会员可能单独或与其他人员一起负责编报财务信息及其他信息（这些信息可能为工作单位和第三方利用），也可能负责从事财务管理工作或提供各种与企业经营有关的建议。

非执业会员，可能是领取报酬的雇员，也可能是合伙人、执行董事或非执行董事、业主（经理）、志愿者，或者为一家或多家组织服务的人员。他们与工作单位之间关系的法律形式不影响其应承担的道德责任。

非执业会员有责任促进工作单位实现其合法的目标。职业道德守则并不妨碍非执业会员恰当履行上述职责，但非执业会员应当处理在履行上述职责时可能损害遵循职业道德基本原则的情形。非执业会员可能在组织中处于高级职位。职位越高，越有影响力。因此，非执业会员应当在工作单位中倡导以道德为基础的文化，以促使高级管理层重视道德行为。

2. 对遵循职业道德基本原则产生不利影响的因素

非执业会员不得在明知的情况下从事任何损害或可能损害诚信原则、客观和公正原则以及良好职业声誉的业务、职业或活动。非执业会员对职业道德基本原则的遵循可能受到多种因素的不利影响。可能对遵循职业道德基本原则产生不利影响的因素包括自身利益、自我评价、过度推介、密切关系和外在压力。

自身利益导致不利影响的情形主要包括：（1）在工作单位拥有经济利益，或者接受工作单位的贷款或担保；（2）参与工作单位的激励性薪酬方案；（3）因私不当使用工作单位的资产；（4）过分担心失去现有工作职位；（5）面临来自工作单位以外的商业压力。

自我评价导致不利影响的情形主要包括：（1）负责内部控制的设计，并对其进行评价；（2）负责会计处理，并执行内部审计活动；（3）负责制定重大决策的可行性方案，并对相关交易和事项进行会计处理。

过度推介导致不利影响的情形主要包括：（1）以虚假或误导性的方式宣传工作单位的形象或立场；（2）以虚假或误导性的方式推介工作单位的股份、产品或服务。

密切关系导致不利影响的情形主要包括：（1）负责工作单位的财务报告，而在同一单位工作的近亲属可以做出影响财务报告的决策；（2）与工作单位能够影响经营决策的人员存在长期业务交往；（3）接受可能影响客观、公正性的礼品和款待。

外在压力导致不利影响的情形主要包括：（1）当工作单位与非执业会员在会计政策的选择和应用等方面存在分歧时，非执业会员或其近亲属受到解聘或更换职位的不利影响；（2）上级主管试图影响非执业会员的决策过程。

3. 应对不利影响的防范措施

应对不利影响的防范措施包括下列两类：法律法规和职业规范规定的防范措施和在具体工作中采取的防范措施。

在具体工作中采取的防范措施主要包括：（1）建立合理的监督体系；（2）制定道德和行为规范；（3）制定恰当的人员招聘政策和程序；（4）建立有效的内部控制；（5）实施恰当的惩戒程序；（6）领导层倡导和培育以遵守道德规范为导向的内部文化；（7）监督员工的工作质量；（8）向员工及时传达工作单位的政策、程序及其变化情况，并提供适当培训；（9）鼓励员工就职业道德问题与领导层沟通；（10）向其他专业人士咨询。

非执业会员如果发现工作单位有违反职业道德基本原则的行为，并预计仍会发生，应当考虑征询法律意见。如果在采取所有适当的防范措施后仍然不能将不利影响降低至可接受的水平，非执业会员应当考虑向工作单位提出辞职。

4. 潜在冲突

非执业会员应当遵循职业道德基本原则。但有时履行对工作单位的责任和遵循职业道德基本原则的职业义务之间存在冲突。非执业会员通常被认为会支持工作单位确立的合法、符合道德标准的目标，以及为实现这些目标而制定的规则和程序。但是，如果某一情形或关系对遵循职业道德基本原则产生不利影响，非执业会员应当确定如何应对不利影响。

如果履行工作职责与遵循职业道德基本原则产生冲突，非执业会员应当确定如何解决这种冲突。非执业会员可能由于履行工作职责而受到上级主管、经理、董事等方面的压力，从而对遵循职业道德基本原则产生不利影响。

这种压力可能导致非执业会员出现下列行为：（1）违反法律法规；（2）违反会计准则和相关制度以及职业道德规范的要求；（3）参与实施不合法的盈余管理；（4）欺骗或故意误导他人，特别是欺骗或故意误导会计师事务所或监管机构；（5）发布严重歪曲事实的财务报告或其他报告，或者与此类报告发生牵连。

非执业会员应当评价不利影响的严重程度，并在必要时采取防范措施消除不利影响或将其降低至可接受的水平。

防范措施主要包括：（1）向工作单位内部、独立的职业咨询专家或相关职业团体寻求建议；（2）运用工作单位内部正式的冲突解决程序；（3）征询法律意见。

5. 信息的编制和报告

（1）非执业会员的职责

非执业会员在编制和报告预测和预算、财务报表、管理层讨论与分析、管理层声明书等信息时，应当公正、诚实，遵守会计准则和相关制度以及职业道德规范的要求，使得使用者能够正确理解信息。

在编制或批准通用目的财务报表时，非执业会员应当确信财务报表已按照适用的会计准则编制。非执业会员应当按照下列要求，以适当的方式编制和报告由其负责的信息：①清楚地描述交易、资产和负债的性质；②及时并恰当地分类和记录信息；③所有重大方面准确、完整地反映事实。

（2）对职业道德基本原则的不利影响及防范措施

如果非执业会员因外在压力或自身利益而与误导性信息发生牵连，或通过他人的行为与误导性信息发生牵连，将对客观和公正、专业胜任能力和应有的关注等职业道德基本原则产生不利影响。

不利影响的严重程度取决于压力来源、信息误导程度等因素。非执业会员应当评价不利影响的严重程度，并在必要时采取防范措施消除不利影响或将其降低至可接受的水平。防范措施包括向治理层、管理层或相关职业团体咨询等。

非执业会员对于认为存在误导的信息，如果无法将不利影响降低至可接受的水平，应当避免与之发生牵连或继续保持牵连。非执业会员可能无意中与误导性信息发生牵连，一旦知悉这一事实，应当立即采取措施终止牵连。在确定是否有必要向有关部门报告该事项时，非执业会员应当考虑征询法律意见。必要时，非执业会员可以考虑向工作单位提出辞职。

6. 专业知识和技能

非执业会员应当遵循专业胜任能力和应有的关注原则，只有在经过专门培训并且获得足够的经验后，才能承担相应的重要工作。

非执业会员不得夸大其专业知识水平或工作经验，故意误导工作单位，以及在需要时放弃寻求专家的建议和帮助。

在非执业会员履行职责时，下列情形可能对专业胜任能力和应有的关注原则产生不利影响：（1）缺乏足够的时间；（2）获取的信息不完整、不充分或范围受限；（3）缺乏应有的经验、培训或教育；（4）缺乏足够的资源。

不利影响的严重程度取决于非执业会员在工作时与他人合作的范围、工作资历以及对其工作督导和复核的程度等因素。非执业会员应当评价不利影响的严重程度，并在必要时采取防范措施消除不利影响或将其降低至可接受的水平。

防范措施主要包括：（1）接受更多的建议和培训；（2）保证有足够的时间履行相关职责；（3）获得具有特定专长的人员的帮助；（4）在适当时向上级主管、独立咨询专家或相关职业团体咨询。

如果不能消除不利影响或将其降低至可接受的水平，非执业会员应当确定是否拒绝执行相关工作。如果非执业会员认为拒绝执行相关工作是恰当的，应当向工作单位清楚地说明原因。

7. 经济利益

当非执业会员或其近亲属在工作单位拥有下列经济利益时，可能因自身利益对遵循职业道德基本原则产生不利影响：（1）在工作单位拥有直接或间接的经济利益，经济利益的价值可能直接受到非执业会员决策的影响；（2）有资格获得与利润挂钩的奖金，奖金的价值可能直接受到非执业会员决策的影响；（3）直接或间接持有工作单位的股票期权，其价值可能直接受到非执业会员决策的影响；（4）直接或间接持有工作单位的现在可行权或即将可行权的股票期权；（5）在达到某些目标后，可能有资格获得工作单位的股票期权或与业绩挂钩的奖金。

非执业会员应当评价因经济利益产生的不利影响的严重程度，并在必要时采取防范措施消除不利影响或将其降低至可接受的水平。

防范措施主要包括：（1）工作单位制定政策和程序，规定由独立于管理层的委员会决定高级管理人员的薪酬形式及其水平；（2）根据工作单位的内部政策，非执业会员向治理层披露所有相关利益，以及相关股票的交易计划；（3）非执业会员向上级主管、治理层或相关职业团体咨询；（4）工作单位开展内部审计或接受外部审计；（5）工作单位开展职业道德和与内幕交易问题相关的法律法规培训。

非执业会员不得操纵信息或利用涉密信息谋取个人利益。

8. 礼品和款待

（1）接受礼品和款待

非执业会员或其近亲属可能接受礼品和款待。礼品和款待的形式多种多样，包括馈赠礼物、热情款待、优惠待遇或"套近乎"。

如果非执业会员或其近亲属接受相关方礼品和款待，可能对遵循职业道德基本原则产生不利影响，非执业会员应当评价不利影响的严重程度。如果相关方提供礼品和款待是为了影响非执业会员的行为或决策，促使其做出违法或不诚实的行为，或获取其掌握的涉密信息，则因自身利益对非执业会员遵循客观和公正以及保密原则产生不利影响。

在接受礼品和款待后，如果对方威胁将事实公开，以损害非执业会员或其近亲属的声誉，则因外在压力对非执业会员遵循客观和公正以及保密原则产生不利影响。

不利影响存在与否及其重要程度取决于礼品和款待的性质、价值和提供者的意图。

非执业会员应当评价接受礼品和款待产生的所有不利影响，并确定是否采取下列行动：①当相关方提供礼品和款待时，立即告知治理层或较高级别的管理人员；②在征询法律意见后，确定是否将相关方提供礼品和款待的事实告知对方单位或监管部门；③当近亲属收到相关方提供的礼品和款待时，告知近亲属可能产生的不利影响以及需采取的防范措施；④当近亲属被竞争对手或潜在的供应商聘用时，告知治理层或较高级别的管理人员。

（2）提供礼品和款待

非执业会员可能面临压力向相关方提供礼品和款待，以影响相关方的判断或决策过程，或获取相关方掌握的涉密信息。

非执业会员不得向相关方提供礼品和款待，以对相关方的职业判断产生不当影响。如果工作单位为了促使相关方做出违法或不诚实的行为，或获取其掌握的涉密信息，要求非执业会员向相关方提供礼品和款待，非执业会员应当遵守有关解决潜在冲突的原则。

二、政府审计职业道德

1996 年，国家审计署正式颁布了《审计机关审计人员职业道德准则》，明确规定了国家审计机关审计人员从事审计工作应当遵守的行为规范。2001 年 8 月 1 日，中华人民共和国审计署令第 3 号公布《审计机关审计人员职业道德准则》，即日起实施，1996 年发布的《审计机关审计人员职业道德准则》予以废止。

（一）审计人员职业道德的定义

审计人员职业道德是指为审计机关审计人员的职业品德、职业纪律、职业胜任能力和职业责任。

（二）审计人员职业道德的基本内容

审计人员职业道德的基本内容包括：（1）审计人员应当依照法律规定的职责、权限和程序，进行审计工作，并遵守国家审计准则；（2）审计人员办理审计事项，应当客观公正、实事求是、合理谨慎、职业胜任、保守秘密、廉洁奉公、恪尽职守；（3）审计人员在执行职务时，应当保持应有的独立性，不受其他行政机关、社会团体和个人的干涉；（4）审计人员办理审计事项，与被审计单位或者审计事项有直接利害关系的，应当按照有关规定回避；（5）审计人员在执行职务时，应当忠诚老实，不得隐瞒或者曲解事实；（6）审计人员在执行职务特别是做出审计评价、提出处理处罚意见时，应当做到依法办事，实事求是，客观公正，不得偏袒任何一方；（7）审计人员应当合理运用审计知识、技能和经验，保持职业谨慎，不得对没有证据支持的、未经核清事实的、法律依据不当的和超越审计职责范围的事项发表审计意见；（8）审计人员应当具有符合规定的学历，通过岗位任职资格考试，具备与从事的审计工作相适应的专业知识、职业技能和工作经验，并保持和提高职业胜任能力。不得从事不能胜任的业务；（9）审计人员应当遵守审计机关的继续教育和培训制度，参加审计机关举办或者认可的继续教育、岗位培训活动，学习会计、审计、法律、经济等方面的新知识，掌握与从事工作相适应的计算机、外语等技能；（10）审计人员参加继续教育、岗位培训，应当达到审计机关规定的时间和质量要求；（11）审计人员对其执行职务时知悉的国家秘密和被审计单位的商业秘密，负有保密的义务。在执行职务中取得的资料和审计工作记录，未经批准不得对外提供和披露，不得用于与审计工作无关的目的。

（三）审计人员应当遵守的执业纪律

审计人员应当遵守国家的法律、法规和规章以及审计工作纪律和廉政纪律；应当认真履行职责，维护国家审计的权威，不得有损害审计机关形象的行为；应当维护国家利益和被审计单位的合法权益。审计人员违反职业道德，由所在审计机关根据有关规定给予批评教育、行政处分或者纪律处分。

三、内部审计职业道德

2003年中国内部审计协会发布了《内部审计职业道德规范》（中内协发[2003]20号），对内部审计职业道德做出了规范。2013年8月，中国内部审计协会发布了《中国内部审计准则第1201号——内部审计人员职业道德规范》，并于2014年1月1日施行。此次修订以原《内部审计职业道德规范》为基础，吸收了《内部审计的独立性和客观性》准则和《内部审计人员后续教育》准则的部分内容，同时充分借鉴了国际内部审计师协会《职业道德规范》的有关内容，并参考其他行业的职业道德要求，对内部审计师人员的职业道德规范进行了充实和完善，包括总则、一般原则、诚信正直、客观性、专业胜任能力、保密和附则七个部分。

（一）职业道德的概念界定

《中国内部审计准则第1201号——内部审计人员职业道德规范》指出，内部审计人员职业道德是内部审计人员在开展内部审计工作中应当具有的职业品德，应当遵守的执业纪律和应当承担的职业责任的总称。

（二）职业道德的基本原则

《中国内部审计准则第1201号——内部审计人员职业道德规范》提出的基本道德原则包括诚信正直、客观、专业胜任能力和保密。

（三）诚信正直

内部审计人员在实施内部审计业务时，应当诚实、守信，不应有下列行为：（1）歪曲事实；（2）隐瞒审计发现的问题；（3）进行缺少证据支持的判断；（4）做误导性或含糊的陈述。

内部审计人员在实施内部审计业务时，应当廉洁、正直，不应当有下列行为：（1）利用职权谋取私利；（2）屈从于外部压力，违反原则。

（四）客观性

内部审计人员在实施内部审计业务时，实事求是，不得由于偏见、利益冲突而影响职业判断。

内部审计人员在实施内部审计业务前，应当采取下列步骤对客观性进行评估：（1）识别可能影响客观性的因素；（2）评估可能影响客观性因素的严重程度；（3）向审计项目负责人或者内部审计机构负责人报告客观性受损可能造成的影响。

内部审计人员应当识别下列可能影响客观性的因素：（1）审计本人曾经参与过的业务活动；（2）与被审计单位存在直接经济利益；（3）与被审计单位存在长期合作关系；（4）与被审计单位管理层有密切的私人关系；（5）遭受来自组织内部和外部的压力；（6）内部审计范围受到限制；（7）其他。

内部审计机构负责人应当采取下列措施保障内部审计的客观性：（1）提高内部审计人员的职业道德水准；（2）选派适当的内部审计人员参加审计项目，并进行适当分工；（3）采用工作轮换的方式安排审计项目及审计组；（4）建立适当、有效的激励机制；（5）制定并实施系统、有效的内部审计质量控制制度、程序和方法；（6）当内部审计人员的客观性受到严重影响，且无法采取适当措施降低影响时，停止实施有关业务，并及时向董事会或者最高管理层报告。

（五）专业胜任能力

内部审计人员应当具备下列履行职责所需的专业知识、职业技能和实践经验：（1）审计、会计、财务、税务、经济、金融、统计、管理、内部控制、风险管理、法律和信息技术等专业知识，以及与组织业务活动相关的专业知识；（2）语言文字表达、问题分析、审计技术应用、人际沟通、组织管理等职业技能；（3）必要的实践经验及相关执业经历。

内部审计人员应当通过后续教育和职业实践等途径，了解、学习和掌握相关法律法规、专业知识、技术方法和审计实务的发展变化，保持和提升专业胜任能力。内部审计人员实施内部审计业务时，应当保持职业谨慎，合理运用职业判断。

（六）保密

内部审计人员应当对实施内部审计业务所获取的信息保密，非因有效授权、法律规定或其他合法是由不得披露。内部审计人员在社会交往中，应当履行保密义务，警惕非故意泄露的可能性。内部审计人员不得利用其在实施内部审计业务时获取的信息谋取不正当利益，或者有悖于法律法规、组织规定及职业道德方式使用信息。

第三节 注册会计师业务对独立性的要求

一、基本要求

（一）独立性的概念框架

1. 独立性的内涵

独立性包括实质上的独立性和形式上的独立性：（1）实质上的独立性。实质上的独立性是一种内心状态，使得注册会计师在提出结论时不受损害职业判断的因素影响，诚信行事，遵循客观和公正原则，保持职业怀疑态度；（2）形式上的独立性。形式上的独立性是一种外在表现，使得一个理性且掌握充分信息的第三方，在权衡所有相关事实和情况后，认为会计师事务所或审计项目组成员没有损害诚信原则、客观和公正原则或职业怀疑态度。

2. 独立性概念框架的内涵

独立性概念框架是指解决独立性问题的思路和方法，用以指导注册会计师：（1）识别对独立性的不利影响；（2）评价不利影响的严重程度；（3）必要时采取防范措施消除不利影响或将其降低至可接受的水平。

如果无法采取适当的防范措施消除不利影响或将其降低至可接受的水平，注册会计师应当消除产生不利影响的情形，或者拒绝接受审计业务委托或终止审计业务。在运用独立性概念框架时，注册会计师应当运用职业判断。

在确定是否接受或保持某项业务，或者某一特定人员能否作为审计项目组成员时，会计师事务所应当识别和评价各种对独立性的不利影响。

如果不利影响超出可接受的水平，在确定是否接受某项业务或某一特定人员能否作为审计项目组成员时，会计师事务所应当确定能否采取防范措施以消除不利影响或将其降低至可接受的水平。

在确定是否保持某项业务时，会计师事务所应当确定现有的防范措施是否仍然有效；如果无效，是否需要采取其他防范措施或者终止业务。在执行业务过程中，如果注意到对独立性产生不利影响的新情况，会计师事务所应当运用独立性概念框架评价不利影响的严重程度。

在评价不利影响的严重程度时，注册会计师应当从性质和数量两个方面予以考虑。由于会计师事务所规模、结构和组织形式不同，会计师事务所人员对独立性承担的责任也不同。会计师事务所应当按照《会计师事务所质量控制准则第 5101 号——业务质量控制》的要求制定政策和程序，以合理保证按照职业道德守则的要求保持独立性。项目合伙人应当就审计项目组遵守相关独立性要求的情况形成结论。

（二）网络与网络事务所

1. 网络与网络事务所的定义

网络是指由多个实体组成，旨在通过合作实现下列一个或多个目的的联合体：（1）共享收益或分担成本；（2）共享所有权、控制权或管理权；（3）共享统一的质量控制政策和程序；（4）共享同一经营战略；（5）使用同一品牌；（6）共享重要的专业资源。

网络事务所是指属于某一网络的会计师事务所或实体。除非本节另有说明，如果某一会计师事务所被视为网络事务所，应当与网络中其他会计师事务所的审计客户保持独立。有关对网络事务所独立性的要求，适用于所有符合网络事务所定义的实体，而无论该实体（如咨询公司）本身是否为会计师事务所。除非另有说明，本节所称会计师事务所包括网络事务所。

2. 网络的确定

会计师事务所与其他会计师事务所或实体构成联合体，旨在增强提供专业服务的能力。这些联合体是否形成网络取决于具体情况，而不取决于会计师事务所或实体是否在法律上各自独立。在判断一个联合体是否形成网络时，注册会计师应当运用下列标准：一个理性且掌握充分信息的第三方，在权衡所有相关事实和情况后，是否很可能认为这些实体形成网络。

如果一个联合体旨在通过合作，在各实体之间共享收益或分担成本，应被视为网络。如果联合体之间分担的成本不重要，或分担的成本仅限于与开发审计方法、编制审计手册或提供培训课程有关的成本，则不应当被视为网络。如果会计师事务所与某一实体以联合方式提供服务或研发产品，虽然构成联合体，但不形成网络。

如果一个联合体旨在通过合作，在各实体之间共享所有权、控制权或管理权，应被视为网络。这种网络关系可能通过合同或其他方式实现。

如果一个联合体旨在通过合作，在各实体之间共享统一的质量控制政策和程序，应被视为网络。统一的质量控制政策和程序，是由联合体统一设计、实施和监控的质量控制政策和程序。

如果一个联合体旨在通过合作，在各实体之间共享同一经营战略，应被视为网络。共享同一经营战略，是指实体之间通过协议实现共同的战略目标。如果一个实体与其他实体仅以联合方式应邀提供专业服务，虽然构成联合体，但不形成网络。

如果一个联合体旨在通过合作，在各实体之间使用同一品牌，应被视为网络。同一品牌包括共同的名称和标志等。即使某一会计师事务所不属于某一网络，也不使用同一品牌作为会计师事务所名称的一部分，如果在文件或宣传材料上提及本所是某一会计师事务所联合体的成员，可能使人产生其属于某一网络的印象。为避免产生这种误解，会计师事务所应当慎重考虑如何描述这种成员关系。

如果一个联合体旨在通过合作，在各实体之间共享重要的专业资源，应被视为网络。专业资源包括：（1）能够使各会计师事务所交流诸如客户资料、收费安排和时间记录等信息的共享系统；（2）合伙人和员工；（3）技术部门，负责就鉴证业务中的技术或行业特定问题、交易或事项提供咨询；（4）审计方法或审计手册；（5）培训课程和设施。

注册会计师应当根据相关事实和情况，确定联合体共享的专业资源是否重要，并判断这些会计师事务所或实体是否为网络事务所。在下列情形中，共享的资源被视为不重要：（1）共享的资源仅限于共同的审计手册或审计方法；（2）共享培训资源，而并不交流人员、客户信息或市场信息；（3）没有一个共有的技术部门。

（三）公众利益实体

在评价对独立性产生不利影响的重要程度以及为消除不利影响或将其降低至可接受水平采取的必要防范措施时，注册会计师应当考虑实体涉及公众利益的程度。本节对注册会计师与属于公众利益实体的鉴证客户之间的独立性做出进一步规定。

公众利益实体包括上市公司和下列实体：（1）法律法规界定的公众利益实体；（2）法律法规规定按照上市公司审计独立性的要求接受审计的实体。

公众利益实体的定义较广泛，不仅包括上市公司，也包括一些非上市但按照上市公司审计独立性的要求接受审计的实体，如某些大型非上市金融企业。对于其债券在法律法规认可的证券交易所报价或挂牌，或是在法律法规认可的证券交易所或其他类似机构的监管下进行交易的实体，也应当作为公众利益实体对待。

如果其他实体拥有数量众多且分布广泛的利益相关者（包括其管理层、股东、顾客、供应商、债权人、利益相关者、政府、特殊利益团体和媒体等），注册会计师应当考虑将其作为公众利益实体对待。需要考虑的因素包括该实体业务的性质（如金融业务、保险业务）、实体的规模和员工的数量等。

（四）关联实体

关联实体是指与客户存在下列任一关系的实体：（1）能够对客户施加直接或间接控制的实体，并且客户对该实体重要；（2）在客户内拥有直接经济利益的实体，并且该实体对客户具有重大影响，在客户内的利益对该实体重要；（3）受到客户直接或间接控制的实体；（4）客户（或受到客户直接或间接控制的实体）拥有其直接经济利益的实体，并且客户能够对该实体施加重大影响，在实体内的经济利益对客户（或受到客户直接或间接控制的实体）重要；（5）与客户处于同一控制下的实体（即"姐妹实体"），并且该姐妹实体和客户对其控制方均重要。

在审计客户是上市公司的情况下，本章所称审计客户包括该客户的所有关联实体。在审计客户不是上市公司的情况下，本节所称审计客户仅包括该客户直接或间接控制的关联实体。如果认为客户存在的关系或情形涉及其他关联实体，且与评价会计师事务所独立性相关，审计项目组在识别、评价对独立性的不利影响以及采取防范措施时，应当将其他关联实体包括在内。

（五）治理层

治理层，是指对实体的战略方向以及管理层履行经营管理责任负有监督责任的人员或组织。治理层的责任包括对财务报告过程的监督。

注册会计师应当根据职业判断，定期就可能影响独立性的关系和其他事项与治理层沟通。上述沟通使治理层能够：（1）考虑会计师事务所在识别和评价对独立性的不利影响时做出的判断是否正确；（2）考虑会计师事务所为消除不利影响或将其降低至可接受的水平所采取的防范措施是否适当；（3）确定是否有必要采取适当的措施。

对于因外在压力和密切关系产生的不利影响，这种沟通尤其有效。

（六）工作记录

尽管记录本身并不是一个确定会计师事务所是否独立的因素，但注册会计师应当按照《中国注册会计师审计准则》的要求记录遵守独立性要求的情况，包括记录形成的结论，以及为形成结论而讨论的主要内容。

如果需要采取防范措施将某种不利影响降低至可接受的水平，注册会计师应当记录该不利影响的性质，以及将其降低至可接受的水平所采取的防范措施。

如果需要对某种不利影响进行大量分析才能确定是否有必要采取防范措施，而注册会计师认为由于不利影响未超出可接受的水平不需要采取防范措施，注册会计师应当记录不利影响的性质以及得出不需采取防范措施结论的理由。

（七）业务期间

注册会计师应当在业务期间和财务报表涵盖的期间独立于审计客户。业务期间自审计项目组开始执行审计业务之日起，至出具审计报告之日止。如果审计业务具有连续性，业务期间结束日应以其中一方通知解除业务关系或出具最终审计报告两者时间较晚的为准。

图3-2为会计师事务所确定业务期间和财务报表涵盖期间提供了示例。在图3-2中，客户于2010年3月1日开始执行审计业务，这项工作将从2010年3月1日开始实施并持续到2011年4月6日。财务报表涵盖的期间是2010年1月1日至2010年12月31日。那么，业务期间为2010年3月1日至最终审计报告出具之日，即2011年4月6日（如果会计师事务所继续为该企业提供审计服务，业务期间将会延伸至第二年）。自2010年1月1日开始，会计师事务所必须保持独立性，直到其终止作为客户的注册会计师这一角色。

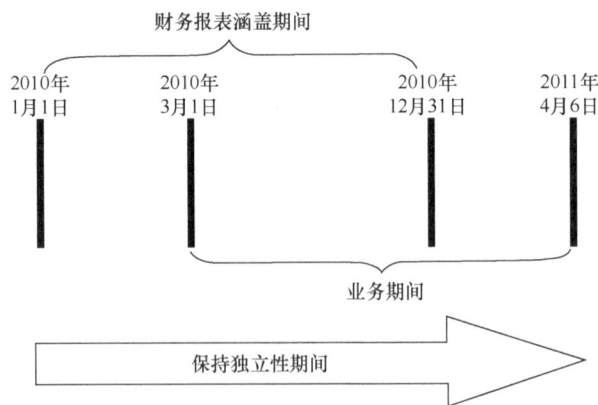

图3-2 业务期间和财务报表涵盖期间示例

如果一个实体委托会计师事务所对其财务报表发表意见，并且在该财务报表涵盖的期间或之后成为审计客户，会计师事务所应当确定下列因素是否对独立性产生不利影响：（1）在财务报表涵盖的期间或之后、接受审计业务委托之前，与审计客户之间存在的经济利益或商业关系；（2）以往向审计客户提供的服务。

如果在财务报表涵盖的期间或之后，在审计项目组开始执行审计业务之前，会计师事务所向审计客户提供了非鉴证服务，并且该非鉴证服务在审计期间不允许提供，会计师事务所应当评价提供的非鉴证服务对独立性产生的不利影响。如果不利影响超出可接受的水平，会计师事务所只有在采取防范措施消除不利影响或将其降低至可接受的水平的情况下，才能接受审计业务。

如图 3-3 所示，如果会计师事务所在 2010 年 1 月 1 日至 2010 年 3 月 1 日期间为其审计客户提供了不被允许的非鉴证服务，将对独立性产生不利影响。

防范措施主要包括：（1）不允许提供非鉴证服务的人员担任审计项目组成员；（2）必要时由其他的注册会计师复核审计和非鉴证工作；（3）由其他会计师事务所评价非鉴证业务的结果，或由其他会计师事务所重新执行非鉴证业务，并且所执行工作的范围能够使其承担责任。

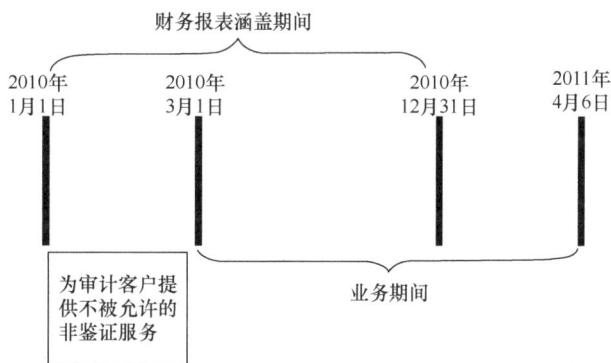

图 3-3　不能向审计客户提供非鉴证服务的期间示例

（八）合并与收购

如果由于合并或收购，某一实体成为审计客户的关联实体，会计师事务所应当识别和评价其与该关联实体以往和目前存在的利益或关系，并在考虑可能的防范措施后确定是否影响独立性，以及在合并或收购生效日后能否继续执行审计业务。

例如，当某一实体成为审计客户的关联实体时，如果负责该客户审计工作的项目组成员在其因合并或收购而成为审计客户的关联实体中拥有被禁止的经济利益，如股票投资，将因自身利益对独立性产生非常严重的不利影响。又如，如果会计师事务所在合并或收购发生前，正为该实体提供其他鉴证或非鉴证服务，如与财务报告相关的内部控制评估服务，一旦该实体成为其某一审计客户的关联实体，会计师事务所将因自我评价产生不利影响。因此，会计师事务所应根据这些情况考虑可能的防范措施后确定是否影响独立性，以及在合并或收购生效日后能否继续执行审计业务。

会计师事务所应当在合并或收购生效日前采取必要措施终止目前存在的利益或关系。如果在合并或收购生效日前不能终止目前存在的利益或关系，例如，由于该关联实体无法有序地将会计师事务所提供的非鉴证服务转给另一专业服务提供商，导致截至合并或收购的生效日仍无法以合理的方式终止该现时利益或关系，会计师事务所应当评价产生的不利影响。不利影响的严重程度取决于下列因素：（1）利益或关系的性质和重要程度；（2）审计客户与该关联实体之间关系的性质和重要程度，例如，关联实体是审计客户的子公司还是母公司；（3）合理终止该利益或关系需要的时间。

会计师事务所应当与治理层讨论，在合并或收购生效日前不能终止利益或关系的原因，以及对由此产生不利影响严重程度的评价结果。

如果治理层要求会计师事务所继续执行审计业务，会计师事务所只有在同时满足下列条件时，才能同意这一要求：（1）在合并或收购生效日起的 6 个月内，尽快终止目前存在的利益或关系；（2）存在利益或关系的人员不得作为审计项目组成员，也不得负责项目质量控制复核；（3）拟采取适当的过渡性措施，并就此与治理层讨论。

拟采取的适当过渡性措施主要包括：（1）必要时由审计项目组以外的注册会计师复核审计或非

鉴证工作；（2）由其他会计师事务所再次执行项目质量控制复核；（3）由其他会计师事务所评价非鉴证业务的结果，或由其他会计师事务所重新执行该非鉴证业务，并且所执行工作的范围能够使其承担责任。

（九）其他方面的考虑

注册会计师可能无意中违反有关规定。如果会计师事务所具有维护独立性的适当质量控制政策和程序，并且能够立即纠正发现的违规情况，并采取必要的措施消除不利影响或将其降低至可接受的水平，通常不被视为损害独立性。会计师事务所应当决定是否就该情况与治理层讨论。

二、经济利益

（一）经济利益的种类

经济利益是指因持有某一实体的股权、债券和其他证券以及其他债务性的工具而拥有的利益，包括为取得这种利益享有的权利和承担的义务。经济利益包括直接经济利益和间接经济利益。

直接经济利益是指下列经济利益：（1）个人或实体直接拥有并控制的经济利益（包括授权他人管理的经济利益）；（2）个人或实体通过投资工具拥有的经济利益，并且有能力控制这些投资工具，或影响其投资决策。一些常见的直接经济利益包括证券或其他参与权，诸如包括股票、债券、认沽权、认购权、期权、权证和卖空权等。

间接经济利益是指个人或实体通过投资工具拥有的经济利益，但没有能力控制这些投资工具，或影响其投资决策。

受益人可能通过投资工具拥有经济利益。确定经济利益是直接的还是间接的，取决于受益人能否控制投资工具或具有影响投资决策的能力。如果受益人能够控制投资工具或具有影响投资决策的能力，这种经济利益为直接经济利益。如果受益人不能控制投资工具或不具有影响投资决策的能力，这种经济利益为间接经济利益。例如，投资经理投资了共同基金，而这些共同基金投资了一揽子基础金融产品，那么在这种情况下，该共同基金属于直接经济利益，而这些基础金融产品将被视为间接经济利益。

在审计客户中拥有经济利益，可能因自身利益导致不利影响。不利影响存在与否及其严重程度取决于下列因素：（1）拥有经济利益人员的角色；（2）经济利益是直接的还是间接的；（3）经济利益的重要性。

（二）对独立性产生不利影响的情形和防范措施

1. 在审计客户中不被允许拥有的经济利益

以下列举了多种在审计客户中拥有直接经济利益或重大间接经济利益，将因自身利益产生非常严重的不利影响，导致没有防范措施能够将其降低至可接受的水平的情况。这些情况包括：

（1）会计师事务所、审计项目组成员或其主要近亲属不得在审计客户中拥有直接经济利益或重大间接经济利益。审计项目组成员的定义中所包括的人员除了为执行审计业务成立的项目组外，还包括会计师事务所及网络事务所中能够直接影响审计业务结果的其他人员，例如，能对审计项目合伙人提出薪酬建议，以及进行直接指导、管理或监督的人员、为执行审计业务提供技术或行业具体问题、交易或事项的咨询的人员（如针对与审计相关的准备计提或价值评估工作进行复核的财务交易咨询部的专业人员），或对审计业务实施项目质量控制复核的人员等。主要近亲属是指配偶、父母或子女。

（2）当一个实体在审计客户中拥有控制性的权益，并且审计客户对该实体重要时，会计师事务所、审计项目组成员或其主要近亲属不得在该实体中拥有直接经济利益或重大间接经济利益。

（3）当其他合伙人与执行审计业务的项目合伙人同处一个分部时，其他合伙人或其主要近亲属不得在审计客户中拥有直接经济利益或重大间接经济利益。执行审计业务的项目合伙人所处的分部并不一定是其所隶属的分部。当项目合伙人与审计项目组的其他成员隶属于不同的分部时，会计师事务所应当确定项目合伙人执行审计业务时所处的分部。例如，某一审计客户的大部分业务发生在北京，执行此审计业务时均由北京分部的项目组成员（除合伙人外）负责，而项目合伙人是从香港分部被委派往北京分部协助其业务发展的，其身份隶属于香港分部，在此情况下，项目合伙人执行审计业务所处的分部通常被认为是北京分部，因此，在北京分部的其他合伙人或其主要近亲属不得在审计客户中拥有直接经济利益或重大间接经济利益。

（4）为审计客户提供非审计服务的其他合伙人、管理人员或其主要近亲属不得在审计客户中拥有直接经济利益或重大间接经济利益。

2. 对审计项目成员其他近亲属的要求

如果审计项目组某一成员的其他近亲属在审计客户中拥有直接经济利益或重大间接经济利益，将因自身利益产生非常严重的不利影响。其他近亲属是指兄弟姐妹、祖父母、外祖父母、孙子女、外孙子女。

不利影响的严重程度主要取决于下列因素：（1）审计项目组成员与其他近亲属之间的关系；（2）经济利益对其他近亲属的重要性。

会计师事务所应当评价不利影响的严重程度，并在必要时采取防范措施消除不利影响或将其降低至可接受的水平。防范措施主要包括：（1）其他近亲属尽快处置全部经济利益，或处置全部直接经济利益并处置足够数量的间接经济利益，以使剩余经济利益不再重大；（2）由审计项目组以外的注册会计师复核该成员已执行的工作；（3）将该成员调离审计项目组。

3. 会计师事务所的退休金计划

如果审计项目组成员通过会计师事务所的退休金计划，在审计客户中拥有直接经济利益或重大间接经济利益，将因自身利益产生不利影响。注册会计师应当评价不利影响的严重程度，并在必要时采取防范措施消除不利影响或将其降低至可接受的水平。

4. 主要近亲属因受雇于审计客户而产生的经济利益

执行审计业务的项目合伙人所处分部的其他合伙人，或者向审计客户提供非审计服务的合伙人或管理人员，如果其主要近亲属在审计客户中拥有经济利益，只要其主要近亲属作为审计客户的员工有权（例如通过退休金或股票期权计划）取得该经济利益，并且在必要时能够采取防范措施消除不利影响或将其降低至可接受的水平，则不被视为损害独立性。但是，如果其主要近亲属拥有或取得处置该经济利益的权利，例如按照股票期权方案有权行使期权，则应当尽快处置或放弃该经济利益。

5. 在非审计客户中拥有经济利益

除了在审计客户中拥有经济利益外，会计师事务所、审计项目组成员和其主要近亲属在其他实体中拥有的经济利益也可能影响其独立性。

（1）审计客户也在该实体拥有经济利益

会计师事务所、审计项目组成员或其主要近亲属在某一实体拥有经济利益，并且审计客户也在该实体拥有经济利益，可能因自身利益产生不利影响。

如果经济利益并不重大，并且审计客户不能对该实体施加重大影响，则不被视为损害独立性。

如果经济利益重大，并且审计客户能够对该实体施加重大影响，则没有防范措施能够将不利影响降低至可接受的水平。会计师事务所不得拥有此类经济利益。拥有此类经济利益的人员，在成为审计项目组成员之前，应当处置全部经济利益，或处置足够数量的经济利益，使剩余经济利益不再重大。

（2）审计客户的利益相关者同时在该实体拥有经济利益

会计师事务所、审计项目组成员或其主要近亲属在某一实体拥有经济利益，并且知悉审计客户的董事、高级管理人员或具有控制权的所有者也在该实体拥有经济利益，可能因自身利益、密切关系或外在压力产生不利影响。不利影响存在与否及其严重程度主要取决于下列因素：①该项目组成员在审计项目组中的角色，例如，项目合伙人、负责执行项目或对项目进度及质量进行汇报或能直接影响审计业务结果的其他人员，都被视为重要的角色；②实体的所有权是由少数人持有还是多数人持有；③经济利益是否使得投资者能够控制该实体，或对其施加重大影响；④经济利益的重要性。

注册会计师应当评价不利影响的严重程度，并在必要时采取防范措施消除不利影响或将其降低至可接受的水平。防范措施主要包括：（1）将拥有该经济利益的审计项目组成员调离审计项目组；（2）由审计项目组以外的注册会计师复核该成员已执行的工作。

6. 受托管理人

如果会计师事务所、审计项目组成员或其主要近亲属作为受托管理人在审计客户中拥有直接经济利益或重大间接经济利益，将因自身利益产生不利影响。

如果下列人员作为受托管理人在审计客户中拥有直接经济利益或重大间接经济利益，也将因自身利益产生不利影响：（1）与执行审计业务的项目合伙人处于同一分部的其他合伙人；（2）向审计客户提供非审计服务的其他合伙人和管理人员；（3）上述人员的主要近亲属。

只有在同时满足下列条件时，才允许拥有上述经济利益：（1）审计项目组成员及其主要近亲属和会计师事务所均不是受托财产的受益人；（2）委托人在审计客户中拥有的经济利益对委托人并不重大，例如，在审计客户中拥有的经济利益占委托人的资产净值低于某个百分比（如 5%）及其在实体中并未拥有可影响实体运营或财务上等重要决策的控制权或表决权；（3）委托人不能对审计客户施加重大影响；（4）针对委托人在审计客户中拥有的经济利益，受托管理人及其主要近亲属和会计师事务所对其任何投资决策都不能施加重大影响。

7. 其他相关人员拥有经济利益

审计项目组成员应当确定下列人员在审计客户中拥有已知的经济利益是否因自身利益产生不利影响：（1）除前述提及的人员外，会计师事务所合伙人、专业人员或其主要近亲属；（2）与审计项目组成员存在密切私人关系的人员。

这些经济利益是否因自身利益产生不利影响主要取决于下列因素：（1）会计师事务所的组织结构、经营模式和沟通机制；（2）相关人员与审计项目组成员之间的关系。

注册会计师应当评价不利影响的严重程度，并在必要时采取防范措施消除不利影响或将其降低至可接受的水平。防范措施主要包括：（1）将存在密切私人关系的审计项目组成员调离审计项目组；（2）不允许该审计项目组成员参与有关审计业务的任何重大决策；（3）由审计项目组以外的注册会计师复核该审计项目组成员已执行的工作。

8. 通过继承、馈赠或因合并而获得经济利益

对会计师事务所、合伙人或其主要近亲属、员工或其主要近亲属的经济利益限制，也适用于通过继承、馈赠或因合并而获得的经济利益。如果会计师事务所、合伙人或其主要近亲属、员工或其主要近亲属，通过继承、馈赠或合并从审计客户获得直接经济利益或重大间接经济利益，则应当采取下列措施：

（1）如果会计师事务所获得经济利益，应当立即处置全部经济利益，或处置全部直接经济利益并处置足够数量的间接经济利益，以使剩余经济利益不再重大；

（2）如果审计项目组成员或其主要近亲属获得经济利益，应当立即处置全部经济利益，或处置全部直接经济利益并处置足够数量的间接经济利益，以使剩余经济利益不再重大；

（3）如果审计项目组以外的人员或其主要近亲属获得经济利益，应当在合理期限内尽快处置全

部经济利益，或处置全部直接经济利益并处置足够数量的间接经济利益，以使剩余经济利益不再重大。在完成处置该经济利益前，会计师事务所应当确定是否需要采取防范措施。

三、贷款和担保以及商业关系、家庭和私人关系

（一）贷款和担保

1. 从银行或类似金融机构等审计客户取得贷款或获得贷款担保

会计师事务所、审计项目组成员或其主要近亲属从银行或类似金融机构等审计客户取得贷款，或获得贷款担保，可能对独立性产生不利影响。

如果审计客户不按照正常的程序、条款和条件提供贷款或担保，将因自身利益产生非常严重的不利影响，导致没有防范措施能够将其降低至可接受的水平。会计师事务所、审计项目组成员或其主要近亲属不得接受此类贷款或担保。

如果会计师事务所按照正常的贷款程序、条款和条件，从银行或类似金融机构等审计客户取得贷款，即使该贷款对审计客户或会计师事务所影响重大，也可能通过采取防范措施将因自身利益产生的不利影响降低至可接受的水平。

采取的防范措施包括由网络中未参与执行审计业务并且未接受该贷款的会计师事务所复核已执行的工作等。

2. 从银行或类似金融机构等审计客户取得贷款或由其提供担保

审计项目组成员或其主要近亲属从银行或类似金融机构等审计客户取得贷款，或由审计客户提供贷款担保，如果按照正常的程序、条款和条件取得贷款或担保，则不会对独立性产生不利影响。

3. 从不属于银行或类似金融机构等审计客户取得贷款或由其提供担保

会计师事务所、审计项目组成员或其主要近亲属从不属于银行或类似金融机构的审计客户取得贷款，或由审计客户提供贷款担保，将因自身利益产生非常严重的不利影响，导致没有防范措施能够将其降低至可接受的水平。

4. 向审计客户提供贷款或为其提供担保

会计师事务所、审计项目组成员或其主要近亲属向审计客户提供贷款或为其提供担保，将因自身利益产生非常严重的不利影响，导致没有防范措施能够将其降低至可接受的水平。

5. 在审计客户开立存款或交易账户

会计师事务所、审计项目组成员或其主要近亲属在银行或类似金融机构等审计客户开立存款或交易账户，如果账户按照正常的商业条件开立，则不会对独立性产生不利影响。

（二）商业关系

1. 商业关系的种类及防范措施

会计师事务所、审计项目组成员或其主要近亲属与审计客户或其高级管理人员之间，由于商务关系或共同的经济利益而存在密切的商业关系，可能因自身利益或外在压力产生严重的不利影响。

这些商业关系主要包括：（1）在与客户或其控股股东、董事、高级管理人员共同开办的企业中拥有经济利益；（2）按照协议，将会计师事务所的产品或服务与客户的产品或服务结合在一起，并以双方名义捆绑销售；（3）按照协议，会计师事务所销售或推广客户的产品或服务，或者客户销售或推广会计师事务所的产品或服务。

会计师事务所不得介入此类商业关系；如果存在此类商业关系，应当予以终止。如果此类商业关系涉及审计项目组成员，会计师事务所应当将该成员调离审计项目组。

如果审计项目组成员的主要近亲属与审计客户或其高级管理人员存在此类商业关系，注册会计师

应当评价不利影响的严重程度，并在必要时采取防范措施消除不利影响或将其降低至可接受的水平。

2. 与审计客户或利益相关者一同在某股东人数有限的实体中拥有利益

如果会计师事务所、审计项目组成员或其主要近亲属，在某股东人数有限的实体中拥有经济利益，而审计客户或其董事、高级管理人员也在该实体拥有经济利益，在同时满足下列条件时，这种商业关系不会对独立性产生不利影响：（1）这种商业关系对于会计师事务所、审计项目组成员或其主要近亲属以及审计客户均不重要；（2）该经济利益对一个或几个投资者并不重大；（3）该经济利益不能使一个或几个投资者控制该实体。

3. 从审计客户购买商品或服务

会计师事务所、审计项目组成员或其主要近亲属从审计客户购买商品或服务，如果按照正常的商业程序公平交易，通常不会对独立性产生不利影响。

如果交易性质特殊或金额较大，可能因自身利益产生不利影响。会计师事务所应当评价不利影响的严重程度，并在必要时采取防范措施消除不利影响或将其降低至可接受的水平。

防范措施主要包括：（1）取消交易或降低交易规模；（2）将相关审计项目组成员调离审计项目组。

（三）家庭和私人关系

如果审计项目组成员与审计客户的董事、高级管理人员，或所处职位能够对客户会计记录或被审计财务报表的编制施加重大影响的员工（以下简称特定员工）存在家庭和私人关系，可能因自身利益、密切关系或外在压力产生不利影响。不利影响存在与否及其严重程度取决于多种因素，包括该成员在审计项目组的角色、其家庭成员或相关人员在客户中的职位以及关系的密切程度等。

1. 审计项目组成员的主要近亲属处在重要职位

如果审计项目组成员的主要近亲属是审计客户的董事、高级管理人员或特定员工，或者在业务期间或财务报表涵盖的期间曾担任上述职务，只有把该成员调离审计项目组，才能将对独立性的不利影响降低至可接受的水平。

2. 审计项目组成员的主要近亲属可以对财务报表施加重大影响

如果审计项目组成员的主要近亲属在审计客户中所处职位能够对客户的财务状况、经营成果和现金流量施加重大影响，将对独立性产生不利影响。不利影响的严重程度主要取决于下列因素：（1）主要近亲属在客户中的职位；（2）该成员在审计项目组中的角色。

会计师事务所应当评价不利影响的严重程度，并在必要时采取防范措施消除不利影响或将其降低至可接受的水平。

防范措施主要包括：（1）将该成员调离审计项目组；（2）合理安排审计项目组成员的职责，使该成员的工作不涉及其主要近亲属的职责范围。

3. 审计项目组成员的其他近亲属处在重要职位或可以对财务报表施加重大影响

如果审计项目组成员的其他近亲属是审计客户的董事、高级管理人员或特定员工，将对独立性产生不利影响。不利影响的严重程度主要取决于下列因素：（1）审计项目组成员与其他近亲属的关系；（2）其他近亲属在客户中的职位；（3）该成员在审计项目组中的角色。

会计师事务所应当评价不利影响的严重程度，并在必要时采取防范措施消除不利影响或将其降低至可接受的水平。

防范措施主要包括：（1）将该成员调离审计项目组；（2）合理安排审计项目组成员的职责，使该成员的工作不涉及其他近亲属的职责范围。

4. 审计项目组的成员与审计客户重要职位的人员具有密切关系

如果审计项目组成员与审计客户的员工存在密切关系，并且该员工是审计客户的董事、高级管理人员或特定员工，即使该员工不是审计项目组成员的近亲属，也将对独立性产生不利影响。拥有此类关系的审计项目组成员应当按照会计师事务所的政策和程序的要求，向会计师事务所内部或外部的相关人员咨询。

不利影响的严重程度主要取决于下列因素：（1）该员工与审计项目组成员的关系；（2）该员工在客户中的职位；（3）该成员在审计项目组中的角色。

会计师事务所应当评价不利影响的严重程度，并在必要时采取防范措施消除不利影响或将其降低至可接受的水平。

防范措施主要包括：（1）将该成员调离审计项目组；（2）合理安排该成员的职责，使其工作不涉及与之存在密切关系的员工的职责范围。

5. 非审计项目组成员的合伙人或员工与审计客户重要职位的人员存在家庭或个人关系

会计师事务所中审计项目组以外的合伙人或员工，与审计客户的董事、高级管理人员或特定员工之间存在家庭或私人关系，可能因自身利益、密切关系或外在压力产生不利影响。会计师事务所合伙人或员工在知悉此类关系后，应当按照会计师事务所的政策和程序进行咨询。

不利影响存在与否及其严重程度主要取决于下列因素：（1）该合伙人或员工与审计客户的董事、高级管理人员或特定员工之间的关系；（2）该合伙人或员工与审计项目组之间的相互影响；（3）该合伙人或员工在会计师事务所中的角色；（4）董事、高级管理人员或特定员工在审计客户中的职位。

会计师事务所应当评价不利影响的严重程度，并在必要时采取防范措施消除不利影响或将其降低至可接受的水平。

防范措施主要包括：（1）合理安排该合伙人或员工的职责，以减少对审计项目组可能产生的影响；（2）由审计项目组以外的注册会计师复核已执行的相关审计工作。

四、与审计客户发生雇佣关系

（一）一般规定

如果审计客户的董事、高级管理人员或特定员工，曾经是审计项目组的成员或会计师事务所的合伙人，可能因密切关系或外在压力产生不利影响。

1. 审计项目组前任成员或前任合伙人担任审计客户的重要职位且与事务所保持重要联系

如果审计项目组前任成员或会计师事务所前任合伙人加入审计客户，担任董事、高级管理人员或特定员工，并且与会计师事务所仍保持重要交往，将产生非常严重的不利影响，导致没有防范措施能够将其降低至可接受的水平。

如果审计项目组前任成员或会计师事务所前任合伙人加入审计客户，担任董事、高级管理人员或特定员工，除非同时满足下列条件，否则将被视为损害独立性：（1）前任成员或前任合伙人无权从会计师事务所获取报酬或福利（除非报酬或福利是按照预先确定的固定金额支付的，并且未付金额对会计师事务所不重要）；（2）前任成员或前任合伙人未继续参与，并且在外界看来未参与会计师事务所的经营活动或专业活动。

2. 审计项目组前任成员或前任合伙人担任审计客户的重要职位但未与事务所保持重要联系

如果审计项目组前任成员或会计师事务所前任合伙人加入审计客户，担任董事、高级管理人员或特定员工，但前任成员或前任合伙人与会计师事务所已经没有重要交往，因密切关系或外在压力产生的不利影响存在与否及其严重程度主要取决于下列因素：（1）前任成员或前任合伙人在审计客户中的职位；（2）前任成员或前任合伙人在其工作中与审计项目组交往的程度；（3）前任成员或前任合伙人离开会计师事务所的时间长短；（4）前任成员或前任合伙人以前在审计项目组或会计师事务所中的角色，例如，前任成员或前任合伙人是否负责与客户治理层或管理层保持定期联系。

会计师事务所应当评价不利影响的严重程度，并在必要时采取防范措施消除不利影响或将其降低至可接受的水平。

防范措施主要包括：（1）修改审计计划；（2）向审计项目组分派经验更丰富的人员；（3）由审计项目组以外的注册会计师复核前任审计项目组成员已执行的工作。

3. 前任合伙人加入的某一实体成为审计客户

如果会计师事务所前任合伙人加入某一实体，而该实体随后成为会计师事务所的审计客户，会计师事务所应当评价对独立性不利影响的严重程度，并在必要时采取防范措施消除不利影响或将其降低至可接受水平。

4. 审计项目组某成员拟加入审计客户

如果审计项目组某一成员参与审计业务，当知道自己在未来某一时间将要或有可能加入审计客户时，将因自身利益产生不利影响。会计师事务所应当制定政策和程序，要求审计项目组成员在与审计客户协商受雇于该客户时，向会计师事务所报告。在接到报告后，会计师事务所应当评价不利影响的严重程度，并在必要时采取防范措施消除不利影响或将其降低至可接受的水平。

防范措施主要包括：（1）将该成员调离审计项目组；（2）由审计项目组以外的注册会计师复核该成员在审计项目组中做出的重大判断。

（二）属于公众利益实体的审计客户

1. 关键审计合伙人加入审计客户担任重要职位

关键审计合伙人是指项目合伙人、实施项目质量控制复核的负责人，以及审计项目组中负责对财务报表审计所涉及的重大事项做出关键决策或判断的其他审计合伙人。其他审计合伙人还可能包括负责审计重要子公司或分支机构的项目合伙人。

如果某一关键审计合伙人加入属于公众利益实体的审计客户，担任董事、高级管理人员或特定员工，将因密切关系或外在压力产生不利影响。

除非该合伙人不再担任关键审计合伙人后，该公众利益实体发布了已审计财务报表，其涵盖期间不少于 12 个月，并且该合伙人不是该财务报表的审计项目组成员，否则独立性将视为受到损害。从不再担任关键审计合伙人至最早可以加入客户的这一期间，称为"冷却期"。例如，如图 3-4 所示，假设会计师事务所审计一家以公历年为会计年度的上市公司的 2009 年度的财务报表。如果某审计项目组的前任关键合伙人曾为该客户 2009 年度审计工作执行任务，且该客户发布已审计 2010 年度财务报表的日期是 2011 年 3 月 31 日，此人最早可以加入该客户并担任董事、高级管理人员或特定员工的时间是在 2011 年 4 月 1 日。

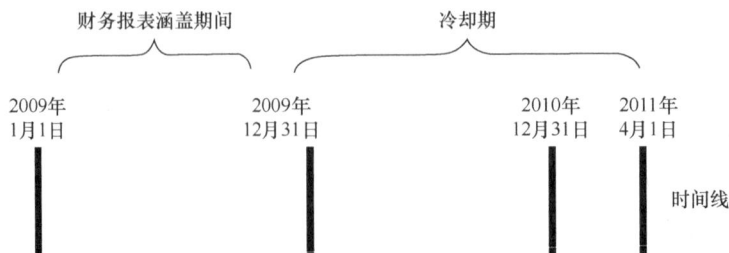

图 3-4　冷却期示例

2. 前任高级合伙人加入审计客户担任重要职位

如果会计师事务所前任高级合伙人（或管理合伙人，或同等职位的人员）加入属于公众利益实体的审计客户，担任董事、高级管理人员或特定员工，将因外在压力产生不利影响。除非该高级合伙人离职已超过 12 个月，否则独立性将被视为受到损害。

3. 因企业合并原因导致前任成员加入审计客户担任重要职位

如果由于企业合并的原因，会计师事务所前任关键审计合伙人担任属于公众利益实体的审计客户的董事、高级管理人员或特定员工，在同时满足下列条件时，不被视为独立性受到损害：（1）当前任关键审计合伙人接受该职务时，并未预料到会发生企业合并；（2）前任关键审计合伙人在会计师事务所中应得的报酬或福利都已全额支付（除非报酬或福利是按照预先确定的固定金额支付的，并且未付金额对会计师事务所不重要）；（3）前任关键审计合伙人未继续参与，或在外界看来未参与会计师事务所的经营活动或专业活动；（4）已就前任关键审计合伙人在审计客户中的职位与治理层讨论。

（三）临时借调员工

如果会计师事务所向审计客户借出员工，可能因自我评价产生不利影响。会计师事务所只能短期向客户借出员工，并且借出的员工不得为审计客户提供中国注册会计师职业道德守则禁止提供的非鉴证服务，也不得承担审计客户的管理层职责。审计客户有责任对借调员工的活动进行指导和监督。

会计师事务所应当评价借出员工产生不利影响的严重程度，并在必要时采取防范措施消除不利影响或将其降低至可接受的水平。

防范措施主要包括：（1）对借出员工的工作进行额外复核；（2）合理安排审计项目组成员的职责，使借出员工不对其在借调期间执行的工作进行审计；（3）不安排借出员工作为审计项目组成员。

（四）最近曾任审计客户的董事、高级管理人员或特定员工

如果审计项目组成员最近曾担任审计客户的董事、高级管理人员或特定员工，可能因自身利益、自我评价或密切关系产生不利影响。例如，如果审计项目组成员在审计客户工作期间曾经编制会计记录，现又对据此形成的财务报表要素进行评价，则可能产生这些不利影响。

1. 在财务报表涵盖的期间

如果在被审计财务报表涵盖的期间，审计项目组成员曾担任审计客户的董事、高级管理人员或特定员工，将产生非常严重的不利影响，导致没有防范措施能够将其降低至可接受的水平。会计师事务所不得将此类人员分派到审计项目组。

2. 在财务报表涵盖的期间之前

如果在被审计财务报表涵盖的期间之前，审计项目组成员曾担任审计客户的董事、高级管理人员或特定员工，可能因自身利益、自我评价或密切关系产生不利影响。不利影响存在与否及其严重程度主要取决于下列因素：（1）该成员在客户中曾担任的职务；（2）该成员离开客户的时间长短；（3）该成员在审计项目组中的角色。

会计师事务所应当评价不利影响的严重程度，并在必要时采取防范措施将其降低至可接受的水平。防范措施包括复核该成员已执行的工作等。

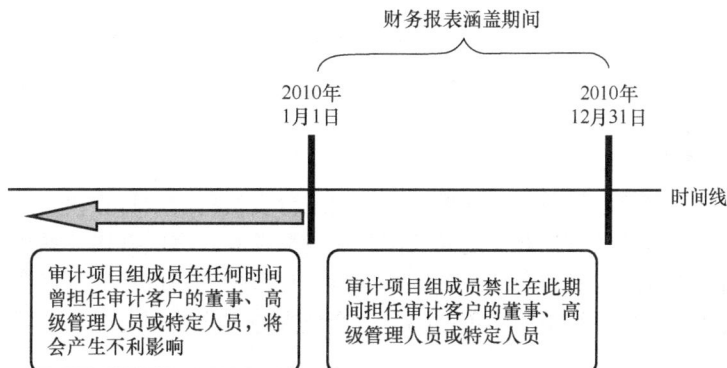

图 3-5 受限制的时段示例

（五）兼任审计客户的董事或高级管理人员

如果会计师事务所的合伙人或员工兼任审计客户的董事或高级管理人员，将因自我评价和自身利益产生非常严重的不利影响，导致没有防范措施能够将其降低至可接受的水平。会计师事务所的合伙人或员工不得兼任审计客户的董事或高级管理人员。

如果会计师事务所的合伙人或员工担任审计客户的公司秘书，将因自我评价和过度推介产生非常严重的不利影响，导致没有防范措施能够将其降低至可接受的水平。会计师事务所的合伙人或员工不得兼任审计客户的公司秘书。

会计师事务所提供日常和行政事务性的服务以支持公司秘书职能，或提供与公司秘书行政事项有关的建议，只要所有相关决策均由审计客户管理层做出，通常不会损害独立性。

五、与审计客户长期存在业务关系

（一）一般规定

会计师事务所长期委派同一名合伙人或高级员工执行某一客户的审计业务，将因密切关系和自身利益产生不利影响。不利影响的严重程度主要取决于下列因素：（1）该人员加入审计项目组的时间长短；（2）该人员在审计项目组中的角色；（3）会计师事务所的组织结构；（4）审计业务的性质；（5）客户的管理团队是否发生变动；（6）客户的会计和报告问题的性质或复杂程度是否发生变化。

会计师事务所应当评价因密切关系和自身利益产生的不利影响的严重程度，并在必要时采取防范措施消除不利影响或将其降低至可接受的水平。

防范措施主要包括：（1）将该人员轮换出审计项目组；（2）由审计项目组以外的注册会计师复核该人员已执行的工作；（3）定期对该业务实施独立的质量复核。

（二）属于公共利益实体的审计客户

1. 关键审计合伙人任职时间

关键审计合伙人是指项目合伙人、实施项目质量控制复核的负责人，以及审计项目组中负责对财务报表审计所涉及的重大事项做出关键决策或判断的其他审计合伙人。

如果审计客户属于公众利益实体，执行其审计业务的关键审计合伙人任职时间不得超过5年。在任期结束后的两年内，该关键审计合伙人不得再次成为该客户的审计项目组成员或关键审计合伙人。在此期间内，该关键审计合伙人也不得有下列行为：（1）参与该客户的审计业务；（2）为该客户的审计业务实施质量控制复核；（3）就有关技术或行业特定问题、交易或事项向项目组或该客户提供咨询；（4）以其他方式直接影响业务结果。

在极其特殊的情况下，会计师事务所可能因无法预见和控制的情形而不能按时轮换关键审计合伙人。如果关键审计合伙人的连任对审计质量特别重要，并且通过采取防范措施能够消除对独立性产生的不利影响或将其降低至可接受的水平，则在法律法规允许的情况下，该关键审计合伙人在审计项目组的时限可以延长一年。

2. 其他合伙人任职时间

其他审计合伙人还可能包括负责审计重要子公司或分支机构的项目合伙人。审计项目组的其他合伙人与属于公众利益实体的审计客户之间长期存在业务关系，将因密切关系和自身利益产生不利影响。不利影响的严重程度主要取决于下列因素：（1）该合伙人与审计客户存在业务关系的时间长短；（2）该合伙人在审计项目组中的角色；（3）该合伙人与客户治理层或管理层交往的性质、频率和范围。

会计师事务所应当评价不利影响的严重程度，并在必要时采取防范措施消除不利影响或将其降低至可接受的水平。

防范措施主要包括：（1）将该合伙人轮换出审计项目组，或终止其与审计客户存在的业务关系；（2）定期对该业务实施独立的质量控制复核。

3. 确定轮换时间

如果审计客户成为公众利益实体，在确定关键审计合伙人的轮换时间时，会计师事务所应当考虑，在该客户成为公众利益实体之前，该合伙人已为该客户提供服务的时间。

在审计客户成为公众利益实体之前，如果关键审计合伙人已为该客户服务的时间不超过3年，则该合伙人还可以为该客户继续提供服务的年限为5年减去已经服务的年限。

如果关键审计合伙人为该客户服务了4年或更长的时间，在该客户成为公众利益实体之后，该合伙人还可以继续服务两年。

如果审计客户是首次公开发行证券的公司，关键审计合伙人在该公司上市后连续提供审计服务的期限，不得超过两个完整会计年度。

表3-1   适用于一般公众利益实体的审计客户

	轮换前最长服务年限	"暂停"服务年限
一般情况	5年	2年
特殊情况	6年	2年

表3-2   适用于客户成为公众利益实体后的轮换时间表

在审计客户成为公众利益实体前的服务年限（×年）	轮换前最长服务年限	"暂停"服务年限
×≤3年	（5-×）年	2年
×≥4年	2年	2年
如客户是首次公开发行证券	2年	2年

六、收费

（一）收费结构

1. 收费总额对独立性的影响及防范措施

如果会计师事务所从某一审计客户收取的全部费用占其收费总额的比重很大，则对该客户的依赖及对可能失去该客户的担心将因自身利益或外在压力产生不利影响。

不利影响的严重程度主要取决于下列因素：（1）会计师事务所的业务类型及收入结构；（2）会计师事务所成立时间的长短；（3）该客户对会计师事务所是否重要。

会计师事务所应当评价不利影响的严重程度，并在必要时采取防范措施消除不利影响或将其降低至可接受的水平。

防范措施主要包括：（1）降低对该客户的依赖程度；（2）实施外部质量控制复核；（3）就关键的审计判断向第三方咨询。例如，向行业监管机构或其他会计师事务所咨询。

2. 从某一审计客户收取的全部费用比重很大

如果从某一审计客户收取的全部费用占某一合伙人从所有客户收取的费用总额比重很大，或占会计师事务所某一分部收取的费用总额比重很大，也将因自身利益或外在压力产生不利影响。不利影响的严重程度主要取决于下列因素：（1）该客户在性质上或数量上对该合伙人或分部是否重要；（2）该合伙人或该分部合伙人的报酬对来源于该客户的收费的依赖程度。

会计师事务所应当评价不利影响的严重程度，并在必要时采取防范措施消除不利影响或将其降低至可接受的水平。

防范措施主要包括：（1）降低对来源于该客户的收费的依赖程度；（2）由审计项目组以外的注册会计师复核已执行的工作或在必要时提出建议；（3）定期实施独立的质量控制复核。

3. 连续两年从属于公众利益实体的某一审计客户收取的全部费用比重较大

如果会计师事务所连续两年从某一属于公众利益实体的审计客户及其关联实体收取的全部费用，占其从所有客户收取的全部费用的比重超过15%，会计师事务所应当向审计客户治理层披露这一事实，并讨论选择下列何种防范措施，以将不利影响降低至可接受的水平：（1）在对第二年度财务报表发表审计意见之前，由其他会计师事务所对该业务再次实施项目质量控制复核（简称发表审计意见前复核）；（2）在对第二年度财务报表发表审计意见之后、对第三年度财务报表发表审计意见之前，由其他会计师事务所对第二年度的审计工作再次实施项目质量控制复核（简称发表审计意见后复核）。

在上述收费比例明显超过15%的情况下，如果采用发表审计意见后复核无法将不利影响降低至可接受的水平，会计师事务所应当采用发表审计意见前复核。

如果两年后每年收费比例继续超过15%，则会计师事务所应当每年向治理层披露这一事实，并讨论选择采取上述哪种防范措施。在收费比例明显超过15%的情况下，如果采用发表审计意见后复核无法将不利影响降低至可接受的水平，会计师事务所应当采用发表审计意见前复核。

（二）逾期收费

如果审计客户长期未支付应付的审计费用，尤其是相当部分的审计费用在出具下一年度审计报告前仍未支付，可能因自身利益产生不利影响。

会计师事务所通常要求审计客户在审计报告出具前付清上一年度的审计费用。如果在审计报告出具后审计客户仍未支付该费用，会计师事务所应当评价不利影响存在与否及其严重程度，并在必要时采取防范措施消除不利影响或将其降低至可接受的水平。

可采取的防范措施包括由未参与执行审计业务的注册会计师提供建议，或复核已执行的工作等。

会计师事务所还应当确定逾期收费是否可能被视同向客户贷款，并且根据逾期收费的重要程度确定是否继续执行审计业务。

（三）或有收费

或有收费是指收费与否或收费多少取决于交易的结果或所执行工作的结果。如果一项收费是由法院或政府有关部门规定的，则该项收费不被视为或有收费。

会计师事务所在提供审计服务时，以直接或间接形式取得或有收费，将因自身利益产生非常严重的不利影响，导致没有防范措施能够将其降低至可接受的水平。会计师事务所不得采用这种收费安排。

会计师事务所在向审计客户提供非鉴证服务时，如果非鉴证服务以直接或间接形式取得或有收费，也可能因自身利益产生不利影响。

如果出现下列情况之一，将因自身利益产生非常严重的不利影响，导致没有防范措施能够将其降低至可接受的水平，会计师事务所不得采用这种收费安排：（1）非鉴证服务的或有收费由对财务报表发表审计意见的会计师事务所取得，并且对其影响重大或预期影响重大；（2）网络事务所参与大部分审计工作，非鉴证服务的或有收费由该网络事务所取得，并且对其影响重大或预期影响重大；（3）非鉴证服务的结果以及由此收取的费用金额，取决于未来或当期与财务报表重大金额审计相关的判断。

在向审计客户提供非鉴证服务时，如果会计师事务所采用其他形式的或有收费安排，不利影响存在与否及其严重程度主要取决于下列因素：（1）可能的收费金额区间；（2）是否由适当的权威方确定有关事项的结果，并且该结果作为或有收费的基础；（3）非鉴证服务的性质；（4）事项或交易对财务报表的影响。

会计师事务所应当评价不利影响的严重程度,并在必要时采取防范措施消除不利影响或将其降低至可接受的水平。

防范措施主要包括:(1)由审计项目组以外的注册会计师复核相关审计工作,或在必要时提供建议;(2)由审计项目组以外的专业人员提供非鉴证服务。

七、影响独立性的其他事项

(一)薪酬和业绩评价政策

如果某一审计项目组成员的薪酬或业绩评价与其向审计客户推销的非鉴证服务挂钩,将因自身利益产生不利影响。不利影响的严重程度取决于下列因素:(1)推销非鉴证服务的因素在该成员薪酬或业绩评价中的比重;(2)该成员在审计项目组中的角色;(3)推销非鉴证服务的业绩是否影响该成员的晋升。

会计师事务所应当评价不利影响的严重程度。如果不利影响超出可接受的水平,会计师事务所应当修改该成员的薪酬计划或业绩评价程序,或者采取其他防范措施消除不利影响或将其降低至可接受的水平。

防范措施主要包括:(1)将该成员调离审计项目组;(2)由审计项目组以外的注册会计师复核该成员已执行的工作。

关键审计合伙人的薪酬或业绩评价不得与其向审计客户推销的非鉴证服务直接挂钩。职业道德准则并不禁止会计师事务所合伙人之间正常的利润分享安排。

(二)礼品与款待

会计师事务所或审计项目组成员接受审计客户的礼品或款待,可能因自身利益和密切关系产生不利影响。

如果会计师事务所或审计项目组成员接受审计客户的礼品,将产生非常严重的不利影响,导致没有防范措施能够将其降低至可接受的水平。会计师事务所或审计项目组成员不得接受礼品。

会计师事务所或审计项目组成员应当评价接受款待产生不利影响的严重程度,并在必要时采取防范措施消除不利影响或将其降低至可接受的水平。如果款待超出业务活动中的正常往来,会计师事务所或审计项目组成员应当拒绝接受。

(三)诉讼或诉讼产生的威胁

如果会计师事务所或审计项目组成员与审计客户发生诉讼或很可能发生诉讼,将因自身利益和外在压力产生不利影响。

会计师事务所和客户管理层由于诉讼或诉讼威胁而处于对立地位,将影响管理层提供信息的意愿,从而因自身利益和外在压力产生不利影响。不利影响的严重程度主要取决于下列因素:(1)诉讼的重要性;(2)诉讼是否与前期审计业务相关。

会计师事务所应当评价不利影响的严重程度,并在必要时采取防范措施消除不利影响或将其降低至可接受的水平。

防范措施主要包括:(1)如果诉讼涉及某一审计项目组成员,将该成员调离审计项目组;(2)由审计项目组以外的专业人员复核已执行的工作。

如果此类防范措施不能将不利影响降低至可接受的水平,会计师事务所应当拒绝接受审计业务委托,或解除审计业务约定。

知识链接-03

思考题

1. 我国注册会计师审计执业体系的组成部分有哪些？
2. 我国注册会计师审计的职业道德基本原则有哪些？
3. 对注册会计师职业道德基本原则产生不利影响的因素主要有哪些？
4. 经济利益如何影响审计独立性？应采取哪些措施降低此不利影响到可接受水平？
5. 贷款和担保如何影响审计独立性？应采取哪些措施降低此不利影响到可接受水平？
6. 与审计客户发生雇佣关系如何影响审计独立性？应采取哪些措施降低此不利影响到可接受水平？
7. 与审计客户长期存在业务关系如何影响审计独立性？应采取哪些措施降低此不利影响到可接受水平？
8. 收费如何影响审计独立性？应采取哪些措施降低此不利影响到可接受水平？
9. 政府审计执业准则和道德规范的主要内容？
10. 内部审计执业准则和道德规范的主要内容？

关键术语

审计职业规范体系	Auditing Professional Standards System
审计执业规范	Auditing Standards
道德守则	Code of Ethics
审计独立性	Auditing Independence

审计过程与审计方法 | 第四章

【教学目标】

通过本章教学，能使学生了解民间审计过程主要步骤；熟悉政府审计过程、内部审计过程的主要步骤；理解审计方法的含义及审计方法体系的构成；掌握检查有形资产、函证、分析程序等审计方法；掌握审计抽样的基本概念和审计抽样的基本原理和步骤。

【引例】

2006年5月，浙江省宁海县审计局派出审计组对宁海县西溪水库建设项目进行了预算执行情况审计。审计查明，宁海县黄坛镇原沙地村（现已拆迁划并到桃源街道堤树村）出纳潘某串通黄坛镇会计代理服务中心原西溪片负责人李某共同贪污该村征地补偿费66 340元，进行私分。两人自以为做得天衣无缝，却栽倒在审计利剑之下，真可谓法网恢恢，疏而不漏。

审前调查　确定重点

宁海县西溪水库建设项目是宁波市重点建设工程项目，概算投资4.83亿元，其中征地费、移民拆迁及补偿费等政策处理费高达2.08亿元。根据审前调查，宁海县西溪水库建设工程指挥部负责该项目的建设，其主要收入来源为宁波市财政补助和银行贷款，支出主要用于水库工程建设及征地、移民拆迁安置费用。其中征地和移民拆迁安置主要涉及黄坛镇原徐家、沙地、下潘、瓦窑山、大庙坪、方田6个村。延伸审计上述6个村的征地和拆迁补偿费将成为审计主要内容。审计组重点围绕征地和拆迁补偿费支出的去向进行跟踪审计；审查其补偿标准是否合理，补偿支出与村账收入之间是否存在对应关系。

核对账目　发现问题

针对审计主要内容，审计组首先将工程指挥部对上述6个村的征地和拆迁安置支出进行了明细分类和归纳汇总，由于支出项目较多，村账金额不够细分，审计存在一定难度。为此，审计组对存在疑点的补偿支出，逐笔登记了村账收据号码，并于2006年6月16日到桃源街道会计代理服务中心逐笔进行村账核对。在核对过程中，发现原沙地村有一笔征地补偿收入66 340元未入账。也就是说西溪水库工程指挥部存在对沙地村的土地补偿支出，而原沙地村村账未产生该笔收入。

调整审计方法　多方取证

鉴于问题性质的严重性，审计组当即和桃源街道原会计代理服务中心负责人储某进行了商量，着手准备叫原沙地村出纳潘某前来核对村账，并马上将上述情况向局领导作了汇报。局领导指示一定要将问题查透，查出真相，防止村集体资金被挪用。2006年6月20日上午，经事先约定，审计组一行又赶到桃源街道办事处，就此事对原沙地村出纳潘某进行了询问。出纳潘某起初存在抵赖思想，推说对上述情况不知情。审计组马上调整思路，立即对土地补偿协议经手人——原沙地村支书潘某进行询问，结果发现村支书潘某也说不出土地征用补偿款66 340元未入村账的原因，并说对此事不知情。所有线索都发生中断，难道是该村村干部已串通一气，共同对付审计人员的查账？

为了彻底查清真相，审计组一方面跟出纳潘某讲明问题的严重性，让他好好回忆这笔款项，另一方面派人到黄坛信用社核对这笔款项的来龙去脉。慑于法律的威严，该村出纳潘某终于向审计组承认是个人挪用了66 340元征地补偿款，并道出了事情的详细经过：2002年5月8日，他以黄坛镇原沙地村的名义，向西溪水库工程指挥部开出浙江省农村经济组织统一收据（编号6471711）共计66 340

元，款项以转账支票的方式转入黄坛信用社该村账户后，其本人未将收据记账联和转账支票存根交于黄坛镇会计代理中心计账，而是于2004年6月30日用平时盖过印章的现金支票取出上述款项，串通黄坛镇原村账代理中心会计李某，撕毁记账凭证和原始凭证并进行对半私分，使人看不出有此项收入业务的产生。经向黄坛信用社取证后，上述情况基本属实。而村支书潘某由于时间过去较长，对此事也渐渐淡忘。

完成审计报告、移送审计处理意见

宁海县审计局将上述情况分别向县纪委和县检察院作了报告和移送。县检察院非常重视，对该村出纳潘某进行传唤并隔离审查；李某也感到问题的严重性，早在审计移送检察院之前，就已向县检察院投案自首。至此，一起会计、出纳合谋贪污村土地补偿款的案件终于水落石出，等待他们的将是法律的严惩。

一个审计项目的完成通常经过计划、实施、报告等阶段，综合运用各种审计方法获取审计证据，在审计证据的基础上形成审计意见和审计决定、审计处理意见。

资料来源：审计署网站. http://www.audit.gov.cn.

第一节 审计过程

为了使审计工作有组织、有计划、有步骤地进行，保证审计工作质量和提高审计工作效率，审计人员在执行审计工作时，都遵循一定的审计过程。

一、审计过程的含义

审计过程也称审计步骤，是指审计组织及其审计人员开展审计工作，从审计工作开始到审计工作结束的系统性工作步骤。

审计过程有广义和狭义之分。

狭义的审计过程，是指完成一项审计工作的必经步骤。一般包括三个阶段，即准备阶段、实施阶段、报告阶段。

广义的审计过程，是指在狭义审计过程的基础上向前延伸至审计组织的年度审计计划制订，向后延续至后续审计、整改检查等。例如政府审计要编制年度审计项目计划；内部审计要进一步检查被审计单位对审计发现的问题所采取的纠正措施及其效果，因而需要进行后续审计。

年度审计计划、后续审计、整改检查阶段并不是每一类审计组织或者每一项审计工作都有的，后续审计、整改检查阶段一般称为审计过程的延续。

就狭义审计过程而言，不论是政府审计、内部审计，还是民间审计；不论是合规性审计、财务报表审计，还是经营审计，一般都要经过准备阶段、实施阶段、报告阶段。每个阶段又包括若干具体工作内容。审计过程各个阶段的具体工作内容，随着审计种类不同而有所不同。

二、政府审计过程

政府审计的审计过程包括制订审计项目计划、审计准备、审计实施、审计报告、审计整改检查5个阶段。

（一）编制年度审计项目计划

年度审计项目计划是国家各级审计机关在每个年度开始之前，对下一年度的审计项目和专项审计调查项目做出的统一安排。

审计机关计划管理部门应当根据法定的审计职责和审计管辖范围，编制年度审计项目计划，报经本级政府行政首长批准并向上一级审计机关报告。

审计机关按照下列步骤编制年度审计项目计划：

（1）调查审计需求，初步选择审计项目；

（2）对初选审计项目进行可行性研究，确定备选审计项目及其优先顺序；

（3）评估审计机关可用审计资源，确定审计项目，编制年度审计项目计划。

下列审计项目应当作为必选审计项目，审计机关对必选审计项目，可以不进行可行性研究：

（1）法律法规规定每年应当审计的项目；

（2）本级政府行政首长和相关领导机关要求审计的项目；

（3）上级审计机关安排或者授权的审计项目。

年度审计项目计划以文字、表格或者两者相结合的形式规定在下一年度要审计的项目种类、单位数量和时间要求等。年度审计项目计划的内容主要包括：

（1）审计项目名称；

（2）审计目标，即实施审计项目预期要完成的任务和结果；

（3）审计范围，即审计项目涉及的具体单位、事项和所属期间；

（4）审计重点；

（5）审计项目组织和实施单位；

（6）审计资源。

采取跟踪审计方式实施的审计项目，年度审计项目计划应当列明跟踪的具体方式和要求。专项审计调查项目的年度审计项目计划应当列明专项审计调查的要求。

审计机关应当将年度审计项目计划下达审计项目组织和实施单位执行。年度审计项目计划一经下达，审计项目组织和实施单位应当确保完成，不得擅自变更。

上级审计机关应当指导下级审计机关编制年度审计项目计划，划分下级审计机关重点审计领域或者提出审计项目安排的指导意见。

（二）审计准备阶段

审计准备阶段是指从审计机关根据年度审计项目计划确定的审计项目，选派审计人员组成审计组，到制定审计实施方案的阶段。

1. 组成审计组

审计机关应当在实施项目审计前组成审计组。审计组由审计组组长和其他成员组成。审计组实行审计组组长负责制。审计组组长由审计机关确定，审计组组长可以根据需要在审计组成员中确定主审。主审应当履行其规定职责和审计组组长委托履行的其他职责。

2. 编制审计工作方案

年度审计项目计划确定审计机关统一组织多个审计组共同实施一个审计项目或者分别实施同一类审计项目的，审计机关业务部门应当编制审计工作方案。

审计机关业务部门编制审计工作方案，应当根据年度审计项目计划形成过程中调查审计需求、进行可行性研究的情况，开展进一步调查，对审计目标、范围、重点和项目组织实施等进行确定。

审计工作方案的内容主要包括：

（1）审计目标；

（2）审计范围；

（3）审计内容和重点；

（4）审计工作组织安排；

（5）审计工作要求。

审计机关业务部门编制的审计工作方案应当按照审计机关规定的程序审批。在年度审计项目计划确定的实施审计起始时间之前，下达到审计项目实施单位。

审计机关业务部门根据审计实施过程中情况的变化，可以申请对审计工作方案的内容进行调整，并按审计机关规定的程序报批。

3. 送达审计通知书

审计组应当于实施审计3个工作日前，向被审计单位送达审计通知书；遇有特殊情况，经本级人民政府批准，审计机关可以直接持审计通知书实施审计。被审计单位在送达回证上签字。

审计通知书，是审计机关通知被审计单位接受审计的书面文件，是审计组执行审计任务及进行审计调查取证的依据。审计通知书、审计通知书送达回书参考范例分别见【范例4-1】和【范例4-2】。

审计通知书的内容主要包括被审计单位名称、审计依据、审计范围、审计起始时间、审计组组长及其他成员名单和被审计单位配合审计工作的要求。一般情况下，审计通知书应当在附件中列明审计组的审计纪律要求；根据需要，审计通知书还可在附件中列明被审计单位需提供的文件目录、需要填制的表格。

【范例4-1】审计通知书

×××市审计局

审计通知书

×××审**通【20**】**号

×××市审计局对****（项目名称）进行审计（专项审计调查）的通知

****（主送单位全称或者规范简称）：

根据《中华人民共和国审计法》第****条的规定，我局决定派出审计组，自20**年**月**日起，对你单位****进行审计（专项审计调查），必要时将追溯到相关年度或者延伸审计（调查）有关单位。请予以配合，并提供有关资料（包括电子数据资料）和必要的工作条件。

审计组组长：***

审计组成员：***（主审）　***　***　***

附件：*********

（审计机关印章）

****年**月**日

说明：

1. 审计通知书的主送单位为被审计单位，抄送单位根据情况可填写与被审计事项相关的其他部门。

2. 根据情况，审计依据也可引用《中华人民共和国审计实施条例》第****条，上级审计机关授权项目还应在审计依据中注明根据***的授权。

3. 审计起始日期无法确定到日的，至少应明确到某月的上、中、下旬。

4. 审计组副组长和主审为可选项，根据实际情况填写；审计组成员人数较多或者可能有调整时，可仅列出部分成员并以"等"字结尾。

5. 一般情况下，审计通知书应当在附件中列明审计组的审计纪律要求；根据需要，审计通知书还可在附件中列明被审计单位需要提供的文件资料目录、需要填制的表格等。

6. 经济责任审计、跟踪审计对审计通知书有特殊要求的，按照相关要求办理。

7. 如结合审计，对社会审计机构出具的相关审计报告进行核查，可在审计通知书一并写明，同时抄送被核查的社会审计机构。

【范例 4-2】审计文书送达回证

×××市审计局
审计文书送达回证

送达文书名称和文号：

送达机关：　　　　　　　　　（盖章）

送件人及送件时间：　　（签名）　＊＊＊＊ 年 ＊＊ 月 ＊＊ 日

送达方式：

受送达机关或者个人：　　（签章）　＊＊＊＊ 年 ＊＊ 月 ＊＊ 日

收件人及收件时间：　　（签名）　＊＊＊＊ 年 ＊＊ 月 ＊＊ 日

说明：直接送达或者委托送达的，请将本送达回证填写后交还送件人；邮寄送达的，请将本送达回证寄交＊＊＊（写明送达机关名称），地址：＊＊＊，邮编：＊＊＊。

采跟踪审计方式实施审计的，审计通知书应当列明跟踪审计的具体方式和要求。专项审计调查项目的审计通知书应当列明专项审计调查的要求。

4. 调查了解被审计单位及其相关情况

审计组在编制审计实施方案前，应当调查了解被审计单位及其相关情况，评估被审计单位存在重要问题的可能性，确定审计应对措施。

审计人员可以采取下列方法调查了解被审计单位及其相关情况：

（1）书面或者口头询问被审计单位内部和外部相关人员；

（2）检查有关文件、报告、内部管理手册、信息系统的技术文档和操作手册；

（3）观察有关业务活动及其场所、设施和有关内部控制的执行情况；

（4）追踪有关业务的处理过程；

（5）分析相关数据。

审计组应当对调查了解被审计单位及其相关情况做出记录，调查了解记录的内容主要包括：

（1）对被审计单位及其相关情况的调查了解情况；

（2）对被审计单位存在重要问题可能性的评估情况；

（3）确定的审计事项及其审计应对措施。

5. 编制审计实施方案

审计组应当依据调查了解的情况，编制审计实施方案。对于审计机关已经下达审计工作方案的，审计组应当按照审计工作方案的要求编制审计实施方案。审计方案参考格式见表 4-1。

审计实施方案，是审计组为顺利完成某项审计任务，达到预期审计目的而编制的具体工作计划。由其所在部门负责人审批，重要事项报经所在审计机关领导批准。

审计实施方案的内容主要包括：

（1）审计目标；

（2）审计范围；

（3）审计内容、重点及审计措施，包括审计事项和审计应对措施；

（4）审计工作要求，包括项目审计进度安排、审计组内部重要管理事项及职责分工等。

采取跟踪审计方式实施审计的，审计实施方案应当对整个跟踪审计工作做出统筹安排。专项审计调查项目的审计实施方案应当列明专项审计调查的要求。

审计人员实施审计时，应当持续关注已做出的重要性判断和对存在重要问题可能性的评估是否恰当，及时做出修正，并调整审计应对措施，调整审计实施方案。

表 4-1   审计实施方案参考格式

审计实施方案			
编制依据			
审计项目名称			
审计方式		审计种类	
预计审计起止时间			
审计组长			
审计组成员			
编制人		编制日期	
审核人		审核日期	
批准人		批准日期	

备注：（1）需要对实施方案确定的审计目标、审计范围、审计重点、审计结束时间、项目实施单位等事项进行调整的，应当报请分管局长批准；（2）重大项目必要时应当报请局长批准。其他调整事项由业务处确定。

审计实施方案（附页）

内容主要包括：

（一）审计目标；

（二）审计范围；

（三）审计内容、重点及审计措施，包括审计事项和根据《审计准则》第七十三条确定的审计应对措施；

（四）审计工作要求，包括项目进度安排、审计组内部重要管理事项及职责分工等（职责分工中应明确审计组长授权情况）。

备注：

（三）审计实施阶段

审计实施阶段是指从审计组进点到完成审计工作的现场审计阶段。审计实施阶段是审计程序的核心阶段，是对审计实施方案的具体落实。主要工作包括运用审计方法实施审计、获取审计证据、记录实施审计的过程和结果等。

1. 实施内部控制测试和信息系统测试

审计人员认为存在下列情形之一的，应当测试相关内部控制的有效性：

（1）某项内部控制设计合理且预期运行有效，能够防止重要问题的发生；

（2）仅实施实质性审查不足以为发现重要问题提供适当、充分的审计证据。

审计人员决定不依赖某项内部控制的，可以对审计事项直接进行实质性审查。被审计单位规模较小、业务比较简单的，审计人员可以对审计事项直接进行实质性审查。

审计人员认为存在下列情形之一的，应当检查相关信息系统的有效性、安全性：

（1）仅审计电子数据不足以为发现重要问题提供适当、充分的审计证据；

（2）电子数据中频繁出现某类差异。

审计人员在检查被审计单位相关信息系统时，可以利用被审计单位信息系统的现有功能或者采用其他计算机技术和工具，检查中应当避免对被审计单位相关信息系统及其电子数据造成不良影响。

2. 实质性审查，取得审计证据

审计人员根据实际情况，可以在审计事项中选取全部项目或者部分特定项目进行审查，也可以进行审计抽样，以获取审计证据。

审计人员可以采取检查、观察、询问、外部调查、重新计算、重新操作、分析等方法向有关单位和个人获取审计证据。

审计证据是指审计人员获取的能够为审计结论提供合理基础的全部事实，包括审计人员调查了解被审计单位及其相关情况和对确定的审计事项进行审查所获取的证据。

审计人员在审计实施过程中，应当持续评价审计证据的适当性和充分性。

已采取的审计措施难以获取适当、充分审计证据的，审计人员应当采取替代审计措施；仍无法获取审计证据的，由审计组报请审计机关采取其他必要的措施或者不做出审计结论。

3. 编制、复核审计工作底稿

审计工作底稿主要记录审计人员依据审计实施方案执行审计措施的活动。

审计人员对审计实施方案确定的每一审计事项，均应当编制审计工作底稿。一个审计事项可以根据需要编制多份审计工作底稿。审计工作底稿的内容主要包括：

（1）审计项目名称；

（2）审计事项名称；

（3）审计过程和结论。主要包括 3 个方面，①实施审计的主要步骤和方法，②取得的审计证据的名称和来源，③审计认定的事实摘要；

（4）审计人员姓名及审计工作底稿编制日期并签名；

（5）审核人员姓名、审核意见及审核日期并签名；

（6）索引号及页码；

（7）附件数量。审计证据材料应当作为调查了解记录和审计工作底稿的附件。一份审计证据材料对应多个审计记录时，审计人员可以将审计证据材料附在与其关系最密切的审计记录后面，并在其他审计记录中予以注明。

审计组起草审计报告前，审计组组长应当对审计工作底稿的下列事项进行审核：

（1）具体审计目标是否实现；

（2）审计措施是否有效执行；

（3）事实是否清楚；

（4）审计证据是否适当、充分；

（5）得出的审计结论及其相关标准是否适当；

（6）其他有关重要事项。

审计组组长审核审计工作底稿，应当根据不同情况分别提出下列意见：

（1）予以认可；

（2）责成采取进一步审计措施，获取适当、充分的审计证据；

（3）纠正或者责成纠正不恰当的审计结论。

（四）审计报告阶段

审计报告阶段是指审计组对审计事项实施审计后，在综合分析审计工作底稿及审计证据的基础上，编制审计报告，做出审计决定、送达审计报告的过程。

1. 分析、评价审计证据

审计组在起草审计报告前，应当讨论确定下列事项，并对讨论的情况及其结果做出记录。

（1）评价审计目标的实现情况；

（2）审计实施方案确定的审计事项完成情况；

（3）评价审计证据的适当性和充分性；

（4）提出审计评价意见；

（5）评估审计发现问题的重要性；

（6）提出对审计发现问题的处理处罚意见；

（7）其他有关事项。

2. 起草审计报告，征求意见

经过讨论，通过对审计证据的分析和综合，审计人员可以得到一个初步的审计评价意见。审计组起草审计报告，按照审计机关规定的程序审批后，以审计机关的名义征求被审计单位、被调查单位和拟处罚的有关责任人员的意见。

3. 修改审计报告，定稿

被审计单位、被调查单位、被审计人员或者有关责任人员对征求意见的审计报告有异议的，审计组应当进一步核实，并根据核实情况对审计报告做出必要的修改。

审计组应当对采纳被审计单位、被调查单位、被审计人员、有关责任人员意见的情况和原因，或者上述单位或人员未在法定时间内提出书面意见的情况做出书面说明。

4. 起草审计决定书和审计移送处理书

对被审计单位或者被调查单位违反国家规定的财政收支、财务收支行为，依法应当由审计机关进行处理处罚的，审计组应当起草审计决定书。

对依法应当由其他有关部门纠正、处理处罚或者追究有关责任人员责任的事项，审计组应当起草审计移送处理书。

5. 审计机关业务部门复核，提出书面复核意见

审计组应当将下列材料报送审计机关业务部门复核，审计机关业务部门应当对下述材料进行复核，并提出书面复核意见：

（1）审计报告；

（2）审计决定书；

（3）被审计单位、被调查单位、被审计人员或者有关责任人员对审计报告的书面意见及审计组采纳情况的书面说明；

（4）审计实施方案；

（5）调查了解记录、审计工作底稿、重要管理事项记录、审计证据材料；

（6）其他有关材料。

6. 审理机构审理，出具审理意见书

审计机关业务部门应当将复核修改后的审计报告、审计决定书等审计项目材料连同书面复核意见，报送审理机构审理。审理机构审理后，应当出具审理意见书。

审理机构以审计实施方案为基础，重点关注审计实施的过程及结果，审理机构审理时，应当就有关事项与审计组及相关业务部门进行沟通。

必要时，审理机构可以参加审计组与被审计单位交换意见的会议，或者向被审计单位和有关人员了解相关情况。审理过程中遇有复杂问题的，经审计机关负责人同意后，审理机构可以组织专家进行论证。

审理机构审理后，可以根据情况采取下列措施：

（1）要求审计组补充重要审计证据；

（2）对审计报告、审计决定书进行修改。

7. 审计听证

国家《审计准则》第一百四十九条规定：对于拟做出罚款的处罚决定，符合法律法规规定的听证条件的，审计机关应当依照有关法律法规的规定履行听证程序。

根据审计署2000年发布的《审计机关审计听证的规定》规定：做出处以违规金额5%以上且金额在10万元以上罚款（或对责任人处以2 000元以上罚款）决定之前，应书面告知被审计单位（有关责任人）有要求听证的权利，3日内要求听证的，审计局应组织审计听证会。

8. 报送审计机构审定、签发

审理机构将审理后的审计报告、审计决定书、审计移送处理书连同审理意见书报送审计机关负责人。审计报告、审计决定书原则上应当由审计机关审计业务会议审定；特殊情况下，经审计机关主要负责人授权，可以由审计机关其他负责人审定。

9. 送达审计报告、审计决定书、审计移送处理书

审计报告、审计决定书、审计移送处理书经审计机关负责人签发后，应分别向有关单位和个人送达。审计报告送达被审计单位、被调查单位；经济责任审计报告送达被审计单位和被审计人员；审计决定书送达被审计单位、被调查单位、被处罚的有关责任人员。

本书第十七章将对政府审计报告展开讨论。

（五）审计整改检查阶段

审计机关在出具审计报告、做出审计决定后，应当在规定的时间制定部门内检查或者了解被审计单位和其他有关单位的整改情况，并向审计机关提出检查报告。

审计机关主要检查或者了解下列事项：

（1）执行审计机关做出的处理处罚决定情况；

（2）对审计机关要求自行纠正事项采取措施的情况；

（3）根据审计机关的审计建议采取措施的情况；

（4）对审计机关移送处理事项采取措施的情况。

审计机关对被审计单位没有整改或者没有完全整改的事项，依法采取必要措施。审计机关汇总审计整改情况，向本级政府报送关于审计工作报告中指出问题的整改情况的报告。

三、内部审计过程

内部审计的审计过程包括制订年度审计计划、审计准备、审计实施、审计报告、后续审计 5 个阶段。

（一）制定年度审计计划

内部审计计划一般包括年度审计计划、项目审计计划和审计方案 3 个层次。内部审计机构可以根据组织的性质、规模、审计业务的复杂程度等因素决定审计计划层次的繁简。

年度审计计划是对年度的审计任务所作的事先规划，是组织年度工作计划的重要组成部分。年度审计计划应在下年度开始前编制完成，并报组织适当管理层批准，以指导内部审计机构下年度的工作。

年度审计计划由内部审计机构负责人负责制定，应当包括以下基本内容：

（1）内部审计年度工作目标；

（2）需要执行的具体审计项目及其先后顺序；

（3）各审计项目所分配的审计资源；

（4）后续审计的必要安排。

具体审计项目是指内部审计机构可检查和评估的项目、部门或制度等。在制定年度审计计划时，应当考虑组织风险、管理需要和审计资源，以确定具体审计项目。

（二）审计准备阶段

审计准备阶段是指从组建审计组到下发审计通知书为止的这一过程。计划阶段被认为是整个审计过程的起点，其工作的周密细致程度直接影响到项目审计工作的质量和效果。

1. 组建审计组

内部审计机构应根据年度审计计划确定的审计项目和时间安排，确定审计项目负责人，选派内

部审计人员，组成审计组，开展审计工作。

通常内部审计部门在规划年度审计计划时，就需要考虑不同审计项目所需要的人力资源及其知识结构。在准备执行具体的审计项目时，选拔适当的审计人员仍是计划阶段必须予以考虑的重要问题。组建审计组没有固定的模式和标准，但是必须保证审计组成员的综合素质和能力能够最大限度地完成审计任务，满足审计质量管理的要求。

2. 编制项目审计计划

在具体实施审计项目前，审计项目负责人制定项目审计计划，并经内部审计机构负责人批准。项目审计计划是对具体审计项目实施的全过程所作的综合安排。项目审计计划应当包括以下基本内容：

（1）审计目的和审计范围；

（2）重要性和审计风险的评估；

（3）审计小组构成和审计时间的分配；

（4）对专家和外部审计工作结果的利用；

（5）其他有关内容。

3. 编制审计方案

编制审计方案是对具体审计项目的审计程序及其时间等所做出的详细安排。审计方案应在审计实施前编制完成，并经内部审计机构负责人批准。审计项目负责人应根据项目审计计划制定审计方案。审计方案应当包括以下基本内容：

（1）具体审计目的；

（2）具体审计方法和程序；

（3）预定的执行人及执行日期；

（4）其他有关内容。

审计项目负责人可以根据被审计单位的经营规模、业务复杂程度及审计工作的复杂程度确定项目审计计划和审计方案内容的繁简程度。

4. 下发审计通知书

内部审计人员在实施审计前，应向被审计单位送达内部审计通知书，特殊审计业务可在实施审计时送达。并做好必要的审计准备工作。

审计通知书，是指内部审计机构在实施审计前，通知被审计单位或个人接受审计的书面文件。范例4-3列示了内部审计通知书。

【范例4-3】审计通知书

长江××航道局

审计通知书

宁道审字【2012】第6号   签发人：

关于对××航道管理处进行财务综合审计的通知

××航道管理处：

根据2012年审计工作计划，决定派出审计组，对你单位2011年财务状况进行综合审计。自2012年4月18日起，预计3天，请予积极配合，并提供有关资料和必要的工作条件。

审计组长：

审计组员：

（盖章）

2012年4月13日

审计通知书应包括以下基本内容：

（1）被审计单位及审计项目名称；

（2）审计目的及审计范围；

（3）审计时间；

（4）被审计单位应提供的具体资料和其他必要的协助；

（5）审计小组名单；

（6）内部审计机构及其负责人的签章和签发日期。

（三）审计实施阶段

内部审计的实施阶段又可称为现场审计阶段，是指审计项目经过充分的准备之后，针对高风险领域或显示可能存在重大问题的领域进行审计的阶段，也是将审计方案付诸实施，化作实际行动的阶段。

1. 调查与测试内部控制

内部审计人员应深入调查、了解被审计单位的情况，采用抽样审计等方法，对其经营活动及内部控制的适当性、合法性和有效性进行测试。

2. 审计测试

审计实施阶段的测试是对与被审计活动相关的凭证、文件、记录、业务等进行实质性的检查和评价活动。测试的目的在于收集充分可靠的审计证据，确定真实的审计发现，以达到审计目标。

测试的重点应集中于主要控制系统的关键控制环节，以及现场调查中确定的高风险领域或已经显示存在控制缺陷和问题的领域。测试也意味着对所抽取的样本按其特征进行深入细致的分析、鉴证。

3. 对审计发现进行因果分析

审计人员利用因果分析法查明并记录审计发现的原因和结果。因果分析法作为一种审计技术和方法，适用于整个审计过程。在审计的实施阶段，因果分析意味着对已经确认的审计发现进行深入细致的调查研究，以揭示审计发现的原因和导致的不良后果。

4. 总结审计发现、结论和建议

在审计的实施阶段，审计项目负责人应该定期或不定期地召开审计小组的内部工作会议。在会议上，审计人员应该将其负责领域的工作进展情况作阶段性的总结汇报。汇报应该有书面记录，着重说明阶段性的审计发现、结论和建议。

在审计实施阶段的工作全部完成之后，每一位审计人员都应该对其负责的工作进行书面的总结，阐明审计发现、结论和建议。

5. 编制审计工作底稿

编制审计工作底稿就是将审计工作的执行情况记录成文。事实上，从确定审计项目开始，直到完成审计报告和后续审计的全过程，都涉及审计工作底稿的编制工作。

在审计的实施阶段，编制审计工作底稿就是要收集、整理、解释那些与审计目标相关的各种信息，并形成书面记录。审计工作底稿应按照要求的要素编制，并复核。审计工作底稿应内容完整、记录清晰、结论明确，客观反映项目审计计划与审计方案的制定及实施情况，并包括与形成审计结论和建议有关的所有重要事项。

（四）审计报告阶段

审计报告阶段是指结束现场审计工作到出具审计报告阶段。内部审计人员应在审计实施结束后，以经过核实的审计证据为依据，形成审计结论与建议，出具审计报告。如有必要，内部审计人员可以在审计过程中提交期中报告，以便及时采取有效的纠正措施改善经营活动和内部控制。审计报告

阶段主要包括的工作主要有以下 5 个方面。

1. 做好相关准备工作

起草审计报告之前，内部审计人员做好相关准备工作，在进行审计报告的准备工作时，应重点关注以下事项。

（1）报告的整体或具体格式；

（2）可能的发送对象，以及报告收件人的姓名和职位；

（3）审计目的、范围等的表述；

（4）审计计划或审计委托书；

（5）审计发现的描述；

（6）用以支持审计发现和建议的各种信息，包括：附录、说明和图表；

（7）特别敏感的内容，包括：在报告中对于机密内容的披露程度；被审计单位对审计发现的可能性反应，以及内部政策等；

（8）其他需要考虑的重要报告事项。

2. 编制审计报告初稿

审计报告初稿由审计项目负责人或者由其授权的审计项目小组其他成员起草。如由其他人员起草时，应当由审计项目负责人进行复核。审计报告初稿应当在审计项目小组内进行讨论，并根据讨论结果进行适当的修订。编制审计报告应当充分体现审计报告的质量要求。

3. 征求被审计单位意见

在审计报告正式提交之前，审计项目小组应与被审计单位及其相关人员进行及时、充分的沟通。审计项目小组应当根据沟通结果对审计报告进行适当处理。

审计项目小组与被审计单位的沟通，应当根据沟通内容的要求，选择会议形式或个人交谈形式。内部审计机构和人员在与被审计单位进行沟通时，应注意沟通技巧，进行平等、诚恳、恰当、充分的交流。

4. 复核、修订审计报告并最后定稿

审计报告应当由被授权的审计项目小组成员以及审计项目负责人、审计机构负责人等相关人员进行严格的复核和适当的修订。审计报告复核、修改后，再经与组织适当管理层充分沟通后，由经授权人员签章，提交给审计项目的责任机构或个人。

内部审计机构应当建立审计报告的三级复核制度。由审计项目负责人主持现场全面复核；由内部审计机构的业务主管主持非现场重点复核；由内部审计机构负责人主持非现场总体复核。三级复核的分工，可由组织的内部审计机构自行决定。各级复核的主持人在必要时可以授权他人行使权力，但责任仍由主持人承担。

5. 审计报告发送

完成最终的审计报告之后，内部审计人员应该及时将其分发给相关的部门或人员，以引起企业管理当局和被审计单位对审计结果的注意，以便针对存在的问题，及时采取纠正行动，达到报告的目的。

审计报告的发送范围一般限于组织内部，通常可根据组织的一般要求和审计活动本身的性质来确定发送对象。

内部审计机构应根据具体情况，决定是否将内部审计报告送交组织外部的相关部门和人员，或者是将审计报告的部分内容呈送组织外部的相关部门和人员。在决定对外报送内部审计报告时，应当经过内部审计机构负责人或组织适当管理层的批准程序。

第十七章将对内部审计报告展开讨论。

（五）后续审计阶段

为了促进被审计单位对内部审计发现的问题及时采取合理、有效的纠正措施，内部审计人员应进行后续审计。

后续审计，是指内部审计机构为检查被审计单位对审计发现的问题所采取的纠正措施及其效果而实施的审计。内部审计机构应在规定的期限内，或与被审计单位约定的期限内执行后续审计。

内部审计机构负责人应根据被审计单位的反馈意见，确定后续审计时间和人员安排，编制审计方案。内部审计机构负责人如果初步认定被审计单位管理层对审计发现的问题已采取了有效的纠正措施，后续审计可以作为下次审计工作的一部分。内部审计人员应根据后续审计的执行过程和结果，向被审计单位及组织适当管理层提交后续审计报告。

当被审计单位基于成本或其他考虑，决定对审计发现的问题不采取纠正措施，并做出书面承诺时，内部审计机构负责人应向组织的适当管理层报告。

四、注册会计师审计过程

注册会计师审计主要接受委托，对被审计单位的财务报表的合法性、公允性进行审计，因此注册会计师审计过程主要涉及准备阶段、实施阶段、报告阶段。

（一）准备阶段

民间审计的准备阶段是指从接受委托起到开始实施审计这一段时间，它是整个审计过程的起点，其工作主要包括以下两大点。

1. 接受业务委托

民间审计的特点是受托审计，会计师事务所应当按照执业准则的规定，谨慎决策是否接受或保持某客户关系和具体审计业务。在接受新客户的业务前，或决定是否保持现有业务或考虑接受现有客户的新业务时，会计师事务所应当执行一些客户接受与保持的程序，以获取如下信息：（1）考虑客户的诚信，没有信息表明客户缺乏诚信；（2）具有执行业务必要的素质、专业胜任能力、时间和资源；（3）能够遵守相关职业道德要求。

会计师事务所执行客户接受与保持的程序的目的，旨在识别和评估会计师事务所面临的风险。例如，如果注册会计师发现潜在客户正面临财务困难，或者发现现有客户在之前的业务中做出虚假陈述，那么可以认为接受或保持该客户的风险非常高，甚至是不可接受的。会计师事务所除考虑客户施加的风险外，还需要复核执行业务的能力，如当工作需要时能否获得合适的具有相应资格的员工；能否获得专业化协助；是否存在任何利益冲突；能否对客户保持独立性等。

注册会计师需要做出的最重要的决策之一就是接受和保持客户。一项低质量的决策会导致不能准确确定计酬的时间或未被支付的费用，增加项目合伙人和员工的额外压力，使会计师事务所声誉遭受损失，或者涉及潜在的诉讼。

一旦决定接受业务委托，注册会计师应当与客户就审计约定条款达成一致意见。对于连续审计，注册会计师应确定是否需要根据具体情况修改业务约定条款，以及是否需要提醒客户注意现有的业务约定书。

审计业务约定书的详细内容，将在本书第五章介绍。

2. 计划审计工作

计划审计工作十分重要。如果没有恰当的审计计划，不仅无法获取充分、适当的审计证据，影响审计目标的实现，而且还会浪费有限的审计资源，影响审计工作的效率。因此，对于任何一项审计业务，注册会计师在执行具体审计程序之前，都必须根据具体情况制订科学、合理的计划，使审计业务以有效的方式得到执行。一般来说，计划审计工作主要包括：在本期审计业务开始时开展的初步业务活动；制订总体审计策略；制订具体审计计划等。需要指出的是，计划审计工作不是审计业务的一个孤立阶段，而是一个持续的、不断修正的过程，贯穿于整个审计过程的始终。

计划审计工作的详细内容，将在本书第五章介绍。

（二）实施阶段

1. 实施风险评估程序

审计准则规定，注册会计师必须实施风险评估程序，以此作为评估财务报表层次和认定层次重大错报风险的基础。风险评估程序是指注册会计师为了解被审计单位及其环境，以识别和评估财务报表层次和认定层次的重大错报风险（无论该错报由于舞弊还是错误）而实施的审计程序。风险评估程序是必要程序，了解被审计单位及其环境为注册会计师在许多关键环节做出职业判断提供了重要基础。了解被审计单位及其环境实际上是一个连续和动态地收集、更新与分析信息的过程，贯穿于整个审计过程的始终。一般来说，实施风险评估程序的主要工作包括：了解被审计单位及其环境；识别和评估财务报表层次以及各类交易、账户余额和披露认定层次的重大错报风险，包括确定需要特别考虑的重大错报风险（即特别风险）以及仅通过实施实质性程序无法应对的重大错报风险等。

风险评估程序的详细内容，将在本书第九章介绍。同时，本书第十章至第十五章将介绍对各业务各循环的内部控制的了解。

2. 实施控制测试和实质性程序

注册会计师实施风险评估程序本身并不足以为发表审计意见提供充分、适当的审计证据，还应当实施进一步审计程序，包括实施控制测试（必要时或决定测试时）和实质性程序。因此，注册会计师在评估财务报表重大错报风险后，应当运用职业判断，针对评估的财务报表层次重大错报风险确定总体应对措施，并针对评估的认定层次重大错报风险设计和实施进一步审计程序，用来将审计风险降至可接受的低水平。

有关控制测试和实质性程序的内容，将在本书第九章介绍。同时，本书第十章至第十五章介绍对各业务循环的控制测试和实质性程序。

（三）报告阶段

注册会计师在完成财务报表进一步审计程序后，还应当按照有关审计准则的规定做好审计完成阶段的工作，并根据所获取的各种证据，合理运用专业判断，形成适当的审计意见。本阶段主要工作有：考虑持续经营假设；或有事项和期后事项；获取管理层声明；汇总审计差异，提请被审计单位调整或披露；复核审计工作底稿和财务报表；与管理层和治理层沟通；评价所有审计证据，形成审计意见；编制审计报告等。

政府审计、内部审计、注册会计师审计各阶段主要工作和步骤汇总见表4-2。

本书第十六章、第十七章将对完成审计工作和编制审计报告展开讨论。

表4-2   政府审计、内部审计、注册会计师审计过程比较

审计过程	政府审计	内部审计	注册会计师审计
制订年度审计计划	审计机关计划管理部门编制审计项目计划	内部审计机构负责人负责制订年度审计计划	
准备阶段	1. 组成审计组，确定组长 2. 审计机关业务部门编制审计工作方案 3. 审计机关送达审计通知书 4. 审计组调查被审计单位及其相关情况 5. 审计组编制审计实施方案	1. 组建审计组 2. 项目负责人编制项目审计计划 3. 项目负责人编制审计方案 4. 内审机构下发审计通知书	1. 接受业务委托—审计业务约定书 2. 计划审计工作—总体审计策略、具体审计计划
实施阶段	1. 审计组实施控制测试和信息系统测试—审计工作底稿 2. 审计组对审计项目实施实质性审查—审计工作底稿	1. 调查与测试内部控制 2. 审计测试 3. 对审计发现进行因果分析 4. 总结审计发现、结论和建议 5. 编制审计工作底稿	1. 实施风险评估程序—审计工作底稿 2. 实施控制测试和实质性程序—审计工作底稿

续表

审计过程	政府审计	内部审计	注册会计师审计
报告阶段	1. 分析、评价审计证据 2. 起草审计报告，征求意见 3. 修改审计报告，定稿 4. 起草审计决定书和审计移送处理书 5. 审计机关业务部门复核，提出书面复核意见 6. 审理机构审理，出具审理意见书 7. 审计听证 8. 报送审计机构审定、签发 9. 送达审计报告、审计决定书、审计移送处理书	1. 做好相关准备工作 2. 编制审计报告初稿 3. 征求被审计单位意见 4. 复核、修订审计报告并最后定稿 5. 审计报告发送	1. 完成审计工作 2. 复核审计工作底稿 3. 与管理层和治理层沟通 4. 评价所有审计证据，形成审计意见 5. 编制审计报告
后续审计阶段		后续审计，出具后续审计报告	
整改检查阶段	整改检查，出具检查报告		

第二节 审计方法

一、审计方法及方法体系的含义

审计方法（Audit Method）是指审计人员为了行使审计职能、完成审计任务、达到审计目标所采取的方式、手段和技术的总称。关于审计方法概念的表达，归纳起来大致有两种不同的观点：一种是狭义的审计方法，即认为审计方法是审计人员为取得充分有效审计证据而采取的一切技术和手段；另一种是广义的审计方法，即认为审计方法不应只是用来收集审计证据的技术和手段，而应将审计中所采用的审计模式、审计方式、审计操作工具都包括在审计方法的范畴之内。而后一种审计方法得到更广泛的认同。

审计方法经历了从详细审计向抽样审计、从顺查法向逆查法、从单一检查方式向系统检查方式、从手工审计向计算机审计、从账项导向审计向系统导向审计再向风险导向审计演进等几种不同阶段或层面，促使这种演进的内在动因是基于提高审计效率与质量、规避审计风险和责任、满足所有权监督的需要及其所形成的相互制约关系。[①]审计方法经历了由简单到复杂、由低级到高级、由个别到群体的漫长的历史演变，逐渐形成系统的审计方法体系。审计方法体系包括审计一般方法和具体方法。审计一般方法又称为审计基本方法，是指审计主体进行审计的行为方式，如以何种模式为基础，以何种方式组织，按何种方向审，以什么范围审，用什么工具审等，不是直接获取审计证据的技术方法。审计一般方法体系见图 4-1。

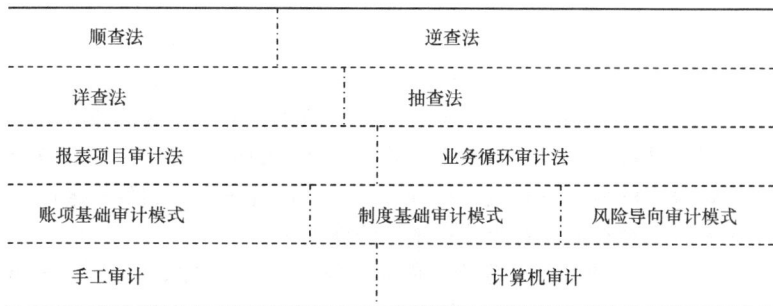

顺查法		逆查法
详查法		抽查法
报表项目审计法		业务循环审计法
账项基础审计模式	制度基础审计模式	风险导向审计模式
手工审计		计算机审计

图 4-1　审计一般方法体系

---

① 赵宝卿，任晨煜.审计方法的历史演进及其动因[J]. 北京工商大学学报（社会科学版），2003（03）：30-33.

审计具体方法又称为审计技术方法，是指审计人员直接获取审计证据的技术和手段，注册会计师审计中又称为获取审计证据的审计程序。审计具体方法体系如图4-2所示。

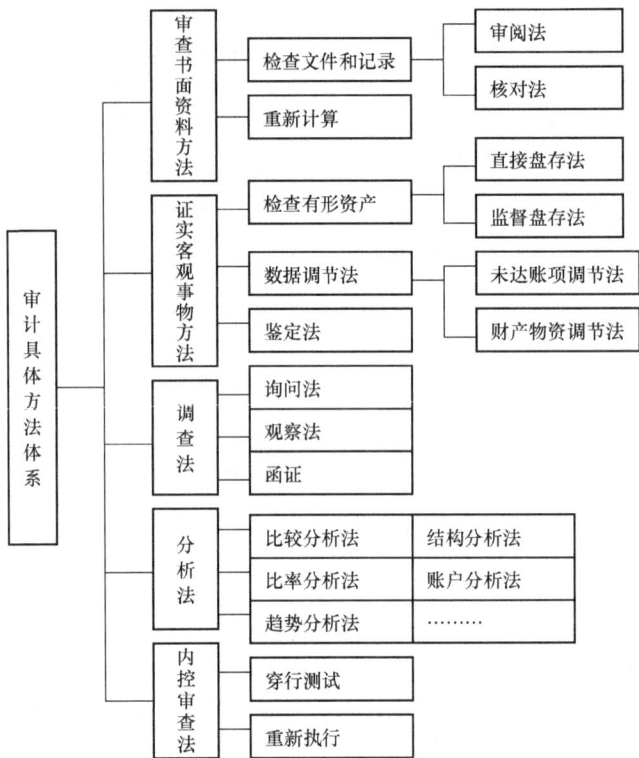

图4-2 审计具体方法体系

审计方法有许多，每一种方法有其特定的目的和使用范围，审计人员在实务中应根据审计目的和被审计单位的实际情况选用适当的方法。另外需注意的是，审计方法的分类没有严格的界限，有些方法之间可能存在着交叉。

二、审计一般方法

（一）按照审计模式分类

一百多年来，虽然审计的根本目标没有发生重大变化，但审计环境却发生了很大的变化。注册审计师为了实现审计目标，一直随着审计环境的变化调整着审计方法。审计方法从账项基础审计发展到风险导向审计，都是审计人员为了适应审计环境的变化而做出的调整。

1. 账项基础审计方法（Accounting Number-based Audit Approach）

在审计发展的早期（19世纪以前），出于企业组织结构简单，业务性质单一，审计人员主要是为了满足财产所有者对会计核算进行独立检查的要求，此时的审计的主要目的是查错防弊。审计人员围绕会计账簿、会计报表的编制过程进行详细审计，通过对账表上的数字进行详细检查、核对、汇总和重新计算来判断是否存在舞弊行为或技术性的错误。

从方法论的角度上讲，这种审计方法就是账项基础审计方法（Accounting Number-based Audit Approach）。账项基础审计法的主要缺点是成本高、效率低。

2. 制度基础审计方法（System-based Audit Approach）

制度基础审计方法又称系统导向审计法，它是以内部控制评审为基础，确定审计重点、范围和程序的一种审计方法。

19世纪即将结束时，会计和审计步入了快速发展时期。注册会计师的审计重点从检查受托责任人对资产的有效使用转向检查企业的资产负债表和利润表，判断企业的财务状况和经营成果是否真实和公允。由于企业规模日益扩大，经济活动和交易事项内容不断丰常、复杂，注册会计师的审计工作量迅速增大，而需要的审计技术日益复杂，使得详细审计难以实施，企业对审计费用难以承受。

从20世纪40年代开始，审计人员开始将审计视角转向企业的内部控制，特别是会计信息赖以生成的内部控制，从而将内部控制与抽样审计结合起来。

以内部控制为基础的审计方法，改变了传统的审计方法，强调对内部控制的测试和评价。如果测试结果表明内部控制运行有效，那么内部控制就值得信赖，注册会计师对财务报表相关项目的审计只需抽取少量样本便可以得出审计结论；如果测试结果表明内部控制运行无效，那么内部控制就不值得信赖，注册会计师对财务报表相关项目的审计需要视情况扩大审计范围，检查足够数量的样本，才能得出审计结论。

从20世纪50年代起，以控制测试为基础的抽样审计在西方国家得到广泛应用，这也是审计方法逐渐走向成熟的重要标志。内部控制测试和评价是审计方法的重要组成部分。从方法论的角度，该种方法被称作制度基础审计方法（System-based Audit Approach）。制度基础审计大量采用统计抽样方法，提高了审计工作的效率，降低了审计成本。

3. 风险导向审计方法（Risk-oriented Audit Approach）

风险基础审计方法是指审计人员以审计风险的分析、评价和控制为基础，据以确定审计的重点和范围，并综合运用各种审计技术、搜集审计证据，形成审计意见的一种审计方法。

自20世纪80年代以来，科学技术和政治经济发生急剧变化，对企业经营管理产生重大影响，导致企业竞争更加激烈，经营风险日益增加，倒闭事件不断发生。于是对注册会计师审计工作提出了更高的要求，注册会计师必须从更高层次，综合考虑企业的环境和面临的经营风险，把握企业面临的各方面情况，分析企业经济业务中可能出现的错误和舞弊行为，并以此为出发点，制定审计策略，依据审计风险模型，制定与企业状况相适应的审计计划，以确保审计工作的效率和效果。

最初开发的审计风险模型用下列方程式表示：

审计风险（AR）=固有风险（IR）×控制风险（CR）×检查风险（DR）

2002年，国际审计准则与美国审计准则对审计风险模型作了修订，以重大错报风险代替了固有风险和控制风险。

审计风险（AR）=重大错报风险（MMR）×检查风险（DR）

审计风险模型的出现，从理论上解决了注册会计师以制度为基础采用抽样审计的随意性，又解决了审计资源的分配问题，要求注册会计师将审计资源分配到最容易导致财务报表出现重大错报的领域。从方法论的角度，注册会计师以审计风险模型为基础进行的审计，称为风险导向审计方法（Risk-oriented Audit Approach）。

现代审计是风险基础审计，但现代审计不排斥账项基础审计、制度基础审计。

（二）按照审计组织方式分类

财务报表审计按照组织方式分为账户法和循环法。

1. **报表项目法（Account Approach）**

报表项目法是指审计人员对被审计单位的财务报表按照报表项目次序，实施必要的审计程序，获取充分、适当的审计证据，并对财务报表发表审计意见的审计方式。

报表项目法的优点是采用报表项目法与多数被审计单位的账户设置体系及财务报表格式相吻合，操作方便。缺点是它将紧密联系的相关账户（如存货和营业成本）人为地予以分割，容易造成整个审计工作的脱节和重复，不利于审计效率的提高；由于内部控制测试通常按照业务循环采用审计抽样的方法进行，该方法使实质性程序与内部控制测试严重脱节。

2. 业务循环法（Cycle Approach）

业务循环法是将财务报表分成几个业务循环进行审计，根据业务循环了解、审查和评价被审计单位内部控制及其执行情况，把紧密联系的交易种类和账户余额归入同一循环中，按业务循环组织实施审计，按照业务循环次序进行交易和账户余额的实质性测试，从而对其财务报表的合法性、公允性进行发表意见的审计方式。

循环法符合被审计单位的业务流程和内部控制设计的实际情况，不仅可加深审计人员对被审计单位经济业务的理解，而且由于将特定业务循环所涉及的财务报表项目分配给一个或数个审计人员，增强了审计人员分工的合理性，将有助于提高审计工作的效率与效果。

控制测试是在了解被审计单位内部控制、实施风险评估程序基础上进行的，而了解内部控制主要是评价控制的设计以及是否得到执行，与被审计单位的业务流程关系密切，因此，对控制测试通常应采用循环法实施。

对交易和账户余额的实质性程序，既可采用账户法实施，也可采用循环法实施。但由于控制测试通常按循环法实施，为有利于实质性程序与控制测试的衔接，提倡采用循环法。

（三）按照审查的方向分类

1. 顺查法

顺查法就是按照经济活动发生的先后顺序，依次从起点查到终点的审计方法。对会计资料的审查就按照会计核算程序的先后顺序，依次审核和分析凭证、账簿和报表。

具体做法是：首先审查原始凭证及记账凭证，然后进一步结合凭证查账簿，最后根据账簿审阅会计报表。

2. 逆查法

逆查法就是按照经济活动进行的相反顺序，从终点查到起点的审计方法。在财务收支审计中，它就是按照会计核算程序的相反次序，先审查会计报表，从中发现错弊和问题，然后有针对性地依次审查和分析报表、账簿和凭证。

表4-3　　　　　　　　　　　　　顺查法和逆查法的比较

类别	顺查法（正查法）	逆查法（倒查法）
定义	是指按照会计核算程序的顺序依次进行审查的方法	是指按照与会计核算程序相反的顺序依次进行审计的方法
优点	简便易行，取证过程详细，不易发生遗漏，审查结果一般比较可靠	由于审计证据的取证范围比顺查法小得多，因而审计的目的和重点较为明确，省时省力，效率较高
缺点	业务量大，费时费力，不易抓住重点和主攻方向	审计不全面，难以查出种种错弊，而且取证范围经过审计人员的判断，审计结论受审计人员的经验和能力的影响很大，如果审计人员的经验和能力较差，不能做出合乎实际的判断，则审计结论不正确的可能性会很大
状况	现代审计中已较少采用	
适用范围	被审计单位规模较小，业务量少；被审计单位管理制度和内部控制很差；重要的审计事项；贪污舞弊、差错的专案审计	规模较大，业务量较多的大型企业和内部控制较好的单位

（四）按照审查的范围分类

1. 详查法

详查法就是对被审单位被审期内的全部证账表或某一重要（或可疑）项目所包括的全部账项进行全面、详细的审查。早期的财务审计通常采用这种方法。

2. 抽查法

抽查法指从被审单位被审计对象中抽取其中一部分进行审查；根据审查结果，借以推断审计对象总体有无错误和弊端。其基本特点是：根据审计对象的具体情况和审计目的，经过判断，选取具有代表性的、相对重要的项目作为样本，或者从被审查资料中随机抽取一定数量的样本，然后根据样本的审查结果来推断总体的正确性，或推断其余未抽部分有无错弊。这种方法的关键在于抽取样本，故又称为抽样审计法。现代审计多用此法。表 4-4 比较了详查法和抽查法的定义、优缺点和适用范围。

表 4-4 详查法和抽查法的比较

类别	详查法	抽查法
定义	是指对被审计单位一定时期内的全部会计资料，特别是重点项目和可疑事项的全部会计资料	是指在被审计单位一定时期内的全部会计资料中，选择其中某一部分，或某段时期的会计资料进行审查的一种方法
优点	能全面查清被审计单位所存在的问题，特别是对弄虚作假、营私舞弊等违反财经法纪行为，一般不易疏漏，审计风险较小，审计工作质量较高	审计成本较低，能明确审查重点，审计效率较高
缺点	工作量太大，费时费力，审计成本较高	审计结果过分依赖所审查部分的情况，如果所审查的部分不合理或缺乏代表性，抽查结果往往不能发现问题，甚至以偏概全，做出错误的审计结论
状况	现代审计中已较少采用	
适用范围	被审计单位规模较小，业务量少；被审计单位管理制度和内部控制很差；重要的审计事项；贪污舞弊、差错的专案审计	规模较大、业务较复杂，以及内部控制制度健全和会计基础较好的单位

（五）按照审查工具分类

审计一般方法根据审计工具分为手工审计方法和计算机辅助审计方法。

1. 手工审计方法

手工审计方法，是指审计人员采取传统手工操作技术和方法获取和分析审计证据。如检查书面资料和记录、盘点有形资产、询问、观察、函证等方法。手工审计方法适用于手工操作信息系统的控制测试和交易的实质性检查。

手工审计方法审计效率低，容易出现人为错误，不适用现代企业高度信息化的会计核算系统。

2. 计算机审计方法

计算机审计方法，是指审计人员运用计算机辅助审计技术与工具（Computer-Assisted Audit Techniques and Tools，CAATTs）获取和分析审计证据。计算机审计方法经历了绕过计算机审计、穿过计算机审计、利用计算机审计阶段，向网络审计发展。计算机审计方法下不仅对输入输出的电子化的交易和账户文档进行审计，还对计算机数据处理系统进行审计，包括对系统的设计与开发、系统的内部控制制度、应用程序、数据文件进行审计。如检查数据流的快照（Snapshot）、追踪（Tracing）、映射（Mapping）、验证数据及文件的完整性的平行模拟（Parallel Simulation）、连续和间歇模拟（Continuous and Intermittent Simulation）、检测应用系统的逻辑的嵌入式审计模块（Embedded Audit Modules）和通用审计软件（Generalized Audit Software）等计算机审计技术与工具。计算机审计方法有利于减轻审计人员的负担，提高审计效率，同时也可以减少人为的差错，促进审计的质量。

三、审计具体方法

审计具体方法指审计技术方法，就是为了搜集审计证据而采取的具体措施和手段。审计具体方法在注册会计师审计中通常称为获取审计证据的审计程序。审计具体方法根据审计技术、手段作用的对象、执行特点的差异，可以分为审查书面资料法、证实客观事物法、调查法、分析法、审查内部控制专门方法五类。

（一）审查书面资料法

审查书面资料法就是指依据会计凭证、账簿、报表之间的相互对应、相互依存的关系对会计资料及其他书面资料进行检查的方法。

1. 检查文件和记录（Inspection of Records and Documents）

检查法又称为"审核法"是指审计人员对被审计单位内部或外部生成的，以纸质、电子或其他介质形式存在的记录和文件进行审查，获取审计证据的方法。检查文件和记录又可细分为审阅法和核对法。

（1）审阅法（Review）。审阅法是指仔细审查阅读被审计单位一定时期的会计资料和其他有关资料，获取审计证据的一种审查方法，它广泛用于各种审计中。审阅的内容包括会计凭证、账簿和报表以及计划、决策、预算方案等，其中又以会计凭证、账簿和报表的审阅最为重要。

（2）核对法（Check）。核对法是指对被审计单位的书面资料按照其内在联系相互对照检查，从中获取审计证据的方法。核对的内容包括证证核对、账证核对、账账核对、账表核对、账实核对等。

检查记录或文件可以提供不同可靠程度的审计证据，审计证据的可靠性取决于记录或文件的性质和来源，而在检查内部记录或文件时，其可靠性则取决于生成该记录或文件的内部控制的有效性。

2. 重新计算（Recalculation）

重新计算又称为复算法，是指审计人员以人工方式或使用计算机辅助审计技术对记录或文件中的数据计算的准确性进行核对。

（二）证实客观事物法

审查各种财产物资如现金、有价证券、库存商品、材料、在产品、产成品、固定资产及其他物资的实际结存数量和价值的方法。

1. 检查有形资产（Inspection of Tangible Assets）

检查有形资产又称"盘存法"，是指通过对有形资产的清点、计量，来证实账面反映的有形资产是否确实存在，从中收集实物证据的一种方法。盘存法只能对有形资产是否确实存在提供有力的审计证据，但无法验证有形资产的所有权和计价情况。因此，审计人员在盘点之外，还应采取其他方法验证有形资产的所有权和计价情况。

盘存法又分为直接盘存法和间接盘存法两种，在审计中，多数采用监督盘存法。

（1）直接盘存法。直接盘存法指审计人员在实施有形资产检查时，通过亲自盘点有关有形资产证实与账面记录是否相符的一种盘存方法。这种方法在实际中应用较少，常用于盘点数量较小但容易出现舞弊行为的贵重财产物资，如贵重文物、珠宝、贵重材料等。

（2）监督盘存法。监督盘存法指在盘点有关财物时，审计人员不亲自盘点，而通过对被审计单位自行盘点程序的观察和在场的抽查，来证实有形资产存在的一种盘存法。

2. 数据调节法

数据调解法是指由于被审计单位报告日数据和审计日数据存在差异或由于被审计项目存在未达账项时，通过对某些因素进行增减调节，来验证报告日数据账实是否一致的一种审计方法。调节法通常与实物盘存法结合使用，也可用于调节银行存款及有关结算类账户的未达账项。

（1）对未达账项的调节。通过编制银行存款余额调节表，对被审计单位与开户银行双方发生的未达账项进行增减调节，以验证银行存款账户的余额是否正确。

（2）对财产物资的调节。当财产物资的盘存日同书面资料结账日不同时，结合实物盘存，将盘存日期与结账日期之间新发生的出入库数量，用来对盘存日有关财产物资的盘存数进行增减调节，以验证或推算结账日有关财产物资的应结存数。其计算公式为：结账日数量=盘存日盘点数量+结账日至盘存日发出数量−结账日至盘存日收入数量。

3. 鉴定法

鉴定法是指对书面资料、实物和经济活动等的分析、鉴别，超过审计人员的能力和知识水平时，聘请有关专业部门或人员运用专门技术进行确定和识别以获取审计证据的方法。鉴定法主要用于对书面资料真伪的鉴定，对实物性能、质量、价值的鉴定，以及对经济活动的合法性和有效性的鉴定等。应用鉴定法时，鉴定人员必须提供鉴定结论。鉴定结论必须客观和准确，并作为一种独立的审计证据详细地记入审计工作底稿。

（三）调查法

审计调查是指审计人员通过询问、观察、函证等方式深入实际，对账内外的客观事实所进行的调查研究。目的是取得旁证，判明事实真相或查找新的线索。审计调查方法一般包括询问、观察、函证3种。

1. 询问（Inquiry）

询问是指审计人员以书面或口头方式，向被审计单位内部或外部的知情人员获取关于审计事项的财务信息和非财务信息，并对答复进行评价的过程。作为其他审计程序的补充，询问广泛应用于整个审计过程中。

知情人员对询问的答复可能为审计人员提供尚未获悉的信息或佐证证据。另一方面，对询问的答复也可能提供与审计人员已获取的其他信息存在重大差异的信息，例如，关于被审计单位管理层凌驾于控制之上的可能性的信息。在某些情况下，对询问的答复为审计人员修改审计程序或实施追加的审计程序提供了基础。

尽管对通过询问获取的审计证据予以佐证通常特别重要，但在询问管理层意图时，获取的支持管理层意图的信息可能是有限的。询问获取的审计证据一般为口头证据，可靠性不高，针对某些事项，审计人员有必要向管理层（如适用）获取书面声明，以证实对口头询问的答复。

2. 观察法（Observation）

观察是指审计人员察看相关人员正在从事的活动及其场所实施的程序（如内部控制的执行情况）。例如，审计人员对被审计单位人员执行的存货盘点或控制活动进行观察。观察可以提供执行有关过程或程序的审计证据，但观察所提供的审计证据仅限于观察发生的时点，而且被观察人员的行为可能因被观察而受到影响，这也会使观察提供的审计证据受到限制。

3. 函证（Confirmation）

函证，是指审计人员直接从第三方（被询证者）获取书面答复以作为审计证据的过程，书面答复可以采用纸质、电子或其他介质等形式。当针对的是与特定账户余额及其项目相关的认定时，函证常常是相关的程序。但是，函证不必局限于账户余额。例如，审计人员可能要求对被审计单位与第三方之间的协议和交易条款进行函证。审计人员可能在询证函中询问协议是否做过修改，如果做过修改，要求被询证者提供相关的详细信息。此外，函证程序还可以用于获取不存在某些情况的审计证据，如不存在可能影响被审计单位收入确认的"背后协议"。

（四）分析法

审计分析法又称分析程序、分析性复核，是指注册会计师通过分析不同财务数据之间以及财务数据与非财务数据之间可能存在的内在合理关系，对相关信息做出评价，并关注异常波动和差异。分析程序还包括在必要时对识别出的、与其他相关信息不一致或与预期值差异重大的波动或关系进行调查。分析程序发掘审计疑点，探寻审计线索，进而明确下一步的审计重点。

1. 比较分析法

比较分析法是指通过对被审计单位的书面资料与既定标准进行比较，获取审计证据，借以检查有无异常，并从中找出疑点，确定下一步审计重点的一种方法。它包括本期实际数与计划数、预期数与注册会计师的结算结果之间的比较；本期实际与同业标准之间的比较等。

2. 比率分析法

比率分析法是指通过对两个性质不同、但又相关的指标所构成的比率关系进行对比分析，从中发现疑点，以便进一步查明其原因的一种分析方法。

3. 趋势分析法

趋势分析法是通过连续若干期某一数据、某一指标的变动金额及其百分比的计算，分析该数据或指标的增减变动方向和幅度，以获取审计证据的方法。例如，审阅一个年度12月的主营业务收入，发现1~11月份的收入比较平稳，每个月大体相当，但是12月份却显著增加，则应将12月份收入作为审计重点。

4. 结构分析法

结构分析法主要是一种静态分析，即对一定时间内经济系统中各组成部分及其对比关系变动规律的分析。

结构分析法是在统计分组的基础上，计算各组成部分所占比重，进而分析某一总体现象的内部结构特征、总体的性质、总体内部结构依时间推移而表现出的变化规律性的统计方法。

结构分析法的基本表现形式，就是计算结构指标。结构指标就是总体各个部分占总体的比重，因此总体中各个部分的结构相对数之和，即等于100%。其公式是：结构指标（%）=（总体中某一部分/总体总量）×100%。

通过结构分析可以认识总体构成的特征。如2012年ABC股份公司息税前利润总额中主营业务收入占54.2%，其他业务收入占28.8%，营业外收支净额占17%。还可以揭示总体各个组成部分的变动趋势，研究总体结构变化过程，揭示现象总体由量变逐渐转化为质变的规律性。如某公司主营业务利润比重2010年占52.8%，2011年占42.1%，2012年占29.8%，表明该公司主营业务利润比重在逐渐下降，该公司盈利的稳定性和盈利质量在下降，经营风险加大。

5. 因素分析法

因素分析法是指将影响某一事项的各个因素分离出来，在此基础上分析各个因素变动对该事项的影响及影响程度，以便进一步查明原因的一种分析方法。

6. 综合分析法

综合分析法是因素分析法的逆向过程，是将被审事项有关的各个因素相互联系起来进行分析，查明问题的一种方法。综合分析法对于审计人员形成审计结论具有重要意义。

7. 账户分析法

账户分析法是指利用有关账户之间的对应关系，对其发生额、余额进行分析，从中发现错误和异常，为进一步审查提供线索的一种方法。例如，主营业务收入、银行存款、应收账款这3个账户之间存在内在的必然联系，可通过账户分析法进行分析。

8. 账龄分析法

账龄分析法是指按有关账户的账龄（期限）的长短进行归类，以便为审查账目提供重点的一种分析方法。例如，审计人员可以编制或取得被审计单位的应收账款账龄分析表，分析应收账款的可回收性，分析被审计单位坏账准备计提是否充分。

9. 逻辑分析法

逻辑分析法是对与被审计事项具有一定的内在逻辑关系的事项进行分析，确定它们对被审事项的影响，从而佐证审计人员之判断的一种审计方法。例如将本期营业收入大幅提高，但本期的营业费用却显著下降，在逻辑上就不合理，审计人员则应将营业收入或营业费用确定为审计重点。

（五）内控审查法

1. 穿行测试（Walking Through）

穿行测试是指审计人员了解被审计单位业务流程及其相关控制时经常使用的审计方法。通过追踪某笔或某几笔交易在业务流程中如何生成、记录、处理和报告，以及控制如何执行，审计人员可以确定被审计单位的交易流程和相关控制部件是否与之前通过其他程序所获得的了解一致，并确定相关控制是否得到执行。

2. 重新执行（Reperformance）

重新执行又称重新操作，是指审计人员以人工方式或使用计算机辅助审计技术，对审计单位的有关业务程序或者作为内部控制组成部分的程序及控制独立进行重新操作验证。重新执行法一般只在控制测试运用。

审计人员在审计过程中，可根据需要单独或综合运用以上审计具体方法，以获取充分、适当的审计证据。

第三节　审计抽样

一、审计抽样的基本概念

现代财务报表审计采用的风险导向审计抽样模式，审计抽样技术是审计人员必须掌握的技术方法。本节主要讨论审计抽样方法。

（一）审计抽样的定义

审计抽样（即抽样），是指审计人员对具有审计相关性的总体中低于百分之百的项目实施审计程序，使所有抽样单元都有被选取的机会，为审计人员针对整个总体得出结论提供合理基础。审计抽样能够使审计人员获取和评价有关所选项目某一特征的审计证据，以形成或有助于形成有关总体的结论。总体，是指审计人员从中选取样本并期望据此得出结论的整个数据集合。抽样单元，是指构成总体的个体项目。

审计抽样应当具备 3 个基本特征：（1）对某类交易或账户余额中低于百分之百的项目实施审计程序；（2）所有抽样单元都有被选取的机会；（3）审计测试的目的是评价该账户余额或交易类型的某一特征。

（二）抽样风险与非抽样风险

风险导向审计模式要求注册会计师应当运用职业判断，评估重大错报风险，并设计进一步审计程序，以确保将审计风险降至可接受的低水平。在使用审计抽样时，审计风险既可能受到抽样风险的影响，又可能受到非抽样风险的影响。抽样风险和非抽样风险通过影响重大错报风险的评估和检查风险的确定而影响审计风险。

1. 抽样风险

抽样风险，是指审计人员根据样本得出的结论，可能不同于如果对整个总体实施与样本相同的审计程序得出的结论的风险。

控制测试中的抽样风险包括信赖过度风险和信赖不足风险。信赖过度风险是指推断的控制有效性高于其实际有效性的风险，也可以说，尽管样本结果支持审计人员计划信赖内部控制的程度，但实际偏差率不支持该信赖程度的风险。信赖过度风险与审计的效果有关。如果审计人员评估的控制有效性高于其实际有效性，从而导致评估的重大错报风险水平偏低，审计人员可能不适当地减少从实质性程序中获取的证据，因此审计的有效性下降。对于审计人员而言，信赖过度风险更容易导致审计人员发表不恰当的审计意见，因而更应予以关注。相反，信赖不足风险是指推断的控制有效性低于其实际有效性的风险，也可以说，尽管样本结果不支持审计人员计划信赖内部控制的程度，但实际偏差率支持该信赖程度的风险。信赖不足风险与审计的效率有关。当审计人员评估的控制有效性低于其实际有效性时，评估的重大风险水平高于实际水平，审计人员可能会增加不必要的实质性程序。在这种情况下，审计效率可能降低。

在实施细节测试时，审计人员也要关注两类抽样风险：误受风险和误拒风险。误受风险是指审计人员推断某一重大错报不存在而实际上存在的风险。如果账面金额实际上存在重大错报而审计人员认为其不存在重大错报，审计人员通常会停止对该账面金额继续进行测试，并根据样本结果得出账面金额无重大错报的结论。与信赖过度风险类似，误受风险影响审计效果，容易导致审计人员发表不恰当的审计意见，因此审计人员更应予以关注。误拒风险是指审计人员推断某一重大错报存在而实际上不存在的风险。与信赖不足风险类似，误拒风险影响审计效率。如果账面金额不存在重大错报而审计人员认为其存在重大错报，审计人员会扩大细节测试的范围并考虑获取其他审计证据，最终审计人员会得出恰当的结论。在这种情况下，审计效率可能降低。抽样风险的表现形式及对审计的影响见表4-5。

表 4-5　　　　　　　　　　　　　抽样风险的表现形式与影响

抽样风险种类	控制测试	细节测试	产生的影响
采伪风险	信赖过度风险	误受风险	影响审计效果
弃真风险	信赖不足风险	误拒风险	影响审计效率

只要使用了审计抽样，抽样风险总会存在。抽样风险与样本规模反方向变动：样本规模越小，抽样风险越大；样本规模越大，抽样风险越小。无论是控制测试还是细节测试，审计人员都可以通过扩大样本规模降低抽样风险。如果对总体中的所有项目都实施检查，就不存在抽样风险，此时审计风险完全由非抽样风险产生。

2. 非抽样风险

非抽样风险，是指审计人员由于任何与抽样风险无关的原因而得出错误结论的风险。审计人员即使对某类交易或账户余额的所有项目实施审计程序，也可能仍未发现重大错报或控制失效。在审计过程中，可能导致非抽样风险的原因包括下列情况：

（1）审计人员选择的总体不适合于测试目标。例如，审计人员在测试销售收入完整性认定时将主营业务收入日记账界定为总体。

（2）审计人员未能适当地定义误差（包括控制偏差或错报），导致审计人员未能发现样本中存在的偏差或错报。例如，审计人员在测试现金支付授权控制的有效性时，未将签字人未得到适当授权的情况界定为控制偏差。

（3）审计人员选择了不适于实现特定目标的审计程序。例如，审计人员依赖应收账款函证来揭露未入账的应收账款。

（4）审计人员未能适当地评价审计发现的情况。例如，审计人员错误解读审计证据可能导致没有发现误差。审计人员对所发现误差的重要性的判断有误，从而忽略了性质十分重要的误差，也可能导致得出不恰当的结论。

（5）其他原因。

非抽样风险是由人为错误造成的，因而可以降低、消除或防范。虽然在任何一种抽样方法中审计人员都不能量化非抽样风险，但通过采取适当的质量控制政策和程序，对审计工作进行适当的指导、监督和复核，以及对审计人员实务的适当改进，可以将非抽样风险降至可以接受的水平。审计人员也可以通过仔细设计其审计程序尽量降低非抽样风险。

（三）统计抽样与非统计抽样

审计人员在运用审计抽样时，既可以使用统计抽样方法，也可以使用非统计抽样方法，这取决于审计人员的职业判断。统计抽样，是指同时具备下列特征的抽样方法：（1）随机选取样本项目；（2）运用概率论评价样本结果，包括计量抽样风险。不同时具备前款提及的两个特征的抽样方法为非统计抽样。一方面，即使审计人员严格按照随机原则选取样本，如果没有对样本结果进行统计评估，就不能认为使用了统计抽样。另一方面，基于非随机选样的统计评估也是无效的。

审计人员应当根据具体情况并运用职业判断，确定使用统计抽样或非统计抽样方法，以最有效率地获取审计证据。审计人员在统计抽样与非统计抽样方法之间进行选择时主要考虑成本效益。统计抽样的优点在于能够客观地计量抽样风险，并通过调整样本规模精确地控制风险，这是与非统计抽样最重要的区别。另外，统计抽样还有助于审计人员高效地设计样本，计量所获取证据的充分性，以及定量评价样本结果。但统计抽样又可能发生额外的成本。首先，统计抽样需要特殊的专业技能，因此使用统计抽样需要增加额外的支出对审计人员进行培训。其次，统计抽样要求单个样本项目符合统计要求，这些也可能需要支出额外的费用。非统计抽样如果设计适当，也能提供与统计抽样方法同样有效的结果。审计人员使用非统计抽样时，也必须考虑抽样风险并将其降至可接受水平，但无法精确地测定出抽样风险。

不管统计抽样还是非统计抽样，两种方法都要求审计人员在设计、实施和评价样本时运用职业判断。另外，对选取的样本项目实施的审计程序通常也与使用的抽样方法无关。

（四）统计抽样方法

1. 属性抽样

属性抽样是一种用来对总体中某一事件发生率得出结论的统计抽样方法。属性抽样在审计中最常见的用途是测试某一设定控制的偏差率，以支持审计人员评估的控制有效性。在属性抽样中，设定控制的每一次发生或偏离都被赋予同样的权重，而不管交易的金额大小。

2. 变量抽样

变量抽样是一种用来对总体金额得出结论的统计抽样方法。变量抽样通常回答下列问题：金额是多少？或账户是否存在错报？变量抽样在审计中的主要用途是进行细节测试，以确定记录金额是否合理。

一般而言，属性抽样得出的结论与总体发生率有关，而变量抽样得出的结论与总体的金额有关。

二、审计抽样的基本原理和步骤

在使用审计抽样时，审计人员的目标是：为得出有关抽样总体的结论提供合理的基础。审计人员在控制测试和细节测试中使用审计抽样方法，主要分为 3 个阶段进行。第一阶段是样本设计阶段，旨在根据测试的目标和抽样总体，制订选取样本的计划。第二阶段是选取样本阶段，旨在按照适当的方法从相应的抽样总体中选取所需的样本，并对其实施检查，以确定是否存在误差。第三阶段是评价样本结果阶段，旨在根据对误差的性质和原因的分析，将样本结果推断至总体，形成对总体的结论。

（一）样本设计阶段

在设计审计样本时，审计人员应当考虑审计程序的目的和抽样总体的特征。也就是说，审计人员首先应考虑拟实现的具体目标，并根据目标和总体的特点确定能够最好地实现该目标的审计程序组合，以及如何在实施审计程序时运用审计抽样。审计抽样中样本设计阶段的工作主要包括以下几个步骤。

1. 确定测试目标

审计抽样必须紧紧围绕审计测试的目标展开，因此确定测试目标是样本设计阶段的第一项工作。一般而言，控制测试是为了获取关于某项控制运行是否有效的证据，而细节测试的目的是确定某类交易或账户余额的金额是否正确，获取与存在的错报有关的证据。

2. 定义总体与抽样单元

（1）总体。在实施抽样之前，审计人员必须仔细定义总体，确定抽样总体的范围。总体可以包括构成某类交易或账户余额的所有项目，也可以只包括某类交易或账户余额中的部分项目。例如，如果应收账款中没有单个重大项目，审计人员直接对应收账款账面余额进行抽样，则总体包括构成应收账款期末余额的所有项目，如果审计人员已使用选取特定项目的方法将应收账款中的单个重大项目挑选出来单独测试，只对剩余的应收账款余额进行抽样，则总体只包括构成应收账款期末余额的部分项目。

审计人员应当确保总体的适当性和完整性。也就是说，审计人员所定义的总体应具备下列两个特征。

① 适当性。审计人员应确定总体适合于特定的审计目标，包括适合于测试的方向。例如，在控制测试中，如果要测试用以保证所有发运商品都已开单的控制是否有效运行，审计人员从已开单的项目中抽取样本不能发现误差，因为该总体不包含那些已发运但未开单的项目。为发现这种误差，将所有已发运的项目作为总体通常比较适当。

② 完整性。在实施审计抽样时，审计人员需要实施审计程序，以获取有关总体的完整性的审计证据。审计人员应当从总体项目内容和涉及时间等方面确定总体的完整性。例如，如果审计人员从档案中选取付款证明，除非确信所有的付款证明都已归档，否则审计人员不能对该期间的所有付款证明得出结论。

审计人员通常从代表总体的实物中选取样本项目。例如，如果审计人员将总体定义为特定日期的所有应收账款余额，代表总体的实物就是该日应收账款余额明细表。又如，如果总体是某一测试期间的销售收入，代表总体的实物就可能是记录在销售明细账中的销售交易，也可能是销售发票。

（2）定义抽样单元。抽样单元，是指构成总体的个体项目。抽样单元可能是实物项目（如支票簿上列示的支票信息，银行对账单上的贷方记录，销售发票或应收账款余额），也可能是货币单元。在定义抽样单元时，审计人员应使其与审计测试目标保持一致。审计人员在定义总体时通常都指明了适当的抽样单元。

（3）分层。如果总体项目存在重大的变异性，审计人员可以考虑将总体分层。分层，是指将总体划分为多个子体的过程，每个子体由一组具有相同特征（通常为货币金额）的抽样单元组成。分层可以降低每一层中项目的变异性，从而在抽样风险没有成比例增加的前提下减小样本规模，提高审计效率。审计人员应当仔细界定子体，以使每一抽样单元只能属于一个层。

在实施细节测试时，审计人员通常根据金额对总体进行分层。这使审计人员能够将更多审计资源投向金额较大的项目，而这些项目最有可能包含高估错报。例如，为了函证应收账款，审计人员可以将应收账款账户按其金额大小分为三层，即账户金额在 10 000 元以上的；账户金额为 5 000～10 000 元的；账户金额在 5 000 元以下的。然后，根据各层的重要性分别采取不同的选样方法。对于金额在 10 000 元以上的应收账款账户，应进行全部函证；对于金额在 5 000～10 000 元以及 5 000

元以下的应收账款账户，则可采用适当的选样方法选取进行函证的样本。

分层后的每层构成一个子体且可以单独检查。对某一层中的样本项目实施审计程序的结果，只能用于推断构成该层的项目。如果对整个总体得出结论，审计人员应当考虑与构成整个总体的其他层有关的重大错报风险。例如，在对某一账户余额进行测试时，占总体数量20%的项目，其金额可能占该账户余额的90%。审计人员只能根据该样本的结果推断至上述90%的金额。对于剩余10%的金额，审计人员可以抽取另一个样本或使用其他收集审计证据的方法，单独得出结论，或者认为其不重要而不实施审计程序。

如果审计人员将某类交易或账户余额分成不同的层，需要对每层分别推断错报。在考虑错报对该类别的所有交易或账户余额的可能影响时，审计人员需要综合考虑每层的推断错报。

3. 定义误差构成条件

审计人员必须事先准确定义构成误差的条件，否则执行审计程序时就没有识别误差的标准。在控制测试中，误差是指控制偏差，审计人员要仔细定义所要测试的控制及可能出现偏差的情况；在细节测试中，误差是指错报，审计人员要确定哪些情况构成错报。

审计人员定义误差构成条件时要考虑审计程序的目标。清楚地了解误差构成条件，对于确保在界定误差时将且仅将所有与审计目标相关的条件包括在内至关重要。

4. 确定审计程序

审计人员必须确定能够最好地实现测试目标的审计程序组合。例如，如果审计人员的审计目标是通过测试某一阶段的适当授权证实交易的有效性，审计程序就是检查特定人员已在某文件上签字以示授权的书面证据。审计人员预计样本中每一张文件上都有适当的签名。

（二）选取样本阶段

1. 确定样本规模

样本规模是指从总体中选取样本项目的数量。在审计抽样中，如果样本规模过小，就不能反映出审计对象总体的特征，审计人员就无法获取充分的审计证据，其审计结论的可靠性就会大打折扣，甚至可能得出错误的审计结论。因此，审计人员应当确定足够的样本规模，以将抽样风险降至可接受的低水平。相反，如果样本规模过大，则会增加审计工作量，造成时间和人力上的浪费，加大审计成本，降低审计效率，就会失去审计抽样的意义。

影响样本规模的因素主要包括如下几项。

（1）可接受的抽样风险。可接受的抽样风险与样本规模成反比。审计人员愿意接受的抽样风险越低，样本规模通常越大。反之，注册会计师愿意接受的抽样风险越高，样本规模越小。

（2）可容忍误差。可容忍误差是指审计人员在认为测试目标已实现的情况下准备接受的总体最大误差。

在控制测试中，它指可容忍偏差率。可容忍偏差率，是指审计人员设定的偏离规定的内部控制程序的比率，审计人员试图对总体中的实际偏差率不超过该比率获取适当水平的保证。换言之，可容忍偏差率是审计人员能够接受的最大偏差数量；如果偏差超过这一数量则减少或取消对内部控制程序的信赖。

在细节测试中，它指可容忍错报。可容忍错报，是指审计人员设定的货币金额，审计人员试图对总体中的实际错报不可超过该货币金额获取适当水平的保证。实际上，可容忍错报是实际执行的重要性这个概念在特定抽样程序中的运用。可容忍错报可能等于或低于实际执行的重要性。

当保证程度一定时，审计人员运用职业判断确定可容忍误差。可容忍误差越小，为实现同样的保证程度所需的样本规模越大。

（3）预计总体误差。预计总体误差是指审计人员根据以前对被审计单位的经验或实施风险评估程序的结果而估计总体中可能存在的误差。预计总体误差越大，可容忍误差也应当越大；但预计总体误差不应超过可容忍误差。在既定的可容忍误差下，当预计总体误差增加时，所需的样本规模越大。

（4）总体变异性。总体变异性是指总体的某一特征（如金额）在各项目之间的差异程度。在控制测试中，审计人员在确定样本规模时一般不考虑总体变异性。在细节测试中，审计人员确定适当的样本规模时要考虑特征的变异性。总体项目的变异性越低，通常样本规模越小。审计人员可以通过分层，将总体分为相对同质的组，以尽可能降低每一组中变异性的影响，从而减小样本规模。

（5）总体规模。除非总体非常小，一般而言，总体规模对样本规模的影响几乎为零。审计人员通常将抽样单元超过 5 000 个的总体视为大规模总体。对大规模总体而言，总体的实际容量对样本规模几乎没有影响。

表 4-6 列示了审计抽样中影响样本规模的因素，并分别说明了这些影响因素在控制测试和细节测试中的表现形式。

表 4-6 影响样本规模的因素

影响因素	控制测试	细节测试	与样本规模的关系
可接受的抽样风险	可接受的信赖过度风险	可接受的误受风险	反向变动
可容忍误差	可容忍偏差率	可容忍错报	反向变动
预计总体误差	预计总体偏差率	预计总体错报	同向变动
总体变异性	—	总体变异性	同向变动
总体规模	总体规模	总体规模	影响很小

使用统计抽样方法时，审计人员必须对影响样本规模的因素进行量化，并利用根据统计公式开发的专门的计算机程序或专门的样本量表来确定样本规模。在非统计抽样中，审计人员可以只对影响样本规模的因素进行定性的估计，并运用职业判断确定样本规模。

2. 选取样本

不管使用统计抽样还是非统计抽样，在选取样本项目时，审计人员应当使总体中的每个抽样单元都有被选取的机会。选取样本的基本方法，包括使用随机数表或计算机辅助审计技术选样、系统选样和随意选样。

（1）使用随机数表或计算机辅助审计技术选样。使用随机数表或计算机辅助审计技术选样又称随机数选样。使用随机数选样需以总体中的每一项目都有不同的编号为前提。审计人员可以使用计算机生成的随机数，如电子表格程序、随机数码生成程序、通用审计软件程序等计算机程序产生的随机数，也可以使用随机数表获得所需的随机数。

随机数是一组从长期来看出现概率相同的数码，且不会产生可识别的模式。随机数表也称乱数表，它是由随机生成的从 0～9 共 10 个数字所组成的数表，每个数字在表中出现的次数是大致相同的，它们出现在表上的顺序是随机的。表 4-7 就是 5 位随机数表的一部分。

表 4-7 随机数表

	1	2	3	4	5	6	7	8	9	10
1	32044	69037	29655	92114	81034	40582	01584	77184	85762	46505
2	23821	96070	82592	81642	08971	07411	09037	81530	56195	98425
3	82383	94987	66441	28677	95961	78346	37916	09416	42438	48432
4	68310	21792	71635	86089	38157	95620	96718	79554	50209	17705
5	94856	76940	22165	01414	01413	37231	05509	37489	56459	52983
6	95000	61958	83430	98250	70030	05436	74814	45978	09277	13827
7	20764	64638	11359	32556	89822	02713	81293	52970	25080	33555
8	71401	17964	50940	95753	34905	93566	36318	79530	51105	26952
9	38464	75707	16750	61371	01523	69205	32122	03436	14489	02086
10	59442	59247	74955	82835	98378	83513	47870	20795	01352	89906

应用随机数表选样的步骤如下。

① 对总体项目进行编号，建立总体中的项目与表中数字的一一对应关系。一般情况下，编号可利用总体项目中原有的某些编号，如凭证号、支票号、发票号等。在没有事先编号的情况下，审计人员需按一定的方法进行编号。如由 40 页、每页 50 行组成的应收账款明细表，可采用 4 位数字编号，前两位由 01～40 的整数组成，表示该记录在明细表中的页数，后两位数字由 01～50 的整数组成，表示该记录的行次。这样，编号 0534 表示第 5 页第 34 行的记录。所需使用的随机数的位数一般由总体项目数或编号位数决定。如前例中可采用 4 位随机数表，也可以使用 5 位随机数表的前 4 位数字或后 4 位数字。

② 确定连续选取随机数的方法。即从随机数表中选择一个随机起点和一个选号路线，随机起点和选号路线可以任意选择，但一经选定就不得改变。从随机数表中任选一行或任何一栏开始，按照一定的方向（上下左右均可）依次查找，符合总体项目编号要求的数字，即为选中的号码，与此号码相对应的总体项目即为选取的样本项目，一直到选足所需的样本量为止。例如，从前述应收账款明细表的 2 000 个记录中选择 10 个样本，总体编号规则如前所述，即前两位数字不能超过 40，后两位数字不能超过 50。如从表 4-7 第一行第一列开始，使用前 4 位随机数，逐行向右查找，则选中的样本为编号 3204、0741、0903、0941、3815、2216、0141、3723、0550、3748 的 10 个记录。

随机数选样不仅使总体中每个抽样单元被选取的概率相等，而且使相同数量的抽样单元组成的每种组合被选取的概率相等。这种方法在统计抽样和非统计抽样中均适用。由于统计抽样要求审计人员能够计量实际样本被选取的概率，这种方法尤其适合于统计抽样。

（2）系统选样。系统选样也称等距选样，是指按照相同的间隔从审计对象总体中等距离地选取样本的一种选样方法。采用系统选样法，首先要计算选样间距，确定选样起点，然后再根据间距顺序地选取样本。选样间距的计算公式如下：

$$选样间距=总体规模\div样本规模$$

例如，如果销售发票的总体范围是 652～3 151，设定的样本量是 125，那么选样间距为 20［（3 152-652）÷125］。审计人员必须从 0～19 中选取一个随机数作为抽样起点。如果随机选择的数码是 9，那么第一个样本项目是发票号码为 661（652+9）的那一张，其余的 124 个项目是 681（661+20）、701（681+20）、…，依此类推，直至第 3141 号。

系统选样方法的主要优点是使用方便，比其他选样方法节省时间，并可用于无限总体。此外，使用这种方法时，对总体中的项目不需要编号，审计人员只要简单数出每一个间距即可。但是，使用系统选样方法要求总体必须是随机排列的，否则容易发生较大的偏差，造成非随机的、不具代表性的样本。如果测试项目的特征在总体内的分布具有某种规律性，则选择样本的代表性就可能较差。例如，应收账款明细表每页的记录均以账龄的长短按先后次序排列，则选中的 200 个样本可能多数是账龄相同的记录。

系统选样可以在非统计抽样中使用，在总体随机分布时也可适用于统计抽样。

（3）随意选样。在这种方法中，审计人员选取样本不采用结构化的方法。尽管不使用结构化方法，审计人员也要避免任何有意识的偏向或可预见性（如回避难以找到的项目，或总是选择或回避每页的第一个或最后一个项目），从而试图保证总体中的所有项目都有被选中的机会。在使用统计抽样时，运用随意选样是不恰当的。

上述 3 种基本方法均可选出代表性样本。但随机数选样和系统选样属于随机基础选样方法，即对总体的所有项目按随机规则选取样本，因而可以在统计抽样中使用，当然也可以在非统计抽样中使用。而随意选样虽然也可以选出代表性样本，但它属于非随机基础选样方法，因而不能在统计抽样中使用，只能在非统计抽样中使用。

3. 对样本实施审计程序

审计人员应当针对选取的每个项目，实施适合具体目的的审计程序。对选取的样本项目实施审计程序旨在发现并记录样本中存在的误差。

如果审计程序不适用于选取的项目，审计人员应当针对替代项目实施该审计程序。例如，如果在测试付款授权时选取了一张作废的支票，并确信支票已经按照适当程序作废因而不构成偏差，审计人员需要适当选择一个替代项目进行检查。

审计人员通常对每一样本项目实施适合于特定审计目标的审计程序。有时，审计人员可能无法对选取的抽样单元实施计划的审计程序（如由于原始单据丢失等原因）。审计人员对未检查项目的处理取决于未检查项目对评价样本结果的影响。如果审计人员对样本结果的评价不会因为未检查项目可能存在错报而改变，就不需对这些项目进行检查。如果未检查项目可能存在的错报会导致该类交易或账户余额存在重大错报，审计人员就要考虑实施替代程序，为形成结论提供充分的证据。

（三）评价样本结果

1. 分析样本误差

审计人员应当调查识别出所有偏差或错报的性质和原因，并评价其对审计程序的目的和审计的其他方面可能产生的影响。无论是统计抽样还是非统计抽样，对样本结果的定性评估和定量评估一样重要。即使样本的统计评价结果在可以接受的范围内，审计人员也应对样本中的所有误差（包括控制测试中的控制偏差和细节测试中的金额错报）进行定性分析。

如果审计人员发现许多误差具有相同的特征，如交易类型、地点、生产线或时期等，则应考虑该特征是不是引起误差的原因，是否存在其他尚未发现的具有相同特征的误差。此时，审计人员应将具有该共同特征的全部项目划分为一层，并对层中的所有项目实施审计程序，以发现潜在的系统误差。同时，审计人员仍需分析误差的性质和原因，考虑存在舞弊的可能性。如果将某一误差视为异常误差，审计人员应当实施追加的审计程序，以高度确信该误差对总体误差不具有代表性。

在极其特殊的情况下，如果认为样本中发现的某项偏差或错报是异常误差，审计人员应当对该项偏差或错报对总体不具有代表性获取高度保证。异常误差，是指对总体中的错报或偏差明显不具有代表性的错报或偏差。在获取这种高度保证时，审计人员应当实施追加的审计程序，获取充分、适当的审计证据，以确定该项偏差或错报不影响总体的其余部分。

2. 推断总体误差

当实施控制测试时，审计人员应当根据样本中发现的偏差率推断总体偏差率，并考虑这一结果对特定审计目标及审计的其他方面的影响。

当实施细节测试时，审计人员应当根据样本中发现的错报金额推断总体错报金额，并考虑这一结果对特定审计目标及审计的其他方面的影响。

3. 形成审计结论

审计人员应当评价样本结果，以确定对总体相关特征的评估是否得到证实或需要修正。

（1）控制测试中的样本结果评价。在控制测试中，审计人员应当将总体偏差率与可容忍偏差率比较，但必须考虑抽样风险。

① 统计抽样。在统计抽样中，审计人员通常使用表格或计算机程序计算抽样风险。用以评价抽样结果的大多数计算机程序都能根据样本规模、样本结果，计算在审计人员确定的信赖过度风险条件下可能发生的偏差率上限的估计值。该偏差率上限的估计值即总体偏差率与抽样风险允许限度之和。

如果估计的总体偏差率上限低于可容忍偏差率，则总体可以接受。这时审计人员对总体得出结论，样本结果支持计划评估的控制有效性，从而支持计划的重大错报风险评估水平。

如果估计的总体偏差率上限大于或等于可容忍偏差率，则总体不能接受。这时审计人员对总体得出结论，样本结果不支持计划评估的控制有效性，从而不支持计划的重大错报风险评估水平。此时审计人员应当修正重大错报风险评估水平，并增加实质性程序的数量。审计人员也可以对影响重大错报风险评估水平的其他控制进行测试，以支持计划的重大错报风险评估水平。

如果估计的总体偏差率上限低于但接近可容忍偏差率，审计人员应当结合其他审计程序的结果，考虑是否接受总体，并考虑是否需要扩大测试范围，以进一步证实计划评估的控制有效性和重大错报风险水平。

② 非统计抽样。在非统计抽样中，抽样风险无法直接计量。审计人员通常将样本偏差率（即估计的总体偏差率）与可容忍偏差率相比较，以判断总体是否可以接受。

如果样本偏差率大于可容忍偏差率，则总体不能接受。

如果样本偏差率低于总体的可容忍偏差率，审计人员要考虑即使总体实际偏差率高于可容忍偏差率时仍出现这种结果的风险。如果样本偏差率大大低于可容忍偏差率，审计人员通常认为总体可以接受。如果样本偏差率虽然低于可容忍偏差率，但两者很接近，审计人员通常认为总体实际偏差率高于可容忍偏差率的抽样风险很高，因而总体不可接受。如果样本偏差率与可容忍偏差率之间的差额不是很大也不是很小，以至于不能认定总体是否可以接受时，审计人员则要考虑扩大样本规模，以进一步收集证据。

（2）细节测试中的样本结果评价。当实施细节测试时，审计人员应当根据样本中发现的错报推断总体错报。审计人员首先必须根据样本中发现的实际错报要求被审计单位调整账面记录金额。将被审计单位已更正的错报从推断的总体错报金额中减掉后，审计人员应当将调整后的推断总体错报与该类交易或账户余额的可容忍错报相比较，但必须考虑抽样风险。如果推断错报高于确定样本规模时使用的预期错报，审计人员可能认为，总体中实际错报超出可容忍错报的抽样风险是不可接受的。考虑其他审计程序的结果有助于审计人员评估总体中实际错报超出可容忍错报的抽样风险，获取额外的审计证据可以降低该风险。

① 统计抽样。在统计抽样中，审计人员利用计算机程序或数学公式计算出总体错报上限，并将计算的总体错报上限与可容忍错报比较。计算的总体错报上限等于推断的总体错报（调整后）与抽样风险允许限度之和。

如果计算的总体错报上限低于可容忍错报，则总体可以接受。这时审计人员对总体得出结论，所测试的交易或账户余额不存在重大错报。

如果计算的总体错报上限大于或等于可容忍错报，则总体不能接受。这时审计人员对总体得出结论，所测试的交易或账户余额存在重大错报。在评价财务报表整体是否存在重大错报时，审计人员应将该类交易或账户余额的错报与其他审计证据一起考虑。通常审计人员会建议被审计单位对错报进行调查，且在必要时调整账面记录。

② 非统计抽样。在非统计抽样中，审计人员运用其经验和职业判断评价抽样结果。如果调整后的总体错报大于可容忍错报，或虽小于可容忍错报但两者很接近，审计人员通常得出总体实际错报大于可容忍错报的结论。也就是说，该类交易或账户余额存在重大错报，因而总体不能接受。如果对样本结果的评价显示，对总体相关特征的评估需要修正，审计人员可以单独或综合采取下列措施：提请管理层对已识别的错报和存在更多错报的可能性进行调查，并在必要时予以调整；修改进一步审计程序的性质、时间安排和范围；考虑对审计报告的影响。

如果调整后的总体错报远远小于可容忍错报，审计人员可以得出总体实际错报小于可容忍错报的结论，即该类交易或账户余额不存在重大错报，因而总体可以接受。

如果调整后的总体错报虽然小于可容忍错报但两者之间的差距很接近（既不很小又不很大），审计人员必须特别仔细地考虑，总体实际错报超过可容忍错报的风险是否能够接受，并考虑是否需要扩大细节测试的范围，以获取进一步的证据。

综上所述，审计抽样流程可以用图 4-3 表示。

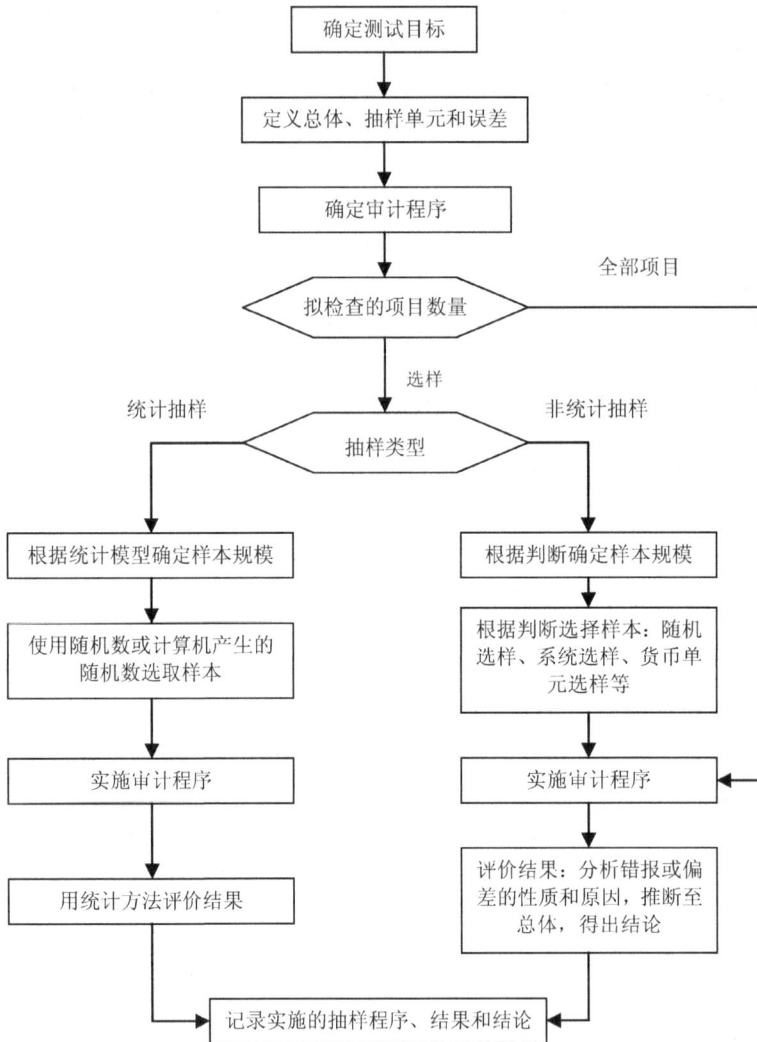

图 4-3　审计抽样流程

思考题

1. 分析国家审计程序、民间审计程序和内部审计程序的相同与不同之处。
2. 辨析审计方法的含义及审计方法体系的构成。
3. 审计抽样的含义是什么？辨析统计抽样与非统计抽样的区别。
4. 抽样风险的种类及影响是什么？
5. 审计人员应考虑哪些因素确定样本规模？
6. 审计人员如何评价样本结果，形成审计结论？

关键术语

审计过程　　　　　　Audit Procedure
审计方法　　　　　　Audit Method
审计抽样　　　　　　Audit Sampling
统计抽样　　　　　　Statistical Audit Sampling
非统计抽样　　　　　Non-statistical Audit Sampling

第五章 | 审计目标与审计计划

【教学目标】

通过本章的学习，学生应能了解初步业务活动的内容和目标；熟悉审计业务约定书、总体审计策略和具体审计计划的内容；掌握审计总目标、管理层认定和具体审计目标的含义。

【引例】

2005年6月20日，上海外高桥集团股份有限公司（以下简称外高桥，股票代码600648）副总经理高原发现，公司存放在国海证券圆明园路营业部的证券保证金账户余额与经审计的公司2003年度和2004年度的报表明细账上金额严重不符。原来经普华永道审计过的财务资料显示：2003年底该账户存有9 000万元，但实际上仅有3 384元；2004年底存有2亿元，但实际仅有20 770元，还有5万元左右的股票。

经查，外高桥原计划财务部经理黎明红、国海证券圆明园路营业部总经理金一敏，以及上海国发石油化工有限公司总经理仇新康涉嫌挪用资金。从2002年2月至2005年案发时，黎明红通过金一敏介绍与仇新康认识，并以国海营业部为资金划转平台，累计挪用外高桥在国海营业部存放的保证金3.5亿多元，用于炒作股票以及自己开办公司的运营周转。最后案发时，尚有2.2亿余元无法收回，给国有资产造成损失。事后三人都被刑拘，外高桥董事长也被撤换。

外高桥称，公司分别于2003年和2004年与普华永道签订了审计业务约定书，约定普华永道对外高桥截至2003年12月31日和2004年12月31日的资产负债表、利润表和利润分配表、权益变动表、现金流量表及会计报表附注进行审计。普华永道分别于2004年4月8日和2005年4月1日，为外高桥两个年度的年报出具了无保留意见的审计报告。外高桥认为，普华永道中天所审计的2003年、2004年会计报表并未公允地反映公司2003年和2004年财务状况、经营成果和现金流量。普华永道中天会计师事务所在2003年度和2004年度审计过程中，未保持应有的职业谨慎、未实施有效的审计程序，即出具了无保留意见的审计报告，从而使公司蒙受了巨额经济损失。

外高桥于2006年5月9日向中国国际经济贸易仲裁委员会上海分会提起仲裁。要求普华永道中天会计师事务所退还全部审计服务费共计170万元，并赔偿外高桥2亿元的经济损失。

普华永道却断然否认了其对外高桥损失的责任。在外高桥和普华永道中天签订的审计业务约定书中，有关责任解除和限制条款的原文为："除因本事务所故意的不当行为或欺诈行为所引起的索赔事项外，本事务所概无义务向贵公司赔偿任何超过本约定书中所支付的专业服务费的金额，无论这些损失是因侵权、违约或其他原因而引起。本事务所也无义务对任何与本约定书中所提及的服务有关的直接、间接的损失、利润损失或未能实现的预期节支负责，无论这些损失是因为侵权、违约或其他原因所引起。"

事实上，普华永道中天在对外高桥2003年、2004年财务报表审计过程中，对外高桥存在国海证券上海圆明园路营业部的证券保证金采用了函证的方式进行审计，但对该保证金账户资金余额实施函证时，未直接向国海证券上海圆明园路营业部发出询证函，而是将函证过程中最关键的部分——询证函的发出和收回交由被审计方外高桥原财务部经理黎明红操作，给黎明红和原国海证券上海圆明园路营业部总经理金一敏掩盖合谋挪用资金创造了条件。公司代理律师称"我们有充分的证据证明，普华永道中天在函证过程中没有遵循独立审计准则的规定，而这和外高桥2亿元证券保证金被挪用存在直接的因果关系。因此，我们提出索赔2亿元是有依据的。"

在审计项目中，审计人员有其特定的审计目标，所以，审计人员的责任和企业治理层、管理层的责任是不同的。为了实现审计目标，审计人员需要拟定科学、合理的审计计划。

第一节 | 审计目标

审计目标是审计活动方向的引导,只有明确了审计目标,审计人员才能够围绕审计目标实施具体的审计活动。财务报表审计目标是通过财务报表审计所期望达到的最终结果,它包括财务报表审计总目标以及与各类交易、账户余额和披露相关的具体审计目标两个层次。

一、审计目标概述

(一)审计目标的含义和特征

审计目标是在一定历史环境下,人们通过审计实践活动所期望达到的境界或最终结果。一般来说,各类审计目标都必须满足其服务领域的特殊需要,无论是国家审计、内部审计还是社会审计,它们都具有各自相对独立的审计目标。审计目标的确定,除受审计对象的制约以外,还取决于审计社会属性、审计基本职能和审计授权者或委托者对审计工作的要求。同时,审计目标规定了审计的基本任务,决定了审计的基本过程和应办理的审计手续。审计目标具有能动性、系统性和动态性等特征。

1. 能动性。审计目标是人们经济活动意识的反映。审计目标不像审计职能那样是审计活动本身所固有的客观本质属性,审计目标反映了社会的要求,是人们的意识在一定的社会经济环境历史条件下的反映。

2. 系统性。审计作为一个经济监督系统,其目标必定是按照一定的逻辑结构排列组合而成。如依据审计内容包括财务报表审计目标、经营审计目标和合规性审计目标,依据审计主体包括政府审计目标、内部审计目标和社会审计目标,依据目标层次包括审计总目标和审计具体目标。

3. 动态性。审计目标是社会经济环境需求的客观反映,与社会经济环境的变化紧密相连。审计目标具有相对的历史稳定性和动态性,随着社会经济环境的变化,对审计目标中不适应的部分必须做出相应的调整,从而形成新的审计目标。

(二)不同主体的审计目标

审计主体和审计内容不同,审计目标也不同。

1. 国家审计目标

最高审计机关国际组织(INTOSAI)早在 1977 年发布的《利马宣言——审计规则指南》就指出:"最高审计组织的审计目标——财务活动的合规性、合法性、效率性、效果性、经济性等审计目标基本上是同等重要的,究竟应侧重于哪一方面,由最高审计机关决定。"

根据《中国人民共和国审计法》(1994 年颁布,2006 年修订),我国国家审计的目标是对国务院各部门和地方各级人民政府及其各部门的财政收支、国有的金融机构和企业事业组织的财务收支的真实、合法和效益进行审计监督。2010 年发布的《中华人民共和国国家审计准则》指出,审计机关的主要工作目标是通过监督被审计单位财政收支、财务收支以及有关经济活动的真实性、合法性、效益性,维护国家经济安全,推进民主法治,促进廉政建设,保障国家经济和社会健康发展。

2. 内部审计目标

国际内部审计师协会(IIA)在 2001 年颁布的《内部审计专业实务标准》中指出:"内部审计是一种独立、客观的确认和咨询活动,旨在增加价值和改善组织的运营。"我国审计署 2003 年颁发的《审计署关于内部审计工作的规定》指出:"内部审计是独立监督和评价本单位及所属单位财政收支、财务收支、经济活动的真实、合法和效益的行为，以促进加强经济管理和实现经济目标。"中国内部审计师协会 2013 年修订的《中国内部审计准则第 1101 号——内部审计基本准则》指出："内部审计是一种独立、客观的确认和咨询活动，它通过运用系统、规范的方法，审查和评价组织的业务活动、内部控制和风险管理的适当性和有效性，以促进组织完善治理、增加价值和实现目标。"

3. 注册会计师审计目标

美国注册会计师协会（AICPA）颁布的《审计准则说明书第 1 号》指出："独立审计人员对财务报表的例行审计目标，是对财务报表是否遵守一般公认会计原则，公允地表达其财务状况、经营成果，以及财务状况的变动情况表示意见。"国际会计师联合会（IFAC）下设的国际审计和鉴证准则委员会颁布的《国际审计准则第 1 号》指出："财务报表审计的目的，是为了使审计人员对在公认的会计政策规定范围内的财务报表能够表示意见。"

根据《中国注册会计师审计准则第 1101 号——注册会计师的总体目标和审计工作的基本要求》，在执行财务报表审计工作时，注册会计师的总体目标是：（1）对财务报表整体是否不存在由于舞弊或错误导致的重大错报获取合理保证，使得注册会计师能够对财务报表是否在所有重大方面按照适用的财务报告编制基础编制发表审计意见；（2）按照审计准则的规定，根据审计结果对财务报表出具审计报告，并与管理层和治理层沟通。

二、财务报表审计的总目标

（一）财务报表审计的总目标

审计的目的是提高财务报表预期使用者对财务报表的信赖程度。这一目的可以通过注册会计师对财务报表是否在所有重大方面按照适用的财务报表编制基础编制，并发表审计意见得以实现。就大多数通用目的财务报告编制基础而言，注册会计师针对财务报表是否在所有重大方面按照财务报告编制基础编制并实现公允反映来发表审计意见。注册会计师按照审计准则和相关职业道德要求执行审计工作，能够形成这样的意见。

1. 财务报表审计的总目标

执行财务报表审计工作时，注册会计师的总体目标：一是对财务报表整体是否不存在由于舞弊或错误导致的重大错报获取合理保证，使得注册会计师能够对财务报表是否在所有重大方面按照适用的财务报告编制基础编制发表审计意见；二是按照审计准则的规定，根据审计结果对财务报表出具审计报告，并与管理层和治理层沟通。

财务报表使用者之所以希望注册会计师对财务报表的合法性和公允性发表意见，主要有 4 个方面原因。（1）利益冲突。财务报表使用者往往有着各自的利益，且这种利益与被审计单位管理层的利益大不相同。出于对自身利益的关心，财务报表使用者常常担心为管理层提供了带有偏见、不公正甚至欺诈性的财务报表。为此，他们往往向外部注册会计师寻求鉴证服务。（2）财务信息的重要性。财务报表是财务报表使用者进行经济决策的重要信息来源，在有些情况下，还是唯一的信息来源。在进行投资、贷款和其他经济决策时，财务报表使用者期望财务报表中的信息相关、可靠，并且期待注册会计师确定被审计单位是否按公认会计原则编制财务报表。（3）复杂性。由于会计业务的处理及财务报表的编制日趋复杂，财务报表使用者因缺乏会计知识而难以对财务报表的质量做出评估，所以他们要求注册会计师对财务报表的质量进行鉴证。（4）间接性。绝大多数财务报表使用者都不参与被审计单位的经营，这种限制导致财务报表使用者不可能接触到编制财务报表所依据的会计记录和会计账簿，即使使用者可以接触，但往往由于时间和成本的限制，而无法对其进行审查。在这种情况下，使用者有两种选择：一是相信这些会计信息的质量；二是依赖第三者的鉴证。显然，使用者喜欢选择第二种方式。

2. 审计总目标的导向作用

财务报表审计的目标对注册会计师的审计工作发挥着导向作用，它界定了注册会计师的责任范围，直接影响注册会计师计划和实施审计程序的性质、时间和范围，决定了注册会计师如何发表审计意见。例如，既然财务报表审计目标是对财务报表整体发表审计意见，注册会计师就可以只关注与财务报表编制和审计有关的内部控制，而不对内部控制本身发表鉴证意见。同样，注册会计师关注被审计单位的违反法规行为，是因为这些行为影响到财务报表，而不是对被审计单位是否存在违反法规行为提供鉴证。

（二）管理层和治理层的责任

法律法规规定了管理层和治理层与财务报表相关的责任。尽管不同的国家或地区对这些责任的范围或表述方式的规定可能不尽相同，但注册会计师按照审计准则的规定执行审计工作的前提是相同的，即管理层和治理层已认可并理解其应当承担的责任。

1. 管理层和治理层的概念

管理层是指对被审计单位经营活动的执行负有经营管理责任的人员。治理层是指对被审计单位战略方向以及管理层履行经营管理责任负有监督责任的人员或组织。治理层的责任包括监督财务报告过程。在某些被审计单位，治理层可能包括管理层，如治理层中负有经营管理责任的人员，或业主兼经理。

企业的所有权与经营权分离后，经营者负责企业的日常经营管理并承担受托责任。管理层通过编制财务报表反映受托责任的履行情况。为了借助公司内部之间的权力平衡和制约关系保证财务信息的质量，现代公司治理结构往往要求治理层对管理层编制财务报表的过程实施有效的监督。

在治理层的监督下，管理层作为会计工作的行为人，对编制财务报表负有直接责任。《中华人民共和国会计法》第二十一条规定，财务会计报告应当由单位负责人和主管会计工作的负责人、会计机构负责人（会计主管人员）签名并盖章；设置总会计师的单位，还须由总会计师签名并盖章。单位负责人应当保证财务会计报告真实、完整。《中华人民共和国公司法》第一百七十一条规定：公司应当向雇用的会计师事务所提供真实、完整的会计凭证、会计账簿、财务会计报告及其他会计资料，不得拒绝、隐匿和谎报。

2. 管理层和治理层的责任

财务报表是由被审计单位管理层在治理层的监督下编制的。管理层和治理层认可与财务报表相关的责任，是注册会计师执行审计工作的前提，构成注册会计师按照审计准则的规定执行审计工作的基础。与管理层和治理层责任相关的执行审计工作的前提，是指管理层和治理层认可并理解其应当承担下列责任，这些责任构成注册会计师按照审计准则的规定执行审计工作的基础：

（1）按照适用的财务报告编制基础编制财务报表，并使其实现公允反映。

（2）设计、执行和维护必要的内部控制，以使财务报表不存在由于舞弊或错误导致的重大错报。

（3）向注册会计师提供必要的工作条件，包括允许注册会计师接触与编制财务报表相关的所有信息（如记录、文件和其他事项），向注册会计师提供审计所需的其他信息，允许注册会计师在获取审计证据时不受限制地接触其认为必要的内部人员和其他相关人员。

（三）注册会计师的责任

按照《中国注册会计师审计准则》的规定，对财务报表发表审计意见是注册会计师的责任。注册会计师作为独立的第三方，对财务报表发表审计意见，有利于提高财务报表的可信赖程度。为履行这一职责，注册会计师应当遵守相关职业道德要求，按照审计准则的规定计划和实施审计工作，获取充分、适当的审计证据，并根据获取的审计证据得出合理的审计结论，发表恰当的审计意见。

注册会计师通过签署审计报告确认其责任。

财务报表审计不能减轻被审计单位管理层和治理层的责任。财务报表编制和财务报表审计是财务信息生成链条上的不同环节，两者各司其职。法律法规要求管理层和治理层对编制财务报表承担责任，有利于从源头上保证财务信息质量。同时，在某些方面，注册会计师与管理层和治理层之间可能存在信息不对称。管理层和治理层作为内部人员，对企业的情况更为了解，更能做出适合企业特点的会计处理决策和判断，因此，管理层和治理层应对编制财务报表承担完全责任。尽管在审计过程中，注册会计师可能向管理层和治理层提出调整建议，甚至在不违反独立性的前提下为管理层编制财务报表提供协助，但管理层仍然对编制财务报表承担责任，并通过签署财务报表确认这一责任。

如果财务报表存在重大错报，而注册会计师在审计中没有发现，也不能因为财务报表通过了注册会计师审计这一事实而减轻管理层和治理层对财务报表的责任。

（四）审计的固有限制

不应期望注册会计师将审计风险降至为零，事实上注册会计师也不可能将审计风险降至为零，因此不能对财务报表不存在由于舞弊或错误导致的重大错报获取绝对保证。这是由于审计存在固有限制，导致注册会计师据以得出结论和形成审计意见的大多数审计证据是说服性而非结论性的。审计的固有限制源于财务报告的性质、审计程序的性质和在合理时间内以合理的成本完成审计的需要。

1. 财务报告的性质

管理层编制财务报表，需要根据被审计单位的事实和情况运用适用的财务报告编制基础的规定，在这一过程中需要做出判断。此外，许多财务报表项目涉及主观决策、评估或一定程度的不确定性，并且可能存在一系列可接受的解释或判断。因此，某些财务报表项目的金额本身就存在一定的变动幅度，这种变动幅度不能通过实施追加的审计程序来消除。例如，某些会计估计通常如此。即便如此，审计准则要求注册会计师特别考虑在适用的财务报告编制基础下会计估计是否合理，相关披露是否充分，会计实务的质量是否良好。

2. 审计程序的性质

注册会计师获取审计证据的能力受到实务和法律的限制。

（1）管理层或其他人员可能有意或无意地不提供与财务报表编制相关的或注册会计师要求的全部信息。因此，即使实施了旨在保证获取所有相关信息的审计程序，注册会计师也不能保证信息的完整性。

（2）舞弊可能涉及精心策划和蓄意实施以进行隐瞒。因此，用以收集审计证据的审计程序可能对于发现舞弊是无效的。例如，舞弊导致的错报涉及串通伪造文件，使得注册会计师误以为有效的证据实际上是无效的，注册会计师没有接受文件真伪鉴定方面的培训，不应被期望成为鉴定文件真伪的专家。

（3）审计不是对涉嫌违法行为的官方调查。因此，注册会计师没有被授予特定的法律权力，而这种权力对调查是必要的。

3. 在合理的时间内以合理的成本完成审计需要

审计中的困难、时间或成本等事项，本身不能作为注册会计师省略不可替代的审计程序或满足于说服力不足的审计证据的正当理由。制定适当的审计计划有助于保证执行审计工作需要的充分的时间和资源。尽管如此，信息的相关性及其价值会随着时间的推移而降低，所以需要在信息的可靠性和成本之间进行权衡，这在某些财务报告编制基础中已得到认可。要求注册会计师处理所有可能存在的信息是不切实际的，基于信息存在错误或舞弊，除非能够提供反证的假设，竭尽可能地追查每一个事项也是不切实际的。正是因为认识到这一点，财务报表使用者的期望是，注册会计师在合理的时间内以合理的成本对财务报表形成审计意见。

为了在合理的时间内以合理的成本对财务报表形成审计意见，注册会计师有必要：（1）计划审计工作，以使审计工作以有效的方式得到执行；（2）将审计资源投向最可能存在重大错报风险的领域，并相应地在其他领域减少审计资源；（3）运用测试和其他方法检查总体中存在的错报。

审计准则对计划和实施审计工作做出了规定，并要求注册会计师执行下列工作（包括但不限于）：（1）实施风险评估程序和开展相关活动，以作为识别和评估财务报表层次及认定层次的重大错报风险的基础；（2）运用测试和其他方法检查总体，从而为注册会计师针对总体得出结论提供合理的基础。

4. 影响审计固有限制的其他事项

对某些认定或审计事项而言，固有限制对注册会计师发现重大错报能力的潜在影响尤为重要。这些认定或审计事项包括：（1）舞弊，特别是涉及高级管理人员的舞弊或串通舞弊；（2）关联方关系和交易的存在和完整性；（3）违反法律法规行为的发生；（4）可能导致被审计单位无法持续经营的未来事项或情况。相关审计准则规定了具体审计程序，这些程序有助于减轻固有限制的影响。

由于审计的固有限制，即使按照审计准则的规定适当地计划和执行审计工作，也不可避免地存在财务报表的某些重大错报可能未被发现的风险。相应地，完成审计工作后发现由于舞弊或错误导致的财务报表重大错报，其本身并不表明注册会计师没有按照审计准则的规定执行审计工作。尽管如此，审计的固有限制并不能作为注册会计师满足于说服力不足的审计证据的理由。注册会计师是否按照审计准则的规定执行了审计工作，取决于注册会计师在具体情况下实施的审计程序，由此获取的审计证据的充分性和适当性，以及根据总体目标和对审计证据的评价结果而出具审计报告的恰当性。

三、财务报表审计的具体目标

（一）认定

1. 认定的含义

认定是指管理层在财务报表中做出的明确或隐含的表达，注册会计师将其用于考虑可能发生的不同类型的潜在错报。认定与审计目标密切相关，注册会计师的基本职责就是确定被审计单位管理层对其财务报表的认定是否恰当。注册会计师了解了认定，就很容易确定每个项目的具体审计目标。通过考虑可能发生的不同类型的潜在错报，注册会计师运用认定评估风险，并据此设计审计程序以应对评估的风险。

保证财务报表公允反映被审计单位的财务状况和经营情况等是管理层的责任。当管理层声明财务报表已按照适用的财务报告编制基础进行编制，在所有重大方面做出公允反映时，就意味着管理层对财务报表各组成要素的确认、计量、列报以及相关的披露做出了认定。管理层在财务报表上的认定有些是明确表达的，有些则是隐含表达的。例如，管理层在资产负债表中列报存货及其金额，意味着做出下列明确的认定：（1）记录的存货是存在的；（2）存货以恰当的金额包括在财务报表中，与之相关的计价或分摊调整已恰当记录。同时，管理层也做出下列隐含的认定：（1）所有应当记录的存货均已记录；（2）记录的存货都由被审计单位拥有。

管理层对财务报表各组成要素均做出了认定，认定可以分为与所审计期间各类交易和事项相关的认定、与期末账户余额相关的认定、与列报和披露相关的认定，注册会计师的审计工作就是要确定管理层的这些认定是否恰当。

2. 与所审计期间各类交易和事项相关的认定

注册会计师对所审计期间的各类交易和事项运用的认定通常分为下面几种类别。

（1）发生：记录的交易或事项已发生，且与被审计单位有关。

（2）完整性：所有应当记录的交易和事项均已记录。

（3）准确性：与交易和事项有关的金额及其他数据已恰当记录。

（4）截止：交易和事项已记录于正确的会计期间。

（5）分类：交易和事项已记录于恰当的账户。

【实例5-1】注册会计师审计某公司2013年度财务报表。在下列情况中，（　　）表明某公司违反了交易、事项的发生认定。

A．至2013年12月31日，某公司承接甲公司建筑工程项目的完工百分比为80%，但某公司将合同约定的全部工程价款确认为当期营业收入。

B．某公司向乙公司发出商品后，在合同约定的无条件退货期满之前确认了营业收入。

C．某公司向丙公司提交商品并收到货款，但没有确认为营业收入。

D．某公司2014年初向丁公司提交赊销的商品，但于2013年底确认为营业收入。

【答案】B

【解析】情况A违反准确性认定；情况B违反存在认定；情况C违反完整性认定；情况D违反截止认定。

3．与期末账户余额相关的认定

注册会计师对期末账户余额运用的认定通常分为下面几种类别。

（1）存在：记录的资产、负债和所有者权益是存在的。

（2）权利和义务：记录的资产由被审计单位拥有或控制，记录的负债是被审计单位应当履行的偿还义务。

（3）完整性：所有应当记录的资产、负债和所有者权益均已记录。

（4）计价和分摊：资产、负债和所有者权益以恰当的金额包括在财务报表中，与之相关的计价或分摊调整已恰当记录。

【实例5-2】注册会计师在实施某公司2013年度财务报表审计业务的过程中发现了以下与应收账款相关的事项。其中，表明应收账款违反存在认定的是（　　）。

A．没有按规定对应收账款计提坏账准备。

B．收到货款后没有贷记应收账款。

C．顾客签收商品后没有记录应收账款。

D．没有在财务报表附注资料中说明应收账款的抵借。

【答案】B

【解析】情况A违反计价和分摊认定；情况B违反存在认定；情况C违反完整性认定；情况D违反与列报和披露相关的完整性认定。

4．与列报和披露相关的认定

各类交易和账户余额的认定正确只是为列报正确打下了必要的基础，财务报表还可能因被审计单位误解有关列报的规定或舞弊等而产生错报。另外，还可能因被审计单位没有遵守一些专门的披露要求而导致财务报表错报。因此，即使注册会计师审计了各类交易和账户余额的认定，实现了各类交易和账户余额的具体审计目标，也不意味着获取了足以对财务报表发表审计意见的充分、适当的审计证据。因此，注册会计师还应当对各类交易、账户余额及相关事项在财务报表中列报的正确性实施审计。基于此，注册会计师对列报和披露运用的认定通常分为下列类别：

（1）发生以及权利和义务：披露的交易、事项和其他情况已发生，且与被审计单位有关。

（2）完整性：所有应当包括在财务报表中的披露均已包括。

（3）分类和可理解性：财务信息已被恰当地列报和描述，且披露内容表述清楚。

（4）准确性和计价：财务信息和其他信息已公允披露，且金额恰当。

【实例5-3】注册会计师在审计某公司2013年度财务报表过程中发现的以下情况，（　　）表明某公司直接违反了与2013年度财务报表列报和披露相关的完整性认定。

A．2013年度某笔销售业务发生后，没有确认营业收入。

B．2013年末在建工程完工并投入使用后，因未办理竣工决算而没有转入固定资产。

C．2014年初某笔赊购业务发生后，没有贷记应付账款。

D．2014年1月初发生重大火灾后，没有在2013年度财务报表的附注资料中披露。

【答案】D

【解析】情况A表明营业收入违反了交易和事项的完整性认定；情况B表明固定资产违反了期末账户余额的完整性认定；情况C表明应付账款违反了期末账户余额的完整性认定；情况D表明期后事项违反了列报和披露的完整性认定。

注册会计师可以按照上述分类运用认定，也可按其他方式表述认定，但应涵盖上述所有方面。例如，注册会计师可以选择将有关交易和事项的认定与有关账户余额的认定综合运用。又如，当发生和完整性认定包含了对交易是否记录于正确会计期间的恰当考虑时，就可能不存在与交易和事项截止相关的单独认定。

（二）具体审计目标

注册会计师了解了认定，就很容易确定每个项目的具体审计目标，并以此作为评估重大错报风险以及设计和实施进一步审计程序的基础。

1. 与所审计期间各类交易和事项相关的审计目标

（1）发生：由发生认定推导的审计目标是确认已记录的交易是真实的。例如，如果没有发生销售交易，但在销售日记账中记录了一笔销售，则违反了该目标。

发生认定所要解决的问题是管理层是否把那些不曾发生的项目列入财务报表，它主要与财务报表组成要素的高估有关。

（2）完整性：由完整性认定推导的审计目标是确认已发生的交易确实已经记录。例如，如果发生了销售交易，但没有在销售明细账和总账中记录，则违反了该目标。

发生和完整性两者强调的是相反的关注点。发生目标针对潜在的高估，而完整性目标则针对漏记交易（低估）。

（3）准确性：由准确性认定推导出的审计目标是确认已记录的交易是按正确金额反映的。例如，如果在销售交易中，发出商品的数量与账单上的数量不符，或是开账单时使用了错误的销售价格，或是账单中的乘积或加总有错误，或是在销售明细账中记录了错误的金额，则违反了该目标。

准确性与发生、完整性之间存在区别。例如，若已记录的销售交易是不应当记录的（如发出的商品是寄销商品）则即使发票金额是准确计算的，仍违反了发生目标。再如，若已入账的销售交易是对正确发出商品的记录，但金额计算错误，没有违反发生目标，但违反了准确性目标，在完整性与准确性之间也存在同样的关系。

（4）截止：由截止认定推导出的审计目标是确认接近于资产负债表日的交易记录于恰当的期间。例如，如果本期交易推到下期，或下期交易提到本期，均违反了截止目标。

（5）分类：由分类认定推导出的审计目标是确认被审计单位记录的交易经过适当分类。例如，如果将现销记录为赊销，将出售经营性固定资产所得的收入记录为营业收入，则导致交易分类的错误，违反了分类的目标。

2. 与期末账户余额相关的审计目标

（1）存在：由存在认定推导的审计目标是确认记录的金额确实存在。例如，如果不存在某顾客的应收账款，在应收账款明细表中却列入了对该顾客的应收账款，则违反了存在性目标。

（2）权利和义务：由权利和义务认定推导的审计目标是确认资产归属于被审计单位，负债属于被审计单位的义务。例如，将他人寄售商品列入被审计单位的存货中，违反了权利目标；将不属于被审计单位的债务记入账内，违反了义务目标。

（3）完整性：由完整性认定推导的审计目标是确认已存在的金额均已记录。例如，如果存在某顾客的应收账款，在应收账款明细表中却没有列入对该顾客的应收账款，则违反了完整性目标。

（4）计价和分摊：资产、负债和所有者权益以恰当的金额包括在财务报表中，与之相关的计价或分摊调整已恰当记录。

3. 与列报和披露相关的审计目标

（1）发生以及权利和义务：将没有发生的交易、事项，或与被审计单位无关的交易和事项包括在财务报表中，则违反该目标。例如，复核董事会会议记录中是否记载了固定资产抵押等事项，询问管理层固定资产是否被抵押，即是对列报的权利认定的运用。如果被审计单位拥有被抵押的固定资产，则需要将其在财务报表中列报，并说明与之相关的权利受到限制。

（2）完整性：如果应当披露的事项没有包括在财务报表中，则违反了该目标。例如，检查关联方和关联交易，以验证其在财务报表中是否得到充分披露，即是对列报的完整性认定的运用。

（3）分类和可理解性：财务信息已被恰当地列报和描述，且披露内容表述清楚。例如，检查存货的主要类别是否已披露，是否将一年内到期的长期负债列为流动负债，即是对列报的分类和可理解性认定的运用。

（4）准确性和计价：财务信息和其他信息已公允披露，且金额恰当。例如，检查财务报表附注是否分别对原材料，在产品和产成品等存货成本核算方法做了恰当说明，即是对列报的准确性和计价认定的运用。

通过上面介绍可知，认定是确定具体审计目标的基础，注册会计师通常将认定转化为能够通过审计程序予以实现的审计目标。针对财务报表每一项目所表现出的各项认定，注册会计师相应地确定一项或多项审计目标，然后通过执行一系列审计程序获取充分、适当的审计证据以实现审计目标。认定、审计目标和审计程序之间的关系举例如表 5-1 所示。

表 5-1　　　　　　　　　　认定、审计目标和审计程序之间的关系举例

认定	审计目标	审计程序
存在性	资产负债表列示的存货存在	实施存货监盘程序
完整性	销售收入包括了所有已发货的交易	检查发货单和销售发票的编号以及销售明细账
准确性	应收账款反映的销售业务是否基于正确的价格和数量，计算是否正确	比较价格清单与发票上的价格，发货单与销售订购单上的数量是否一致，重新计算发票上的金额
截止	销售业务记录在恰当的期间	比较上一年度最后几天和下一年度最初几天的发货单日期与记账日期
权利和义务	资产负债表中的固定资产确实为公司拥有	查阅所有权证书、购货合同、结算单和保险单
计价和分摊	以净值记录应收账款	检查应收账款账龄分析表、评估计提的坏账准备是否充足

第二节　审计计划

审计计划是审计工作的起点，审计计划直接影响审计工作的实施效率及效果。在注册会计师审计中，计划审计工作是指注册会计师为了完成审计业务，达到预期的审计目标，在具体执行审计程序之前对审计工作所作的合理规划和安排。计划审计工作是一项持续的过程，注册会计师通常在前一期审计工作结束后即开始开展本期的计划审计工作，并直到本期审计工作结束为止。在计划审计

工作时，注册会计师需要进行初步业务活动、制订总体审计策略和具体审计计划。

一、审计计划概述

（一）审计计划的含义和特点

审计计划是用于指导、组织和控制全部审计活动的纲领和指南。审计计划促使审计组织和审计人员明确一定时期内审计的任务、目标和实施形式，知道需要做些什么和怎么做。审计计划具有层次性、规范性、科学性等特征。

（1）层次性。审计计划可以按不同的标志分类为不同的层次。比如按计划内容层次分为审计策略计划、期间审计项目计划和项目审计计划；按计划编制机构可分为国家审计计划、民间审计计划和内部审计计划；按计划期长短可分为长期审计计划、中期审计计划、短期审计计划。

（2）规范性。审计计划的编制必须按审计准则的要求，依据规范化的程序来编制。只有这样，才能在审计各个阶段的工作中，既保证审计工作高效率，又保证审计结果高质量，从而保证完成审计任务，实现审计目标，避免浪费审计资源。

（3）科学性。审计计划的科学性直接制约着审计工作的最终质量。审计计划的科学性取决于审计计划方法的科学性和审计计划管理方法的科学性。审计预算与审计计划有着密切的联系，审计预算以审计计划为基础，而审计计划必须由审计预算来实施、检验和控制。

（二）不同层次的审计计划

依据内容层次不同，审计计划包括审计策略性计划、期间审计项目计划和项目审计计划。在审计业务活动中，主要编制期间审计项目计划和项目审计计划。

1. 审计策略性计划

审计策略性计划是确定一定时期、一定范围内审计工作总目标、总任务，以及为实现总目标、总任务而采取的审计政策和重大措施的审计计划。它由各审计组织的最高决策机构制定。策略性计划的根本特征是：它只是从一定时期、一定范围的审计工作的策略角度出发，规定审计工作的指导思想、大政方针和战略任务而不对审计项目及其实施计划做出具体安排。策略性计划依计划期的长短分为短期策略性计划、中期策略性计划和长期策略性计划。比如审计署"十二五"审计工作发展规划就属于长期策略性计划。

2. 期间审计项目计划

期间审计项目计划是安排一定时期内需要依次进行审计的所有审计项目的计划。该计划规定了一定时间审计组织的基本和具体工作任务，不仅是指导审计业务活动的依据，也是检查、评价审计工作任务完成情况的依据。审计期间计划最主要的是年度"审计计划"，它是一年审计工作的全面安排，是组织全年审计活动的纲领性文件。审计机关所指的审计项目计划管理，也即是指年度期间审计项目计划管理。比如南京市鼓楼区审计局2013年审计项目计划就属于期间审计项目计划。

3. 项目审计计划

项目审计计划是依据期间审计项目计划，按每一个审计项目分别制定的审计计划。它是对期间审计项目计划中的一个具体项目做出具体化的说明，决定具体实施办法、程序和实施条件。项目审计计划可进一步分为项目计划大纲、项目实施计划和项目作业计划。比如注册会计师审计过程中编制的总体审计策略和具体审计计划就属于项目审计计划。

二、初步业务活动

注册会计师在计划审计工作前，需要开展初步业务活动，为制订审计计划做好前期准备工作。

（一）初步业务活动的目的

注册会计师开展初步业务活动有助于确保在计划审计工作时达到以下要求：第一，具备执行业务所需的独立性和能力；第二，不存在因管理层诚信问题而可能影响注册会计师保持该项业务的意愿的事项；第三，与被审计单位之间不存在对业务约定条款的误解。

（二）初步业务活动的内容

注册会计师在本期审计业务开始时应当开展下列初步业务活动。

1. 针对保持客户关系和具体审计业务实施相应的质量控制程序

针对保持客户关系和具体审计业务实施质量控制程序，并且根据实施相应程序的结果做出适当的决策是注册会计师控制审计风险的重要环节。《中国注册会计师审计准则第 1121 号——对财务报表审计实施的质量控制》及《质量控制准则第 5101 号——会计师事务所对执行财务报表审计和审阅、其他鉴证和相关服务业务实施的质量控制》含有与客户关系和具体业务的接受与保持相关的要求，注册会计师应当按照其规定开展初步业务活动。

2. 评价遵守相关职业道德要求的情况

评价遵守相关职业道德要求的情况也是一项非常重要的初步业务活动。质量控制准则含有包括独立性在内的有关职业道德要求，注册会计师应当按照其规定执行。虽然保持客户关系及具体审计业务和评价职业道德的工作贯穿审计业务的全过程，但是这两项活动需要安排在其他审计工作之前，以确保注册会计师已具备执行业务所需要的独立性和专业胜任能力，且不存在因管理层诚信问题而影响注册会计师保持该项业务意愿等情况。在连续审计的业务中，这些初步业务活动通常是在上述审计工作结束后不久或将要结束时就已开始了。

3. 就审计业务约定条款达成一致意见

在做出接受或保持客户关系及具体审计业务的决策后，注册会计师应当按照《中国注册会计师审计准则第 1111 号——就审计业务约定条款达成一致意见》的规定，在审计业务开始前，与被审计单位就审计业务约定条款达成一致意见，签订或修改审计业务约定书，以避免双方对审计业务的理解产生分歧。

（三）审计业务约定书

审计业务约定书是指会计师事务所与被审计单位签订的书面协议，用以记录和确认审计业务的委托与受托关系、审计目标和范围、双方的责任以及报告的格式等事项。会计师事务所承接任何审计业务，都应与被审计单位签订审计业务约定书。

1. 审计业务约定书的基本内容

审计业务约定书的具体内容和格式可能因被审计单位的不同而不同，但应当包括以下主要内容：

（1）财务报表审计的目标与范围；

（2）注册会计师的责任；

（3）管理层的责任；

（4）指出用于编制财务报表所适用的财务报告编制基础；

（5）提及注册会计师拟出具的审计报告的预期形式和内容，以及对在特定情况下出具的审计报告可能不同于预期形式和内容的说明。

2. 审计业务约定书的特殊考虑

（1）考虑特定需要。如果情况需要，注册会计师还应当考虑在审计业务约定书中列明下列内容：详细说明审计工作的范围，包括提及适用的法律法规、审计准则，以及注册会计师协会发布的职业道德守则和其他公告；对审计业务结果的其他沟通形式；说明由于审计和内部控制的固有限制，即使审计工作按照审计准则的规定得到恰当的计划和执行，仍不可避免地存在某些重大错报未被发现的风险；计划和执行审计工作的安排，包括审计项目组的构成；管理层确认将提供书面声明；管理层同意向注册会计师及时提供财务报表草稿和其他所有附带信息，以使注册会计师能够按照预定的时间表完成审计工作；管理层同意告知注册会计师在审计报告日至财务报表报出日之间注意到的可能影响财务报表的事实；收费的计算基础和收费安排；管理层确认收到审计业务约定书并同意其中的条款；在某些方面对利用其他注册会计师和专家工作的安排；对审计涉及的内部审计人员和被审计单位其他员工工作的安排；在首次审计的情况下，与前任注册会计师（如存在）沟通的安排；说明对注册会计师责任可能存在的限制；注册会计师与被审计单位之间需要达成进一步协议的事项；向其他机构或人员提供审计工作底稿的义务。

（2）组成部分的审计。如果母公司的注册会计师同时也是组成部分的注册会计师，需要考虑下列因素：决定是否向组成部分单独致送审计业务约定书；组成部分注册会计师的委托人；是否对组成部分单独出具审计报告；与审计委托相关的法律法规的规定；母公司占组成部分的所有权份额；组成部分管理层相对于母公司的独立程度。

（3）连续审计。对于连续审计，注册会计师应当根据具体情况评估是否需要对审计业务约定条款做出修改，以及是否需要提醒被审计单位注意现有的条款。注册会计师可以决定不在每期都送新的审计业务约定书或其他书面协议。然而，下列因素可能导致注册会计师修改审计业务约定条款或提醒被审计单位注意现有业务约定条款：有迹象表明被审计单位误解审计目标和范围；需要修改约定条款或增加特别条款；被审计单位高级管理人员近期发生变动；被审计单位所有权发生重大变动；被审计单位业务的性质或规模发生重大变化；法律法规的规定发生变化；编制财务报表采用的财务报告编制基础发生变更；其他报告要求发生变化。

审计业务约定书见范例 5-1。

【范例 5-1】审计业务约定书

审计业务约定书

甲方：ABC股份有限公司

乙方：××会计师事务所

兹由甲方委托乙方对20×1年度财务报表进行审计，经双方协商，达成以下约定。

一、审计的目标与范围

1. 乙方接受甲方委托，对甲方按照企业会计准则编制的20×1年12月31日的资产负债表，20×1年度的利润表、股东权益变动表和现金流量表以及财务报表附注（以下统称财务报表）进行审计。

2. 乙方通过执行审计工作，对财务报表的下列方面发表审计意见：（1）财务报表是否在所有重大方面按照企业会计准则的规定编制；（2）财务报表是否在所有重大方面公允反映甲方20×1年12月31日的财务状况以及20×1年度的经营成果和现金流量。

二、甲方的责任

1. 根据《中华人民共和国会计法》及《企业财务会计报告条例》，甲方及甲方负责人有责任保证会计资料的真实性和完整性。因此，甲方管理层有责任妥善保存和提供会计记录（包括但不限于会计凭证、会计账簿及其他会计资料）。这些记录必须真实、完整地反映甲方的财务状况、经营成果和现金流量。

2. 按照企业会计准则的规定编制和公允列报财务报表是甲方管理层的责任，这种责任包括：（1）按照适用的财务报告编制基础编制财务报表，并使其实现公允反映；（2）设计、执行和维护必要的内部控制，以使财务报表不存在由于舞弊或错误导致的重大错报。

3. 及时为乙方的审计工作提供与审计有关的所有记录、文件和所需的其他信息，并保证所提供资料的真实性和完整性。

4. 确保乙方不受限制地接触其认为必要的甲方内部人员和其他相关人员。

5. 甲方管理层对其做出的与审计有关的声明予以书面确认。

6. 为乙方派出的有关工作人员提供必要的工作条件和协助，乙方将于外勤工作开始前提供主要事项清单。

7. 按本约定书的约定及时足额支付审计费用以及乙方人员在审计期间的交通、食宿和其他相关费用。

8. 乙方的审计不能减轻甲方及甲方管理层的责任。

三、乙方的责任

1. 乙方的责任是在实施审计工作的基础上对甲方财务报表发表审计意见。乙方按照中国注册会计师审计准则（以下简称审计准则）的规定执行审计工作。审计准则要求注册会计师遵守中国注册会计师职业道德守则，计划和实施审计工作以对财务报表是否不存在重大错报获取合理保证。

2. 审计工作涉及实施审计程序，以获取有关财务报表金额和披露的审计证据。选择的审计程序取决于乙方的判断，包括对由于舞弊或错误导致的财务报表重大错报风险的评估。在进行风险评估时，乙方考虑与财务报表编制相关的内部控制，以设计恰当的审计程序，但目的并非对内部控制的有效性发表意见。审计工作还包括评价管理层选用会计政策的恰当性和做出会计估计的合理性，以及评价财务报表的总体列报。

3. 由于审计和内部控制的固有局限，即使按照审计准则的规定适当地计划和执行审计工作，仍不可避免地存在财务报表的某些重大错报可能未被乙方发现的风险。

4. 在审计过程中，乙方若发现甲方存在乙方认为值得关注的内部控制缺陷，应以书面形式向甲方治理层或管理层通报。但乙方通报的各种事项，并不代表已全面说明所有可能存在的缺陷或已提出所有可行的改善建议。甲方在实施乙方提出的改进建议前应全面评估其影响。未经乙方书面许可，甲方不得向任何第三方提供乙方出具的沟通文件。

5. 按照约定时间完成审计工作，出具审计报告。乙方应于20×2年×月×日前出具审计报告。

6. 除下列情况外，乙方应当对执行业务过程中知悉的甲方信息予以保密：（1）法律法规允许披露，并取得甲方的授权；（2）根据法律法规的要求，为法律诉讼准备文件或提供证据，以及向监管机构报告发现的违反法规行为；（3）在法律法规允许的情况下，在法律诉讼、仲裁中维护自己的合法权益；（4）接受注册会计师协会或监管机构的执业质量检查，答复其询问和调查；（5）法律法规、执业准则和职业道德规范规定的其他情形。

四、审计收费

1. 本次审计服务的收费是以乙方各级别工作人员在本次工作中所耗费的时间为基础计算的。乙方预计本次审计服务的费用总额为人民币××万元。

2. 甲方应于本约定书签署之日起××日内支付×%的审计费用，其余款项于审计报告草稿完成日结清。

3. 如果由于无法预见的原因，致使乙方从事本约定书所涉及的审计服务实际时间较本约定书签订时预计的时间有明显的增加或减少时，甲乙双方应通过协商，相应调整本部分第1段所述的审计费用。

4. 如果由于无法预见的原因，致使乙方人员抵达甲方的工作现场后，本约定书所涉及的审计服务中止，甲方不得要求退还预付的审计费用；如上述情况发生于乙方人员完成现场审计工作，并离开甲方的工作现场之后，甲方应另行向乙方支付人民币××元的补偿费。该补偿费应于甲方收到乙方的收款通知之日起××日内支付。

5. 与本次审计有关的其他费用（包括交通费、食宿费等）由甲方承担。

五、审计报告和审计报告的使用

1. 乙方按照中国注册会计师审计准则规定的格式和类型出具审计报告。

2. 乙方向甲方致送审计报告一式×份。

3. 甲方在提交或对外公布审计报告时，不得修改乙方出具的审计报告及其后附的已审计财务报表。当甲方认为有必要修改会计数据、报表附注和所作的说明时，应当事先通知乙方，乙方将考虑有关的修改对审计报告的影响，必要时，将重新出具审计报告。

六、本约定书的有效期间

本约定书自签署之日起生效，并在双方履行完毕本约定书约定的所有义务后终止。但其中第三项第6段、第四、五、七、八、九、十项并不因本约定书终止而失效。

七、约定事项的变更

如果出现不可预见的情况，影响审计工作如期完成，或需要提前出具审计报告，甲、乙双方均可要求变更约定事项，但应及时通知对方，并由双方协商解决。

八、终止条款

1. 如果根据乙方的职业道德及其他有关专业职责、适用的法律法规或其他任何法定的要求，乙方认为已不适宜继续为甲方提供本约定书约定的审计服务，乙方可以采取向甲方提出合理通知的方式终止履行本约定书。

2. 在本约定书终止的情况下，乙方有权就其于终止之日前对约定的审计服务项目所做的工作收取合理的审计费用。

九、违约责任

甲乙双方按照《中华人民共和国合同法》的规定承担违约责任。

十、适用法律和争议解决

本约定书的所有方面均应适用中华人民共和国法律进行解释并受其约束。本约定书履行地为乙方出具审计报告所在地，因本约定书所引起的或与本约定书有关的任何纠纷或争议（包括关于本约定书条款的存在、效力或终止，或无效之后果），双方协商确定采取以下第××种方式予以解决：

（1）向有管辖权的人民法院提起诉讼；

（2）提交××仲裁委员会仲裁。

十一、双方对其他有关事项的约定

本约定书一式两份，甲、乙方各执一份，具有同等法律效力。

甲方：ABC股份有限公司（盖章）　　　　　乙方：××会计师事务所（盖章）

授权代表：（签名并签章）　　　　　　　　授权代表：（签名并签章）

二〇×二年×月×日　　　　　　　　　　　二〇×二年×月×日

三、总体审计策略

注册会计师应当为审计工作制定总体审计策略。总体审计策略用以确定审计范围、时间安排和方向，并指导具体审计计划的制定。在制订总体审计策略时，应当考虑以下主要事项。

（一）审计范围

在确定审计范围时，需要考虑下列具体事项。

（1）编制拟审计的财务信息所依据的财务报告编制基础，包括是否需要将财务信息调整至按照其他财务报告编制基础编制；

（2）特定行业的报告要求，如某些行业监管机构要求提交的报告；

（3）预期审计工作涵盖的范围，包括应涵盖的组成部分的数量及所在地点；

（4）母公司和集团组成部分之间存在的控制关系的性质，以确定如何编制合并财务报表；

（5）由组成部分注册会计师审计组成部分的范围；

（6）拟审计的经营分部的性质，包括是否需要具备专门知识；

（7）外币折算，包括外币交易的会计处理、外币财务报表的折算和相关信息的披露；

（8）除为合并目的执行的审计工作之外，对个别财务报表进行法定审计的需求；

（9）内部审计工作的可获得性及注册会计师拟信赖内部审计工作的程度；

（10）被审计单位使用服务机构的情况，以及注册会计师如何取得有关服务机构内部控制设计和运行有效性的证据；

（11）对利用在以前审计工作中获取的审计证据（如获取的与风险评估程序和控制测试相关的审计证据）的预期；

（12）信息技术对审计程序的影响，包括数据的可获得性和对使用计算机辅助审计技术的预期；

（13）协调审计工作与中期财务信息审阅的预期涵盖范围和时间安排，以及中期审阅所获取的信息对审计工作的影响；

（14）与被审计单位人员的时间协调和相关数据的可获得性。

（二）报告目标、时间安排及所需沟通的性质

为计划报告目标、时间安排和所需沟通，需要考虑下列事项：

（1）被审计单位对外报告的时间表，包括中间阶段和最终阶段；

（2）与管理层和治理层举行会谈，讨论审计工作的性质、时间安排和范围；

（3）与管理层和治理层讨论注册会计师拟出具的报告的类型和时间安排以及沟通的其他事项（口头或书面沟通），包括审计报告、管理建议书和向治理层通报的其他事项；

（4）与管理层讨论预期就整个审计业务中对审计工作的进展进行的沟通；

（5）与组成部分注册会计师沟通拟出具的报告的类型和时间安排，以及与组成部分审计相关的其他事项；

（6）项目组成员之间沟通的预期的性质和时间安排，包括项目组会议的性质和时间安排，以及复核已执行工作的时间安排；

（7）预期是否需要和第三方进行其他沟通，包括与审计相关的法定或约定的报告责任。

（三）审计方向

总体审计策略的制定应当包括考虑影响审计业务的重要因素，以确定项目组工作方向，包括确定适当的重要性水平，初步识别可能存在较高的重大错报风险的领域，初步识别重要的组成部分和账户余额，评价是否需要针对内部控制的有效性获取审计证据，识别被审计单位、所处行业、财务报告要求及其他相关方面最近发生的重大变化等。

在确定审计方向时，注册会计师需要考虑下列事项。

（1）重要性方面。具体包括：①为计划目的确定重要性；②为组成部分确定重要性且与组成部分的注册会计师沟通；③在审计过程中重新考虑重要性；④识别重要的组成部分和账户余额。

（2）重大错报风险较高的审计领域。

（3）评估的财务报表层次的重大错报风险对指导、监督及复核的影响。

（4）项目组人员的选择（在必要时包括项目质量控制复核人员）和工作分工，包括向重大错报风险较高的审计领域分派具备适当经验的人员。

（5）项目预算，包括考虑为重大错报风险可能较高的审计领域分配适当的工作时间。如何向项目组成员强调在收集和评价审计证据过程中保持职业怀疑必要性的方式。

（6）如何向项目组成员强调在收集和评价审计证据过程中保持职业怀疑必要性的方式。

（7）以往审计中对内部控制运行有效性评价的结果，包括所识别的控制缺陷的性质及应对措施。

（8）管理层重视设计和实施健全的内部控制的相关证据，包括这些内部控制得以适当记录的证据。

（9）业务交易量规模，以基于审计效率的考虑确定是否依赖内部控制。

（10）对内部控制重要性的重视程度。

（11）影响审计单位经营的重大发展变化，包括信息技术和业务流程的变化，关键管理人员变化，以及收购、兼并和分立。

（12）重大的行业发展情况，如行业法规变化和新的报告规定。

（13）会计准则及会计制度的变化。

（14）其他重大变化，如影响被审计单位的法律环境的变化。

（四）审计资源

注册会计师应当在总体审计策略中清楚地说明审计资源的规划和调配，包括确定执行审计业务所必需的审计资源的性质、时间安排和范围。

（1）向具体审计领域调配的资源，包括向高风险领域分派有适当经验的项目组成员，就复杂的问题利用专家工作等；

（2）向具体审计领域分配资源的多少，包括分派到重要地点进行存货监盘的项目组成员的人数，在集团审计中复核组成部分注册会计师工作的范围，向高风险领域分配的审计时间预算等；

（3）何时调配这些资源，包括是在期中审计阶段还是在关键的截止日期调配资源等；

（4）如何管理、指导，监督这些资源的利用，包括预期何时召开项目组预备会和总结会，预期项目合伙人和经理如何进行复核，是否需要实施项目质量控制复核等。

总体审计策略参见【范例 5-2】。

【范例 5-2】总体审计策略

总体审计策略

被审计单位：＿＿＿＿＿＿＿＿　　　　　索引号：＿＿＿＿＿＿＿＿＿＿

项目：＿＿＿＿＿＿＿＿＿＿　　　　　财务报表截止日/期间：＿＿＿＿＿

编制：＿＿＿＿＿＿＿＿＿＿　　　　　复核：＿＿＿＿＿＿＿＿＿＿＿

日期：＿＿＿＿＿＿＿＿＿＿　　　　　日期：＿＿＿＿＿＿＿＿＿＿＿

一、审计范围

报告要求	
适用的会计准则或制度	
适用的审计准则	
与财务报告相关的行业特别规定	例如，监管机构发布的信息披露法规、特定行业主管部门发布的与财务报告相关的法规等
需审计的集团内组成部分的数量及所在地点	
需要阅读的含有已审计财务报表的文件中的其他信息	例如，上市公司年报
制订审计策略需考虑的其他事项	例如，单独出具报告的子公司范围等

二、审计业务时间安排

（一）对外报告时间安排：＿＿＿＿＿＿＿＿＿＿＿＿＿＿＿＿＿＿＿＿

（二）执行审计时间安排

执行审计时间安排	时间
1. 期中审计	
（1）制订总体审计策略	
（2）制订具体审计计划	
……	
2. 期末审计	
（1）存货监盘	
……	

（三）沟通的时间安排

所需沟通	时间
与管理层及治理层的会议	
项目组会议主（包括预备会和总结会）	
与专家或有关人士的沟通	
与前任注册会计师沟通	
……	

三、影响审计业务的重要因素

（一）重要性

确定的重要性水平	索引号

（二）可能存在较高重大错报风险的领域

可能存在较高重大错报风险的领域	索引号

（三）重要的组成部分和账户余额

填写说明：1. 记录所审计的集团内重要的组成部分；2. 记录重要的账户余额，包括本身具有重要性的账户余额（如存货），以及评估出存在重大错报风险的账户余额。

重要的组成部分和账户余额	索引号
1. 重要的组成部分	
……	
2. 重要的账户余额	
……	

四、人员安排

（一）项目组主要成员的责任

职位	姓名	主要职责

注：在分配职责时可以根据被审计单位的不同情况按会计科目划分，或按交易类别划分。

（二）与项目质量控制复核人员的沟通（如适用）

复核的范围：_____

沟通内容	负责沟通的项目组成员	计划沟通时间

五、对专家或有关人士工作的利用（如果适用）

注：如果项目组计划利用专家或有关人士的工作，需要记录其工作的范围和涉及的主要会计科目等。另外，项目组还应按照相关审计准则的要求对专家或有关人士的能力、客观性及其工作等进行考虑及评估。

（一）对内部审计工作的利用

主要报表项目	拟利用的内部审计工作	索引号

（二）对其他注册会计师工作的利用

其他注册会计师名称	利用其工作范围及程度	索引号

（三）对专家工作的利用

主要报表项目	专家名称	主要职责及工作范围	利用专家工作的原因	索引号

（四）对被审计单位使用服务机构的考虑

主要报表项目	服务机构名称	服务机构提供的服务及其注册会计师出具的审计报告意见及日期	索引号

四、具体审计计划

注册会计师应当为审计工作制订具体审计计划。具体审计计划比总体审计策略更加详细，其内容包括为获取充分、适当的审计证据以将审计风险降至可接受的低水平，项目组成员拟实施的审计程序的性质、时间和范围。可以说，为获取充分、适当的审计证据，而确定审计程序的性质、时间和范围的决策是具体审计计划的核心。具体审计计划应当包括风险评估程序、计划实施的进一步审计程序和其他审计程序。

（一）风险评估程序

具体审计计划应当包括按照《中国注册会计师审计准则第 1211 号——通过了解被审计单位及其环境识别和评估重大错报风险》的规定，为了足够识别和评估财务报表重大错报风险，注册会计师计划实施的风险评估程序的性质、时间安排和范围。

（二）计划实施的进一步审计程序

具体审计计划应当包括按照《中国注册会计师审计准则第 1231 号——针对评估的重大错报风险采取的应对措施》的规定，针对评估的认定层次的重大错报风险，注册会计师计划实施的进一步审计程序的性质、时间和范围。进一步审计程序包括控制测试和实质性程序。计划实施的实质性程序见【范例 5-3】。

【范例 5-3】计划实施的实质性程序

计划实施的实质性程序

被审计单位：××股份有限公司　　　　　索引号：ZA
项目：货币资金　　　　　　　　　　　　财务报表截止日/期间：××年 12 月 31 日
编制：××　　　　　　　　　　　　　　复核：××
日期：　　　　　　　　　　　　　　　　日期：

项目			财务报表认定				
			存在	完整性	权利和义务	计价和分摊	列报
评估的重大错报风险水平（注 1）							
从控制测试获取的保证程度（注 2）							
需从实质性程序获取的保证程度			√	√	√	√	√
计划实施的实质性程序（注 3）	索引号	执行人					
1. 库存现金盘点表	ZA1-1		√	√	√	√	
2. 抽查大额库存现金收支	ZA1-6		√	√		√	
3. 编制银行存款余额明细表	ZA2-1					√	
4. 函证银行存款，编制银行函证结果汇总表，检查银行回函	ZA2-4 ZA2-5-1 ZA2-5-2 ZA2-5-3		√			√	
5. 检查银行存款账户存款人是否为被审计单位，若存款人非被审计单位，应获取该账户户主和被审计单位的书面声明，确认资产负债表日是否需要调整	ZA2-1					√	
6. 取得并检查银行存款余额调节表	ZA2-3		√	√	√		
7. 关注是否存在质押、冻结等对变现有限制或存在境外的款项，是否已做必要的调整和披露	ZA2-1					√	√
8. 对不符合现金及现金等价物条件的银行存款在审计工作底稿中予以列明，考虑对现金流量表的影响	ZA2-1						√
9. 抽查大额银行存款收支的原始凭证，检查原始凭证是否齐全、记账凭证与原始凭证是否相符、账务处理是否正确、是否记录于恰当会计期间等项内容	ZA2-6		√	√	√		
10. 检查银行存款收支的截止是否正确。选取资产负债表日前后 3 天、10 000 元以上的凭证实施截止测试，关注业务内容及对应项目，如有跨期收支事项，应考虑是否应进行调整	ZA2-7		√	√			
11. 获取或编制其他货币资金明细表	ZA3-1					√	
12. 函证银行汇票存款、银行本票存款、信用卡存款、信用证保证金存款、存出投资款、外埠存款等期末余额，编制其他货币资金函证结果汇总表，检查银行回函	ZA3-4 ZA3-5		√			√	

续表

项目		财务报表认定				
		存在	完整性	权利和义务	计价和分摊	列报
13. 抽查大额其他货币资金收付记录。检查原始凭证是否齐全、记账凭证与原始凭证是否相符、账务处理是否正确、是否记录于恰当的会计期间等项内容	ZA3-6	√	√	√		
14. 检查货币资金，是否已按照企业会计准则的规定在财务报表中做出恰当列报						√

注：1. 结果取自风险评估工作底稿。

2. 结果取自该项目所属业务循环内部控制工作底稿。

3. 在计划实施的实质性程序与财务报表认定之间的对应关系用"√"表示。

需要强调的是，随着审计工作的推进，对审计程序的计划会一步步深入，并贯穿于整个审计过程。例如，计划风险评估程序通常在审计开始阶段进行，计划进一步审计程序则需要依据风险评估程序的结果进行。因此，为达到制定具体审计计划的要求，注册会计师需要依据风险评估程序，识别和评估重大错报风险，并针对评估的认定层次的重大错报风险，计划实施进一步审计程序的性质、时间安排和范围。

通常，注册会计师计划的进一步审计程序可以分为进一步审计程序的总体方案和拟实施的具体审计程序（包括进一步审计程序的具体性质、时间安排和范围）两个层次。进一步审计程序的总体方案主要是指注册会计师针对各类交易、账户余额和披露决定采用的总体方案（包括实质性方案或综合性方案）。具体审计程序则是对进一步审计程序的总体方案的延伸和细化，它通常包括控制测试和实质性程序的性质、时间安排和范围。在实务中，注册会计师通常单独制定一套包括这些具体程序的"进一步审计程序表"，待具体实施审计程序时，注册会计师将基于所计划的具体审计程序，进一步记录所实施的审计程序及结果，并最终形成有关进一步审计程序的审计工作底稿。

另外，完整、详细的进一步审计程序的计划包括对各类交易、账户余额和披露实施的具体审计程序的性质、时间安排和范围，包括抽取的样本量等。在实务中，注册会计师可以统筹安排进一步审计程序的先后顺序，如果对某类交易、账户余额或披露已经做出计划，则可以安排先行开展工作，与此同时再制定其他交易、账户余额和披露的进一步审计程序。

（三）计划其他审计程序

具体审计计划应当包括根据审计准则的规定，注册会计师针对审计业务需要实施的其他审计程序。计划的其他审计程序可以包括上述进一步程序的计划中没有涵盖的、根据其他审计准则的要求注册会计师应当执行的既定程序。

在审计计划阶段，除了按照《中国注册会计师审计准则第 1211 号——通过了解被审计单位及其环境识别和评估重大错报风险》进行计划工作，注册会计师还需要兼顾其他准则中规定的、针对特定项目在审计计划阶段应执行的程序及记录要求。例如，《中国注册会计师审计准则第 1141 号——财务报表审计中与舞弊相关的责任》《中国注册会计师审计准则第 1324 号——持续经营》《中国注册会计师审计准则第 1142 号——财务报表审计中对法律法规的考虑》及《中国注册会计师审计准则第 1323 号——关联方》等准则中对注册会计师针对这些特定项目在审计计划阶段应当执行的程序及其记录做出了规定。当然，由于被审计单位所处行业、环境各不相同。特别项目可能也有所不同。例如，有些企业可能涉及环境事项、电子商务等，在实务中注册会计师应根据被审计单位的具体情况确定特定项目并执行相应的审计程序。

（四）审计过程中对计划的更改

计划审计工作并非审计业务的一个孤立阶段，而是一个持续的、不断修正的过程，贯穿于整个审计业务的始终。由于未预期事项、条件的变化或在实施审计程序中获取的审计证据等原因，在审计过程中，注册会计师应当在必要时对总体审计策略和具体审计计划做出更新和修改。

审计过程可以分为不同阶段，通常前面阶段的工作结果会对后面阶段的工作计划产生一定的影响，而后面阶段的工作过程中又可能发现需要对已制订的相关计划进行相应的更新和修改。通常来讲，这些更新和修改涉及比较重要的事项。例如，对重要性水平的修改，对某类交易、账户余额和披露的重大错报风险的评估以及进一步审计程序（包括总体方案和拟实施的具体审计程序）的更新和修改等。一旦计划被更新和修改，审计工作也就应当进行相应的修正。

例如，如果在制定审计计划时，注册会计师基于对材料采购交易的相关控制的设计和执行获取的审计证据，认为相关控制设计合理并得以执行，因此未将其评价为高风险领域并且计划执行控制测试。但是在执行控制测试时获得的审计证据与审计计划阶段获得的审计证据相矛盾，注册会计师认为该类交易的控制没有得到有效执行，此时，注册会计师可能需要修正对该类交易的风险评估，并基于修正的评估风险修改计划的审计方案，如采用实质性方案。

知识链接-05

思考题

1. 审计总目标是什么？如何理解审计总目标？
2. 被审计单位管理层和治理层的责任是什么？注册会计师的责任是什么？
3. 什么是认定？与各类交易和事项、期末账户余额、列报和披露相关的认定分别有哪些？
4. 什么是审计业务约定书？审计业务约定书的内容有哪些？
5. 什么是总体审计策略？其主要内容有哪些？
6. 什么是具体审计计划？其主要内容有哪些？

关键术语

审计目标	Audit Objective
管理层和治理层的责任	Responsibility of Corporate Management and Governance
注册会计师的责任	Responsibility of Certified Public Accountant
认定	Assertion
业务约定书	Engagement Letter
审计计划	Audit Planning

审计证据与审计工作底稿 | 第六章

【教学目标】

通过对本章的学习，学生能够理解审计证据和审计工作底稿的专业内涵；掌握审计证据充分性和适当性特征；掌握审计工作底稿的复核、归档、变动与保存的相关准则要求；能够运用专业知识判断不同审计证据的可靠程度；能够运用所学知识编制审计工作底稿。

【引例】

安达信公司销毁"数千页"审计工作底稿——安达信"妨碍司法"刑事诉讼案

2002年6月15日上午，美国得克萨斯州休斯敦地方法庭在开庭不久后宣布，由12人组成的大陪审团在经过10天的休庭商议后，就2002年3月14日美国司法部（United States Department of Justice）对安达信会计师事务所（Arthur Andersen LLP）提起的刑事诉讼案件达成一致，认定安达信会计师事务所犯有"妨碍司法公正罪"。

休斯敦地方法庭大陪审团最终裁定：安达信公司在法庭审理安然破产案时，销毁的部分文件和电脑资料并不是该公司声称的属于例行的清理，而是有意阻碍联邦调查员审查安然公司的资料。安达信公司故意销毁安然公司的审计文件，试图逃避美国证券交易委员会的调查。

该公司承认在2001年10月23日开始的两个星期中销毁了数千页安然公司的文件。该公司在2001年10月17日就已得知美国证券交易委员会（Securities and Exchange Commission）在对安然公司的财务状况进行调查，但直到11月8日收到证券交易委员会的传票后才停止销毁文件。

美国司法部提起"妨碍司法"刑事诉讼

这场官司打起来并不容易。自从2001年年底安然公司破产案曝光后，作为安然审计公司的安达信也被拖下了水。继因与安然合伙"违规操作"而受到美国国会、证券交易委员会的调查后，2002年3月14日美国司法部又以"妨碍司法"为由，对安达信提起刑事诉讼，美国司法部指控安达信毁坏有关安然案的证据，从而妨碍司法调查，从而开创了美国历史上第一起大型会计师事务所受到刑事调查的案例。

销毁"数以千页"审计底稿

2002年1月15日，负责审计安然财务的安达信下令解雇销毁安然案资料的首席审计师大卫·邓肯，同时还宣布，其他三名涉案人员也开始放长假。安达信在当天的声明中指出：去年10月23日，在邓肯获悉纽约证券交易所（New York Stock Change）已要求安然提交有关财务信息后开始大规模销毁资料，销毁工作一直进行到11月9日。而之前的一天，纽交所刚刚向安达信送去传票，要求其提交相关记录。

尽管安达信休斯顿公司自行调查指认邓肯有意销毁证据，众议院商业委员会官员则相信，根据2001年10月12日该公司芝加哥总部备忘录显示，邓肯曾得到了公司上层的认可后才正式销毁资料。邓肯在接受司法部、联邦调查局和SEC的问讯时，拒不承认是擅自做出销毁审计工作底稿的决定，而坚称是在2001年10月12日接到安达信总部的律师通过电子邮件发出的指令后，才下令销毁审计工作底稿的，直至11月8日收到该律师的指令后才停止销毁活动。

艰难裁定和判决

可安达信一直不认账，其间还请出美国联邦储备委员会前主席沃克尔进行过公司重组，以期做最后的挣扎。此案开审期间，控辩双方律师更是大摆龙门阵，彼此对阵异常激烈。由12人组成的大陪审团拿出最后裁定也不轻松。他们经过了长达10天的磋商，第一轮投票是6:6，第二轮投票才达到了9：3。据陪审团成员透露，促使做出最后裁定的并非是司法部的指控，而是安达信公司一名律师去年10月写给该公司合伙人的一份备忘录。那名律师劝导合伙人改变有关安然公司的信息，目的是阻碍司法调查。

2002年10月16日，美国休斯敦联邦地方法院对安达信妨碍司法调查做出最严厉的判决，罚款50万美元，并禁止它在5年内从事相关业务。这是安然公司2001年底宣布破产后的第一起相关刑事判决，安达信会计师事务所（Arthur Andersen LLP）也成为企业财务丑闻暴发后唯一被判有罪的公司。

安达信破产

早在大陪审团6月15日裁定安达信犯有"妨碍司法公正罪"后，安达信公司在8月31日宣布放弃在美国的全部审计业务，正式退出其从事了89年的审计行业。据报道，该公司在31日发表的声明中说："从今天开始，安达信会计师事务所自动放弃或者同意撤回该公司在所有州的经营许可。"安达信公司先前的2.8万员工只剩下不到3 000人，以前的1 200个公司审计客户，也都同安达信断绝了关系，安达信因安然事件中的审计失败行为而破产。

我们知道，审计最重证据。在安然事件中，最让会计职业界意想不到的是安达信居然销毁数以千计的审计工作底稿，妨碍司法调查，这是对会计职业道德的公然挑衅，必然导致它最终破产。

第一节 审计证据

审计人员应当获取充分、适当的审计证据，以得出合理的审计结论，作为形成审计意见的基础。因此，审计人员需要确定什么构成审计证据，如何获取审计证据，如何确定已收集的证据是否充分适当，收集的审计证据如何支持审计意见。上述构成了审计人员审计工作的基本要求。

一、审计证据的含义

2010年修订、2011年1月1日施行的《国家审计准则》在第四章——审计实施的第二节——审计证据中给出了审计证据的定义。审计证据是指审计人员获取的能够为审计结论提供合理基础的全部事实，包括审计人员调查了解被审计单位及其相关情况和对确定的审计事项进行审查所获取的证据。

2003年6月1日起施行的《内部审计具体准则第3号——审计证据》给出如下定义：审计证据，是指内部审计人员在从事审计活动中，通过实施审计程序所获取的，用以证实审计事项，做出审计结论和建议的依据。

2010年11月修订、2012年1月1日起实施的《中国注册会计师审计准则第1301号——审计证据》定义为：审计证据是指注册会计师为了得出审计结论、形成审计意见而使用的信息。

从以上定义中可以看出，政府审计、内部审计、注册会计师审计对审计证据的功能的认识是一致的，即审计证据对审计结论、审计意见具有支持性，审计证据必须对被审计事项具有证明力。但是对审计证据的本质的认识，三者之间存在差异，分别体现了审计学界有关审计证据的三种观点：事实说、资料说或信息说、基础说或依据说。所谓"事实说"就是把审计证据界定为一种用作审计证明的事实，在最广泛的意义上，把证据假定为一种真实的事实，成为相信另一种事实存在或不存在的理由的当然事实，我国《国家审计准则》采用的就是这一观点。所谓"资料说"或"信息说"，就是把审计证据界定为审计证明所用的资料或信息。国际审计准则、美国注册会计师审计准则、中国注册会计师审计准则采用的是"信息说"观点。所谓"基础说"或"依据说",就是把审计证据界定为审计证明的基础或依据。我国《内部审计具体准则第3号——审计证据准则》第二条也将审计证据定位为依据。

"事实"是一种客观存在,"依据"是一种价值尺度,"信息"是一种决策基础。为了说明审计本质,我们需要辨析审计事实、审计依据、审计证据、审计结论、审计意见、审计底稿等概念的含义与关系。这些概念之间的关系如图6-1所示。

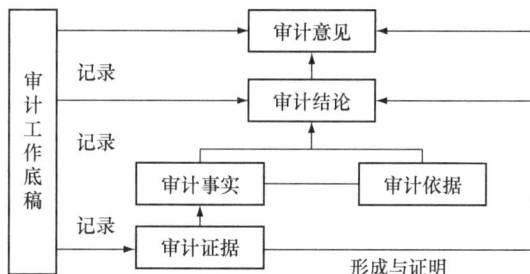

图6-1　审计概念关系

审计意见是对审计对象的总体观点;审计结论是对审计事项的单向观点;审计事实是审计发现的关于审计对象或事项的客观情况,审计事实是审计人员根据审计证据对审计对象属性的描述。事物实际是怎样的;审计依据是形成审计结论和意见所遵循的衡量的标准或尺度,事物应该是怎样;审计证据是形成与证明审计事实的信息;审计底稿是关于审计证据、审计事实、审计结论等的记录。基于上述概念的辨析,本书认同"信息说",给出审计证据如下定义:

审计证据是指审计人员用以证实审计事项,得出审计结论,形成审计意见,按照审计准则的规定,通过实施审计程序所获取和使用的信息或资料。

二、审计证据种类

(一)按照审计证据的形式分类

按照审计证据的形式进行分类,可以分为实物证据、书面证据、口头证据、环境证据、电子证据。

1. 实物证据

实物证据是指通过实际观察或盘点所取得的,用以证实实物资产的真实性和完整性的证据。实物证据通常是证明实物资产是否存在的最有说服力的证据,但实物证据并不能完全证明被审计单位对实物资产拥有所有权,而且实物证据有时还无法对某些资产的价值情况做出判断。例如审计人员通过监盘存货获取存货存在性的证据可以证实被审计单位存货确实存在,但并不能完全证实被审计单位对其拥有所有权,可能其中一部分存货是其他单位寄售或委托加工的,也难以单独通过监盘判断存货是否发生减值。

2. 书面证据

书面证据是指审计人员所获取的各种以书面形式存在的一类证据。在审计过程中,审计人员往往要大量获取和利用书面证据,书面证据是审计证据中最主要的证据。不同来源、不同特点的书面证据之间的可靠性相差比较大,按照可靠性的强弱,书面证据可依次分为以下几类。

由被审计单位以外的机构或人士编制并由其直接递交审计人员的书面证据,例如银行存款询证函回函、应收账款询证函回函、律师声明书等。这类书面证据未经被审计单位有关职员之手,从而排除了伪造、更改的可能性,因而其证明力最强。

由被审计单位以外的机构或人士编制,但为被审计单位持有并提交给审计人员的书面证据,例如银行对账单、购货发票、有关契约合同等。审计人员要审查这类书面证据是否有被涂改或伪造的痕迹。一般情况下，因其外部编制的特征，其可靠性和证明力还是比较强。

被审计单位内部机构或职员编制和提供，且在外部流传并获得其他单位或个人认可的书面证据，例如销货发票、付款支票等，其可靠性比较强。

被审计单位内部机构或职员编制和提供，只在内部流传的书面证据，例如收料单、发料单等。其可靠性受被审计单位内部控制的影响，如果被审计单位内部控制健全有效，则具有较强的可靠性，反之，审计人员不能过分信赖内部自制的书面证明。

此外，书面证据往往还包括审计人员自己动手编制的各种计算表、分析表等。这类亲历的书面证据可靠性强。

3. 口头证据

口头证据是指被审计单位的有关人员或被审计单位以外的人对审计人员的提问所做的口头答复形成的一类证据。这类证据，一般可能会带有个人成见和片面观点，可靠性较差，证明力较小；优点是可发掘一些线索，但需要其他证据的支持，属于辅助证据，具有一定的旁证作用，必要时还应获得被询问者的签名确认。

4. 环境证据

环境证据是指对被审计单位产生影响的各种环境因素所形成的一类证据。环境证据包括被审计单位内部控制状况、被审计单位管理人员的素质、被审计单位管理水平和管理条件等。环境证据一般不属于基本证据，但有助于审计人员在了解被审计单位及其经济活动所处的环境的基础上，合理地制订审计计划和审计策略；有助审计人员正确评价有关资料所反映信息在总体或大体上的可靠程度。

5. 电子证据

电子证据是指以电子形式存在的，用作证据使用的一切材料及其派生物。或者说，电子证据是借助电子技术或电子设备而形成的证据。电子数据、电子邮件、手机短信息、通话记录、访问记录、聊天记录、网页或者网络文件（包括文字、音像文件）、视频资料等都可以称为电子证据。电子证据通常是以电子形式存储在各种电子介质上的，包括芯片、磁带、软盘、硬盘、光盘等新型的信息介质。

电子证据以技术为依托，受主观因素影响小，能够避免其他证据的一些弊端，如证言的误传、书证的误记等，相对比较准确，使用效率也比较高；但由于电子数据以数字信号的方式存在，而数字信号是非连续性的，如果有人故意或者因为差错对计算机证据进行截收、监听、窃听、删节、剪接，从技术上讲也较难查清。

（二）按照审计证据的来源分类

按照审计证据的来源进行分类，可以分为亲历证据、内部证据和外部证据。

1. 亲历证据

亲历证据是指审计人员在被审计单位执行审计工作时亲眼目击、亲自参加或亲自动手取得的证据。例如审计人员监督财产物资盘点、固定资产折旧复算表等。

2. 内部证据

内部证据是指来源于被审计单位的审计证据。例如，被审计单位提供的销售发票、出库单、销售通知单等。

3. 外部证据

外部证据指来源于被审计单位以外的其他单位或个人取得的审计证据。包括外来陈述和外来资料。外来陈述指其他单位或个人应审计人员的要求对被审计单位所寄存财物、经济业务往来或有关情况的说明等，例如律师声明书、函证回函等。外来资料指审计人员从其他单位取得的证明审计事项的凭证、账目、报表、合同、文件的摘录等，例如采购发票、银行对账单等。

（三）按照审计证据的重要性分类

按照审计证据的重要性进行分类，可以分为基本证据和辅助证据。

1. 基本证据

基本证据也称主证，是指对被审事项具有直接证明力，能够单独、直接地证明被审计事项真相的重要证据。它具有较强的证明力，是审计证据的主要部分。例如审计人员亲自参加存货、现金盘点情况下形成的监盘记录，就是证明存货、现金实存数的基本证据。

2. 辅助证据

辅助证据也称旁证或佐证，是指对基本证据起辅助证明作用的证据。它是用来从旁证明被审事项的真实性和可靠性的证据，需要和其他证据结合起来，经过分析、判断、核实才能证明被审事项真相的资料和事实。例如口头证据、环境证据都属于辅助证据。

（四）按照审计证据的逻辑分类

按照审计证据的逻辑性进行分类，可以分为肯定证据和否定证据。

1. 肯定证据

肯定证据又称为正面证据，是指获取的证据反映的内容与被审计单位的陈述或数据是一致的，与审计事项之间是肯定或认同的关系。如被审计单位银行存款账面余额 200 万元，审计人员获取的银行存款函证回函反也是 200 万元，则审计人员通过银行存款函证获取的审计证据就是肯定证据。

2. 否定证据

否定证据又称为矛盾证据，是指获取的证据反映的内容与被审计单位的陈述或数据是不一致的，与审计事项之间是对立或排斥的关系。如被审计单位账簿记录固定资产累计折旧为 700 万元，而审计人员复算是 900 万元。那么审计人员获取的证据就是否定证据。审计人员遇到矛盾证据时，必须进一步扩大或追加审计程序，以证实被审计事项。

三、审计证据的特征

审计人员所获取的审计证据必须具有充分性和适当性，审计人员只有获得充分、适当的审计证据才能发表审计意见。审计人员应当保持职业怀疑态度，运用职业判断，评价审计证据的充分性和适当性。

（一）审计证据的充分性

审计证据的充分性是对审计证据数量的衡量，即审计证据的数量能足以证明审计结论和审计意见。只有审计人员通过不同的渠道和方法取得他认为足够的审计证据时，才能据以发表审计意见。审计人员判断审计证据是否充分，主要考虑以下因素。

1. 可接受的审计风险水平

证据的充分性与审计风险水平密切相关。一般而言，可接受的审计风险水平越低，支持审计人员形成审计结论或意见所需要的审计证据的数量就越多；反之，可接受的审计风险水平越高，支持审计人员形成审计结论或意见的审计证据的需要量就越小。

2. 重大错报风险评估水平

如果审计人员评估的被审计事项存在重大错报风险越高，审计人员需要获取的审计证据可能越多。例如，审计人员对某计算机公司进行审计，经过分析认为，受被审计单位行业性质的影响，存货陈旧的可能性相当高，存货计价的错报可能性就比较大。为此，审计人员在审计中，就要选取更多的存货样本进行测试，以确定存货陈旧的程度，从而确认存货的价值是否被高估。

3. 具体审计项目的重要程度

越是重要的审计项目，审计人员就越需要获取充分的审计证据以支持其审计结论。否则一旦出现判断错误，就会影响审计人员对审计整体的判断，从而导致整体审计意见失误。例如通常情况下应收账款、存货、固定资产需要获取较大数量的审计证据，因为这些项目在企业资产总额中所占的比重比较大，比较重要。

4. 审计人员的审计经验

丰富的审计经验，可使审计人员从较少的审计证据中判断出被审计事项是否存在错误或舞弊行为。相对而言，此时就可减少对审计证据数量的依赖程度。

5. 审计过程中是否发现错报

一旦在审计过程中审计人员发现了被审计事项存在错误或舞弊行为，则被审计单位整体存在问题的可能性就增加，此时审计人员需增加审计证据的数量，以合理保证审计结论或意见的适当性。

6. 审计证据的质量

审计证据的类型与获取途径也会影响审计证据的数量要求。如果大多数审计证据都是从独立的第三方获取，且不易伪造，则审计人员获取的审计证据质量就较高，审计证据质量越高，需要的审计证据可能越少。

审计意见的形成必须建立在有足够数量的审计证据的基础上，但这不是说，审计证据的数量越多越好，因为获取审计证据需要审计成本，为了使审计更有效率、效益，审计证据的充分性是审计人员为形成审计意见所需审计证据的最低数量要求。

（二）审计证据的适当性

审计证据的适当性，是对审计证据质量的衡量，即审计证据在支持审计意见所依据的结论方面具有的相关性和可靠性。相关性和可靠性是审计证据适当性的核心内容，只有相关且可靠的审计证据才是高质量的。

1. 审计证据的相关性

相关性是指审计证据与审计事项及其具体审计目标之间具有实质性联系，审计证据和审计目标相关联，所反映的内容能够支持审计结论和建议。例如，如果审计的目标是测试应付账款的计价是否高估，则测试已记录的应付账款获取的审计证据可能是相关的；如果是测试应付账款的计价是否低估，则测试已记录的应付账款获取的审计证据可能是不相关的，相关的审计证据可能是测试期后支出、未支付发票、供应商结算单以及发票未到的收货报告单等获取的证据。

审计人员对审计证据的相关性分析时，应当关注以下几方面。

（1）一种取证方法获取的审计证据可能只与某些具体审计目标相关，而与其他具体审计目标无关。例如，检查期后应收账款收回的记录和文件可以提供有关存在和计价的审计证据，但未必提供与截止测试相关的审计证据。

（2）针对一项具体审计目标可以从不同来源获取审计证据或者获取不同形式的审计证据。例如，函证银行存款余额是证实资产负债表上所列银行存款是否存在的重要程序，同样取得并检查银行存款对账单和银行存款余额调节表也是提供资产负债表上所列银行存款是否存在的审计证据。

2. 审计证据的可靠性

审计证据的可靠性是指审计证据真实、可信，能够反映审计事项的客观事实。例如，审计人员亲自检查存货所获得的证据，就比被审计单位管理层提供给审计人员的存货数据更可靠。

审计证据的可靠性受其来源和性质的影响，并取决于获取审计证据的具体环境。审计人员在判断审计证据的可靠性时，通常会考虑下列原则。

（1）从外部独立来源获取的审计证据比从其他来源获取的审计证据更可靠。从外部独立来源获取的审计证据未经被审计单位有关职员之手，从而减少了伪造、更改凭证或业务记录的可能性，因而其证明力最强。此类证据如银行询证函回函、应收账款询证函回函、保险公司等机构出具的证明等。相反，从其他来源获取的审计证据，由于证据提供者与被审计单位存在经济或行政关系等原因，其可靠性应受到质疑。此类证据如被审计单位内部的会计记录、会议记录等。

（2）内部控制健全有效时形成的审计证据比内部控制缺失或无效时形成的审计证据更可靠。如果被审计单位有着健全的内部控制且在日常管理中得到一贯的执行，会计记录的可信赖程度将会增加。如果被审计单位的内部控制薄弱，甚至不存在任何内部控制，被审计单位内部凭证记录的可靠性就大为降低。例如，如果与销售业务相关的内部控制有效，审计人员就能从销售发票和发货单中取得比内部控制不健全时更加可靠的审计证据。

（3）直接获取的审计证据比间接获取或推论得出的审计证据更可靠。例如，审计人员观察某项内部控制的运行得到的证据比询问被审计单位某项内部控制的运行得到的证据更可靠。间接获取的证据有被涂改及伪造的可能性，降低了可信赖程度。推论得出的审计证据，其主观性较强，人为因素较多，可信赖程度也受到影响。

（4）以文件、记录形式（无论是纸质、电子或其他介质）存在的审计证据比口头形式的审计证据更可靠。例如，会议的同步书面记录比事后讨论的口头表述更可靠。口头证据本身并不足以证明事实的真相，仅仅提供了一些重要线索，为进一步调查确认所用。

（5）从原件获取的审计证据比从传真件或复印件获取的审计证据更可靠。审计人员可审查原件是否有被涂改或伪造的迹象，排除伪证，提高证据的可信赖程度。而传真件或复印件容易是篡改或伪造的结果，可靠性较低。

（6）从被审计单位财务会计资料中直接采集的审计证据比被审计单位加工处理后提交的审计证据更可靠。

审计人员在按照上述原则评价审计证据的可靠性时，还应当注意可能出现的重要例外情况。例如，审计证据虽然是从独立的外部来源获得，但如果该证据是由不知情者或不具备资格者提供，审计证据也可能是不可靠的。同样，如果审计人员不具备评价证据的专业能力，那么即使是直接获取的证据，也可能不可靠。

不同来源和不同形式的审计证据存在不一致或者不能相互印证时，审计人员应当追加必要的审计措施，确定审计证据的可靠性。

3. 充分性和适当性之间的关系

充分性和适当性是审计证据的两个重要特征，两者缺一不可，只有充分且适当的审计证据才是有证明力的。

审计人员需要获取的审计证据的数量也受审计证据质量的影响。审计证据质量越高，需要的审计证据数量可能越少。也就是说，审计证据的适当性会影响审计证据的充分性。例如，被审计单位内部控制健全时生成的审计证据更可靠，审计人员只需获取适量的审计证据，就可以为发表审计意见提供合理的基础。

需要注意的是，尽管审计证据的充分性和适当性相关，但如果审计证据的质量存在缺陷，那么审计人员仅靠获取更多的审计证据可能无法弥补其质量上的缺陷。例如，审计人员应当获取与销售收入完整性相关的证据，实际获取到的却是有关销售收入真实性的证据，审计证据与完整性目标不相关，即使获取的证据再多，也证明不了收入的完整性。

四、审计证据的收集、鉴定与综合

审计证据是审计人员提出意见、建议，做出审计结论和审计意见的依据，要想使审计结论、审计意见恰当，审计建议可行，审计证据就必须达到数量和质量要求。换句话说，审计证据应有其证据力和证明力。

审计证据的证据力和证明力是两个不同的概念。审计证据的证据力是指个别审计证据本身的可信价值，是一种形式上的价值。而证明力是指审计证据能够证明被审事项的能力，它是审计证据所具有的实质的价值。审计证据的证据力仅仅是证明力存在的前提，具有证据力的证明才具有证明力，反之，如果审计证据只具有证据力而缺乏证明力，那么该证据不足以形成审计证据，这种证据也就失去意义。

审计人员取得审计证据，其目的并不是为了取得证据的证据力，而是为了取得审计证据的证明力。证明力的形成过程也就是审计证据收集、鉴定与综合的过程。

审计证据证明力分为 3 个阶段，即潜在证明力、现实证明力、充分证明力。审计人员应按照规定的审计程序，采取适当的审计方法，收集、鉴定、综合审计证据，使审计证据由潜在证明力转化为现实证明力，形成充分证明力。根据具有充分证明力的证据，形成审计结论和意见。《内部审计具体准则第 3 号——审计证据》第十三条规定：内部审计人员应做好审计证据的分类、筛选和汇总工作，保证已获取审计证据的充分性、相关性和可靠性。

（一）审计证据的收集——潜在证明力

收集审计证据是审计人员一项最重要的工作，直接关系到审计工作的成败。审计人员在制定审计计划、审计方案时，就应对收集审计证据的种类、方法、时间、范围进行筹划。对应获取审计证据的性质和数量做到心中有数。

审计人员面临的主要决策之一，就是通过实施审计程序，获取充分、适当的审计证据，以满足对发表意见的需求。受到成本的约束，审计人员不可能检查和评价所有可能获取的证据，因此对审计证据充分性、适当性的判断是非常重要的。审计人员利用审计程序获取审计证据涉及以下 4 个方面的决策：一是选用何种审计程序（审计具体方法）；二是对选定的审计方法，应当选取多大的样本规模；三是应当从总体中选取哪些项目；四是何时执行这些程序。

审计程序是指注册会计师在审计过程中的某个时间，对将要获取的某类审计证据如何进行收集的详细指令。在设计审计程序时，注册会计师通常使用规范的措辞或术语，以使审计人员能够准确理解和执行。例如，审计人员为了验证 ABC 公司应收账款 2012 年 12 月 31 日的存在性，取得 ABC 公司编制的应收账款明细账，对应收账款进行函证。

审计人员在选定了审计程序后，确定的样本规模可能在所测试的总体范围内随机变化。在确定样本规模之后，审计人员应确定测试总体中的哪个或哪些项目。例如，审计人员对应收账款明细账中余额较大的前 150 家客户进行函证，其余客户按随机数表法抽取函证。

审计人员执行函证程序的时间可选择在资产负债表日（2012 年 12 月 31 日）后任意时间，但通常受审计完成时间、审计证据的有效性和审计项目组人力充足性的影响。

审计人员获取审计证据的具体方法见第四章第二节。

当审计证据开始进入审计人员的视野中，审计证据仅仅具有潜在的证明力，即未经鉴定的审计证据具备可能证明被审计事项的能力，这时的审计证据尚未成为真正的审计证据，因为其本身的可靠性、真实性和相关性尚未被确认。因此，这时审计证据的证明力仅仅是一种潜在的证明力。

（二）审计证据的鉴定——现实证明力

审计证据的鉴定是指对审计证据的相关性、可靠性、充分性进行鉴定。审计人员通过各种方法和途径收集到的审计证据，只有经过审计人员的鉴定后，审计证据确实能够用来证明被审计事项，这时审计证据的证明力就由一种潜在的证明力转化为一种现实的证明力。现实证明力是指经过审计鉴定的审计证据能对被审计事项的某一方面予以证明的能力。

1. 审计证据鉴定的基本原则

审计人员通过各种途径收集到的审计证据，必须对它们的效用进行鉴定，主要包括以下几个方面。

（1）相关性。审计证据应与被审计事项的某一具体审计目标密切相关。如产成品盘点表可证明产成品的存在性，不能证明产成品计价是否正确。但是这一盘点表与产品销售成本结转证据有相互印证关系。因此审计人员取得的审计证据，必须与被审计事项某一审计目标密切相关，或与证实某一目标的其他证据有相互印证关系，能产生联合证明力。审计证据的这种内在联系性越强，证明力就越强，证据的质量就越好。与被审计事项无关的资料和情况不能作为审计证据。可以说相关性是判断证据的证明力的首要因素。收集的证据如果和审计目标不相关，即使证据再可靠、再充分、再及时，也是无济于事。审计人员取得非相关的审计证据，不仅花费不必要的时间和成本，而且还可能导致审计人员发表错误的意见。

（2）可靠性。审计证据的可靠性是指审计证据反映审计事项客观现实的程度。审计证据可靠性越强，其证明力越强。不同形式、不同来源以及不同时间的审计证据可靠程度不同。在本章的第二节中，我们已经详细阐述了鉴定审计证据可靠性的标准。但是，可靠性具有高度的综合概括性，需要审计人员对具体情况运用专业判断对审计证据进行分析和比较。

（3）充分性。审计证据的充分性是指证据的数量。它是审计人员为形成审计意见所需审计证据的最低数量标准，客观公正的审计意见必须建立在足够数量的审计证据的基础之上。但并不是说审计证据越多就越好，审计人员要针对每一个审计项目所需审计证据的数量，结合收集审计证据的途径和方法、审计证据的类型、审计风险、审计项目的性质、审计经验以及审计证据证明力的强弱、成本效益原则等因素来综合考虑审计证据在数量上能否满足审计目标的要求，尽量以较少的人力、物力耗费，取得足够的高质量的审计证据。

2. 鉴定充分性和适当性时的特殊考虑

（1）对文件记录可靠性的考虑。审计工作通常不涉及鉴定文件记录的真伪，审计人员也不是鉴定文件记录真伪的专家，但应当考虑用作审计证据的信息的可靠性，并考虑与这些信息生成和维护相关控制的有效性。

如果在审计过程中识别出的情况使其认为文件记录可能是伪造的，或文件记录中的某些条款已发生变动，审计人员应当做出进一步调查，包括直接向第三方询证，或考虑利用专家的工作以评价文件记录的真伪。例如，如发现某银行询证函回函有伪造或篡改的迹象，审计人员应当做进一步的调查，并考虑是否存在舞弊的可能性。必要时，应当通过适当方式聘请专家予以鉴定。

（2）使用被审计单位生成信息时的考虑。审计人员为获取可靠的审计证据，实施审计程序时使用的被审计单位生成的信息需要足够完整和准确。例如，通过用标准价格乘以销售量来对收入进行审计时，其有效性受到价格信息准确性和销售量数据完整性、准确性的影响。类似地，如果审计人员打算测试总体（如付款）是否具备某一特性（如授权），若选取测试项目的总体不完整，则测试结果可能不太可靠。

如果针对这类信息的完整性和准确性获取审计证据是所实施审计程序本身不可分割的组成部分，则可以与对这些信息实施中的审计程序同时进行。其他情况下，通过测试针对生成和维护这些信息的控制，审计人员也可以获得关于这些信息准确性和完整性的审计证据。然而，在某些情况下，审计人员可能确定在必要时实施追加的审计程序。

（3）证据相互矛盾时的考虑。如果针对某项审计目标或认定从不同来源获取的审计证据或获取的不同性质的审计证据能够相互印证，与该项认定相关的审计证据则具有更强的说服力。例如，审计人员通过检查委托加工协议发现被审计单位有委托加工材料，且委托加工材料占存货比重较大，经发函询证后证实委托加工材料确实存在。委托加工协议和询证函回函这两个不同来源的审计证据互相印证，证明委托加工材料真实存在。

如果从不同来源获取的审计证据或获取的不同性质的审计证据不一致，表明某项审计证据可能不可靠，审计人员应当追加必要的审计程序或者进一步核实。

（4）获取审计证据时对成本与效益的合理程度的考虑。审计人员可以考虑获取审计证据的成本与证据效益之间的关系，但不应以获取审计证据的困难和成本为由减少不可替代的审计程序。例如，在某些情况下，存货监盘是证实存货存在性认定的不可替代的审计程序，审计人员在审计中不得以检查成本高和难以实施为由而不执行该程序。

（5）对审计证据时效性的考虑。审计证据的时效性是指审计证据收集的时间及审计证据所涵盖的时间区域。一般而言，关于资产负债表中的有关会计项目的审计证据越接近资产负债表日获得，其证明力就越强。而对于损益表中的有关会计项目，如果所选样本涉及整个时间区间，则其证明力要比集中于某一时间段所选样本的证明力强。有时效的审计证据应考虑在时间上具有临近性，即证据反映的时点越临近被审计事项发生的时间，其时效性越高，证明力越强。

（6）对审计证据重要性的考虑。鉴定审计证据的重要性程度往往以价值（金额的大小）作标准。通常情况下，错误金额为300万元的审计证据比错误金额为100万元的审计证据重要，但有时还需要考虑审计证据的性质。在某些情况下，金额相对较少的错报可能会对财务报表产生重大影响。例如，一项不重大的违法支付或者没有遵循某项法律规定，但该支付或违法行为可能导致一项重大的或有负债、重大的资产损失或者收入损失，就应认为上述审计证据是重大的。

（三）审计证据的综合——充分证明力

审计证据的鉴定通常是对个别审计证据的相关性、可靠性、重要性进行具体的分析研究，而证据的综合，则是从相关证据的总体上，审计人员将个别的具有现实证明力的审计证据相互联系的考察，进行必要的归纳、分析和整理，使之更加条理化。这时，现实的证明力就转为充分的证明力，审计证据便可以用来证明被审事项，最终形成审计意见。例如，审计人员审查某公司库存材料，取得如下证据：材料明细账记载的数字为1 800 000元，实地盘点的数字为1 500 000元。实存数小于账存数，即短缺300 000元。根据仓库保管员陈述，其中100 000元系材料损耗，但尚未办理报损手续；其余200 000元尚未查明原因。审计人员将通过监盘、检查会计资料、询问所得相关审计证据归纳在一起，进行综合分析，才可以充分说明被审计单位库存材料存在重大错报。

在综合审计证据时，审计人员必须综合考虑审计证据的相关性、可靠性、充分性3个最重要的因素。如果选取的样本可靠且数量充分，却和审计目标不相关，那么审计证据还是没有充分证明力；如果选取的样本数量充分且相关，却不可靠，也是不具充分证明力的。同样，选取的样本和具体的审计目标相关，可靠程度高，但是样本的数量只有两三个，很明显这种样本不具代表性，自然无法形成充分证明力，无法得出审计结论或审计意见。所以审计人员在评价审计证据的充分证明力时，必须将3个因素综合起来。

第二节 审计工作底稿

一、审计工作底稿的含义与作用

审计工作底稿，是指审计人员对制定的审计计划、实施的审计程序、获取的相关审计证据，以及得出的审计结论做出的记录。审计工作底稿是审计证据的载体，是审计人员在审计过程中形成的审计工作记录和获取的资料。它形成于审计过程，也反映整个审计过程。审计人员应当及时编制审计工作底稿，以实现下列作用。

（一）是表达审计意见、出具审计报告的基础

审计意见是审计人员以充分、适当的审计证据为基础，经过专业判断而形成的。而审计证据大多需要完整记录在审计工作底稿中。因此审计工作底稿是审计人员表达审计意见、出具审计报告的直接依据。

（二）是明确审计责任、评价审计工作的依据

审计工作底稿记载了审计人员的整个审计过程，包括审计计划、实施和报告全过程。以提供证据，证明审计人员已按照审计准则和相关法律法规的规定计划和执行了审计工作。

（三）是连接整个审计工作的纽带

审计项目通常是由审计小组来完成，审计小组由多人组成，小组内需要进行合理分工，不同的审计程序、审计事项由不同的审计人员分散完成。因此，需要审计工作底稿将小组内不同人员的工作有机结合起来。审计工作底稿有助于审计小组计划和执行审计工作，便于审计小组说明其执行审计工作的情况。

（四）为审计质量控制和质量检查提供可能

审计工作底稿有助于负责督导的项目组成员、项目组负责人按照准则规定履行指导、监督与复核审计工作的责任。便于监管机构和审计协会根据相关法律法规或其他相关要求，对审计机构实施执业质量检查。

（五）对未来的审计业务具有参考价值

一般而言，审计业务具有连续性，同一被审计单位前后年度的审计工作具有许多联系点和共同点。因此，当年的审计工作底稿特别是永久性审计档案对未来审计工作都具有使用和参考价值，这对适当降低审计成本、提高审计工作效率都有益处。

二、审计工作底稿的种类

（一）按照审计工作底稿的存在形式

审计工作底稿的形式可以是纸质、磁带、磁盘、胶片或其他有效的信息载体。无纸化的工作底稿应制作备份。

随着信息技术的广泛运用，审计工作底稿的形式从传统的纸质形式扩展到电子或其他介质形式。但无论审计工作底稿以哪种形式存在，会计师事务所都应当针对审计工作底稿设计和实施适当的控制，以实现下列目的。

（1）使审计工作底稿清晰地显示其生成、修改及复核的时间和人员；

（2）在审计业务的所有阶段，尤其是在项目组成员共享信息或通过互联网将信息传递给其他人员时，保护信息的完整性和安全性；

（3）防止未经授权改动审计工作底稿；

（4）允许项目组和其他经授权的人员为适当履行职责而接触审计工作底稿。

在实务中，为便于复核，审计人员可以将以电子或其他介质形式存在的审计工作底稿通过打印等方式，转换成纸质形式的审计工作底稿，并与其他纸质形式的审计工作底稿一并归档，同时，单独保存这些以电子或其他介质形式存在的审计工作底稿。

（二）按照审计工作底稿格式

1. 通用工作底稿

通用审计工作底稿是指有固定格式但没有具体用途的工作底稿。实际上，通用审计工作底稿就是印有被审计单位名称、会计期间或截止日、编制人及编制日期、复核人及复核日期、索引号及页次等要素的空白工作底稿。

审计人员可以根据审计事项的特点、被审计单位的实际情况，直接记录在空白表上，或自己在空白表上划成所需要的表格后填写。

2. 专用工作底稿

专用审计工作底稿是指根据具体事项特点而专门设计的工作底稿。如业务循环内部控制测试记录表、现金监盘表、银行存款余额调节表及询证函等。

通用和专用工作底稿各有优缺点。专用格式因事先印好，使用起来效率比较高，但专用格式是按照常规程序设计的，当被审计单位业务具有特殊性时就不太使用。相反，通用格式具有较大灵活性，可以根据需要编制，但自己设计格式往往不如预先设计的那样清晰，且制表工作量也较大。

（三）按照审计工作底稿使用目的

1. 综合类工作底稿

综合类工作底稿是指审计人员在审计计划阶段和审计报告阶段，为规划、控制和总结整个审计工作并发表审计意见所形成的审计工作底稿。它主要包括：审计业务约定书、审计计划、审计总结、未审会计报表、试算平衡表、审计差异调整汇总表、审计报告、管理建议书、被审计单位管理当局声明书以及审计人员对整个审计工作进行组织管理的所有记录和资料。

2. 业务类工作底稿

业务类工作底稿是指审计人员在审计实施阶段为执行具体审计程序所形成的审计工作底稿。它包括：控制测试中形成的内部控制问题调查表和流程图、实质性测试中形成的项目明细表、资产盘点表或调节表、询证函、分析性测试表、计价测试记录、截止测试记录等。

3. 备查类工作底稿

备查类工作底稿是指审计人员在审计过程中形成的、对审计工作仅具有备查作用的审计工作底稿。主要包括：被审计单位的设立批准证书、营业执照、合营合同、协议、章程、组织机构及管理人员结构图、董事会会议纪要、重要经济合同、相关内部控制制度的复印件或摘录。备查类审计工作底稿随被审计单位有关情况的变化而不断更新，应详细列明目录清单，并将更新的文件资料随时归档。通常，备查类审计工作底稿是由被审计单位或第三者根据实际情况提供或代为编制，因此，审计人员应认真审核，并对所取得的有关文件、资料标明其具体来源。

4. 管理类工作底稿

管理类工作底稿又称为重要管理事项记录，是政府审计工作底稿中的一种类型。重要管理事项记录一般记载与审计项目相关并对审计结论有重要影响的管理事项。重要管理事项记录可以使用被审计单位承诺书、审计机关内部审批文稿、会议记录、会议纪要、审理意见书或者其他书面形式。

在实务中，审计机构通常采取以下方法从整体上提高工作（包括复核工作）效率及工作质量，并进行统一质量管理。

（1）审计机构基于审计准则及在实务中的经验等，统一制定某些格式、索引及涵盖内容等方面相对固定的审计工作底稿模板和范例，如核对表、审计计划及业务约定书范例等，某些重要的或不可删减的工作会在这些模板或范例中予以特别标识。

（2）在此基础上，审计人员再根据各具体业务的特点加以必要的修改，制定用于具体项目的审计工作底稿。

三、审计工作底稿的要素与编制

（一）审计工作底稿的标题

每张底稿应当包括被审计单位的名称、审计项目的名称以及资产负债表日或底稿覆盖的会计期间（如果与交易相关）。

（二）审计过程记录

在记录审计过程时，应当特别注意以下几个重要方面。

1. 具体项目或事项的识别特征

在记录实施审计程序的性质、时间安排和范围时，审计人员应当记录测试的具体项目或事项的识别特征，记录具体项目或事项的识别特征可以实现多种目的。例如，这能反映项目组履行职责的情况，也便于对例外事项或不符事项进行调查，以及对测试的项目或事项进行复核。

识别特征是指被测试的项目或事项表现出的象征或标志。识别特征因审计程序的性质和测试的项目或事项不同而不同。对某一个具体项目或事项而言，其识别特征通常具有唯一性，这种特性可以使其他人员根据识别特征在总体中识别该项目或事项并重新执行该测试。为帮助理解，以下列举部分审计程序中所测试的样本的识别特征。

如在对被审计单位生成的订购单进行细节测试时，审计人员可以以订购单的日期或其唯一编号作为测试订购单的识别特征。需要注意的是，在以日期或编号作为识别特征时，审计人员需要同时考虑被审计单位对订购单编号的方式。例如，若被审计单位按年对订购单依次编号，则识别特征是××年的××号；若被审计单位仅以序列号进行编号，则可以直接将该号码作为识别特征。

对于需要选取或复核既定总体内一定金额以上的所有项目的审计程序，审计人员可以记录实施程序的范围并指明该总体。例如，银行存款日记账中一定余额以上的所有会计分录。

对于需要系统化抽样的审计程序，审计人员可能会通过记录样本的来源、抽样的起点及抽样间隔来识别已选取的样本。例如，若被审计单位对发运单顺序编号，测试的发运单的识别特征可以是对4月1日至9月30日的发运记录，从第12345号发运单开始每隔125号系统抽取发运单。

对于需要询问被审计单位中特定人员的审计和程序，审计人员可能会以询问的时间、被询问人的姓名及职位作为识别特征。

对于观察程序，审计人员可以把观察的对象或观察过程、相关被观察人员及其各自的责任、观察的地点和时间作为识别特征。

2. 重大事项及相关重大职业判断

审计人员应当根据具体情况判断某一事项是否属于重大事项。重大事项通常包括：

（1）引起特别风险的事项；

（2）实施审计程序的结果，该结果表明财务信息可能存在重大错报，或需要修正以前对重大错报风险的评估和针对这些风险拟采取的应对措施；

（3）导致审计人员难以实施必要审计程序的情形；

（4）导致出具非标准审计报告的事项。

审计人员应当记录与管理层、治理层和其他人员对重大事项的讨论，包括所讨论的重大事项的性质以及讨论的时间、地点和参加人员。

有关重大事项的记录可能分散在审计工作底稿的不同部分。将这些分散在审计工作底稿中的有关重大事项的记录汇总在重大事项概要中，不仅可以帮助审计人员集中考虑重大事项对审计工作的影响，还便于审计工作的复核人员全面、快速地了解重大事项，从而提高复核工作的效率。对于大型、复杂的审计项目，重大事项概要的作用尤为重要。因此，审计人员应当考虑编制重大事项概要，将其作为审计工作底稿的组成部分，以有效地复核和检查审计工作底稿，并评价重大事项的影响。

重大事项概要包括审计过程中识别的重大事项及其如何得到解决，或对其他支持性审计工作底稿的交叉索引。

审计人员在执行审计工作和评价审计结果时运用职业判断的程度，是决定记录重大事项的审计工作底稿的格式、内容和范围的一项重要因素。在审计工作底稿中对重大职业判断进行记录，能够解释审计人员得出的结论并提高职业判断的质量。这些记录对审计工作底稿的复核人员非常有帮助，同样也有助于执行以后期间审计的人员查阅具有持续重要性的事项（如根据实际结果对以前做出的会计估计进行复核）。

当涉及重大事项和重大职业判断时，审计人员需要编制与运用职业判断相关的审计工作底稿。例如：

（1）如果审计准则要求审计人员"应当考虑"某些信息或因素，并且这种考虑在特定业务情况下是重要的，记录审计人员得出结论的理由；

（2）记录审计人员对某些方面主观判断的合理性（如某些重大会计估计的合理性）得出结论的基础；

（3）如果审计人员针对审计过程中识别出的导致其对某些文件记录的真实性产生怀疑的情况实施了进一步调查（如适当利用专家的工作或实施函证程序），记录审计人员对这些文件记录真实性得出结论的基础。

3. 针对重大事项如何处理不一致的情况

如果识别出的信息与针对某重大事项得出的最终结论不一致，审计人员应当记录如何处理不一致的情况。

上述情况包括但不限于审计人员针对该信息执行的审计程序、项目组成员对某事项的职业判断不同而向专业技术部门的咨询情况，以及项目组成员和被咨询人员不同意见（如项目组与专业技术部门的不同意见）的解决情况。

记录如何处理识别出的信息与针对重大事项得出的结论不一致的情况是非常必要的，它有助于审计人员关注这些不一致，并对此执行必要的审计程序以恰当地解决这些不一致。

但是，对如何解决这些不一致的记录要求并不意味着审计人员需要保留不正确的或被取代的审计工作底稿。例如，某些信息初步显示与针对某重大事项得出的最终结论不一致，审计人员发现这些信息是错误的或不完整的，并且初步显示的不一致可以通过获取正确或完整的信息得到满意的解决，则审计人员无须保留这些错误的或不完整的信息。此外，对于职业判断的差异，若初步的判断意见是基于不完整的资料或数据，则审计人员也无须保留这些初步的判断意见。

（三）审计结论

审计工作的每一部分都应包含与已实施审计程序的结果及其是否实现既定审计目标相关的结论，还应包括审计程序识别出的例外情况和重大事项如何得到解决的结论。审计人员恰当地记录审计结论非常重要。审计人员需要根据所实施的审计程序及获取的审计证据得出结论，并以此作为对财务报表发表审计意见的基础。

（四）审计标识及其说明

审计标识被用于与已实施审计程序相关的底稿。每张底稿都应包含对已实施程序的性质和范围所作的解释，以支持每一个标识的含义。审计工作底稿中可使用各种审计标识，但应说明其含义，并保持前后一致。以下是审计人员在审计工作底稿中列明标识并说明其含义的例子，以供参考。在实务中，审计人员也可以依据实际情况运用更多的审计标识。

∧：纵加核对

<：横加核对

B：与上年结转数核对一致

T：与原始凭证核对一致

G：与总分类账核对一致

S：与明细账核对一致

T/B：与试算平衡表核对一致

C：已发询证函

C\：已收回询证函

（五）索引号及编号

通常，审计工作底稿需要注明索引号及顺序编号，相关审计工作底稿之间需要保持清晰的钩稽关系。为了汇总及便于交叉索引和复核，每个事务所都会制定特定的审计工作底稿归档流程。因此，每张表或记录都应有一个索引号，例如，A1、D6 等，以说明其在审计工作底稿中的放置位置。工作底稿中每张表所包含的信息都应当与另一张表中的相关信息进行交叉索引，例如，现金盘点表应当与列示所有现金余额的导表进行交叉索引。利用计算机编制工作底稿时，可以采用电子索引和链接。随着审计工作的推进，链接表还可以予以自动更新。例如，审计调整表可以链接到试算平衡表，当新的调整分录编制完后，计算机会自动更新试算平衡表，为相关调整分录插入索引号。同样，评估的固有风险或控制风险可以与针对特定风险领域设计的相关审计程序进行交叉索引。

在实务中，审计人员可以按照所记录的审计工作的内容层次进行编号。例如，固定资产汇总表的编号为 C1，按类别列示的固定资产明细表的编号为 C1-1，房屋建筑物的编号为 C1-1-1，机器设备的编号为 C1-1-2，运输工具的编号为 C1-1-3，其他设备的编号为 C1-1-4。相互引用时，需要在审计工作底稿中交叉注明索引号。

以下是不同审计工作底稿之间相互索引的例子，供参考。

例如，固定资产的原值、累计折旧及净值的总额应分别与固定资产明细表的数字互相钩稽。以下是从固定资产汇总表工作底稿（见表 6-1）及固定资产明细表工作底稿（见表 6-2）中节选的部分，以作为相互索引的示范。

表 6-1 　　　　　　　固定资产汇总表（工作底稿索引号：**C1**）（节选）

工作底稿索引号	固定资产	20×2 年 12 月 31 日	20×1 年 12 月 31 日
C1-1	原值	×××G	×××
C1-1	累计折旧	×××G	×××
	净值	×××T/B∧	<u>×××B∧</u>

表 6-2 　　　　　　　固定资产明细表（工作底稿索引号：**C1-1**）（节选）

工作底稿索引号	固定资产	期初余额	本期增加	本期减少	期末余额
	原值				
C1-1-1	1. 房屋建筑物	×××		×××	×××S
C1-1-2	2. 机器设备	×××	×××		×××S
C1-1-3	3. 运输工具	×××			×××S
C1-1-4	4. 其他设备	×××			×××S
	小计	<u>×××B∧</u>	<u>×××∧</u>	<u>×××∧</u>	<u>×××<C1∧</u>
	累计折旧				
C1-1-1	1. 房屋建筑物	×××			×××S

续表

工作底稿索引号	固定资产	期初余额	本期增加	本期减少	期末余额
C1-1-2	2. 机器设备	×××	×××		×××S
C1-1-3	3. 运输工具	×××			×××S
C1-1-4	4. 其他设备	×××			×××S
	小计	×××B∧	×××∧	×××∧	×××<C1∧
	净值	×××B∧			×××C1∧

注："∧"纵加核对相符；"<"横加核对相符。

（六）编制人员和复核人员及执行日期

为了明确责任，在完成各项与特定工作底稿相关的任务之后，编制者和复核者都应在工作底稿上签名并注明编制日期和复核日期。在记录已实施审计程序的性质、时间安排和范围时，审计人员应当记录以下内容。

（1）测试的具体项目或事项的识别特征；

（2）审计工作的执行人员及完成审计工作的日期；

（3）审计工作的复核人员及复核的日期和范围。

在需要项目质量控制复核的情况下，还需要注明项目质量控制复核人员及复核的日期。

通常，需要在每一张审计工作底稿上注明执行审计工作的人员和复核人员、完成该项审计工作的日期以及完成复核的日期。

在实务中，如果若干页的审计工作底稿记录同一性质的具体审计程序或事项，并且编制在同一个索引号中，此时可以仅在审计工作底稿的第一页上记录审计工作的执行人员和复核人员并注明日期。例如，应收账款函证核对表的索引号为L3-1-1/21，相对应的询证函回函共有20份，每一份应收账款询证函回函索引号以L3-1-2/21、L3-1-3/21、…、L3-1-21/21表示，对于这种情况，就可以仅在应收账款函证核对表上记录审计工作的执行人员和复核人员并注明日期。

上述是审计工作底稿的基本组成要素，审计人员在编写审计工作底稿时，应按照各要素的要求和内容编写，一个典型的业务类审计工作底稿见【范例6-1】。

【范例6-1】现金审计测试工作底稿

南京×××会计师事务所有限公司

×××CERTIFIED PUBLIC ACCOUNTANTS CO.， LTD

被审计单位：	A公司		审核员：××	日期：2013.02.18	索引号：A1-2-3
审查项目：	现金	会计期间：2012.12.31	复核员：××	日期：2013.02.28	页 次：

大额、异常现金收支的查验记录

测试1：

　　2012年6月10日　　总号160凭证　　　　　　　　　　　　　拆除设备劳务费

　　　　　　　　　　借：管理费用——其他　　　　　　　　　　　　　4 000.00

　　　　　　　　　　　　贷：现金　　　　　　　　　　　　　　　　　　　　4 000.00

　　　　　　　　　　附件：白条

追索:

2012年6月5日	总号150凭证	处置固定资产

借:营业外支出——固定资产处置损失　　　　　　　　200 000.00

　　累计折旧　　　　　　　　　　　　　　　　　　　100 000.00

　　贷:固定资产　　　　　　　　　　　　　　　　　　　　300 000.00

附件:报废审批单(资产经营部提出申请、总经理签字批准)

查验过程中没有发现固定资产处置收入,经询问有关会计主管,得知该设备已经被运往××公司,而且××公司出价100 000元购买该设备,并有白条收据。同时我们关注到资产的处置是经过总经理批准的。

公司尚未入账,现做如下审计调整:

（1）调整支付的拆除费　　　借:固定资产清理　　　　　4 000.00

　　　　　　　　　　　　　　　　贷:管理费用——其他　　　　　4 000.00

（2）收到清理收入　　　　　　借:现金　　　　　　　　　100 000.00

　　　　　　　　　　　　　　　　贷:固定资产清理　　　　　　　100 000.00

（3）调整营业外支出　　　　　借:固定资产清理　　　　　200 000.00

　　　　　　　　　　　　　　　　贷:营业外支出——固定资产报废

　　　　　　　　　　　　　　　　　　损失　　　　　　　　　　　200 000.00

（4）结转清理结果　　　　　　借:营业外支出——固定资产报废损失 104 000.00

　　　　　　　　　　　　　　　　贷:固定资产清理　　　　　　　　　　104 000.00

审计意见:通过上述查验,我们发现公司现金的内部控制管理不是很好,存在私设小金库的情况。审计人员认为:(1)增加凭证测试量;(2)与公司交换意见,请公司出具自查报告以及声明承诺。

审计结果:

（1）经过增加凭证测试,没有发现其他私设小金库的现象。

（2）已获取内审报告以及公司声明、承诺书(A1-2-4 - A1-2-5),内审报告中称就此一笔收入未入账;声明、承诺书称公司以前从未有收入不入账的情况,此笔收入现金已入库,承诺今后将加强管理,不会再有此类情况发生。

测试2:

2012年10月30日	总号156凭证	支付佣金

借:营业费用——佣金　　　　　　　　　　　　　　　　20 000.00

　　贷:现金　　　　　　　　　　　　　　　　　　　　　20 000.00

附件:内部审批单、自制的佣金计算清单、×××公司佣金收据(有税
务局专用章)

√内部审批单由销售部提出申请、分管副总审核签字、总经理批准签字,符合授权审批制度

测试3:

2012年12月5日　　　总号50凭证

借:其他应收款——差旅暂借款——出国

　　人员暂借款×××　　　　　　　　　　　　　　　　30 000.00

　　贷:现金　　　　　　　　　　　　　　　　　　　　　30 000.00

附件:内部借款凭单(经办人、部门负责人、总经理签字)

√内部借款单由经办人提出申请、部门负责人和分管副总审核签字、总经理批准签字,符合授

权审批制度

测试4：

2012年12月22日　　　总号101凭证　　　　　　　　　　临时工工资

借：管理费用——临时工工资　　　　　　　　　　17 560.00

贷：现金　　　　　　　　　　　　　　　　　　　　　17 560.00

附件：部门自制临时工工资清单（人事部主管签字）、签收单

√工资清单由部门负责人和人事部负责人审核，分管副总签字批准，符合授权审批制度

标识符说明："√"表示测试结果未见异常。

四、审计工作底稿的复核

（一）项目组成员实施的复核

《中国注册会计师审计准则第 1121 号——对财务报表审计实施的质量控制》规定，由项目组内经验较多的人员复核经验较少人员的工作时，复核人员应当考虑：

（1）审计工作是否已按照法律法规、相关职业道德要求和审计准则的规定执行；

（2）重大事项是否已提请进一步考虑；

（3）相关事项是否已进行适当咨询、由此形成的结论是否得到记录和执行；

（4）是否需要修改已执行审计工作的性质、时间安排和范围；

（5）已执行的审计工作是否支持形成的结论，并已得到适当记录；

（6）获取的审计证据是否充分、适当，足以支持审计结论；

（7）审计程序的目标是否已经实现。

为了监督审计业务的进程，并考虑助理人员是否具备足够的专业技能和胜任能力，以执行分派的审计工作，了解审计指令及按照总体审计策略和具体审计计划执行工作，有必要对执行业务的助理人员进行适当的督导和复核。

复核人员应当知悉并解决重大的会计和审计问题，考虑其重要程度并适当修改总体审计策略和具体审计计划。此外，项目组成员与客户的专业判断分歧应当得到解决，必要时，应考虑寻求恰当的咨询。

复核工作应当由至少具备同等专业胜任能力的人员完成，复核时应考虑是否已按照具体审计计划执行审计工作，审计工作和结论是否予以充分记录，所有重大事项是否已得到解决或在审计结论中予以反映，审计程序的目标是否已实现，审计结论是否与审计工作的结果一致并支持审计意见。

复核范围因审计规模、审计复杂程度以及工作安排的不同而存在显著差异。有时由高级助理人员复核低层次助理人员执行的工作，有时由项目经理完成，并最终由项目合伙人复核。如上所述，对工作底稿实施的复核必须留下证据，一般由复核者在相关审计工作底稿上签名并署明日期。

（二）项目质量控制复核

《中国注册会计师审计准则第 1121 号——对财务报表审计实施的质量控制》规定，审计人员在出具审计报告前，会计师事务所应当指定专门的机构或人员对审计项目组执行的审计实施项目质量控制复核。

项目合伙人有责任采取以下措施：

（1）确定会计师事务所已委派项目质量控制复核人员；

（2）与项目质量控制复核人员讨论在审计过程中遇到的重大影响，包括项目质量控制复核中识

别的重大事项；

（3）在项目质量控制复核完成后，才能出具审计报告。

项目质量控制复核应当包括客观评价下列事项：

（1）项目组做出的重大判断；

（2）在准备审计报告时得出的结论。

会计师事务所采用制衡制度，以确保委派独立的、有经验的审计人员作为其所熟悉行业的项目质量控制复核人员。复核范围取决于审计项目的复杂程度以及未能根据具体情况出具审计报告的风险。许多会计师事务所不仅对上市公司审计进行项目质量控制复核，对那些高风险或涉及公众利益的审计项目实施项目质量控制复核。

五、审计工作底稿的归档

审计人员完成审计工作后，需要按照《中国注册会计师质量控制准则第 5101 号——会计师事务所对执行财务报表审计和审阅、其他鉴证和相关服务业务实施的质量控制》和《中国注册会计师审计准则第 1131 号——审计工作底稿》的具体规定，对审计工作底稿进行归档、保存。图 6-2 列示了中国注册会计师审计准则对审计工作底稿归档、保存规定。

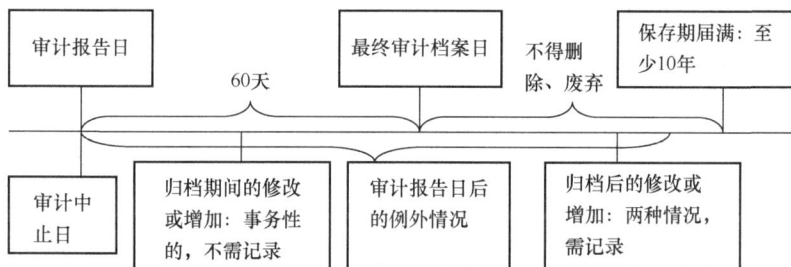

图 6-2　审计工作底稿归档、保存示意

（一）审计工作底稿归档的性质

在出具审计报告前，审计人员应完成所有必要的审计程序，取得充分、适当的审计证据并得出适当的审计结论。由此，在审计报告日后将审计工作底稿归整为最终审计档案是一项事务性的工作，不涉及实施新的审计程序或得出新的结论。如果在归档期间对审计工作底稿做出的变动属于事务性的，审计人员可以做出变动，主要包括：

（1）删除或废弃被取代的审计工作底稿；

（2）对审计工作底稿进行分类、整理和交叉索引；

（3）对审计档案归整工作的完成核对表签字认可；

（4）记录在审计报告日前获取的、与项目组相关成员进行讨论并达成一致意见的审计证据。

（二）审计档案的结构

对每项具体审计业务，审计人员应当将审计工作底稿归整为审计档案。在实务中，审计档案可以分为永久性档案和定期档案。这一分类主要是基于具体实务中对审计档案使用的时间而划分的。

1. 永久性档案

永久性档案是指那些记录内容相对稳定，具有长期使用价值，并对以后审计工作具有重要影响和直接作用的审计档案。例如，被审计单位的组织结构、批准证书、营业执照、章程、重要资产的所有权或使用权的证明文件复印件等。若永久性档案中的某些内容已发生变化，审计人员应当及时予以更新。为保持资料的完整性以便满足日后查阅历史资料的需要，永久性档案中被替换下的资料一般也需保留。例如，被审计单位因增加注册资本而变更了营业执照等法律文件，被替换的旧营业执照等文件可以汇总在一起，与其他有效的资料分开，作为单独部分归整在永久性档案中。

2. 当期档案

当期档案是指那些记录内容经常变化，主要供当期和下期审计使用的审计档案。例如，总体审计策略和具体审计计划。

目前，一些大型国际会计师事务所不再区分永久性档案和当期档案。这主要是以电子形式保留审计工作底稿的使用，尽管大部分事务所仍然既保留电子版又保留纸质的审计档案。

（三）审计工作底稿归档的期限

《中国注册会计师质量控制准则第 5101 号——会计师事务所对执行财务报表审计和审阅、其他鉴证和相关服务业务实施的质量控制》要求会计师事务所制定有关及时完成最终业务档案归整工作的政策和程序。审计工作底稿的归档期限为审计报告日后 60 天内。如果审计人员未能完成审计业务，审计工作底稿的归档期限为审计业务中止后的 60 天内。

如果针对客户的同一财务信息执行不同的委托业务，出具两个或多个不同的报告，会计师事务所应当将其视为不同的业务，根据会计师事务所内部制定的政策和程序，在规定的归档期限内分别将审计工作底稿归整为最终审计档案。

六、审计工作底稿的变动和保存

在完成最终审计档案的归整工作后，审计人员不应在规定的保存期限届满前删除或废弃任何性质的审计工作底稿。

（一）需要变动审计工作底稿的情形

审计人员发现有必要修改现有审计工作底稿或增加新的审计工作底稿的情形主要有以下两种：

（1）审计人员已实施了必要的审计程序，取得了充分、适当的审计证据并得出了恰当的审计结论，但审计工作底稿的记录不够充分。

（2）审计报告日后，发现例外情况要求审计人员实施新的或追加审计程序，或导致审计人员得出新的结论。例外情况主要是指审计报告日后发现与已审计财务信息相关，且在审计报告日已经存在的事实，该事实如果被审计人员在审计报告日前获知，可能影响审计报告。例如，审计人员在审计报告日后才获知法院在审计报告日前已对被审计单位的诉讼、索赔事项做出最终判决结果。例外情况可能在审计报告日后发现，也可能在财务报表报出日后发现，审计人员应当按照《中国注册会计师审计准则第 1332 号——期后事项》有关"财务报表报出后发现的事实"的相关规定，对例外事项实施新的或追加的审计程序。

（二）变动审计工作底稿时的记录要求

在完成最终审计档案的归整工作后，如果发现有必要修改现有审计工作底稿或增加新的审计工作底稿，无论修改或增加的性质如何，审计人员均应当记录下列事项：

（1）修改或增加审计工作底稿的理由；

（2）修改或增加审计工作底稿的时间和人员，以及复核的时间和人员。

（三）审计工作底稿的保存期限

会计师事务所应当自审计报告日起，对审计工作底稿至少保存 10 年。如果审计人员未能完成审计业务，会计师事务所应当自审计业务中止起，对审计工作底稿至少保存 10 年。值得注意的是，对于连续审计的情况,当期归整的永久性档案可能包括以前年度获取的资料(有可能是 10 年以前)。这些资料虽然是在以前年度获取,但由于其作为本期档案的一部分,并作为支持审计结论的基础,因此,审计人员对于这些对当期有效的档案,应视为当期取得并保存 10 年。如果这些资料在某一个审计期间被替换,被替换资料应当从被替换的年度起至少保存 10 年。

知识链接-06

在完成最终审计档案的归整工作后,审计人员不应在规定的保存期届满前删除或废弃任何性质的审计工作底稿。

思考题

1. 如何正确理解审计证据的含义和性质?
2. 简要分析审计证据的充分性与适当性特征及相互之间的关系。
3. 简要分析不同类型审计证据可靠性与审计证据成本。
4. 简要回答审计工作底稿的含义及组成基本要素。
5. 简述审计工作底稿复核制度、归档与变动的要求。

关键术语

审计证据	Audit Evidence
充分性	Sufficiency
适当性	Competence
相关性	Relevance
可靠性	Reliability
审计工作底稿	Audit Documentation
永久性档案	Permanent Files
当期档案	Current Files

第七章 | 审计风险与审计重要性

【教学目标】

通过对本章的学习，学生能够掌握审计风险的内涵及审计重要性与审计风险的关系；审计重要性的含义及其作用；掌握如何从数量和质量方面正确确定重要性水平；熟悉对错报的汇总、评价与CPA对策等业务。

【引例】

南方保健公司审计失败案例

创建于20世纪80年代初的南方保健公司（以下简称南方保健）在1986年在纽约股票交易所上市。2002年8月，时任南方保健CEO的Scrushy和CFO William Owens按照《萨班斯—奥克斯利法案》的要求，宣誓他们向SEC提交的2002年第二季度财务资料真实可靠。宣誓后，Owens摄于安然和世界通信造假曝光后社会公众的反响和压力，2003年3月18日，不堪重负的Owens向司法部投案自首，南方保健的造假黑幕终于被揭开。

审计风险有重大错报风险和检查风险两大要素构成，综观安永会计师事务所对南方保健公司的审计，我们可以发现，安永会计师事务所作为主审，在审计中没有很好的控制审计风险，导致了审计失败。

1. 没有控制好审计证据风险——取证来源单一

经安永的主审合伙人Miller证实，在南方保健执行审计时，审计小组需要的资料只能向南方保健指定的两名现已认罪的财务主管索要。审计小组几乎不与其他会计人员进行交谈、询问或索要资料。对于南方保健这种不合理的限制，安永竟然屈从。根据注册会计师审计工作的基本要求，在获取审计证据的过程中，注册会计师应从多种渠道获取不同性质的审计证据，将其综合起来考虑，这样能够相互印证，反映出结果的一致性。通过被审计单位指定渠道，注册会计师是难以获取充分、适当的审计证据的。

2. 没有规避重要性水平确定风险——"标准化"

重要性是指被审计单位会计报表中错报或漏报的严重程度，这一程度在特定环境下可能影响会计报表使用者的判断或决策。重要性的判断离不开特定的环境。不同企业面临不同的环境，因而判断重要性的标准也不相同。然而，透视南方保健的财务舞弊案，正是安永对南方保健多年审计中使用的"绝对"的重要性水平给了舞弊分子以可乘之机。南方保健的会计人员中有在安永执业的注册会计师，他们熟悉安永的一套业务流程和工作标准，加上长期交往积累的丰富经验，使舞弊者不难了解安永审计人员在各个科目上确定的重要性水平和他们习惯的抽样起点金额。南方保健公司千方百计将造假金额化整为零，确保造假金额不超过安永确定的"警戒线"。这样，即使虚假分录被抽样审计所发现，他们也可以"金额较小，达不到重要性水平"为由予以搪塞。

从南方保健审计失败案可以看出，注册会计师应该在审计过程中时刻控制审计风险，避免审计失败行为的发生。

第一节 | 审计风险

一、审计风险的含义

在审计计划阶段，注册会计师必须考虑审计风险。所谓审计风险，是指财务报表存在重大错报时注册会计师发表不恰当审计意见的可能性。审计风险不包括财务报表不存在重大错报，而注册会计师发表的意见认为财务报表存在重大错报的风险。这种风险通常可以忽略不计。此外，审计风险是一个与审计过程相关的技术术语，并不是指注册会计师的业务风险，如因诉讼、负面宣传或其他与财务报表审计相关的事项而导致损失的可能性。

审计风险取决于重大错报风险和检查风险。前者是注册会计师不能控制的，只能对其进行评估，后者是注册会计师可以控制的。为了将审计风险保持在一个可接受的低水平，注册会计师只能设法降低检查风险。

二、重大错报风险

（一）财务报表层次的重大错报风险

财务报表层次的重大错报风险，是指与财务报表整体广泛相关，潜在地影响多项认定的风险。

财务报表层次的重大错报风险很可能源于控制环境存在缺陷。例如，管理层缺乏胜任能力等缺陷可能对财务报表具有广泛性的影响，需要注册会计师采取总体应对措施。

（二）各类交易、账户余额和披露认定层次的重大错报风险

认定层次的重大错报风险，是指与各类交易、账户余额和披露相关的认定发生重大错报的可能性。评估认定层次重大错报风险的目的，是确定所需实施的进一步审计程序的性质、时间安排和范围以获取充分、适当的审计证据。这种证据使注册会计师能够在审计风险处于可接受的低水平时对财务报表发表意见。

认定层次的重大错报风险由固有风险和控制风险两部分组成。固有风险和控制风险是被审计单位的风险，独立于财务报表审计而存在，注册会计师只能予以评估。

1. 固有风险

固有风险，是指在考虑相关的内部控制之前，某类交易、账户余额或披露的某一认定易于发生错报（该错报单独或连同其他错报可能是重大的）的可能性。

某些类别的交易、账户余额和披露及其认定，固有风险较高。例如，复杂的计算比简单计算更容易出错，受重大计量不确定性影响的会计估计发生错报的可能性较大。外部因素引起的经营风险也可能影响固有风险。例如，技术进步可能导致某项产品陈旧，进而导致存货易于发生高估错报。被审计单位及其环境中的某些因素还可能与多个甚至所有类别的交易、账户余额和披露有关，进而影响多个认定的固有风险。例如，维持经营的流动资金匮乏，被审计单位处于夕阳行业等。

2. 控制风险

控制风险，是指某类交易、账户余额或披露的某一认定发生错报，该错报单独或连同其他错报可能是重大的，但没有被内部控制及时防止或发现并纠正的可能性。

控制风险取决于内部控制设计、执行和维护的有效性。然而，由于内部控制的固有限制，无论内部控制的设计和运行如何有效，也只能降低而非消除财务报表的重大错报风险。内部控制的固有限制包括诸如人为差错的可能性，因串通舞弊或管理层不适当地凌驾于控制之上而使内部控制被规避的可能性。因此，控制风险始终存在。

需要说明的是，审计准则通常不单独提及固有风险和控制风险，而仅提及重大错报风险（即两者综合评估的结果）。然而，注册会计师可以根据其偏好的审计技术或方法以及实务的考虑，单独或综合评估固有风险和控制风险。重大错报风险的评估结果可以用定量术语（如百分比）或非定量的术语表达。无论采用哪种方式，做出适当的风险评估，要比评估所采用的具体方法更加重要。

三、检查风险

检查风险是指某一认定存在错报，该错报单独或连同其他错报是重大的，但注册会计师未能发现这种错报的可能性。

检查风险取决于审计程序设计的合理性和执行的有效性。注册会计师可以控制检查风险的大小。检查风险的产生，一方面由于注册会计师通常并不对所有的交易、账户余额和列报进行检查，以及其他原因，检查风险不可能降为零；另一方面的原因包括注册会计师可能选择了不恰当的审计程序，审计程序执行不当，或者错误理解了审计结论。这些其他因素可以通过适当计划、在项目组成员之间进行恰当的职责分配、保持职业怀疑态度以及监督、指导和复核助理人员所执行的审计工作得以解决。

四、审计风险组成要素之间的关系

审计风险的各组成要素，既可以用量化方法（如百分比）表示，也可以用非量化名词（如最低、低、中、高、最高）表示。不论风险要素如何表示，要确定检查风险的计划可接受水平就必须清楚地了解审计风险模型的意义及其所反映的关系。

（一）审计风险模型

审计风险模型将审计风险的各组成要素之间的关系表示如下：

$AR = MMR \times DR$

或者，

$AR = IR \times CR \times DR$（认定层次）

AR 代表审计风险，MMR 代表重大错报风险，DR 代表检查风险，IR 代表固有风险，CR 代表控制风险。现举例说明该模型的使用，假设注册会计师对某项认定（比如存货的计价和分摊认定）作了如下的风险估计：

IR（固有风险）=60%

CR（控制风险）=50%

进一步假定注册会计师要求总审计风险为3%。运用风险模型可计算出检查风险，如下所示：

$$DR = AR \div (IR \times CR)$$
$$= 0.03 \div (0.6 \times 0.5)$$
$$= 10\%$$

（二）风险要素矩阵

将上述审计风险模型用非量化的方式表述，可以得到风险要素矩阵，如表 7-1 所示。

该矩阵和审计风险模型一样，揭示了检查风险与固有风险和控制风险的反向变动关系。从矩阵不难看出，如果固有风险估计为高水平，控制风险估计为中等水平，那么检查风险的可接受水平就为低。需要说明的是，表 7-1 列示的风险矩阵是假设审计风险限制在某一低水平。如果把审计风险限制在其他水平，则可能得出其他矩阵结果。

表 7-1　　　　　　　　　　　　　　　　风险要素矩阵

IR 水平	（审计风险保持低水平）			
	CR 估计水平			
	最高	高	中	低
	DR 可接受水平			

续表

（审计风险保持低水平）				
最高	最低	很低	低	低
高	很低	低	低	中
中	低	低	中	高
低	低	中	高	最高

（三）审计风险、重要性和审计证据之间的关系

审计风险和重要性都是影响注册会计师判断审计证据充分性的因素。审计风险与审计证据之间是反向变动关系。对特定客户来说，可接受的审计风险越低，所需审计证据的数量就越多。重要性和审计证据之间是反向变动关系。可容忍错报的金额越低，越需要注册会计师开展更加细致的工作，收集更为充分的证据。

重要性与审计风险之间也是反向变动关系。重要性水平越高，审计风险越低；反之亦然。注册会计师应保持应有的职业谨慎，合理确定重要性水平。在确定拟实施的审计程序后，如果注册会计师决定接受更低的重要性水平，审计风险将增加，注册会计师应选用以下方法控制审计风险至可接受水平：一是扩大控制测试范围或追加控制测试程序，以降低对控制风险的初步判断水平；二是修改计划实施的实质性程序的性质、时间安排和范围，以将检查风险降低至可接受水平。需要说明的是，注册会计师不能通过不合理地人为调高重要性水平，来降低审计风险。因为重要性是依据重要性概念中所述的判断标准确定的，而不是由主观期望的审计风险水平所决定。

审计风险、重要性、审计证据三者中任意两者间的反向关系如图 7-1 所示。

图 7-1　审计风险、重要性和审计证据的相互关系

第二节　审计重要性

审计重要性是审计学的一个基本概念。审计重要性概念的运用贯穿于整个审计过程。在计划审计工作时，注册会计师应当考虑导致财务报表发生重大错报的原因，并应当在了解被审计单位及其环境的基础上，确定一个可接受的重要性水平，即首先为财务报表层次确定重要性水平，以发现在金额上重大的错报。同时，注册会计师还应当评估各类交易、账户余额及列报认定层次的重要性，以便确定进一步审计程序的性质、时间和范围，将审计风险降至可接受的低水平。此外，在确定审计意见类型、获取书面声明和编制审计工作底稿时，注册会计师也需要考虑重要性水平。

一、重要性的含义

重要性取决于在具体环境下对错报金额和性质的判断。如果一项错报单独或连同其他错报可能影响财务报表使用者依据财务报表做出的经济决策，则该项错报是重大的。

为了更清楚地理解重要性的概念，需要注意把握以下几点。

（1）重要性概念中的错报包含漏报。财务报表错报包括财务报表金额的错报和财务报表披露的错报。

（2）重要性包括对数量和性质两个方面的考虑。所谓数量方面，是指错报的金额大小，性质方面则是指错报的性质。一般而言，金额大的错报比金额小的错报更重要。在有些情况下，某些金额的错报从数量上看并不重要，但从性质上考虑，则可能是重要的。对于某些财务报表披露的错误，难以从数量上判断是否重要，应从性质上考虑其是否重要。

（3）重要性概念是针对财务报表使用者决策的信息需求而言的。判断一项错报重要与否，应视其对财务报表使用者依据财务报表做出经济决策的影响程度而定。如果财务报表中的某项错报足以改变或影响财务报表使用者的相关决策，则该项错报就是重要的，否则就不重要。

（4）重要性的确定离不开具体环境。由于不同的被审计单位面临不同的环境，不同的报表使用者有着不同的信息需求，因此注册会计师确定的重要性也不相同。某一金额的错报对某被审计单位的财务报表来说是重要的，而对另一个被审计单位的财务报表来说可能不重要。例如，错报10万元对一个小公司来说可能是重要的，而对另一个大公司来说则可能不重要。

（5）对重要性的评估需要运用职业判断。影响重要性的因素很多，注册会计师应当根据被审计单位面临的环境，并综合考虑其他因素，合理确定重要性水平。不同的注册会计师在确定同一被审计单位财务报表层次和认定层次的重要性水平时，得出的结果可能不同。主要是因为对影响重要性的各因素的判断存在差异。因此，注册会计师需要运用职业判断来合理评估重要性。

需要注意的是，仅从数量角度考虑，重要性水平只是提供了一个门槛或临界点。在该门槛或临界点之上的错报就是重要的；反之，该错报则不重要。重要性并不是财务信息的主要质量特征。

二、重要性与审计风险的关系

重要性与审计风险之间存在反向关系。重要性水平越高，审计风险越低；重要性水平越低，审计风险越高。这里所说的重要性水平高低指的是金额的大小。通常，5 000元的重要性水平比2 000元的重要性水平高。在理解两者之间的关系时必须注意，重要性水平是注册会计师从财务报表使用者的角度进行判断的结果。如果重要性水平是5 000元，则意味着低于5 000元的错报不会影响到财务报表使用者的决策，此时注册会计师需要通过执行有关审计程序合理地保证能发现高于5 000元的错报。如果重要性水平是2 000元，则金额在2 000元以上的错报就会影响财务报表使用者的决策，此时注册会计师需要通过执行有关审计程序合理保证能发现金额在2 000元以上的错报。显然，重要性水平为2 000元时的审计风险高。审计风险越高，越要求注册会计师收集更多更有效的审计证据，以将审计风险降至可接受的低水平。因此，重要性和审计证据之间也是反向变动关系。

值得注意的是，注册会计师不能通过不合理地人为调高重要性水平来降低审计风险；因为重要性是依据重要性概念中所述的判断标准确定的，而不是由主观期望的审计风险水平决定。

由于重要性和审计风险存在上述反向关系，而且这种关系对注册会计师将要执行的审计程序的性质、时间和范围有直接的影响，因此，注册会计师应当综合考虑各种因素，合理确定重要性水平。

三、计划审计工作时对重要性的评估

（一）确定计划的重要性水平时应考虑的因素

在计划审计工作时，注册会计师应当确定一个可接受的重要性水平，以发现在金额上重大的错报。注册会计师应当考虑较小金额错报的累计结果可能对财务报表产生重大影响。注册会计师在确定计划的重要性水平时，应当考虑以下几个主要因素。

1. 对被审计单位及其环境的了解

被审计单位的行业状况、法律环境与监管环境等其他外部因素，以及被审计单位业务的性质，对会计政策的选择和应用，被审计单位的目标、战略及相关的经营风险，被审计单位的内部控制等因素，都将影响注册会计师对重要性水平的判断。

2. 审计的目标，包括特定报告要求

信息使用者的要求等因素影响注册会计师对重要性水平的确定。例如，对特定财务报表项目进行审计的业务，其重要性水平可能需要以该项目金额而不是以财务报表的一些汇总性财务数据为基础加以确定。

3. 财务报表各项目的性质及其相互关系

财务报表使用者对不同的报表项目的关心程度不同。一般而言，如果认为流动性较高的项目出现较小金额的错报就会影响报表使用者的决策，注册会计师应当对此从严确定重要性水平。由于财务报表各项目之间是相互联系的，注册会计师在确定重要性水平时，需要考虑这种相互联系。

4. 财务报表项目的金额及其波动幅度

财务报表项目的金额及其波动幅度可能促使财务报表使用者做出不同的反应。因此注册会计师在确定重要性水平时，应当深入研究这些项目的金额及其波动幅度。

总之，只要影响预期财务报表使用者决策的因素，都可能对重要性水平产生影响。注册会计师应当在计划阶段充分考虑这些因素，并采用合理的方法确定重要性水平。

（二）从数量方面考虑重要性

注册会计师应当考虑财务报表层次和各类交易、账户余额、列报认定层次的重要性。如前所述，注册会计师应当从数量和性质两个方面考虑重要性。重要性水平是针对错报的余额大小而言。重要性水平是一个经验值，注册会计师只能通过职业判断确定重要性水平。在审计过程中，注册会计师应当考虑财务报表层次和各类交易、账户余额、列报认定层次的重要性水平。

1. 财务报表层次的重要性水平

由于财务报表审计的目标是注册会计师通过执行审计工作对财务报表发表审计意见，因此，注册会计师应当考虑财务报表层次的重要性。注册会计师在制定总体审计策略时，应当确定财务报表层次的重要性水平。确定多大错报会影响到财务报表使用者所做的决策，是注册会计师运用职业判断的结果。注册会计师通常先选择一个恰当的基准，再选用适当的百分比乘以该基准，从而得出财务报表层次的重要性水平，即

$$重要性水平 = 恰当的基准值 \times 合理的百分比$$

注册会计师确定财务报表层次重要性水平的步骤如下。

（1）选择适当的判断基础，即基准。在实务中，有许多汇总性财务数据可以用作确定财务报表层次重要性水平的基准，如总资产、净资产、销售收入、费用总额、毛利、净利润等。在选择适当的基准时，注册会计师应当考虑以下主要因素：第一，财务报表的要素（如资产、负债、所有者权

益、收入和费用等）、适用的会计准则和相关会计制度所定义的财务报表指标（如财务状况、经营成果和现金流量），以及适用的会计准则和相关会计制度提出的其他具体要求；第二，对某被审计单位而言，是否存在财务报表使用者特别关注的财务报表项目（如特别关注与评价经营成果相关的信息）；第三，被审计单位的性质及所在行业；第四，被审计单位的规模、所有权性质以及融资方式。

注册会计师对基准的选择有赖于被审计单位的性质和环境。例如，对以营利为目的的被审计单位，来自经常性业务的税前利润或税后净利润可能是一个适当的基准；而对收益不稳定的被审计单位或非营利组织，选择税前利润或税后净利润作为判断重要性水平的基准就不合适。对于资产管理公司，净资产可能是一个适当的基准。注册会计师通常选择一个相对稳定、可预测且能够反映被审计单位正常规模的基准。由于销售收入和总资产具有相对稳定性，注册会计师经常将其用作确定计划重要性水平的基准。

（2）确定恰当的百分比。在确定恰当的基准后，注册会计师通常运用职业判断合理选择百分比，据以确定重要性水平。常见的参考数值有：①对以营利为目的的企业，来自经常性业务的税前利润或税后净利润的5%或总收入的0.5%，在适当情况下，也可采用总资产或净资产的一定比例等；②对非营利组织，采用费用总额或总收入的0.5%；③对共同基金公司，采用净资产的0.5%。

（3）财务报表层次重要性水平的选取。如果同一期间各财务报表的重要性水平不同，注册会计师应当取其最低者作为财务报表层次的重要性水平。注册会计师通常先对每张财务报表确定一个重要性水平。例如，将利润表的重要性水平确定为100万元，将资产负债表的重要性水平确定为280万元。由于财务报表之间相互关联，注册会计师执行某一具体审计程序时经常会涉及两个以上的报表。例如，确定期末赊销业务是否正确记录在适当的会计期间的审计程序（即期末对赊销业务进行截止性测试程序），不仅为资产负债表上的应收账款提供审计证据，而且还为利润表上的主营业务收入提供审计证据。因此，在编制审计计划时，应使用被认为对任何一张财务报表都重要的最小错报总体水平，也就是说，注册会计师应选择最低的重要性水平作为财务报表层次的重要性水平。所以，在本例中应选择100万元作为财务报表层次的重要性水平。

2. 各类交易、账户余额、列报认定层次的重要性水平

由于财务报表提供的信息由各类交易、账户余额、列报认定层次的信息汇集加工而成，注册会计师只有通过对各类交易、账户余额、列报认定层次实施审计，才能得出财务报表是否公允反映的结论。因此，注册会计师还应当考虑各类交易、账户余额、列报认定层次的重要性。

各类交易、账户余额、列报认定层次的重要性水平称为"可容忍错报"。可容忍错报的确定以注册会计师对财务报表层次重要性水平的初步评估为基础。它是在不导致财务报表存在重大错报的情况下，注册会计师对各类交易、账户余额、列报确定的可接受的最大错报。

在确定各类交易、账户余额、列报认定层次的重要性水平时，注册会计师应当考虑以下主要因素：第一，各类交易、账户余额、列报的性质及错报的可能性；第二，各类交易、账户余额、列报的重要性水平与财务报表层次重要性水平的关系。由于各类交易、账户余额、列报确定的重要性水平，即可容忍错报，对审计证据数量有直接的影响，因此注册会计师应当合理确定可容忍错报。

【实例7-1】A注册会计师对XYZ公司20×1年度的财务报表进行审计，初步判断财务报表层次重要性水平是资产总额的1%，为14万元，即资产账户可容忍的错报为14万元。现A注册会计师首先按1%进行同比例分配，形成甲方案，如表7-2所示。

表7-2　　　　　　　　　　　　　重要性水平的分配（万元）

账户	金额	甲方案	乙方案
货币资金	20	0.2	0.1
应收账款	280	2.8	2.5

续表

账户	金额	甲方案	乙方案
存货	600	6	9
固定资产	500	5	2.4
总计	1 400	14	14

表 7-2 中，甲方案按照 1% 进行同比例分配。一般来说，这并不可行，注册会计师必须对其进行修正。在进行分配时，注册会计师必须考虑到特定账户发生错报的可能性和与报表层次的重要性水平的关系，在不影响审计风险的情况下适当考虑成本因素，而不仅是按资产所占比例将财务报表重要性水平分配到各账户。所以，从提高审计效率和效果考虑，对应收账款和存货应予以分配较高的重要性水平，相应调低其他资产项目的重要性水平，修正之后形成乙方案。假定审计存货后仅发现错报 8 万元，而且注册会计师认为所执行的审计程序已经足够，则可将剩下的 1 万元再分配给应收账款。注册会计师在分配重要性水平的过程中要控制重要性水平的总量，在分配给各账户或交易时应充分运用专业判断。

四、评价错报的影响

（一）尚未更正错报的汇总数

尚未更正错报的汇总数包括已经识别的具体错报和推断误差两大类，即

尚未更正错报的汇总数＝已经识别的具体错报＋推断误差

1. 已经识别的具体错报

已经识别的具体错报是指注册会计师在审计过程中发现的，能够准确计量的错报，包括以下两类。

（1）对事实的错报。这类错报产生于被审计单位收集和处理数据的错误，对事实的忽略或误解，或故意舞弊行为。例如，注册会计师在实施细节测试时发现最近购入存货的实际价值为 14 000 元，但账面记录的金额却为 10 000 元。因此，存货和应付账款分别被低估了 4 000 元。这里被低估的 4 000 元就是已识别的对事实的具体错报。

（2）涉及主观决策的错报。这类错报产生于两种情况：第一种是管理层和注册会计师对会计估计值的判断差异，如由于包含在财务报表中的管理层做出的估计值超出了注册会计师确定的一个合理范围，导致出现判断差异；第二种是管理层和注册会计师对选择和运用会计政策的判断差异，由于注册会计师认为管理层选用会计政策造成错报，管理层却认为选用会计政策适当，导致出现判断差异。

2. 推断误差

推断误差也称可能误差，是注册会计师对不能明确、具体识别的其他错报的最佳估计数。推断误差通常包括以下几种形式。

（1）通过测试样本估计出的总体的错报减去在测试中发现的已经识别的具体错报。例如，应收账款年末余额为 2 000 万元，注册会计师抽查样本时发现金额有 150 万元的高估，高估部分为账面金额的 20%，据此注册会计师推断总体的错报金额为 400 万元（即 2 000×20%），那么上述 150 万元就是已识别的具体错报，其余 250 万元即为推断误差。

（2）通过实质性分析程序推断出的估计错报。例如，注册会计师根据客户的预算资料及行业趋势等要素，对客户年度销售费用独立地做出估计，并与客户账面金额比较，发现两者之间有 50% 的差异；考虑到估计的精确性有限，注册会计师根据经验认为 10% 的差异通常是可接受的，而剩余 40% 的差异需要有合理解释并取得佐证性证据；假定注册会计师对其中 20% 的差异无法得到合理解释或

不能取得佐证，则该部分差异余额即为推断误差。

（二）评价尚未更正错报的汇总数的影响

注册会计师需要在出具审计报告之前，评估尚未更正错报单独或累积的影响是否重大。在评估时，注册会计师应当从特定的某类交易、账户余额及列报认定层次和财务报表层次考虑这些错报的金额和性质，以及这些错报发生的特定环境。

注册会计师应当分别考虑每项错报对相关交易、账户余额及列报的影响，包括错报是否超过之前为特定交易、账户余额及列报所设定的较之财务报表层次重要性水平更低的可容忍错报。此外，如果某项错报是（或可能是）由舞弊造成的，无论其金额大小，注册会计师均应当考虑其对整个财务报表审计的影响。考虑到某些错报发生的环境，即使其金额低于计划的重要性水平，注册会计师仍可能认为其单独或连同其他错报从性质上看是重大的。

注册会计师在评估未更正错报是否重大时，不仅需要考虑每项错报对财务报表的单独影响，而且需要考虑所有错报对财务报表的累积影响及其形成原因，尤其是一些金额较小的错报，虽然单个看起来并不重大，但是其累计数却可能对财务报表产生重大的影响。例如，某个月末发生的错报可能并不重要，但是如果每个月末都发生相同的错报，其累计数就有可能对财务报表产生重大影响。为全面地评价错报的影响，注册会计师应将审计过程中已识别的具体错报和推断误差进行汇总。

尚未更正错报与财务报表层次重要性水平相比，可能出现以下 3 种情况。

1. 尚未更正错报汇总数低于重要性水平

如果尚未更正错报汇总数低于重要性水平（并且特定项目的尚未更正错报也低于考虑其性质所设定的更低的重要性水平，下同），对财务报表的影响不重大，注册会计师可以发表无保留意见的审计报告。当然，对已发现的错报应提请被审计单位予以调整，因为在任何情况下，注册会计师都应当要求管理层就已识别的错报调整财务报表。

2. 尚未更正错报汇总数接近重要性水平

如果已识别但尚未更正错报的汇总数接近重要性水平，注册会计师应当考虑该汇总数连同尚未发现的错报是否可能超过重要性水平，并考虑通过实施追加的审计程序（对已审查过的账户交易再次检查以防止以前的审计程序未能把所有的错报查出来），或要求管理层调整财务报表降低审计风险。

3. 尚未更正错报汇总数超过重要性水平

如果尚未更正错报汇总数超过了重要性水平，对财务报表的影响可能是重大的，注册会计师应当考虑通过扩大审计程序的范围（扩大抽取的样本数，防止先前抽取的样本刚好错报较多）或要求管理层调整财务报表降低审计风险。如果管理层拒绝调整财务报表，并且扩大审计程序范围的结果不能使注册会计师认为尚未更正错报的汇总数不重大，注册会计师应当考虑出具非无保留意见的审计报告。

下面举例说明注册会计师评价尚未更正错报汇总数的影响的几种情形，具体如表 7-3 所示。

表 7-3　　　　　　　　　注册会计师评价尚未更正错报汇总数的影响

情形	汇总错报	重要性水平	措施	拒绝调整后
小于	50 万元	100 万元	提请调整	无保留意见
接近	90 万元	100 万元	追加审计程序，提请调整	视追加程序之后发现的错报情况而定
超过	150 万元	100 万元	扩大测试程序，提请调整	保留或否定意见
大大超过	600 万元	100 万元	扩大测试程序，提请调整	否定意见

思考题

1. 如何理解审计风险？它包含哪些组成要素？这些要素之间是什么关系？
2. 简述重要性的含义，以及与审计风险的关系。
3. 审计重要性一般分为哪两个层次？如何确定？
4. 如何确定计划的重要性水平？
5. 注册会计师在终结对被审计单位的财务报表审计时，应如何汇总尚未调整的错报或漏报？汇总数接近重要性水平时如何处理？

知识链接-07

关键术语

审计风险   Audit Risk
重要性   Materiality
重大错报风险   Material Misstatement Risk
检查风险   Detection Risk

第八章 | 内部控制

【教学目标】

注册会计师要依赖被审计单位的内部控制时需要对其内部控制进行测试，以便判断其财务报表存在重大错报的可能性，并据此确定进一步实质性程序的性质、时间和范围。通过对本章的学习，学生能够掌握内部控制的概念、内部控制的测试和相应的风险评估及其应对措施。

【引例】

中航油事件

中国航油（新加坡）股份有限公司（简称"新加坡公司"）是中国航空油料集团公司的海外控股子公司，其总裁陈久霖兼任集团公司副总经理。经国家有关部门批准，新加坡公司在取得集团公司授权后，自2003年开始做油品套期保值业务。

在此期间，陈久霖擅自扩大业务范围，从事风险极大的石油衍生品期权交易，先后和日本三井银行、英国巴克莱银行、新加坡发展银行等在期货交易场外签订石油期权合同，买了"看跌"期权，赌注每桶38美元。没想到国际油价一路攀升，最高时曾达到每桶55.65美元。2004年10月以来，新加坡公司所持石油衍生品盘位已远远超过预期价格。根据合同，每桶油价上涨1美元，新加坡公司要向银行和金融机构支付5 000万美元的保证金，这直接导致了新加坡公司现金的枯竭。到2004年12月，新加坡公司被迫关闭的仓位累计损失已达3.94亿美元，正在关闭的剩余仓位预计损失1.6亿美元，账面实际损失和潜在损失总计约5.54亿美元（折合人民币约45亿元），巨额的国有资产就这样因陈久霖的投机行为而损失殆尽。

作为一家国有控股的海外上市公司，新加坡公司无视国内禁止从事投机性业务的监管法规，内部控制制度形同虚设，而其母公司也未能及时地制止陈久霖的投机行为，最终造成了国有资产的巨额亏损。这是企业内部控制失效的一个典型案例。

1. 企业监控机制形同虚设。新加坡公司基本上是陈久霖一人的"天下"。2002年10月，集团公司向新加坡公司派出党委书记和财务经理，但原拟任财务经理的人员派到后，被陈久霖以外语不好为由调任旅游公司经理。第二任财务经理则被其安排为公司总裁助理。陈久霖不用集团公司派出的财务经理，却从新加坡当地聘人担任财务经理，这使得财务经理只听他一个人的。党委书记来新加坡两年多，也一直不知道陈久霖从事场外的期权投机交易。事实上，新加坡公司从事以上交易历时一年多，一直未向集团公司报告，集团公司也没有发现，直到保证金支付问题难以解决、经营难以维持下去时，新加坡公司才向集团公司紧急报告，但仍然没有说明实情。

新加坡公司从事的石油期权投机交易是我国政府明令禁止的，其违规之处有三点：一是做了国家明令禁止的事，二是在场外进行交易，三是超过了现货交易总量。

2. 风险控制机制失效。集团公司和新加坡公司风险管理机制形同虚设。新加坡公司虽然成立了风险管理委员会，并且规定损失超过500万美元时必须报告董事会，但实际情况是，陈久霖从未做出相关报告，集团公司也没有有效制衡的办法，致使陈久霖无视国内法规，从事投机性的期权交易，重演了当年英国巴林银行倒闭的悲剧。

陈久霖面对的是国际上的金融巨头"对冲"基金，这股基金多年以来一直在国际上兴风作浪，老牌的巴林银行就曾因此倒闭。陈久霖在这场赌博中根本不可能赢，因为他没有强大的资金做后盾，无法操纵市场。况且，新加坡公司参加的该交易中掌握核心机密的均是外籍人员，企业交易成本、资金承受能力等商业机密都暴露在国外投机者眼里，如果企业风险管理机制不健全，势必在博弈中处于不利地位。

3. 会计系统的监督作用失灵，会计信息失真。会计控制作为企业内部控制的一个重要方面，起着核心的控制作用。陈久霖两次均未接受集团公司派出的财务经理，集团公司却没有有效制衡的办法。陈久霖大权在握，财务会计系统遭到严重破坏，新加坡公司成为其粉饰业绩、堵塞财务黑洞、骗取功名的工具。

新加坡公司上报的2004年6月的财务报告显示，公司总资产为42.6亿元人民币，净资产为11亿元人民币，长期应收账款、应付账款均为11.7亿元人民币。单从账面上似乎看不出什么问题，但实际上新加坡公司已经在石油期权交易上面临3 580万美元的潜在亏损。陈久霖在场外进行交易，通过正常的财务报表无法发现其秘密，新加坡公司还被评为当年新加坡最具透明度的公司。如果集团公司通过会计信息能够及早发现新加坡公司的问题，及时地平仓出局、中止亏损，也不会造成如此惨败的局面。

资料来源：财会月刊，武汉，2005.6

第一节 | 内部控制的含义和要素

一、内部控制的含义

注册会计师的审计工作中一个重要的环节是了解客户与审计相关的内部控制，其目的在于识别潜在错报的类型，分析导致重大错报风险的因素，以便在此基础上确定进一步审计程序的性质、时间和范围。一个基本的逻辑是，如果内部控制有效，则重大错报的风险就会较小，那么计划收集的审计证据就可以减少。

内部控制是被审计单位为了合理保证财务报告的可靠性、经营的效率和效果以及对法律法规的遵守，由治理层、管理层和其他人员设计与执行的政策及程序。可以从以下几方面理解内部控制。

（1）内部控制的目标是合理保证：①财务报告的可靠性，这一目标与管理层履行财务报告编制责任密切相关；②经营的效率和效果，即经济有效地使用企业资源，以最优方式实现企业的目标；③在所有经营活动中遵守法律法规的要求，即在法律法规的框架下从事经营活动。

（2）设计和实施内部控制的责任主体是治理层、管理层和其他人员，组织中的每一个人都对内部控制负有责任。

二、内部控制的要素

注册会计师的审计工作中一个重要的环节是了解客户与审计相关的内部控制，其目的在于识别潜在错报的类型，分析导致重大错报风险的因素，以便在此基础上确定进一步审计程序的性质、时间和范围。一个基本的逻辑是，如果内部控制有效，则重大错报的风险就会较小，那么计划收集的审计证据就可以减少。

内部控制包括以下要素：①控制环境；②风险评估；③信息系统与沟通；④控制活动；⑤对控制的监督。在结构上，各控制要素之间的相互联系是：控制环境为基础，风险评估过程为依据，控制活动为手段，信息系统与沟通为载体，对控制的监督为保证。五要素之间的关系如图8-1所示。

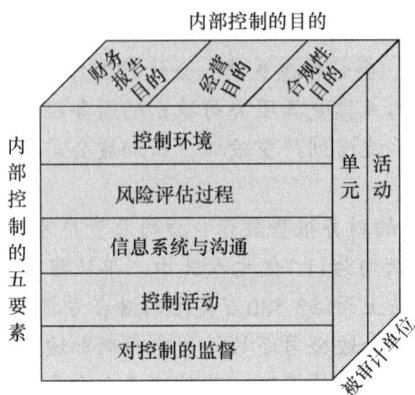

图 8-1　内部控制五要素

目前在审计界谈到内部控制时，一般是包括上述所有的五项要素。不过，有些情况下提到控制时，可能只包括上述一项或几项要素，或者是指上述要素表现出的各个方面。将内部控制分类、归纳为若干要素，为我们提供了了解内部控制的框架。无论对内部控制要素如何进行分类，注册会计师都要重点考虑被审计单位某项控制是否能够以及如何防止或发现并纠正各类交易、账户余额、列报与披露存在的重大错报。下面根据五要素的结构说明内部控制的内容。

（一）控制环境

控制环境包括治理职能和管理职能，以及治理层和管理层对内部控制及其重要性的态度、认识和措施。同时，控制环境是企业内部控制的基础，它反过来又影响企业各级管理人员和一般员工的控制意识。控制环境的具体内容主要包括以下几个方面。

1. 诚信原则和道德价值观

内部控制是由人来实施并受人的因素影响的，建立良好的内部控制，首先要在企业从最高管理层到普通员工中建立起保持诚信行为的理念和原则，确立健康的道德价值标准。

不盲目追求不切实际的目标，不给虚夸造假风气创造条件；注重企业文化建设和提供道德方面的指导，使所有员工都能正确地进行判断、明辨是非，遵章守纪成为发自员工内心的自觉行动。

2. 员工的胜任能力和公司的人力资源政策

内部控制有效运行需要公司员工具有一定的知识、技能和能力水平，所以企业管理层须制订正式的职务说明书，逐项分析并规定各工作岗位对知识和技能的要求，同时还要有完善的员工招聘与选拔政策及操作性程序；对员工制订职业发展规划、有计划地进行业务技能培训，使员工的知识技能水平不断地得到更新，保持胜任其工作岗位的能力。

3. 管理理念和经营风格

公司的管理理念应当是明确的，全体员工都了解公司的愿景和使命，公司的经营目标和计划与公司的愿景和使命紧密相连。激进的经营战略配有正确对待和承担经营风险的态度和方式；稳健的经营战略并不放弃捕捉和把握机遇的机制和措施。

4. 组织结构和管理层的安排

组织结构是指为实现公司目标和计划、确保其执行和得到监督的整体框架。良好的内部控制应存在于合适的组织结构之中，这种组织结构应能提供管理企业所需的各种信息；应能使管理指令畅通无阻；应能根据反馈的信息做出调整和纠正。对于审计人员来说尤其应当关注的是董事会及其审计委员会的构成、职责和发挥的作用。

5. 职权与责任的分配

有效的内部控制需要在组织内部对全部经营活动的各项职责进行合理有效的分配，同时要进行适当授权，为执行任务和承担职责的部门及其成员提供和配备所需的资源并确保他们的经验和知识与职责权限相匹配，通过周密的设计使员工的职责和相应的工作行为与实现公司目标保持一致。

（二）风险评估过程

在市场经济条件下，每个企业都会面临各种不同的风险，企业对这些风险必须进行评估。风险评估是分析和辨认实现企业所定目标和计划的过程中可能发生的不利事件和情况。风险评估包括对风险点进行选择、识别、分析和评估的全过程。进行风险评估首先要列出重要风险要素和风险控制点，要清楚在企业经营管理过程中会出现的风险，既要考虑内部风险，又要考虑外部因素引起的风险；既要考虑静态风险，又要考虑动态风险；既要考虑操作风险，又要考虑体制和政策风险。

企业的目标和计划是由企业的愿景和使命决定的，有了目标和计划企业各级部门和员工就有了具体的工作目标和行动方向。在实现企业目标和计划的过程中，会出现各种各样的不利事件和情况阻碍企业目标和计划的实现，也就是企业会遇到风险。管理层必须建立持续的风险评估机制对风险进行评估，并根据评估结果采取必要的应对措施。被审计单位的风险评估过程应成为企业愿景和使命实现过程的有机组成部分。对风险进行分析和评估要事先对风险点进行评估，识别风险产生的原因及表现形式；识别每一重要业务活动目标所面临的风险；估计风险的概率、频率、重要性、可能性以及风险所造成的危害。其目的是能够在业务开展前，测定出风险指标，并能够在业务发生后对风险进行跟踪监测。

（三）信息系统与沟通

企业在实现其经营目标和计划的过程中，需要通过从上到下和从下到上的各种形式的信息进行沟通，以使企业的目标和计划转化为员工的责任和行动。所以现代企业必须建立完善的信息系统保障沟通的顺畅。信息系统不仅处理企业内部所产生的信息，而且也要处理与外部发生联系的各种信息。企业的各级管理者和所有员工必须能够从最高管理层明确地得到其应承担责任的信息，同时企业最基层的行动信息也必须向上级各层管理部门进行传递，企业内部的信息也需要以适当的方式向企业外界的客户、供应商、政府管理机构和股东等做有效的沟通。

随着企业规模的扩大和信息技术的发展，企业信息系统日益庞大和复杂，注册会计师不可能也没有必要评价企业的整个信息系统，只需了解和清楚与财务报告相关的信息系统和相关业务流程。与财务报告相关的信息系统包括用以生成、记录、处理、报告各类交易和事项，对相关资产、负债和所有者权益履行经管责任的程序和记录。与财务报告相关的信息系统应当与业务流程相适应，这里的业务流程是指被审计单位开发、采购、生产、销售、发送产品和提供服务、保证遵守法律法规、记录信息等一系列活动。

与财务报告相关的信息系统所生成信息的质量，对管理层能否做出恰当的经营管理决策以及编制可靠的财务报告具有重大影响。与财务报告相关的信息系统通常包括下列职能：（1）识别与记录所有的有效交易；（2）及时、详细地描述交易，以便在财务报告中对交易做出恰当分类；（3）恰当计量交易，以便在财务报告中对交易的货币金额做出准确记录；（4）恰当确定交易生成的会计期间；（5）在财务报表中恰当列报交易及相关披露。

（四）控制活动

控制活动是指被审计单位有助于确保管理层的指令得以执行的政策和程序，包括与授权批准、业绩评价、信息处理、实物控制和职责分离等相关的活动。企业管理层确定经营目标、编制经营计划、辨识经营风险，继之需要采取一系列行动进行落实或加以应对，比如布置任务、核准指标、授权处理、验证结果、调节偏差、复核绩效、保障安全、合理分工等。

具体来说主要包括以下几个方面。

（1）经营目标和计划的落实。通过生产经营会议将生产经营目标和计划以生产经营指标的形式落实到基层单位和人员，这是管理控制活动的基础性工作。

（2）职责划分和合理分工。在责任划分的基础上，根据企业的规模、行业特点和人员素质等情况，将不同的职责进行适当的细分或合并，分工落实到个人，需要注意的是要将不相容职务分派给不同的员工，以降低错误或不当行为的风险。

（3）在授权范围内高效、准确地处理业务。各级管理人员和一般员工都被授予与其职责范围相一致的权责，使其能够高效准确地处理业务。

（4）对资产实施控制。现金、证券、存货、设备和其他资产的实物采取保护的措施，实施保护的行为。

（5）对信息处理过程加以控制。对信息系统的控制活动可分为两类：第一类是一般控制，是对信息系统所处环境的控制，以确保系统持续、正常运转；第二类是应用控制，是对应用软件运行中的步骤及相关人工程序的控制。

（6）对经营结果和绩效进行分析。管理层根据记录经营活动的结果，与目标、计划、预算、预测、前期及竞争者的绩效相比较，以衡量目标和计划的实现程度，通过相互比较，分析它们之间的差异原因，然后再进行适当的调查，根据情况采取纠正的措施。

（五）对控制的监督

对控制的监督是指被审计单位评价内部控制在一段时间内运行有效性的过程，该过程包括及时评价控制的设计和运行，以及根据情况的变化采取必要的纠正措施。内部控制系统有效发挥作用离不开适当、持续的监督。

适当、持续的监督活动伴随着生产经营活动的进行而进行，它包括例行的专门监督活动和履行职务所采取的行动。尽管经常性持续监督程序可以有效地评价内部控制体系，但企业有时需要组织例外的评估活动以直接检查某些控制系统的有效性，或发现有可能出现控制漏洞的薄弱环节后进行的监督检查。例外评估的范围和频率，视风险的大小及控制的重要性而定。内部控制存在缺陷时要从下向上报告，反馈至适当的管理层。

以上是五要素的基本概念。与会计责任和审计责任的划分原则相一致，建立和维护一个单位的内部控制是该单位治理层和管理层的责任，而不是注册会计师的责任。但是被审计单位内部控制状况可以影响注册会计师的工作，所以注册会计师需要了解和测试被审计单位的内部控制。

第二节 | 了解和记录内部控制

一、对内部控制了解的深度与程序

（一）对内部控制了解的深度

注册会计师在了解内部控制时，应当评价控制的设计，并确定其是否得到执行。对内部控制了解的深度是指在了解被审计单位及其环境时对内部控制了解的程度。它包括评价控制的设计，并确定其是否得到执行，但不包括对控制是否得到一贯执行的测试。

评价控制的设计是指考虑一项控制单独或连同其他控制是否能够有效防止或发现并纠正重大错报。控制得到执行是指某项控制存在且被审计单位正在使用。

（二）获取控制设计和执行的审计程序

注册会计师通常实施下列风险评估程序，以获取有关控制设计和执行的审计证据。

1. 询问被审计单位的人员

例如，注册会计师询问企业的管理层、关键的管理人员和员工，以识别、发现内控设计上的问题。值得注意的是，询问本身并不足以评价控制的设计以及确定其是否得到执行，注册会计师应将询问与其他风险评估程序结合使用。

2. 观察特定控制的运用

例如，业务授权、文件记录等内控的执行是否与制度规定相吻合。观察关键控制环节，例如，存货中产成品销售出库有一个关键的控制环节：出库时保管员要复盘一遍并签字，通过现场观察是否盘点，可以发现以前期间内控是否有效。

3. 检查文件和报告

把内部控制形成的行政文件、记录，通过抽查的办法看看内控在执行过程中是否留下记录和痕迹。例如，检查仓库保管员是否签字和记录，检查凭证和记录，看看内部控制在执行中是否留下记录和痕迹。

4. 追踪交易在财务报告信息系统中的处理过程（穿行测试）

一笔交易、事项发生后，从授权批准到确认、计量和记录到报告一路追踪，测试各个关键环节的内部控制是否得到使用。例如，为了复查购货循环的内部控制，审计人员可选择一笔或若干笔购货业务，把包括请购、订货、验收、保管、核票、付款、登账在内的整个购货业务流程进行详细检查，以确定购货循环内部控制中各环节的实际执行情况是否与其了解到的内部控制相一致。

二、记录内部控制

用以记录调查了解到的内部控制情况的常用方法主要有 3 种：文字说明法、流程图法和内部控制调查表法。这 3 种方法可以单独使用，也可结合使用。

（一）文字说明法

文字说明是对客户内部控制通过书面描述的形式进行的记录。表 8-1 为 A 公司内部控制说明书范例。对内部控制制度和相关控制点的恰当文字说明一般具备以下 4 个特征。

（1）说明制度中每份凭证和每个记录的来源。例如，文字说明应当指出顾客订单从何而来，销售发票如何产生。

（2）说明已发生的全部业务处理过程。例如，销售额是由计算机程序以发货数量乘以货物标准价格来确定的说明。

（3）制度中每份凭证和每个记录的处置。凭证归档，寄给顾客或者销毁，都应当反映。

（4）指出与估定控制风险有关的控制点。这通常包括职责分工（如现金记录职能与现金收付职能相分离）、授权与批准（如赊销的批准）、内部验证（如销售单价与销售合同相比较）。

表 8-1   A 公司的内部控制说明书

被审计单位：A	财务报表日：12/31/20×9	索引号：p-2
交易循环：销售与收款	编制人：	日期：
	复核人：	日期：

销售部收到顾客订货单（一式两联）后，李冰负责登记，李东负责审查订货单上的产品种类、质量要求、数量、价格、交货和付款方式，决定是否接受订货。李东在决定接受订货的情况下，将一式两联订货单送交财会部王明，由王明审查给予客户的信用政策。王明在订货单上签署意见，将其中一联送还销售部，另一联留存，并登记信用备忘录。信用政策被批准后，销售部编制提货单和一式三联的销售通知单，提货单送顾客，销售通知单一联留存，另外两联分别送仓储部和财会部；顾客凭提货单到仓储部提货，仓储部在核对提货单和销售通知单相符后，发出货物，并编制一式三联的发货单，一联以更新库存记录，另外两联分别送销售部和财会部，销售部负责催收款项。财会部王明在核对发货单、销售通知单和顾客订货单后，向顾客开出账单，要求对方按时付款，并更新销售日记账和应收账款等会计记录；收到款项，财会部郭靖负责登记银行存款日记账，王明开具销售发票。

财会部每月向客户发出应收账款询证函，如果出现分歧，应及时查明原因；每周核对一次销售发票和发货单上的数据。

销售和收款循环内部控制存在的缺陷有：①负责应收账款的职员，同时负责批准信用政策；②没有人将顾客的编号、销售数量和销售收入的会计输入和销售发票、信用备忘录上的有关信息进行核对。

（二）流程图法

内部控制流程图是运用符号和图形来反映客户的业务处理过程和相应凭证及其在组织内部有序流动过程的示意图。流程图也应当采取一定的形式表示出上述文字说明所应具备的 4 个特征。

流程图可以提供客户制度的概况，是注册会计师进行评价的有用工具。编制完善的流程图便于更清楚地了解制度的运行，从而可以帮助识别制度中的不足之处。流程图是一种反映制度特征的好方法，查看图表要比阅读文字说明更容易。此外，流程图的更新也比文字说明更容易。不过，有时可以把文字说明和流程图结合起来使用。

（三）内部控制调查表法

内部控制调查表对每一个审计单元的控制点提出一系列问题，作为提示注册会计师内部控制可能存在缺陷的工具。在大多数情况下，所设计的问题都要求给予"是"或"否"的回答，如果回答"否"，就表明内部控制可能存在缺陷。

一般来说，最好是利用客户编制的文字说明和流程图，再让客户填写内部控制调查。以 A 公司销售业务为例，表 8-2 为内部控制调查表格式。

表 8-2　　　　　　　　　　　A 公司的内部控制调查表

被审计单位：A		财务报表日：12/31/20×9			索引号：p-2
交易循环：销售与收款		编制人：			日期：
		复核人：			日期：
审计目标和问题		回答			备注
		是	否	不适用	
一、记录的销售是否向非虚设的客户发货 1. 销售业务的会计记录，是否有销售通知单、发货单和被批准的顾客订货单证据？ 2. 给予顾客的信用是否经过批准？		√ √			由财会部王明审批
二、发生的销售业务已经记录 1. 是否保存有详细的发货记录？ 2. 是否利用发货单来确保每次发货均已向顾客开具账单？ 3. 发货单是否连续编号，并且说明发货的事由？		√ √		√	发货单连续编号，但没有说明发货事由，需要增加实质性测试
三、记录的销售业务是否与发货数量一致，正确地开具账单，并加以记录 1. 是否有人将销售发票与发货单上的发货数量进行独立核对？ 2. 是否使用经过批准的价格表从事销售？ 3. 是否每月向顾客发出询证函，核对往来款项？ 4. 是否有人将顾客的编号、销售数量和销售收入的会计输入与销售发票和信用备忘录上的有关信息进行核对？		√ √ √		√	存在内部控制缺陷，增加实质性测试
四、记录的销售业务被恰当地分类 是否有人独立比较销售日记账和销售收入账户？				√	只有一个销售收入账户
五、销售收入在正确的日期确认 是否有人对比发货单上的日期和销售收入确认的日期？			√		存在内部控制缺陷，增加实质性测试

三、从整体层面了解和评估内部控制

（一）控制环境

控制环境包括治理职能和管理职能，以及治理层和管理层对内部控制及其重要性的态度、认识和措施。良好的控制环境是实施有效内部控制的基础。防止或发现并纠正错弊是被审计单位治理层与管理层的责任。在评价控制环境的设计和实施情况时，注册会计师应当了解管理层在治理层的监督下，是否营造并保持了诚实守信和合乎道德的文化，以及是否建立了防止或发现并纠正错弊的恰当控制。

1. 对诚信和道德价值观念的沟通与落实

诚信和道德价值观念是控制环境的重要组成部分，影响到重要业务流程的设计和运行。内部控制的有效性直接依赖于负责创建、管理和监控内部控制的人员的诚信和道德价值观念。对诚信和道德价值观念的沟通与落实，既包括管理层如何处理不诚实、非法或不道德行为，也包括在被审计单位内部，通过行为规范以及高层管理人员的身体力行，对诚信和道德价值观念的营造与维持。

注册会计师在了解和评估被审计单位的诚信和道德价值观念的沟通与落实时，考虑的主要因素可能包括：（1）被审计单位是否有书面的行为规范并向所有员工传达；（2）被审计单位的企业文化是否强调诚信和道德价值观念的重要性；（3）管理层是否身体力行，高级管理人员是否起表率作用；（4）对违反有关政策和行为规范的情况，管理层是否采取适当的惩罚措施。

2. 对胜任能力的重视

胜任能力是指具备完成某一职位的工作所应有的知识和能力。管理层对胜任能力的重视包括对于特定工作所需的胜任能力水平的设定，以及对达到该水平所必需的知识和能力。

注册会计师在了解和评估被审计单位对胜任能力的重视时，考虑的主要因素可能包括：（1）财会人员以及信息管理人员是否具备与被审计单位业务性质和复杂程度相称的足够的胜任能力和培训，在发生错误时，是否通过调整人员或系统来加以处理；（2）管理层是否配备足够的财会人员以适应业务发展和有关方面的需要；（3）财会人员是否具备理解和运用会计准则所需的技能。

3. 治理层的参与程度

被审计单位的控制环境在很大程度上受治理层的影响。治理层（董事会）通常通过其自身的活动，并在审计委员会或类似机构的支持下，监督被审计单位的财务报告政策和程序。治理层的职责还包括监督用于复核内部控制有效性的政策和程序设计是否合理，执行是否有效。

注册会计师在了解和评估被审计单位治理层的参与程度时，考虑的主要因素可能包括：（1）董事会是否建立了审计委员会或类似机构；（2）董事会、审计委员会或类似机构是否与内部审计人员以及注册会计师有联系和沟通，联系和沟通的性质以及频率是否与被审计单位的规模和业务复杂程度相匹配；（3）董事会、审计委员会或类似机构的成员是否具备适当的经验和资历；（4）董事会、审计委员会或类似机构是否独立于管理层；（5）审计委员会或类似机构会议的数量和时间是否与被审计单位的规模和业务复杂程度相匹配；（6）董事会、审计委员会或类似机构是否充分地参与了监督编制财务报告的过程；（7）董事会、审计委员会成类似机构是否对经营风险的监控有足够的关注，进而影响被审计单位和管理层的风险评估过程；（8）董事会成员是否保持相对的稳定性。

4. 管理层的理念和经营风格

管理层负责企业的运作以及经营策略和程序的制定、执行与监督。管理层的理念包括管理层对内部控制的理念，即管理层对内部控制以及对具体控制实施环境的重视程度。管理层的经营风格是指管理层所能接受的业务风险的性质。

注册会计师在了解和评估被审计单位管理层的理念和经营风格时，考虑的主要因素可能包括：（1）管理层是否对内部控制，包括信息技术的控制，给予了适当的关注；（2）管理层是否由一个或几个人所控制，董事会、审计委员会或类似机构对其是否实施有效监督；（3）管理层在承担和监控经营风险方面是风险偏好者还是风险规避者；（4）管理层在选择会计政策和做出会计估计时是倾向于激进还是保守；（5）管理层对于信息管理人员以及财会人员是否给予了适当关注；（6）对于重大的内部控制和会计事项，管理层是否征询注册会计师的意见，或者经常在这些方面与注册会计师存在不同意见。

5. 组织结构及职权与责任的分配

被审计单位的组织结构为计划、运作、控制及监督经营活动提供了一个整体框架。通过集权或分权决策，可在不同部门间进行适当的职责划分，建立适当层次的报告体系。

注册会计师在了解和评估被审计单位组织结构及职权与责任的分配时，考虑的主要因素可能包括：（1）在被审计单位内部是否有明确的职责划分，是否将业务授权、业务记录、资产保管和维护以及业务执行的责任尽可能地分离；（2）数据的所有权划分是否合理；（3）是否已针对授权交易建立适当的政策和程序。

6. 人力资源政策与实务

政策与程序（包括内部控制）的有效性，通常取决于执行人。因此，被审计单位员工的能力与诚信是控制环境中不可缺少的因素。人力资源政策与实务涉及招聘、培训、考核、晋升和薪酬等方面。

注册会计师在了解和评估被审计单位人力资源政策与实务时，考虑的主要因素可能包括：（1）被审计单位在雇用、培训、考核、晋升、工薪、调动和辞退员工方面是否都有适当的政策和程序（特别是在会计、财务和信息系统方面）；（2）是否有书面的员工岗位职责手册，或者在没有书面文件的情况下，对于工作职责和期望是否做了适当的沟通和交流；（3）人力资源政策与程序是否清晰，并且定期发布和更新；（4）是否设定适当的程序，对分散在各地区和海外的经营人员建立和沟通人力资源政策与程序。

综上所述，注册会计师应当对控制环境的构成要素获取足够的了解，并考虑内部控制的实质及其综合效果，以了解管理层和治理层对内部控制及其重要性的态度、认识以及所采取的措施。在评价控制环境的各个要素时，注册会计师应当考虑控制环境的各个要素是否得到执行时，注册会计师应当考虑将询问与其他风险评估程序相结合以获取审计证据。例如，通过询问管理层和员工，注册会计师可能了解管理层如何就业务规程和道德价值观念与员工进行沟通。通过观察和检查，注册会计师可能了解管理层是否建立了正式的行为守则，在日常工作中行为守则是否得到遵守，以及管理层如何处理违反行为守则的情形。控制环境本身并不能防止或发现并纠正各类交易、账户余额、列报认定层次的重大错报，注册会计师在评估重大错报风险时，应当将控制环境连同其他内部控制要素产生的影响一并考虑。

（二）风险评估过程

任何经济组织在经营活动中都会面临各种各样的风险，风险对其生存和竞争能力产生影响。很多风险并不为经济组织所控制，但管理层应当确定可以承受的风险水平，识别这些风险并采取一定的应对措施。可能产生风险的事项和情形包括监管和经营环境的变化、新员工的加入、新信息系统的使用或对原系统进行升级、业务快速发展、新技术、新生产型号与产品、新业务活动、企业重组、发展海外经营、新的会计准则。

风险评估过程的作用是识别、评估和管理影响被审计单位实现经营目标能力的各种风险。而针对财务报告目标的风险评估过程则包括识别与财务报告相关的经营风险，评估风险的重大性和发生的可能性，以及采取措施管理这些风险。例如，风险评估可能会涉及被审计单位如何考虑对某些交易未予记录的可能性，或者识别和分析财务报告中的重大会计估计发生错报的可能性。

注册会计师在对被审计单价整体层面的风险评估过程进行了解和评估时，考虑的主要因素可能包括：（1）被审计单位是否已建立并沟通其整体目标，并辅以具体策略和业务流程层面的计划；（2）被审计单位是否已建立风险评估过程，包括识别风险、估计风险的重大性、评估风险发生的可能性以及确定需要采取的应对措施；（3）被审计单位是否已建立某种机制，识别和应对可能对被审计单位产生重大且普遍影响的变化，如在金融机构中建立资产负债管理委员会，在制造型企业中建立期货交易风险管理组织等；（4）会计部门是否建立了某种流程，以识别会计准则的重大变化；（5）当被审计单位业务操作发生变化并影响交易记录的流程时，是否存在沟通渠道以通知会计部门；（6）风险管理部门是否建立了某种流程，以识别经营环境包括监管环境发生的重大变化。

（三）信息系统与沟通

与财务报告相关的信息系统，包括用以生成、记录、处理和报告交易、事项和情况，对相关资产、负债和所有者权益履行经营管理责任的程序和记录。与财务报告相关的信息系统通常包括下列职能：（1）识别与记录所有的有效交易；（2）及时、详细地描述交易，以便在财务报告中对交易做出恰当分类；（3）恰当计量交易，以使在财务报告中对交易的金额做出准确记录；（4）恰当确定交易生成的会计期间；（5）在财务报告中恰当列报交易。

注册会计师应当从下列方面了解与财务报告相关的信息系统：（1）在被审计单位经营过程中，对财务报表具有重大影响的各类交易。（2）在信息技术和人工系统中，交易生成、记录、处理和报告的程序。（3）与交易生成、记录、处理和报告有关的会计记录、支持性信息和财务报表中的特定项目。企业信息系统通常包括使用标准的会计记录，以记录销售、购货和现金付款等重复发生的交易，或记录管理层定期做出的会计估计，如应收账款可回收金额的变化。信息系统还包括使用非标准的分录，以记录不重复发生的、异常的交易或调整事项，如企业合并、资产减值等。（4）信息系统如何获取除各类交易之外的对财务报表具有重大影响的事项和情况的信息，如对固定资产和长期资产计提折旧或摊销、对应收账款计提坏账准备等。（5）被审计单位编制财务报告的过程，包括做出的重大会计估计和披露。编制财务报告的程序应当同时确保适用的会计准则和相关会计制度要求披露的信息得以收集、记录、处理和汇总，并在财务报告中得到充分披露。（6）管理层凌驾于账户记录控制之上的风险。自动化程序和控制可能降低了发生无意错误的风险，但是并没有消除个人凌驾于控制之上的风险，如某些高级管理人员可能篡改自动计入总分类账和财务报告系统的数据金额。因此注册会计师应当特别关注由于管理层凌驾于账户记录控制之上或规避控制行为而产生的重大错报风险，并考虑被审计单位如何纠正不正确的交易处理。

与财务报告相关的沟通包括使员工了解各自在与财务报告有关的内部控制方面的角色和职责，员工之间的工作联系，以及向适当级别的管理层报告例外事项的方式。公开的沟通渠道有助于确保例外情况能得到报告和处理。沟通可以采用政策手册、会计和财务报告手册及备忘录等形式进行，也可以通过发送电子邮件、口头沟通和管理层的行动来进行。

注册会计师应当了解被审计单位内部如何对财务报告的岗位职责以及与财务报告相关的重大事项进行沟通，注册会计师还应当了解管理层与治理层（特别是审计委员会）之间的沟通，以及被审计单位与外部（包括与监管部门）的沟通。具体包括：（1）管理层就员工的职责和控制责任是否进行了有效沟通；（2）针对可疑的不恰当事项和行为是否建立了沟通渠道；（3）组织内部沟通的充分性是否能够使员工有效地履行职责；（4）对于与客户、供应商、监管者和其他外部人士的沟通，管理层是否及时采取适当的进一步行动；（5）被审计单位是否受到某些监管机构发布的监管要求的约束；（6）外部人士如客户和供应商在多大程度上获知被审计单位的行为守则。

（四）控制活动

控制活动是指企业管理部门为了保证管理层的指令得以执行的政策和程序。控制活动贯穿于企业的所有层次和各个职能部门，是内部控制的主要组成部分。就一个企业来说，控制活动一般包括与业务授权、业绩评价、信息处理、实物控制和职责分离等相关的活动。

1. 业务授权

授权的目的在于保证交易在管理层授权范围内进行。授权可以是一般授权，也可以是特别授权。一般授权是指管理层制定的要求组织内部遵守的普遍适用于某类交易或活动的政策，如制定产品售价、顾客赊销限额的批准等。特别授权是指管理层针对特定类别的交易或活动逐一设置的授权，如重大资本支出和股票发行等。

2. 业绩评价

与业绩评价有关的控制活动，主要包括被审计单位分析评价实际业绩与预算（或预测、前期业绩）的差异，综合分析财务数据与经营数据的内在关系，将内部数据与外部信息来源相比较，评价职能部门、分支机构或项目活动的业绩（如银行客户信贷经理复核各分行、地区和各种贷款类型的审批和收回），以及对发现的异常差异或关系采取必要的调查与纠正措施。通过调查非预期的结果和非正常的趋势，管理层可以识别可能影响经营目标实现的情形。管理层对业绩信息的使用情况（如将这些信息用于经营决策，还是同时用于对财务报告系统报告的非预期结果进行追踪）决定了业绩指标的分析是只用于经营目的，还是同时用于财务报告目的。

3. 信息处理

与信息处理有关的控制活动，包括信息技术的一般控制和应用控制。信息技术一般控制是指与多个应用系统有关的政策和程序，有助于保证信息系统持续恰当地运行（包括信息的完整性和数据的安全性），支持应用控制作用的有效发挥，通常包括数据中心和网络运行控制，系统软件的购置、修改及维护控制，接触或访问权限控制，应用系统的购置、开发及维护控制。例如，程序改变的控制、限制接触程序和数据的控制、与新版应用软件包实施有关的控制等都属于信息技术一般控制。信息技术应用控制是指主要在业务流程层面运行的人工或自动化程序，与用于生成、记录、处理、报告交易或其他财务数据的程序相关，通常包括检查数据计算的准确性，审核账户和试算平衡表，设置对输入数据和数字序号的自动检查，以及对例外报告进行人工干预。

4. 实物控制

实物控制主要包括对资产和记录采取适当的安全保护措施，对访问计算机程序和数据文件设置授权，以及定期盘点并将盘点记录与会计记录相核对。实物控制的效果影响资产的安全，从而对财务报表的可靠性及审计产生影响。

5. 职责分离

职责分离主要包括被审计单位如何将交易授权、交易记录以及资产保管等职责分配给不同员工，以防范同一员工在履行多项职责时可能发生的舞弊或错误。当信息技术运用于信息系统时，职责分离可以通过设置安全控制来实现。

注册会计师对被审计单位整体层面的控制活动进行的了解和评估，主要是针对被审计单位的一般控制活动，特别是信息技术的一般控制。在了解和评估一般控制活动时应考虑的主要因素可能包括以下方面：（1）被审计单位的主要经营活动是否都有必要的控制政策和程序；（2）管理层在预算、利润和其他财务及经营业绩方面是否都有清晰的目标，在被审计单位内部，是否对这些目标都加以清晰地记录和沟通，并已积极地对其进行监控；（3）是否存在计划和报告系统，以识别与目标业绩的差异，并向适当层次的管理层报告该差异；（4）是否由适当层次的管理层对差异进行调查，并及时采取适当的纠正措施；（5）不同人员的职责应在何种程度上相分离，以降低舞弊和不当行为发生的风险；（6）会计系统中的数据是否与实物资产定期核对；（7）是否采取了适当的保护措施，以防未经授权接触文件、记录和资产；（8）是否存在信息安全职能部门负责监控信息安全政策和程序。

（五）对控制的监督

监督是由适当的人员，在适当、及时的基础上，评估控制的设计和运行情况的过程。对控制的监督是指被审计单位评价内部控制在一段时间内运行有效性的过程，该过程包括及时评价控制的设计和运行，以及根据情况的变化采取必要的纠正措施。例如，管理层对是否定期编制银行存款余额调节表进行复核，内部审计人员评价销售人员是否遵守公司关于销售合同条款的政策，法律部门定期监控公司的道德规范和商务行为准则是否得以遵循等。

通常，被审计单位通过持续的监督活动、专门的评价活动或两者相结合，实现对控制的监督。持续的监督活动通常贯穿于被审计单位的日常经营活动与常规管理工作中。例如，管理层在履行其日常管理活动时，取得内部控制持续发挥功能的信息。当业务报告、财务报告与他们取得的信息有较大差异时，会对有重大差异的报告提出疑问，并做必要的追踪调查和处理。

被审计单位可能使用内部审计人员或具有类似职能的人员对内部控制的设计和执行进行专门的

评价，以找出内部控制的优点和不足，并提出改进建议。监管机构（如银行监管机构）可能会对影响内部控制运行的问题与被审计单位沟通。管理层可能也会考虑与注册会计师就内部控制进行沟通，通过与外部信息的沟通，可以发现内部控制存在的问题，以便采取纠正措施。

注册会计师在对被审计单位整体层面的监督进行了解和评估时，考虑的主要因素可能包括以下各项：（1）被审计单位是否定期评价内部控制。（2）被审计单位人员在履行正常职责时，能够在多大程度上获得内部控制是否有效运行的证据。（3）与外部的沟通能够在多大程度上证实内部产生的信息或者指出存在的问题。（4）管理层是否采纳内部审计人员和注册会计师有关内部控制的建议。（5）管理层是否及时纠正控制运行中的偏差。（6）管理层根据监管机构的报告及建议是否及时采取纠正措施。（7）是否存在协助管理层监督内部控制的职能部门（如内部审计部门），如存在，对内部审计职能需进一步考虑的因素包括：①独立性和权威性；②向谁报告，例如，直接向董事会、审计委员会或类似机构报告，对接触董事会、审计委员会或类似机构是否有限制；③是否有足够的人员、培训和特殊技能，例如，对于复杂的高度自动化的环境应使用有经验的信息系统审计人员；④是否坚持适用的专业准则；⑤活动的范围，例如，财务审计和经营审计工作的平衡，在分项经营情况下内部审计的覆盖程度和轮换程度；⑥计划、风险评估和执行工作的记录及形成结论的适当性；⑦是否不承担经营管理责任。

四、从业务流程层面了解和评估内部控制

在初步计划审计工作时，注册会计师需要确定在被审计单位财务报表中可能存在重大错报风险的重大账户及其相关认定。为实现此目的，通常采取以下步骤。

1. 确定重要业务流程和重要交易类别

在实务中，将被审计单位的整个经营活动划分为几个重要的业务循环，有助于注册会计师更有效地了解和评估重要业务流程及相关控制。通常，对制造业企业，可以划分为销售与收款循环、采购与付款循环、存货与仓储循环、工薪与人员循环、筹资与投资循环等。被审计单价经营活动的性质不同，所划分的业务循环也不同。

2. 了解重要交易流程，并进行记录

在确定了重要的业务流程和交易类别后，注册会计师便可着手了解每一类重要交易在信息技术或人工系统中生成、记录、处理及在财务报表中报告的程序，即重要交易流程。这是确定在哪个环节或哪些环节可能发生错报的基础。注册会计师可以通过下列方法获得对重要交易流程的了解：（1）检查被审计单位的手册和其他书面指引；（2）询问被审计单位的适当人员；（3）观察所运用的处理方法和程序；（4）穿行测试。注册会计师要注意记录以下信息：（1）输入信息的来源；（2）所使用的重要数据档案，如客户清单及价格信息记录；（3）重要的处理程序，包括在线输入和更新处理；（4）重要的输出文件、报告和记录；（5）基本的职责划分，即列示各部门所负责的处理程序。

3. 确定可能发生错报的环节

注册会计师需要确认和了解被审计单位应在哪些环节设置控制，以防止或发现并纠正各重要业务流程可能发生的错报。注册会计师所关注的控制，是那些能通过防止错报的发生，或者通过发现和纠正已有错报，从而确保每个流程中业务活动的具体流程（从交易的发生到记录于账目）能够顺利运转的人工或自动化控制程序。

4. 识别和了解相关控制

业务流程中重要交易类别的有效控制应同时包括预防性控制和检查性控制。预防性控制通常用于正常业务流程的每一项交易，以防止错报的发生。缺少有效的预防性控制增加了数据发生错报的可能性，特别是在相关账户及其认定存在较高重大错报风险时，更是如此。建立检查性控制的目的

是发现流程中可能发生的错报（尽管有预防性控制还是会发生的错报）。被审计单位通过检查性控制，监督其流程和相应的预防性控制能否有效地发挥作用。检查性控制通常并不适用于业务流程中的所有交易，而适用于一般业务流程以外的已经处理或部分处理的某类交易，可能一年只运行几次，如每月将应收账款明细账与总账比较，也可能每周运行，甚至一天运行几次。

注册会计师应当获取有关控制的足够信息，以使其能够识别控制，了解各种控制如何执行、由谁执行，以及执行中所使用的数据报告、文件和其他材料。此外，注册会计师也需要确认，执行控制之后所形成的实物证据是什么，以及该控制是否足够敏感，能够及时防止或发现并纠正重大错报。

识别和了解控制采用的主要方法是，询问被审计单位各级别的负责人员。业务流程越复杂，注册会计师越有必要询问信息系统人员，以辨别有关的控制。通常，应首先询问那些级别较高的人员，再询问级别较低的人员，以确定他们认为应该运行哪些控制，以及哪些控制是重要的。这种"从高到低"的询问方法使注册会计师能迅速地辨别被审计单位重要的控制，特别是检查性控制，如果注册会计师打算信赖控制，就需要实施控制测试。

从级别较低人员处获取的信息，应向级别较高的人员核实其完整性，以确定他们是否与级别较高的人员所理解的预定控制相符。这一步骤不仅可以向注册会计师提供有关实际执行的控制信息，而且可以使注册会计师了解管理层对控制运行情况的熟悉程度。

5. 执行穿行测试，证实对交易流程和相关控制的了解

为了解各类主要交易在业务流程中发生、处理和记录的过程，注册会计师通常会每年执行穿行测试。对于重要的业务流程，不管是人工控制还是自动化控制，注册会计师都要对整个流程执行穿行测试，涵盖交易从发生到记账的整个过程。当某重要业务流程有显著变化时，注册会计师应当根据变化的性质，及其对相关账户发生重大错报的影响程度，考虑是否需要对变化前后的业务都执行穿行测试。注册会计师应当在每一个要执行处理程序或控制的环节上，询问被审计单位的员工，以了解他们对岗位职责的理解，并设法判断处理程序和控制是否得到执行。

6. 初步评价和风险评估

注册会计师在识别和了解控制后，需要评价控制设计的合理性，并确定其是否得到执行。

注册会计师对控制的评价结论可能是：（1）所设计的控制单独或连同其他控制能够防止或发现并纠正重大错报，并得到执行；（2）控制本身的设计是合理的，但没有得到执行；（3）控制本身的设计就是无效的或缺乏必要的控制。由于对控制的了解和评价是在穿行测试完成后，但又在测试控制运行有效性之前进行的，因此，上述评价结论只是初步结论，仍可能随控制测试后实施实质性程序的结果而发生变化。

注册会计师如果认为被审计单位控制设计合理并得到执行，能够有效防止或发现并纠正重大错报，那么注册会计师通常可以信赖这些控制，减少拟实施的实质性程序。注册会计师也可能认为控制是无效的，包括控制本身设计不合理，不能实现控制目标，或者尽管控制设计合理，但没有得到执行。在这种情况下，注册会计师不需要测试控制运行的有效性，而可以直接实施实质性程序。但在评估重大错报风险时，需要考虑控制无效对财务报表及其审计的影响。

7. 对财务报告流程的了解

财务报告流程将直接影响财务报告，因此，注册会计师应当对这一重要流程进行了解，确定可能发生错报的环节，识别和了解用于防止或发现并纠正错报的控制，执行穿行测试，对控制的设计及是否得到执行进行评估等。注册会计师对财务报告流程以及该流程如何与其他流程相连接的了解，有助于其识别和评估与财务报表重大错报风险相关的控制。

知识链接-08

思考题

1. 内部控制的含义是什么？如何理解内部控制？
2. 简述控制测试的性质、时间和范围。
3. 描述内部控制有哪几种方法？它们的优缺点是什么？
4. 说明内部控制初步评价的主要内容。

关键术语

内部控制	Internal Control
控制环境	Control Environment
风险评估	Risk Evaluation
信息系统与沟通	Information System and Communication
控制活动	Control Activity
监控	Monitor

第九章 | 风险评估与风险应对

【教学目标】

风险导向审计是当今主流的审计方法，注册会计师以重大错报风险的识别、评估和应对为审计工作的主线，来提高审计效率和效果。通过对本章的学习，学生能够理解风险评估的意义及风险评估程序；熟悉被审计单位及其环境所包括的内容；掌握注册会计师应当识别和评估的各层次重大错报风险。

【引例】

萨蒂扬案例

2009年1月7日，印度萨蒂扬软件公司的董事长兼首席执行官拉马林加·拉贾（B. Ramalinga Raju）宣布辞职。他在辞职信中表示，在截至9月30日的财季中，萨蒂扬的实际销售额为4.34亿美元，但公司公布的数据是5.55亿美元。萨蒂扬公布的利润是1.36亿美元，但实际利润只有1 250万美元。该公司还公布可用现金为11亿美元，但实际只有6 600万美元，恐怕连工人的工资都发不起。丑闻曝出当日，萨蒂扬公司股价暴跌近80%，其在纽约上市的美国存托凭证（ADR）则暂停交易，孟买证交所基准指数Sensex大幅下挫7个百分点，印度证券交易委员会主席巴维形容该事件为"令人恐怖的大地震"。萨蒂扬财务欺诈案，也由此成为20世纪90年代以来印度最大的公司丑闻。

纵观案情的始末，我们不难发现，萨蒂扬的创始人拉贾的造假手法非常拙劣，仍然是"拆东墙补西墙"的传统伎俩。稍有些审计常识的人都知道，这样的抵押业务是可以通过银行函证来获得相关信息的。问题就在于萨蒂扬公司的审计师普华永道做了没有？想不想做？从风险评估和风险应对这两个风险导向审计的关键步骤来分析，普华永道有多少次机会可以避免审计失败？它的失职又在哪些地方？看看究竟是猎物太狡猾还是猎人太无能？

1. 风险评估

（1）行业状况、法律环境与监管环境以及其他外部因素

2008年，金融海啸席卷欧美。据印度国家软件协会估计，印度IT产业40%的年盈利来自于全球金融服务商，其外包产品的61%售往美国，30%的市场在欧洲，印度信息产业的外包业务自然成为金融海啸的重灾区。到2009年1月，印度软件外包行业的整体盈利能力下降了6%。在全行业都萎缩的情况下，萨蒂扬却能够保持持续增长的业绩，是不符合行业整体的发展趋势的。换言之，在宏观经济的景气度降低、国际经济环境恶劣的情况下，萨蒂扬居然能够"独善其身"，如果公司并没有行之有效的应对措施，审计师就应怀疑公司业绩是否有粉饰之嫌。

（2）被审计单位的性质

良好的治理结构可以对被审计单位的经营和财务运作实施有效的监督。在萨蒂扬欺诈案中，拉贾将家族持有的8%股份进行质押，获得了银行2.5亿元贷款，但这笔贷款并未在资产负债表上反映。不反映不能成为注册会计师免责的理由，相反，这本应是注册会计师应该有所建树的地方。并且这么一大笔资金，肯定会有一些蛛丝马迹，注册会计师是抓住线索乘胜追击，还是让线索白白溜走，这考验的就是审计人员的执业水平和执业责任了。

（3）被审计单位的目标、战略以及相关经营风险

众所周知，软件开发的成本中70%是人力资源成本，降低人力资源成本将有效地降低软件开发的成本。成本的上升加之公司规模的扩张，使得公司的财务业绩难以持续保持"光鲜亮丽"，实际运营利润与账面上显示的数据差距越来越大，为了避免因业绩不好而被收购，萨蒂扬的实际控制者拉

贾只能在财务造假的泥潭中越陷越深。

（4）被审计单位的内部控制

由于印度家族上市公司的特点，在内部控制的设计和实施上，萨蒂扬公司存在不少问题。比如，在控制环境中，管理层的理念和经营风格是非常重要的。但是萨蒂扬公司基本上是创始人拉贾的"一言堂"，他在自白书中也提及，他的造假没有其他人员参与，可见公司的管理和经营处于失控状态。

2. 风险应对

普华永道印度分公司在进行进一步审计程序的时候，负责萨蒂扬公司审计工作的普华永道印度分公司合伙人和员工未能坚持执行有关现金、现金等价物余额和萨蒂扬公司应收账款的确认程序。未能适当执行第三方确认程序导致萨蒂扬公司的欺诈行为，直到其原首席执行官在2009年1月公开承认的时候才被发觉。

未能执行确认程序并不仅限于对萨蒂扬公司的审计工作，更说明了普华永道印度分公司质量控制的失败。在相关时期，普华永道印度分公司的质量控制系统未能发现公司的各个工作团队通常都不对审计客户执行现金收支确认程序，并且很少质疑他们从客户那里收到的确认答复的真实性。尽管每年都进行质量检查，但普华永道印度分公司直到2009年1月才发现这种失职行为。由于没有遵守PCAOB的标准，普华永道班加罗尔分公司发布的萨蒂扬公司审计报告并不准确。结果，普华永道印度分公司的失职行为成为了萨蒂扬公司财务造假的帮凶。

从总体上讲，在实施进一步审计程序时，普华永道印度分公司的审计工作没有采取职业怀疑态度。这种态度是审计诚信的基石，也是投资者的合理期望。在欺诈行为曝光后，负责萨蒂扬公司审计事务的普华永道印度分公司工作团队成员表示，他们没有执行确认程序，而是在很大程度上依赖于萨蒂扬公司自己的陈述，因为他们相信萨蒂扬公司的前首席执行官和高管诚实可靠，未曾怀疑该公司假造了审计文件。

第一节 风险评估

一、风险评估程序

为了识别和评价财务报表中的重大错报风险，注册会计师应当了解被审计单位及其环境。为了了解被审计单位及其环境而实施的程序称为"风险评估程序"。注册会计师应当依据这些程序所获取的信息，评估重大错报风险。并且这些信息将成为审计证据的一部分。这些风险评估程序包括：询问被审计单位管理层和内部其他相关人员，实施分析程序，观察和检查，穿行测试。

（一）询问被审计单位管理层和内部其他相关人员

询问被审计单位管理层和内部其他相关人员是注册会计师了解被审计单位及其环境的一个重要信息来源。首先，注册会计师可以考虑向管理层和财务负责人询问的事项：一是管理层所关注的主要问题，如新的竞争对手、主要客户和供应商的流失、新的税收法规的实施以及经营目标或战略的变化等；二是被审计单位最近的财务状况、经营成果和现金流量；三是可能影响财务报告的交易和事项，或者目前发生的重大会计处理问题，如重大的并购、投资等事宜；四是被审计单位发生的其他重大变化，如所有权结构、组织结构以及内部控制等变化。

尽管注册会计师询问管理层和财务负责人可以获取大部分信息，但询问被审计单位内部其他人员则可能为注册会计师提供不同的信息，有助于注册会计师识别重大错报风险。所以，注册会计师除了询问管理层和对财务报告负责人外，还应考虑询问被审计单位内部其他人员，如内部审计人员、采购人员、生产人员、销售人员等，并考虑询问不同级别的员工，以获取对识别重大错报风险有用的信息。

注册会计师在确定对被审计单位哪些人员进行询问以及询问哪些问题时，应当考虑需要何种信息，以利于其识别和评估重大错报风险。例如，询问管理层，有助于注册会计师理解财务报表编制的环境；询问内部审计人员，有助于注册会计师了解其针对被审计单位内部控制设计和运行有效性而实施的工作，以及管理层对内部审计发现问题是否采取适当的措施；询问参与生成、处理或记录复杂或异常交易的员工，有助于注册会计师评估被审计单位选择和运用某项会计政策的适当性；询问内部法律顾问，有助于注册会计师了解有关法律法规遵循情况、合同的安排情况以及诉讼情况等；询问营销人员，有助于注册会计师了解被审计单位的营销策略及其变化、销售趋势以及客户情况等；询问采购人员和生产人员，有助于注册会计师了解被审计单位的采购政策及情况、生产状况等；询问仓库人员，有助于注册会计师了解被审计单位存货的进出、保管和盘点等情况。

（二）实施分析程序

分析程序是指注册会计师通过研究不同财务数据之间以及财务数据与非财务数据之间的内在关系，对财务信息做出判断和评价。分析程序还包括调查识别出与其他相关信息不一致或与预期数据严重偏离的波动和关系。分析程序既可作为风险评估程序和实质性程序，也可用作对财务报表的总体复核。

实施分析程序有助于注册会计师识别被审计单位的异常交易或事项以及对财务报表和审计产生影响的金额、比率和趋势。在实施分析程序时，注册会计师应当预期可能存在的合理关系，并与被审计单位记录的金额以及依据记录金额计算的比率或趋势进行比较，以便能够发现异常或未预期到的关系，并在识别重大错报风险时考虑这些比较结果。如果注册会计师在实施分析程序时使用了高度汇总的数据，这时分析程序结果有可能只初步显示财务报表存在重大错报风险，注册会计师应当将分析结果连同识别重大错报风险时获取的其他信息一并考虑。例如，被审计单位是进行多种产品系列生产，而不同的产品系列的毛利率又存在较大的差异，这对被审计单位总体毛利率分析的结果仅可能初步显示销售成本存在重大错报风险，所以，注册会计师需要采用更为详细的分析程序，如对每一产品系列进行毛利率分析，或将总体毛利率分析结果连同其他信息一并考虑。

（三）观察和检查

观察和检查程序不仅可以提供有关被审计单位及其环境信息，还可以印证管理层和其他相关人员的询问结果。注册会计师在审计过程中可以采用的观察和检查程序有：一是观察被审计单位的生产经营活动。如观察和检查被审计单位人员正在从事的生产活动，可以增加注册会计师对被审计单位如何进行生产经营活动的了解，观察被审计单位的内部控制活动，可以了解被审计单位如何开展内部控制。二是检查被审计单位的文件、记录和内部控制手册等。通过这些程序可以了解到被审计单位内部控制是否健全、完整。三是阅读由管理层和治理层编制的报告。如阅读被审计单位的年度财务报表、董事会议等记录或纪要、管理层讨论的战略计划等内部报告或其他特殊目的报告等，可以了解被审计单位自上一审计期结束至本次审计期间发生的一些重大事项。四是实地观察被审计单位生产经营场所和设备，有助于注册会计师了解被审计单位生产经营的性质和经营活动的内容。通过对被审计单位办公和经营场所的观察和调查，还有利于注册会计师与被审计单位管理层以及不同级次人员进行接触，可以增加注册会计师对被审计单位经营活动和重大影响因素的了解。五是采用穿行测试程序，即追踪交易在财务报告信息系统中的处理过程。这是注册会计师了解被审计单位业务流程及其相关控制时经常采用的审计程序。

（四）穿行测试

穿行测试程序是通过追踪某笔或几笔交易在业务流程中如何生成、记录、处理和报告，以及相关控制如何执行，据此，注册会计师可以确定被审计单位的交易流程和相关控制是否与之前通过其他程序所获得的信息一致，并确定相关控制是否得到执行，从而判断重大错报风险。

二、了解被审计单位及其环境

注册会计师应当从以下 6 个方面了解被审计单位及其环境：（1）行业状况、法律环境与监管环境以及其他外部因素；（2）被审计单位的性质；（3）被审计单位会计政策的选择和运用；（4）被审计单位的目标、战略以及相关经营风险；（5）被审计单位财务业绩的衡量和评价；（6）被审计单位的内部控制。识别被审计单位及其环境在上述各方面与以前相比发生的重大变化，对于充分了解被审计单位及其环境、识别和评估重大错报风险尤为重要。本节阐述第（1）到第（5）个方面，第（6）个方面已在本章第一节阐述。

（一）行业状况、法律环境与监管环境以及其他外部因素

行业状况、法律环境与监管环境以及其他外部因素构成了被审计单位的外部环境。对外部环境的了解有助于注册会计师识别与被审计单位所处的外部环境有关的重大错报风险。

1. 行业状况

了解行业状况有助于注册会计师识别与被审计单位所处行业有关的重大错报风险。注册会计师应当了解被审计单位的行业状况，主要包括以下方面：

（1）所处行业的市场供求与竞争。例如，被审计单位所处行业的总体发展趋势是什么？处于哪一发展阶段，如起始、成长、成熟或衰退阶段？所处市场的需求、市场容量和价格竞争如何？

（2）生产经营的季节性和周期性。例如，该行业是否受经济周期波动的影响，以及采取了什么行动使波动产生的影响最小化？

（3）产品生产技术的变化。例如，该行业受技术发展影响的程度如何？是否开发了新的技术？一项新技术出现，往往会导致产品和生产线降价或减值，因此在固定资产审计和存货审计时，应注意企业是否计提跌价准备，是否计提减值准备。

（4）能源供应与成本。例如，能源消耗占成本比重有多大？能源价格的变化对成本的影响如何？像航空企业，如果国际市场原油上涨，航空企业利润变薄或者处于亏损；如果国际市场油价下降，航空企业就会盈利。因此，能源的供应和成本的变化对所审计的这类特定企业的影响是比较大的。

（5）行业的关键指标和统计数据。谁是被审计单位最主要的竞争者，它们各自所占的市场份额是多少？被审计单位与竞争者相比，主要的竞争优势是什么？被审计单位的业务增长率和财务业绩与行业的平均水平及主要竞争者相比如何？存在重大差异的原因是什么？竞争者是否采取了某些行动，如并购活动、降价销售、开发新技术等，从而对被审计单位的经营活动产生影响？

2. 法律环境及监管环境

注册会计师应当了解被审计单位所处的法律环境及监管环境，主要包括：（1）适用的会计政策、会计制度和行业特定惯例；（2）对经营活动产生重大影响的法律法规及监管活动；（3）对开展业务产生重大影响的政府政策，包括货币、财政、税收和贸易政策；（4）与被审计单位所处行业和所从事经营活动相关的环保要求。

3. 其他外部因素

注册会计师应当了解影响被审计单位经营的其他外部因素，主要包括：（1）宏观经济的景气度（即宏观经济现状以及未来发展趋势）；（2）通货膨胀、利率水平和公众供求状况如何影响被审计单

位的经营活动；（3）被审计单位的经营活动是否受到汇率变动、国际经济环境的影响。

（二）了解被审计单位的性质

被审计单位的性质因其所有权结构、治理结构、组织结构、经营活动、投资活动和筹资活动等因素决定。

1. 所有权结构

对被审计单位所有权结构的了解有助于注册会计师识别关联方关系并了解被审计单位的决策过程。注册会计师应当了解所有权结构以及所有者与其他人员或单位之间的关系，考虑关联方关系是否已经得到识别，以及关联方交易是否得到恰当核算。例如，注册会计师应当了解被审计单位是属于国有企业、外商投资企业、民营企业还是其他类型的企业，还应当了解其直接控股公司、间接控股公司、最终控股公司和其他股东的构成，以及所有者与其他人员或单位（如控股母公司控制的其他企业）之间的关系等。同时，注册会计师还可能需要对控股母公司的情况做进一步的了解，主要包括控股母公司与被审计单位在资产、业务、人员、结构、财务等方面是否分开，是否存在占用资金等情况；控股母公司是否施加压力，要求被审计单位达到其设定的财务业绩目标等。

2. 治理结构

良好的治理结构可以对被审计单位的经营和财务运作实施有效的监督，从而降低财务报表发生重大错报的风险。注册会计师应当了解被审计单位的治理结构。例如，董事会的构成情况、董事会内部是否有独立董事；治理结构中是否设有审计委员会或监事会及其运作情况。注册会计师应当考虑治理层是否能够在独立于管理层的情况下对被审计单位事务（包括财务报告）做出客观判断。

3. 组织结构

复杂的组织结构可能导致某些特定的重大错报风险。例如，对于在多个地区拥有子公司、合营企业、联营企业或其他成员机构，或者存在多个业务分部和地区分部的被审计单位而言，不仅编制合并财务报表的难度增加，而且还存在其他可能导致重大错报风险的复杂事项，如对子公司、合营企业、联营企业和其他股权投资类别的判断及会计处理。因此，注册会计师应当了解被审计单位的组织结构，考虑复杂组织结构可能导致的重大错报风险，包括财务报表合并、商誉减值以及长期股权投资核算等问题。

4. 经营活动

了解被审计单位经营活动有助于注册会计师识别预期的财务报表中反映的主要交易类别、重要账户余额和列报。具体内容包括以下方面：主营业务性质、与生产产品或提供劳务相关的市场信息、业务开展情况、联盟合营承包情况、从事电子商务情况、地区与行业分布、生产设施仓库地理位置及办公地点、关键客户、重要供应商、劳动用工情况、研究与开发活动及支出、关联交易等。

5. 投资活动

了解被审计单位投资活动有助于注册会计师关注被审计单位在经营策略和方向上的重大变化。要了解的主要内容包括近期拟实施或已实施的并购活动及资产处置情况；证券投资、委托贷款的发生与处置；资本性投资活动，包括固定资产和无形资产投资，近期发生或计划发生的变动；不纳入合并范围的投资。

6. 筹资活动

了解被审计单位筹资活动有助于注册会计师评估被审计单位在融资方面的压力，并进一步考虑被审计单位在可预见未来的持续经营能力。要了解的主要内容包括债务结构和相关条款；固定资产融资租赁；关联方融资；实际受益股东；衍生金融工具运用。

（三）了解被审计单位的会计政策的选择和应用

注册会计师应当了解被审计单位对会计政策的选择和运用，是否符合适用的会计准则和相关会计制度，是否符合被审计单位的具体情况。在了解被审计单位对会计政策的选择和运用是否适当时，注册会计师应当关注下列重要事项：重要项目的会计政策和行业惯例；重大和异常交易的会计处理方法；在新领域和缺乏权威性标准或共识的领域，采用重要会计政策产生的影响；会计政策的变更；被审计单位何时采用以及如何采用新颁布的会计准则和相关会计制度。如果被审计单位变更了重要的会计政策，注册会计师应当考虑变更的原因及其适当性，并考虑是否符合适用的会计准则和相关会计制度的规定。注册会计师应当考虑，被审计单位是否按照适用的会计准则和相关会计制度的规定恰当地进行列报，并披露了重要事项。

（四）了解被审计单位的目标、战略及相关经营风险

注册会计师应当了解被审计单位的目标和战略，以及可能导致财务报表重大错报的相关经营风险。经营风险源于对被审计单位实现目标和战略产生不利影响的重大情况、事项、环境和行动，或源于不恰当的目标和战略。注册会计师应当了解被审计单位是否存在与下列方面有关的目标和战略，并考虑相应的经营风险：（1）行业发展及其可能导致的被审计单位不具备足以应对行业变化的人力资源和业务专长等风险；（2）开发新产品或提供新服务及其可能导致的被审计单位产品责任增加等风险；（3）业务扩张及其可能导致的被审计单位对市场需求的估计不准确等风险；（4）新颁布的会计法规及其可能导致的被审计单位执行法规不当或不完整，或会计处理成本增加等风险；（5）监管要求及其可能导致的被审计单位法律责任增加等风险；（6）本期及未来的融资条件及其可能导致的被审计单位由于无法满足融资条件而失去融资机会等风险；（7）信息技术的运用及其可能导致的被审计单位信息系统与业务流程难以融合等风险。多数经营风险最终都会产生财务后果，从而影响财务报表。注册会计师应当根据被审计单位的具体情况考虑经营风险是否可能导致财务报表发生重大错报。管理层通常制定识别和应对经营风险的策略，注册会计师应当了解被审计单位的风险评估过程。

（五）了解被审计单位财务业绩的衡量和评价

被审计单位内部或外部对财务业绩的衡量和评价可能对管理层产生压力，促使其采取行动改善财务业绩或歪曲财务报表。注册会计师应当了解被审计单位财务业绩的衡量和评价情况，考虑这种压力是否可能导致管理层采取行动，以至于增加财务报表发生重大错报的风险。在了解被审计单位财务业绩衡量和评价情况时，注册会计师应当关注以下信息：（1）关键业绩指标；（2）业绩趋势；（3）预测、预算和差异分析；（4）管理层和员工业绩考核与激励性报酬政策；（5）分部信息与不同层次部门的业绩报告；（6）与竞争对手的业绩比较；（7）外部机构提出的报告。

三、评估重大错报风险

了解被审计单位及其环境的目的之一是评估重大错报风险。注册会计师应当识别和评估财务报表层次和认定层次的重大错报风险。

（一）识别和评估重大错报风险的审计程序

在评估重大错报风险时，注册会计师应当实施下列审计程序。

1. 在了解被审计单位及其环境的整个过程中识别风险，并考虑各类交易、账户余额、列报

注册会计师应当运用各项风险评估程序，在了解被审计单位及其环境的整个过程中识别风险，并将识别的风险与各类交易、账户余额和列报相联系。例如，被审计单位出相关环境法规的实施需要更新设备，可能面临原有设备闲置或贬值的风险；宏观经济的低迷可能预示应收账款的回收存在问题；竞争者开发的新产品上市，可能导致被审计单位的主要产品在短期内过时，预示将出现存货跌价和长期资产（如固定资产等）的减值。

2. 将识别的风险与认定层次可能发生错报的领域相联系

注册会计师应当将识别的风险与认定层次可能发生错报的领域相联系。例如，销售困难使产品的市场价格下降，可能导致年末存货成本高于其可变现净值而需要计提存货跌价准备，这显示存货的计价认定可能发生错报。

3. 考虑识别的风险是否重大

风险是否重大是指风险造成后果的严重程度。上例中，除考虑产品市场价格下降的因素外，注册会计师还应当考虑产品市场价格下降的幅度、该产品在被审计单位产品中的比重等，以确定识别的风险对财务报表的影响是否重大。假如产品市场价格大幅下降，导致产品销售收入不能补偿成本，毛利率为负，那么年末存货跌价问题严重，存货计价认定发生错报的风险重大；假如价格下降的产品在被审计单位销售收入中所占比例很小，被审计单位其他产品销售毛利率很高，尽管该产品的毛利率为负，但可能不会使年末存货发生重大跌价问题。

4. 考虑识别的风险导致财务报表发生重大错报的可能性

注册会计师还需要考虑上述识别的风险是否会导致财务报表发生重大错报。例如，考虑存货的账面余额是否重大，是否已适当计提存货跌价准备等。在某些情况下，尽管识别的风险重大，但仍不至于导致财务报表发生重大错报。例如，被审计单位对于存货跌价准备的计提实施了比较有效的内部控制，管理层已根据存货的可变现净值，计提了相应的跌价准备。在这种情况下，财务报表发生重大错报的可能性将相应降低。

注册会计师应当利用实施风险评估程序获取的信息，包括在评价控制设计和确定其是否得到执行时获取的审计证据，作为支持风险评估结果的审计证据。注册会计师应当根据风险评估结果，确定实施进一步审计程序的性质、时间和范围。

（二）识别和评估两个层次的重大错报风险

注册会计师应当识别和评估财务报表层次以及各类交易、账户余额、列报认定层次的重大错报风险。

财务报表层次重大错报风险与财务报表整体存在广泛联系，它可能影响多项认定。财务报表层次的重大错报风险很可能源于薄弱的控制环境。薄弱的控制环境带来的风险可能对财务报表产生广泛影响，难以限于某类交易、账户余额、列报。例如，在经济不稳定的国家和地区开展业务、资产的流动性出现问题、重要客户流失、融资能力受到限制等，可能导致注册会计师对被审计单位的持续经营能力产生重大疑虑。又如，管理层缺乏诚信或承受异常的压力可能引发舞弊风险。对于这些与财务报表整体相关的风险，注册会计师应当采取总体应对措施。

认定层次的重大错报风险与特定的某类交易、账户余额、列报的认定相关。例如，被审计单位存在复杂的联营或合资，这一事项表明长期股权投资账户的认定可能存在重大错报风险。又如，被审计单位存在重大的关联方交易，该事项表明关联方及关联方交易的披露认定可能存在重大错报风险。在评估重大错报风险时，注册会计师应当将所了解的控制与特定认定相联系。控制与认定直接或间接相关，关系越间接，控制对防止或发现并纠正认定错报的效果越差。

第二节 风险应对

在审计中，注册会计师应当识别和评估财务报表层次以及各类交易、账户余额、列报认定层次的重大错报风险。

一、针对财务报表层次重大错报风险的总体应对措施

在财务报表重大错报风险的评估过程中，注册会计师应当确定识别的重大错报风险是与特定的某类交易、账户余额、列报的认定相关，还是与财务报表整体广泛相关，进而影响多项认定。如果是后者，则属于财务报表层次的重大错报风险。

注册会计师应当针对评估的财务报表层次重大错报风险来确定下列总体应对措施。

1. 保持必要的怀疑态度

向项目组强调在收集和评价审计证据过程中保持职业怀疑态度的必要性。

2. 分派更有经验或具有特殊技能的审计人员，或利用专家的工作

由于各行业在经营业务、经营风险、财务报告、法规要求等方面具有特殊性，审计项目组成员中应有一定比例的人员曾经参加过对被审计单位以前年度的审计，或具有被审计单位所处特定行业的相关审计经验。必要时，可以寻求信息技术、评估、精算、律师等方面专家的帮助。

3. 提供更多的督导

对于财务报表层次重大错报风险较高的审计项目，项目组的高级别成员，如项目负责人、项目经理等经验较丰富的人员，要对其他成员提供更详细、更经常、更及时的指导和监督，并加强项目质量复核。

4. 在选择进一步审计程序时，应当注意使某些程序不被管理层预见或事先了解

在实务中，注册会计师可以通过以下方式提高审计程序的不可预见性。（1）对某些未测试过的低于设定的重要性水平或风险较小的账户余额和认定实施实质性程序；（2）调整实施审计程序的时间，使被审计单位不可预期；（3）采取不同的审计抽样方法，使当期抽取的测试样本与以前有所不同；（4）选取不同的地点实施审计程序，或预先不告知被审计单位所选定的测试地点。

5. 对拟实施审计程序的性质、时间和范围做出总体修改

财务报表层次的重大错报风险很可能源于薄弱的控制环境。如果控制环境存在缺陷，注册会计师在对拟实施审计程序的性质、时间和范围做出总体修改时应当考虑以下方法。（1）在期末而非期中实施更多的审计程序。控制环境的缺陷通常会削弱期中获得审计证据的可信赖程度。（2）主要依赖实质性程序获取审计证据。良好的控制环境是其他控制要素发挥作用的基础。控制环境存在缺陷通常会削弱其他控制要素的作用，导致注册会计师可能无法信赖内部控制，而主要依赖实施实质性程序获取审计证据。（3）修改审计程序的性质，获取更具说服力的审计证据。修改审计程序的性质主要是指调整拟实施审计程序的类别及组合，例如原先可能主要限于检查某项资产的账面记录或相关文件，而调整审计程序的性质后可能意味着更加重视实地检查该项资产。（4）扩大审计程序的范围。例如，扩大样本规模，或采用更详细的数据实施分析程序。

二、针对认定层次重大错报风险的进一步审计程序

（一）进一步审计程序的含义与要求

进一步审计程序相对于风险评估程序而言，是指注册会计师针对评估的各类交易、账户余额、列报认定层次重大错报风险实施的审计程序，包括控制测试和实质性程序。

注册会计师应当针对评估的认定层次重大错报风险设计和实施进一步审计程序，包括审计程序的性质、时间和范围。注册会计师设计和实施的进一步审计程序的性质、时间和范围，应当与评估的认定层次重大错报风险具备明确的对应关系。其中进一步审计程序的性质是最重要的。例如，注册会计师评估的重大错报风险越高，实施进一步审计程序的范围通常越大；但是只有首先确保进一

步审计程序的性质与特定风险相关时，扩大审计程序的范围才是有效的。注册会计师实施的审计程序具有目的性和针对性，有的放矢地配置审计资源，有利于提高审计效率和效果。

在设计进一步审计程序时，注册会计师应当考虑以下因素：（1）风险的重要性，即风险造成的后果的严重程度；（2）重大错报发生的可能性；（3）涉及的各类交易、账户余额、列报的特征；（4）被审计单位采用的特定控制的性质，尤其是人工控制还是自动化控制对注册会计师设计进一步的审计程序具有重要影响；（5）注册会计师是否拟获取审计证据，以确定内部控制在防止或发现并纠正重大错报方面的有效性。

（二）进一步审计程序的性质

进一步审计程序的性质是指进一步审计程序的目的和类型。进一步审计程序的目的包括通过实施控制测试以确定内部控制运行的有效性，通过实施实质性程序以发现认定层次的重大错报；进一步审计程序的类型包括检查、观察、询问、函证、重新计算、重新执行和分析程序。

注册会计师应当根据认定层次重大错报风险的评估结果选择审计程序。评估的认定层次重大错报风险越高，对通过实质性程序获取的审计证据的相关性和可靠性的要求越高，从而可能影响进一步审计程序的类型及其综合运用。

除了从总体上把握认定层次重大错报风险的评估结果对选择进一步审计程序的影响外，在确定拟实施的审计程序时，注册会计师接下来应当考虑评估的认定层次重大错报风险产生的原因，包括考虑各类交易、账户余额、列报的具体特征以及内部控制。

需要说明的是，如果在实施进一步审计程序时拟利用被审计单位信息系统生成的信息，注册会计师应当就信息的准确性和完整性获取审计证据。

（三）进一步审计程序的时间

进一步审计程序的时间是指注册会计师何时实施进一步审计程序，或审计证据适用的期间或时点。注册会计师在进一步审计程序的时间选择上具体包括两个层面：第一个层面是注册会计师选择在何时实施进一步审计程序的问题，主要是如何权衡期中与期末实施审计程序的关系；第二个层面是选择获取什么期间或时点的审计证据的问题，主要是如何权衡以前审计获取的审计证据与本期获取的审计证据的关系。

注册会计师可以在期中或期末实施控制测试或实质性程序。在期中实施进一步审计程序发挥的积极作用是：可能有助于注册会计师在审计工作初期识别重大事项，并在管理层的协助下及时解决这些事项；或针对这些事项制定有效的实质性方案或综合性方案。但是，在期中实施进一步审计程序也存在很大的局限。首先，注册会计师往往难以仅凭在期中实施的进一步审计程序获取有关期中以前的充分、适当的审计证据（例如，某些期中以前发生的交易或事项在期中审计结束时尚未完结）。其次，即使注册会计师在期中实施的进一步审计程序能够获取有关期中以前的充分、适当的审计证据，但从期中到期末这段剩余期间往往还会发生重大的交易或事项（包括期中以前发生的交易、事项的延续，以及期中以后发生的新的交易、事项），从而对所审计期间的财务报表认定产生重大影响。最后，被审计单位管理层也完全有可能在注册会计师于期中实施了进一步审计程序之后对期中以前的相关会计记录做出调整甚至篡改，注册会计师在期中实施了进一步审计程序所获取的审计证据已经发生了变化。为此，如果在期中实施了进一步审计程序，注册会计师还应当针对剩余期间获取审计证据。

因此，注册会计师在期末实施审计程序在很多情况下是非常必要的。一项基本的考虑因素应当是注册会计师评估的重大错报风险，尤其是评估的重大错报风险较高时，可考虑在期末或接近期末实施实质性程序，或采用不通知的方式，或在管理层不能预见的时间实施审计程序。

（四）进一步审计程序的范围

进一步审计程序的范围是指实施进一步审计程序的数量，包括抽取的样本量、对某项控制活动的观察次数等。在确定审计程序的范围时，注册会计师应当考虑下列因素。（1）确定的重要性水平。确定的重要性水平越低，注册会计师实施进一步审计程序的范围越广。（2）评估的重大错报风险。评估的重大错报风险越高，对拟获取审计证据的相关性、可靠性的要求越高，因此注册会计师实施的进一步审计程序的范围也越广。（3）计划获取的保证程度。计划获取的保证程度是指注册会计师计划通过所实施的审计程序对测试结果可靠性所获取的信心。计划获取的保证程度越高，对测试结果可靠性要求越高，注册会计师实施的进一步审计程序的范围越广。例如，注册会计师对财务报表是否不存在重大错报的信心可能来自控制测试和实质性程序。如果注册会计师计划从控制测试中获取更高的保证程度，则控制测试的范围更广。

三、控制测试

（一）控制测试的含义和要求

控制测试指的是测试控制运行的有效性，这一概念需要与"了解内部控制"进行区分。"了解内部控制"包含两层含义：一是评价控制的设计；二是确定控制是否得到执行。测试控制运行的有效性与确定控制是否得到执行所需获取的审计证据是不同的。

（二）控制测试的要求

作为进一步审计程序的类型之一，控制测试并非在任何情况下都需要实施。当存在下列情形之一时，注册会计师应当实施控制测试。

1. 在评估认定层次重大错报风险时，预期控制的运行是有效的

如果在评估认定层次重大错报风险时预期控制的运行是有效的，注册会计师应当实施控制测试，就控制在相关期间或时点的运行有效性获取充分、适当的审计证据。只有认为控制设计合理、能够防止或发现和纠正认定层次的重大错报，注册会计师才有必要对控制运行的有效性实施测试。

2. 仅实施实质性程序不足以提供认定层次充分、适当的审计证据

如果认为仅实施实质性程序获取的审计证据无法将认定层次重大错报风险降至可接受的低水平，注册会计师应当实施相关的控制测试，以获取控制运行有效性的审计证据。在上述情况下，注册会计师必须实施控制测试，且这种测试已经不再是单纯出于成本效益的考虑，而是必须获取的一类审计证据。

（三）控制测试的性质

控制测试的性质是指控制测试所使用的审计程序的类型及其组合。虽然控制测试与了解内部控制的目的不同，但两者采用审计程序的类型通常相同，包括询问、观察、检查和穿行测试。此外，控制测试的程序还包括重新执行。

1. 询问

注册会计师可以向被审计单位适当员工询问，获取与内部控制运行情况相关的信息。例如，询问信息系统管理人员有无未经授权接触计算机硬件和软件，向负责复核银行存款余额调节表的人员询问如何进行复核，包括复核的要点是什么、发现不符事项如何处理等。然而，仅仅通过询问不能为控制运行的有效性提供充分的证据，注册会计师通常需要印证被询问者的答复，如向其他人员询问和检查执行控制时所使用的报告、手册及其他文件等。因此，虽然询问是一种有用的手段，但它必须和其他测试手段结合使用才能发挥作用。在询问过程中，注册会计师应当保持职业怀疑态度。

2. 观察

观察是测试未留下书面记录的控制（如职责分离）的运行情况的有效方法。例如，观察存货盘点控制的执行情况。观察也可运用于实物控制，如查看仓库门是否锁好，或空白支票是否妥善保管。

通常情况下，注册会计师通过观察直接获取的证据比间接获取的证据更可靠。但是，注册会计师还要考虑其所观察到的控制在注册会计师不在场时可能未被执行的情况。

3. 检查

对运行情况留有书面证据的控制，检查非常适用。书面说明、复核时留下的记号，或其他记录在偏差报告中的标志，都可以被当作控制运行情况的证据。例如，检查销售发票是否有复核人员签字，检查销售发票是否附有客户订购单和出库单等。

4. 重新执行

通常只有当询问、观察和检查程序结合在一起仍无法获得充分的证据时，注册会计师才考虑通过重新执行来证实控制是否有效运行。例如，为了合理保证计价认定的准确性，被审计单位的一项控制是由复核人员核对销售发票上的价格与统一价格单上的价格是否一致。但是，要检查复核人员有没有认真执行核对，仅仅检查复核人员是否在相关文件上签字是不够的，注册会计师还需要自己选取一部分销售发票进行核对，这就是重新执行程序。但是，如果需要进行大量的重新执行，注册会计师就要考虑通过实施控制测试以缩小实质性程序的范围是否有效。

5. 穿行测试

除了上述四类控制测试常用的审计程序以外，实施穿行测试也是一种重要的审计程序。值得注意的是，穿行测试不是单独的一种程序，而是将多种程序按特定审计需要结合运用的方法。穿行测试是通过追踪交易在财务报告信息系统中的处理过程，来证实注册会计师对控制的了解、评价控制设计的有效性以及确定控制是否得到执行。可见，穿行测试更多地在了解内部控制时运用。但在执行穿行测试时，注册会计师可能获取部分控制运行有效性的审计证据。

（四）控制测试的时间

控制测试的时间包含两层含义：一是何时实施控制测试；二是测试所针对的控制适用的时点或期间。一个基本的原理是，如果测试特定时点的控制，注册会计师仅得到该时点控制运行有效性的审计证据；如果测试某一期间的控制，注册会计师可获取控制在该期间有效运行的审计证据。因此，注册会计师应当根据控制测试的目的来确定控制测试的时间，并确定拟信赖的相关控制的时点或期间。

关于根据控制测试的目的确定控制测试的时间，如果仅需要测试控制在特定时点的运行有效性（如对被审计单位期末存货盘点进行控制测试），注册会计师只需要获取该时点的审计证据。如果需要获取控制在某一期间有效运行的审计证据，仅获取与时点相关的审计证据是不充分的，注册会计师应当辅以其他控制测试，包括测试被审计单位对控制的监督。

（五）控制测试的范围

对于控制测试的范围，其含义主要是指某项控制活动的测试次数。注册会计师应当设计控制测试，以获取控制在整个拟信赖的期间有效运行的充分、适当的审计证据。注册会计师在确定某项控制的测试范围时通常考虑下列因素。

（1）在整个拟信赖的期间，被审计单位执行控制的频率。控制执行的频率越高，控制测试的范围越大。

（2）在所审计期间，注册会计师拟信赖控制运行有效性的时间长度。拟信赖控制运行有效性的时间长度不同，在该时间长度内发生的控制活动次数也不同。注册会计师需要根据拟信赖控制的时间长度确定控制测试的范围。拟信赖期间越长，控制测试的范围越大。

（3）为证实控制能够防止或发现并纠正认定层次重大错报，所需获取审计证据的相关性和可靠性。对审计证据的相关性和可靠性要求越高，控制测试的范围越大。

（4）通过测试与认定相关的其他控制获取的审计证据的范围。针对同一认定，可能存在不同的控制。当针对其他控制获取审计证据的充分性和适当性较高时，测试该控制的范围可适当缩小。

（5）在风险评估时拟信赖控制运行有效性的程度。注册会计师在风险评估时对控制运行有效性的拟信赖程度越高，需要实施控制测试的范围越大。

（6）控制的预期偏差。预期偏差可以用控制未得到执行的预期次数占控制应当得到执行次数的比率加以衡量（也可称为预期偏差率）。控制的预期偏差率越高，需要实施控制测试的范围越大。如果控制的预期偏差率过高，注册会计师应当考虑控制可能不足以将认定层次的重大错报风险降至可接受的低水平，从而针对某一认定实施的控制测试可能是无效的。

四、实质性程序

（一）实质性程序的含义和要求

实质性程序是指注册会计师针对评估的重大错报风险实施的直接用以发现认定层次重大错报的审计程序，包括对各类交易、账户余额、列报的细节测试以及实质性分析程序。

注册会计师实施的实质性程序应当包括下列与财务报表编制完成阶段相关的审计程序：（1）将财务报表与其所依据的会计记录相核对；（2）检查财务报表编制过程中做出的重大会计分录和其他会计调整。注册会计师对会计分录和其他会计调整检查的性质和范围，取决于被审计单位财务报告过程的性质、复杂程度以及由此产生的重大错报风险。

（二）实质性程序的性质

1. 实质性程序的性质的含义

实质性程序的性质是指实质性程序的类型及其组合，即细节测试和实质性分析程序。细节测试是对各类交易、账户余额、列报的具体细节进行测试，可以采用检查、观察、询问、函证、重新计算、重新执行等审计程序，目的在于直接识别财务报表认定是否存在错报。实质性分析程序从技术特征上讲仍然是分析程序，主要是通过研究数据间关系评价信息，只是将该技术方法用作实质性程序，即用以识别各类交易、账户余额、列报及相关认定是否存在错报。

2. 细节测试和实质性分析程序的适用性

由于细节测试和实质性分析程序的目的和技术手段存在一定差异，因此各自有不同的适用领域。注册会计师应当根据各类交易、账户余额、列报的性质选择实质性程序的类型。细节测试适用于对各类交易、账户余额、列报认定的测试，尤其是对存在或发生、计价认定的测试；对在一段时期内存在可预期关系的大量交易，注册会计师可以考虑实施实质性分析程序。

3. 细节测试的方向

对于细节测试，注册会计师应当针对评估的风险设计细节测试，获取充分、适当的审计证据，以达到认定层次所计划的保证水平。注册会计师需要根据不同的认定层次的重大错报风险设计有针对性的细节测试。例如，针对存在或发生认定设计细节测试时，注册会计师应当选择包含在财务报表金额中的项目，获取相关审计证据；在针对完整性认定涉及细节测试时，注册会计师应当选择有证据表明应包含在财务报表金额中的项目，并调查这些项目是否确实包括在内。如为应对被审计单位漏记本期应付账款的风险，注册会计师可以检查期后付款记录。

4. 设计实质性分析程序时考虑的因素

注册会计师在设计实质性分析程序时应当考虑的因素包括：（1）对特定认定使用实质性分析程序的适当性；（2）对已记录的金额或比率做出预期时，所依据的内部或外部数据的可靠性；（3）做出预期的准确程度是否足以在计划的保证水平上识别重大错报；（4）已记录金额与预期值之间可接受的差异额。考虑到数据及分析的可靠性，当实施实质性分析程序时，如果使用被审计单位编制的信息，注册会计师应当考虑测试与信息编制相关的控制，以及这些信息是否在本期或前期已经过审计。

（三）实质性程序的时间

注册会计师在实施审计程序时必须权衡在期中或期末获取同样审计效果所需审计证据耗费的审计资源。在期中实施实质性程序，一方面消耗了审计资源，另一方面期中实施实质性程序获取的审计证据又不能直接作为期末财务报表认定的审计证据，注册会计师仍然需要消耗进一步的审计资源，使期中审计证据能够合理延伸至期末。于是这两部分审计资源的总和是否能够显著小于完全在期末实施实质性程序所需消耗的审计资源，是注册会计师需要权衡的。因此，注册会计师在考虑是否在期中实施实质性程序时应当考虑以下因素。

1. 控制环境和其他相关的控制

控制环境和其他相关的控制越薄弱，注册会计师越不宜在期中实施实质性程序。

2. 实施审计程序所需信息在期中之后的可获得性

如果实施实质性程序所需信息在期中之后可能难以获取（如系统变动导致某类交易记录难以获取），注册会计师应考虑在期中实施实质性程序；但如果实施实质性程序所需信息在期中之后的获取并不存在明显困难，该因素不应成为注册会计师在期中实施实质性程序的重要影响因素。

3. 实质性程序的目标

如果针对某项认定实施实质性程序的目标就包括获取该认定的期中审计证据（从而与期末比较），注册会计师应在期中实施实质性程序。

4. 评估的重大错报风险

注册会计师评估的某项认定的重大错报风险越高，针对该认定所需获取的审计证据的相关性和可靠性要求也就越高，注册会计师越应当考虑将实质性程序集中于期末（或接近期末）实施。

5. 各类交易或账户余额以及相关认定的性质

例如，某些交易或账户余额以及相关认定的特殊性质（如收入截止认定、未决诉讼）决定了注册会计师必须在期末（或接近期末）实施实质性程序。

6. 针对剩余期间，能否通过实施实质性程序或将实质性程序与控制测试相结合，降低期末存在错报而未被发现的风险

如果针对剩余期间注册会计师可以通过实施实质性程序或将实质性程序与控制测试相结合，较有把握地降低期末存在错报而未被发现的风险（如注册会计师在 10 月份实施预审时考虑是否使用一定的审计资源实施实质性程序，从而形成的剩余期间不是很长），注册会计师可以考虑在期中实施实质性程序；但如果针对剩余期间注册会计师认为还需要消耗大量审计资源才有可能降低期末存在错报而未被发现的风险，甚至没有把握通过适当的进一步审计程序降低期末存在错报而未被发现的风险（如被审计单位于 8 月份发生管理层变更，注册会计师接受后任管理层邀请实施预审时，考虑是否使用一定的审计资源实施实质性程序），注册会计师就不宜在期中实施实质性程序。

（四）实质性程序的范围

评估的认定层次重大错报风险和实施控制测试的结果是注册会计师在确定实质性程序的范围时的重要考虑因素。因此，在确定实质性程序的范围时，注册会计师应当考虑评估的认定层次重大错报风险和实施控制测试的结果。注册会计师评估的认定层次的重大错报风险越高，需要实施实质性程序的范围越广。如果对控制测试结果不满意，注册会计师应当考虑扩大实质性程序的范围。

知识链接-09

思考题

1．如何从整体层面了解和评价被审计单位的内部控制？

2．风险评估的程序有哪些？

3．注册会计师从哪几个方面了解被审计单位及其环境？注册会计师应了解的行业状况、法律环境与监管环境的内容有哪些？

4．如何识别和评价财务报表层次和认定层次的重大错报风险？

5．简述针对财务报表层次重大错报风险的总体应对措施。

6．增加不可预见性的基本方法有哪些？

7．简述针对认定层次重大错报风险的进一步审计程序。

8．简述控制测试的性质、时间和范围。

9．实质性程序的含义是什么？对实施实质性程序有何要求？

关键术语

总体应对措施	Overall Response
进一步审计程序	Further Audit Procedures
控制测试	Control Test
实质性测试	Substantive Test

第二篇

业务循环审计

销售与收款循环的审计

第十章

【教学目标】

通过对本章的学习，使学生了解注册会计师按业务循环进行审计的原因、销售与收款循环涉及的主要凭证与会计记录、销售与收款循环中的内部控制；通晓销售与收款循环中重大错报风险的评估、销售与收款的控制测试、销售与收款循环审计中的实质性程序；掌握销售交易的细节测试、收款交易的细节测试、营业收入的实质性程序、应收账款的实质性程序、函证等具体审计程序的运用。

【引例】

GF公司是一家从事高科技产品采购和销售的公司，近三年来取得了不俗的经营业绩，但在接受会计师事务所审计时，审计人员发现了以下的收入舞弊创新方法：

（一）开票持有销售

方法一：卖方将买方所需货物与卖方的其他货物进行物理分离，单独管理，等待买方发出发运指示。此时卖方已经开具发票，但并未交付给买方。这种销售符合我国会计准则中有关收入确认的条件，但有违美国SAB101提出的收入确认四原则中的第2个条件，即货物已经发出或服务已经提供。

方法二：卖方根据与买方建立的长久供货关系，先将货物运送到买方仓库，在买方准备使用这些货物之前对卖方并不承担义务。此时虽然卖方已经开具发票，确认了销售收入，但买方库存中并不包括该批货物，也不向卖方支付任何款项。

（二）填塞分销渠道

也称压货销售，指在季度末或年末企业利用非常的商业手段，如优惠的付款条件、提早购买时更多的折扣、提价保证、泊货安排以及额外退货权等方式，大量向市场和各级渠道（尤其是一级商业渠道）压出远远超出其正常销售量所需库存的货物。这在我国企业界极为常见。其实质是透支未来一段时期的销售量，提前确认收入。当前会计准则还无法有效规范。

（三）返利还原

指将返利收入处理为总销售收入，此手法的运用在安然财务舞弊中达到极致。例如，安然作为经纪人撮合了一笔值100万美元的天然气交易，得到了5万美元的酬金。但安然却宣布它在该项交易中获得105万美元的收入和100万美元的支出。返利还原在互联网公司中极为流行，因为很多投资人都喜欢根据互联网公司的销售额来评估互联网公司的价值。

（四）隐藏退货条款

对附有退货权的销售来说，会计准则规定如果退货比例能够正确估计的，销售时可确认收入，但应根据预计的退货比例冲减已确认的收入；如果退货比例不能估计，则在退货期满前不能确认销售收入。但现实中很多企业并不在与客户签订的正式销售合同中涉及退货条款，而将关于退货的有关事宜纳入补充协议，以达到提前确认收入的目的。

经过研究，审计师提出的审计策略是

（一）细致研究企业收入确认的会计政策；

（二）关注最近几个季度内收入的异常情况；

（三）复核企业赚取其报告收入的产能；

（四）分析企业最近时期应收账款的变动。

资料来源：蔡嘉、廖颖：收入舞弊创新手法与审计策略，《审计月刊》2008年第4期。

第一节 销售与收款循环的特点

一、不同行业类型的收入来源

（一）财务报表审计的两种组织方式

1. 账户法

账户法是对财务报表的每个账户余额单独进行审计。一般而言，账户法与多数被审计单位账户设置体系及财务报表格式相吻合，具有操作方便的优点，但它将紧密联系的相关账户（如存货和营业成本）人为地予以分割，容易造成整个审计工作的脱节和重复，不利于审计效率的提高。

2. 循环法

循环法是将财务报表分成几个循环进行审计，即把紧密联系的交易种类和账户余额归入同一循环中，按业务循环组织实施审计。与账户法相比，循环法更符合被审计单位的业务流程和内部控制设计的实际情况，不仅可加深审计人员对被审计单位经济业务的理解，而且由于将特定业务循环所涉及的财务报表项目分配给一个或数个审计人员，增强了审计人员分工的合理性，有助于提高审计工作的效率与效果。

各业务循环与其所涉及的主要财务报表项目（特殊行业的财务报表项目不涉及）之间的对应关系，如表 10-1 所示。

表 10-1　　　　　　　　　　　业务循环与主要财务报表科目对照表

审计循环	涉及的资产负债类科目	涉及的利润表类科目
销售与收款循环	应收票据、应收账款、长期应收款、预收款项、应交税费	营业收入、营业税金及附加、销售费用
采购与付款循环	预付款项、固定资产、在建工程、工程物资、固定资产清理、无形资产、开发支出、商誉、长期待摊费用、应付票据、应付账款、长期应付款	管理费用
生产与存货循环	存货（包括材料采购或在途物资、原材料、材料成本差异、库存商品、发出商品、商品进销差价、委托加工物资、委托代销商品、受托代销商品、周转材料、生产成本、制造费用、劳务成本、存货跌价准备、受托代销商品款等）	营业成本
人力资源与工薪循环	应付职工薪酬	
投资与筹资循环	交易性金融资产、应收利息、应收股利、其他应收款、其他流动资产、可供出售金融资产、持有至到期投资、长期股权投资、投资性房地产、递延所得税资产、其他非流动资产、短期借款、交易性金融负债、应付利息、应付股利、其他应付款、其他流动负债、长期借款、应付债券、专项应付款、预计负债、递延所得税负债、其他非流动负债、实收资本（或股本）、资本公积、盈余公积、未分配利润	财务费用、资产减值损失、公允价值变动损益、投资收益、营业外收入、营业外支出、所得税费用
货币资金	库存现金、银行存款	

在财务报表审计中将被审计单位的所有交易和账户余额划分为多个业务循环，并不意味着各业务循环之间互不关联。事实上，各业务循环之间存在一定联系，比如投资与筹资循环同采购与付款循环紧密联系，生产与存货循环则同其他所有业务循环均紧密联系。各业务循环之间的流转关系如图 10-1 所示。

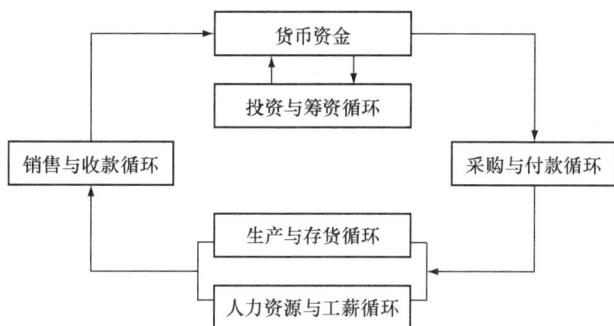

图 10-1　各业务循环之间的关系

本章将要学习的是销售与收款循环审计。一个企业的销售与收款循环通常由提供商品或劳务及收款等环节构成。销售与收款循环如图 10-2 所示。

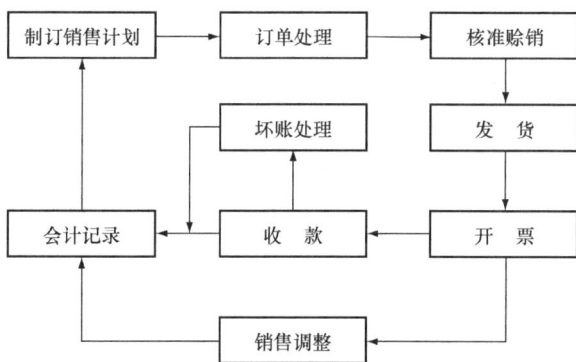

图 10-2　销售与收款循环流程

（二）不同行业类型的收入来源

企业的收入主要来自于出售商品、提供服务等，由于所处行业不同，企业具体的收入来源有所不同。表 10-2 列示了一些常见的行业的主要收入来源，供参考。

表 10-2　　　　　　　　　　　　　　　不同行业类型的主要收入来源

行业类型	收入来源
贸易业	作为零售商向普通大众（最终消费者）零售商品，作为批发商向零售商供应商品
一般制造业	通过采购原材料并将其用于生产流程，制造生产成品卖给客户取得收入
专业服务业	律师、会计师、商业咨询师等主要通过提供专业服务取得服务费收入，医疗服务机构通过提供医疗服务取得收入，包括给住院病人提供病房和医护设备，为病人提供精细护理、手术和药品等
金融服务业	向客户提供金融服务取得手续费，向客户发放贷款取得利息收入，通过协助客户对其资金进行投资取得相关理财费用
建筑业	通过提供建筑服务、完成建筑合同取得收入

从表 10-2 可见，一个企业所处的行业和经营性质决定了该企业的收入来源，以及为获取收入而相应产生的各项费用支出。注册会计师需要对被审计单位的相关行业活动和经营性质有比较全面的了解，才能胜任被审计单位收入、支出的审计工作。

二、涉及的主要业务活动

典型的销售与收款循环所涉及的主要业务活动有以下几种。

（一）接受客户订购单

客户提出订货要求是整个销售与收款循环的起点，是购买某种货物或接受某种劳务的一项申请。客户订购单只有在符合企业管理层的授权标准时才能被接受。例如，管理层一般设有已批准销售的客户名单。销售单管理部门在决定是否同意接受某客户的订购单时，应追查该客户是否被列入这张名单。如果该客户未被列入，则通常需要由销售单管理部门的主管来决定是否同意销售。

很多企业在批准了客户订购单之后，下一步就应编制一式多联的销售单。销售单是证明销售交易的"发生"认定的凭据之一，也是此笔销售交易轨迹的起点之一。此外，由于客户订购单是来自外部的引发销售交易的文件之一，有时也能为有关销售交易的"发生"认定提供补充证据。

（二）批准赊销信用

对于赊销业务的批准是由信用管理部门根据管理层的赊销政策在每个客户的已授权的信用额度内进行的。信用管理部门的职员在收到销售单管理部门的销售单后，应将销售单与该客户已被授权的赊销信用额度以及至今尚欠的账款余额加以比较。执行人工赊销信用检查时，还应合理划分工作职责，以避免销售人员为扩大销售而使企业承受不适当的信用风险。

企业的信用管理部门通常应对每个新客户进行信用调查，包括获取信用评审机构对客户信用等级的评定报告。无论是否批准赊销，都要求被授权的信用管理部门人员在销售单上签署意见，然后再将已签署意见的销售单送回销售单管理部门。

设计信用批准控制的目的是为了降低坏账风险，因此，这些控制与应收账款账面余额的"计价和分摊"认定有关。

（三）按销售单供货

企业管理层通常要求商品仓库只有在收到经过批准的销售单时才能供货。设立这项控制程序的目的是为了防止仓库在未经授权的情况下擅自发货。因此，已批准销售单的一联通常应送达仓库，作为仓库按销售单供货和发货给装运部门的授权依据。

（四）按销售单装运货物

将按经批准的销售单供货与按销售单装运货物职责相分离，有助于避免负责装运货物的职员在未经授权的情况下装运产品。此外，装运部门职员在装运之前，还必须进行独立验证，以确定从仓库提取的商品都附有经批准的销售单，并且确定所提取商品的内容与销售单一致。

（五）向客户开具账单

开具账单是指开具并向客户寄送事先连续编号的销售发票。这项功能所针对的主要问题是：①是否对所有装运的货物都开具了账单（即"完整性"认定问题）；②是否只对实际装运的货物才开具账单，有无重复开具账单或虚构交易（即"发生"认定问题）；③是否按已授权批准的商品价目表所列价格计价开具账单（即"准确性"认定问题）。

为了降低开具账单过程中出现遗漏、重复、错误计价或其他差错的风险，应设立以下控制程序：

（1）开具账单部门职员在开具每张销售发票之前，独立检查是否存在装运凭证和相应的经批准的销售单；

（2）依据已授权批准的商品价目表开具销售发票；

（3）独立检查销售发票计价和计算的正确性；

（4）将装运凭证上的商品总数与相对应的销售发票上的商品总数进行比较。

上述控制程序有助于保证用于记录销售交易的销售发票的正确性。因此，这些控制与销售交易的"发生""完整性"以及"准确性"认定有关。销售发票副联通常由开具账单部门保管。

（六）记录销售

在手工会计系统中，记录销售的过程包括区分赊销、现销，按销售发票编制转账凭证或现金、银行存款收款凭证，再据以登记销售明细账和应收账款明细账或库存现金、银行存款日记账。

记录销售的控制程序包括以下内容：

（1）只依据附有有效装运凭证和销售单的销售发票记录销售。这些装运凭证和销售单应能证明销售交易的发生及其发生的日期。

（2）控制所有事先连续编号的销售发票。

（3）独立检查已处理销售发票上的销售金额与会计记录金额的一致性。

（4）记录销售的职责应与处理销售交易的其他功能相分离。

（5）对记录过程中所涉及的有关记录的接触予以限制，以减少未经授权批准的记录发生。

（6）定期独立检查应收账款的明细账与总账的一致性。

（7）定期向客户寄送对账单，并要求客户将任何例外情况直接向指定的未执行或记录销售交易的会计主管报告。

以上这些控制与"发生""完整性""准确性"以及"计价和分摊"认定有关。

对这项职能，注册会计师主要关心的问题是销售发票是否记录正确，并归属适当的会计期间。

（七）办理和记录现金、银行存款收入

这项功能涉及的是有关货款收回，现金、银行存款增加以及应收账款减少的活动。在办理和记录现金、银行存款收入时，最应关心的是货币资金失窃的可能性。货币资金失窃可能发生在货币资金收入登记入账之前或登记入账之后。处理货币资金收入时最重要的是要保证全部货币资金都必须如数、及时地记入库存现金、银行存款日记账或应收账款明细账，并如数、及时地将现金存入银行。在这方面，汇款通知书起着很重要的作用。

（八）办理和记录销售退货、销售折扣与折让

客户如果对商品不满意，销售企业一般都会同意接受退货，或给予一定的销售折让；客户如果提前支付货款，销售企业则可能会给予一定的销售折扣。发生此类事项时，必须经授权批准，并应确保与办理此事有关的部门和职员各司其职，分别控制实物流和会计处理。在这方面，严格使用贷项通知单无疑会起到关键的作用。

（九）注销坏账

不管营销部门的工作如何主动，客户因经营不善、宣告破产、死亡等原因而不支付货款的事仍可能发生。销售企业若认为某项货款再也无法收回，就必须注销这笔货款。对这些坏账，正确的处理方法应该是获取货款无法收回的确凿证据，经适当审批后及时作会计调整。

（十）提取坏账准备

坏账准备提取的数额必须能够抵补企业以后无法收回的销货款。

三、涉及的主要凭证与会计记录

典型的销售与收款循环所涉及的主要凭证与会计记录有以下几种。

（一）客户订购单

客户订购单即客户提出的书面购货要求。企业可以通过销售人员或其他途径，如采用电话、信函和向现有的及潜在的客户发送订购单等方式接受订货，取得客户订购单。

（二）销售单

销售单是列示客户所订商品的名称、规格、数量以及其他与客户订购单有关信息的凭证，作为销售方内部处理客户订购单的凭据。

（三）发运凭证

发运凭证即在发运货物时编制的，用以反映发出商品的规格、数量和其他有关内容的凭据。发运凭证的一联留给客户，其余联（一联或数联）由企业保留。该凭证可用做向客户开具账单的依据。

（四）销售发票

销售发票是一种用来表明已销售商品的名称、规格、数量、价格、销售金额、运费和保险费、开票日期、付款条件等内容的凭证。销售发票的一联寄送给客户，其余联由企业保留。销售发票也是在会计账簿中登记销售交易的基本凭据。

（五）商品价目表

商品价目表是列示已经授权批准的、可供销售的各种商品的价格清单。

（六）贷项通知单

贷项通知单是一种用来表示由于销售退回或经批准的折让而引起的应收销货款减少的凭证。这种凭证的格式通常与销售发票的格式相同，只不过它不是用来证明应收账款的增加，而是用来证明应收账款的减少。

（七）应收账款账龄分析表

应收账款账龄分析表通常按月编制，反映月末尚未收回的应收账款总额的账龄，并详细反映每个客户月末尚未偿还的应收账款数额和账龄。

（八）应收账款明细账

应收账款明细账是用来记录每个客户各项赊销、还款、销售退回及折让的明细账。各应收账款明细账的余额合计数应与应收账款总账的余额相等。

（九）主营业务收入明细账

主营业务收入明细账是一种用来记录销售交易的明细账，它通常记载和反映不同类别商品或服务的营业收入的明细发生情况和总额。

（十）折扣与折让明细账

折扣与折让明细账是一种用来核算企业销售商品时，按销售合同规定为了及早收回货款而给予客户的销售折扣和因商品品种、质量等原因而给予客户的销售折让情况的明细账。当然，企业也可以不设置折扣与折让明细账，而将该类业务直接记录于主营业务收入明细账。

（十一）汇款通知书

汇款通知书是一种与销售发票一起寄给客户，由客户在付款时再寄回销售单位的凭证。这种凭证注明了客户的姓名、销售发票号码、销售单位开户银行账号以及金额等内容。

（十二）库存现金日记账和银行存款日记账

库存现金日记账和银行存款日记账是用来记录应收账款的收回或现销收入以及其他各种现金、银行存款收入和支出的日记账。

（十三）坏账审批表

坏账审批表是一种用来批准将某些应收款项注销为坏账，仅在企业内部使用的凭证。

（十四）客户月末对账单

客户月末对账单是一种按月定期寄送给客户的用于购销双方定期核对账目的凭证。客户月末对账单上应注明应收账款的月初余额、本月各项销售交易的金额、本月已收到的货款、各贷项通知单的数额以及月末余额等内容。

（十五）转账凭证

转账凭证是记录转账业务的记账凭证，它是根据有关转账业务（即不涉及现金、银行存款收付的各项业务）的原始凭证编制的。

（十六）收款凭证

收款凭证是用来记录现金和银行存款收入业务的记账凭证。

第二节　销售与收款循环的内部控制和控制测试

一、销售和收款的内部控制

（一）销售交易的内部控制

1. 内部控制目标、内部控制与审计测试的关系

表 10-3 列示了销售交易的内部控制目标、关键内部控制和审计测试的关系。

表 10-3　　　　　销售交易的内部控制目标、关键内部控制和审计测试一览表

内部控制目标	关键内部控制	常用的控制测试	常用的实质性程序
登记入账的销售交易确系已经发货给真实的客户（发生）	销售交易是以经过审核的发运凭证及经过批准的客户订购单为依据登记入账的，在发货前，客户的赊购已经被授权批准 每月向客户寄送对账单，对客户提出的意见做专门追查	检查销售发票副联是否附有发运凭证（或提货单）及销售单（或客户订购单），检查客户的赊购是否经授权批准 询问是否寄发对账单，并检查客户回函档案	复核主营业务收入总账、明细账以及应收账款明细账中的大额或异常项目。追查主营业务收入明细账中的记录至销售单、销售发票副联及发运凭证，将发运凭证与存货永续分录中的发运分录进行核对
所有销售交易均已登记入账（完整性）	发运凭证（或提货单）均经事先编号并已经登记入账，销售发票均经事先编号，并已登记入账	检查发运凭证连续编号的完整性 检查销售发票连续编号的完整性	将发运凭证与相关的销售发票和主营业务收入明细账及应收账款明细账中的分录进行核对
登记入账的销售数量确系已发货的数量，已正确开具账单并登记入账（准确性、计价和分摊）	销售有经批准的装运凭证和客户订购单支持，将装运数量与开具账单的数值相比对，从价格清单主文档获取销售单价	检查销售发票有无支持凭证。检查比对留下的证据，检查价格清单的准确性及是否经恰当批准	复算销售发票上的数据，追查主营业务收入明细账中的记录至销售发票 追查销售发票上的详细信息至发运凭证、经批准的商品价目表和客户订购单
销售交易的分类恰当（分类）	采用适当的会计科目。内部复核和核查	检查会计科目是否适当。检查有关凭证上内部复核和核查的标记	检查证明销售交易分类正确的原始证据

续表

内部控制目标	关键内部控制	常用的控制测试	常用的实质性程序
销售交易的记录及时（截止）	采用尽量能在销售发生时开具收款账单和登记入账的控制方法 每月末由独立人员对销售部门的销售记录、发运部门的发运记录和财务部门的销售交易入账情况做内部核查	检查尚未开具收款账单的发货和尚未登记入账的销售交易 检查有关凭证上内部核查的标记	比较核对销售交易登记入账的日期与发运凭证的日期
销售交易已经正确地记入明细账，并经正确汇总（准确性、计价和分摊）	每月定期给客户寄送对账单，由独立人员对应收账款明细账做内部核查。将应收款明细账余额合计数与其总账余额进行比较	观察对账单是否已经寄出，检查内部核查标记 检查将应收账款明细账余额合计数与其总账余额进行比较的标记	将主营业务收入明细账加总，追查其至总账的过账

表10-3列示的方法，目的在于帮助注册会计师根据具体情况设计能够实现审计目标的审计方案。它既未包含销售交易所有的内部控制、控制测试和实质性程序，也并不意味着审计实务必须一成不变地按此顺序与方法。一方面，被审计单位所处行业不同、规模不一、内部控制制度的设计和执行结果不同，以前期间接受审计的情况也各不相同；另一方面，受审计时间、审计成本的限制，注册会计师除了确保审计质量、审计效果外，还必须提高审计效率。因此，在审计实务工作中，注册会计师应根据表10-3所列示的内容，从实际出发，将其转换为更实用、高效的审计计划。

2. 销售交易的内部控制

（1）适当的职责分离。适当的职责分离有助于防止各种有意或无意的错误。例如，主营业务收入账如果系由记录应收账款之外的职员独立登记，并由另一位不负责账簿记录的职员定期调节总账和明细账，就构成了一项交互牵制；规定负责主营业务收入和应收账款记账的职员不得经手货币资金，也是防止舞弊的一项重要控制。另外，销售人员通常有一种追求更大销售数量的自然倾向，而不问它是否将以巨额坏账损失为代价，赊销的审批则在一定程度上可以抑制这种倾向。因此，赊销批准职能与销售职能的分离，也是一种理想的控制。

一个企业销售与收款业务相关职责适当分离的基本要求通常包括：企业应当分别设立办理销售、发货、收款三项业务的部门（或岗位）；企业在销售合同订立前，应当指定专门人员就销售价格、信用政策、发货及收款方式等具体事项与客户进行谈判；谈判人员至少应有两人以上，并与订立合同的人员相分离；编制销售发票通知单的人员与开具销售发票的人员应相互分离；销售人员应当避免接触销货现款；企业应收票据的取得和贴现必须经由保管票据以外的主管人员的书面批准。

（2）恰当的授权审批。对于授权审批问题，注册会计师应当关注以下4个关键点上的审批程序：其一，在销售发生之前，赊销已经正确审批；其二，非经正当审批，不得发出货物；其三，销售价格、销售条件、运费、折扣等必须经过审批；其四，审批人应当根据销售与收款授权批准制度的规定，在授权范围内进行审批，不得超越审批权限。前两项控制的目的在于防止企业因向虚构的或者无力支付货款的客户发货而蒙受损失；价格审批控制的目的在于保证销售交易按照企业定价政策规定的价格开票收款；对授权审批范围设定权限的目的则在于防止因审批人决策失误而造成严重损失。

（3）充分的凭证和记录。只有具备充分的记录手续，才有可能实现各项控制目标。例如，企业在收到客户订购单后，就立即编制一份预先编号的一式多联的销售单，分别用于批准赊销、审批发货、记录发货数量以及向客户开具账单和销售发票等。在这种制度下，只要定期清点销售单和销售发票，漏开账单的情形几乎就不太会发生。相反的情况是，有的企业只在发货以后才开具账单，如果没有其他控制措施，这种制度下漏开账单的情况就很可能会发生。

（4）凭证的预先编号。对凭证预先进行编号，旨在防止销售以后遗漏向客户开具账单或登记入账，也可防止重复开具账单或重复记账。当然，如果对凭证的编号不作清点，预先编号就会失去其控制意义。由收款员对每笔销售开具账单后，将发运凭证按顺序归档，而由另一位职员定期检查全部凭证的编号，并调查凭证缺号的原因，就是实施这项控制的一种方法。

（5）按月寄出对账单。由不负责现金出纳和销售及应收账款记账的人员按月向客户寄发对账单，能促使客户在发现应付账款余额不正确后及时反馈有关信息。为了使这项控制更加有效，最好将账户余额中出现的所有核对不符的账项，指定一位既不掌管货币资金也不记录主营业务收入和应收账款账目的主管人员处理，然后由独立人员按月编制对账情况汇总报告并交管理层审阅。

（6）内部核查程序。由内部审计人员或其他独立人员核查销售交易的处理和记录，是实现内部控制目标所不可缺少的一项控制措施。表 10-4 列示针对相应控制目标的典型内部核查程序。

表 10-4　　　　　　　　　　　　内部核查程序

内部控制目标	内部核查程序举例
登记入账的销售交易是真实的	检查登记入账的销售交易所附的佐证凭证，如发运凭证等
销售交易均经适当审批	了解客户的信用情况，确定是否符合企业的赊销政策
所有销售交易均已登记入账	检查发运凭证的连续性，并将其与主营业务收入明细账核对
登记入账的销售交易金额准确	检查会计记录中的数据以验证其正确性
登记入账的销售交易分类恰当	比较核对登记入账的销售交易的原始凭证与会计科目表
销售交易的记录及时	检查开票员所保管的未开票发运凭证，确定是否存在未在恰当期间及时开票的发运凭证

总之，销售与收款内部控制检查的主要内容包括如下几项。

（1）销售与收款交易相关岗位及人员的设置情况。重点检查是否存在销售与收款交易不相容职务混岗的现象。

（2）销售与收款交易授权批准制度的执行情况。重点检查授权批准手续是否健全，是否存在越权审批行为。

（3）销售的管理情况。重点检查信用政策、销售政策的执行是否符合规定。

（4）收款的管理情况。重点检查销售收入是否及时入账，应收账款的催收是否有效，坏账核销和应收票据的管理是否符合规定。

（5）销售退回的管理情况。重点检查销售退回手续是否齐全，退回货物是否及时入库。在确定被审计单位的内部控制中可能存在的薄弱环节，并且对其控制风险做出评价后，注册会计师应当判断继续实施控制测试的成本是否会低于因此而减少对交易、账户余额实施实质性程序所需的成本。如果被审计单位的相关内部控制不存在，则注册会计师不应再继续实施控制测试，而应直接实施实质性程序。

这说明，作为进一步审计程序的类型之一，控制测试并非在任何情况下都需要实施。但当存在下列情形之一时，注册会计师应当实施控制测试：①在评估认定层次重大错报风险时，预期控制的运行是有效的；②仅实施实质性程序不足以提供认定层次充分、适当的审计证据。

（二）收款交易的内部控制

1. 内部控制目标、内部控制与审计测试的关系

表 10-5 以现金销售方式下的收款交易为例，列示了相关的内部控制目标、关键内部控制和审计测试。

表 10-5　　　　　　　收款交易的内部控制目标、关键内部控制和审计测试一览表

内部控制目标	关键的内部控制	常用的控制测试	常用的实质性程序
登记入账的现金收入确实为企业已经实际收到的现金（存在或发生）	现金折扣必须经过适当的审批手续 定期盘点现金并与账面余额核对	观察 检查是否定期盘点，检查盘点记录 检查现金折扣是否经过恰当的审批	盘点库存现金，如与账面数额存在差异，分析差异原因 检查现金收入的日记账、总账和应收账款明细账的大额项目与异常项目

内部控制目标	关键的内部控制	常用的控制测试	常用的实质性程序
收到的现金收入已全部登记入账（完整性）	现金出纳与现金记账的职务分离 每日及时记录现金收入，定期盘点现金并与账面余额核对 定期向客户寄送对账单。现金收入记录的内部复核	检查是否存在未入账的现金收入 检查是否定期盘点，检查盘点记录 检查是否向客户寄送对账单，了解是否定期进行。检查复核标记	现金收入的截止测试。盘点库存现金，如与账面数额存在差异，分析差异原因 抽查客户对账单并与账面金额核对
存入银行并记录的现金收入确系实际收到的金额（准确性）	定期取得银行对账单 编制银行存款余额调节表 定期与客户对账	检查银行对账单 检查银行存款余额调节表，观察是否每月寄送对账单	检查调节表中未达账项的真实性以及资产负债表日后的进账情况
现金收入在资产负债表中的披露正确（列报）	现金日记账与总账的登记职责分离	观察	

2. 收款交易的内部控制

尽管由于每个企业的性质、所处行业、规模以及内部控制健全程度等不同，而使得其与收款交易相关的内部控制内容有所不同，但以下与收款交易相关的内部控制是通常应当共同遵循的。

（1）企业应当按照《现金管理暂行条例》《支付结算办法》等规定，及时办理销售收款业务。

（2）企业应将销售收入及时入账，不得账外设账，不得擅自坐支现金。销售人员应当避免接触销售现款。

（3）企业应当建立应收账款账龄分析制度和逾期应收账款催收制度。销售部门应当负责应收账款的催收，财会部门应当督促销售部门加紧催收。对催收无效的逾期应收账款可通过法律程序予以解决。

（4）企业应当按客户设置应收账款台账，及时登记每一客户应收账款余额增减变动情况和信用额度使用情况。对长期往来客户应当建立起完善的客户资料，并对客户资料实施动态管理，及时更新。

（5）企业对于可能成为坏账的应收账款应当报告有关决策机构，由其进行审查，确定是否确认为坏账。企业发生的各项坏账，应查明原因，明确责任，并在履行规定的审批程序后做出会计处理。

（6）企业注销的坏账应当进行备查登记，做到账销案存。已注销的坏账又收回时应当及时入账，防止形成账外资金。

（7）企业应收票据的取得和贴现必须经由保管票据以外的主管人员的书面批准。应有专人保管应收票据，对于即将到期的应收票据，应及时向付款人提示付款；已贴现票据应在备查簿中登记，以便日后追踪管理；并应制定逾期票据的冲销管理程序和逾期票据追踪监控制度。

（8）企业应当定期与往来客户通过函证等方式核对应收账款、应收票据、预收款项等往来款项。如有不符，应查明原因，及时处理。

二、评估重大错报风险

注册会计师应当考虑影响收入交易的重大错报风险，并对被审计单位经营活动中可能发生的重大错报风险保持警觉。收入交易和余额存在的固有风险可能包括如下几项。

（1）管理层对收入造假的偏好和动因。被审计单位管理层可能为了完成预算，满足业绩考核要求，保证从银行获得资金，吸引潜在投资者，或影响公司股价，而在财务报告中虚增收入。

（2）收入的复杂性。例如，被审计单位可能针对一些特定的产品或者服务提供一些特殊的交易安排（例如特殊的退货约定、特殊的服务期限安排等），但管理层可能对这些不同安排下所涉及的交易风险的判断缺乏经验，收入确认上就容易发生错误。

（3）管理层凌驾于控制之上的风险。被审计单位在年末编造虚假销售，然后在次年转回，可能导致当年收入以及当年年末应收账款余额、货币资金余额和应交税费余额的高估。

（4）采用不正确的收入截止。将属于下一会计期间的收入有意或无意地计入本期，或者将属于本期的收入有意或无意地计入下一会计期间，可能导致本期收入以及本期期末应收账款余额、货币资金余额和应交税费余额的高估或低估。

（5）低估应收账款坏账准备的压力。尤其是当欠款金额较大的几个主要客户面临财务困难，或者整体经济环境出现恶化时，这种压力更大，可能导致资产负债表中应收账款余额的高估。

（6）舞弊和盗窃的风险。如果被审计单位从事贸易业务，并且销售货款较多地以现金结算时，被审计单位员工发生舞弊和盗窃的风险较高；如果被审计单位拥有多个资金端口，如超市，由于每天通过多个端口采用人工方式处理大量货币资金，资金端口的安全问题和人工控制的风险便会增加，可能导致货币资金的损失。

（7）款项无法收回的风险。这可能产生于向没有良好付款能力的客户销售产品，或客户用无效的支票或盗取的信用卡进行货款结算。可能导致应收账款的高估。

（8）发生错误的风险。例如：①没有及时更新商品价目表，商品可能以错误的价格销售；②销售量较大时，如果扫描时没有读取商品条形码，收款员使用错误的商品条形码，或售出商品的数量发生错误，或收款员给客户的找零发生错误，错误均会发生。

（9）隐瞒盗窃的风险。在被审计单位员工利用销售调整和销售退回隐瞒盗窃现金行为时，将发生隐瞒盗窃的风险。可能导致收入、应收账款的高估和货币资金的低估。

归根到底，与收入交易和余额相关的重大错报风险主要存在于销售交易、现金收款交易的发生、完整性、准确性、截止和分类认定，以及会计期末应收账款、货币资金和应交税费的存在、权利和义务、完整性、计价和分摊认定。

某些重大错报风险可能与财务报表整体广泛相关，进而影响多项认定。比如前述中管理层凌驾于控制之上或承受异常的压力可能引发舞弊风险；某些重大错报风险可能与特定的某类交易、账户余额和披露的认定相关。比如前述中管理层面临低估应收账款坏账准备的压力，该事项表明应收账款账户余额的计价认定可能存在重大错报风险。

在评估重大错报风险时，注册会计师还应当将所了解的控制与特定认定相联系，并且应当考虑对识别的销售与收款交易、账户余额和披露认定层次的重大错报风险予以汇总和评估，以确定进一步审计程序的性质、时间安排和范围。

三、控制测试

（一）实施控制测试时应注意的问题

如果在评估认定层次重大错报风险时预期控制的运行是有效的，注册会计师应当实施控制测试，就控制在相关期间或时点的运行有效性获取充分、适当的审计证据。

在对被审计单位销售与收款交易实施控制测试时，还应注意以下几点。

（1）注册会计师应把测试重点放在被审计单位是否设计了由人工执行或计算机系统运行的更高层次的调节和比对控制，是否生成例外报告，管理层是否及时调查所发现的问题并采取管理措施，而不是全部只测试员工在数据输入阶段执行的预防性控制。

（2）注册会计师应当询问管理层用于监控销售与收款交易的关键业绩指标，例如销售额和毛利率预算、应收账款平均收款期等。

（3）注册会计师应当考虑通过执行分析程序和截止测试，可以对应收账款的存在、准确性和计价等认定获取多大程度的保证。如果能够获得充分保证，则意味着不需要执行大量的控制测试。

（4）为获取相关重大错报风险是否可能被评估为低的有关证据，注册会计师通常需要对被审计单位重要的控制，尤其是对容易出现高舞弊风险的现金收款和存储的控制的有效运行进行测试。因为这些控制大多采取人工控制。注册会计师主要的审计程序可能包括观察控制的执行，检查每日现金汇总表上是否留有执行比对控制的员工的签名，询问针对不一致的情况所采取的措施。

（5）如果注册会计师计划信赖的内部控制是由计算机执行的，那么需要就下列事项获取审计证据：①相关一般控制的设计和运行的有效性；②针对认定层次的控制，如收款折扣的计算；③人工跟进措施，如将打印输出的现金收入日记账与对应的由银行盖章的存款记录进行比对，以及根据银行存款对账单按月调节现金收入日记账。

（6）在控制风险被评估为低时，注册会计师需要考虑评估的控制要素的所有主要方面和控制测试的结果，以便能够得出这样的结论：控制能够有效运行，防止或发现并纠正重大错误和舞弊。

如果将固有风险和控制风险评估为中或高，注册会计师可能仅仅需要在对控制活动的处理情况进行询问时记录对控制活动的了解，并检查已实施控制的相关证据。

（7）如果在期中实施了控制测试，注册会计师应当在年末审计时选择项目测试控制在剩余期间的运行情况，以确定控制是否在整个会计期间持续运行有效。

（8）控制测试所使用的审计程序的类型主要包括询问、观察、检查、重新执行和穿行测试等，注册会计师应当根据特定控制的性质选择所需实施审计程序的类型。

上述有关实施销售与收款循环的控制测试时的基本要求，就其原理而言，对其他业务循环的控制测试同样适用，因此，在后面讨论其他业务循环的控制测试时将不再重复。

（二）以内部控制目标为起点的控制测试

内部控制程序和活动是企业针对需要实现的内部控制目标而设计和执行的，控制测试则是注册会计师针对企业的内部控制程序和活动而实施的，因此，在审计实务中，注册会计师可以考虑以被审计单位的内部控制目标为起点实施控制测试。下面按照销售与收款交易内部控制的讨论顺序，主要简单阐述销售与收款交易的控制测试。

（1）对于职责分离，注册会计师通常通过观察被审计单位有关人员的活动，以及与这些人员进行讨论，来实施职责分离的控制测试。

（2）对于授权审批，内部控制通常存在前述的4个关键点上的审批程序，注册会计师主要通过检查凭证在这4个关键点上是否经过审批，可以很容易地测试出授权审批方面的内部控制效果。

（3）对于充分的凭证和记录以及凭证预先编号这两项控制，常用的控制测试程序是清点各种凭证。比如从主营业务收入明细账中选取样本，追查到相关的销售发票存根，进而检查其编号是否连续，有无不正常的缺号发票和重号发票。视检查顺序和范围的不同，这种测试程序往往可同时提供有关发生和完整性目标的证据。

（4）对于按月寄出对账单这项控制，观察指定人员寄送对账单，并检查客户复函档案和管理层的审阅记录，是注册会计师十分有效的一项控制测试。

（5）对于内部核查程序，注册会计师可以通过检查内部审计人员的报告，或检查其他独立人员在他们核查的凭证上的签字等方法实施控制测试。

（三）以风险为起点的控制测试

在审计实务中，注册会计师还可以考虑以识别的重大错报风险为起点实施控制测试。需要注意的是，各个企业的相关计算机控制和人工控制的安排可能差别较大。

1. 信用控制和赊销

主要风险：可能向没有获得赊销授权或超过了其信用额度的客户赊销。

计算机控制措施：订购单上的客户代码与应收账款主文档记录的代码一致；目前未偿付余额加上本次销售额在信用限额范围内。只有上述两项均满足才能获得发货批准并生成发运凭证。

人工控制措施：信用控制程序包括复核信用申请、收入和信用状况的支持性信息，批准信用限额，授权增设新的账户，以及适当授权超过信用限额的人工控制。

控制测试：通过询问员工、检查相关文件证实上述控制的实施。

2．发运商品

主要风险：可能在没有批准发运凭证的情况下发出了商品，已发出商品可能与发运凭证上的商品种类和数量不符；客户可能拒绝承认已收到商品。

计算机控制措施：当客户订购单在系统中获得发货批准时，系统自动生成连续编号的发运凭证；计算机把所有准备发出的商品与销售单上的商品种类和数量进行比对；打印种类或数量不符的例外报告，并暂缓发货。

人工控制措施：商品打包发运前，对商品和发运凭证内容进行独立核对；在发运凭证上签字以示商品已与发运凭证核对且种类和数量相符；销售人员关注即将到期的发运凭证和未完成的订购单，督促尽快发货；保安人员只有当商品附有发运凭证时才能放行。

控制测试：执行观察、检查程序；检查发运凭证上相关员工和客户的签名，作为发货的证据；检查例外报告和暂缓发货的清单。

3．开具发票

开具发票方面主要风险有以下几方面。

（1）商品发运可能未开具销售发票。

计算机控制措施：发货以后系统根据发运凭证及相关信息自动生成连续编号的销售发票。定期打印销售发票；系统复核连续编号的发票和发运凭证的对应关系，并定期生成例外报告。

人工控制措施：复核例外报告并调查原因。

控制测试：执行观察程序。检查例外报告。

（2）由于定价或产品摘要不正确，以及订购单或发运凭证或销售发票代码输入错误，可能导致销售价格不正确。

计算机控制措施：通过逻辑登录限制控制定价主文档的更改；只有得到授权的员工才能进行更改；系统通过使用和检查主文档版本序号，确定正确的定价主文档版本已经被上传；系统检查录入的产品代码的合理性。

人工控制措施：核对经授权的有效的价格更改清单与计算机获得的价格更改清单是否一致；如果发票由手工填写或没有定价主文档，则有必要对发票的价格进行独立核对。

控制测试：检查文件以确定价格更改是否经授权；重新执行以确定打印出的更改后价格与授权是否一致（这可以使用计算机辅助审计方法加以实施）；通过检查IT的一般控制和收入交易的应用控制，确定正确的定价主文档版本是否已被用来生成发票；检查发票中价格复核人员的签名；通过核对经授权的价格清单与发票上的价格，重新执行检查。

（3）发票上的金额可能出现计算错误。

计算机控制措施：每张发票的单价、计算、商品代码、商品摘要和客户账户代码均由计算机程序控制；如果由计算机控制的发票开具程序的更改是受监控的，在操作控制帮助下，可以确保使用的是正确的发票生成程序版本。

人工控制措施：如果由手工开具发票，独立复核发票上计算的增值税和总额的正确性；上述程序的所有更改由上级复核和审批。

控制测试：检查与发票计算金额正确性相关的人员的签名；重新计算发票金额，证实其是否正确；询问发票生成程序更改的一般控制情况，确定是否经授权以及现有的版本是否正在被使用；检查有关程序更改的复核审批程序。

第三节 销售与收款循环的实质性程序

一、销售与收款交易的实质性分析程序

通常注册会计师在对交易和余额实施细节测试前实施实质性分析程序，符合成本效益原则。具体到销售与收款交易和相关余额，其应用包括以下内容。

（一）识别需要运用实质性分析程序的账户余额或交易

就销售与收款交易和相关余额而言，通常需要运用实质性分析程序的是销售交易、收款交易、营业收入项目和应收账款项目。

（二）确定期望值

基于注册会计师对被审计单位的相关预算情况、行业发展状况、市场份额、可比的行业信息、经济形势和发展历程的了解，确定期望值。

（三）确定可接受的差异额

在确定可接受的差异额时，注册会计师首先应考虑所涉及的重要性和计划的保证水平的影响。此外，根据拟进行实质性分析的具体指标的不同，可接受的差异额的确定有时与管理层使用的关键业绩指标相关，并需考虑这些指标的适当性和监督过程。

（四）识别需要进一步调查的差异并调查异常数据关系

注册会计师应当计算实际和期望值之间的差异，这涉及一些比率和比较，包括：

（1）观察月度（或每周）的销售记录趋势，与往年或预算或者同行业公司的销售情况相比较。任何异常波动都必须与管理层讨论，如果有必要的话还应作进一步的调查。

（2）将销售毛利率与以前年度或预算或者同行业公司的销售毛利率相比较。如果被审计单位各种产品的销售价格是不同的，那么就应当对每个产品或者相近毛利率的产品组进行分类比较。任何重大的差异都需要与管理层沟通。

（3）计算应收账款周转率和存货周转率，并与以前年度或预算或者同行业公司的相关指标相比较。未预期的差异可能由很多因素引起，包括未记录销售、虚构销售记录或截止问题。

（4）检查异常项目的销售，例如对大额销售以及未从销售记录过入销售总账的销售应予以调查。对临近年末的异常销售记录更应加以特别关注。

（五）调查重大差异并做出判断

注册会计师在分析上述与预期相联系的指标后，如果认为存在未预期的重大差异，就可能需要对营业收入发生额和应收账款余额实施更加详细的细节测试。

（六）评价分析程序的结果

注册会计师应当就收集的审计证据是否能支持其试图证实的审计目标和认定形成结论。

二、销售交易的细节测试

有些交易细节测试程序与环境条件关系不大，适用于各审计项目；有些则不然，要取决于被审

计单位内部控制的健全程度和注册会计师实施控制测试的结果。下列这些细节测试程序并未包含销售交易全部的细节测试程序。

（一）登记入账的销售交易是真实的

对这一目标，注册会计师一般关心三类错误的可能性：

（1）未曾发货却已将销售交易登记入账；

（2）销售交易的重复入账；

（3）向虚构的客户发货，并作为销售交易登记入账。

前两类错误可能是有意的，也可能是无意的，而第三类错误肯定是有意的。不难想象，将不真实的销售登记入账的情况虽然极少，但其后果却很严重，会导致高估资产和收入。

鉴别高估销售究竟是有意还是无意的，这一点非常关键。尽管无意的高估也会导致应收账款明显增多，但注册会计师通常可以通过函证发觉。对于有意的高估就不同了，由于作假者试图加以隐瞒，注册会计师较难发现。在这种情况下，注册会计师就有必要制定并实施适当的细节测试以发现这种有意的高估。

如何以适当的细节测试来发现不真实的销售，取决于注册会计师认为可能在何处发生错报。对"发生"这一目标而言，注册会计师通常只在认为内部控制存在薄弱环节时，才实施细节测试。因此，测试的性质取决于潜在的控制弱点的性质。

（1）针对未曾发货却已将销售交易登记入账这类错误的可能性，注册会计师可以从主营业务收入明细账中抽取若干笔分录，追查有无发运凭证及其他佐证，借以查明有无事实上没有发货却已登记入账的销售交易。如果注册会计师对发运凭证等的真实性也有怀疑，就可能有必要再进一步追查存货的永续盘存记录，测试存货余额有无减少，以及考虑是否检查更多涉及外部单位的单据，例如外部运输单位出具的运输单据、客户签发的订货单据和到货签收记录等。

（2）针对销售交易重复入账这类错误的可能性，注册会计师可以通过检查企业的销售交易记录清单以确定是否存在重号、缺号。

（3）针对向虚构的客户发货并作为销售交易登记入账这类错误发生的可能性，注册会计师应当检查主营业务收入明细账中与销售分录相应的销货单，以确定销售是否履行赊销审批手续和发货审批手续。如果注册会计师认为被审计单位虚构客户和销售交易的风险较大，需要考虑是否对相关重要交易和客户的情况（例如相关客户的经营场所、财务状况和股东情况等）展开进一步的独立调查。

检查上述三类高估销售错误的可能性的另一有效办法是追查应收账款明细账中贷方发生额的记录。如果应收账款最终得以收回货款或者由于合理的原因收到退货，则记录入账的销售交易一开始通常是真实的；如果贷方发生额是注销坏账，或者直到审计时所欠货款仍未收回而又没有合理的原因，就需要考虑详细追查相应的发运凭证和客户订购单等，因为这些迹象都说明可能存在虚构的销售交易。

当然，通常只有在注册会计师认为由于缺乏足够的内部控制而可能出现舞弊时，才有必要实施上述细节测试。

（二）已发生的销售交易均已登记入账

从发货部门的档案中选取部分发运凭证，并追查至有关的销售发票副本和主营业务收入明细账，是测试未入账发货的一种有效程序。为使这一程序成为一项有意义的测试，注册会计师必须能够确信全部发运凭证均已归档，这点一般可以通过检查发运凭证的顺序编号来查明。

由原始凭证追查至明细账与从明细账追查至原始凭证是有区别的：前者用来测试遗漏的交易（"完整性"目标），后者用来测试不真实的交易（"发生"目标）。

测试发生目标时，起点是明细账，即从主营业务收入明细账中抽取一个销售交易明细记录，追查至销售发票存根、发运凭证以及客户订购单；测试完整性目标时，起点应是发货凭证，即从发运凭证中选取样本，追查至销售发票存根和主营业务收入明细账，以确定是否存在遗漏事项。

设计发生目标和完整性目标的细节测试程序时，确定追查凭证的起点即测试的方向很重要。例如，注册会计师如果关心的是发生目标，但弄错了追查的方向（即由发运凭证追查至明细账），就属于严重的审计缺陷。这一点在后面营业收入的实质性程序中还将进一步介绍。

在测试其他目标时，方向一般无关紧要。例如，测试交易业务计价的准确性时，可以由销售发票追查至发运凭证，也可以反向追查。

（三）销售交易均经正确计价

销售交易计价的准确性包括：按发货数量和价格准确地开具账单，以及将账单上的数额准确地记入会计账簿。对这三个方面，每次审计中一般都要实施细节测试，以确保其准确无误。

典型的细节测试程序包括复算会计记录中的数据，通常的做法以主营业务收入明细账中的会计分录为起点，将所选择的交易业务的合计数与应收账款明细账和销售发票存根进行比较核对。销售发票存根上所列的单价，通常还要与经过批准的商品价目表进行比较核对，对其金额小计和合计数也要进行复算。发票中列出的商品的规格、数量和客户代码等，则应与发运凭证进行比较核对。另外，往往还要审核客户订购单和销售单中的同类数据。

内部控制如果有效，细节测试的样本量便可以减少，审计成本也因控制测试的成本较低而将大为降低。

（四）登记入账的销售交易分类恰当

如果销售分为现销和赊销两种，应注意不要在现销时借记应收账款，也不要在收回应收账款时贷记主营业务收入，同样不要将营业资产的转让（如固定资产转让）混作正常销售。对那些采用不止一种销售分类的企业，例如需要编制分部报告的企业来说，正确的分类是极为重要的。

销售分类恰当的测试一般可与计价准确性测试一并进行。注册会计师可以通过审核原始凭证确定具体交易业务的类别是否恰当，并以此与账簿的实际记录作比较。

（五）销售交易的记录及时

发货后应尽快开具账单并登记入账，以防止无意漏记销售交易，确保它们被记入正确的会计期间。在实施计价准确性细节测试的同时，一般要将所选取的提货单或其他发运凭证的日期与相应的销售发票存根、主营业务收入明细账和应收账款明细账上的日期作比较。如有重大差异，被审计单位就可能存在销售截止期限上的错误。

（六）销售交易已正确地记入明细账并正确地汇总

应收账款明细账的记录若不正确，将影响被审计单位收回应收账款，因此，将全部赊销业务正确地记入应收账款明细账极为重要。同理，为保证财务报表准确，主营业务收入明细账必须正确地加总并过入总账。在多数审计中，通常都要加总主营业务收入明细账，并将加总数和一些具体内容分别追查至主营业务收入总账和应收账款明细账或库存现金、银行存款日记账，以检查在销售过程中是否存在有意或无意的错报问题。不过这一测试的样本量要受内部控制的影响。从主营业务收入明细账追查至应收账款明细账，一般与为实现其他审计目标所实施的测试一并进行；而将主营业务收入明细账加总，并追查、核对加总数至其总账，则应作为一项单独的测试程序来执行。

三、收款交易的细节测试

与销售交易的细节测试一样，收款交易的细节测试范围在一定程度上要取决于关键控制是否存在以及控制测试的结果。由于销售与收款交易同属一个循环，在经济活动中密切相连，因此，收款交易的一部分测试可与销售交易的测试一并执行，但收款交易的特殊性又决定了其另一部分测试仍需单独实施。

【实例 10-1】注册会计师吴文在审计电子公司截至 12 月 31 日应收票据项目时，通过审阅公司财务提供的应收票据备查簿，发现：（1）存有 A 公司开具的于 11 月 20 日已到期的带息商业承兑汇票 300 万元，电子公司不仅未按规定将未到期的应收票据转入应收账款，并且于年度终了时按票面利率计提应收利息。（2）存有 B 公司开具的带息银行承兑汇票 500 万元，票面利率月息 3‰，出票日期为 7 月 20 日，到期日为次年的 2 月 20 日。电子公司年终未按规定计提应收利息。

要求：对上述事项，吴文该如何做出审计处理？

【解析】根据现行会计制度之规定：到期不能收回的带息的应收票据，转入"应收账款"科目核算后，中期期末或年度终了时不再计提利息。注册会计师吴文根据上述规定，提请电子公司将"应收票据"中 A 公司开具的 300 万元到期未能支付的带息商业承兑汇票转入"应收账款"科目核算，并将计提的利息冲回进行调整。如果 A 公司拒绝调整，注册会计师吴文将根据重要性水平考虑发表何种类型的审计意见。

根据现行会计制度之规定：带息应收票据，应于中期期末或年度终了按应收票据的票面价值和确定的利率计提利息，计提的利息增加应收票据的账面价值，借记"应收票据"科目，贷记"财务费用"科目。经注册会计师吴文审验，对 B 公司的带息承兑汇票，年末应计提利息为（30×5+14）×（3‰÷30）×500=8.20（万元）。对此，注册会计师吴文提请电子公司进行会计处理调整，如果电子公司拒绝调整，并超过审计重要性水平时，应考虑出具保留意见的审计报告。

根据现行会计制度之规定：因付款人无力支付票款，收到银行退回的商业承兑汇票、委托收款凭证、未付票款通知或拒绝付款证明等资料时，按应收票据的账面价值，借记"应收账款"科目，贷记"应收票据"科目。

对于电子公司已逾期的应收票据要查实情况，提请电子公司进行会计调整，并根据逾期原因和债务方信用情况，评价可收回性；如果电子公司拒绝调整，应根据审计重要性水平发表适当的审计意见。

第四节 营业收入的实质性程序

一、营业收入的审计目标

营业收入项目核算企业在销售商品、提供劳务等主营业务活动中所产生的收入，以及企业确认的除主营业务活动以外的其他经营活动实现的收入，包括出租固定资产、出租无形资产、出租包装物和商品、销售材料等实现的收入。其审计目标一般包括：确定利润表中记录的营业收入是否已发生，且与被审计单位有关；确定所有应当记录的营业收入是否均已记录；确定与营业收入有关的金额及其他数据是否已恰当记录，包括对销售退回、销售折扣与折让的处理是否适当；确定营业收入是否已记录于正确的会计期间；确定营业收入是否已按照《企业会计准则》的规定在财务报表中做出恰当的列报。

营业收入包括主营业务收入和其他业务收入，下面分别介绍这两部分的实质性程序。

二、主营业务收入的实质性程序

主营业务收入的实质性程序一般包括以下内容。

（一）审查主营业务收入明细表

获取或编制主营业务收入明细表，并执行以下工作。

（1）复核加计是否正确，并与总账数和明细账合计数核对是否相符，结合其他业务收入科目与报表数核对是否相符；

（2）检查以非记账本位币结算的主营业务收入的折算汇率及折算是否正确。

（二）审查主营业务收入的确认

检查主营业务收入的确认条件、方法是否符合企业会计准则，前后期是否一致；关注周期性、偶然性的收入是否符合既定的收入确认原则、方法。按照《企业会计准则第 14 号——收入》的要求，企业商品销售收入应在下列条件均能满足时予以确认。

（1）企业已将商品所有权上的主要风险和报酬转移给购货方。

（2）企业既没有保留通常与所有权相联系的继续管理权，也没有对已售出的商品实施有效控制。

（3）收入的金额能够可靠地计量。

（4）相关的经济利益很可能流入企业。

（5）相关的已发生或将发生的成本能够可靠地计量。

因此，对主营业务收入的实质性程序，应在了解被审计单位确认产品销售收入的会计政策的基础上，重点测试被审计单位是否依据上述 5 个条件确认产品销售收入。

具体来说，被审计单位采取的销售方式不同，确认销售的时点也不同。

（1）采用交款提货销售方式，通常应于货款已收到或取得收取货款的权利，同时已将发票账单和提货单交给购货单位时确认收入的实现。对此，注册会计师应着重检查被审计单位是否收到货款或取得收取货款的权利，发票账单和提货单是否已交付购货单位。应注意有无扣压结算凭证，将当期收入转入下期入账的现象，或者虚记收入、开具假发票、虚列购货单位，将当期未实现的收入虚转为收入记账，在下期予以冲销的现象。

（2）采用预收账款销售方式，通常应于商品已经发出时，确认收入的实现。对此，注册会计师应重点检查被审计单位是否收到了货款，商品是否已经发出。应注意是否存在对已收货款并已将商品发出的交易不入账、转为下期收入，或开具虚假出库凭证、虚增收入等现象。

（3）采用托收承付结算方式，通常应于商品已经发出，劳务已经提供，并已将发票账单提交银行、办妥收款手续时确认收入的实现。对此，注册会计师应重点检查被审计单位是否发货，托收手续是否办妥，货物发运凭证是否真实，托收承付结算回单是否正确。

（4）销售合同或协议明确销售价款的收取采用递延方式，可能实质上具有融资性质的，应当按照应收的合同或协议价款的公允价值确定销售商品收入金额。应收的合同或协议价款与其公允价值之间的差额，通常应当在合同或协议期间内采用实际利率法进行摊销，计入当期损益。

（5）长期工程合同收入，如果合同的结果能够可靠估计，通常应当根据完工百分比法确认合同收入。注册会计师应重点检查收入的计算、确认方法是否合乎规定，并核对应计收入与实际收入是否一致，注意查明有无随意确认收入、虚增或虚减本期收入的情况。

（三）实施实质性审计程序

必要时，实施以下实质性程序。

（1）针对已识别需要运用分析程序的有关项目，并基于对被审计单位及其环境的了解，通过进行以下比较，同时考虑有关数据间关系的影响，以建立有关数据的期望值。

①　将本期的主营业务收入与上期的主营业务收入、销售预算或预测数等进行比较，分析主营业务收入及其构成的变动是否异常，并分析异常变动的原因。

②　计算本期重要产品的毛利率，与上期或预算或者预测数据比较，检查是否存在异常，各期之间是否存在重大波动，查明原因。

③　比较本期各月各类主营业务收入的波动情况，分析其变动趋势是否正常，是否符合被审计单位季节性、周期性的经营规律，查明异常现象和重大波动的原因。

④　将本期重要产品的毛利率与同行业企业进行对比分析，检查是否存在异常。

⑤　根据增值税发票申报表或普通发票，估算全年收入，与实际收入金额比较。

（2）确定可接受的差异额。

（3）将实际的情况与期望值相比较，识别需要进一步调查的差异。

（4）如果其差额超过可接受的差异额，调查并获取充分的解释和恰当的、佐证性质的审计证据（如通过检查相关的凭证等）。

（5）评估分析程序的测试结果。

（四）审查售价确定的合法性

获取产品价格目录，抽查售价是否符合价格政策，并注意销售给关联方或关系密切的重要客户的产品价格是否合理，有无以低价或高价结算的方法相互之间转移利润的现象。

（五）抽取发运凭证

抽取本期一定数量的发运凭证，审查存货出库日期、品名、数量等是否与销售发票、销售合同、记账凭证等一致。

（六）抽取记账凭证

抽取本期一定数量的记账凭证，审查入账日期、品名、数量、单价、金额等是否与销售发票、发运凭证、销售合同等一致。

（七）实施函证程序

结合对应收账款实施的函证程序，选择主要客户函证本期销售额。对于出口销售，应当将销售记录与出口报关单、货运提单、销售发票等出口销售单据进行核对，必要时向海关函证。

（八）实施销售的截止测试

（1）选取资产负债表日前后若干天一定金额以上的发运凭证，与应收账款和收入明细账进行核对；同时，从应收账款和收入明细账选取在资产负债表日前后若干天一定金额以上的凭证，与发运凭证核对，以确定销售是否存在跨期现象。

（2）复核资产负债表日前后销售和发货水平，确定业务活动水平是否异常，并考虑是否有必要追加实施截止测试程序。

（3）取得资产负债表日后所有的销售退回记录，检查是否存在提前确认收入的情况。

（4）结合对资产负债表日应收账款的函证程序，检查有无未取得对方认可的大额销售。

（5）调整重大跨期销售。

对销售实施截止测试，其目的主要在于确定被审计单位主营业务收入的会计记录归属期是否正确：应记入本期或下期的主营业务收入是否被推延至下期或提前至本期。

我国《企业会计准则——基本准则》规定："企业对于已经发生的交易或者事项，应当及时进行会计确认、计量和报告，不得提前或者延后"，并规定"收入只有在经济利益很可能流入从而导致企业资产增加或者负债减少、且经济利益的流入能够可靠计量时才能予以确认"。据此，注册会计师在审计中应该注意把握三个与主营业务收入确认有着密切关系的日期：一是发票开具日期；二是记账日期；三是发货日期（服务业则是提供劳务的日期）。这里的发票开具日期是指开具增值税专用发票或普通发票的日期；记账日期是指被审计单位确认主营业务收入实现并将该笔经济业务记入主营业务收入账户的日期；发货日期是指仓库开具出库单并发出库存商品的日期。检查三者是否归属于同一适当会计期间常常是主营业务收入截止测试的关键所在。

围绕上述三个重要日期，在审计实务中，注册会计师可以考虑选择三条审计路径实施主营业务收入的截止测试。

一是以账簿记录为起点。从资产负债表日前后若干天的账簿记录查至记账凭证，检查发票存根与发运凭证，目的是证实已入账收入是否在同一期间已开具发票并发货，有无多记收入。这种方法的优点是比较直观，容易追查至相关凭证记录，以确定其是否应在本期确认收入，特别是在连续审计两个以上会计期间时，检查跨期收入十分便捷，可以提高审计效率。缺点是缺乏全面性和连贯性，只能查多记，无法查漏记，尤其是当本期漏记收入延至下期而审计时被审计单位尚未及时登账时，不易发现应记入而未记入报告期收入的情况。因此，使用这种方法主要是为了防止多计收入。

二是以销售发票为起点。从资产负债表日前后若干天的发票存根查至发运凭证与账簿记录，确定已开具发票的货物是否已发货并于同一会计期间确认收入。具体做法是，抽取若干张在资产负债表日前后开具的销售发票的存根，追查至发运凭证和账簿记录，查明有无漏记收入现象。这种方法也有其优缺点，优点是较全面、连贯，容易发现漏记的收入；缺点是较费时费力，有时难以查找相应的发货及账簿记录，而且不易发现多记的收入。使用该方法时应注意两点：①相应的发运凭证是否齐全，特别应注意有无报告期内已作收入而下期期初用红字冲回，并且无发货、收货记录，以此来调节前后期利润的情况；②被审计单位的发票存根是否已全部提供，有无隐瞒。为此，应查看被审计单位的销售发票存根的连续编号是否完整，并考虑查看发票领购簿，尤其应关注普通发票的领购和使用情况。因此，使用这种方法主要是为了防止少计收入。

三是以发运凭证为起点。从资产负债表日前后若干天的发运凭证查至发票开具情况与账簿记录，确定主营业务收入是否已记入恰当的会计期间。该方法的优缺点与方法二类似，使用这种方法主要也是为了防止少计收入。

上述三条审计路径在实务中均被广泛采用，它们并不是孤立的，注册会计师可以考虑并用这三条路径，甚至可以在同一主营业务收入科目审计中并用。实际上，由于被审计单位的具体情况各异，管理层意图各不相同，有的为了完成利润目标、承包指标，更多地享受税收等优惠政策，便于筹资等目的，可能会多计收入；有的则为了以丰补欠、留有余地、推迟缴税时间等目的而少计收入。因此，为提高审计效率，注册会计师应当凭借专业经验和所掌握的信息、资料做出正确判断，选择其中的一条或两条审计路径实施更有效的收入截止测试。

（九）审查销货退回

存在销货退回的，检查相关手续是否符合规定，结合原始销售凭证检查其会计处理是否正确，结合存货项目审计关注其真实性。

（十）检查销售折扣与折让

企业在销售交易中，往往会因产品品种不符、质量不符合要求以及结算方面的原因发生销售折扣与折让。尽管引起销售折扣与折让的原因不尽相同，其表现形式也不尽一致，但都是对收入的抵减，直接影响收入的确认和计量。因此，注册会计师应重视折扣与折让的审计。销售折扣与折让的实质性程序主要包括：

（1）获取或编制折扣与折让明细表，复核加计正确，并与明细账合计数核对相符；

（2）取得被审计单位有关折扣与折让的具体规定和其他文件资料，并抽查较大的折扣与折让发生额的授权批准情况，与实际执行情况进行核对，检查其是否经授权批准，是否合法、真实；

（3）销售折扣与折让是否及时足额提交对方，有无虚设中介、转移收入、私设账外"小金库"等情况；

（4）检查折扣与折让的会计处理是否正确。

【实例 10-2】某商贸公司销售 A 产品一批，共 1 000 件，单价为 50 元，销售与折让为每件 5 元，销售成本为每件 40 元。该公司的会计处理为：

借：银行存款	58 500
贷：主营业务收入	50 000
应交税费——应交增值税（销）	8 500
借：营业费用	5 000
贷：银行存款	5 000
借：主营业务成本	40 000
贷：库存商品	40 000

假如你去审计该商贸公司，对此做法有何意见？

【解析】该商贸公司对收入确认和销售成本结转的会计处理正确，但对销售与折让的会计处理不符合要求，正确的处理为：

借：主营业务收入	5 000
应交税费——应交增值税（销）	850
贷：银行存款	5 850

该商贸公司的处理虽然对所得税没有影响，但会导致多交增值税 850 元。另外，商品毛利率将由 11.11%［（50 000-5 000-40 000）÷（50 000-5 000）］提高到 20%［（50 000-40 000）÷50 000］，或许这正是商贸公司改变会计处理的动机。你应提请该公司进行调整。

（十一）检查特殊销售行为

检查有无特殊的销售行为，如附有销售退回条件的商品销售、委托代销、售后回购、以旧换新、商品需要安装和检验的销售、分期收款销售、出口销售、售后租回等，选择恰当的审计程序进行审核。

（1）附有销售退回条件的商品销售，如果对退货部分能作合理估计的，确定其是否按估计不会退货部分确认收入；如果对退货部分不能作合理估计的，确定其是否在退货期满时确认收入。

（2）售后回购，分析特定销售回购的实质，判断其是属于真正的销售交易，还是属于融资行为。

（3）以旧换新销售，确定销售的商品是否按照商品销售的方法确认收入，回收的商品是否作为购进商品处理。

（4）出口销售，确定其是否按离岸价格、到岸价格或成本加运费价格等不同的成交方式，确认收入的时点和金额。

（十二）调查关联方销售情况

调查向关联方销售的情况，记录其交易品种、价格、数量、金额以及占主营业务收入总额的比例。对于合并范围内的销售活动，记录应予合并抵销的金额。

（十三）调查集团内部销售情况

在调查集团内部销售的情况方面，要记录其交易价格、数量和金额，并追查在编制合并财务报表时是否已予以抵消。

（十四）确定主营业务收入的列报是否恰当

结合上述已经实施的各种审计程序，确定主营业务收入的列报是否恰当。

三、其他业务收入的实质性程序

其他业务收入的实质性程序，一般包括以下内容。

（一）获取或编制其他业务收入明细表，复核加计是否正确，并与总账数和明细账合计数核对是否相符，结合主营业务收入科目与营业收入报表数核对是否相符。

（二）计算本期其他业务收入与其他业务成本的比率，并与上期该比率比较，检查是否有重大波动，如有，应查明原因。

（三）检查其他业务收入内容是否真实、合法，收入确认原则及会计处理是否符合规定，择要抽查原始凭证予以核实。

（四）对异常项目，应追查入账依据及有关法律文件是否充分。

（五）抽查资产负债表日前后一定数量的记账凭证，实施截止测试，追踪到销售发票、收据等，确认入账时间是否正确，对于重大跨期事项作必要的调整建议。

（六）确认其他业务收入在财务报表中的列报是否恰当。

第五节 应收账款的实质性程序

应收账款指企业因销售商品、提供劳务而形成的债权，即由于企业销售商品、提供劳务等原因，应向购货客户或接受劳务的客户收取的款项或代垫的运杂费，是企业的债权性资产。应收账款余额一般包括应收账款账面余额和相应的坏账准备两部分。因此，应收账款的审计应结合销售交易来进行。

坏账是指企业无法收回或收回可能性极小的应收款项（包括应收票据、应收账款、预付款项、其他应收款和长期应收款等）。由于发生坏账而产生的损失称为坏账损失。企业通常应采用备抵法按期估计坏账损失。

坏账准备通常是审计的重点领域，由于坏账准备与应收账款的联系非常紧密，我们就把对坏账准备的审计与对应收账款的审计合在一起阐述。

一、应收账款的审计目标

应收账款的审计目标一般是确定资产负债表中记录的应收账款是否存在；确定所有应记录的应收账款是否已记录；确定记录的应收账款是否由被审计单位所有或控制；确定应收账款是否可收回，坏账准备计提方法和比例是否恰当，计提是否充分；确定应收账款及其坏账准备期末余额是否正确；确认应收账款及其坏账准备是否已按照《企业会计准则》的规定在财务报表中做出恰当列报。

二、应收账款的实质性程序

（一）取得或编制应收账款明细表

（1）复核加计正确，并与应收账款明细账合计数核对是否相符；结合坏账准备科目与报表数核对是否相符。应当注意，应收账款报表数反映企业因销售商品、提供劳务等应向购买单位收取的各种款项减去已计提的相应的坏账准备后的净额。

（2）检查非记账本位币应收账款的折算汇率及折算是否正确。对于用非记账本位币（通常为外币）结算的应收账款，注册会计师应检查被审计单位外币应收账款的增减变动是否采用交易发生日的即期汇率将外币金额折算为记账本位币金额，或者采用按照系统合理的方法确定的、与交易发生日汇率近似的汇率折算，选择采用汇率的方法前后各期是否一致；期末外币应收账款余额是否采用期末即期汇率折合为记账本位币金额；折算差额的会计处理是否准确。

（3）分析有贷方余额的科目，查明原因，必要时，建议重分类调整。

（4）结合其他应收款等往来项目的明细余额，调查有无同一客户多处挂账、异常余额或与销售无关的其他款项（如代销账户、关联方账户或员工账户）。如有，应做出记录，必要时提出调整建议。

（二）检查涉及应收账款的相关财务指标

（1）复核应收账款借方累计发生额与主营业务收入关系是否合理，并将当期应收账款借方发生额占销售收入净额的比例与管理层考核指标和被审计单位相关赊销政策比较，如存在异常应查明原因。

（2）计算应收账款周转率、应收账款周转天数等指标，并与被审计单位相关赊销政策、被审计单位以前年度指标、同行业同期相关指标对比分析，检查是否存在重大异常。

（三）检查应收账款账龄分析是否正确

（1）获取或编制应收账款账龄分析表。注册会计师可以通过获取或编制应收账款账龄分析表来分析应收账款的账龄，以便了解应收账款的可收回性。应收账款账龄分析表参考格式如表 10-6 所示。

表 10-6　　　　　　　　　　　　　　　应收账款账龄分析表

年　　月　　日　　　　　　　　　　　　　　　　　　　　货币单位：

客户名称	期末余额	账龄分析			
		1 年以内	1～2 年	2～3 年	3 年以上
合计					

应收账款的账龄通常是指资产负债表中的应收账款从销售实现、产生应收账款之日起，至资产负债表日止所经历的时间。编制应收账款账龄分析表时，可以考虑选择重要的客户及其余额列示，而将不重要的或余额较小的汇总列示。应收账款账龄分析表的合计数减去已计提的相应坏账准备后的净额，应该等于资产负债表中的应收账款项目余额。

（2）测试应收账款账龄分析表计算的准确性，并将应收账款账龄分析表中的合计数与应收账款总分类账余额相比较，并调查重大调节项目。

（3）检查原始凭证，如销售发票、运输记录等，测试账龄划分的准确性。

（四）向债务人函证应收账款

函证应收账款的目的在于证实应收账款账户余额的真实性、正确性，防止或发现被审计单位及其有关人员在销售交易中发生的错误或舞弊行为。通过函证应收账款，可以比较有效地证明被询证者（即债务人）的存在和被审计单位记录的可靠性。

注册会计师应当考虑被审计单位的经营环境、内部控制的有效性、应收账款账户的性质、被询证者处理询证函的习惯做法及回函的可能性等，以确定应收账款函证的范围、对象、方式和时间。

1. 函证决策

审计人员应当确定是否有必要实施函证以获取认定层次充分、适当的审计证据。在做出决策时，审计人员应当考虑以下三个因素。

（1）评估的认定层次重大错报风险

评估的认定层次重大错报风险水平越高，审计人员对通过实质性程序获取的审计证据的相关性和可靠性的要求越高。因此，随着评估的认定层次重大错报风险的增高，审计人员就要设计实质性程序获取更加相关和可靠的审计证据，或者更具说服力的审计证据。在这种情况下，函证程序的运用对于提供充分、适当的审计证据可能是有效的。

评估的认定层次重大错报风险水平越低，审计人员需要从实质性程序中获取的审计证据的相关性和可靠性的要求越低。例如，被审计单位可能有一笔正在按照商定还款计划时间表偿还的银行借款，假设审计人员在以前年度已对其条款进行了函证。如果审计人员实施的其他工作（包括必要时进行的控制测试）表明借款的条款没有改变，并且这些工作使得未偿还借款余额发生重大错报风险被评估为低水平时，审计人员实施的实质性程序可能只限于测试还款的详细情况，而不必再次向债权人直接函证这笔借款的余额和条款。

如果认为某项风险属于特别风险，审计人员需要考虑是否通过函证特定事项以降低检查风险。例如，与简单的交易相比，异常或复杂的交易可能导致更高的错报风险。如果被审计单位从事了异常的或复杂的、容易导致较高重大错报风险的交易，除检查被审计单位持有的文件凭证外，审计人员可能还需考虑是否向交易对方函证交易的真实性和详细条款。

（2）函证程序所审计的认定

函证可以为某些认定提供审计证据，但是对不同的认定，函证的证明力是不同的。在受托代销时，函证可能为存在性和权利与义务认定提供相关可靠的审计证据，但是不能为计价认定提供证据。

对特定认定函证的相关性受审计人员选择函证信息的目标的影响。例如，在审计应付账款完整性认定时，审计人员需要获取没有重大未记录负债的证据。相应地，向被审计单位主要供应商函证，即使记录显示应付金额为零，相对于选择大金额的应付账款进行函证，这在检查未记录负债方面通常更有效。

（3）实施其他审计程序获取的审计证据如何将检查风险降至可接受的水平

针对同一项认定可以从不同来源获取审计证据或获取不同性质的审计证据。这里的其他审计程序是指除函证程序以外的其他审计程序。

审计人员应当考虑被审计单位的经营环境、内部控制的有效性、账户或交易的性质、被询证者处理询证函的习惯做法及回函的可能性等，以确定函证的内容、范围、时间和方式。例如，如果被审计中与应收账款存在性有关的内部控制设计良好并有效运行，审计人员可适当减少函证的样本量。

2. 函证内容

（1）银行存款、借款及与金融机构往来的其他重要信息

审计人员应当对银行存款（包括零余额账户和在本期内注销的账户），借款及与金融机构往来的其他重要信息实施函证程序，除非有充分证据表明某一银行存款、借款及与金融机构往来的其他重要信息对财务报表不重要且与之相关的重大错报风险很低。如果不对这些项目实施函证程序，审计人员应当在审计工作底稿中说明理由。

（2）应收账款

审计人员应当对应收账款实施函证程序，除非有充分证据表明应收账款对财务报表不重要，或函证很可能无效。如果认为函证很可能无效，审计人员应当实施替代审计程序，获取相关、可靠的审计证据。如果不对应收账款函证，审计人员应当在审计工作底稿中说明理由。

（3）函证的其他内容

审计人员可以根据具体情况和实际需要对下列内容（包括但并不限于）实施函证：①交易性金融资产；②应收票据；③其他应收款；④预付账款；⑤由其他单位代为保管、加工或销售的存货；⑥长期股权投资；⑦应付账款、预收账款；⑧保证、抵押或质押；⑨或有事项；⑩重大或异常的交易。

可见，函证通常适用于账户余额及其组成部分（如应收账款明细账），但是不一定限于这些项目。

例如，为确认合同条款是否发生变动及变动细节，审计人员可以函证被审计单位与第三方签订的合同条款。审计人员还可向第三方函证是否存在影响被审计单位收入确认的背后协议或某项重大交易的细节。

3. 函证时间

审计人员通常以资产负债表日为截止日，在资产负债表日后适当时间内实施函证。如果重大错报风险评估为低水平，审计人员可选择资产负债表日前适当日期为截止日实施函证，并对所函证项目自该截止日起至资产负债表日止发生的变动实施实质性程序。

根据评估的重大错报风险，审计人员可能会决定函证非期末的某一日的账户余额。例如，当审计工作将在资产负债表日之后很短的时间内完成时，可能会这么做。对于各类在年末之前完成的工作，审计人员应当考虑是否有必要针对剩余期间获取进一步的审计证据。

以应收账款为例，审计人员通常在资产负债日后某一天函证资产负债表日的应收账款余款。如果在资产负债表日前对应收账户余额实施函证程序，审计人员应当针对询证函指明的截止日期与资产负债表日之间实施进一步的实质性程序，或将实质性程序和控制测试结合使用，以将期中测试得出的结论合理延伸至期末。实质性程序包括测试该期间发生的影响应收账款余额的交易或实施分析程序等。控制测试包括测试销售交易、收款交易及与应收账款冲销有关的内部控制的有效性等。

4. 函证范围

如果采用审计抽样的方式确定函证程序的范围，无论采用统计抽样方法，还是非统计抽样方法，选取的样本应当足以代表总体。根据对被审计单位的了解、评估的重大错报风险以及所测试总体的特征等，审计人员可以确定从总体中选取特定项目进行测试。选取的特定项目可能包括：

（1）金额较大的项目；

（2）账龄较长的项目；

（3）交易频繁但期末余额较小的项目；

（4）重大关联方交易；

（5）重大或异常的交易；

（6）可能存在争议、舞弊或错误的交易。

对于应收账款的函证而言，一般情况下，注册会计师应选择以下项目作为函证对象：大额或账龄较长的项目；与债务人发生纠纷的项目；重大关联方项目；主要客户（包括关系密切的客户）项目；交易频繁但期末余额较小甚至余额为零的项目；可能产生重大错报或舞弊的非正常的项目。

【小思考】

函证一般都是用在银行和往来账上。但有一次审计师竟然对销售收入做了函证，并进行了确认。这是为什么呢？

5. 询证函的设计

（1）设计询证函的总体要求

审计人员应当根据特定审计目标设计询证函。询证函的设计服从于审计目标的需要。通常在针对账户余额的存在性认定获取审计证据时，审计人员应当在询证函中列明相关信息，要求对方核对确认。但在针对账户余额的完整性认定获取审计证据时，审计人员则需要改变询证函的内容设计或者采用其他审计程序。

例如，在函证应收账款时，询证函中不列出账户余额，而是要求被询证者提供余额信息，这样才能发现应收账款低估错报。再如，在对应付账款的完整性获取审计证据时，根据被审计单位的供货商明细表向被审计单位的主要供货商发出询证函，就比从应付账款明细表中选择询证对象更容易发现未入账的负债。

（2）设计询证函需要考虑的因素

在设计询证函时，审计人员应予考虑所审计的认定以及可能影响函证可靠性的因素。可能影响函证可靠性的因素主要包括以下5种。

① 函证的方式。

函证的方式有两种：积极式函证和消极式函证。不同的函证方式，其提供审计证据的可靠性不同。

② 以往审计或类似业务的经验。

在判断实施函证程序的可靠性时，审计人员通常会考虑来自以前年度审计或类似审计业务的经验，包括回函率、以前年度审计中发现的错报以及回函所提供信息的准确程度等。当审计人员根据以往经验认为，即使询证函设计恰当，回函率仍很低，应考虑从其他途径获取审计证据。

③ 拟函证信息的性质、信息的性质是指信息的内容和特点。

审计人员应当了解被审计单位与第三方之间交易的实质，以确定哪些信息需要进行函证。例如，对那些非常规合同或交易，审计人员不仅应对账户余额或交易金额做出函证，还应当考虑对交易或合同的条款实施函证，以确定是否存在重大口头协议，客户是否有自由退货的权利，付款方式是否有特殊安排等。

④ 选择被询证者的适当性。

审计人员应当向对所询证信息知情的第三方发送询证函。例如，对短期投资和长期投资，审计人员通常向股票、债券专门保管或登记机构发函询证或向接受投资的一方发函询证；对应收票据，通常向出票人或承兑人发函询证；对其他应收款，向形成其他应收款的有关方发函询证；对预付账款、应付账款，通常向供货单位发函询证；对委托贷款，通常向有关的金融机构发函询证；对预收账款，通常向购货单位发函询证；对保证、抵押或质押，通常向有关金融机构发函询证；对或有事项，通常向律师等发函询证；对重大或异常的交易，通常向有关的交易方发函询证。

函证所提供的审计证据的可靠性还受到被询证者的能力、独立性、客观性、回函者是否有权回函等因素的影响。审计人员在设计询证函、评价函证结果以及确定是否需要实施其他审计程序时，应当考虑回函者的能力、知识、动机、回函意愿等方面的信息或有关回函者是否能够保持客观和公正的信息。当存在重大、异常、在期末发生的、对财务报表产生重大影响的交易，而被询证者在经济上依赖于被审计单位时，审计人员应当考虑被询证者可能被驱使提供不正确的回函。

⑤ 被询证者易于回函的信息类型。

询证函所函证信息是否便于被询证者回答，影响到回函和所获取审计证据的性质。例如，某些被询证者的信息系统可能便于对形成账户余额的每笔交易进行函证，而不是对账户余额本身进行函证。此外，被询证者可能并不总是能够证实特定类型的信息，例如应收账款总账余额，但是，却可能能够证实总额当中的单笔发票的余额。

询证函通常应当包含被审计单位管理层的授权，授权被询证者向审计人员提供有关信息。对获取被审计单位管理层授权的询证函，被询证者可能更愿意回函，在某些情况下，如果没有获得授权，被询证者甚至不能回函。

（3）积极与消极的函证方式

审计人员可采用积极的或消极的函证方式实施函证，也可将两种方式结合使用。

① 积极的函证方式。

如果采用积极的函证方式，审计人员应当要求被询证者在所有情况下必须回函，确认询证函所列示信息是否正确，或填列询证函要求的信息。积极的函证方式又分为两种：一种是在询证函中列明拟函证的账户余额或其他信息，要求被询证者确认所函证的款项是否正确，这种询证函的回复通常能够提供可靠的审计证据。但是，缺点是被询证者可能对所列示信息根本不加以验证就予以回函确认，审计人员通常是难以发觉的。为了避免这种风险，审计人员可以采用另外一种询证函，即在询证函中不列明账户余额或其他信息，而要求被询证者填写有关信息或提供进一步信息。但这种询证函要求被询证者做出更多的努力，可能会导致回函率降低，进而导致审计人员执行更多的替代程序。

在采用积极的函证方式时，只有审计人员收到回函，才能为财务报表认定提供审计证据。审计人员没有收到回函，可能是被询证者根本不存在，或是被询证者没有收到询证函，也可能是询证者没有理会询证函，因此，无法证明所函证信息是否正确。

② 消极的函证方式。

如果采用消极的函证方式，审计人员只要求被询证者仅在不同意询证函列示信息的情况下才予以回函。对消极式询证函而言，未收到回函并不能表明预期的被询证者已经收到询证函或已经核实了询证函中包含的信息的准确性。因此，消极式询证函的回函提供的审计证据，远不如积极式询证函的回函提供的审计证据有说服力。如果询证函中的信息对被询证者不利，则被询证者更有可能回函表示其不同意；相反，如果询证函中的信息对被询证者有利，回函的可能性就会相对较小。例如，被审计单位的供应商如果认为询证函低估了被审计单位的应付账款余额，则其更有可能回函；如果高估了该余额，则回函的可能性很小。因此，审计人员在考虑这些余额是否可能低估时，向供应商发出消极式询证函可能是有用的程序，但是利用这种程序收集该余额高估的证据就未必有效。

当同时存在下列情况时，审计人员可考虑采用消极的函证方式：

◆ 重大错报风险评估为低水平；

◆ 涉及大量余额较小的账户；

◆ 预期不存在大量的错误；

◆ 没有理由相信被询证者不认真对待函证。

③ 两种方式的结合使用。

在实务中，审计人员也可将这两种方式结合使用。以应收账款为例，当应收账款的余额是由少量的大额应收账款和大量的小额应收账款构成时，审计人员可以对所有的或抽取的大额应收账款样本采用积极的函证方式，而对抽取的小额应收账款样本采用消极的函证方式。

【范例10-1】、【范例10-2】列示了积极式询证函的格式；范例10-3列示了消极式询证函的格式。

【范例10-1】积极式询证函（格式一）

企业询证函

编号：

××（公司）：

本公司聘请的××会计师事务所正在对本公司××年度财务报表进行审计，按照《中国注册会计师审计准则》的要求，应当询证本公司与贵公司的往来账项等事项。下列数据出自本公司账簿记录，如与贵公司记录相符，请在本函下端"信息证明无误"处签章证明；如有不符，请在"信息不符"处列明不符金额。回函请直接寄至××会计师事务所。

回函地址：

邮编： 　　　电话： 　　　传真： 　　　联系人：

1. 本公司与贵公司的往来账项列示如下：

单位：元

截止日期	贵公司欠	欠贵公司	备注

2. 其他事项

本函仅为复核账目之用，并非催款结算。若款项在上述日期之后已经付清，仍请及时函复为盼。

（公司盖章）

年　月　日

结论：1. 信息证明无误。

（公司盖章）

年　月　日

经办人：

2. 信息不符，请列明不符的详细情况：

（公司盖章）

年　月　日

经办人：

【范例 10-2】积极式询证函（格式二）

企业询证函

编号：

××（公司）：

本公司聘请的××会计师事务所正在对本公司××年度财务报表进行审计，按照《中国注册会计师审计准则》的要求，应当询证本公司与贵公司的往来账项等事项。请列示截至××年××月××日贵公司与本公司往来款项余额。回函请直接寄至××会计师事务所。

回函地址：

邮编：　　　　　电话：　　　　　传真：　　　　　联系人：

本函仅为复核账目之用，并非催款结算。若款项在上述日期之后已经付清，仍请及时函复为盼。

（公司盖章）

年　月　日

1. 本公司与贵公司的往来账项列示如下：

单位：元

截止日期	贵公司欠	欠贵公司	备注

2. 其他事项

（公司盖章）

年　月　日

经办人：

【范例 10-3】消极式询证函格式

企业询证函

编号：

××（公司）：

本公司聘请的××会计师事务所正在对本公司××年度财务报表进行审计，按照《中国注册会计师审计准则》的要求，应当询证本公司与贵公司的往来账项等事项。下列数据出自本公司账簿记录，如与贵公司记录相符，则无需回复；如有不符，请直接通知会计师事务所，并请在空白处列明贵公司认为是正确的信息。回函请直接寄至××会计师事务所。

回函地址：

邮编：　　　　　　电话：　　　　　传真：　　　　　联系人：

1. 本公司与贵公司的往来账项列示如下：

单位：元

截止日期	贵公司欠	欠贵公司	备注

2. 其他事项

本函仅为复核账目之用，并非催款结算。若款项在上述日期之后已经付清，仍请及时函复为盼。

（公司盖章）

年　月　日

××会计师事务所：

上面的信息不正确，差异如下：

（公司盖章）

年　月　日

经办人：

6. 函证的实施与评价

（1）函证实施过程的控制

当实施函证时，审计人员应当对选择被询证者、设计询证函以及发出和收回询证函保持控制。出于掩盖舞弊的目的，被审计单位可能想方设法拦截或更改询证函及回函的内容。如果审计人员对函证程序控制不严密，就可能给被审计单位造成可乘之机，导致函证结果发生偏差和函证程序失效。

审计人员应当采取下列措施对函证实施过程进行控制：

① 将被询证者的名称、单位名称和地址与被审计单位有关记录核对；

② 将询证函中列示的账户余额或其他信息与被审计单位有关资料核对；

③ 在询证函中指明直接向接受审计业务委托的会计师事务所回函；

④ 询证函经被审计单位盖章后，由审计人员直接发出；

⑤ 将发出询证函的情况形成审计工作记录；

⑥ 将收到的回函形成审计工作记录，并汇总统计函证结果。

此外，审计人员还应当考虑回函是否来自所要求的回函人。

注册会计师可通过函证结果汇总表的方式对询证函的收回情况加以控制。函证结果汇总如表10-7所示。

表 10-7　　　　　　　　　　　应收账款函证结果汇总表

被审计单位名称：　　　　　　　　　　　制表人：　　　　　　　　　　日期：

会计期间：　　　　　　　　　　　　　　复核人：　　　　　　　　　　日期：

询证函编号	债务人名称	债务人地址及联系方式	账面金额	函证方式	函证日期		回函日期	替代程序	确认余额	差异金额及说明	备注
					第一次	第二次					
	合计										

（2）以电子形式回函时的处理

对以电子形式收到的回函（如传真或电子邮件），由于回函者的身份及其授权情况很难确定，对回函的更改也难以发觉，因此存在风险。审计人员和回函者采用一定的程序为电子形式的回函创造安全环境，可以降低该风险。如果审计人员确信这种程序安全并得到适当控制，则会提高相关回函的可靠性。电子函证程序涉及多种确认发件人身份的技术，如加密技术、电子数码签名技术、网页真实性认证程序。

另外，审计人员还应将收到的口头答复记录于工作底稿。如果口头答复中的信息很重要，审计人员应要求相关方就此重要信息直接提交书面确认文件。

（3）积极式函证未收到回函时的处理

如果采用积极的函证方式实施函证而未能收到回函，审计人员应当考虑与被询证者联系，要求对方做出回应或再次寄发询证函。如果未能得到被询证者的回应，审计人员应当实施替代审计程序。所实施的替代程序因所涉及的账户和认定而异，但替代审计程序应当能够提供实施函证所能够提供的同样效果的审计证据。例如，对应付账款的存在性认定，替代审计程序可能包括检查期后付款记录、对方提供的对账单等；对完整性认定，替代审计程序可能包括检查收货单等入库记录和凭证。

（4）评价审计证据的充分性和适当性时应考虑的因素

如果审计人员认为取得积极式函证回函是获取充分、适当的审计证据的必要程序，则替代程序不能提供审计人员所需要的审计证据。在这种情况下，如果未获取回函，审计人员应当按照审计准则的规定，确定其对审计工作和审计意见的影响。

在某些情况下，审计人员可能识别出认定层次重大错报风险，且取得积极式询证函回函是获取充分、适当的审计证据的必要程序。这些情况可能包括：

① 可获取的佐证管理层认定的信息只能从被审计单位外部获得；

② 存在特定舞弊风险因素，例如，管理层凌驾于内部控制之上，员工和（或）管理层串通使审计人员不能信赖从被审计单位获取的审计证据。

（5）评价函证的可靠性

函证所获得的审计证据的可靠性主要取决于审计人员设计询证函、实施函证程序和评价函证结果等程序的适当性。

在评价函证的可靠性时，审计人员应当考虑：

① 对询证函的设计、发出及收回的控制情况；

② 被询证者的胜任能力、独立性、授权回函情况、对函证项目的了解及其客观性；

③ 被审计单位施加的限制或回函中的限制。

因此，如果可行的话，审计人员应当努力确保询证函被送交适当的人员。例如，如果要证实被审计单位的某项长期借款合同已经被终止，审计人员应当直接向了解这笔终止长期贷款事项和有权提供这一信息的贷款方人员进行函证。

如果认为询证函回函不可靠，审计人员应当评价其对评估的相关重大错报风险（包括舞弊风险），以及其他审计程序的性质、时间安排和范围的影响。例如，审计人员可以通过直接打电话给被询证者等方式以验证回函的内容和来源。

需要特别注意的是，目前有些银行仍然没有严格执行实名开户的措施，企业有可能利用其员工或其他人的名义开具银行账户。在这种情况下，向银行寄发询证并不能保证有关信息的完整性。另外，某些企业与银行或其他金融机构合谋，共同舞弊，提供虚假信息或其他证据，导致函证结果不可靠。因此，审计人员应当在考虑舞弊导致的财务报表重大错报风险的基础上，适当选择函证的方式，谨慎分析和评价函证结果。

（6）对不符事项的处理

审计人员应当调查不符事项，以确定是否存在错报。询证函回函中指出的不符事项可能显示财务报表存在错报。当识别出错报时，审计人员需要评价该错报是否表明存在舞弊。不符事项可以为审计人员判断来自类似的被询证者回函质量及类似账户回函质量提供依据。不符事项还可能显示被审计单位与财务报告相关的内部控制存在缺陷。

某些不符事项并不表明存在错报。例如，审计人员可能认为询证函回函的差异是由于函证程序的时间安排、计量或书写错误造成的。对应收账款而言，登记入账的时间不同而产生的不符事项主要表现为：

（1）询证函发出时，债务人已经付款，而被审计单位尚未收到货款；

（2）询证函发出时，被审计单位的货物已经发出并已作销售记录，但货物仍在途中，债务人尚未收到货物；

（3）债务人由于某种原因将货物退回，而被审计单位尚未收到；

（4）债务人对收到的货物的数量、质量及价格等方面有异议而全部或部分拒付货款等。

如果不符事项构成错报，注册会计师应当评价该错报是否表明存在舞弊，并重新考虑所实施审计程序的性质、时间安排和范围。

（五）对函证未回函及未函证应收账款实施替代审计程序

通常，注册会计师可能未取得所有发放的应收账款积极式询证函的回函，并且注册会计师也不可能对所有应收账款进行函证，因此，对于函证未回函及未函证应收账款，注册会计师应抽查有关原始凭证，如销售合同、销售订购单、销售发票副本、发运凭证及期后收款的回款单据等，以验证与其相关的应收账款的真实性。

【实例10-3】长江公司于2012年12月中旬委托甲会计师事务所审计本公司2012年度会计报表，王华为负责人，他决定在决算日前先实施某些审计程序，包括对截至2012年11月30日的应收账款进行函证，复函中有6户顾客提出了以下意见：

（1）本公司会计处理系统无法复核贵公司的对账单。

（2）所欠余额10 000元已于2010年11月20日付讫。

（3）大体一致。

（4）经查贵公司11月30日的第25 050号发票金额为7 500元，系目的地交货，本公司收货日期为12月5日，因此询证函所称11月30日欠贵公司账款之事与事实不符。

（5）本公司曾于10月份预付货款2 500元，足以抵付对账单中所列两张发票的金额1 500元。

（6）所购货物从未收到。

请问：针对顾客复函中提出的意见王华应采取何种步骤？

【解析】（1）采取替代审计程序。

（2）可能是由于时间差异造成，王华应查收款凭证，可能记错账户。

（3）回答不清楚，重新函证。

（4）可能是客户（长江公司）在所有权尚未转移前认定为销售实现，查购销合同、协议。

（5）查预收货款是否确实收到并已入账，如确实抵付，调账。

（6）审核货运文件，查货物是否运出，如确已运出将复印件送顾客，如确未运出，提请客户作调整处理。

【实例10-4】利民公司年报中有905笔应收账款账户，借方余额共计4 250 000元。这些账户余额为10-1 040 000元，其中有5个金额超过50 000元的账户，共计500 000元。另有40个贷方余额账户，共计5 000元。

审计人员根据控制测试的结果，将与应收账款的存在性和计价认定有关的重大错报风险评估为高水平；确定的可容忍错报为 125 000 元，预计应收账款的错报为 35 000 元。审计人员没有计划实施其他实质性程序以实现相同的目标，其他实质性程序不能发现重大错报的风险为"最高"。审计人员通过分析程序合理确信，应收账款不存在重大的低估。

审计人员将应收账款贷方余额作为应付账款单独测试；对选取的所有账户的余额进行函证。

对超过 50 000 元的 5 个账户进行百分之百的检查，并将其排除在准备抽样的总体之外。

将 900 个其余的借方余额，共计 3 750 000 元，分为三组：第一组由 250 个余额大于或等于 5 000 元的账户组成（账面金额总计 2 500 000 元），抽取样本多；第二组由余额小于 5 000 元而大于 500 元的账户组成（账面金额总计 1 200 000 元），抽取样本少；第三组为单笔余额小于 500 元的应收账款，抽取样本比例为零。

审计人员采用非统计抽样确定样本规模，模型中保证系数如下表：

保证系数

评估的重大错报风险	其他实质性程序未能发现重大错报的风险			
	最高	高	中	低
最高	3.0	2.7	2.3	2.0
高	2.7	2.4	2.0	1.6
中	2.3	2.1	1.6	1.2
低	2.0	1.6	1.2	1.0

在对确定的函证样本进行函证的过程中，利民公司要求不对其中 6 笔应收账款发函证，因为这 6 笔账款存有争议。由于这些争议悬而未决，因而在客户付款时利民公司并没有正确入账。

利民公司对应收账款积极函证的结果总结如下：

给予肯定的客户	56
给予否定的客户	8
没有回函的客户	10
在客户要求下没有发函的客户	6

审计人员把发函证的存根以及收到的函证回函附归入审计工作底稿，据此判断利民公司原来编报数值得信赖。

要求：（1）确定应收账款函证抽样样本规模，并说明审计人员共需要发多少份函证。

（2）审计人员在什么情况下可以不对应收账款进行发函询证？对于不发函证的应收账款审计人员应当如何处理？

（3）该案例中函证样本采用分层审计抽样的办法，对于单笔余额较小的应收账款抽取比例为零是否适当？你认为正确的处理是什么？为什么？

（4）利民公司要求审计人员不要对某些账目进行函证，这种行为是否构成对利民公司年报审计范围的限制？在什么情况下可以允许客户影响审计人员的决定？

（5）对于收到否定回答的应收账款，应当如何确认？下一步的审计程序可能有哪些？

（6）审计人员对于没有收到回函的应收账款，应当如何处理？为什么？

（7）假定经查证，对于"5 000 元及以上"的样本的错报金额为 6 300 元，"500-5 000 元"的样本的错报金额为 750 元，这些错误都是会计处理中的一般错误，利民公司同意更正已发现的 7 050 元错报。分析利民公司该年度应收账款账面余额是否可以接受？为什么？

【解析】（1）估计样本规模=3 750 000÷125 000×2.7=81。审计人员应向 81 个其账户余额被选取的客户和百分之百检查组中 5 个客户寄发询证函，共 81 份询证函。

（2）除非存在下列两种情形之一，审计人员应当对应收账款实施函证。

① 根据审计重要性原则，有充分证据表明应收账款对财务报表不重要。

② 审计人员认为函证很可能失效。如果审计人员认为被询证者很可能不回函或即使回函也不可信，可不对应收账款实施函证。审计人员可能基于以前年度的审计经验或者类似工作经验，认为某被询证者的回函率很低或判断回函不可靠，并得出函证很可能无效的结论。

对于不发函证的，审计人员应当实施替代审计程序。替代审计程序应当能够提供实施函证所能够提供的同样效果的审计证据，如针对应收账款存在性认定的替代程序有：检查被审计单位资产负债表日后收到有关款项的记录和凭证，包括银行进账单、汇款证明、银行存款日记账等；检查销售合同、销售发票和发货记录等证明交易确实已经发生的证据；检查被审计单位与客户之间的函电记录等。

（3）不适当。因为余额较小的应收账款，可能存在的错报性质严重，也应当抽取一定的比例进行函证，并结合实施替代审计程序。

（4）构成对审计范围的限制。如果认为管理层的要求合理，审计人员应当实施替代审计程序，以获取与这些账户余额或其他信息相关的充分、适当的审计证据。如果认为管理层的要求不合理，且被阻挠而无法实施函证，审计人员应当视为审计范围受到限制，并考虑对审计报告可能产生的影响。

（5）应当追加审计程序予以追查。检查被审计单位资产负债表日后收到有关款项的记录和凭证，包括银行进账单、汇款证明、银行存款日记账等；检查销售合同、销售发票和发货记录等证明交易确实发生的证据；检查被审计单位与客户之间的函电记录等。

（6）再次发询证函，如果仍然收不到，应当执行替代审计程序予以查证。其原因是收不到的询证函可能隐藏着重大问题。

（7）对于"5 000 元及以上"组总体错报=6 300÷（739 000÷2 500 000）=21 300（元）；对于"500~5 000元以下"组总体错报=750÷（62 500÷1 250 000）=15 000（元）。因此，根据样本项目推断的错报总额=21 300+15 000=36 300（元）。

利民公司管理层同意更正已发现的 7 050 元错报，因此剩余的推断错报变为 29 250 元，小于预计错报 35 000 元，认为其假设与结果一致；小于可容错报 125 000 元，认为应收账款账面余额发生的错报超过可容忍错报（125 000 元）。而得到上述结果的风险很小，因此总体可以接受。

（六）确定已收回的应收账款金额

请被审计单位协助，在应收账款账龄分析表中标出至审计时已收回的应收账款金额，对已收回金额较大的款项进行常规检查，如核对收款凭证、银行对账单、销货发票等，并注意凭证发生日期的合理性，分析收款时间是否与合同相关要素一致。

（七）检查坏账的确认和处理

首先，注册会计师应检查有无债务人破产或者死亡的，以及破产或以遗产清偿后仍无法收回的，或者债务人长期未履行清偿义务的应收账款；其次，应检查被审计单位坏账的处理是否经授权批准，有关会计处理是否正确。

（八）抽查有无不属于结算业务的债权

不属于结算业务的债权，不应在应收账款中进行核算。因此，注册会计师应抽查应收账款明细账，并追查有关原始凭证，查证被审计单位有无不属于结算业务的债权。如有，应建议被审计单位作适当调整。

（九）检查应收账款的贴现、质押或出售

检查银行存款和银行借款等询证函的回函、会议纪要、借款协议和其他文件，确定应收账款是否已被贴现、质押或出售，应收账款贴现业务是否满足金融资产转移终止确认条件，其会计处理是

否正确。

（十）对应收账款实施关联方及其交易审计程序

标明应收关联方［包括持股 5%以上（含 5%）股东］的款项，实施关联方及其交易审计程序，并注明合并财务报表时应予抵销的金额；对关联企业、有密切关系的主要客户的交易事项作专门核查：

（1）了解交易事项目的、价格和条件，作比较分析；

（2）检查销售合同、销售发票、发运凭证等相关文件资料；

（3）检查收款凭证等货款结算单据；

（4）向关联方或有密切关系的主要客户函询，以确认交易的真实性、合理性。

（十一）确定应收账款的列报是否恰当

如果被审计单位为上市公司，则其财务报表附注通常应披露期初、期末余额的账龄分析，期末欠款金额较大的单位账款，以及持有 5%以上（含 5%）股份的股东单位账款等情况。

【延伸阅读】

李嘉诚在创业初期经营长江塑胶厂时，有一段时间客户拖欠的账款很多，导致企业资金周转困难。权衡利弊之后，财务部只得按照拖欠时间的长短，将应收账款进行分类管理——时间较短的，就让业务员打电话讨要；时间较长的，就让法律顾问发律师函催讨。可是，财务部也不敢催得太紧，生怕得罪了客户，影响今后的塑胶花销售。随着欠款越来越多，资金窟窿越来越大，逐渐影响到企业正常的生产经营。财务部经理心急如焚，绞尽脑汁也找不到一个两全其美的办法。无奈之下，财务部经理向李嘉诚提议，打算与欠账客户打官司讨回应收账款。李嘉诚并没有当场答应，而是要来了账册和合同，仔细查看起来。

在第二天的企业主管会议上，李嘉诚自信地告诉大家："我们用不着打官司，就有办法把账给要回来。"看到大家面面相觑的样子，李嘉诚解释说："我们以前管账，都是以客户为对象进行管理，后来又按照账龄的长短分类管理。我们自以为这样做很科学、很合理。可是，我对照过合同，发现事实并非如此，拖欠账款最多最长的客户，恰恰集中在负责与他们联系的某几个业务员身上，而其他业务员很少有这样的现象。该做的都已经做了，为什么别的业务员回笼账款速度较快，而那几个业务员的客户会久拖不付呢？我想，原因并不完全在客户，而是我们没有很好地管理业务员。我们管账，为什么非要一味盯住那些客户，而不盯住自己的业务员呢？"会后，财务部立即按照李嘉诚的要求改变了策略，盯着业务员要账，果然没过多久，大多数的应收账款都要回来了。账是由人做的，人管好了，账也就管好了。

三、坏账准备的实质性程序

《企业会计准则》规定，企业应当在期末对应收款项进行检查，并合理预计可能产生的坏账损失。应收款项包括应收票据、应收账款、预付款项、其他应收款和长期应收款等，下面以应收账款相关的坏账准备为例，阐述坏账准备审计常用的实质性程序。

（一）取得或编制坏账准备明细表，复核加计是否正确，与坏账准备总账数、明细账合计数核对是否相符。

（二）将应收账款坏账准备本期计提数与资产减值损失相应明细项目的发生额核对是否相符。

（三）检查应收账款坏账准备计提和核销的批准程序，取得书面报告等证明文件，评价计提坏账准备所依据的资料、假设及方法。

企业应根据所持应收账款的实际可收回情况，合理计提坏账准备，不得多提或少提，否则应视为滥用会计估计，按照重大会计差错更正的方法进行会计处理。

对于单项金额重大的应收账款，企业应当单独进行减值测试，如有客观证据证明其已发生减值，应当计提坏账准备。对于单项金额不重大的应收账款，可以单独进行减值测试，或包括在具有类似信用风险特征的应收账款组合中（如账龄分析）进行减值测试。此外，单独测试未发生减值的应收账款，应当包括在具有类似信用风险特征的应收账款组合中（如账龄分析）再进行减值测试。

采用账龄分析法时，收到债务单位当期偿还的部分债务后，剩余的应收账款，不应改变其账龄，仍应按原账龄加上本期应增加的账龄确定；在存在多笔应收账款且各笔应收账款账龄不同的情况下，收到债务单位当期偿还的部分债务，应当逐笔认定收到的是哪一笔应收账款；如果确实无法认定的、按照先发生先收回的原则确定，剩余应收账款的账龄按上述同一原则确定。

在确定坏账准备的计提比例时，企业应当在综合考虑以往的经验、债务单位的实际财务状况和预计未来现金流量（不包括尚未发生的未来信用损失）等因素，以及其他相关信息的基础上做出合理估计。

（四）实际发生坏账损失的，检查转销依据是否符合有关规定，会计处理是否正确。对于被审计单位在被审计期间发生的坏账损失，注册会计师应检查其原因是否清楚，是否符合有关规定，有无授权批准，有无已做坏账处理后又重新收回的应收账款，相应的会计处理是否正确。对有确凿证据表明确实无法收回的应收账款，如债务单位已撤销、破产、资不抵债、现金流量严重不足等，企业应根据管理权限，经股东（大）会或董事会，或经理（厂长）办公会或类似机构批准作为坏账损失，冲销提取的坏账准备。

（五）已经确认并转销的坏账重新收回的，检查其会计处理是否正确。

（六）检查函证结果，对债务人回函中反映的例外事项及存在争议的余额，注册会计师应查明原因并做记录。必要时，应建议被审计单位考虑是否存在坏账可能以及是否需要做相应的调整。

（七）实施分析程序。通过比较前期坏账准备计提数和实际发生数，以及检查期后事项，评价应收账款坏账准备计提的合理性。

（八）确定应收账款坏账准备的披露是否恰当。企业应当在财务报表附注中清晰地说明坏账的确认标准、坏账准备的计提方法和计提比例上市公司还应在财务报表附注中分项披露以下注意事项：

（1）本期全额计提坏账准备，或计提坏账准备的比例较大的（计提比例一般超过40%及以上的，下同），应说明计提的比例以及理由；

（2）以前期间已全额计提坏账准备，或计提坏账准备的比例较大但在本期已全额或部分收回的，或通过重组等其他方式收回的，应说明其原因、原估计计提比例的理由以及原估计计提比例的合理性；

（3）本期实际冲销的应收款项及其理由等，其中，实际冲销的关联交易产生的应收账款应单独披露。

【实例10-5】2013年5月，某企业审计部门对下属全资子公司甲公司的财务收支情况进行了审计。有关甲公司销售与收款业务的资料和审计情况如下：

（1）甲公司在销售与收款业务的管理办法中规定：在向客户赊销货物时，需经过专门设立的信用部门批准；负责应收账款的会计人员每月编制对账单与客户对账；总经理助理定期检查销售与收款情况。

（2）甲公司2012年12月31日的应收账款余额为2 500万元。乙客户是甲公司的主要应收账款客户，其2010年、2011年和2012年年末对甲公司的欠款金额分别为300万元、500万元和900万元。

（3）甲公司在向乙客户销售货物时，收到乙客户订单即可发货，不需履行赊销审批手续。审计人员经调查核实，甲公司自现任总经理2010年1月上任后，即与乙客户发生业务往来。由总经理特批对乙客户采用"见订单即发货"的销售方式，但甲公司信用部门并不掌握乙客户的信用状况。乙客户的所在地距甲公司2 000公里 。

（4）审计人员采用肯定函证方式向甲公司的客户发函询证应收账款余额，除未收到乙客户的回函外，其他客户均回函，且证明欠款金额与函证金额相符。

（5）审计人员在对甲公司主营业务交易的截止期进行测试的过程中，发现乙客户2012年12月28日订购货物一批，甲公司2012年确认销售收入及应收账款50万元，该批货物于2013年1月5日发出，甲公司发货后即结转成本24万元。

【解析】（1）甲公司销售与收款业务中，只有以下两项符合内部控制要求：由专门设立的信用部门批准赊销信用；总经理助理定期检查销售与收款情况。

（2）对未回函的乙客户，审计人员应当再次发函询证。

（3）在无法从外部取得能够证实乙客户应收账款余额的证据时，审计人员可采取检查乙客户订货单、检查甲公司销售发票副本和检查甲公司发运单等方式作为替代程序。

（4）审计人员在核实甲公司2012年主营业务交易的截止期时，应重点关注发票开票日期、记账日期和发货日期。

知识链接-10

（5）关于甲公司对乙客户2012年12月28日订购货物的账务处理，多计2012年主营业务收入50万元。

思考题

1．财务报表审计有哪两种组织方式？
2．控制测试和循环法有何联系？
3．销售交易中关键的内部控制有哪些？
4．销售与收款内部控制检查的主要内容有哪些？
5．收入交易和余额中存在的固有风险包括哪些？
6．实质性程序在销售与收款交易和相关余额审计中有哪些应用？
7．销售交易常用的细节测试程序有哪些？
8．如何运用实质性程序对主营业务收入进行审计？
9．如何合理确定应收账款函证的范围、对象、方式和时间？

关键术语

销售	Sale
收款	Collection
账户法	Account Method
循环法	Cycle Method
控制测试	Control Test
分析程序	Analytical Procedure
内部控制	Internal Control
细节测试	Tests of Details
实质性程序	Substantive Procedures
主营业务收入	The Main Business Income
应收账款	Accounts Receivable

采购与付款循环的审计 第十一章

【教学目标】

通过对本章的学习，使学生了解不同行业类型的采购和费用支出属性、采购与付款循环涉及的主要业务活动、主要凭证与会计记录；通晓采购和付款循环中的内部控制、采购与付款循环中重大错报风险的评估、固定资产的内部控制、采购与付款循环的实质性程序；掌握采购与付款循环的控制测试、固定资产的实质性程序、应付账款的实质性程序等具体审计程序的运用。

【引例】

案情简介

2012年×月×日，月亮湾大酒店正式对外营业。最让月亮湾人感到骄傲的是酒店大堂里的一盏水晶灯。这盏水晶灯是公司王副总经理亲自组织货源，最终从奥地利某珠宝公司高价购回的，货款总价高达150元美元。这样的水晶灯不仅全国罕见，即使在国外，也只有少数几家大酒店才能见到。开业当天，来往宾客无不对这盏豪华水晶灯赞不绝口。尤其是经过媒体报道，月亮湾大酒店在这天也像那盏水晶灯一样，一举成名，当天客房入住率就达到80%以上。

然而，好景不长。两个月后，这盏豪华水晶灯就出了状况。首先是失去原来的光泽。其次是部分金属灯杆出现了锈斑，还有一些灯珠破裂甚至脱落。人们议论纷纷，这就是150万美元换回的高档水晶灯吗？鉴于情况严重，公司领导停止了王副总经理的一切职务，并责令他在限期内对此事做出合理解释。

事情真相

真相很快便水落石出，原来这盏价值近千万元人民币的水晶灯根本不是从奥地利购得的，而是通过南方某地的W公司代理购入的赝品水晶灯。王副总经理在交易过程中贪污受贿，中饱私囊，月亮湾大酒店不仅遭受近千万元的巨额损失，而且酒店名誉蒙受重创。

那么，月亮湾大酒店怎么会发生这样的悲剧，在以后的企业经营中又如何防范呢？

这个案例其实并不复杂，却很有代表性。月亮湾大酒店在未经过公开招标的情况下，即与南方W公司签订了价值为150万美元的代购合同。依照合同规定，南方W公司必须提供奥地利某著名珠宝公司出产的水晶灯，并由W公司向月亮湾大酒店出具该公司的证明书，其中200万元为支付给W公司的代理费。然而交易发生后，W公司并未向月亮湾大酒店出具有关水晶灯的任何品质鉴定资料，月亮湾大酒店也始终没有同W公司办理必要的查验手续。

经查实，这笔交易是由王副总经理一人操办的，从签订合同到验收入库再到支付货款都是由他说了算，他这样做，正是因为收受了W公司的巨额好处费。

这样一笔交易，毁了整个企业，这里面的教训是发人深省的。一笔采购业务，特别是金额较大的业务通常涉及采购计划的编制、物资的请购、订货或采购、验收入库、货款结算等。因此，应当针对各个具体环节，建立完整的采购程序、方法和规范，并严格依照执行。只有这样，才能防止舞弊，保证企业经营活动的正常进行。

控制措施

根据这个案例涉及的环节，为了防范类似事件发生，应做如下控制：

首先，要做到职务分离，采取集体措施。诸如采购申请必须由生产、销售部门提出，具体采购业务由采购部门完成，而货物的验收工作又应该由其他部门进行。

其次，要做好入库验收控制。应根据购货单及合同规定的质量、规格、数量以及有关质量鉴定书等技术资料核查收到的货物，只有两者相符时才予以接受。

最后，还必须做好货款支付控制。发票价格、运费、税费等必须与合同相符，凭证齐全后才可办理结算、支付货款，如有部分退货，则从原发票中扣除后再办理结算；除向不能转账支付和不足转账金额的单位、个人支付现金外，货款一般应办理转账。

资料来源：中国会计网校网站.http://www.chinaacc.com

第一节 采购与付款循环的特点

一、不同行业类型的采购和费用支出

企业的采购与付款循环包括购买商品、劳务和固定资产，以及企业在经营活动中为获取收入而发生的直接或间接支出，如图 11-1 所示。

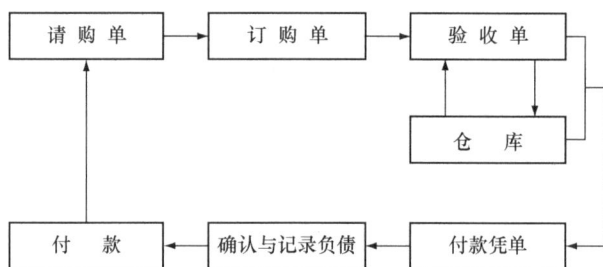

图 11-1　采购与付款循环流程

部分支出可能与产品收入直接相关，部分支出可能会形成企业资产，而这些资产又成为企业经营活动的基础。

除了经营用房产支出和人工费用支出，一些经常性交易的支出通常构成较为重要的交易，因而须由较正式的控制活动来预防或检查、纠正错误和舞弊，比如广告促销费用、研究开发费用和税费、电费、通信费等其他与经营相关的费用。其他一些非经常性支出如与法律相关的费用或其他专业服务费用，发生频率较低，相应就没有太多较正式的控制活动。

不同的企业性质决定企业除共性费用支出外，还会发生不同类型的支出。表 11-1 列示了不同企业通常会发生的一些支出情况，这些支出未包括经营用房产和人工费用支出。

表 11-1　　　　　　　　　　　　　不同行业类型的采购和费用

行业类型	典型的采购和费用支出
贸易业	产品的选择和购买、产品的存储和运输、广告促销费用、售后服务费用
一般制造业	生产过程所需的设备支出、原材料、易耗品、配件的购买与存储支出，市场经营费用，把产成品运达顾客或零售商处发生的运输费用，管理费用
专业服务业	律师、会计师、财务顾问的费用支出包括印刷、通信、差旅费，电脑、车辆等办公设备的购置和租赁，书籍资料和研究设施的费用
金融服务业	建立专业化的安全计算机信息网络和用户自动存取款设备的支出，给付储户的存款利息，支付其他银行的资金拆借利息、手续费，现金存放、现金运送和网络银行设施的安全维护费用，客户关系维护费用
建筑业	建材支出，建筑设备和器材的租金或购置费用、支付给分包商的费用；保险支出和安保成本；建筑保证金和许可审批方面的支出；交通费、通信费等。当在外地施工时还会发生建筑工人的食宿费用

二、涉及的主要业务活动

（一）请购商品和劳务

仓库负责对需要购买的已列入存货清单的项目填写请购单，其他部门也可以对所需要购买的未列入存货清单的项目编制请购单。大多数企业对正常经营所需物资的购买均作一般授权，例如，仓库在现有库存达到再订购点时就可直接提出采购申请，其他部门也可为正常的维修工作和类似工作直接申请采购有关物品。但对资本支出和租赁合同，企业则通常要求作特别授权，只允许指定人员提出请购。请购单可由手工或计算机编制。由于企业内不少部门都可以填列请购单，可能不便事先编号，为加强控制，每张请购单必须经过对这类支出预算负责的主管人员签字批准。

请购单是证明有关采购交易的"发生"认定凭据之一，也是采购交易轨迹的起点。

（二）编制订购单

采购部门在收到请购单后，只能对经过批准的请购单发出订购单。对每张订购单，采购部门应确定最佳的供应来源。对一些大额、重要的采购项目，应采取竞价方式来确定供应商，以保证供货的质量、及时性和成本的低廉。

订购单应正确填写所需要的商品品名、数量、价格、厂商名称和地址等，预先予以顺序编号并经过被授权的采购人员签名。其正联应送交供应商，副联则送至企业内部的验收部门、应付凭单部门和编制请购单的部门。随后，应独立检查订购单的处理，以确定是否确实收到商品并正确入账。这项检查与采购交易的"完整性"认定有关。

（三）验收商品

有效的订购单代表企业已授权验收部门接受供应商发运来的商品。验收部门首先应比较所收商品与订购单上的要求是否相符，如商品的品名、摘要、数量、到货时间等，然后再盘点商品并检查商品有无损坏。

验收后，验收部门应对已收货的每张订购单编制一式多联、预先按顺序编号的验收单，作为验收和检验商品的依据。验收人员将商品送交仓库或其他请购部门时，应取得经过签字的收据，或要求其在验收单的副联上签收，以确立他们对所采购的资产应负的保管责任。验收人员还应将其中的一联验收单送交应付凭单部门。验收单是支持资产或费用以及与采购有关的负债的"存在或发生"认定的重要凭证。定期独立检查验收单的顺序以确定每笔采购交易都已编制凭单，则与采购交易的"完整性"认定有关。

（四）储存已验收的商品

将已验收商品的保管与采购的其他职责分离，可减少未经授权的采购和盗用商品的风险。存放商品的仓储区应相对独立，限制无关人员接近。这些控制与商品的"存在"认定有关。

（五）编制付款凭单

记录采购交易之前，应付凭单部门应编制付款凭单。这项功能的控制包括以下几个方面。

（1）确定供应商发票的内容与相关的验收单、订购单的一致性。

（2）确定供应商发票计算的正确性。

（3）编制有预先顺序编号的付款凭单，并附上支持性凭证（如订购单、验收单和供应商发票等）。这些支持性凭证的种类，因交易对象的不同而不同。

（4）独立检查付款凭单计算的正确性。

（5）在付款凭单上填入应借记的资产或费用账户名称。

（6）由被授权人员在凭单上签字，以示批准照此凭单要求付款。所有未付凭单的副联应保存在未付凭单档案中，以待日后付款。经适当批准和有预先编号的凭单为记录采购交易提供依据，因此，这些控制与"存在""发生""完整性""权利和义务"和"计价和分摊"等认定有关。

（六）确认与记录负债

正确确认已验收货物和已接受劳务的债务，要求准确、及时地记录负债。该记录对企业财务报表和实际现金支出具有重大影响。与应付账款确认和记录相关的部门一般有责任核查购置的财产，并在应付凭单登记簿或应付账款明细账中加以记录。在收到供应商发票时，应付账款部门应将发票上所记载的品名、规格、价格、数量、条件及运费与订购单上的有关资料核对，如有可能，还应与验收单上的资料进行比较。

应付账款确认与记录的一项重要控制是要求记录现金支出的人员不得经手现金、有价证券和其他资产。恰当的凭证、记录与记账手续，对业绩的独立考核和应付账款职能是必不可少的控制。

（七）付款

通常是由应付凭单部门负责确定未付凭单在到期日付款。企业有多种款项结算方式，以支票结算方式为例，编制和签署支票的有关控制包括：

（1）独立检查已签发支票的总额与所处理的付款凭单总额的一致性。

（2）应由被授权的财务部门人员负责签署支票。

（3）被授权签署支票人员应确定每张支票都附有一张已经适当批准的未付款凭单，并确定支票收款人姓名和金额与凭单内容的一致。

（4）支票一经签署就应在其凭单和支持性凭证上加盖印戳或打洞将其注销，以免重复付款。

（5）支票签署人不应签发无记名甚至空白支票。

（6）支票应预先顺序编号，保证支出支票存根的完整性和作废支票处理的恰当性。

（7）应确保只有被授权的人员才能接近未经使用的空白支票。

（八）记录现金、银行存款支出

仍以支票结算方式为例，在手工系统下，会计部门应根据已签发的支票编制付款记账凭证，并据以登记银行存款日记账及其他相关账簿。以记录银行存款支出为例，有关控制包括以下几个方面。

（1）会计主管应独立检查记入银行存款日记账和应付账款明细账金额的一致性，以及与支票汇总记录的一致性。

（2）通过定期比较银行存款日记账记录的日期与支票副本的日期，独立检查入账的及时性。

（3）独立编制银行存款余额调节表。

三、涉及的主要凭证与会计记录

（一）请购单

请购单是由产品制造、资产使用等部门的有关人员填写，送交采购部门，申请购买商品、劳务或其他资产的书面凭证。

（二）订购单

订购单是由采购部门填写，向另一企业购买订购单上所指定的商品、劳务或其他资产的书面凭证。

（三）验收单

验收单是收到商品、资产时所编制的凭证，列示从供应商处收到的商品、资产的种类和数量等内容。

（四）卖方发票

卖方发票（供应商发票）是供应商开具交给买方以载明发运的货物或提供的劳务、应付款金额和付款条件等事项的凭证。

（五）付款凭单

付款凭单是采购方企业的应付凭单部门编制的载明已收到的商品、资产或接受的劳务、应付款金额和付款日期的凭证。付款凭单是采购方企业内部记录和支付负债的授权证明文件。

（六）转账凭证

转账凭证是指记录转账交易的记账凭证，它是根据有关转账交易（即不涉及库存现金、银行存款收付的各项交易）的原始凭证编制。

（七）付款凭证

付款凭证包括现金付款凭证和银行存款付款凭证，是指用来记录库存现金和银行存款支出交易的记账凭证。

（八）应付账款明细账

（九）库存现金日记账和银行存款日记账

（十）供应商对账单

供应商对账单是由供应商按月编制标明期初余额、本期购买、本期支付给供应商的款项和期末余额的凭证，供应商对账单是供应商对有关交易的陈述，如果不考虑买卖双方在收发货物上可能存在的时间差等因素，其期末余额通常应与采购方相应的应付账款期末余额一致。

第二节　采购与付款循环的内部控制和控制测试

一、采购和付款的内部控制

（一）采购交易的内部控制

1. 内部控制目标、内部控制与审计测试的关系

表 11-2 列示了采购交易的内部控制目标、关键内部控制和审计测试的关系。

表 11-2　　　　　　　采购交易的内部控制目标、关键内部控制和审计测试一览表

内部控制目标	关键内部控制	常用控制测试	常用实质性程序
所记录的采购都确已收到商品或已接受劳务（发生）	请购单、订购单、验收单和卖方发票一应俱全，附在付款凭单后 采购经适当级别批准 注销凭证以防止重复使用。对卖方发票、验收、订购单和请购单作内部核查	查验付款凭单后是否附有完整的相关单据 检查批准采购的标记 检查注销凭证的标记 检查内部核查的标记	复核采购明细账、总账及应付账款明细账，注意是否有大额或不正常的金额 检查卖方发票、验收单、订购单和请购单的合理性和真实性 追查存货的采购至存货永续盘存记录 检查取得的固定资产采购合同、发票

续表

内部控制目标	关键内部控制	常用控制测试	常用实质性程序
已发生的采购交易均已记录（完整性）	订购单均经事先连续编号并将已完成的采购登记入账 验收单，均经事先连续编号并已登记入账 应付凭单均经事先连续编号并已登记入账	检查订购单连续编号的完整性 检查验收单连续编号的完整性 检查应付凭单连续编号的完整性	从验收单追查至采购明细账，从卖方发票追查至采购明细账
所记录的采购交易估价正确（准确性、计价和分摊）	对计算准确性进行内部核查 采购价格和折扣的批准	检查内部核查的标记 检查批准采购价格和折扣的标记	将采购明细账中记录的交易同卖方发票、验收单和其他证明文件比较 复查包括折扣和运费在内的卖方发票填写金额的准确性
采购交易的分类正确（分类）	采用适当的会计科目表分类的内部核查	检查工作手册和会计科目表 检查有关凭证上内部核查的标记	参照卖方发票，比较会计科目表上的分类
采购交易按正确的日期记录（截止）	要求收到商品或接受劳务后及时记录采购交易内部核查	检查工作手册并观察有无未记录的卖方发票存在 检查内部核查的标记	将验收单和卖方发票的日期与采购明细账中的日期进行比较
采购交易被正确记入应付账款和存货等明细账中，并正确汇总（准确性、计价和分摊）	应付账款明细账内容的内部核查	检查内部核查的标记	通过加计采购明细账，追查过入采购总账和应付账款、存货明细账的数额是否正确，用以测试过账和汇总的正确性

2. 采购交易的内部控制

在正常的审计中，如果忽视采购与付款循环的控制测试及相应的交易实质性程序，仅仅依赖这些具体财务报表项目余额实施实质性程序，则可能不利于审计效率和审计质量的提高。如果被审计单位具有健全并且运行良好的相关内部控制，注册会计师把审计重点放在控制测试和交易的实质性程序上，既可以降低审计风险，又可大大减少报表项目实质性程序的工作量，提高审计效率。

采购与付款循环的交易测试包括采购交易测试和付款交易测试两个部分。采购交易测试与本章前面讨论的 8 项主要业务活动中的前 6 项有关，即：请购商品和劳务，编制订购单，验收商品，储存已验收的商品，编制付款凭单，确认与记录负债。付款交易测试则涉及第七、第八两项业务活动：付款，记录现金、银行存款支出。

下面就采购交易内部控制的特殊之处予以说明。

（1）适当的职责分离。采购与付款交易不相容岗位至少包括：请购与审批；询价与确定供应商；采购合同的订立与审批；采购与验收；采购、验收与相关会计记录；付款审批与付款执行。

（2）内部核查程序。企业应当建立对采购与付款交易内部控制的监督检查制度。采购与付款交易内部控制监督检查的主要内容通常包括：

① 采购与付款交易相关岗位及人员的设置情况。重点检查是否存在采购与付款交易不相容职务混岗的现象。

② 采购与付款交易授权批准制度的执行情况。重点检查大宗采购与付款交易的授权批准手续是否健全，是否存在越权审批的行为。

③ 应付账款和预付账款的管理。重点审查应付账款和预付账款支付的正确性、时效性和合法性。

④ 有关单据、凭证和文件的使用和保管情况。重点检查凭证的登记、领用、传递、保管、注销手续是否健全，使用和保管制度是否存在漏洞。

（3）对内部控制目标、关键内部控制、常用控制测试和实质性程序有关内容的说明。

① 所记录的采购都确已收到商品或接受劳务。如果注册会计师对被审计单位在这个目标上控制

的恰当性感到满意，为查找不正确、没有真实发生的交易而执行的测试程序就可大大减少。恰当的控制可以防止那些主要使管理层和员工而非被审计单位本身受益的交易，作为被审计单位的费用支出或资产入账。在有些情况下，不正确的交易是显而易见的。例如，员工未经批准就购置个人用品，或通过在付款凭单登记簿上虚记一笔采购而侵吞公款。但在另外一些情况下，交易的正确与否却很难评判，如支付被审计单位管理人员在俱乐部的个人会费、支付管理人员及其家属的度假费用等。如果发觉被审计单位对这些不正当的、站不住脚的交易的控制不充分，注册会计师在审计中就需对与这些交易有关的单据进行广泛、深入的检查。

② 已发生的采购交易都已记录。应付账款是因在正常的商业过程中接受商品和劳务而产生的尚未付款的负债。已经验收的商品和接受的劳务若未予入账，将直接影响应付账款余额，从而少计企业的负债。如果注册会计师确信被审计单位所有的采购交易均已准确、及时地登记入账，就可以从了解和测试其内部控制入手进行审计，从而大大减少对固定资产和应付账款等财务报表项目实施实质性程序的工作量，大大降低审计成本。

③ 所记录的采购交易估价正确。由于许多资产、负债和费用项目的估价有赖于相关采购交易在采购明细账上的正确记录，因此，对这些报表项目实施实质性程序的范围，在很大程度上取决于注册会计师对被审计单位采购交易内部控制执行效果的评价。如认为采购交易内部控制执行良好，则注册会计师对这些报表项目计价准确性实施的实质性程序的数量，显然要比采购交易内部控制不健全或形同虚设的企业少得多。

当被审计单位对存货采用永续盘存制核算时，如果注册会计师确信其永续盘存记录是准确、及时的，存货项目的实质性程序就可予以简化。被审计单位对永续盘存记录中的采购环节的内部控制，一般应作为审计中对采购交易进行控制测试的对象之一，在审计中起着关键作用。如果这些控制能够有效地运行，并且永续盘存记录中又能反映出存货的数量和单位成本，还可以因此减少存货监盘和存货单位成本测试的工作量。

【实例 11-1】以下为 A 公司关于原料的购入、验收、储存、发出等程序的内部控制制度的基本内容。

（1）原料（主要是价值较高的电子元件）存放于加锁的仓库内，库房人员包括一位主管和四名人员。生产车间以书面或口头通知的形式从仓库领取材料。

（2）公司未建立永续盘存制度，因此仓库保管人员未记录材料的发出，而是在每月通过实地盘点存货来倒算本期的发出存货，存货盘点的程序比较完善。

（3）实地盘点后，仓库主管将盘点数量与预先确定的再订货点进行比较。如果某一原料低于再订货点，主管就将这种原料编号写在请购单上，然后送交采购部门，由采购部门负责进行材料的选购。

（4）在采购的原料运到公司时，由仓库保管员进行验收、清点，并与送货单上注明的数量、品种、规格进行核对。

要求：指出 A 公司内部控制制度中存在的缺陷并提出相应的改进建议。

【解析】A 公司内控制度存在的缺陷及改进如下。

（1）价值较高的原材料应实行进入限制，5 人能接触，易发生差错；应只有经过签字批准的书面领料单才能从仓库领料。

（2）公司应建立永续盘存制度。

（3）仓库编制采购申请单，采购部门编制采购计划，请购单还应注明请购的原料的品名、数量、规格，且应经过领导批准；采购部门不能负责比价、决定购货单位。

（4）应有仓库保管员以外的人员负责验收；还应与采购合同、采购发票核对；验收还应包括验收质量；应填制验收单、入库单。

（二）付款交易的内部控制

通常应当共同遵循的与付款交易相关的内部控制内容包括以下几个方面。

（1）企业应当按照《现金管理暂行条例》《支付结算办法》等有关货币资金内部控制的规定办理采购付款交易。

（2）企业财会部门在办理付款交易时，应当对采购发票、结算凭证、验收证明等相关凭证的真实性、完整性、合法性及合规性进行严格审核。

（3）企业应当建立预付账款和定金的授权批准制度，加强预付账款和定金的管理。

（4）企业应当加强应付账款和应付票据的管理，由专人按照约定的付款日期、折扣条件等管理应付款项。已到期的应付款项需经有关授权人员审批后方可办理结算与支付。

（5）企业应当建立退货管理制度，对退货条件、退货手续、货物出库、退货货款回收等做出明确规定，及时收回退货款。

企业应当定期与供应商核对应付账款、应付票据、预付款项等往来款项。如有不符，应查明原因，及时处理。

二、评估重大错报风险

在实施控制测试和实质性程序之前，注册会计师需要了解被审计单位采购与付款交易和相关余额的内部控制的设计、执行情况，评估认定层次的财务报表重大错报风险，并对被审计单位特殊的交易活动和可能影响财务报表真实反映的事项保持职业怀疑。这将影响到注册会计师决定采取何种适当的审计方法。

影响采购与付款交易和余额的重大错报风险可能包括以下几个方面。

（一）管理层错报费用支出的偏好和动因

被审计单位管理层可能为了完成预算，满足业绩考核要求，保证从银行获得资金，吸引潜在投资者，误导股东，影响公司股价，或通过把私人费用计入公司进行个人谋利而错报支出。常见的方法可能有以下几种。

（1）把通常应当及时计入损益的费用资本化，然后通过资产的逐步摊销予以消化。这对增加当年的利润和留存收益产生影响。

（2）平滑利润。通过多计准备或少计负债和准备，把损益控制在被审计单位管理层希望的程度。

（3）利用特别目的的实体把负债从资产负债表中剥离，或利用关联方间的费用定价优势制造虚假的收益增长趋势。

（4）通过复杂的税务安排推延或隐瞒所得税和增值税。

（5）被审计单位管理层把私人费用计入企业费用，把企业资金当做私人资金运作。

（二）费用支出的复杂性

例如，被审计单位以复杂的交易安排购买一定期间的多种服务，管理层对于涉及的服务受益与付款安排所涉及的复杂性缺乏足够的了解。这可能导致费用支出分配或计提的错误。

（三）管理层凌驾于控制之上和员工舞弊的风险

例如，通过与第三方串通，把私人费用计入企业费用支出，或有意无意地重复付款。

（四）采用不正确的费用支出截止期

将本期采购收到的商品计入下一会计期间，或者将下一会计期间采购的商品提前计入本期；未及时计提尚未付款的已经购买的服务支出等。

（五）低估

在承受反映较高盈利水平和营运资本的压力下，被审计单位管理层可能试图低估准备和应付账款，包括低估对存货、应收账款应计提的减值以及对已售商品提供的担保（如售后服务承诺）应计提的准备。

（六）不正确地记录外币交易

当被审计单位进口用于出售的商品时，可能由于采用不恰当的外币汇率而导致该项采购的记录出现差错。此外，还存在未能将诸如运费、保险费和关税等与存货相关的进口费用进行正确分摊的风险。

（七）舞弊和盗窃的固有风险

如果被审计单位经营大型零售业务，由于所采购商品和固定资产的数量及支付的款项庞大，交易复杂，容易造成商品发运错误，员工和客户发生舞弊和盗窃的风险较高。如果那些负责付款的会计人员有权接触应付账款主文档，并能够通过在应付账款主文档中擅自添加新的账户来虚构采购交易，风险也会增加。

（八）存货的采购成本没有采用适当的计量属性

这样的结果可能导致存货成本和销售成本的核算不正确。

（九）存在未记录的权利和义务

这可能导致资产负债表分类错误以及财务报表附注不正确或披露不充分。

在计算机环境下，注册会计师既应当考虑常用的控制活动的有效性，也应当考虑特殊的控制活动对于采购与付款交易的适用性。其中最为重要的控制应着眼于计算机程序的更改和供应商主文档中重要数据的变动，因为这会对采购与付款、应付账款带来影响，也会影响对差错和例外事项的处理过程和结果。概言之，针对采购与付款的控制，需要关注以下几点。

（1）遗失连续编号的验收单，这表明采购交易可能未予入账。

（2）出现重复的验收单或发票。

（3）供应商发票与订购单或验收单不符。

（4）供应商名称及代码与供应商主文档信息中的名称及代码不符。

（5）在处理供应商发票时出现计算错误。

（6）采购或验收的商品的存货代码无效。

（7）处理采购或付款的会计期间出现差错。

（8）通过电子货币转账系统把货款转入供应商的银行账户，但该账户并非供应商支付文档指定的银行账户。

总之，当被审计单位管理层具有高估利润的动机时，注册会计师应当主要关注费用支出和应付账款的估计。重大错报风险常常集中体现在遗漏交易，采用不正确的费用支出截止期，以及错误划分资本性支出和费用性支出。这些将对完整性、截止、发生、存在、准确性和分类认定产生影响。

三、固定资产的内部控制

在本书的业务循环划分中，固定资产归属采购与付款循环，固定资产与一般的商品在内部控制和控制测试方面虽然有许多共性的地方，但固定资产还有其特殊性，有必要单独加以说明。

（一）固定资产的预算制度

预算制度是固定资产内部控制中最重要的部分。通常大中型企业应编制旨在预测与控制固定资产增减和合理运用资金的年度预算；小规模企业即使没有正规的预算，对固定资产的购建也要事先加以计划。

（二）授权批准制度

完善的授权批准制度包括：企业的资本性预算只有经过董事会等高层管理机构批准方可生效；所有固定资产的取得和处置均需经企业管理层的书面认可。

（三）账簿记录制度

除固定资产总账外，被审计单位还需设置固定资产明细分类账和固定资产登记卡，按固定资产类别、使用部门和每项固定资产进行明细分类核算。固定资产的增减变化均应有充分的原始凭证。

（四）职责分工制度

对固定资产的取得、记录、保管、使用、维修、处置等，均应明确划分责任，由专门部门和专人负责。

（五）资本性支出和收益性支出的区分制度

企业应制定区分资本性支出和收益性支出的书面标准。通常需明确资本性支出的范围和最低金额，凡不属于资本性支出的范围、金额低于下限的任何支出，均应列作费用并抵减当期收益。

（六）固定资产的处置制度

固定资产的处置包括投资转出、报废、出售等，均要有一定的申请报批程序。

（七）固定资产的定期盘点制度

对固定资产的定期盘点，是验证账面各项固定资产是否真实存在、了解固定资产放置地点和使用状况以及发现是否存在未入账固定资产的必要手段。

（八）固定资产的维护保养制度

固定资产应有严密的维护保养制度，以防止其因各种自然和人为的因素而遭受损失，并应建立日常维护和定期检修制度，以延长其使用寿命。

严格地讲，固定资产的保险不属于企业固定资产的内部控制范围。但它作为一项针对企业重要资产的特别保障，往往对企业非常重要。

作为与固定资产密切相关的一个项目，在建工程项目有其特殊性。在建工程的内部控制通常包括以下内容。

1. 岗位分工与授权批准

（1）企业应当建立工程项目业务的岗位责任制，明确相关部门和岗位的职责、权限，确保办理工程项目业务的不相容岗位相互分离、制约和监督。工程项目业务不相容岗位一般包括：项目建议、可行性研究与项目决策；概预算编制与审核；项目实施与价款支付；竣工决算与竣工审计。

（2）企业应当对工程项目相关业务建立严格的授权批准制度，明确审批人的授权批准方式、权限、程序、责任及相关控制措施，规定经办人的职责范围和工作要求。审批人应当根据工程项目相关业务授权批准制度的规定，在授权范围内进行审批，不得超越审批权限。经办人应当在职责范围内，按照审批人的批准意见办理工程项目业务。对于审批人超越授范围审批的工程项目业务，经办人有权拒绝办理，并及时向审批人的上级授权部门报告。

（3）企业应当制订工程项目业务流程，明确项目决策、概预算编制、价款支付、竣工决算等环节的控制要求，并设置相应的记录或凭证，如实记载各环节业务的开展情况，确保工程项目全过程得到有效控制。

2. 项目决策控制

企业应当建立工程项目决策环节的控制制度，对项目建议书和可行性研究报告的编制、项目决策程序等做出明确规定，确保项目决策科学、合理。

3. 概预算控制

企业应当建立工程项目概预算环节的控制制度，对概预算的编制、审核等做出明确规定，确保概预算编制科学、合理。

4. 价款支付控制

企业应当建立工程进度价款支付环节的控制制度，对价款支付的条件、方式以及会计核算程序做出明确规定，确保价款支付及时、正确。

5. 竣工决算控制

企业应当建立竣工决算环节的控制制度，对竣工清理、竣工决算、竣工审计、竣工验收等做出明确规定，确保竣工决算真实、完整、及时。

6. 监督检查

企业应当建立对工程项目内部控制的监督检查制度，明确监督检查机构或人员的职责权限，定期或不定期地进行检查。检查内容主要包括：

（1）工程项目业务相关岗位及人员的设置情况；

（2）工程项目业务授权批准制度的执行情况；

（3）工程项目决策责任制的建立及执行情况；

（4）概预算控制制度的执行情况；

（5）各类款项支付制度的执行情况；

（6）竣工决算制度的执行情况。

四、控制测试

（一）以内部控制目标为起点的控制测试

（1）注册会计师应当通过控制测试获取支持将被审计单位的控制风险评价为中或低的证据。如果能够获取这些证据，注册会计师就可能接受较高的检查风险，并在很大程度上通过实施实质性程序获取进一步的审计证据，同时减少对采购与付款交易和相关余额实施细节测试的依赖。

（2）考虑到采购与付款交易控制测试的重要性。注册会计师通常对这一循环采用属性抽样审计方法。在测试该循环中的大多数属性时，注册会计师通常选择相对较低的可容忍误差。

（3）在本章第一节介绍的采购与付款交易涉及的 8 项主要业务活动中，前三项分别是请购商品和劳务、编制订购单、验收商品。注册会计师在实施控制测试时，应抽取请购单、订购单和商品验收单，检查请购单、订购单是否得到适当审批，验收单是否有相关人员的签名，订购单和验收单是否按顺序编号。

（4）对于编制付款凭单、确认与记录负债这两项主要业务活动，被审计单位的内部控制通常要求应付账款记账员将采购发票所载信息与验收单、订购单进行核对，核对相符应在发票上加盖"相符"印戳。注册会计师在实施控制测试时，应抽取订购单、验收单和采购发票，检查所载信息是否一致，发票上是否加盖了"相符"印戳。

（5）对于付款这项主要业务活动，有些被审计单位内部控制要求，由应付账款记账员负责编制付款凭证，并附相关凭证，提交会计主管审批。在完成对付款凭证及相关单证的复核后，会计主管在付款凭证上签字，作为复核证据，并在所有凭证上加盖"核销"印戳。对此，注册会计师实施控制测试时，应抽取付款凭证，检查其是否经会计主管复核和审批，并检查款项支付是否得到适当人员的复核和审批。

（6）固定资产的内部控制测试。结合前面固定资产内部控制的讨论内容和顺序，注册会计师在对被审计单位的固定资产实施控制测试时应注意：

① 对于固定资产的预算制度，注册会计师应选取固定资产投资预算和投资可行性项目论证报告，检查是否编制预算并进行论证，以及是否经适当层次审批；对实际支出与预算之间的差异以及未列入预算的特殊事项，应检查其是否履行特别的审批手续。如果固定资产增减均能处于良好的经批准的预算控制之下，注册会计师即可适当减少针对固定资产增加、减少实施的实质性程序的样本量。

② 对于固定资产的授权批准制度，注册会计师不仅应检查被审计单位固定资产授权批准制度本身是否完善，还应选取固定资产请购单及相关采购合同，检查是否得到适当审批和签署，关注授权批准制度是否切实得到执行。

③ 对于固定资产的账簿记录制度，注册会计师应当认识到，一套设置完善的固定资产明细分类账和登记卡，将为分析固定资产的取得和处置、复核折旧费用和修理支出的列支带来帮助。

④ 对于固定资产的职责分工制度，注册会计师应当认识到，明确的职责分工制度，有利于防止舞弊，降低注册会计师的审计风险。

⑤ 对于资本性支出和收益性支出的区分制度，注册会计师应当检查该制度是否遵循企业会计准则的要求，是否适应被审计单位的行业特点和经营规模，并抽查实际发生与固定资产相关的支出时是否按照该制度进行恰当的会计处理。

⑥ 对于固定资产的处置制度，注册会计师应当关注被审计单位是否建立了有关固定资产处置的分级申请报批程序；抽取固定资产盘点明细，检查账实之间的差异是否经审批后及时处理；抽取固定资产报废单，检查报废是否经适当批准和处理；抽取固定资产内部调拨单，检查调入、调出是否已进行适当处理；抽取固定资产增减变动情况分析报告，检查是否经复核。

⑦ 对于固定资产的定期盘点制度，注册会计师应了解和评价企业固定资产盘点制度，并应注意查询盘盈、盘亏固定资产的处理情况。

⑧ 对于固定资产的保险情况，注册会计师应抽取固定资产保险单盘点表，检查是否已办理商业保险。

（7）在建工程的内部控制测试。如果被审计单位在建工程项目比较重要，占其资产总额比重较大，则对在建工程项目的内部控制测试，注册会计师应注意把握以下几点：

① 对工程项目业务相关岗位及人员的设置情况，应重点检查是否存在不相容职务混岗的现象。

② 对工程项目业务授权批准制度的执行情况，应重点检查重要业务的授权批准手续是否健全，是否存在越权审批行为。

③ 对工程项目决策责任制的建立及执行情况，应重点检查责任制度是否健全，奖惩措施是否落实到位。

④ 对概预算控制制度的执行情况，应重点检查概预算编制的依据是否真实，是否按规定对概预算进行审核。

⑤ 对各类款项支付制度的执行情况，应重点检查工程款、材料设备款及其他费用的支付是否符合相关法规、制度和合同的要求。

对竣工决算制度的执行情况，应重点检查是否按规定办理竣工决算、实施决算审计。

（二）以风险为起点的控制测试

在审计实务中，注册会计师还可以以识别的重大错报风险为起点来实施控制测试。下面对此进行说明。

1. 订购商品和劳务环节

（1）未经授权的供应商可能进入经批准的供应商主文档。

计算机控制措施：程序设定只允许经授权的人员修改经批准的供应商主文档。

人工控制措施：只有采购部门高级员工才被授权在供应商主文档中增加新供应商信息。

控制测试：询问管理层并检查证明这些控制完成情况的文件。

（2）可能向未经批准的供应商采购。

计算机控制措施：处理之前，计算机自动与供应商主文档中每一份订购单比对，将不符事项记录于例外报告中。

人工控制措施：复核例外报告并解决问题。绕过控制的人工处理经恰当审批。

控制测试：检查复核例外报告的证据，以及批准僭越控制的人工处理的恰当签名。

（3）采购可能由未经授权的员工执行。

计算机控制措施：访问控制只允许经授权的员工处理订购单，菜单层面的控制授权限定至单个员工。

人工控制措施：复核正式的授权级别并定期修订，采购人员有权在限额内进行采购或处理某些类型的支出；僭越控制的、人工接受的订购单，需经采购主管或高级管理层批准。

控制测试：询问、检查授权批准和授权越权的文件，检查订购单并确定其是否在授权批准的范围之内。

（4）订购的商品或劳务可能未被提供。

计算机控制措施：计算机自动对所有发出的订购单事先编号，并与随后的采购入库通知单和供应商发票进行比对，比对不符的订购单被单独打印。

人工控制措施：长期未执行的订购单被记录于未执行订购单的文件上，并采取跟进行动。

控制测试：询问并检查文件，以证实对未执行的订购单的跟进情况。

（5）采购订购单的项目或数量可能不准确。

计算机控制措施：计算机将订购单上的产品摘要和存货代码与存货主文档明细进行比对；当再订货数量超过存货主文档记录的再订货数量，或者现有的存货项目数量超过再订货水平时，生成订货例外报告。

人工控制措施：由采购部门复核例外报告，取消订购单或经过恰当授权后处理。

控制测试：检查例外报告，证实问题已被适当处理。

2. 收到商品和劳务环节

（1）收到商品可能未被记录。

计算机控制措施：当商品接收仓库索取订购单以核对所收货物时，计算机生成一份事先编号的采购入库通知单；定期打印未完成订购单。

人工控制措施：由采购部门复核和追踪未完成订购单报告；定期将报表余额调整至应付账款余额。

控制测试：检查打印文件并追踪未完成订购单；检查应付账款的调整，并重新执行这些程序，以获取其是否正确的证据。

（2）收到的商品可能不符合订购单的要求或可能已被损坏。

计算机控制措施：收货人员将收到的商品情况、实际收货数量录入采购入库通知，将采购入库通知单与订购单上的具体信息进行比对，并就比对不符商品的情况和数量生成例外报告。

人工控制措施：清点从供应商处收到的商品，将商品的情况、收货数量与订购单进行核对；检查货物的状况；复核例外报告并解决所有差异。

控制测试：询问、观察商品实物并与订购单进行核对；检查打印文件以获取复核和跟进的证据。

3. 记录采购和应付账款环节

（1）收到的商品可能未被计入采购。

计算机控制措施：由计算机打印一份没有相应发票记录的采购入库通知单的完整清单，在一些计算机系统中，可能会根据订购单上的采购价格在临时文档中生成一份预开单据，当实际收到供应商发票时，再按发票金额转账。

人工控制措施：由会计部门人员追踪遗失的发票。

控制测试：询问、检查例外报告和其他文件，以追踪商品已收到但发票未到、未作采购记录的情况。

（2）对发票已到，但商品或劳务尚未收到的可能作采购记录，或者可能重复作采购记录。

计算机控制措施：由计算机比对订购单、采购入库通知单和发票，只有比对一致后，采购才能被记录至总分类账；对不符和重复的发票生成例外报告。在分批次处理系统中，由计算机控制各采购入库通知单金额的总额，并与相应的供应商发票金额比对，对出现的差异打印成例外报告。

人工控制措施：由会计部门的人员追踪例外报告中提及的供应商发票与订购单或采购入库通知单比对不一致问题或重复问题。

控制测试：询问和检查例外报告，并追踪已收到但比对不符的发票。

（3）采购发票可能未被记录于正确的会计期间。

计算机控制措施：由计算机将记录采购的日期和采购入库通知单上的日期进行比对，如果这些日期属于不同的会计期间，应生成打印文件。

人工控制措施：由会计人员输入必要的分录，确保对计入当期的负债核算是恰当的。

控制测试：询问和检查打印文件并重新执行截止程序。

（4）记录的采购价格可能不正确。

计算机控制措施：由计算机将供应商发票上的单价与订购单上的单价进行比对，如有差异应生成例外报告。

人工控制措施：复核例外报告，并解决问题。

控制测试：询问和检查打印文件，以及解决差异的证据；通过对照发票价格与订购单上的价格，重新执行价格测试。

（5）供应商发票可能未被分配至正确的应付账款账户。

计算机控制措施：由计算机将订购单和采购入库通知单上的代码与发票上的供应商名称和代码进行比对，并将其与应付账款账户明细核对。

人工控制措施：由会计部门人员追踪例外报告上供应商名称和代码比对不符的情况。

控制测试：询问和观察例外报告，以及解决例外情况的证据；重新执行分配费用支出的测试。

（6）发票可能未分配至个人客户的账户，或者在更新时使用了错误的应付账款文档。

计算机控制措施：更新后，由计算机将应付账款期初余额合计数，加上本期购货，减去本期支付，得到应付账款期末余额合计数，与应付账款总分类的期末余额进行比对。每次更新前，由计算机检查日期和更新前的版本号，每次更新后，应付账款主文档会注明日期或顺序编号。

人工控制措施：由适当的会计人员执行连续运行总额调节；复核并重新提交未分配采购发票的例外报告，利用外部文件标签和整理功能来标明使用哪一版本的主文档。

控制测试：检查连续运行控制总额的打印文件；询问对 IT 程序的一般控制，以确保应付账款主文档使用正确的版本。

（7）在记录或处理采购发票时可能出现错误。

计算机控制措施：在处理运行过程中检查发票计算的准确性；检查商品数量，将数量乘以单价与发票总额核对，并计算得出应收的折扣。

人工控制措施：每月根据供应商对账单调整应付账款金额，编制汇款通知单并邮寄给供应商；询问处理供应商付款的人员是否与记录采购发票的人员职责分离。应付账款明细账合计数应调节与应付账款总分类账一致。

控制测试：询问、检查并重新执行应付账款总分类账的调节程序。

（8）购买的商品或劳务可能未被记录于正确的费用或资产账户。

计算机控制措施：由计算机将订购单、采购入库通知单和发票上的账户代码与总分类账上的账户代码进行比对；定期（如按周或按月）打印采购交易中费用和资产的分配。

人工控制措施：复核交易打印文件的合理性。

控制测试：询问和检查打印文件，以获取经管理层复核的证据；询问对于发现的错误是否采取了改正措施。

（9）上述所有风险。

人工控制措施：由管理层根据关键业绩指标复核实际业绩，例如：实际采购、计划采购及月度趋势分析；实现的毛利率；应付账款的周转天数。

控制测试：检查用于证明已经识别和解决与关键业绩指标不符的实际业绩问题的文件；询问管理层针对这一问题采取的措施，重新执行复核和跟进程序。

表 11-3 列示了采购与付款交易相关的风险、旨在降低这些风险的计算机控制和人工控制以及相应的控制测试程序。

表 11-3 采购与付款交易的风险、控制和控制测试

风险	计算机控制	人工控制	控制测试
订购商品和劳务			
未经授权的供应商可能进入经批准的供应商主文档	程序设定只允许经授权的人员修改经批准的供应商主文档	只有采购部门高级员工才被授权在供应商主文档中增加新供应商信息	询问管理层并检查证明这些控制完成情况的文件
可能向未经批准的供应商采购	处理之前，计算机自动与供应商主文档中每一份订购单比对，将不符事项记录于例外报告中	复核例外报告并解决问题。绕过控制的人工处理经恰当审批	检查复核例外报告的证据，以及批准僭越控制的人工处理的恰当签名
采购可能由未经授权的员工执行	访问控制只允许经授权的员工处理订购单，菜单层面的控制授权限定至单个员工	复核正式的授权级别并定期修订，采购人员有权在限额内进行采购或处理某些类型的支出。僭越控制、人工接受的订购单，需经采购主管或高级管理层批准	询问、检查授权批准和授权越权的文件，检查订购单并确定其是否在授权批准的范围之内
订购的商品或劳务可能未被提供	计算机自动对所有发出的订购单事先编号，并与随后的采购入库通知单和供应商发票进行比对，比对不符的订购单被单独打印	长期未执行的订购单被记录于未执行订购单的文件上，并采取跟进行动	询问并检查文件，以证实对未执行的订购单的跟进情况
采购订购单的项目或数量可能不准确	计算机将订购单上的产品摘要和存货代码与存货主文档明细进行比对。当再订货数量超过存货主文档记录的再订货数量，或者现有的存货项目数量超过再订货水平时，生成订货例外报告	由采购部门复核例外报告，取消订购单或经过恰当授权后处理	检查例外报告，证实问题已被适当处理
收到商品和劳务			
收到商品可能未被记录	当商品接收仓库索取订购单以核对所收货物时，计算机生成一份事先编好的采购入库通知单 定期打印未完成订购单	由采购部门复核和追踪未完成订购单报告 定期将报表余额调整至应付账款余额	检查打印文件并追踪未完成订购单 检查应付账款的调整，并重新执行这些程序，以获取其是否正确的证据

风险	计算机控制	人工控制	控制测试
收到的商品可能不符合订购单的要求或可能已被损坏	收货人员将收到的商品的情况、实际收货数量录入采购入库通知单，将采购入库通知单与订购单上的具体信息进行比对，并就比对不符商品的情况和数量生成例外报告	清点从供应商处收到的商品，将商品的情况、收货数量与订购单进行核对。检查货物的状况。复核例外报告并解决所有差异	询问、观察商品实物并与订购单进行核对。检查打印文件以获取复核和跟进的证据
记录采购和应付账款			
收到的商品可能未被记入采购	由计算机打印一份没有相应发票记录的采购入库通知单的完整清单，在一些计算机系统中，可能会根据订购单上的采购价格在临时文档中生成一份预开单据，当实际收到供应商发票时，再按发票金额转账	由会计部门人员追踪遗失的发票	询问、检查例外报告和其他文件，为追踪商品已收到但发票未到、未作采购记录的情况
对发票已到，但商品或劳务尚未收到的可能作采购记录，或者可能重复作采购记录	由计算机比对订购单、采购入库通知单和发票，只有比对一致后，采购才能被记录至总分类账；对比对不符和重复的发票生成例外报告。在分批次处理系统中，由计算机控制各采购入库通知单金额的总额，并与相应的供应商发票金额比对，将出现的差异打印成例外报告	由会计部门的人员追踪例外报告中提及的供应商发票与订购单或采购入库通知单比对不一致问题或重复问题	询问和检查例外报告，并追踪已收到但比对不符的发票
采购发票可能未被记录于正确的会计期间	由计算机将记录采购的日期和采购入库通知单上的日期进行比对，如果这些日期属于不同的会计期间，应生成打印文件	由会计人员输入必要的分录，确保对计入当期的负债的核算是恰当的	询问和检查打印文件并重新执行截止程序
记录的采购价格可能不正确	由计算机将供应商发票上的单价与订购单上的单价进行比对，如有差异应生成例外报告	复核例外报告，并解决问题	询问和检查打印文件，以及解决差异的证据。通过对照发票价格与订购单上的价格，重新执行价格测试
供应商发票可能未被分配至正确的应付账款账户	由计算机将订购单和采购入库通知单上的代码与发票上的供应商名称和代码进行比对，并将其与应付账款账户明细核对	由会计部门人员追踪例外报告上供应商名称和代码比对不符的情况	询问和观察例外报告，以及解决例外情况的证据。重新执行分配费用支出的测试
发票可能未分配至个人客户的账户，或者在更新时使用了错误的应付账款文档	更新后，由计算机将应付账款期初余额合计数，加上本期购货，减去本期支付，得到应付账款期末余额合计数，与应付账款总分类的期末余额进行比对。每次更新前，由计算机检查日期和更新前的版本号，每次更新后，应付账款主文档会注明日期或顺序编号	由适当的会计人员执行连续运行总额调节。复核并重新提交未分配采购发票的例外报告，利用外部文件标签和整理功能来标明使用哪一版本的主文档	检查连续运行控制总额的打印文件。询问对IT程序的一般控制，以确保应付账款主文档使用正确的版本
在记录或处理采购发票时可能出现错误	在处理运行过程中检查发票计算的准确性；检查商品数量，将数量乘以单价与发票总额核对，并计算得出应收的折扣	每月根据供应商对账单调整应付账款金额，编制汇总通知单并邮寄给供应商。询问处理供应商付款的人员是否与记录采购发票的人员职责分离。应付账款明细账合计数应调节与应付账款总分类账一致	询问、检查并重新执行应付账款总分类账的调节程序
购买的商品或劳务可能未被记录正确的费用或资产账户	由计算机将订购单、采购入库通知单和发票上的账户代码与总分类账上的账户代码进行比对。定期（如按周或按月）打印采购交易中费用和资产的分配	复核交易打印文件的合理性	询问和检查打印文件，以获取经管理层复核的证据。询问对于发现的错误是否采取了改正措施
上述所有风险		由管理层根据关键业绩指标复核实际业绩，例如：实际采购、计划采购及月度趋势分析；实现的毛利率；应付账款的周转天数	检查用于证明已经识别和解决与关键业绩指标不符的实际业绩问题的文件。询问管理层针对这一问题采取的措施，重新执行复核和跟进程序

【实例 11-2】注册会计师王东和李明于 2013 年 12 月 10 日至 13 日对甲公司购货与付款循环的内部控制进行了解和测试，并在相关审计工作底稿中记录，现摘录如下：

（1）甲公司的材料采购需要经授权批准后方可进行。采购部根据经批准的请购单发出订购单。货物送达后，验收部根据订购单的要求验收货物，并编制一式多联的未连续编号的验收单。仓库根据验收单验收货物，在验收单上签字后，将货物移入仓库加以保管。验收单上有数量、品名、单价等要素。验收单一联交采购部登记采购明细账和编制付款凭单，付款凭单经批准后，月末交会计部；一联交会计部登记材料明细账（登账不及时）；一联由仓库保留并登记材料明细账。会计部根据只附验收单的付款凭单登记有关账簿。

（2）会计部审核付款凭单后，支付采购款项。甲公司授权会计部的经理签署支票，经理将其授权给会计人员丁负责，但保留了支票印章。丁根据已适当批准的凭单，在确定支票受款人名称与凭单内容一致后签署支票，并在凭单上加盖"已支付"的印章。

对付款控制程序的穿行测试表明，注册会计师王东和李明未发现与公司规定有不一致之处。

要求：对上述事实王东和李明该如何做出审计处理？

【解析】（1）验收单未连续编号，不能保证所有的采购都已记录或不被重复记录。应建议甲公司对验收单进行连续编号。

（2）付款凭单未附订购单及供应商的发票等，会计部无法核对采购事项是否真实，登记有关账簿时金额或数量可能就会出现差错。应建议甲公司将订购单和发票等与付款凭单一起交会计部。

（3）会计部月末审核付款凭单后才付款，未能及时将材料采购和债务登账并按约定时间付款。应建议甲公司采购部及时将付款凭单交会计部，按约定时间付款。

第三节 采购与付款循环的实质性程序

采购与付款交易的主要重大错报风险通常是低估费用和应付账款，从而高估利润、粉饰财务状况。因此，实施实质性程序，如对收到的商品和付款实施截止测试，以获取交易是否已被计入正确的会计期间的证据就显得非常重要；该交易循环中的另一项重大错报风险是采购的商品、资产被错误分类，即对本应资本化的予以费用化，或对本应费用化的予以资本化。这都将影响利润和资产或负债。此外，对于付款交易，还应关注被审计单位是否存在未经授权或无效的付款，是否将应计入费用的付款有意无意地冲销了不相关的应付账款。

针对上述重大错报风险实施实质性审计程序的目标在于获取关于发生、完整性、准确性、截止、存在、权利和义务、计价和分摊、分类等多项认定的审计证据。

对采购与付款交易实施的实质性程序通常包括以下两个方面。

一、采购与付款交易的实质性分析程序

为实现采购与付款循环的审计目标，注册会计师应当通过识别管理层用于监控费用和应付账款的关键业绩指标，来识别重要类别的采购交易和应付账款余额；将有关资产或负债项目的期初余额与以前年度工作底稿核对相符；复核管理层对主要费用和负债项目（如采购支出、资产的修理和维护支出、应付账款项目）出现的异常情况采取措施；并将期末余额或本期发生额与总分类账核对相符。

（一）根据对被审计单位的经营活动、供应商的发展历程、贸易条件和行业惯例的了解，确定应付账款和费用支出的期望值。

（二）根据本期应付账款余额组成与以前期间交易水平和预算的比较，确定采购和应付账款可接受的重大差异额。

（三）识别需要进一步调查的差异并调查异常数据关系，如与周期趋势不符的费用支出。这类程序通常包括以下几项。

（1）观察月度（或每周）已记录采购总额趋势，与往年或预算相比较。任何异常波动都必须与管理层讨论，如果有必要的话还应做进一步的调查。

（2）将实际毛利与以前年度和预算相比较。如果被审计单位以不同的加价销售产品，就需要将相似利润水平的产品分组进行比较。任何重大的差异都需要进行调查。因为毛利可能由于销售额、销售成本的错误被歪曲，而销售成本的错误则又可能受采购记录的错误影响。

（3）计算记录在应付账款上的赊购天数，并将其与以前年度相比较。超出预期的变化可能由多种因素造成，包括未记录采购、虚构采购记录或截止问题。

（4）检查常规账户和付款。例如，租金、电话费和电费。这些费用是日常发生的，通常按月支付。通过检查可以确定已记录的所有费用及其月度变动情况。

（5）检查异常项目的采购。例如，大额采购，从不经常发生交易的供应商处采购，以及未通过采购账户而是通过其他途径录入存货和费用的采购。

（6）无效付款或金额不正确的付款，可以通过检查付款记录和付款趋势得以发现。例如，注册会计师通过查找金额偏大的异常项目并深入调查，可能发现重复付款或计入不恰当应付账款账户的付款。

（四）通过询问管理层和员工，调查重大差异额是否表明存在重大错报风险，是否需要设计恰当的细节测试程序以识别和应对重大错报风险。

（五）形成结论，即实质性分析程序是否能够提供充分、适当的审计证据，或需要对交易和余额实施细节测试以获取进一步的审计证据。

二、采购与付款交易和相关余额的细节测试

当出现下列情形时，注册会计师通常应考虑对采购与付款交易和相关余额实施细节测试。（1）重大错报风险评估为高。例如，存在非正常的交易，包括期末发生对账户的非正常调整和缺乏支持文件的关联方交易等。（2）实质性程序显示出未预期的趋势。（3）需要在财务报表中单独披露的金额或很可能存在错报的金额。例如，差旅费、修理和维护费、广告费、税费、咨询费等。（4）对需要在纳税申报表中单独披露的事项进行分析。（5）需要为有些项目单独出具审计报告。例如，被审计单位如果要向境外的特许权授予方支付特许权使用费，就可能存在这种需要。

（一）采购与付款交易的细节测试

1. 交易细节测试的样本证据选取

注册会计师应从被审计单位业务流程层面的主要交易流中选取样本，检查其支持性证据。例如，从采购和付款记录中选取样本。

（1）检查支持性的订购单、商品验收单，发运凭证和发票，追踪至相关费用或资产账户以及应付账款账户；

（2）必要时，检查其他支持性文件，如检查交易合同的相关条款；

（3）检查已用于付款的支票存根或电子货币转账付款证明以及相关的汇款通知。如果付款与发票对应，则检查相关供应商发票，并追踪付款至相关的应付账款或费用账户。

2. 对主要交易实施截止测试

（1）采购交易的截止测试。

① 选择已记录采购的样本，检查相关的商品验收单，保证交易已记入正确的会计期间；

② 确定期末最后一份验收单的顺序号码并审查代码报告，以检测记录在本会计期间的验收单是否存在更大的顺序号码，或因采购交易被漏记或错记入下一会计期间而在本期遗漏的顺序号码。

（2）付款交易的截止测试。

① 确定期末最后签署的支票号码，确保其后的支票支付未被当做本期的交易予以记录；

② 追踪付款至期后的银行对账单，确定其在期后的合同期间内被支付；

③ 询问期末已签署但尚未寄出的支票，考虑该项支付是否应在本期冲回，记入下一会计期间。

（3）寻找未记录的负债的截止测试。

① 确定被审计单位期末用于识别未记录负债的程序，获取相关交易已记入应付账款的证据；

② 复核供应商付款通知和供应商对账单，获取发票被遗失或未记入正确的会计期间的证据，询问并确定在资产负债表日是否应增加一项应计负债；

③ 调查关于订购单、商品验收单和发票不符的例外报告，识别遗漏的交易或记入不恰当会计期间的交易；

④ 复核截至审计外勤结束日记录在期后的付款，查找其是否在年底前发生的证据；

⑤ 询问审计外勤结束时仍未支付的应付账款；

⑥ 对于在建工程，检查承建方的证明或质量监督报告，以获取存在未记录负债的证据；

⑦ 复核资本预算和董事会会议纪要，获取是否存在承诺和或有负债的证据。

（二）相关余额的细节测试

1. 复核供应商的付款通知，与供应商对账，获取发票遗漏、未记入正确的会计期间的证据。询问并检查对付款存在争议的往来信函，确定在资产负债表日是否应增加一项应计负债。

2. 在特殊情况下，注册会计师需要决定是否应通过供应商来证实被审计单位期末的应付余额。这种情况通常在被审计单位对采购与付款交易的控制出现严重缺失，记录被毁损时才会发生，或者在怀疑存在舞弊或会计记录在火灾或水灾中遗失时才会发生。

【实例11-3】东风机电公司主要经营中小型机电类产品的生产和销售，产品销售以东风机电公司仓库为交货地点。C和D注册会计师负责审计东风机电公司20×7年度财务报表，于20×7年12月1日至12月15日对东风机电公司的采购与付款循环、销售与收款循环的内部控制进行了解、测试与评价。C和D注册会计师在审计工作底稿中记录了所了解的有关采购与付款循环、销售与收款循环的控制程序，部分内容摘录如下：

（1）采购原材料须由请购部门编制请购单，采购部门审核请购单后发出预先连续编号的采购订单。采购的原材料经采购人员验收后入库，仓库人员收到原材料后编制预先连续编号的入库单，并交采购人员签字确认。

（2）应付凭单部门核对供应商发票、入库单和订购单，并编制预先连续编号的付款凭单。会计部门在接到经应付凭单部门审核的上述单证和经审批的付款凭单后，登记原材料和应付账款明细账。月末，在与仓库核对连续编号的入库单和订购单后，应付凭单部门对相关原材料入库数量和采购成本进行汇总。应付凭单部门对已经验收入库但尚未收到供应商发票的原材料编制清单，会计部门据此将相关原材料暂估入账。

（3）销售的产品发出前，信用审核部门检查经授权的相关客户剩余赊销信用额度，并在销售部门编制的销售单上签字。在剩余赊销信用额度内的销售，由信用审核部门职员E审批；超过剩余赊销信用额度的销售，在职员E审批后，还需获得经授权的信用审核部门经理F的批准。

（4）仓库开具预先连续编号的发货单，并在销售的产品装运后，将相关副本分送开具账单部门、运输单位和顾客。开具账单部门审核发货单和销售单后开具销售发票，在保留副本后将相关单据送交会计部门职员G审核。会计部门职员G核对无误后登记主营业务收入明细账和应收账款明细账。

要求：针对第（1）至（4）项，假定不考虑其他条件，请逐项判断东风机电公司上述控制程序在设计上是否存在缺陷。如果存在缺陷，请分别予以指出，并简要说明理由，提出改进建议。

【解析】情况（2）、（3）没有缺陷。

情况（1）、（4）有缺陷，其缺陷所在、理由和改进建议如下：

（1）缺陷：采购部门的人员不能验收商品；理由：采购与验收是不相容的岗位；改进建议：验收商品应当由验收部门的人员进行验收。

（4）缺陷：会计部门职员 G 一人登记主营业务收入和应收账款的明细账；理由：登记收入明细账和应收账款明细账的职员应当是两个人；改进建议：由两个人分别登记收入明细账和应收账款明细账。

第四节　固定资产的实质性程序

一、固定资产的审计目标

固定资产是指同时具有下列两个特征的有形资产：（1）为生产商品、提供劳务、出租或经营管理而持有的。（2）使用寿命超过一个会计年度。这里的使用寿命是指企业使用固定资产的预计期间，或者该固定资产所能生产产品或提供劳务的数量。固定资产只有同时满足下列两个条件才能予以确认：（1）与该固定资产有关的经济利益很可能流入企业；（2）该固定资产的成本能够可靠地计量。

固定资产折旧则是指在固定资产的使用寿命内，按照确定的方法对应计折旧额进行系统分摊。于固定资产在企业资产总额中一般都占有较大的比例，固定资产的安全、完整对企业的生产经营影响极大，注册会计师应对固定资产的审计给予高度重视。

固定资产的审计目标一般包括：确定资产负债表中记录的固定资产是否存在；确定所有应记录的固定资产是否均已记录；确定记录的固定资产是否由被审计单位拥有或控制；确定固定资产以恰当的金额包括在财务报表中，与之相关的计价或分摊已恰当记录；确定固定资产原价、累计折旧和固定资产减值准备是否已按照《企业会计准则》的规定在财务报表中做出恰当列报。

二、固定资产——账面余额的实质性程序

（一）获取或编制固定资产和累计折旧分类汇总表

检查固定资产的分类是否正确并与总账数和明细账合计数核对是否相符，结合累计折旧、减值准备科目与报表数核对是否相符。

固定资产和累计折旧分类汇总表又称一览表或综合分析表，是审计固定资产和累计折旧的重要工作底稿，如表 11-4 所示。

表 11-4　　　　　　　　固定资产和累计折旧分类汇总表

年　月　日

被审计单位：　　　　　　　　　　编制人：　　　　　　　　　　日期：
审计项目　　　　　　　　　　　　复核人：　　　　　　　　　　日期：

固定资产类别	固定资产				累计折旧					
	期初余额	本期增加	本期减少	期末余额	折旧方法	折旧率	期初余额	本期增加	本期减少	期末余额
合计										

汇总表包括固定资产与累计折旧两部分，应按照固定资产类别分别填列。需要解释的是期初余额栏，注册会计师对其审计应分 3 种情况：一是在连续审计情况下，应注意与上期审计工作底稿中的固定资产和累计折旧的期末余额审定数核对相符。二是在变更会计师事务所时，后任注册会计师应考虑查阅前任注册会计师有关审计工作底稿。三是如果被审计单位以往未经注册会计师审计，即在首次接受审计情况下，注册会计师应对期初余额进行较全面的审计，尤其是当被审计单位的固定资产数量多、价值高、占资产总额比重大时，最理想的方法是全面审计被审计单位设立以来延续至期初的"固定资产"和"累计折旧"账户中的所有重要的借贷记录。这样，既可核实期初余额的真实性，又可从中加深对被审计单位固定资产管理和会计核算工作的了解。

（二）对固定资产实施实质性分析程序

（1）基于对被审计单位及其环境的了解，通过进行以下比较，并考虑有关数据间关系的影响，建立有关数据的期望值。

① 分类计算本期计提折旧额与固定资产原值的比率，并与上期比较；

② 计算固定资产修理及维护费用占固定资产原值的比例，并进行本期各月、本期与以前各期的比较。

（2）确定可接受的差异额。

（3）将实际情况与期望值相比较，识别需要进一步调查的差异。

（4）如果其差额超过可接受的差异额，调查并获取充分的解释和恰当的佐证审计证据，如检查相关的凭证。

（5）评估实质性分析程序的测试结果。

（三）实地检查重要固定资产

确定其是否存在，关注是否存在已报废但仍未核销的固定资产。实施实地检查审计程序时，注册会计师可以以固定资产明细分类账为起点，进行实地追查，以证明会计记录中所列固定资产确实存在，并了解其目前的使用状况；也应考虑以实地为起点，追查至固定资产明细分类账，以获取实际存在的固定资产均已入账的证据。

当然，注册会计师实地检查的重点是本期新增加的重要固定资产，有时，观察范围也会扩展到以前期间增加的重要固定资产。观察范围的确定需要依据被审计单位内部控制的强弱、固定资产的重要性和注册会计师的经验来判断。如为首次接受审计，则应适当扩大检查范围。

（四）检查固定资产的所有权或控制权

对各类固定资产，注册会计师应获取、收集不同的证据以确定其是否确归被审计单位所有：对外购的机器设备等固定资产，通常经审核采购发票、采购合同等予以确定；对于房地产类固定资产，需查阅有关的合同、产权证明、财产税单、抵押借款的还款凭据、保险单等书面文件；对融资租入的固定资产，应验证有关融资租赁合同，证实其并非经营租赁；对汽车等运输设备，应验证有关运营证件等；对受留置权限制的固定资产，通常还应审核被审计单位的有关负债项目等予以证实。

（五）检查本期间固定资产的增加

被审计单位如果不正确核算固定资产的增加，将对资产负债表和利润表产生长期的影响。因此，审计固定资产的增加，是固定资产实质性程序中的重要内容。固定资产的增加有多种途径，审计中应注意以下几个方面。

（1）询问管理层当年固定资产的增加情况，并与获取或编制的固定资产明细表进行核对。

（2）检查本年度增加固定资产的计价是否正确，手续是否齐备，会计处理是否正确。

① 对于外购固定资产，通过核对采购合同、发票、保险单、发运凭证等资料，抽查测试其入账价值是否正确，授权批准手续是否齐备，会计处理是否正确。如果购买的是房屋建筑物，还应检查

契税的会计处理是否正确；检查分期付款购买固定资产的入账价值及会计处理是否正确。

② 对于在建工程转入的固定资产，应检查在建工程转入固定资产的时点是否符合会计准则的规定，入账价值与在建工程的相关记录是否核对相符，是否与竣工决算、验收和移交报告等一致；对已经达到预定可使用状态，但尚未办理竣工决算手续的固定资产，检查其是否已按估计价值入账，相关估价是否合理，并按规定计提折旧。

③ 对于投资者投入的固定资产，应检查投资者投入的固定资产是否按投资各方确认的价值入账。检查确认价值是否公允，交接手续是否齐全；涉及国有资产的，是否有评估报告并经国有资产管理部门评审备案或核准确认。

④ 对于更新改造增加的固定资产，检查通过更新改造而增加的固定资产，增加的原值是否符合资本化条件、是否真实、会计处理是否正确；重新确定的剩余折旧年限是否恰当。

⑤ 对于融资租赁增加的固定资产，获取融资租入固定资产的相关证明文件，检查融资租赁合同的主要内容，并结合长期应付款、未确认融资费用科目检查相关的会计处理是否正确。

⑥ 对于企业合并、债务重组和非货币性资产交换增加的固定资产，检查产权过户手续是否齐备，检查固定资产入账价值及确认的损益和负债是否符合规定。

⑦ 如果被审计单位为外商投资企业，检查其采购国产设备退还增值税的会计处理是否正确。

⑧ 对于通过其他途径增加的固定资产，应检查增加固定资产的原始凭证，核对其计价及会计处理是否正确，法律手续是否齐全。

（3）检查固定资产是否存在弃置费用，如果存在弃置费用，检查弃置费用的估计方法和弃置费用现值的计算是否合规定，会计处理是否正确。

【实例11-4】注册会计师吴生审计大华公司2013年度会计报表固定资产项目时发现，2013年7月结转完工的生产线安装调试工程在转入"固定资产"科目时，没有安装费和调试费，而有关资料显示这种生产线的建造应该有相关的安装调试费。

【解析】按照有关会计法规，购置的不需要建造过程即可使用的固定资产，按实际支付的买价、包装费、运输费、安装成本、交纳的有关税金等，作为入账价值；设备安装工程，按照所安装设备的价值、工程安装费用、工程试运转等所发生的支出等确定工程成本。

为此，注册会计师吴生相应的审计处理为：

（1）应提请被审计单位按制度规定，补充所有的会计处理后调整会计报表相关项目数额；

（2）应将审验情况及被审计单位的调整情况详细记录于审计工作底稿中；

（3）如被审计单位拒绝调整，审计人员应考虑出具保留意见或否定意见的审计报告。

（六）检查本期固定资产的减少

固定资产的减少主要包括出售、向其他单位投资转出、向债权人抵债转出、报废、毁损、盘亏等。有的被审计单位在全面清查固定资产时，常常会出现固定资产账存实亡现象，这可能是由于固定资产管理或使用部门不了解报废固定资产与会计核算两者间的关系，擅自报废固定资产而未及时通知财务部门作相应的会计核算所致，这样势必造成财务报表反映失真。审计固定资产减少的主要目的就在于查明业已减少的固定资产是否已做适当的会计处理。其审计要点如下。

（1）结合固定资产清理科目，抽查固定资产账面转销额是否正确。

（2）检查出售、盘亏、转出、报废或毁损的固定资产是否经授权批准，会计处理是否正确。

（3）检查因修理、更新改造而停止使用的固定资产的会计处理是否正确。

（4）检查投资转出固定资产的会计处理是否正确。

（5）检查债务重组或非货币性资产交换转出固定资产的会计处理是否正确。

（6）检查转出的投资性房地产账面价值及会计处理是否正确。

（7）检查其他减少固定资产的会计处理是否正确。

（七）检查固定资产的后续支出

确定与固定资产有关的后续支出是否满足资产确认条件；如不满足，该支出是否在该后续支出发生时计入当期损益。

（八）检查固定资产的租赁

企业在生产经营过程中，有时可能有闲置的固定资产供其他单位租用；有时出于生产经营的需要，又需租用固定资产。租赁一般分为经营租赁和融资租赁两种。

在经营租赁中，租入固定资产的企业按合同规定的时间交付一定的租金，享有固定资产的使用权，而固定资产的所有权仍属出租单位。因此，租入固定资产的企业的固定资产价值并未因此而增加，企业对以经营性租赁方式租入的固定资产，不在"固定资产"账户内核算，只是另设备查簿进行登记。而租出固定资产的企业，仍继续提取折旧，同时取得租金收入。检查经营性租赁时，应查明以下几个方面。

（1）固定资产的租赁是否签订了合同、租约，手续是否完备，合同内容是否符合国家规定，是否经相关管理部门的审批。

（2）租入的固定资产是否确属企业必需，或出租的固定资产是否确属企业多余、闲置不用的，双方是否认真履行合同，是否存在不正当交易。

（3）租金收取是否签有合同，有无多收、少收现象。

（4）租入固定资产有无久占不用、浪费损坏的现象；租出的固定资产有无长期不收租金、无人过问，是否有变相馈送、转让等情况。

（5）租入固定资产是否已登入备查簿。

（6）必要时，向出租人函证租赁合同及执行情况。

（7）租入固定资产改良支出的核算是否符合规定。

在融资租赁中，租入企业在租赁期间，对融资租入的固定资产应按企业自有固定资产一样管理，并计提折旧、进行维修。如果被审计单位的固定资产中融资租赁占有相当大的比例，应当复核租赁协议，确定租赁是否符合融资租赁的条件，结合长期应付款、未确认融资费用等科目检查相关的会计处理是否正确（资产的入账价值、折旧、相关负债）。在审计融资租赁固定资产时，除可参照经营租赁固定资产检查要点以外，还应补充实施以下审计程序：

（1）复核租赁的折现率是否合理；

（2）检查租赁相关税费、保险费、维修费等费用的会计处理是否符合《企业会计准则》的规定；

（3）检查融资租入固定资产的折旧方法是否合理；

（4）检查租赁付款情况；

（5）检查租入固定资产的成新程度；

（6）检查融资租入固定资产发生的固定资产后续支出，其会计处理是否遵循自有固定资产发生的后续支出的处理原则。

（九）获取暂时闲置固定资产的相关证明文件，并观察其实际状况，检查是否已按规定计提折旧，相关的会计处理是否正确

（十）获取已提足折旧仍继续使用固定资产的相关证明文件，并做相应记录

（十一）获取持有待售固定资产的相关证明文件，并做相应记录，检查对其预计净残值调整是否正确、会计处理是否正确

（十二）检查固定资产保险情况，复核保险范围是否足够

（十三）检查有无与关联方的固定资产购售活动，是否经适当授权，交易价格是否公允

对于合并范围内的购售活动，记录应予合并抵销的金额。

（十四）应计入固定资产的借款费用

应根据《企业会计准则》的规定，结合长短期借款、应付债券或长期应付款的审计，检查借款费用（借款利息、折溢价摊销、汇兑差额、辅助费用）资本化的计算方法和资本化金额，以及会计处理是否正确。

（十五）检查购置固定资产时是否存在与资本性支出有关的财务承诺

（十六）检查固定资产的抵押、担保情况

结合对银行借款等的检查，了解固定资产是否存在重大的抵押、担保情况。如存在，应取证，并做相应的记录，同时提请被审计单位做恰当披露。

（十七）确定固定资产是否已按照企业会计准则的规定在财务报表中做出恰当列报

财务报表附注通常应说明固定资产的标准、分类、计价方法和折旧方法；融资租入固定资产的计价方法；固定资产的预计使用寿命和预计净残值；对固定资产所有权的限制及其金额（这一披露要求是指，企业因贷款或其他原因而以固定资产进行抵押、质押或担保的类别、金额、时间等情况）；已承诺将为购买固定资产支付的金额；暂时闲置的固定资产账面价值（这一披露要求是指，企业应披露暂时闲置的固定资产账面价值，导致固定资产暂时闲置的原因，如开工不足、自然灾害或其他情况等）；已提足折旧仍继续使用的固定资产账面价值；已报废和准备处置的固定资产账面价值。固定资产因使用磨损或其他原因而需报废时，企业应及时对其处置，如果其已处于处置状态而尚未转销时，企业应披露这些固定资产的账面价值。

三、固定资产——累计折旧的实质性程序

（一）影响累计折旧的因素

固定资产可以长期参加生产经营而仍保持其原有实物形态，但其价值将随着固定资产的使用而逐渐转移到生产的产品中，或构成经营成本或费用。这部分在固定资产使用寿命内，按照确定的方法对应计折旧额进行的系统分摊就是固定资产的折旧。

在不考虑固定资产减值准备的前提下，影响折旧的因素有折旧的基数（一般指固定资产的账面原价）、固定资产的残余价值和使用寿命3个方面。在考虑固定资产减值准备的前提下，影响折旧的因素则包括折旧的基数、累计折旧、固定资产减值准备、固定资产预计净残值和固定资产尚可使用年限5个方面。在计算折旧时，对固定资产的残余价值和清理费用只能人为估计；对固定资产的使用寿命，由于固定资产的有形和无形损耗难以准确计算，因而也只能估计；同样，对固定资产减值准备的计提也带有估计的成分。因此，固定资产折旧主要取决于企业根据其固定资产特点制定的折旧政策，在一定程度上具有主观性。

（二）累计折旧的实质性程序

（1）获取或编制累计折旧分类汇总表，复核加计是否正确，并与总账数和明细账合计数核对是否相符。

（2）检查被审计单位制定的折旧政策和方法是否符合相关会计准则的规定，确定其所采用的折旧方法能否在固定资产预计使用寿命内合理分摊其成本，前后期是否一致，预计使用寿命和预计净残值是否合理。

（3）复核本期折旧费用的计提和分配。

① 了解被审计单位的折旧政策是否符合规定，计提折旧的范围是否正确，确定的使用寿命、预计净残值和折旧方法是否合理；如采用加速折旧法，是否取得批准文件。

② 检查被审计单位折旧政策前后期是否一致。如果折旧政策或者相关会计估计（如使用寿命、预计净残值）有变更，变更理由是否合理；如果没有变更，是否存在需要提请被审计单位关注的对折旧政策或者会计估计产生重大影响的事项（例如重大技术更新或者设备使用环境的恶化等）。

③ 复核本期折旧费用的计提是否正确。

- 已计提部分减值准备的固定资产，计提的折旧是否正确。按照《企业会计准则第 4 号——固定资产》的规定，已计提减值准备的固定资产的应计折旧额应当扣除已计提的固定资产减值准备累计金额，按照该固定资产的账面价值以及尚可使用寿命重新计算确定折旧率和折旧额。

- 已全额计提减值准备的固定资产，是否已停止计提折旧。

- 因更新改造而停止使用的固定资产是否已停止计提折旧，因大修理而停止使用的固定资产是否照提折旧。

- 对按规定予以资本化的固定资产装修费用是否在两次装修期间与固定资产尚可使用年限两者中较短的期间内，采用合理的方法单独计提折旧，并在下次装修时将该项固定资产装修余额一次全部计入当期营业外支出。

- 对融资租入固定资产发生的、按规定可予以资本化的固定资产装修费用，是否在两次装修期间、剩余租赁期与固定资产尚可使用年限三者中较短的期间内，采用合理的方法单独计提折旧。

- 对采用经营租赁方式租入的固定资产发生的改良支出，是否在剩余租赁期与租赁资产尚可使用年限两者中较短的期间内，采用合理的方法单独计提折旧。

- 未使用、不需用和暂时闲置的固定资产是否按规定计提折旧。

- 持有待售的固定资产折旧处理是否符合规定。

④ 检查折旧费用的分配方法是否合理，是否与上期一致；分配计入各项目的金额占本期全部折旧计提额的比例与上期比较是否有重大差异。

⑤ 注意固定资产增减变动时，有关折旧的会计处理是否符合规定，查明通过更新改造、接受捐赠或融资租入而增加的固定资产的折旧费用计算是否正确。

（4）将"累计折旧"账户贷方的本期计提折旧额与相应的成本费用中的折旧费用明细账户的借方相比较，以查明所计提折旧金额是否已全部摊入本期产品成本或费用。若存在差异，应追查原因，并考虑是否应建议作适当调整。

（5）检查累计折旧的减少是否合理、会计处理是否正确。

（6）确定累计折旧的披露是否恰当。

如果被审计单位是上市公司，通常应在其财务报表附注中按固定资产类别分项列示累计折旧期初余额、本期计提额、本期减少额及期末余额。

四、固定资产——固定资产减值准备的实质性程序

（一）固定资产发生减值的判断

固定资产的可收回金额低于其账面价值称为固定资产减值。这里的可收回金额应当根据固定资产的公允价值减去处置费用后的净额与资产预计未来现金流量的现值两者之间的较高者确定。这里的处置费用包括与固定资产处置有关的法律费用、相关税费、搬运费以及为使固定资产达到可销售状态所发生的直接费用等。

企业应当在资产负债表日判断固定资产是否存在可能发生减值的迹象。根据《企业会计准则第 8 号——资产减值》的规定，如存在下列迹象，表明固定资产可能发生了减值。

（1）固定资产的市价当期大幅度下跌，其跌幅明显高于因时间的推移或正常使用而预计的下跌。

（2）企业经营所处的经济、技术或者法律等环境以及固定资产所处的市场在当期或者将在近期

发生重大变化，从而对企业产生不利影响。

（3）市场利率或者其他市场投资回报率在当期已提高，从而影响企业计算固定资产预计未来现金流量现值的折现率，导致固定资产可收回金额大幅度降低。

（4）有证据表明固定资产陈旧过时或者其实体已损坏。

（5）固定资产已经或者将被闲置、终止使用或者计划提前处置。

（6）企业内部报告的证据表明固定资产的经济绩效已低于或者将低于预期，如固定资产所创造的净现金流量或者实现的营业利润（或者损失）远远低于（或者高于）预计金额等。

（7）其他表明固定资产可能已经发生减值的迹象。

如果由于该固定资产存在上述迹象，导致其可收回金额低于账面价值的，应当将固定资产的账面金额减记至可收回金额，将减记的金额确认为固定资产减值损失，计入当期损益，同时计提相应的固定资产减值准备。

（二）固定资产减值准备的实质性程序

（1）获取或编制固定资产减值准备明细表，复核加计是否正确，并与总账数和明细账合计数核对是否相符。

（2）检查被审计单位计提固定资产减值准备的依据是否充分，会计处理是否正确。

（3）获取闲置固定资产的清单，并观察其实际状况，识别是否存在减值迹象。

（4）检查资产组的认定是否恰当，计提固定资产减值准备的依据是否充分，会计处理是否正确。

（5）计算本期末固定资产减值准备占期末固定资产原值的比率，并与期初该比率比较，分析固定资产的质量状况。

（6）检查被审计单位处置固定资产时原计提的减值准备是否同时结转，会计处理是否正确。

（7）检查是否存在转回固定资产减值准备的情况。按照企业会计准则的规定，固定资产减值损失一经确认，在以后会计期间不得转回。

（8）确定固定资产减值准备的披露是否恰当。

如果企业计提了固定资产减值准备，根据《企业会计准则第 8 号——资产减值》的规定，企业应当在财务报表附注中披露：①当期确认的固定资产减值损失金额。②企业计提的固定资产减值准备累计金额。如果发生重大固定资产减值损失，还应当说明导致重大固定资产减值损失的原因，固定资产可收回金额的确定方法，以及当期确认的重大固定资产减值损失的金额。

如果被审计单位是上市公司，其财务报表附注中通常还应分项列示计提的固定资产减值准备金额、增减变动情况以及计提的原因。

【实例 11-5】 S 公司系上市公司，XYZ 会计师事务所的 A 和 B 注册会计师负责 S 公司 2013 年度财务报表的审计工作。审计过程中发现：Y 公司办公楼于 2004 年 12 月启用，其折旧年限为 20 年，估计残值率为 10%，采用年限平均法计提折旧。该办公楼 2013 年年初账面原价为 15 000 000 元，累计折旧为 5 400 000 元，固定资产减值准备为 1 500 000 元。2013 年 3 月至 8 月，Y 公司在继续使用该办公楼的同时，耗资 5 000 000 元对其实施更新改造。更新改造完成后的办公楼自 2013 年 9 月起全面投入使用，但并未延长其经济使用寿命，对原估计的残值率和原计提的减值准备也不产生影响。截止到 2013 年 12 月 31 日，S 公司未审财务报表及附注反映该办公楼账面原价为 20 000 000 元，累计折旧为 6 175 000 元，减值准备余额为 1 500 000 元。

要求：分析存在的问题，提出审计处理建议，并编制审计调整分录。

【解析】（1）存在的问题：S 公司 2013 年度多计提折旧 125 000 元，由此导致资产虚减 125 000 元，利润虚增 125 000 元。

S 公司 2013 年度对办公楼计提的折旧额=6 175 000-5 400 000=775 000（元）

S 公司 2013 年度应计提的折旧额=（15 000 000.00-5 400 000.00-1 500 000.00-15 000 000.00×

10%）÷12＋5 000 000.00×90%÷（3+11×12）×3=650 000（元）

S 公司多计提折旧= 775 000.00-650 000.00=125 000（元）

（2）审计建议：注册会计师应建议 S 公司调整会计处理，冲回多计的折旧。

（3）调整分录：

借：固定资产——累计折旧　　　　　　　　　　　　125 000

　　贷：管理费用——折旧费　　　　　　　　　　　　125 000

同时调整财务报表的其他项目。

第五节　应付账款的实质性程序

应付账款是企业在正常经营过程中，因购买材料、商品和接受劳务供应等经营活动而应付给供应商的款项。注册会计师应结合赊购交易进行应付账款的审计。

一、应付账款的审计目标

应付账款的审计目标一般包括：确定资产负债表中记录的应付账款是否存在；确定所有应当记录的应付账款是否均已记录；确定资产负债表中记录的应付账款是否为被审计单位应当履行的现时义务；确定应付账款是否以恰当的金额包括在财务报表中，与之相关的计价调整是否已恰当记录；确定应付账款是否已按照《企业会计准则》的规定在财务报表中做出恰当的列报。

二、应付账款的实质性程序

（一）获取或编制应付账款明细表，并执行以下工作

（1）复核加计是否正确，并与报表数、总账数和明细账合计数核对是否相符；

（2）检查非记账本位币应付账款的折算汇率及折算是否正确；

（3）分析出现借方余额的项目，查明原因，必要时，建议作重分类调整；

（4）结合预付账款、其他应付款等往来项目的明细余额，调查有无虚挂的项目、异常余额或与购货无关的其他款项（如关联方账户或雇员账户），如有，应做出记录，必要时建议作调整。

（二）根据被审计单位实际情况，选择以下方法对应付账款执行实质性分析程序

（1）将期末应付账款余额与期初余额进行比较，分析波动原因。

（2）分析长期挂账的应付账款，要求被审计单位做出解释，判断被审计单位是否缺乏偿债能力或利用应付账款隐瞒利润，并注意其是否可能无须支付。对确实无须支付的应付账款的会计处理是否正确，依据是否充分；关注账龄超过 3 年的大额应付账款在资产负债表日后是否偿付，检查偿付记录、单据及披露情况。

（3）计算应付账款与存货的比率，应付账款与流动负债的比率，并与以前年度相关比率对比分析，评价应付账款整体的合理性。

（4）分析存货和营业成本等项目的增减变动，判断应付账款增减变动的合理性。

（三）函证应付账款

一般情况下，并非必须函证应付账款，这是因为函证不能保证查出未记录的应付账款，况且注

册会计师能够取得采购发票等外部凭证来证实应付账款的余额。但如果控制风险较高，某应付账款明细账户金额较大，则应考虑进行应付账款的函证。进行函证时，注册会计师应选择较大金额的债权人，以及那些在资产负债表日金额不大，甚至为零，但为被审计单位重要供应商的债权人，作为函证对象。函证最好采用积极函证方式，并具体说明应付金额。与应收账款的函证一样，注册会计师必须对函证的过程进行控制，要求债权人直接回函，并根据回函情况编制与分析函证结果汇总表，对未回函的，应考虑是否再次函证。

如果存在未回函的重大项目，注册会计师应采用替代审计程序。例如，可以检查决算日后应付账款明细账及库存现金和银行存款日记账，核实其是否已支付，同时检查该笔债务的相关凭证资料，如合同、发票、验收单，核实应付账款的真实性。

（四）检查是否存在未入账的应付账款

（1）检查债务形成的相关原始凭证，如供应商发票、验收报告或入库单等，查找有无未及时入账的应付账款，确认应付账款期末余额的完整性。

（2）检查资产负债表日后应付账款明细账贷方发生额的相应凭证，关注其购货发票的日期，确认其入账时间是否合理。

（3）获取被审计单位与其供应商之间的对账单，并将对账单和被审计单位财务记录之间的差异进行调节（如在途款项、在途商品、付款折扣、未记录的负债等），查找有无未入账的应付账款，确定应付账款金额的准确性。

（4）针对资产负债表日后付款项目，检查银行对账单及有关付款凭证（如银行汇款通知、供应商收据等），询问被审计单位内部或外部的知情人员，查找有无未及时入账的应付账款。

（5）结合存货监盘程序，检查被审计单位在资产负债表日前后的存货入库资料（验收报告或入库单），检查是否有大额货到单未到的情况，确认相关负债是否计入到正确的会计期间。

如果注册会计师通过这些审计程序发现某些未入账的应付账款，应将有关情况详细记入审计工作底稿，并根据其重要性确定是否需要建议被审计单位进行相应的调整。

（五）检查应付账款是否在资产负债表日前真实偿付

针对已偿付的应付账款，追查至银行对账单、银行付款单据和其他原始凭证，检查其是否在资产负债表日前真实偿付。

（六）分析异常或大额交易及重大调整事项的真实性、合理性

针对异常或大额交易及重大调整事项（如大额的购货折扣或退回，会计处理异常的交易，未经授权的交易，或缺乏支持性凭证的交易等），检查相关原始凭证和会计记录，以分析交易的真实性、合理性。

（七）检查不同债务重组方式下的会计处理的正确性

被审计单位与债权人进行债务重组的，检查不同债务重组方式下的会计处理是否正确。

（八）对关联方及其交易进行审计

标明应付关联方［包括持5%以上（含5%）表决权股份的股东］的款项，执行关联方及其交易审计程序，并注明合并报表时应予抵销的金额。

（九）检查应付账款是否做出恰当列报

检查应付账款是否已按照《企业会计准则》的规定在财务报表中做出恰当列报。一般来说，"应付账款"项目应根据"应付账款"和"预付账款"科目所属明细科目的期末贷方余额的合计数填列。

如果被审计单位为上市公司，则通常在其财务报表附注中应说明有无欠持有5%以上（含5%）表决权股份的股东账款；说明账龄超过3年的大额应付账款未偿还的原因，并在期后事项中反映资

产负债表日后是否偿还。

【实例11-6】材料一：注册会计师 A 在审计甲公司 2012 年度会计报表将近结束时，甲公司财务主管提出不必抽查 2013 年付款凭证来证实 2012 年度的会计记录，其理由如下：2012 年度的有些发票因收到太迟，不能记入 12 月份的付款记账凭证，公司已经全部用转账分录入账；年后由公司内部审计人员进行了抽查；公司愿意提供无漏记负债业务的说明书。

材料二：注册会计师 B 在审计乙公司"应付账款"时，发现该公司存在 3 年以上账龄的应付账款——M 公司 600 万元。通过查阅原始凭证和询问有关业务人员，未能取得充分审计证据可以证明此款项的业务性质，无法判定负债的存在性。

要求：注册会计师 A 和 B 该如何分别对上述业务进行审计处理？

【解析】通过对材料一的分析，可以看出以下几个问题：注册会计师 A 在执行抽查未入账债务程序时是否可以因客户已利用转账分录将 2012 年迟收发票入账的事实而改变原定的审计程序？是否因客户愿意提供无漏记债务说明书而受影响？可否因内部审计人员的工作而取消或减少审计程序？

（1）委托人对迟收账单以转账方式入账，简化了注册会计师对未入账债务的抽查，也减少了进一步调整的可能性，但这并不影响注册会计师抽查 2013 年度付款记账凭证。这种抽查与委托人自信十分完整、正确的报表需审核的理由是相同的。

（2）客户提供的无漏记债务说明书不能作为正当审计程序，仅提供给注册会计师额外的保证，作为内部证据，其证明力较弱，故无法减轻注册会计师应抽查的责任。

（3）如果注册会计师已查明内部审计人员具有专业胜任能力和合理的独立性，并且已抽查了未入账的债务，在和内部审计人员讨论其程序的性质、时间、范围并审阅其工作底稿后，注册会计师可减少本身拟进行的未入账债务抽查工作，绝不能取消抽查工作。

（4）注册会计师审查未入账债务，还可以通过如下途径：①未归档的购货发票；②客户以前年度未曾核定的所得税结算申报表；③与客户商讨；④客户管理当局的声明书；⑤与上年账户余额相比较；⑥期后对期内相关付款的审核；⑦现有契约、合同、议事录、律师的账单和信件往来；⑧主要供货商的信件往来；⑨抽查截止日期的有关账户，如存货、固定资产等。

对材料二发现的审计问题，注册会计师除查明经济业务性质，获取对方确认性的询证回函外，必要时应补充替代审计程序（追索原始凭证及经办人员的事项说明、通过函证取得对方相应的证明等）。如通过上述这些程序仍无法获取充分的审计证据，则审计人员应考虑出具保留意见的审计报告。

应注意到，与资产类项目审计比较，注册会计师在审计负债类项目时，侧重阻止企业低估负债的问题，低估负债经常伴随着低估成本费用，达到高估利润的目的。负债类的低估往往是藏匿凭证，不会留下确凿的证据，增加审计难度。因此，注册会计师在审计负债类项目时，应设计一些特殊程序来查找未入账的负债情况。

知识链接-11

思考题

1．采购与付款循环审计中涉及哪些业务活动？
2．在采购交易审计中常用的控制测试有哪些？
3．通常应当共同遵循的与付款交易相关的内部控制有哪些？
4．影响采购与付款交易和余额的重大错报风险有哪些？

5．在建工程的内部控制通常包括哪些内容？

6．对采购与付款交易实施的实质性程序通常有哪些？

7．哪些情形下应考虑对采购与付款交易和相关余额实施细节测试？

8．如何对固定资产实施实质性程序？

9．如何对应付账款实施实质性程序？

关键术语

采购	Acquisition
付款	Payment
函证	Confirmation
分析程序	Analytical Procedure
内部控制	Internal Control
细节测试	Tests of Details
实质性程序	Substantive Procedures

生产与存货循环的审计 | 第十二章

【教学目标】

通过对本章的学习，使学生了解生产与存货循环的业务性质；熟悉生产与存货循环的内部控制及控制测试；理解生产与存货循环中涉及的主要财务报表项目；掌握成本费用项目、应付职工薪酬和存货项目的审计目标和实质性测试程序；达到能综合运用所学知识对存货进行监盘、对成本进行测试、对相关账户进行审计。

【引例】

蒂娜是申德会计师事务所的合伙人。西康公司是申德会计师事务所的一家客户，该公司已在纽约股票交易所上市7年。由于迈克尔及公司其他高层管理人员的出色领导，西康公司在过去10年内保持了良好的成长能力和盈利能力。蒂娜与西康公司保持着良好的业务关系，并且对该公司这些年的成功帮助很大。因此，虽然近几年申德几次考虑调换审计小组，但都是由于西康公司与蒂娜的要求而保持现状。在最初几年的审计过程中，由于内部控制系统还不健全，会计人员的能力相对于他们承担的责任来讲还有所欠缺，因此往往需要进行详细审计，而且需作大量的调整分录。由于蒂娜一贯坚持严格标准，内部控制系统大大改善，会计人员的业务能力也大大加强，因此近年来已不需要进行审计调整，需要收集的详细数据也减少了。特别是近3年，因为指导工作相对更加容易，审计过程中双方合作融洽，所以蒂娜在审计工作中花费的时间越来越少。

在2016年的审计过程中，蒂娜确定的时间预算与往年大致相同。项目经理罗恩虽然首次参加对西康公司的审计工作，由于他的业务能力强，即使西康公司新近兼并了一家新公司这件本应增加审计时间的经济事项也由于罗恩的加入而得到抵消。在本年的审计工作中出现了一些新问题：如聘用了新的助理人员；西康公司的存货和其他一些账户新近采用了电算化处理，系统测试中存在一些错误；西康公司发生人事变动，更换了部分会计工作人员等。这一切都使内部控制制度的期中测试的实际耗用时间超过了年初的预算。但是蒂娜和罗恩都不担心存在时间预算不足的问题，他们认为这些差异到年底时很容易被消除。年终审计时，罗恩将存货审计工作交给了一个没有参加过这项工作的助理人员来负责，因为大家都认为这个人有能力，工作效率很高。这个助理人员不顾存货总价值增加的事实，依然减少了样本数量，因为2015年几乎没有差错。他发现有几项存货被高估了，这是由估价错误和存货陈旧引起的，不过相对于样本总体而言并不重要。此助理人员仅用去年对存货审计耗时的70%就完成了检查。这样就保证全部审计工作按预算时间完成，甚至还比去年少花了一些时间。2016年的审计工作只做了几笔调整分录，其中仅有两笔是重要的。蒂娜对工作结果极为满意，并且特意写信表扬了罗恩和负责存货审计工作的助理。6个月以后，蒂娜接到西康公司的电话，被告知公司发生了严重的财务危机。随后的调查结果显示，这是由于存货被高估所致。存货被高估的原因是由于存货陈旧、电算化系统的计价错误以及年终存货表上有未列示的存货，新任财务总监有意高估存货以弥补利润的持续下降。由此可以看出，生产和存货循环审计的重要性。

第一节 | 生产与存货循环的特点

本节包括三部分内容：一是不同行业类型的存货性质；二是本循环涉及的主要业务活动；三是本循环涉及的主要凭证和会计记录。

一、不同行业类型的存货性质

不同行业类型的存货性质有很大的区别，参见表 12-1。

表 12-1　　　　　　　　　　　　不同行业类型的存货性质

行业类型	存货性质
贸易业	从厂商、批发商或其他零售商处采购的商品
一般制造商	采购的原材料、易耗品和配件等，生成的半成品和产（半）成品
金融服务业	一般只有消耗品存货，例如仅有文具、教学器材以及行政用的计算机设备等
建筑业	建筑材料、在建项目成本（一般包括建造活动发生的直接人工成本和间接费用，以及支付给分包商的建造成本等）

总的来说，存货代表了不同企业的类型和交易或生产流程。也就是说，存货的计价和相关销售成本都会对利润表和财务状况产生重大的影响。注册会计师应当确认在财务报表中列示的存货金额，存货在财务报表日是否实际存在和归被审计单位所有（满足完整性、存在性、权利和义务认定），金额是否符合计价认定。期末库存价值的高估虚增税前净利润，若低估则相反。期末存货单位成本核算不准确，很有可能导致销售价格低于实际成本，长此以往，企业将很难持续经营。

二、涉及的主要业务活动

同样以制造业为例，生产与存货循环所涉及的主要业务活动包括：计划和安排生产；发出原材料；生产产品；核算产品成本；储存产成品；发出产成品等。上述业务活动通常涉及以下部门：生产计划部门、仓库部门、生产部门、人事部门、销售部门、会计部门等。

（一）计划和安排生产

生产计划部门的职责是根据客户订购单或者对销售预测和产品需求的分析来决定生产授权。如决定授权生产，即签发预先顺序编号的生产通知单。该部门通常应将发出的所有生产通知单顺序编号并加以记录控制。此外，通常该部门还需要编制一份材料需求报告，列示所需要的材料和零件及其库存。

（二）发出原材料

仓库部门的责任是根据从生产部门收到的领料单发出原材料。领料单上必须列示所需的材料数量和种类，以及领料部门的名称。领料单可以一料一单，也可以多料一单，通常需一式三联。仓库发料后，将其中一联连同材料交给领料部门，一联留在仓库登记材料明细账，一联交会计部门进行材料收发核算和成本核算。

（三）生产产品

生产部门在收到生产通知单及领取原材料后，便将生产任务分解到每一个生产工人，并将所领取的原材料交给生产工人，据以执行生产任务。生产工人在完成生产任务后，将完成的产品交生产部门查点，然后转交检验员验收并办理入库手续；或是将所完成的产品移交下一个部门，作进一步加工。

（四）核算产品成本

为了正确核算并有效控制产品成本，必须建立健全成本会计制度，将生产控制和成本核算有机结合在一起。一方面，生产过程中的各种记录、生产通知单、领料单、计工单、入库单等文件资料都要汇集到会计部门，由会计部门对其进行检查和核对，了解和控制生产过程中存货的实物流转；另一方面，会计部门要设置相应的会计账户，会同有关部门对生产过程中的成本进行核算和控制。成本会计制度可以非常简单，只是在期末记录存货余额；也可以是完善的标准成本制度，持续地记录所有材料处理、在产品和产成品，并形成对成本差异的分析报告。完善的成本会计制度应该提供原材料转为在产品，在产品转为产成品，以及按成本中心、分批次生产任务通知单或生产周期所消耗的材料、人工和间接费用的分配与归集的详细资料。

（五）储存产成品

产成品入库，须由仓库部门先行点验和检查，然后签收。签收后，将实际入库数量通知会计部门。据此，仓库部门确立了本身应承担的责任，并对验收部门的工作进行验证。除此之外，仓库部门还应根据产成品的品质特征分类存放，并填制标签。

（六）发出产成品

产成品的发出须由独立的发运部门进行。装运产成品时必须持相关部门核准的发运通知单，并据此编制出库单。出库单一般为一式四联，一联交仓库部门；一联由发运部门留存；一联送交顾客；一联作为给顾客开发票的依据。

三、涉及的主要凭证与会计记录

以制造业为例，生产与存货循环由将原材料转化为产成品的有关活动组成。该循环包括制定生产计划，控制、保持存货水平以及与制造过程有关的交易和事项，涉及领料、生产加工、销售产成品等主要环节。生产与存货循环所涉及的凭证和记录主要包括以下内容。

（一）生产指令

生产指令又称"生产任务通知单"或"生产通知单"，是企业下达制造产品等生产任务的书面文件，用以通知供应部门组织材料发放，生产车间组织产品制造，会计部门组织成本计算。广义的生产指令也包括用于指导产品加工的工艺规程，如机械加工企业的"路线图"等。

（二）领发料凭证

领发料凭证是企业为控制材料发出所采用的各种凭证，如材料发出汇总表、领料单、限额领料单、领料登记簿、退料单等。

（三）产量和工时记录

产量和工时记录是登记工人或生产班组在出勤时间内完成产品数量、质量和生产这些产品所耗费工时数量的原始记录。产量和工时记录的内容与格式是多种多样的，在不同的生产企业，甚至在同一企业的不同生产车间，由于生产类型不同而采用不同格式的产量和工时记录。常见的产量和工时记录主要有工作通知单、工序进程单、工作班产量报告、产量通知单、产量明细表、废品通知单等。

（四）工薪汇总表及工薪费用分配表

工薪汇总表是为了反映企业全部工薪的结算情况，并据以进行工薪总分类核算和汇总整个企业工薪费用而编制的，它是企业进行工薪费用分配的依据。工薪费用分配表反映了各生产车间各产品应负担的生产工人工薪及福利费。

（五）材料费用分配表

材料费用分配表是用来汇总反映各生产车间各产品所耗费的材料费用的原始记录。

（六）制造费用分配汇总表

制造费用分配汇总表是用来汇总反映各生产车间各产品所应负担的制造费用的原始记录。

（七）成本计算单

成本计算单是用来归集某一成本计算对象所应承担的生产费用，计算该成本计算对象的总成本和单位成本的记录。

（八）存货明细账

存货明细账是用来反映各种存货增减变动情况和期末库存数量及相关成本信息的会计记录。

第二节 生产与存货循环的内部控制和控制测试

一、生产与存货交易的内部控制

总体上看，生产与存货循环的内部控制主要包括存货的内部控制和成本会计制度的内部控制两项内容。

关于存货的内部控制，需要做以下两个方面的说明：一方面，如前所述，由于生产与存货循环同其他业务循环的内在联系，生产与存货循环中某些审计测试，特别是对存货的审计测试，与其他相关业务循环的审计测试同时进行将更为有效。例如，原材料的取得和记录是作为采购与付款循环的一部分进行测试的，而装运产成品和记录营业收入与成本则是作为销售与收款循环审计的一部分进行测试的。这些在前面相应章节已经结合其他循环做了介绍。另一方面，尽管不同的企业对其存货可能采取不同的内部控制，但从根本上说，均可概括为存货的数量和计价两个关键因素的控制，这将在本章第三节中分别予以阐述。基于上述原因，本节对生产与存货循环的内部控制的讨论，以及对以控制目标和认定为起点的相关控制测试的讨论，主要关注成本会计制度，较少涉及存货方面的相关内容。表 12-2 列示了成本会计制度的目标、关键内部控制和审计测试的关系。

表 12-2　　　　　　　　成本会计制度的目标、关键内部控制和测试一览表

内部控制目标	关键内部控制	常用的控制测试	常用的交易实质性程序
生产业务是根据管理层一般或特定的授权进行的（发生）	对以下三个关键点，应履行恰当手续，经过特别审批或一般审批：（1）生产指令的授权批准；（2）领料单的授权批准；（3）工薪的授权批准	检查凭证中是否包括这三个关键点恰当审批；检查生产指令、领料单、工薪等是否经过授权	检查生产指令、领料单、工薪等是否经过授权
记录的成本为实际发生的而非虚构的（发生）	成本的核算是以经过审核的生产通知单、领发料凭证、产量和工时记录、工薪费用分配表、材料费用分配表、制造费用分配表为依据的	检查有关成本的记账凭证是否附有生产通知单、领发料凭证、产量和工时记录、工薪费用分配表、材料费用分配表、制造费用分配表等，原始凭证的顺序编号是否完整	对成本实施分析程序；将成本明细账与生产通知单、领发料凭证、产量和工时记录、工薪费用分配表、材料费用分配表、制造费用分配表相核对
所有耗费和物化劳动均已反映在成本中（完整性）	生产通知单、领发料凭证、产量和工时记录、工薪费用分配表、材料费用分配表、制造费用分配表均事先编号并已登记入账	检查生产通知单、领发料凭证、产量和工时记录、工薪费用分配表、材料费用分配表、制造费用分配表的顺序编号是否完整	对成本实施分析程序；将生产通知单、领发料凭证、产量和工时记录、工薪费用分配表、材料费用分配表、制造费用分配表与成本明细账相核对

内部控制目标	关键内部控制	常用的控制测试	常用的交易实质性程序
成本以正确的金额,在恰当的会计期间及时记录于适当的账户(发生、完整性、准确性、计价和分摊)	采用适当的成本核算方法,并且前后各期一致;采用适当的费用分配方法,并且前后各期一致;采用适当的成本核算流程和账务处理流程;内部核查	选取样本测试各种费用的归集和分配以及成本的计算;测试是否按照规定的成本核算流程进行核算和账务处理	对成本实施分析程序;抽查成本计算单,检查各种费用的归集和分配以及成本的计算是否正确;对重大在产品项目进行计价测试
对存货实施保护措施,保管人员与记录、批准人员相互独立(存在、完整性)	存货保管人员与记录人员职务相分离	询问和观察存货与记录的接触控制以及相应的批准程序	
账面存货与实际存货定期核对相符(存在、完整性、计价和分摊)	定期进行存货盘点	询问和观察存货盘点程序	对存货实施监盘程序

二、评估重大错报风险

注册会计师应当清楚了解被审计单位管理层管理生产与存货交易的关键因素和关键业绩指标,因为这些将为识别潜在的重大错报风险提供线索。当生产流程得到良好控制时,注册会计师可以将重大错报风险评价为中或低,并且,可以了解不同级别的管理层收到的例外报告的类型,实施的不同的监督活动,以及是否有证据表明所选取的控制的设计和运行是适当的,是否能够保证管理层采取及时有效的措施来识别错误并处理舞弊。

本书有关采购与付款交易的固有风险和检查风险的讨论内容,对生产与存货交易基本上是适用的,不再赘述。当然,生产与存货交易也有其自身的特点,以制造类企业为例,影响生产与存货交易和余额的重大错报风险还可能包括以下方面。

1. **交易的数量和复杂性**

制造类企业交易的数量庞大,业务复杂,这就增加了错误和舞弊的风险。

2. **成本基础的复杂性**

制造类企业的成本基础是复杂的。虽然原材料和直接人工等直接费用的分配比较简单,但间接费用的分配就可能较为复杂,并且,同一行业中的不同企业也可能采用不同的认定和计量基础。

3. **产品的多元化**

这可能要求聘请专家来验证其质量、状况或价值。另外,计算库存存货数量的方法也可能是不同的。例如,计量煤堆、筒仓里的谷物或糖、钻石或者其他贵重的宝石、化工品和药剂产品的存储量的方法都可能不一样。这并不是要求注册会计师每次清点存货都需要专家配合,如果存货容易辨认,存货数量容易清点,就无需专家帮助。

4. **某些存货项目的可变现净值难以确定**

例如价格受全球经济供求关系影响的存货,由于其可变现净值难以确定,会影响存货采购价格和销售价格的确定,并将影响注册会计师对与存货计价认定有关的风险进行的评估。

5. **将存货存放在很多地点**

大型企业可能将存货存放在很多地点,并且可以在不同地点之间配送存货,这将增加商品途中毁损或遗失的风险,或者导致存货在两个地点被重复列示,也可能产生转移定价的错误或舞弊。

6. **寄存的存货**

有时候存货虽然还存放在企业,但可能已经不归企业所有。反之,企业的存货也可能被寄存在其他企业。

注册会计师应当了解被审计单位对生产与存货的管理程序。如果注册会计师认为被审计单位可能存在销售成本和存货的重大错报风险，通常需要考虑对已选取的控制活动的运行有效性进行测试，以证实计划依赖的认定层次上的控制已经在整个期间内运行了。

很显然，控制是否适当直接关乎其预防、发现和纠正错报的能力。预防性的控制经常在交易初期和记录过程中实施。而作为管理层的监督程序的组成部分，检查性控制通常在交易执行和记录过程之后实施，以便检查、纠正错误与舞弊。测试已选取的、涉及几项认定的监督控制，要比测试交易初期的预防性控制更为有效。

注册会计师对于生产过程和存货管理中控制的了解，来自于观察控制活动执行情况、询问员工以及检查文件和资料。这些文件和资料包括以前年度审计工作底稿，原材料领料单上记录的各个生产流程的制造成本，人工成本记录和间接费用分配表，以及例外报告和所及时采取的相应的纠正行动。

三、控制测试

（一）以内部控制目标为起点的控制测试

在表 12-2 中，以内部控制目标和相关认定为起点，列示了相应的关键内部控制和常用的控制测试程序。由于表 12-2 中列示的常用的控制测试程序比较清晰，无需逐一解释，因此，下面对实施生产与存货交易的控制测试时应当注意的一些内容展开讨论，并对成本会计制度的控制测试单独进行讨论。

（1）注册会计师应当通过控制测试获取支持将被审计单位的控制风险评价为中或低的证据。如果能够获取这些证据，注册会计师就可以接受较高的检查风险，并在很大程度上通过实施实质性分析程序获取进一步的审计证据，减少对生产与存货交易和营业成本、存货等相关项目的细节测试的依赖。

（2）对于计划和安排生产这项主要业务活动，有些被审计单位的内部控制要求，根据经审批的月度生产计划书，由生产计划经理签发预先按顺序编号的生产通知单。对此，注册会计师在实施控制测试时，应抽取生产通知单检查是否与月度生产计划书中的内容一致。

（3）对于发出原材料这项主要业务活动，有些被审计单位的内部控制要求：①仓库管理员应把领料单编号、领用数量、规格等信息输入计算机系统，经仓储经理复核并以电子签名方式确认后，系统自动更新材料明细台账；②原材料仓库分别于每月、每季和年度终了，对原材料存货进行盘点，会计部门对盘点结果进行复盘。由仓库管理员编写原材料盘点明细表，发现差异及时处理，经仓储经理、财务经理和生产经理复核后调整入账。相应地，注册会计师在实施控制测试时应当：①抽取出库单及相关的领料单，检查是否正确输入并经适当层次复核；②抽取原材料盘点明细表并检查是否经适当层次复核，有关差异是否得到处理。

（4）对于生产产品和核算产品成本这两项主要业务活动，有些被审计单位的内部控制要求：①生产成本记账员应根据原材料出库单，编制原材料领用凭证，与计算机系统自动生成的生产记录日报表核对材料耗用和流转信息；由会计主管审核无误后，生成记账凭证并过账至生产成本及原材料明细账和总分类账。②每月末，由生产车间与仓库核对原材料、半成品、产成品的转出和转入记录，如有差异，仓库管理员应编制差异分析报告，经仓储经理和生产经理签字确认后交会计部门进行调整。③每月末，由计算机系统对生产成本中各项组成部分进行归集，按照预设的分摊公式和方法，自动将当月发生的生产成本在完工产品和在产品中按比例分配；同时，将完工产品成本在各不同产品类别中分配，由此生成产品成本计算表和生产成本分配表；由生产成本记账员编制成生产成本结转凭证，经会计主管审核批准后进行账务处理。相应地，注册会计师在实施控制测试时应当：①抽取原材料领用凭证，检查是否与生产记录日报表一致，是否经适当审核，如有差异是否及时处理；②抽取核对记录，检查差异是否已得到处理；③抽取生产成本结转凭证检查与支持性文件是否一致并经适当复核；④预设的分摊公式和方法是否存在变更，变更是否经适当审批。当然，必要时应当考虑利用计算机专家的工作。

（5）对于储存产成品和发出产成品这两项主要业务活动，有些被审计单位的内部控制要求：①产成品入库时，质量检验员应检查并签发预先按顺序编号的产成品验收单，由生产小组将产成品送交仓库。仓库管理员应检查产成品验收单，并清点产成品数量，填写预先顺序编号的产成品入库单经质检经理、生产经理和仓储经理签字确认后，由仓库管理员将产成品入库单信息输入计算机系统，计算机系统自动更新产成品明细台账并与采购订购单编号核对。②产成品出库时，由仓库管理员填写预先顺序编号的出库单，并将产成品出库单信息输入计算机系统，经仓储经理复核并以电子签名方式确认后，计算机系统自动更新产成品明细台账并与发运通知单编号核对。③产成品装运发出前，由运输经理独立检查出库单、销售订购单和发运通知单，确定从仓库提取的商品附有经批准的销售订购单，并且，所提取商品的内容与销售订购单一致。④每月末，生产成本记账员根据计算机系统内状态为"已处理"的订购单数量，编制销售成本结转凭证，结转相应的销售成本，经会计主管审核批准后进行账务处理。⑤产成品仓库分别于每月、每季和年度终了，对产成品存货进行盘点，由会计部门对盘点结果进行复盘，仓库管理员应编写产成品存货盘点明细表，发现差异及时处理，经仓储经理、财务经理和生产经理复核后调整入账。相应地，注册会计师在实施控制测试时应当：①抽取产成品验收单、产成品入库单并检查输入信息是否准确；②抽取发运通知单、出库单并检查是否一致；③抽取发运单和相关销售订购单，检查内容是否一致；④抽取销售成本结转凭证检查与支持性文件是否一致并适当复核；⑤抽取产成品存货盘点报告并检查是否经适当层次复核，有关差异是否得到处理。

（6）成本会计制度的控制测试。

包括直接材料成本控制测试、直接人工成本控制测试、制造费用控制测试和生产成本在当期完工产品与在产品之间分配的控制测试 4 项内容。

① 直接材料成本控制测试。对采用定额单耗的企业，可选择某一成本报告期若干种具有代表性的产品成本计算单，获取样本的生产指令或产量统计记录及其直接材料单位消耗定额，根据材料明细账或采购业务测试工作底稿中各该直接材料的单位实际成本，计算直接材料的总消耗量和总成本，与该样本成本计算单中的直接材料成本核对，并注意下列事项：生产指令是否经过授权批准；单位消耗定额和材料成本计价方法是否适当，在当年度有无重大变更。

对未采用定额单耗的企业，可获取材料费用分配汇总表、材料发出汇总表（或领料单）、材料明细账（或采购业务测试工作底稿）中各该直接材料的单位成本，做如下检查：成本计算单中直接材料成本与材料费用分配汇总表中该产品负担的直接材料费用是否相符，分配标准是否合理；将抽取的材料发出汇总表或领料单中若干种直接材料的发出总量和各该种材料的实际单位成本之积，与材料费用分配汇总表中各该种材料费用进行比较，并注意领料单的签发是否经过授权批准，材料发出汇总表是否经过适当的人员复核，材料单位成本计价方法是否适当，在当年有无重大变更。

对采用标准成本法的企业，获取样本的生产指令或产量统计记录、直接材料单位标准用量、直接材料标准单价及发出材料汇总表或领料单，检查下列事项：根据生产量、直接材料单位标准用量和标准单价计算的标准成本与成本计算单中的直接材料成本核对是否相符；直接材料成本差异的计算与账务处理是否正确，并注意直接材料的标准成本在当年度内有无重大变更。

② 直接人工成本控制测试。对采用计时工资制的企业，获取样本的实际工时统计记录、职员分类表和职员工薪手册（工资率）及人工费用分配汇总表，做如下检查：成本计算单中直接人工成本与人工费用分配汇总表中该样本的直接人工费用核对是否相符；样本的实际工时统计记录与人工费用分配汇总表中该样本的实际工时核对是否相符；抽取生产部门若干天的工时台账与实际工时统计记录核对是否相符；当没有实际工时统计记录时，则可根据职员分类表及职员工薪手册中的工资率，计算复核人工费用分配汇总表中该样本的直接人工费用是否合理。

对采用计件工资制的企业，获取样本的产量统计报告、个人（小组）产量记录和经批准的单位

审计学（第2版）

工薪标准或计件工资制度，检查下列事项：根据样本的统计产量和单位工薪标准计算的人工费用与成本计算单中直接人工成本核对是否相符；抽取若干个直接人工（小组）的产量记录，检查是否被汇总记入产量统计报告。

对采用标准成本法的企业，获取样本的生产指令或产量统计报告、工时统计报告和经批准的单位标准工时、标准工时工资率、直接人工的工薪汇总表等资料，检查下列事项：根据产量和单位标准工时计算的标准工时总量与标准工时工资率之积同成本计算单中直接人工成本核对是否相符；直接人工成本差异的计算与账务处理是否正确，并注意直接人工的标准成本在当年内有无重大变更。

③ 制造费用控制测试。获取样本的制造费用分配汇总表、按项目分列的制造费用明细账、与制造费用分配标准有关的统计报告及其相关原始记录，做如下检查：制造费用分配汇总表中，样本分担的制造费用与成本计算单中的制造费用核对是否相符；制造费用分配汇总表中的合计数与样本所属成本报告期的制造费用明细账总计数核对是否相符；制造费用分配汇总表选择的分配标准（机器工时数、直接人工工资、直接人工工时数、产量等）与相关的统计报告或原始记录核对是否相符，并对费用分配标准的合理性做出评估；如果企业采用预计费用分配率分配制造费用，则应针对制造费用分配过多或过少的差额，检查其是否做了适当的账务处理；如果企业采用标准成本法，则应检查样本中标准制造费用的确定是否合理，计入成本计算单的数额是否正确，制造费用差异的计算与账务处理是否正确，并注意标准制造费用在当年度内有无重大变更。

④ 生产成本在当期完工产品与在产品之间分配的控制测试。检查成本计算单中在产品数量与生产统计报告或在产品盘存表中的数量是否一致：检查在产品约当产量计算或其他分配标准是否合理；计算复核样本的总成本和单位成本，最终对当年采用的成本会计制度做出评价。

（二）以风险为起点的控制测试

在审计实务中，注册会计师可以以识别的重大错报风险为起点实施控制测试。表12-3 列示了生产与存货交易相关的风险，旨在降低这些风险的计算机控制和人工控制以及相应的控制测试程序。

表 12-3　　　　　　　　　　生产与存货交易的风险、控制和控制测试

风险	计算机控制	人工控制	控制测试
计划和开始生产			
生产规模可能不适当；可能因生产过量导致存货滞销，或者因产量不足导致存货脱销	根据销售需求量对存货生产数量实施计算机化监督，以显示具体存货项目的再次订购数量和经济订购数量	计划和生产进度由生产部门监控，并取得生产经理批准	检查授权生产的证据
产品可能没有按照客户要求的规格生产，导致顾客拒收而滞销		生产开始前，获取客户对于产品设计和规格的认可。计划和生产进度由生产部门监控，并取得生产经理批准	检查客户签署的认可函和生产经理批准的证据
生产流程			
发出原材料			
原材料的发出可能未经授权或者发出用于生产的原材料可能不正确　原材料缺货可能导致生产延误　发出的原材料可能未分配或者未正确分配到生产任务中	将事先编号的原材料通知单录入系统，生成发出原材料给工厂以供生产的原材料发出通知单　每日打印发出至生产过程的原材料，以及包含在生产任务通知单中的原材料发出通知单代码　每日打印未完成的原材料通知单和没有分配到特定生产任务的原材料发出通知单	由经授权的生产人员签署所有生产任务或供生产使用的原材料通知单　由生产经理复核载有每日发出至生产过程中的原材料信息的打印文件，并与由生产人员签署的原材料通知单核对一致　由生产人员监督没有完成的原材料通知单，并跟进发出原材料的延误　由生产人员分别就每个生产阶段逐一签署生产任务通知单，以表明为每一项生产任务所记录的原材料是完整和准确的	检查生产经理复核生产任务通知单、跟踪未分配的原材料和未完成的原材料通知单的情况　特别地，在期末查询没有分配的原材料发出通知单对于在产品的影响

280

风险	计算机控制	人工控制	控制测试
原材料可能被盗		确保原材料仓储的实物安全，仅允许经授权的人员进入原材料仓库 在生产地点安置监控录像机，控制安全通道。对于生产高价值或高度危险的产品地方，设置严密的安保系统	通过询问和观察以获取控制被执行的证据
在生产阶段间转移商品			
直接人工工时可能未被记录或者未被分配至正确的生产任务。 直接机器工时可能未被记录或者未被分配至正确的任务	每天在各生产任务上花费的人工时间要与按照每个员工的计时工资时间或工时记录比对一致 对分配到生产任务中的直接人工工时与每天的工时记录的差异要打印在例外报告上 每天计入生产任务的机器工时要与机器生产能力总数比对一致，未分配的工时要打印在例外报告上 每日生产报告累计所有生产任务所耗费的工时，并与每日工时总数比对一致	由管理层复核每日生产报告以及对直接人工总工时分配的调节表 由管理层复核例外报告，并改正分配直接人工工时和机器工时中的错误	检查管理层复核生产报告和工时调节表的证据。 检查管理层复核工时差异例外报告的证据，并检查其纠正例外报告所反映的错误的证据
在产品可能未被包括移送下一个生产阶段之前的所有累计成本	记录各个生产阶段中的产品移动。但在产品转移到下一个阶段前需经授权的生产人员的电子签名 出于这一目的，通过密码和菜单对授权人员的进入实施控制 下一生产阶段的成本核算直到前一生产阶段已经完成才能进行记录 每日生产报告记录生产任务从一个阶段转移到下一阶段的日期和时间，并识别授权转移的员工 每个连续性生产阶段最后的累计成本也要在每日生产报告中反映	经授权人员的电子签名要显示在生产任务通知单和每日生产报告中，以表明在批准向下一阶段转移生产任务面前，该人员已经检查并确认所有的直接材料、人工和机器工时成本是正确和完整的 生产管理层检查已分配的成本，询问不一致的情况	对于期末在产品，检查授权将生产任务转移至下一阶段的相关签名 比较原材料、人工工时和机器工时与完成该阶段生产任务的说明书，并检查生产经理监督和更正差异的证据
转移产品至产成品仓库			
产成品仓库人员可能未记录接收的已完工产品，或接收了生产的残次品	转移完工产品前需要生产经理的电子签名 产成品仓库人员通过电子签名显示接收已完工产品，以完成产品从在产品到完工产品的转移 由计算机将已完工产品转移的数量和成本记录至完工产品存货主文档 由计算机生成关于所有生产任务已转移至产成品存货的完工生产报告	由质量控制人员检查每一生产阶段完工的存货，以确保其在送达产成品仓库前符合质量标准 损坏的产品或者不符合质量标准的产品应当立即撤出并处理 检查人员认为满意后在生产任务通知单上签字 除了他们的电子签名，产成品仓库人员还应当通过在有关生产任务通知单上的签章证明已经接收了有关的产成品 生产经理每日检查完工生产报告，询问并调整所有与预期不一致的成本和数量	检查接收完工产品到产成品仓库的证据 检查管理层复核完工生产报告和追踪出现的误差的证据 使用计算机辅助审计方法，将完成的生产任务与转移到产成品仓库的完工产品进行比对，检查转移的数量、成本是否一致

续表

风险	计算机控制	人工控制	控制测试
产成品可能被盗	定期打印存货主文档中的产成品记录，反映仓库中的存货项目	对产成品进行实物保护，如仅有经授权的员工才可以进入到仓库 在产成品仓库有选择地安装监控摄像机 由管理层持续地对存货进行盘点，并调整存货实物数量和存货主文档中存货余额之间的差异 对接收的产成品、采购和销售的商品实施截止测试	询问并观察安全措施的充分性 监盘和观察客户持续或定期的盘点程序，并调整记录在存货主文档中的存货余额 检查由于存货损耗和对期末完工产品、采购商品、销售商品实施截止测试产生的调整
记录生产的产品			
分配至生产的存货的成本可能存在错误，包括： 分配至生产的原材料的金额发生错误；直接人工工时和机器工时未正确分配到生产任务或分配的金额不正确	每日生产报告详细记录分配给各项任务的直接材料、人工和机器工时，并将其与发出原材料、计时工资记录和机器工时记录进行比较 将比对不一致的直接成本生成例外报告	由管理层复核每日生产报告和例外报告，并采取措施纠正在产品在各阶段转移过程中的错误和分配错误	检查每日生产报告和例外报告，获取管理层复核及采取相关措施的证据
分配给在产品和产成品的间接费用成本可能没有正确计算，可能未分配至正确的生产任务，以导致应该被费用化的部分可能被计入存货成本	计算机通常以直接人工、直接机器工时或者其他特定的生产流程为基础来分配间接成本 每日生产报告应该反映标准成本差异以及间接费用的分配	由管理层定期审批间接费用分配率和分配基础或分配至在产品的标准成本 由管理层定期复核并调查标准成本差异，并根据市场中的有关销售价格考虑产品的可变现净值	检查管理层对标准成本、费用的分配率和分配基础的审批 询问会计政策的一贯性 检查管理层复核标准成本差异以及产品可变现净值的证据
已完工产品的生产成本可能没有转移到产成品中	每日完工产品报告中反映了转移到产成品中的成本，以及经授权的生产人员批准这一转移，和经授权的产成品仓库人员接收完工产品至产成品仓库的签字	由生产管理层复核每日的产成品报告，询问并调整任何与预期不一致的成本或产量	使用计算机辅助审计方法，将完工产品与产成品仓库接收的产品的成本和数量进行核对 检查每日完工产品报告以及管理层复核的证据
保管存货和维护存货主文档			
记录的存货数量可能与实际存货数量不一致		定期或者持续执行存货盘点，调整存货主文档中的存货余额和总分类的余额 对于接收的完工产品、外购和销售的商品实施截止测试	检查存货盘点和记录的存货余额 检查授权调整已记录存货余额的证据
存货主文档中总额可能和存货总分类账的金额不一致	由计算机将总分类账和存货主文档中的总额进行持续的比对，并打印比对不一致的交易和余额的例外报告	对接收的产成品、外购和销售的商品实施截止测试。对于存货主文档和存货总分类账中存货的损耗和错误进行调整	检查管理层复核和经授权调整的证据
存货过时或者状况恶化，以致其账面价值可能超过了可变现净值	打印出各存货项目的销售量，以及与现有销售需求对应的当前库存情况	经常复核过时毁损的存货，定期对存货项目计提减值准备做出决定 期末按照过往经验和一贯的会计政策计算存货跌价准备 检查存货的销售情况以及各存货项目的最后销售日，以便识别销售缓慢和没有销售出去的存货	检查管理层复核存货过时和存货减值的证据 询问计算存货减值准备人员的胜任能力 确认行业标准并考虑被审计单位的假设是否合理。 测试确定存货销售量的程序化的控制

风险	计算机控制	人工控制	控制测试
控制环境和控制活动可能未能使管理层关注存货的变动、计量或者计价，以及与之高度相关的财务报表中可能存在潜在错误、错报和舞弊		高级管理层的监控主要涉及以下方面：生产量和生产成本；原材料和产成品存货水平；根据存货盘点的数量和存货主文档以及存货的损耗和丢失情况进行调整；与销售需求有关的脱销和储存过量情况；标准成本差异和间接费用分配应当与企业的实际情况和行业的一般情况匹配；监控关键业绩指标	检查管理层监控程序和关键业绩指标的有效性，以防止、发现并纠正生产与存货交易和余额相关的错误和舞弊

第三节 生产与存货循环的实质性程序

一、生产与存货交易的实质性程序

不同来源的存货在计价和分摊方面的性质是不同的。例如，将在产品和产成品与外购商品进行比较，外购商品计量的准确性取决于采购成本和其达到销售状态所需的进一步成本，而产品、产成品计量的准确性则更多地依赖于复杂的生产成本，包括耗用的原材料、人工成本和间接可变费用的分配，这些将影响存货余额的计价和分摊。

审计生产与存货交易和余额时另一考虑就是其与采购、销售收入及销售成本间的相互关系，因为就存货认定取得的证据也同时为其对应项目的认定提供了证据。例如，通过存货监盘和对已收存货的截止测试取得的，与外购商品或原材料存货的完整性和存在认定相关的证据，自动为同一期间原材料和商品采购的完整性和发生提供了保证。类似地，销售收入的截止测试也为期末之前的销售成本已经从期末存货中扣除并正确计入销售成本提供了证据。因此，这种审计程序为销售收入和销售成本的完整性、截止、发生、准确性和分摊认定，以及产成品存货的完整性、截止和存在认定同时提供了证据。

结合存货容易被盗和变质、毁损等不同于其他财务报表项目的特性，生产与存货交易的重大错报风险通常是影响存货存在、完整性、权利和义务、计价和分摊等认定的存货的高估风险。相应地，注册会计师针对上述重大错报风险应实施实质性审计程序的目标在于获取关于存货存在、完整性、权利和义务、计价和分摊等多项认定的审计证据。

为实现上述审计目标，注册会计师应当识别管理层用于监控生产与存货交易和余额的关键性的业绩指标；确定影响被审计单位核心业务的重要的内部、外部经营风险，并考虑其对生产与存货流程可能产生的影响；将有关存货项目的期初余额与以前年度工作底稿核对相符；复核制造费用和销售成本总分类账中的异常情况，以及原材料、在产品和产成品等余额的变动情况，调查异常的会计处理；并将有关存货项目的期末余额与总分类账核对相符。在此基础上，对生产与存货交易实施实质性程序。

表 12-2 列示了审计生产与存货交易和余额时常用的交易实质性程序。事实上，生产与存货交易的实质性程序区分为实质性分析程序、生产与存货交易和相关余额的细节测试两个方面。

二、实质性分析程序

生产与存货循环的实质性分析程序包括如下内容：

（1）根据对被审计单位的经营活动、供应商的发展历程、贸易条件、行业惯例和行业现状的了解，确定营业收入、营业成本、毛利以及存货周转和费用支出项目的期望值。

（2）根据本期存货余额组成、存货采购、生产水平与以前期间和预算的比较，定义营业收入、营业成本和存货可接受的重大差异额。

（3）比较存货余额和预期周转率。

（4）计算实际数和预计数之间的差异，并同管理层使用的关键业绩指标进行比较。

（5）通过询问管理层和员工，调查实质性分析程序得出的重大差异额是否表明存在重大错报风险，是否需要设计恰当的细节测试程序以识别和应对重大错报风险。

（6）形成结论，即实质性分析程序能够提供充分、适当的审计证据，或需要对交易和余额实施细节测试以获取进一步的审计证据。

实施实质性分析程序的目的在于获取支持相关审计目标的证据。因此，注册会计师在具体实施上述分析程序时还应当注意以下几个方面。

① 使用计算机辅助审计方法下载被审计单位存货主文档和总分类账户以便计算财务指标和经营指标，并将计算结果与期望值进行比较。例如，注册会计师利用所掌握的、适用于被审计单位的销售毛利率知识，判断各类产品的销售毛利率是否符合期望值，存货周转率或者周转能力是否随着重要存货项目的变化而变化。

② 按区域分析被审计单位各月存货变动情况，并考虑存货变动情况是否与季节性变动和经济因素变动一致。

③ 对周转缓慢或者长时间没有周转（如超过半年）以及出现负余额的存货项目单独摘录并列表。

④ 由于可能隐含着重要的潜在趋势，注册会计师应当注意不要过分依赖计算的平均值。各个存货项目的潜在重大错报风险可能并不一致，实质性分析程序应该用来查明单项存货或分类别存货的一些指标关系。

【实例12-1】兴华公司2014年度的存货周转率为2.4，与2013年度相比有所下降。兴华公司提供的以下理由是否能够解释存货周转率变动趋势？为什么？

（1）兴华公司在2014年第四季度接到了一笔巨额订单，订货数量相当于兴华公司月产能的118%，交货日期为2015年1月1日。

（2）由于主要原材料价格比2013年度下降了20%，兴华公司从2014年1月开始将主要原材料的日常储备量增加了25%。

（3）从2014年6月开始，兴华公司将部分产品对主要销售客户的营销方式由原来的买断模式改为代销模式。

（4）兴华公司主要产品在2014年度市场需求稳定且盈利，但平均销售价格与2013年度相比有所下降，并且兴华公司预期销售价格将继续下降。

【解析】对上述各项理由分析如下：

事项（1）不能解释，原因是该笔巨额订单可能导致存货减少，将引起存货周转率上升而不是下降。

事项（2）能够解释，原因是如果原材料购进价格低，结转营业成本可能低，再加上原材料储备增加，必然导致存货周转率下降。

事项（3）能够解释，原因是营销方式由原来的买断模式改为代销模式，可能导致存货增加，从而引起存货周转率下降。

事项（4）不能解释，原因是市场需求稳定且盈利，销售价格与2013年度相比有所下降对营业成本以及存货的影响不确定也不直接。

三、生产与存货交易和相关余额的细节测试

1. 交易的细节测试

（1）注册会计师应从被审计单位存货业务流程层面的主要交易流中选取一个样本，检查其支持

性证据。例如，从存货采购、完工产品的转移、销售和销售退回记录中选取一个样本。

① 检查支持性的供应商文件、生产成本分配表、完工产品报告、销售和销售退回文件。

② 从供应商文件、生产成本分配表、完工产品报告、销售和销售退回文件中选取一个样本，追踪至存货总分类账户的相关分录。

③ 重新计算样本所涉及的金额，检查交易经授权批准而发生的证据。

（2）对期末前后发生的诸如采购、销售退回、销售、产品存货转移等主要交易流，实施截止测试。

确认本期末存货收发记录的最后一个顺序号码，并详细检查随后的记录，以检测在本会计期间的存货收发记录中是否存在更大的顺序号码，或因存货收发交易被漏记或错计入下一会计期间而在本期遗漏的顺序号码。

2. 存货余额的细节测试

存货余额的细节测试内容很多，例如，观察被审计单位存货的实地盘存；通过询问确定现有存货是否存在寄存情形，或者被审计单位存货在盘点日是否被寄存在他人处；获取最终的存货盘点表，并对存货的完整性、存在和计量进行测试；检查、计算、询问和函证存货价格；检查存货的抵押合同和寄存合同；检查、计算、询问和函证存货的可变现净值等。这些将在下面单独讨论。

第四节　成本、费用的实质性程序

一、成本、费用的审计目标

成本、费用的审计目标是审计总目标的进一步具体化，是根据被审计单位管理当局的认定并结合该项目的特点确定的。具体包括：确定账簿记录中的各项原材料的耗用与费用的发生是否确实存在；确定生产过程中实际耗用的原材料和人工成本是否已经全部加以记录；确定成本与费用的归集与分配是否合理，成本计算对象的确定是否合理，是否按照主要产品做了恰当分类，自制半成品与完工产品的成本计算是否准确；确定成本、费用是否已按《企业会计准则》的规定在财务报表中做出恰当的列报。

二、成本、费用项目的实质性程序

（一）直接材料成本的审计

直接材料成本的审计一般应从阅读材料和生产成本明细账入手，抽查有关的费用凭证，验收企业产品直接耗用材料的数量、计价，以及材料费用分配是否真实、合理。主要内容包括：

（1）抽查产品成本计算单，检查直接材料成本的计算是否正确，材料费用的分配标准与计算方法是否合理，是否与材料费用分配汇总表中该产品分摊的直接材料费用相符。

（2）审查直接材料耗用数量的真实性，检查有无将非生产用材料计入直接材料费用。

（3）分析比较同一产品前后各年度的直接材料成本，如有重大波动应查明原因。

（4）抽查材料发出及领用的原始凭证，检查领料单的签发是否经过授权，材料发出汇总表是否经适当的人员复核，材料单位成本计算方法是否适当，是否正确及时入账。

（5）对采用定额成本或标准成本的企业，应检查直接材料成本差异的计算、分配与会计处理是否正确，并查明直接材料的定额成本、标准成本在本年度内有无重大变更。

（二）直接人工成本的审计

直接人工成本审计的内容：

（1）抽查产品成本计算单，检查直接人工成本的计算是否正确，人工费用的分配标准与计算方法是否合理和适当，是否与人工费用分配汇总表中该产品分摊的直接人工费用相符。

（2）将本年度直接人工成本与前期进行比较，查明其异常波动的原因。

（3）分析比较本年度各个月份的人工费用发生额，如有异常波动，应查明原因。

（4）应付职工薪酬的审查，抽查人工费用会计记录及会计处理是否正确。

（5）采用标准成本法的企业，应抽查直接人工成本差异的计算、分配与会计处理是否正确，并查明直接人工的标准成本在本年度内有无重大变更。

（三）制造费用的审计

制造费用是企业为生产产品或提供劳务而发生的间接费用，即生产单位为组织和管理生产而发生的费用，包括分厂和车间管理人员的工资、提取的职工福利费、折旧费、办公费、水电费、取暖费、租赁费、机物料消耗、低值易耗品摊销、劳动保护费、保险费、设计制图费、实验检验费、季节性和修理期间的停工损失以及其他制造费用。制造费用审计的基本要点包括：

（1）索取或编制制造费用汇总表，并与明细账、总账核对相符，抽查制造费用中的重大数额项目及例外项目是否合理。

（2）审阅制造费用明细表，检查其核算内容及范围是否正确，并应注意是否存在异常会计事项，如有，则应追查记账凭证及原始凭证，重点查明企业有无将不应列入成本费用的支出（如投资支出、被没收的财物、支付的罚款、违约金、技术改造支出等）计入制造费用。

（3）必要时，对制造费用实施截止测试，即检查资产负债表日前后若干天的制造费用明细账及其凭证，确定有无跨期入账的情况。

（4）审查制造费用的分配是否合理。重点查明制造费用的分配方法是否符合企业自身的生产技术条件，是否体现受益原则，分配方法一经确定，是否在相当时期内保持稳定，有无随意变更的情况；分配率和分配额的计算是否正确，有无以人为估计数代替分配数的情况。对按预定分配率分配费用的企业，还应查明计划与实际差异是否及时调整。

（5）对于采用标准成本法的企业，应抽查标准制造费用的确定是否合理，计入成本计算单的数额是否正确，制造费用的计算、分配与会计处理是否正确，并查明标准制造费用在本年度内有无重大变动。

（四）营业成本的审计

营业成本是指企业对外销售商品、产品，以及对外提供劳务等发生的实际成本。对营业成本的审计，应通过审阅营业收入明细账，库存商品明细账等记录并核对有关的原始凭证和记账凭证进行。其基本要点包括：

（1）获取或编制营业成本明细表，与明细账和总账核对相符。

（2）编制生产成本及销售成本倒轧表，与总账核对相符。

（3）分析比较本年度与上年度营业成本总额，以及本年度各月份的营业成本金额，如有重大波动和异常情况，应查明原因。

（4）结合生产成本的审计，抽查销售成本结转数额的正确性，并检查其是否与销售收入配比。

（5）检查营业成本账户中重大调整事项（如销售退回等）是否有其充分理由。

（6）确定营业成本在利润表中是否已恰当披露。

第五节 存货的实质性程序

一、存货的审计概述

《企业会计准则第 1 号——存货》规定，存货是指企业在日常活动中持有以备出售的产成品或商品、处在生产过程中的在产品、在生产过程或提供劳务过程中耗用的材料和物料等。

在通常情况下，存货对企业经营特点的反映能力强于其他资产项目。存货对于生产制造业、贸易行业一般十分重要，它的重大错报会对财务状况和经营成果产生直接的影响。审计中许多复杂和重大的问题都与存货有关。存货、产品生产和销售成本构成了会计、审计乃至企业管理中最为普遍、重要和复杂的问题。

存货审计，尤其是对年末存货余额的测试，通常是审计中最复杂也最费时的部分。对存货存在性和存货价值的评估常常十分困难。导致存货审计复杂的主要原因包括：

（1）存货通常是资产负债表中的一个主要项目，而且通常是构成营运资本的最大项目。

（2）存货存放于不同的地点，这使得对它进行实物控制和盘点都很困难。企业必须将存货置放于便于产品生产和销售的地方，但是这种分散也带来了审计的困难。

（3）存货项目的多样性也给审计带来了困难。例如，化学制品、宝石、电子元件以及其他的高科技产品。

（4）存货本身的陈旧以及存货成本的分配也使得存货的估价存在困难。

（5）不同企业采用的存货计价方法存在的多样性。

正是由于存货对于企业的重要性、存货问题的复杂性以及存货与其他项目密切的关联度，要求注册会计师对存货项目的审计应当予以特别的关注。相应地，要求实施存货项目审计的注册会计师应具备较高的专业素质和相关业务知识，分配较多的审计工时，运用多种有针对性的审计程序。

二、存货的实质性程序

（一）存货监盘

1. **存货监盘的作用**

如果存货对财务报表是重要的，注册会计师应当实施下列审计程序，对存货的存在和状况获取充分、适当的审计证据。

（1）在存货盘点现场实施监盘（除非不可行）；

（2）对期末存货记录实施审计程序，以确定其是否准确反映实际的存货盘点结果。

具体来说，存货监盘涉及以下内容。

（1）检查存货以确定其是否存在，评价存货状况，并对存货盘点结果进行测试；

（2）观察管理层指令的遵守情况，以及用于记录和控制存货盘点结果的程序的实施情况；

（3）获取有关管理层存货盘点程序可靠性的审计证据。

这些程序用做控制测试还是实质性程序，取决于注册会计师的风险评估结果、审计方案和实施的特定程序。

需要说明的是，尽管实施存货监盘，获取有关期末存货数量和状况的充分、适当的审计证据是注册会计师的责任，但这并不能取代被审计单位管理层定期盘点存货、合理确定存货的数量和状况的责任。事实上，管理层通常制定程序，要求对存货每年至少一次实物盘点，以作为编制财务报表的基础，并用以确定被审计单位永续盘存制的可靠性（如适用）。

存货监盘针对的主要是存货的存在认定，对存货的完整性认定以及计价认定也能提供部分审计证据，注册会计师监盘存货的目的在于获取有关存货数量和状况的审计证据，以确证被审计单位记录的所有存货确实存在，已经反映了被审计单位拥有的全部存货，并属于被审计单位的合法财产。存货监盘作为存货审计的一项核心审计程序，通常可同时实现上述多项审计目标。

需要指出的是，注册会计师在测试存货的计价认定和完整性认定时，可能还需要实施其他审计程序，这些将在本章的其他部分讨论。

2. 存货监盘的计划

（1）制订存货监盘计划的基本要求。注册会计师应当根据被审计单位存货的特点、盘存制度和存货内部控制的有效性等情况，在评价被审计单位管理层制定的存货盘点程序的基础上，编制存货监盘计划，对存货监盘做出合理安排。

有效的存货监盘需要制定周密、细致的计划。为了避免误解并有助于有效地实施存货监盘，注册会计师通常需要与被审计单位就存货监盘等问题达成一致意见。因此，注册会计师首先应当充分了解被审计单位存货的特点、盘存制度和存货内部控制的有效性等情况，并考虑获取、审阅和评价被审计单位预定的盘点程序。存货存在与完整性的认定具有较高的重大错报风险，而且注册会计师通常只有一次机会通过存货的实地监盘对有关认定做出评价。根据计划过程所搜集到的信息，有助于注册会计师合理确定参与监盘的地点以及存货监盘的程序。

（2）制订存货监盘计划应考虑的相关事项。在编制存货监盘计划时，注册会计师需要考虑以下事项。

① 与存货相关的重大错报风险。存货通常具有较高水平的重大错报风险，影响重大错报风险的因素具体包括：存货的数量和种类、成本归集的难易程度、陈旧过时的速度或易损坏程度、遭受失窃的难易程度。由于制造过程和成本归集制度的差异，制造企业的存货与其他企业（如批发企业）的存货相比往往具有更高的重大错报风险，对于注册会计师的审计工作而言则更具复杂性。外部因素也会对重大错报风险产生影响。例如，技术进步可能导致某些产品过时，从而导致存货价值更容易发生高估。以下类别的存货就可能增加审计的复杂性与风险：

具有漫长制造过程的存货。制造过程漫长的企业（如飞机制造和酒类产品酿造企业）的审计重点包括递延成本、预期发生成本以及未来市场波动可能对当期损益的影响等事项。

具有固定价格合约的存货。预期发生成本的不确定性是其重大审计问题。

与时装相关的服装行业。由于服装产品的消费者对服装风格或颜色的偏好容易发生变化，因此，存货是否过时是重要的审计事项。

鲜活、易腐商品存货。因为物质特性和保质期短暂，此类存货变质的风险很高。

具有高科技含量的存货。由于技术进步，此类存货容易过时。

单位价值高昂、容易被盗窃的存货。例如，珠宝存货的错报风险通常高于铁质纽扣之类存货的错报风险。

② 与存货相关的内部控制的性质。在制订存货监盘计划时，注册会计师应当了解被审计单位与存货相关的内部控制，并根据内部控制的完善程度确定进一步审计程序的性质、时间安排和范围。与存货相关的内部控制涉及被审计单位供、产、销各个环节，包括采购、验收、仓储、领用、加工、装运出库等方面。需要说明的是，与存货内部控制相关的措施有很多，其有效程度也存在差异。

与采购相关的内部控制的总体目标是所有交易都已获得适当的授权与批准。使用购货订购单是一项基本的内部控制措施。购货订购单应当预先连续编号，事先确定采购价格并获得批准。此外，还应当定期清点购货订购单。

与存货验收相关的内部控制的总体目标是所有收到的商品都已得到记录。使用验收报告单是一项基本的内部控制措施。被审计单位应当设置独立的部门负责验收商品，该部门具有验收存货实物、确定存货数量、编制验收报告、将验收报告传送至会计核算部门以及运送商品至仓库等一系列职能。

与仓储相关的内部控制的总体目标是确保与存货实物的接触必须得到管理层的指示和批准。被审计单位应当采取实物控制措施，使用适当的存储设施，以使存货免受意外损毁、盗窃或破坏。

与领用相关的内部控制的总体目标是所有存货的领用均应得到批准和记录。使用存货领用单是一项基本的内部控制措施，存货领用单应当定期进行清点。

与加工（生产）相关的内部控制的总体目标是对所有的生产过程做出适当的记录。使用生产报告是一项基本的内部控制措施。在生产报告中，应当对产品质量缺陷和零部件使用及报废情况及时做出说明。

与装运出库相关的内部控制的总体目标是所有的装运都得到记录。使用发运凭证是一项基本的内部控制措施。发运凭证应当预先编号，定期进行清点，并作为日后开具收款账单的依据。

被审计单位与存货实地盘点相关的内部控制通常包括：制定合理的存货盘点计划，确定合理的存货盘点程序，配备相应的监督人员，对存货进行独立的内部验证，将盘点结果与永续存货记录进行独立的调节，对盘点表和盘点标签进行充分控制。

③ 对存货盘点是否制定了适当的程序，并下达了正确的指令。注册会计师一般需要复核或与管理层讨论其存货盘点程序。在复核或与管理层讨论其存货盘点程序时，注册会计师应当考虑下列主要因素，以评价其能否合理地确定存货的数量和状况：盘点的时间安排；存货盘点范围和场所的确定；盘点人员的分工及胜任能力；盘点前的会议及任务布置；存货的整理和排列，对毁损、陈旧、过时、残次及所有权不属于被审计单位的存货的区分；存货的计量工具和计量方法；在产品完工程度的确定方法；存放在外单位的存货的盘点安排；存货收发截止的控制；盘点期间存货移动的控制；盘点表单的设计、使用与控制；盘点结果的汇总以及盘盈或盘亏的分析、调查与处理。

如果认为被审计单位的存货盘点程序存在缺陷，注册会计师应当提请被审计单位调整。

④ 存货盘点的时间安排。如果存货盘点在财务报表日以外的其他日期进行，注册会计师除实施存货监盘相关审计程序外，还应当实施其他审计程序，以获取审计证据，确定存货盘点日与财务报表日之间的存货变动是否已得到恰当的记录。

⑤ 被审计单位是否一贯采用永续盘存制。存货数量的盘存制度一般为实地盘存制和永续盘存制。存货盘存制度不同，注册会计师需要做出的存货监盘安排也不同。如果被审计单位通过实地盘存制确定数量，则注册会计师要参加此种盘点。如果被审计单位采用永续盘存制，注册会计师应在年度中一次或多次参加盘点。

⑥ 存货的存放地点（包括不同存放地点的存货的重要性和重大错报风险），以确定适当的监盘地点。注册会计师应了解所有的存货存放地点，既可以防止被审计单位或自己发生任何遗漏，也有助于恰当分配审计资源。注册会计师通常应当重点考虑被审计单位的重要存货存放地点，特别是金额较大可能存在重大错报风险（如存货性质特殊）的存货地点，将这些存货地点列入监盘地点。对其他无法在存货盘点现场实施存货监盘的存货存放地点，注册会计师应当实施替代审计程序，以获取有关存货的存在和状况的充分、适当的审计证据。

⑦ 是否需要专家协助。注册会计师可能不具备其他专业领域专长与技能。在确定资产数量或资产实物状况（如矿石堆），或在收集特殊类别存货（如艺术品、稀有玉石、房地产、电子器件、工程设计等）的审计证据时，注册会计师可以考虑利用专家的工作。

当在产品存货金额较大时，可能面临如何评估在产品完工程度问题。注册会计师可以了解被审计单位的盘点程序，如果有关在产品的完工程度未被明确列出，注册会计师应当考虑采用其他有助于确定完工程度的措施，如获取零部件明细清单、标准成本表以及作业成本表，与工厂的有关人员进行讨论等，并运用职业判断。注册会计师也可以根据存货生产过程的复杂程度利用专家的工作。

（3）存货监盘计划的主要内容。存货监盘计划应当包括以下主要内容：

① 存货监盘的目标、范围及时间安排。存货监盘的主要目标包括获取被审计单位资产负债表日有关存货数量和状况以及有关管理层存货盘点程序可靠性的审计证据，检查存货的数量是否真实完整，是否归属被审计单位，存货有无毁损、陈旧、过时、残次和短缺等状况。

存货监盘范围的大小取决于存货的内容、性质以及与存货相关的内部控制的完善程度和重大错报风险的评估结果。

存货监盘的时间，包括实地察看盘点现场的时间、观察存货盘点的时间和对已盘点存货实施检查的时间等，应当与被审计单位实施存货盘点的时间相协调。

② 存货监盘的要点及关注事项。存货监盘的要点主要包括注册会计师实施存货监盘程序的方法、步骤，各个环节应注意的问题以及所要解决的问题。注册会计师需要重点关注的事项包括盘点期间的存货移动、存货的状况、存货的截止确认、存货的各个存放地点及金额等。

③ 参加存货监盘人员的分工。注册会计师应当根据被审计单位参加存货盘点人员分工、分组情况、存货监盘工作量的大小和人员素质情况，确定参加存货监盘的人员组成以及各组成人员的职责和具体的分工情况，并加强督导。

④ 检查存货的范围。注册会计师应当根据对被审计单位存货盘点和对被审计单位内部控制的评价结果确定检查存货的范围。在实施观察程序后，如果认为被审计单位内部控制设计良好且得到有效实施，存货盘点组织良好，可以相应缩小实施检查程序的范围。

3. 存货监盘程序

在存货盘点现场实施监盘时，注册会计师应当实施下列审计程序。

（1）评价管理层用以记录和控制存货盘点结果的指令和程序。注册会计师需要考虑这些指令和程序是否包括下列方面：

① 适当控制活动的运用，例如，收集已使用的存货盘点记录，清点未使用的存货盘点表单，实施盘点和复盘程序；

② 准确认定在产品的完工程度，流动缓慢（呆滞）、过时或毁损的存货项目，以及第三方拥有的存货（如寄存货物）；

③ 在适用的情况下用于估计存货数量的方法，如可能需要估计煤堆的重量；

④ 对存货在不同存放地点之间的移动以及截止日前后期间出入库的控制。

（2）观察管理层制定的盘点程序（如对盘点时及其前后的存货移动的控制程序）的执行情况。这有助于注册会计师获取有关管理层指令和程序是否得到适当设计和执行的审计证据。尽管盘点存货时最好能保持存货不发生移动，但在某些情况下存货的移动是难以避免的。如果在盘点过程中被审计单位的生产经营仍将持续进行，注册会计师应通过实施必要的检查程序，确定被审计单位是否已经对此设置了相应的控制程序，确保在适当的期间内对存货做出了准确记录。

此外，注册会计师可以获取有关截止性信息（如存货移动的具体情况）的复印件，有助于日后对存货移动的会计处理实施审计程序。具体来说，注册会计师一般应当获取盘点日前后存货收发及移动的凭证，检查库存记录与会计记录期末截止是否正确。注册会计师在对期末存货进行截止测试时，通常应当关注：

所有在截止日期以前入库的存货项目是否均已包括在盘点范围内，并已反映在截止日以前的会计记录中。任何在截止日期以后入库的存货项目是否均未包括在盘点范围内，也未反映在截止日以前的会计记录中。

所有截止日以前装运出库的存货商品是否均未包括在盘点范围内，且未包括在截止日的存货账面余额中；所有已记录为购货但尚未入库的存货是否均已包括在盘点范围内，并已反映在会计记录中。

所有已确认为销售但尚未装运出库的商品是否均未包括在盘点范围内，且未包括在截止日的存货账面余额中；所有已记录为购货但尚未入库的存货是否均已包括在盘点范围内，并已反映在会计记录中。

在途存货和被审计单位直接向顾客发运存货是否均已得到了适当的会计处理。

注册会计师通常可观察存货的验收入库地点和装运出库地点以执行截止测试。在存货入库和装运过程中采用连续编号的凭证时，注册会计师应当关注截止日期前的最后编号。如果被审计单位没有使用连续编号的凭证，注册会计师应当列出截止日期以前的最后几笔装运和入库记录。如果被审计单位使用运货车厢或拖车进行存储、运输或验收入库，注册会计师应当详细列出存货场地上满载和空载的车厢或拖车，并记录各自的存货状况。

（3）检查存货。在存货监盘过程中检查存货，虽然不一定能确定存货的所有权，但有助于确定存货的存在，以及识别过时、毁损或陈旧的存货。注册会计师应当把所有过时、毁损或陈旧存货的详细情况记录下来，这既便于进一步追查这些存货的处置情况，也能为测试被审计单位存货跌价准备计提的准确性提供证据。

（4）执行抽盘。在对存货盘点结果进行测试时，注册会计师可以从存货盘点记录中选取项目追查至存货实物，以及从存货实物中选取项目追查至盘点记录，以获取有关盘点记录准确性和完整性的审计证据。需要说明的是，注册会计师应尽可能避免让被审计单位事先了解将抽盘的存货项目。除记录注册会计师对存货盘点结果进行的测试情况外，获取管理层完成的存货盘点记录的复印件也有助于注册会计师日后实施审计程序，以确定被审计单位的期末存货记录是否准确地反映了存货的实际盘点结果。

注册会计师在实施抽盘程序时发现差异，很可能表明被审计单位的存货盘点在准确性或完整性方面存在错误。由于检查的内容通常仅仅是已盘点存货中的一部分，所以在检查中发现的错误很可能意味着被审计单位的存货盘点还存在着其他错误。一方面，注册会计师应当查明原因，并及时提请被审计单位更正；另一方面，注册会计师应当考虑错误的潜在范围和重大程度，在可能的情况下，扩大检查范围以减少错误的发生。注册会计师还可要求被审计单位重新盘点。重新盘点的范围可限于某一特殊领域的存货或特定盘点小组。

（5）需要特别关注的情况。

① 存货盘点范围。在被审计单位盘点存货前，注册会计师应当观察盘点现场，确定应纳入盘点范围的存货是否已经适当整理和排列，并附有盘点标识，防止遗漏或重复盘点。对未纳入盘点范围的存货，注册会计师应当查明未纳入的原因。

对所有权不属于被审计单位的存货，注册会计师应当取得其规格、数量等有关资料，确定是否已单独存放、标明，且未被纳入盘点范围。在存货监盘过程中，注册会计师应当根据取得的所有权不属于被审计单位的存货的有关资料，观察这些存货的实际存放情况，确保其未被纳入盘点范围。即使在被审计单位声明不存在受托代存存货的情形下，注册会计师在存货监盘时也应当关注是否存在某些存货不属于被审计单位的迹象，以避免盘点范围不当。

② 对特殊类型存货的监盘。对某些特殊类型的存货而言，被审计单位通常使用的盘点方法和控制程序并不完全适用。这些存货通常或者没有标签，或者其数量难以估计，或者其质量难以确定，或者盘点人员无法对其移动实施控制。在这些情况下，注册会计师需要运用职业判断，根据存货的实际情况，设计恰当的审计程序，对存货的数量和状况获取审计证据。表 12-4 列举了被审计单位特殊存货的类型、通常采用的盘点方法与存在的潜在问题，以及可供注册会计师实施的监盘程序。注册会计师在审计实务中，应当根据被审计单位所处行业的特点、存货的类别和特点以及内部控制等具体情况，并在通用的存货监盘程序基础上，设计关于特殊类型存货监盘的具体审计程序。

表 12-4 特殊类型存货的监盘程序

存货类型	盘点方法与潜在问题	可供实施的审计程序
木材、钢筋盘条、管子	通常无标签，但在盘点时会做上标记或用粉笔标识 难以确定存货的数量或等级	检查标记或标识 利用专家或被审计单位内部有经验人员的工作
堆积型存货（如糖、煤、钢废料）	通常既无标签也不做标记 在估计存货数量时存在困难	运用工程估测、几何计算、高空勘测，并依赖详细的存货记录 如果堆场中的存货堆不高，可进行实地监盘，或通过旋转存货堆加以估计
使用磅秤测量的存货	在估计存货数量时存在困难	在监盘前和监盘过程中均应检验磅秤的精准度，并留意磅秤的位置移动与重新调校程序 将检查和重新衡量程序相结合。检查称量尺度的换算问题
散装物品（如贮窖存货、使用桶、箱、罐、槽等容器储存的液、气体、谷类粮食、流体存货等）	在盘点时通常难以识别和确定 在估计存货数量时存在困难 在确定存货质量时存在困难	使用容器进行监盘或通过预先编号的清单列表加以确定 使用浸蘸、测量棒、工程报告以及依赖永续存货记录 选择样品进行化验与分析，或利用专家的工作
贵金属、石器、艺术品与收藏品	在存货辨认与质量确定方面存在困难	选择样品进行化验与分析，或利用专家的工作
生产纸浆用木材、牲畜	在存货辨认与数量确定方面存在困难，可能无法对此类存货的移动实施控制	通过高空摄影以确定其存在性，对不同时点的数量进行比较，并依赖永续存货记录

（6）存货监盘结束时的工作。在被审计单位存货盘点结束前，注册会计师应当：

① 再次观察盘点现场，以确定所有应纳入盘点范围的存货是否均已盘点。

② 取得并检查已填用、作废及未使用盘点表单的号码记录，确定其是否连续编号，查明已发放的表单是否均已收回，并与存货盘点的汇总记录进行核对。注册会计师应当根据自己在存货监盘过程中获取的信息对被审计单位最终的存货盘点结果汇总记录进行复核，并评估其是否正确反映了实际盘点结果。

如果存货盘点日不是资产负债表日，注册会计师应当实施适当的审计程序，确定盘点日与资产负债表日之间存货的变动是否已得到恰当的记录。

无论管理层通过年度实地盘点还是采用永续盘存制确定存货数量，由于实际原因，存货的实地盘点均有可能在财务报表日以外的某一天或某几天进行。无论哪种情况，针对存货变动的控制的设计、执行和维护的有效性，决定了在财务报表日以外的某一天或某几天执行的盘点程序是否符合审计目的。《中国注册会计师审计准则第 1231 号——针对评估的重大错报风险采取的应对措施》对在期中实施实质性程序做出了规定。

如果被审计单位采用永续盘存制，管理层可能执行实地盘点或其他测试方法，确定永续盘存记录中的存货数量信息的可靠性。在某些情况下，管理层或注册会计师可能识别出永续盘存记录和现有实际存货数量之间的差异，这可能表明对存货变动的控制没有有效运行。

当设计审计程序以获取关于盘点日的存货总量与期末存货记录之间的变动是否已被适当记录的审计证据时，注册会计师考虑的相关事项包括：

① 对永续盘存记录的调整是否适当；

② 被审计单位永续盘存记录的可靠性；

③ 从盘点获取的数据与永续盘存记录存在重大差异的原因。

4. 特殊情况的处理

（1）在存货盘点现场实施存货监盘不可行。在某些情况下，实施存货监盘可能是不可行的。这可能是由存货性质和存放地点等因素造成的，例如，存货存放在对注册会计师的安全有威胁的地点。然而，对注册会计师带来不便的一般因素不足以支持注册会计师做出实施存货监盘不可行的决定。审计中的困难、时间或成本等事项本身，不能作为注册会计师省略不可替代的审计程序或满足于说服力不足的审计证据的正当理由。

如果在存货盘点现场实施存货监盘不可行，注册会计师应当实施替代审计程序（如检查盘点日后出售盘点日之前取得或购买的特定存货的文件记录），以获取有关存货的存在和状况的充分、适当的审计证据。

但在其他一些情况下，如果不能实施替代审计程序，或者实施替代审计程序可能无法获取有关存货的存在和状况的充分、适当的审计证据，注册会计师需要按照《中国注册会计师审计准则第 1502 号——在审计报告中发表非无保留意见》的规定发表非无保留意见。

（2）因不可预见的情况导致无法在存货盘点现场实施监盘。有时，由于不可预见情况而导致无法在预定日期实施存货监盘，两种比较典型的情况包括：一是注册会计师无法亲临现场，即由于不可抗力导致其无法到达存货存放地实施存货监盘；二是气候因素，即由于恶劣的天气导致注册会计师无法实施存货监盘程序，或由于恶劣的天气无法观察存货，如木材被积雪覆盖。

如果由于不可预见的情况无法在存货盘点现场实施监盘，注册会计师应当另择日期实施监盘，并对间隔期内发生的交易实施审计程序。

（3）由第三方保管或控制的存货。如果由第三方保管或控制的存货对财务报表是重要的，注册会计师应当实施下列一项或两项审计程序，以获取有关该存货存在和状况的充分、适当的审计证据：

① 向持有被审计单位存货的第三方函证存货的数量和状况。

② 实施检查或其他适合具体情况的审计程序。根据具体情况（如获取的信息使注册会计师对第三方的诚信和客观性产生疑虑），注册会计师可能认为实施其他审计程序是适当的。其他审计程序可以作为函证的替代程序，也可以作为追加的审计程序。

其他审计程序的示例包括：

第一，实施或安排其他注册会计师实施对第三方的存货监盘（如可行）。

第二，获取其他注册会计师或服务机构注册会计师针对用以保证存货得到恰当盘点和保管的内部控制的适当性而出具的报告。

第三，检查与第三方持有的存货相关的文件记录，如仓储单。

第四，当存货被作为抵押品时，要求其他机构或人员进行确认。

（二）存货计价测试

监盘程序主要是对存货的结存数量予以确认。为验证财务报表上存货余额的真实性，还必须对存货的计价进行审计，即确定存货实物数量和永续盘存记录中的数量是否经过正确地计价和汇总。存货计价测试主要是针对被审计单位所使用的存货单位成本是否正确所做的测试，当然，广义地看，存货成本的审计也可以被视为存货计价测试的一项内容。

单位成本的充分的内部控制与生产和会计记录结合起来，对于确保用于期末存货计价的成本的合理性十分重要。一项重要的内部控制是使用标准成本记录来反映原材料、直接人工和制造费用的差异，它还可以用来评价生产。使用标准成本时，应设置相应程序及时反映生产过程与成本的变化。由独立于成本核算部门的雇员来复核单位成本的合理性，也是一项有用的计价控制。

（1）样本的选择。计价审计的样本，应从存货数量已经盘点、单价和总金额已经计入存货汇总表的结存存货中选择。选择样本时应着重选择结存余额较大且价格变化比较频繁的项目，同时考虑所选样本的代表性。抽样方法一般采用分层抽样法，抽样规模应足以推断总体的情况。

（2）计价方法的确认。存货的计价方法多种多样，被审计单位应结合企业会计准则的基本要求选择符合自身特点的方法。注册会计师除应了解掌握被审计单位的存货计价方法外，还应对这种计价方法的合理性与一贯性予以关注，没有足够理由，计价方法在同一会计年度内不得变动。

表 12-5　　　　　　　　　　　　　　　存货计价审计表

日期	品名及规格	购入			发出			余额		
		数量	单价	金额	数量	单价	金额	数量	单价	金额

1. 计价方法说明：

2. 情况说明及审计结论：

（3）计价测试。进行计价测试时，注册会计师首先应对存货价格的组成内容予以审核，然后按照所了解的计价方法对所选择的存货样本进行计价测试。测试时，应尽量排除被审计单位已有计算程序和结果的影响，进行独立测试。测试结果出来后，应与被审计单位账面记录对比，编制对比分析表，分析形成差异的原因。如果差异过大，应扩大测试范围，并根据审计结果考虑是否应提出审计调整建议。

在存货计价审计中，由于被审计单位对期末存货采用成本与可变现净值孰低的方法计价，所以注册会计师应充分关注其对存货可变现净值的确定及存货跌价准备的计提。

可变现净值是指企业在日常活动中，存货的估计售价减去至完工时估计将要发生的成本、估计的销售费用以及相关税费后的金额。企业确定存货的可变现净值，应当以取得的确凿证据为基础，并且考虑持有存货的目的以及资产负债表日后事项的影响等因素。

知识链接-12

思考题

1. 简述生产与存货循环主要业务活动、所涉及的主要凭证和会计记录。
2. 生产与存货循环中的审计与哪些循环有关联，彼此之间有什么关系？
3. 存货监盘计划主要包括哪些内容？
4. 存货监盘程序有哪些？
5. 简述存货成本审计的要点。
6. 在什么情况下，实物盘点的观察是不合理的或不现实的？这时应实施什么样的替代程序？

关键术语

存货与仓储循环	Inventory and Warehousing Cycle
成本会计控制	Cost Accounting Controls
成本会计记录	Cost Accounting Records
成本计价测试	Inventory Price Tests

第十三章 投资与筹资循环的审计

【教学目标】

了解投资与筹资循环审计策略与方法，掌握投资与筹资循环的关键内部控制、控制测试与实质性程序。

【引例】

甲会计师事务所受托对S集团公司（以下简称S公司）进行审计。审计项目组发现，S公司下属一个全资子公司A公司和一个股份有限公司B公司，B股份有限公司未上市交易。S公司在B公司中占有60%的股份。A公司成立于2011年3月1日，实收资本为4 000万元，2012年末所有者权益总额为6 000万元，其中：实收资本4 000万元，盈余公积200万元，未分配利润1 800万元。B公司2012年末所有者权益为20 000万元，其中股本10 000万元，资本公积4 000万元，盈余公积600万元，未分配利润5 400万元。2013年1月1日，B公司增资扩股，准备按照每股3元发行10 000万股，发行后股本达到20 000万元。S公司为了保持在B公司中60%的份额，用部分实物资产和其拥有的A公司股权认购相应比例的股份。S公司拥有A公司股权的账面价值为4 000万元，公允价值为10 000万元；用于投资的固定资产账面价值为7 000万元，其中原值12 000万元，已提折旧5 000万元，评估作价8 000万元。S公司及A、B子公司均执行新《企业会计准则》。针对发现的事项，审计项目组如何审计并进行相应处理？

投资活动是指企业为享有被投资单位分配的利润，或为谋求其他利益，将资产让渡给其他单位而获得另一项资产的活动。筹资活动是指企业为满足生存和发展的需要，通过改变企业资本及债务规模和构成而筹集资金的活动。投资和筹资活动为企业完成其经营目标和战略奠定了基础。管理层为了取得收入并促进企业的成长，将获取和使用各种资本来源，并通过权益融资或借贷融资方式来筹集这些资本。投资和筹资活动对企业非常重要。如果企业不能从使用的资产中获得预期回报，或不能负担长期筹资的成本，或不能偿还到期借款，将产生持续经营风险。因而，注册会计师通常非常关注企业投资与筹资循环的重大错报风险。

第一节 投资与筹资循环的特点

一、投资与筹资循环的性质

投资与筹资循环由筹资活动和投资活动的交易事项构成。投资活动主要由权益性投资交易和债权性投资交易组成。筹资活动主要由借款交易和股东权益交易组成。投资与筹资循环具有如下特征：

（1）对一般工商企业而言，每年筹资与投资循环涉及的交易数量较少，而每笔交易的金额通常较大。这就决定了对该循环涉及的财务报表项目，更可能采用实质性方案进行审计。

（2）筹资活动必须遵守国家法律法规和相关契约的规定。例如，债务契约可能限定借款人向股东分配利润，或规定借款单位的流动比率和速动比率不能低于某一水平。注册会计师应当了解被审计单位的筹资活动及其相关法律法规与契约的规定，并据以评估财务报表舞弊的风险、确定重要性水平、评估持续经营假设的适用性等。

（3）漏记一笔业务或对一笔业务进行不恰当的会计处理，将会导致重大错误，从而对企业财务报表的公允反映产生较大的影响，尤其是对从事投机性衍生金融工具交易的企业。

二、投资与筹资循环涉及的主要业务活动

（一）投资所涉及的主要业务活动

1．投资交易的发生

所有投资交易需由管理层授权。交易的数量越多，授权程序必须越正式。投资交易业务一般需要下列文件支持：经纪人的销售公告、合同，董事会批准非上市性投资业务销售的会议纪要，高级员工核对收据和银行存款的详细信息。对上市性投资的购买应当有经纪人的买入公告支持，对非上市性投资的购买应当相关合同支持。两者都应当董事会会议纪要（或其他授权文件）批准权益性投资的购买。高级员工应当在结算买价之前核对这些文件。投资交易的发生活动必须严格贯彻内部控制中的职责分离原则。

2．有价证券的收取和保存

所收到的凭证和有价证券应当保存在其经纪人处或由银行保存在一个上锁的安全箱里。注册会计师应当关注这些凭证的真实性，关注这些凭证经由管理层使用计算机和文字处理方法伪造的风险。注册会计师可以从被投资企业获取询证函以确定投资企业是否真正持有该项投资。

3．投资收益的取得

企业收到股利和利息时应当按照规定进行记录和处理。股利收据应当在投资账户中记录，包括股利的金额和日期：宣告日期、最后行权日和支付日期。利息收入一般应当与债务性投资合同和支付安排一致，应当确保所收到的利息计算正确且已存入。应当考虑利息在财务期间截止和分摊的正确性。如果企业发生了大量的投资活动，企业应当设立单独的银行账户，所有的投资收益都应当存入该账户。

4．监控

管理层应当针对以下方面定期复核。

（1）定期计算持有股票凭证或有价证券的月度报表，并与投资账户余额（提供有价证券存在性的证据）相比较。

（2）检查所有的购买和销售交易。如果交易的数量有限则寻求授权的证据；如果企业作为经纪人拥有大量的交易，则在测试的基础上寻求有价证券完整性和发生的证据。

（3）检查经纪人的买入和卖出公告。如果交易的数量有限则可作为所有买入和卖出交易的支持性信息；如果企业作为经纪人拥有大量的交易，则在测试的基础上将投资清单的详细信息同总分类账相核对，以获取有价证券完整性、发生和估价的审计证据。

（4）将所收到的现金或所付出的支票与相关买入、卖出交易和收益的收据授权信息相核对。

（5）针对实际业绩定期制定关键业绩指标并监控，以发现不佳的业绩或回报。

管理层定期复核的证据应当是高级管理层在相关记录或管理层会议纪要中的签字。

（二）筹资所涉及的主要业务活动

（1）审批授权。企业通过借款筹集资金需经管理层的审批，其中债券的发行每次均要由董事会授权；企业发行股票必须依据国家有关法规或企业章程的规定，报经企业最高权力机构（如董事会）及国家有关管理部门批准。

（2）签订合同或协议。向银行或其他金融机构融资须签订借款合同，发行债券须签订债券契约

和债券承销或包销合同。

（3）取得资金。企业实际取得银行或金融机构划入的款项或债券、股票的融入资金。

（4）计算利息或股利。企业应按有关合同或协议的规定及时计算利息或股利。

（5）偿还本息或发放股利。银行借款或发行债券应按有关合同或协议的规定偿还本息，融入的股本根据股东大会的决定发放股利。

三、涉及的主要凭证与会计记录

（一）投资活动的凭证和会计记录

（1）债券投资凭证。载明债券持有人与发行企业双方所拥有的权利与义务的法律性文件，其内容一般包括：债券发行的标准；债券的明确表述；利息或利息率；受托管理人证书；登记和背书。

（2）股票投资凭证。买入凭证记载股票投资购买业务，包括购买股票数量、被投资公司、股票买价、交易成本、购买日期、结算日应付金额合计。卖出凭证记载股票投资卖出业务，包括卖出股票数量、被投资公司、股票买价、交易成本、卖出日期、结算日期、结算日金额合计。

（3）股票证书。载明股东所有权的证据，记录所有者持有被投资公司所有股票数量和类型（普通股还是优先股等）。

（4）股利收取凭证。向所有股东分发股利的文件，标明股东、股利数额、每股股利、被审计单位在交易最终日期持有的总股利金额。

（5）长期股权投资协议。

（6）投资总分类账。对被审计单位所有的投资，记录所有的详细信息，包括所获得或收取的投资收益。总分类账中的投资账户记录初始购买成本和之后的账面价值。

（7）投资明细分类账。由投资单位保存，以用来记录所有的非现金投资交易，如期末的市场对市场调整、公允价值的反映，以及记录于处置投资相关的损益。

（二）筹资活动的凭证和会计记录

（1）公司债券，公司依据法定程序发行、约定一定期限还本付息的有价证券。

（2）股本凭证。公司签发的证明股东所持有股份的凭证。

（3）债券契约。载明债券持有人与发行企业双方所拥有的权利与义务的法律性文件，其内容一般包括：债券发行的标准；债券的明确表述；利息或利息率；受托管理人证书；登记和背书；如系抵押债券，其所担保的财产在债券发生拖欠情况时如何处理；偿债基金、利息支付、本金返还等的处理。

（4）股东名册。发行记名股票的公司应记载的内容一般包括：股东的姓名或者名称及住所；各股东所持股份数；各股东所持股票的编号；各股东取得其股份的日期。发行无记名股票的，公司应当记载其股票数量、编号及发行日期。

（5）公司债券存根簿。发行记名公司债券应记载的内容一般包括：债券持有人的姓名或者名称及住所；债券持有人取得债券的日期及债券的编号；债券总额、债券的票面金额、债券的利率、债券还本付息的期限和方式；债券的发行日期。发行无记名债券的应当在公司的债券存根簿上记载债券总额、利率、偿还期限和方式、发行日期和债券编号。

（6）承销或包销协议。公司向社会公开发行股票或债券时，应当由依法设立的证券经营机构承销或包销，公司应与其签订承销或包销协议。

（7）借款合同或协议。公司向银行或其他金融机构借入款项时与其签订的合同或协议。

第二节 | 投资与筹资循环的内部控制和控制测试

一、内部控制目标、内部控制与审计测试的关系

表 13-1 和表 13-2 列示了投资和筹资交易的控制目标、内部控制和审计测试的关系。

表 13-1 和表 13-2 分四列，分别列示投资交易与筹资交易有关的每部控制目标、关键内部控制以及相应的控制测试和交易实质性程序。

表 13-1　　　　　　　　　　　　投资活动的控制目标、内部控制和测试一览表

内部控制目标	关键内部控制程序	内部控制测试	交易实质性测试
投资账面余额为资产负债表日确实存在的投资，投资收益（或损失）是由被审期间实际事项引起（存在与发生）	投资业务经过授权审批 与被投资单位签订合同、协议，并获取被投资单位出具的投资证明	索取投资的授权批文，检查权限恰当否，手续齐全否 索取投资合同或协议，检查是否合理有效 索取被投资单位的投资证明，检查其是否合理有效	获取或编制投资明细表，复核加计正确，并与报表数、总账数和明细账合计数核对相符 向被投资单位函证投资金额、持股比例及发放股利情况
投资增减变动及其收益损失均已登记入账（完整性）	投资业务的会计记录与授权，执行和保管等方面明确职责分工职责分工 健全证券投资资产的保管制度，或者委托专门机构保管，或者在内部建立至少两名人员以上的联合控制制度，证券的存取均需详细记录和签名	观察并描述业务的职责分工 了解证券资产的保管制度，检查被审计单位自行保管时，存取证券是否进行详细的记录并由所有经手人员签字	检查年度内增减变动的原始凭证，对于增加项目要核实其入账基础符合有关规定否，会计处理正确否；对于减少的项目要核实其变动原因及授权批准手续
投资均为被审计单位所有（权利与义务）	内部审计人员或其他不参与投资业务的人员定期盘点证券投资资产，检查是为企业实际拥有	了解企业是否定期进行证券投资资产的盘点/审阅盘核报告 审阅盘核报告，检查盘点方法是否恰当、盘点结果与会计记录核对情况以及出现差异的处理是否合规	盘点证券投资资产 向委托的专门保管机构函证，以证实投资证券的真实存在
投资的计价方法正确，期末余额正确（计价和分摊）	建立详尽的会计核算制度，按每一种证券分别设立明细账，详细记录相关资料 核算方法符合准则的规定 期末成本与市价孰低，并正确记录投资跌价准备	抽查投资业务的会计记录，从明细账抽取部分会计记录，按顺查顺序核对有关数据和情况，判断其会计处理过程是否合规完整	检查投资的入账价值是否符合投资合同、协议的规定，会计处理是否正确，重大投资项目，应查阅董事会有关决议，并取证 检查长期股权投资的核算是否符合会计准则的规定 检查长期债券投资的溢价或折价，是否按有关规定摊销
投资在资产负债上的披露正确（列报）	投资明细账与总账的登记职务分离 投资披露符合会计准则的要求	观察职务是否分离	验明投资的披露是否恰当，注意1年内到期的长期投资是否列入流动资产

注：本表以获得初始投资交易为例，不包括收到的投资收益、收回或变现投资、期末对投资计价进行调整等交易。

表 13-2 筹资活动的控制目标、内部控制和测试一览表

内部控制目标	关键内部控制程序	内部控制测试	交易实质性测试
借款和所有者权益账面余额在资产负债表日确定存在，借款利息费用和已支付的股利是由被审计期间真实事项引起的（存在或发生）	借款或发行股票经过授权审批签订借款合同或协议、债券契约、承销或包销协议等相关法律性文件	索取借款或发行股票的授权批准文件，检查权限恰当否，手续齐全否索取借款合同或协议、债券契约、承销或包销协议	获取或编制借款和股本明细表，复核加计正确，并与报表数、总账数和明细账合计数核对相符检查与借款或股票发行有关的原始凭证，确认其真实性，并与会计记录核对检查利息计算的依据，复核应计利息的正确性，并确认全部利息计入相关账户
借款和所有者权益的增减变动及其利息和股利已登记入账（完整性）	筹资业务的会计记录、授权和执行等方面明确职责分工借款合同或协议由专人保管；如保存债券持有人的明细资料，应同总分类账核对相符；如由外部机构保存，需定期同外部机构核对	观察并描述其职责分工了解债券持有人明细资料的保管制度，检查被审计单位是否将其与总账或外部机构核对	检查年度内借款和所有者权益增减变动原始凭证，核实变动的真实性、合规性，检查授权批准手续是否完备、入账是否及时准确
借款均为被审计单位承担的债务，所有者权益代表所有者的法定求偿权（权利与义务）			向银行或其他金融机构、债券包销人函证，并与账面余额核对检查股东是否已按合同、协议、章程约定时间缴付出资额，其出资是否经注册会计师审验
借款和所有者权益的期末余额正确（计价和分摊）	建立严密完善的账簿体系和记录制度核算方法符合会计准则和会计制度的规定	抽查筹资业务的会计记录，从明细账抽取部分会计记录，按原始凭证到明细账、总账顺序核对有关数据和情况，判断其会计处理过程是否合规完整	
借款和所有者权益在资产负债表上披露正确（列报）	筹资业务明细帐与总账的登记职务分离筹资披露符合会计准则和会计制度的要求	观察职务是否分离	确定借款和所有者权益的披露是否恰当，注意一年内到期的借款是否列入流动负债

注：本表以获得初始借款交易为例，不包括偿还的利息和本息交易。

二、投资与筹资循环的内部控制

（一）投资活动的内部控制

一般来讲，投资活动主要包括以下关键内部控制。

（1）合理的职责分工。即投资业务应在业务的授权、业务的执行、业务的会计记录以及投资资产的保管等方面都有明确的分工，不得由一人同时负责上述任何两项工作。比如，投资业务在企业高层管理机构核准后，可由高层负责人员授权签批，由财务经理办理具体的股票或债券的买卖业务，由会计部门负责进行会计记录和财务处理，并由专人保管股票或债券。这种合理的分工所形成的相互牵制机制有利于避免或减少投资业务中发生错误或舞弊的可能性。

（2）健全的资产保管制度。企业对投资资产（指股票和债券资产）一般有两种保管方式：一种是由独立的专门机构保管，如在企业拥有较大的投资资产的情况下，委托银行、证券公司、信托投资公司等机构进行保管。这些机构拥有专门的保存和防护措施，可以防止各种证券及单据的失窃或毁损，并且由于它与投资业务的会计记录工作完全分离，可以大大降低舞弊的可能性。另一种方式是由企业自行保管，在这种方式下，企业必须建立严格的联合控制制度，即至少要由两名以上人员

共同控制，不得一人单独接触证券。对于任何证券的存入或取出，都要将债券名称、数量、价值及存取的日期、数量等详细记录于证券登记簿内，并由所有在场的经手人员签名。

（3）详尽的会计核算制度。企业的投资资产无论是自行保管还是由他人保管，都要进行完整的会计记录，并对其增减变动及投资收益进行相关会计核算。具体而言，应对每一种股票或债券分别设立明细分类账，并详细记录其名称、面值、证书编号、数量、取得日期、经纪人（证券商）名称、购入成本、收取的股息或利息等；对于联营投资类的其他投资，也应设置明细分类账，核算其他投资的投出及其投资收益和投资收回等业务，并对投资的形式（如流动资产、固定资产、无形资产等）、投向（即被投资单位）、投资的计价以及投资收益等做出详细的记录。

（4）严格的记名登记制度。除无记名证券外，企业在购入股票或债券时应在购入的当日尽快登记于企业名下，切忌登记于经办人员名下，防止冒名转移并借其他名义牟取私利的舞弊行为发生。

（5）完善的定期盘点制度。对于企业所拥有的投资资产，应由内部审计人员或不参与投资业务的其他人员进行定期盘点，检查该资产是否确实存在，并将盘点记录与账面记录相互核对以确保账实一致。

（二）筹资活动的内部控制

筹资活动主要由股东权益交易和借款交易组成。股东权益交易的业务较少而金额较大，注册会计师在审计中一般直接进行实质性程序。企业的借款交易涉及短期借款、长期借款和应付债券，这些项目的内部控制基本类似。因此，本章以应付债券为例说明筹资活动的内部控制和控制测试。

无论是否信赖内部控制，注册会计师均应对筹资活动的内部控制获得足够的了解，以识别错报的类型、方式及发生的可能性。一般来讲，应付债券主要有以下关键内部控制：

（1）应付债券的发行要有正式的授权程序，每次均要由董事会授权。

（2）申请发行债券时，应履行审批手续，向有关机关递交相关文件。

（3）应付债券的发行，要有受托管理人来行使保护发行人和持有人合法权益的权利。

（4）每种债券发行都必须签订债券契约。

（5）债券的承销或包销必须签订有关协议。

（6）记录应付债券业务的会计人员不得参与债券发行。

（7）如果企业自行保存债券持有人明细分类账，应同总分类账核对相符；如果债券持有人明细分类账（或记录）由外部机构保存，则须定期同外部机构核对。

（8）债券的回购要有正式的授权程序。

如果企业应付债券业务不多，注册会计师可根据成本效益原则采取实质性方案；如果企业应付债券业务繁多，注册会计师可考虑采用综合性方案，此时需要进行控制测试。

【实例13-1】注册会计师 A 和 B 于 2010 年 12 月 1～7 日对甲公司筹资与投资循环的内部控制进行了解和测试，并在相关审计工作底稿中记录了了解和测试的事项，摘录如下：甲公司股东大会批准董事会的投资权限为 1 亿元以下。董事会决定由总经理负责实施。总经理决定由证券部负责总额在 1 亿元以下的股票买卖。甲公司规定：公司划入营业部的款项由证券部申请，由会计部审核，总经理批准后划入公司在营业部开立的资金账户。经总经理批准，证券部直接从营业部资金账户支取款项。证券买卖、资金存取的会计记录由会计部处理。A 和 B 注册会计师了解和测试投资的内部控制系统后发现：证券部在某营业部开户的有关协议及补充协议未经会计部或其他部门审核。根据总经理的批准，会计部已将 8 000 万元汇入该户。证券部处理证券买卖的会计记录，月底将证券买卖清单交给会计部，会计部据以汇总登记。

要求：根据上述摘录，请代注册会计师 A 和 B 指出筹资与投资循环内部控制的缺陷，并提出改进建议。

【解析】甲公司筹资与投资循环内部控制的缺陷有：

（1）由证券部直接支取款项，授权与执行职务未得到分离，不易保证款项安全。应建议甲公司从资金账户支取款项时，由会计部审核和记录，由证券部办理。

（2）与证券投资有关的活动要由两个部门控制。有关协议未经独立部门审查，会使有关的条款未全部在协议中载明，可能存在协议外的约定。建议甲公司与营业部的协议应经会计部或法律部审查。证券部自己处理证券买卖的会计处理，业务的执行与记录的不相容职务未分离，并且未得到适当的授权和批准。月末会计部汇总登记证券投资记录，未及时按每一种证券分别设立明细账，详细核算。应建议甲公司由会计部负责对投资进行核算，及时分品种设立明细账详细核算。

三、评估重大错报风险

（一）评估投资活动的重大错报风险

注册会计师应当考虑重大错报风险对投资活动的影响，并对被审计单位可能发生的特定风险保持警惕。与投资交易相关的特定固有风险包括：

（1）管理层错误表述投资业务或衍生金融工具业务的偏见和动机，包括为了瞒住预算、提高绩效奖金、提高财务报表上的报告收益、从银行获得额外资金、吸引潜在投资购买者或影响股价以误导投资者。

（2）所取得资产的性质和复杂程度可能导致确认和计量的错误，例如不正确的会计分配导致的确认与计量错误。尽管多数被审计企业可能只拥有少量的投资，并且买入和卖出的业务不频繁，交易的非经营性与会计处理的复杂性可能导致企业会计处理时出现错误。

（3）投资交易的公允价值可能难以计量。

（4）确定持有待售资产或持有至到期投资公允价值的困难性可能最终影响到资产负债表上投资工具和衍生金融工具的账面价值。

（5）管理层凌驾于内部控制之上，可能导致投资交易的关键内部控制失效。

（6）如果对有价证券的控制不充分，权益性有价证券的舞弊和盗窃风险可能很高，从而影响投资的存在性。

（7）关于资产的所有权以及相关权利与义务的审计证据可能难以获得。获取的权益可能很复杂，例如，在企业集团中包含有跨国公司的情形以及公司处理大量衍生工具的情形。

（8）如果负责记录投资处置业务的人员没有意识到某项投资已经卖出，则对投资的处置业务可能未经记录。这种处置业务只能通过在期末进行实物检查来发现。

注册会计师应当通过询问、检查文件记录或观察程序等获取审计证据以支持其对重大错报风险的评估。在识别对财务报表特定账户余额的影响的基础上，注册会计师应当实施适当的审计程序以发现并纠正任何剩余重大错报风险。

注册会计师不应低估衍生金融工具交易的复杂性，以及潜在的重大错报风险。在常见的衍生金融工具之外，注册会计师可能遇到嵌入式衍生金融工具，非常难以识别。与此类衍生金融工具相关的公允价值的计算与处理更加复杂，注册会计师可能需要利用专家的工作。

（二）评估筹资活动的重大错报风险

注册会计师应当在了解被审计单位的基础上考虑筹资活动的重大错报风险，并对被审计单位筹资业务中可能出现的特别风险保持警惕。考虑到严格的监管环境和董事会通常针对筹资活动设计较严格的内部控制，除非注册会计师对管理层的诚信产生疑虑，否则重大错报风险一般应评估为低水平。

然而，注册会计师应当关注，《企业会计准则》以及监管法规对借款和权益的披露要求，可能引起完整性、计价和分摊、列报认定的潜在重大错报的可能。尽管账户余额发生错报的可能性不大，仍然可能存在权利和义务被忽略或发生错报的可能，例如，如果一个集团公司用资产为另一个集团公司做抵押或担保的情况。

如果被审计单位是国际资本市场上的大型公众公司，其股票在国内和国外同时上市，其他国家的法律法规的复杂性可能影响到注册会计师对重大错报风险的评估。在这种情况下，企业可能从国外获得借款，从而应当在利润表中确认汇兑损益。这种情况下的筹资交易的重大错报风险可能评估为中到高水平，存在完整性和计价认定等重大错报风险。

在实施实质性程序之前，注册会计师应当评估权益、借款、利息、股利交易在列报层次和认定层次上的重大错报风险。注册会计师应当通过询问、检查文件记录、观察控制程序等方法获得确切的信息以支持对重大错报风险的评估，识别特定账户余额的影响，并实施适当的实质性程序以发现和纠正剩余重大错报风险。

四、控制测试

（一）投资活动的控制测试

投资活动的控制测试一般包括如下内容。

（1）检查控制执行留下的轨迹。注册会计师应抽查投资业务的会计记录和原始凭证，确定各项控制程序运行情况。

（2）审阅内部盘点核查报告。注册会计师应审阅内部审计人员或其他授权人员对投资资产进行定期盘点核查的报告。应审阅其盘点方法是否恰当、盘点结果与会计记录相核对情况以及出现差异的处理是否恰当。如果各期盘点核查报告的结果未发现账实之间存在差异（或差异不大），说明投资资产的内部控制得到了有效执行。

（3）分析企业投资业务管理报告。对于企业的长期投资，注册会计师应针对有关投资文件和凭证，分析企业的投资业务管理报告。在做出长期投资决策之前，企业最高管理阶层（如董事会）需要对投资进行可行性研究和论证，并形成一定的纪要，如证券投资的各类证券，联营投资中的投资协议、合同及章程等。负责投资业务的财务经理须定期向企业最高管理层报告有关投资业务的开展情况（包括投资业务内容和投资收益实现情况及未来发展预测），即提交投资业务管理报告书，供最高管理层决策和控制。注册会计师应认真分析这些投资业务管理报告的具体内容，并对照前述投资文件和凭证，判断企业长期投资的管理情况。

（二）筹资活动的控制测试

注册会计师对筹资活动的重大错报风险通常评估为低水平，除非筹资活动形成一种重要的交易类型。如果注册会计师拟信赖企业筹资活动内部控制，则应实施控制测试。因此，检查风险的可接受水平较高，注册会计师只要采用实质性分析程序和有限的细节测试。如果出现不经常出现的特别风险则应当将业务环境考虑在内。

注册会计师尝试对有限数量的筹资交易实施控制测试程序是明显无效率的。如果注册会计师主要实施了实质性程序，则需要对控制活动进行记录以识别可能产生的重大错报风险。

第三节
投资与筹资循环的实质性程序

一、投资交易的实质性程序

为确定检查风险的可接受水平，注册会计师应当考虑投资交易的重要性水平，以及对管理层所实施的内部控制的有效性的评估。如果投资交易不具有重要性，或具有重要性但相关内部控制具有有效性，则注册会计师应将可接受的检查风险水平评估为中到高。通常企业投资交易业务量很少，注册会计师在了解相关内部控制后，即对期末投资的存在性和账面价值实施实质性程序。

（一）实质性分析程序

实质性分析程序的有效性取决于企业的权益性投资和债权性投资交易及其余额的重要性。如果会计期间内投资交易的买入和卖出业务较少，注册会计师可以通过细节测试获取充分适当的审计证据。然而，如果投资业务频繁且重要，实质性分析程序可以通过将本期投资和投资收益同前期数和预算数进行比较来实现。

如果被审计单位持有不同类型的投资业务，企业应当对持有的投资组合制定政策，管理层可能使用关键业绩指标来进行管理。注册会计师应当重新计算相关比率以测试管理层所使用的关键业绩指标的有效性。如果该指标不能符合预期，注册会计师应当就企业所采取的行动询问管理层。任何偏差或未预期的趋势都应当同管理层讨论，因为它们可能表明存在潜在的错误或舞弊。

衍生金融工具和处理的复杂性和多样性通常使得实质性分析程序很少有效。注册会计师通常使用细节测试程序来证实期末衍生金融工具的完整性和估价认定。

（二）细节测试

1. 投资购入

在制造业企业或零售行业中，投资交易较少发生，审计方法通常是细节测试。然而，如果投资业务量非常大，注册会计师应当评估对内部控制的依赖程度，分析管理层针对投资业务的复核是否频繁执行。注册会计师应当检查购买业务的授权情况。如果投资时通过证券交易买入的，则买入的证据是经纪人的交易清单。经纪人费用、印花税通常作为投资成本的一部分处理。注册会计师应当确信如果买入了多项投资，对经纪人费用与印花税的处理方法遵循了一贯性原则。

2. 投资卖出

注册会计师应当检查出售的授权情况。对股票交易中获得投资及获得费用在资本和收入间分配的问题同样适用投资的卖出业务。

3. 投资收益

持有公司股票所获得的收益来源于该公司所宣告的股利。如果注册会计师已就上年度期末持有股票的存在性和所有权进行了审计，也就本年度股票的买入和卖出情况获取了审计证据，注册会计师可以确保该公司宣告的股利已经收到并记录。

如果投资数量很多，注册会计师应当从被审计单位获得清单并与总分类账和其他证据相核对。针对所有投资的已记录收益都应当在该清单中列示以有助于投资收益审计工作的开展。注册会计师对应收股利的确认工作可以从下列渠道获得：（1）从股票发行公司的已公布财务报表获得；（2）从股利报表或股利公告获得；（3）从报纸关于公司宣告股利的消息、证券交易官方报告或其他知名金融杂志获得；（4）通过直接询问股票发行公司来获得。

二、筹资交易的实质性程序

在大型公司中，董事会下设的战略委员会负责处理借款合同的谈判及其资本性购置筹集资金，然后由董事会批准该合同。在这种情况下，注册会计师可能决定对应付利息和股利的计算主要实施实质性分析程序，而对新股和债券的发行、股票回购、可赎回优先股及可赎回债券的赎回、期间内贷款的偿还情况及其余额和权利与义务认定优先实施细节测试程序。

（一）实质性分析程序

筹资交易的实质性分析程序通常包括以下步骤。

1. 建立预测或预期

主要采取资本绩效和财务管理有关的比率。资本绩效和财务管理比率可能在行业基础上并不具有可比性，但对企业不同时间内经营业绩的比较可能比较适合。

2. 计算真实数据与预期之间的差异

计算差异包括各种比率的计算，包括管理层用来监控企业的关键业绩指标。将计算结果与上期结果、预算数以及与客户或注册会计师的历史记录相比较。对管理层所使用关键业绩指标的计算，以及对发现问题时管理层采取的相关纠正措施的询问，可以提供管理层监控程序是否有效运行的证据。

3. 调查重大差异并运用判断

注册会计师应当根据前述预期值来进行比率分析。任何未预期的波动都应当与管理层进行讨论，并在必要时进一步调查。

4. 确定重大差异或临界值

注册会计师应当通过询问程序确定管理层作为关键业绩指标的比率或基准数据是否存在重大错报风险，并考虑这些指标的性质，譬如这些指标影响盈利能力、现金流量、业务持续性和管理层监控程序的趋势。

5. 记录结论

注册会计师应当就收集到的审计证据能否支持所选择的认定或审计目标得出结论。

（二）细节测试

注册会计师对筹资交易实施的细节测试，主要包括权益融资和长期借款的发生、完整性、准确性、截止和分类认定获取审计证据。在期末，注册会计师应当就账户余额的存在性、权利和义务、完整性、计价和分摊认定，以及权益和长期借款账面价值列报与披露的情况获取审计证据。

企业的借款交易涉及短期借款、长期借款和应付债券。在一般情况下，被审计单位不会高估负债，因为这样于自身不利，且难以与债权人的会计记录相互印证。为了正确反映企业的财务状况和经营成果，必须将企业的负债完整地列示在资产负债表中，并正确地予以计价。注册会计师对于负债项目的审计，主要是防止企业低估债务。低估债务经常伴随着低估债务的成本费用，从而高估利润的目的。因此，低估负债不仅影响财务状况的反映，而且还会大大地影响企业财务成果的反映。所以，注册会计师在执行借款业务审计时，应将被审计单位是否低估借款作为一个关注重点。

所有者权益，是企业投资者对企业净资产的所有权，包括投资者对企业的投入资本以及企业存续过程中形成的资本公积、盈余公积和未分配利润。根据资产负债表的平衡原理，如果注册会计师能够对企业的资产和负债进行充分的审计，证明两者的期初余额、期末余额和本期变动都是正确的，往往只花费相对较少的时间对所有者权益进行审计。尽管如此，在审计过程中，对所有者权益进行单独审计仍是十分必要的。下面简要说明对短期借款和长期借款项目的审计。

第四节 投资业务的实质性程序

一、长期股权投资审计

长期股权投资核算企业持有的采用权益法或成本法核算的长期股权投资，具体包括：①企业持有的能够对被投资单位实施控制的权益性投资，即对子公司的投资。②企业持有的能够与其他合营方一同对被投资单位实施共同控制的权益性投资，即对合营企业的投资。③企业持有的能够对被投资单位施加重大影响的权益性投资，即对联营企业的投资。④企业对被投资单位不具有控制、共同控制或重大影响，且在活跃市场中没有报价、公允价值不能可靠计量的权益性投资。

（一）长期股权投资的审计目标

长期股权投资的审计目标一般包括：确定资产负债表中列示的长期股权投资是否存在；确定所有应当列示的长期股权投资是否均已列示；确定列示的长期股权投资是否由被审计单位拥有或控制；确定长期股权投资是否以恰当的金额包括在财务报表中，与之相关的计价调整是否已恰当记录；确定长期股权投资是否已按照《企业会计准则》的规定在财务报表中恰当列报。

（二）长期股权投资的实质性程序

长期股权投资的实质性程序通常包括以下几个方面。

（1）获取或编制长期股权投资明细表，复核加计正确，并与总账数和明细账合计数核对相符；结合长期股权投资减值准备科目与报表数核对相符。

（2）根据有关合同和文件，确认股权投资的股权比例和持有时间，检查股权投资核算方法是否正确。

（3）对于重大的投资，向被投资单位函证被审计单位的投资额、持股比例及被投资单位发放股利等情况。

（4）对于应采用权益法核算的长期股权投资，获取被投资单位已经注册会计师审计的年度财务报表。如果被投资单位的财务报表未经注册会计师审计，则应考虑对被投资单位的财务报表实施适当的审计或审阅程序。

① 复核投资收益时，应以取得投资时被审计单位各项可辨认资产等的公允价值为基础，对被审计单位的净利润进行调整后加以确认；被投资单位采用的会计政策及会计期间与被审计单位不一致的，应当按照被审计单位的会计政策及会计期间对被投资单位的财务报表进行调整，据以确认投资损益。

② 将重新计算的投资收益与被审计单位所计算的投资收益相核对，如有重大差异，则查明原因，并提出适当的审计调整建议。

③ 检查被审计单位按权益法核算长期股权投资，在确认应分担被投资单位发生的净亏损时，应首先冲减长期股权投资的账面价值，其次冲减其他实质上构成对被审计单位净投资的长期权益账面价值（如长期应收款等）；如果按照投资合同和协议约定被审计单位仍需要承担额外损失义务的，应按预计承担的义务确认预计负债。审计时应检查被审计单位会计处理是否正确。

④ 检查除净损益以外被投资单位所有者权益的其他变动，是否调整计入所有者权益。

（5）对于采用成本法核算的长期股权投资，检查股利分配的原始凭证及分配决议等资料，确定会计处理是否正确；对被审计单位实施控制而采用成本法核算的长期股权投资，比照权益法编制变动明细表，以备合并报表使用。

（6）对于成本法和权益法相互转换的，检查其投资成本的确定是否正确。

（7）确定长期股权投资的增减变动的记录是否完整。

① 检查本期增加的长期股权投资，追查至原始凭证及相关的文件或决议及被投资单位验资报告或财务资料等，确认长期股权投资是否符合投资合同、协议的规定，并已确实投资，会计处理是否正确。

② 检查本期减少的长期股权投资，追查至原始凭证，确认长期股权投资的收回有合理的理由及授权批准手续，并已确实收回投资，会计处理是否正确。

（8）期末对长期股权投资进行逐项检查，以确认长期股权投资是否已经发生减值。

（9）结合银行借款等的检查，了解长期股权投资是否存在质押、担保情况。如有则应详细记录，并提请被审计单位进行充分披露。

（10）长期股权投资在资产负债表上已恰当列报。确定是否存在被投资单位由于所处国家和地区及其他方面的影响，其向被审计单位转移资金的能力手段限制的情况。如存在应详细记录受限情况，并提请被审计单位充分披露。

二、投资收益审计

（一）投资收益的审计目标

投资收益的审计目标一般包括：确定利润表中列示的投资收益是否已真实发生，且与被审计单位有关；确定所有应当列示的投资收益是否均已列示；确定与投资收益有关的金额及其他数据是否已恰当记录；确定投资收益是否已反映于正确的会计期间；确定投资收益是否已记录于恰当的账户；确定投资收益是否已按照《企业会计准则》的规定在财务报表中做出恰当的列报。

（二）投资收益的实质性程序

投资收益的实质性程序通常包括以下几个方面。

（1）获取或编制投资收益分类明细表。复核加计正确，并与总账数和明细账合计数核对相符，与报表数核对相符。

（2）与以前年度投资收益比较，结合投资本期的变动情况，分析本期投资收益是否存在异常现象。如有应查明原因，并适当调整。

（3）与长期股权投资、交易性金融资产、交易性金融负债、可供出售金融资产、持有至到期金融资产等相关项目的审计结合，验证确定投资收益的记录是否正确，确定投资收益被计入正确的会计期间。

（4）确定投资收益已恰当列报。检查投资协议等文件，确定国外的投资收益汇回是否存在重大限制，应说明原因，并做出恰当披露。

第五节 借款的实质性程序

一、短期借款的审计

（一）短期借款的审计目标

短期借款的审计目标一般包括：确定资产负债表中记录的短期借款是否存在；确定所有应当记录的短期借款是否均已记录；确定记录的短期借款是否为被审计单位应当履行的现时义务；确定短期借款是否以恰当的金额包括在财务报表中，与之相关的计价调整是否已恰当记录；确定短期借款是否已按照《企业会计准则》的规定在财务报表中恰当列报。

（二）短期借款的实质性程序

短期借款的实质性程序通常包括以下几个方面。

（1）获取或编制短期借款明细表。注册会计师应首先获取或编制短期借款明细表，复核其加计数是否正确，并与明细账和总账核对相符。

（2）函证短期借款的实有数。注册会计师应在期末短期借款余额较大或认为必要时向银行或其他债权人函证短期借款。

（3）检查短期借款的增加。对年度内增加的短期借款，注册会计师应检查借款合同和授权批准，了解借款数额、借款条件、借款日期、还款期限、借款利率，并与相关会计记录相核对。

（4）检查短期借款的减少。对年度内减少的短期借款，注册会计师应检查相关记录和原始凭证，核实还款数额。

（5）检查有无到期尚未偿还的短期借款。注册会计师应检查相关记录和原始凭证，检查被审计单位有无到期尚未偿还的短期借款，如有，则应查明是否已向银行提出申请并经同意后办理延期手续。

（6）复核短期借款利息。注册会计师应根据短期借款的利率和期限，复核被审计单位短期借款的利息计算是否正确，有无多算或少算利息的情况，如有未计利息和多计利息，应做出记录，必要时进行调整。

（7）检查外币借款的折算。如果被审计单位有外币短期借款，注册会计师应检查外币短期借款的增减变动是否按适当汇率折合为记账本位币金额；期末是否按适当汇率将外币短期借款余额折合为记账本位币金额；折算差额是否按规定进行会计处理；折算方法是否前后期一致。

（8）检查短期借款在资产负债表上的列报是否恰当。企业的短期借款在资产负债表上通常设"短期借款"项目单独列示，对于因抵押而取得的短期借款，应在资产负债表附注中揭示。注册会计师应注意被审计单位对短期借款项目的披露是否充分。

二、长期借款的审计

（一）长期借款的审计目标

长期借款的审计目标一般包括：确定资产负债表中记录的长期借款是否存在；确定所有应当记录的长期借款是否均已记录；确定记录的长期借款是否为被审计单位应当履行的现时义务；确定长期借款是否以恰当的金额包括在财务报表中，与之相关的计价调整是否已恰当记录；确定长期借款是否已按照《企业会计准则》的规定在财务报表中恰当列报。

（二）长期借款的实质性程序

长期借款同短期借款一样都是企业向银行或其他金融机构借入的款项，因此，长期借款的实质性程序同短期借款的实质性程序较为相似。长期借款的实质性程序通常包括以下几个方面。

（1）获取或编制长期借款明细表，复核其加计数是否正确，并与明细账和总账核对相符。

（2）了解金融机构对被审计单位的授信情况以及被审计单位的信用等级评估情况，了解被审计单位获得短期借款和长期借款的抵押和担保情况，评估被审计单位的信誉和融资能力。

（3）对年度内增加的长期借款，应检查借款合同和授权批准，了解借款数额、借款条件、借款日期、还款期限、借款利率，并与相关会计记录相核对。

（4）检查长期借款的使用是否符合借款合同的规定，重点检查长期借款使用的合理性。

（5）向银行或其他债权人函证重大的长期借款。

（6）对年度内减少的长期借款，注册会计师应检查相关记录和原始凭证，核实还款数额。

（7）检查年末有无到期尚未偿还的借款，逾期借款是否办理了延期手续；分析计算逾期借款的金额、比率和期限，判断被审计单位的资信程度和偿债能力。

（8）计算短期借款、长期借款在各个月份的平均余额，选取适用的利率匡算利息支出总额，并与财务费用的相关记录核对，判断被审计单位是否高估或低估利息支出，必要时进行适当调整。

（9）检查非记账本位币折合记账本位币时采用的折算汇率，折算差额是否按规定进行会计处理。

（10）检查借款费用的会计处理是否正确。按照《企业会计准则第17号——借款费用》的规定，企业发生的借款费用，可直接归属于符合资本化条件的资产的购建或生产的，应当予以资本化，计入相关资产成本；其他借款费用，应当在发生时根据其发生额确认费用，计入当期损益。

【实例13-2】经审查，2015年12月31日的第90号凭证分录为：借记"财务费用"300 000元，贷记"长期借款"300 000元。其摘要为工程借款利息支出。经与原始凭证核对，并实际查验该工程，该工程尚未竣工。根据有关规定，该项工程借款利息支出在尚未完工并办理竣工手续之前应记入"在建工程"。华兴公司应做如下调整：

借：在建工程 300 000

　　贷：财务费用 300 000

（11）检查企业抵押长期借款的抵押资产的所有权是否属于企业，其价值和实际状况是否与抵押契约中的规定相一致。

（12）检查企业重大的资产租赁合同，判断被审计单位是否存在资产负债表外融资的现象。

（13）检查长期借款是否已在资产负债表上充分披露。

长期借款在资产负债表上列示于长期负债类下，该项目应根据"长期借款"科目的期末余额扣减将于一年内到期的长期借款后的数额填列。一年内到期的长期借款应当填列在流动负债类下的"一年内到期的长期负债"项目单独反映。注册会计师应根据审计结果，确定被审计单位长期借款在资产负债表上的列示是否充分，并注意长期借款的抵押和担保是否已在财务报表附注中作了充分的说明。

第六节　所有者权益的实质性程序

一、股本的审计

（一）股本的审计目标

股本的审计目标一般包括：确定股本是否系被审计单位的所有者权益；确定已存在的股本金额是否均已记录；确定记录的股本金额确实存在；确定股本的期末余额是否正确；确定股本在会计报表及附注中的列报是否恰当、完整。

（二）股本的实质性程序

股本的实质性程序通常包括以下几个方面。

（1）获取或编制股本增减变动情况明细表，复核加计正确，与报表数、总账数和明细账合计数核对是否相符。

（2）审阅公司章程、股东大会、董事会会议记录中有关股本的规定。收集与股本变动有关的董事会会议纪要、合同、协议、公司章程及营业执照，公司设立批文、验资报告等法律性文件，并更新永久性档案。

（3）检查股本增减变动的原因，查阅其是否与董事会纪要、补充合同、协议及其他有关法律性文件的规定一致，逐笔追至原始凭证，查其会计处理是否正确。对首次接受委托的客户，除取得验资报告外，还应复印记账凭证及进账单。

（4）根据证券登记公司提供的股东名录，检查被审计单位及其子公司、合营企业与联营企业是否有违反规定的持股情况。

（5）以非记账本位币出资的，检查其折算汇率是否符合规定，折算差额的会计处理是否正确。

（6）验明股本在会计报表及附注中的列报是否恰当、完整。

二、资本公积的审计

（一）资本公积的审计目标

资本公积的审计目标一般包括：确定资本公积是否系被审计单位的所有者权益；确定已存在的资本公积金额是否均已记录；确定记录的资本公积金额确实存在；确定资本公积的期末余额是否正确；确定资本公积在会计报表及附注中的列报是否恰当、完整。

（二）资本公积的实质性程序

资本公积的实质性程序通常包括以下几个方面。

（1）获取或编制资本公积明细表，复核加计正确，并与报表数、总账数和明细账合计数核对是否相符。

（2）收集与资本公积变动有关的股东大会决议、董事会会议纪要、资产评估报告等文件资料，更新永久性档案。对首次接受委托的单位，应对年初的资本公积进行追溯，检查原始发生的依据是否充分。

（3）根据资本公积明细账，对股本溢价、接受捐赠非现金资产准备、股权投资准备、拨款转入、外币资本折算差额、补充流动资本、无偿调入固定资产、无偿调出固定资产、弥补住房周转金、关联交易差价和其他资本公积的发生额逐项审查至原始凭证：

对股本溢价，应取得董事会会议纪要、股东大会决议、有关合同、政府批文，检查股票溢价收入的计算是否正确，是否已扣除股票发行费用，并追查至银行收款凭证；

对接受捐赠资产，检查捐赠的手续是否齐全。如为现金捐赠，查明会计处理是否正确；如为非现金资产捐赠，取得同类资产的市场价格或捐赠方提供的有关凭据等资料验明其入账价值是否正确。注意处置捐赠的非现金资产时，相应的捐赠准备的会计处理是否正确；

对拨款转入，审阅有关的拨款文件，检查拨款项目的完成情况，结合专项应付款的审计，验明其会计处理是否正确；

对资产评估增值，应取得资产评估资料及确认文件，并据以审查会计处理是否正确。注意评估的资产折旧、处置时，相应的增值准备的会计处理是否正确；

对股权投资准备，检查因被投资单位股权投资溢价、资产评估增值、接受非现金资产捐赠及外币资本折算差额等引起的所有者权益变动，被审计单位是否已按其分享的份额入账；

对外币资本折算差额，结合股本的审计，复核折算汇率是否正确；

对实行国家拨补流动资本的企业，检查其是否单独设置"补充流动资本"明细科目核算，相关会计处理是否正确；

对按规定无偿调入、调出固定资产的企业，检查相关会计处理是否正确；

对 1995 年 2 月以后设立的股份有限公司，如果经批准设置国有股权时住房周转金有借方余额，应检查该余额是否转入"资本公积——弥补住房周转金"科目；用以后年度国有股应分享的股利弥补时，其会计处理是否正确；以后年度用资本公积或盈余公积转增股本时，是否减去弥补住房周转金的数额，会计处理是否正确；

对关联方之间的交易，检查显失公允的交易价格部分是否记入"资本公积——关联交易差价"，会计处理是否正确；

对债务重组产生的资本公积，结合债务重组的审计，检查其确认资本公积的金额和会计处理是否正确；

对资本公积转增股本、弥补亏损，应取得股东大会决议、董事会会议纪要和政府批文等，检查资本公积转增股本、弥补亏损的内容是否符合有关规定，会计处理是否正确。

（4）验明资本公积在会计报表及附注中的列报是否恰当、完整，对资本公积中不能转增股本和弥补亏损的项目应单独列示，并说明原因。

知识链接-13

思考题

1．投资活动有哪些关键的内部控制？
2．筹资活动有哪些关键的内部控制？
3．如何评估投资活动和筹资活动的重大错报风险？
4．如何针对投资活动和筹资活动的内部控制实施控制测试？
5．如何实施投资活动和筹资活动的实质性分析程序与细节测试？

关键术语

筹资与投资循环	Capital Acquisition and Repayment Cycle
债券	Bond Certificate
股票	Stock Certificate
经纪人意见书	Broker's Advice
实收资本	Paid-in-capital
库存股	Treasury Stock
债券契约	Bond Debenture
实缴资本	Contributed Capital

第十四章 人力资源与工薪循环的审计

【教学目标】

了解人力资源与工薪循环审计策略与方法，掌握人力资源与工薪循环的关键内部控制、控制测试与实质性程序。

【引例】

审计人员在审查某企业2012年应付职工薪酬账户时，发现2月份工资比1月份多出20万元。审计人员怀疑其中有虚列工资的情况，于是调阅2月份应付职工薪酬的原始凭证，发现在工资结算单中，食堂人员工资为20万元，附食堂负责人收据一张，未具体列明发放工资人员名单。询问食堂人员，供认领取的20万元实际上是招待费。针对发现的问题，审计人员应如何处理？人力资源与工薪循环有哪些常见风险？如何审计？

人力资源与工薪循环，包括员工雇用和离职、工作时间记录、工薪计算与记录、工薪费用的分配、工薪支付以及代扣代缴税金等。人力资源与工薪循环常见的错误与舞弊有：利用虚列工资的形式套取现金、转入账外，形成"小金库"；为逃避缴纳个人所得税，虚列人数，虚拟人名列入工资发放表；以其他费用支出形式发放工资与福利等。针对人力资源与工薪循环常见的错误与舞弊，审计人员需要密切关注该循环相关内部控制设计和合理性以及其运行的有效性，实施必要的实质性程序。

第一节 人力资源与工薪循环的特点

一、人力资源与工薪循环的性质

无论在哪种行业，工薪都具有重要性。例如，在服务业中，企业属于劳动密集型，工薪支出在所有支出中占有重要比例。在高科技行业中，企业支付的工薪取决于员工的技能，这些企业可能设计出一套复杂的补偿方案雇用和留住最好的员工，以保持具备良好的持续经营能力。在制造业中，企业支付的工薪支出取决于产品生产过程的劳动密集程度。

在计划审计工作时，注册会计师需要了解工薪费用的重要性。一是人力资源政策的相对重要性以及它们对工薪费用和工薪负债的影响。二是所支付补偿的性质和复杂程度，包括小时工薪、月薪。三是企业在处理和保持员工记录时对计算机程序的依赖程度，以及工薪工作是否外包给了服务商。四是可能使管理层和高级员工产生对财务成果进行错报动机的性质，如与利润目标挂钩的股票期权和奖金。

在分析人力资源风险时，注册会计师应当考虑业绩指标。假如雇用政策或补偿政策不能够吸引到具有较高技能的员工，或不能留住这些员工，则企业持续经营的能力将面临风险。管理层应当很好地识别出关键职位，以及该职位所必需的人员数量与资格，并要求就这些关键职位的空缺程度提供定期报告。

二、涉及的主要业务活动

人力资源与工薪循环是不同企业之间最可能具有共同性的领域，涉及的主要业务活动通常包括批准招聘、记录工作时间或产量、计算工薪总额和扣除、工薪支付等。

（一）批准招聘

批准雇用的文件，应当由负责人力资源与工薪相关事宜的人员编制，最好由在正式雇用过程中负责制定批准雇用和工薪发放与扣除等政策的人力资源部门履行该职责。人力资源部门同时还负责编制员工合同期满的通知。

（二）记录工作时间或产量

员工工作的证据，以工时卡或考勤表的形式产生，通过监督审核和批准程序予以控制。如果支付工薪的依据是产量而不是时间，数量也同样应经过审核，并且与产量记录或销售数据进行核对。

（三）计算工薪总额和扣除

在计算工薪总额和扣除时，需要将每名员工的交易数据，即本工薪期间的工作时间或产量记录，与基准数据进行匹配。在确定相关控制活动已经执行后，应当由一名适当的人员批准工薪的支付。同时由一名适当的人员审核工薪总额和扣除的合理性，并批准该金额。

（四）支付工薪净额

利用电子货币转账系统，将工薪支付给员工，有时也会使用现金支出方式。批准工薪支票，通常是工薪计算中不可分割的一部分，包括比较支票总额和工薪总额。有关使用支票支付工薪的职能划分，应该与使用现金支出的职责划分相同。

三、涉及的主要凭证与会计记录

人力资源与工薪循环开始于对员工的雇用，结束于对员工支付工薪。典型的人力资源与工薪循环涉及的主要凭证与会计记录有以下几种。

（一）人事和雇用记录

（1）人事记录。包括雇用日期、工薪率、业绩评价、雇用关系终止等方面的记录。

（2）扣款核准表。核准工薪预扣款的表格，包括预先扣除个人所得税。

（3）工薪率核准表。根据工薪合同、管理层的授权、董事会对管理层的授权，核准工薪率的一种表格。

（二）工时记录和工薪表

（1）工时卡。记录员工每天上下班时间和工时数的书面凭证。对大多数员工来说，工时卡是根据时钟或打卡机自动填列的。

（2）工时单。记录员工在既定时间内完成工作的书面凭证。通常在员工从事不同岗位的工作或没有固定部门时使用。

（3）工薪交易文件。由计算机生成的文件，包括一定期间（如一个月）内，通过会计系统处理的所有工薪交易。该文件含有输入系统的所有信息和每项交易的信息，如员工的姓名、日期、支付总额和支付净额、各种预扣金额、账户类别。

（4）应付职工薪酬明细账或清单。由工薪交易文件生成的报告，主要包括每项交易的员工的姓名、日期、工薪总额及工薪净额、预扣金额、账户类别等信息。

（5）工薪主文档。记录每位员工的每一工薪交易和保留已付员工总额的一种计算机文件。记录包括在每个工薪期间的工薪总额、预扣金额、工薪净额、支票号、日期等。

（三）支付工薪记录

向员工支付劳务的转账资金。转账资金应等于工薪总额减去税金和其他预扣款。

（四）个人所得税纳税申报表

个人所得税纳税申报表，即向税务部门申报的纳税表。

第二节 | 人力资源与工薪循环的内部控制和控制测试

一、内部控制目标、内部控制与审计测试的关系

表 14-1 列示了内部控制目标、关键的内部控制与审计测试的关系。

表 14-1　　　　　　工薪内部控制的控制目标、内部控制和测试一览表

内部控制目标	关键的内部控制	常用的控制测试	常用的交易实质性程序
工薪账项均经恰当的批准（发生）	对以下五个关键点，应履行恰当的批准手续，经过特别审批或一般审批：批准上工；工作时间，特别是加班时间；工薪、薪金或佣金；代扣款项；工薪结算表和工薪汇总表	检查人事档案；检查工时卡的有关核准；检查工薪记录中有关内部检查标记；检查人事档案中的授权；检查工薪记录中有关核准的标记	将工时卡与工时记录等进行比较
记录的工薪为实际发生的而非虚构的（发生）	工时卡经领班核准；用生产记录钟记录工时	检查工时卡的核准说明；检查工时卡；复核人事政策、组织结构图	对本期工薪费用实施分析程序；将有关费用明细账与工薪费用分配表、工薪汇总表、工薪结算表相核对
所有已发生的工薪支出已记录（完整性）	工薪分配表、工薪汇总表完整反映已发生的工薪支出	检查工薪分配表、工薪汇总表、工薪结算表，并核对员工工薪手册、员工手册等	对本期工薪费用的发生情况实施分析程序；将工薪费用分配表、工薪汇总表、工薪结算表与有关费用明细账相核对
工薪以正确的金额在恰当的会计期间及时记录于适当的账户（发生、完整性、准确性、计价和分摊）	采用适当的工薪费用分配方法，并且前后各期一致；采用适当的账务处理流程	选取样本测试工薪费用的归集和分配；测试是否按照规定的账务处理流程进行账务处理	对本期工薪费用实施分析程序；检查工薪的计提是否正确，分配方法是否与上期一致
人事、考勤、工薪发放、记录之间相互分离（准确性）	人事、考勤、工薪发放、记录等职务相互分离	询问和观察各项职责执行情况	

二、人力资源与工薪循环的内部控制

人力资源与工薪循环的内部控制主要包括以下几个方面。

（1）适当的职责分离。为了防止向员工过量支付工薪，或向不存在的员工虚假支付工薪，职责分离控制非常重要。人力资源部门应独立于工薪职能，负责确定员工的雇用、解雇及其支付率和扣减额的变化。

（2）适当的授权。人力资源部门应当对员工的雇用与解雇负责。支付率和扣减额也应当进行适当授权。每一个员工的工作时间，特别是加班时间，都应经过主管人员的授权。所有工时卡都应表

明核准情况，例外的加班时间也应当经过核准。

（3）适当的凭证和记录。适当的凭证和记录依赖于工薪系统的特性。例如，工时卡或工时记录只针对计时工薪，有些员工的工薪以计件工薪为基础。

（4）资产和记录的实物控制。应当限制接触未签字的工薪支票。支票应由有关专职人员签字，工薪应当由独立于工薪和考勤职能之外的人员发放。

（5）工作的独立检查。工薪的计算应当独立验证，包括将审批工薪总额与汇总报告进行比较。管理层成员或其他负责人应当复核工薪金额，以避免明显的错报和异常的金额。

三、评估重大错报风险

员工工薪包括每月支付给员工的固定薪水，这个数额每年经过审核。对于固定薪水的员工，注册会计师通过实施实质性分析程序和获取对期末余额的声明就能够对工薪交易和余额的完整性、截止、发生、准确性和分类认定获取高度的保证水平，这种实质性分析程序包括每周或每月对支出进行的趋势分析。

工薪费用可能具有较高的舞弊固有风险，因为企业可能为不存在的员工支付工薪。此外，由于围绕员工福利问题存在广泛的监管，以及工薪交易和余额包含了重要的交易类别，企业常常广泛采取预防性的控制活动。因此，剩余重大错报风险会降低。在这种情况下，注册会计师应当确定控制设计的适当性和实施的有效性，以支持评估为中或低的认定层次剩余重大风险。注册会计师拟依赖的特别重要的控制，是管理层在实施监控程序时实施的高层次控制。

工薪交易和余额的重大错报风险产生的主要原因：

（1）在工薪单上虚构员工；

（2）由一位可以更改员工数据主文档的员工在没有授权的情况下更改总工薪的付费标准；

（3）为员工并未工作的工时支付工薪；

（4）在进行工薪处理过程中出错；

（5）工薪扣款可能是不正确的，或未经员工个人授权，导致应付工薪扣款的返还和支付不正确；

（6）电子货币转账系统的银行账户不正确；

（7）将工薪支付给错误的员工；

（8）由于工薪长期未支付造成挪用现象；

（9）支付应付工薪扣款的金额不正确。

企业有时向员工支付股票或股票期权。持股计划和股票期权对主管、高级行政人员及其他员工来说是通常采用的补偿方式。上述交易可能产生的重大错报风险包括以下几个。

（1）由工薪委员会（薪酬委员会）或未获得股东批准的董事会发起未经授权的股份基础支付交易。

（2）由于以下原因，为进行股份基础支付交易确定了不正确的公允价值：

① 管理层不正确的假设或决定权益价值的经营环境变动；

② 在估价模型中使用了不一致或不可靠的数据；

③ 发起交易人员和进行估价人员之间不充分的职责分离。

（3）以股份为基础支付的交易价值不正确。

（4）已取消的股份基础支付以不正确的价值处理。

四、控制测试

（一）以内部控制目标为起点的控制测试

在测试工薪内部控制时，首先，应选择若干月份工薪汇总表，做如下检查：计算复核每一份工薪汇总表；检查每一份工薪汇总表是否已经授权批准；检查应付工薪总额与人工费用分配汇总表中的合计数是否相符；检查其代扣款项的账务处理是否正确；检查实发工薪总额与银行付款凭单及银行存款对账单是否相符，并正确过入相关账户。其次，从工薪单中选取若干个样本（应包括各种不同类型人员），做如下检查：检查员工工薪卡或人事档案，确保工薪发放有依据；检查员工工薪率及实发工薪额的计算；检查实际工时统计记录（或产量统计报告）与员工工时卡（或产量记录）是否相符；检查员工加班记录与主管人员签名的月度加班费汇总表是否相符；检查员工扣款依据是否正确；检查员工的工薪签收证明；实地抽查部分员工，证明其确在本公司工作，如已离开本企业，需获得管理层证实。

（二）以风险为起点的控制测试

表 14-2 列示了以风险为起点的控制测试。

表 14-2 人力资源和工薪循环的风险、控制和控制测试

风险	计算机控制	人工控制	控制测试
员工的雇用、解雇以及固定数据的变更			
员工名单中可能会有虚构的员工，或存在已解雇员工仍然保留在工薪单上的情况 总工薪率的变动、员工身份以及员工主文档中，固定数据的扣除未经授权	逻辑存取控制只允许经授权的员工在员工主文档中添加新员工或记录员工的解聘 员工主文档中所有固定数据的变更都生成打印记录 逻辑存取控制只允许经授权的高级员工更改员工主文档中的固定数据 员工主文档中所有固定数据的变更都生成打印记录	有权雇用和解雇员工的人员不应具有其他工薪职能 人力资源部门人员按照正式的程序对员工的雇用和解雇进行授权。只有经授权的人力资源员工能够开启连续编号的员工变动表格，改变员工主文档 所有关于员工固定数据变动所产生的打印文件都由高级管理层复核，以确保只有经授权的变更才有效。未付工薪受到严格的控制 只有经授权的人力资源员工可以修改员工固定数据，这种修改可以通过修改工薪率和其他扣除进行 所有关于员工固定数据变动的打印文件都由高级管理层复核，确保只做出了经授权的变更	通过询问和观察程序，确定有权雇用和解雇员工的人员不具有其他工薪方面的职能 检查员工变动表及解雇信，是否由经授权的人员签发，并且包含在员工个人档案中 检查管理层复核员工雇用和解雇打印文件的证据 检查解雇之后第一期的工薪单以确保不存在此类员工。现场参加工薪的发放，观察员工薪水的分配，记录未领工薪情况，并追查该员工的个人档案，以及后期的发放证据 获取员工主文档中所有员工的记录信息，清点员工人数，同时检查员工卡片。检查由经授权人员签发的员工变更表 检查管理层复核固定数据变更的证据 对固定数据变更进行抽样，检查相关支持性文档，以获取关于身份、工薪支付率、扣除率变动的证据
记录工作时间或提供的服务			
记录工作时间时出现错误或舞弊	使用员工智能卡，自动更新工作时间记录 使用程序化控制保证总工作时间与生产工时、其他费用中心工时或空闲时间相等。周或月度工薪打印单，包括向相关费用中心或正在进行中工作的分配	对员工打卡上下班进行监督以确保员工仅为其本人打卡 由生产管理人员、领班人员复核并签署周或月度时间卡片，批准正常工作时间和加班工作时间 如果总工作时间是根据时间卡片上的信息人工计算得出的，应当在将总工作时间输入系统之前对时间计算进行独立检查 如果时间记录职能实现了电算化，保证工时的打印文件都经过了复核和授权	观察打卡上下班的程序以确定该行为受到监督，并确定不存在一名员工为他人打卡的可能 检查工时卡或工作时间输出记录的样本，以获取正常工作时间和加班时间的证据，检查工作时间计算的准确性
工薪的编制和记录			

续表

风险	计算机控制	人工控制	控制测试
在处理月薪时可能由于数据不正确或数据丢失而产生错误。工薪扣款可能是错误的或未经员工授权的	对工作时间进行程序化的限制和合理性检查,包括对员工姓名和编码的输入校验 自动根据工时记录和工薪率计算月薪,以及工薪扣款和费用分配的计算,自动生成工薪打印文件和员工工薪单 对于重复或遗漏的员工姓名或编码、加班时间、超出特定界限的总工薪率以及遗失数据生成例外报告	由工薪人员复核打印输出文件并批准总体控制总额 复核例外报告并采取措施及时纠正错误 复核工薪的变动与员工数量的变化是否一致。检查员工固定数据在期间内的变动 由员工本人检查工薪单,如果发现错误金额,允许提出质疑 复核例外报告,纠正错误,重新提交报告	选取部分周度和月度工薪记录的打印文件,检查负责核对准确性和授权的人员在上面的签名 检查证明已根据雇用和解雇情况调节工薪单员工数量的证据 检查是否存在员工提出质疑的情况及问题解决情况 检查例外报告及跟进情况
记录工薪交易			
工薪交易可能被分配至不正确的总分类账户或根本未予以记录	工薪处理过程的程序化控制自动更新相关总分类账户 对未分配至总分类账但暂时记在其他账户的金额出具例外报告,直到纠正并重新出具为止	由工薪人员进行监控,复核月薪以及例外报告以发现错误和遗漏 对工薪临时账户和应付扣款账户编制调节表和申报表	检查证明已监控例外报告、编制和核对调节表并更正错误的证据 检查编制和核对工薪调节表的证据
工薪的发放			
工薪可能发放给不正确的员工或通过电子支付系统支付给不正确的银行账号	对员工银行账户记录和银行信息变更执行逻辑存取控制 通过电子支付系统从预付工薪账户输出所有的员工净支付金额		现场参加工薪的发放,观察工薪发放中的控制运行。检查工薪打印单上工薪发放负责人员的签字(通常是两个人的签字) 检查月度银行对账的证据(对账针对预付工薪银行账户,并由高级管理层复核) 检查电子货币转账系统授权的证据,以及对员工主文档中固定数据变更进行复核的证据
工薪扣款并未完全支付或未及时支付		针对特定的应付扣款的返还和支付设置不同的职责 每一笔工薪记录的扣款金额加上企业缴纳的部分应当等于应缴纳的扣款总额 应付工薪扣款金额已支付并在相关总分类账上记录 对应付扣款账户进行调整或由工薪管理人员或高级会计人员定期复核,调查并纠正差异	检查定期返还、调节后进行工薪扣款分析和总分类账分析的证据 检查高级管理人员复核与付出金额或退还金额相匹配的证据
工薪监控			
上述所有风险		由相应层级的高级管理人员对以下问题实施监控 每月根据雇用或解雇的人员流动情况调整员工总人数 改变员工主文档中的固定数据 将总工薪数分配至相关费用中心 工薪调节至预付银行账户调节 员工对不正确支付的抱怨 监控的关键业绩指标,包括实现的权益目标	检查管理层实施监控程序的有效性以及使用关键业绩指标以防止、发现和纠正错误和舞弊的证据

第三节 | 人力资源与工薪循环的实质性程序

工薪交易和相关余额主要的重大错报风险是对费用的高估，如向虚构员工发放工薪、对未实际发生工时支付工薪或以未授权的工薪率发放工薪等（存在和发生以及准确性认定）。由于严格的监管环境，以及工薪活动的敏感性和保密性，未遵守法律法规可能受到的严厉惩罚，管理层针对工薪系统实施严格的控制，在大多数情况下能够有效且预先发现并纠正错误和舞弊。因此，注册会计师在测试了关键控制后将工薪交易和余额中的重大错报风险评估为低。这将导致调整审计策略以获取为实施实质性分析程序所需要的大多数实质性审计证据，减少细节测试。针对剩余重大错报风险，注册会计师应当采用细节测试在对期末应付工薪和工薪负债的完整性、准确性、计价以及权利和义务进行测试。

一、人力资源与工薪循环的实质性分析程序

在人力资源和工薪循环的审计中，注册会计师为收集大多数审计证据，通常采用实质性分析程序。实质性分析程序在识别因错误或舞弊而导致的重大错报领域或证实支出列报和披露的公允性时非常有用。实质性分析程序包括在对企业的核心进程和相关财务处理进行了解时进行的前期比较、比率分析、财务与非财务信息的比较等。

如果是连续审计，注册会计师在前期审计中积累了一些分析记录，根据这些记录形成对本年度分析的预期。这个预期应当根据经营和经济环境的变化而改变。

可能影响工薪金额变化的因素如下。

（1）员工结构的变更以及针对不同种类的平均工薪水平和工薪范围。

（2）员工数量的变化以及在季节性变化的情况下该数量的稳定性。

（3）是否存在年度中由于企业经营或生产期限的限制而加班所支付的高工薪。

（4）由于企业扩张而增加人员。

（5）产量的变化，企业获得了大额合同，或丢失了主要客户或供应商，以较低产量生产。

如果不能合理预期工薪金额，则对于所抽取的月薪样本，注册会计师应当进行详细检查，发现大额或非正常的项目以做进一步调查。这些项目可能包括：与正常数额不相符的数额、额外的工作时间以及不存在或很少工薪扣除。注册会计师应当就未预期变化获取管理层的解释，并通过检查相关的文档或员工工薪或工薪记录来证实该解释。

注册会计师为了实现审计目标，通常实施以下实质性分析程序。

（1）针对已识别需要运用分析程序的有关项目，并基于对被审计单位及其环境的了解，通过进行以下比较，同时考虑有关数据间关系的影响，以建立有关数据的期望值。

① 比较被审计单位员工人数的变动情况，检查被审计单位各部门各月工薪费用的发生额是否有异常波动，若有则查明波动原因是否合理。

② 比较本期与上期工薪费用总额，要求被审计单位解释其增减变动原因，或取得公司管理层关于员工工薪标准的决议。

③ 结合员工社保缴纳情况，明确被审计单员工范围，检查是否与关联公司员工工薪混淆列支。

④ 核对下列相互独立部门的相关数据：工薪部门记录的工薪支出与出纳记录的工薪支付数；工

薪部门记录的工时与生产部门记录的工时。

⑤ 比较本期应付职工薪酬余额与上期应付职工薪酬余额，是否有异常变动。

（2）确定可接受的差异额。

（3）将实际的情况与期望值相比较，识别需要进一步调查差异。

（4）如果其差额超过可接受的差异额，调查并获取充分的解释和恰当的佐证审计证据（如通过检查相关的凭证）。

（5）评估分析程序的测试结果。

二、人力资源与工薪交易细节测试

注册会计师应当采用细节测试对期末应付工薪和工薪负债的完整性、准确性、计价以及权利和义务进行测试。细节测试内容主要包括以下几个方面。

（1）将工时卡与工时记录等进行比较。

（2）对本期工薪费用实施分析程序，将工薪费用分配表、工薪汇总表、工薪结算表相核对。

（3）对本期工薪费用实施分析程序，将工薪费用分配表、工薪汇总表、工薪结算表与有关费用明细账相核对。

（4）对本期工薪费用实施分析程序，检查工薪的计提是否正确，分配方法是否与上期一致。

第四节 应付职工薪酬的实质性程序

一、审计目标

应付职工薪酬的审计目标一般包括：确定资产负债表中记录的应付职工薪酬是否存在；确定所有应当记录的应付职工薪酬是否均已记录；确定记录的应付职工薪酬是否为被审计单位应当履行的现时义务；确定应付职工薪酬是否以恰当的金额包括在财务报表中，与之相关的计价调整是否已恰当记录；确定应付职工薪酬是否已按照企业会计准则的规定在财务报表中做出恰当列报。

二、应付职工薪酬的实质性程序

应付职工薪酬的实质性程序通常包括：

（1）获取或编制应付职工薪酬明细表，复核加计是否正确，并与报表数、总账数和明细账合计数核对是否相符。

（2）实施实质性分析程序。

① 针对已识别需要运用分析程序的有关项目，并基于对被审计单位及其环境的了解，通过进行以下比较，同时考虑有关数据间关系的影响，以建立有关数据的期望值。

• 比较被审计单位员工人数的变动情况，检查被审计单位各部门各月工薪费用的发生额是否有异常波动，若有则查明波动原因是否合理。

• 比较本期与上期工薪费用总额，要求被审计单位解释其增减变动原因，或取得公司管理层关于员工工薪标准的决议。

- 结合员工社保缴纳情况，明确被审计单位员工范围，检查是否与关联公司员工工薪混淆列支。
- 核对下列相互独立部门的相关数据：工薪部门记录的工薪支出与出纳记录的工薪支付数，工薪部门记录的工时与生产部门记录的工时。
- 比较本期应付职工薪酬余额与上期应付职工薪酬余额，是否有异常变动。

② 确定可接受的差异额。

③ 将实际的情况与期望值相比较，识别需要进一步调查的差异。

④ 如果其差额超过可接受的差异额，调查并获取充分的解释和恰当的佐证审计证据（如通过检查相关的凭证）。

⑤ 评估实质性分析程序的测试结果。

（3）检查工薪、奖金、津贴和补贴。

① 计提是否正确，依据是否充分。将执行的工薪标准与有关规定核对，并对工薪总额进行测试；被审计单位如果实行工效挂钩的，应取得有关主管部门确认的效益工薪发放额认定证明，结合有关合同文件和实际完成的指标，检查其计提额是否正确，是否应作纳税调整。

② 检查分配方法与上年是否一致。除因解除与职工的劳动关系给予的补偿直接计入管理费用外，被审计单位是否根据职工提供服务的受益对象，分别下列情况进行处理：

- 应由生产产品、提供劳务负担的职工薪酬，计入产品成本或劳务成本；
- 应由在建工程、无形资产负担的职工薪酬，计入建造的固定资产或无形资产成本；
- 被审计单位为外商投资企业，按规定从净利润中提取的职工奖励及福利基金，是否以董事会决议为依据，是否相应记入"利润分配——提取的职工奖励及福利基金"账户；
- 其他职工薪酬，是否计入当期损益。

③ 检查发放金额是否正确，代扣的款项及其金额是否正确。

④ 检查是否存在属于拖欠性质的职工薪酬，并了解拖欠的原因。

【实例 14-1】注册会计师张宁审计过程中发现，华兴公司是一家电脑生产企业，2015 年 12 月该公司共有职工 400 名，其中 300 名为直接参加生产的职工，60 名为车间管理人员，40 名为企业管理人员，该公司决定将其生产的每台成本为 18 000 元的笔记本电脑发放给职工作为福利。该型号的电脑市场售价为每台 20 000 元，该公司使用的增值税税率为 17%。该公司认为该笔业务不属于应付职工薪酬的核算范围，因此没有进行应付职工薪酬的会计处理。张宁认为该公司此项业务处理不正确，需要进行以下审计调整：

借：生产成本——基本生产成本	7 020 000	
制造费用	1 404 000	
管理费用	936 000	
贷：应付职工薪酬		9 360 000
借：应付职工薪酬——非货币性福利	9 360 000	
贷：主营业务收入		800 000
应交税费——应交增值税（销项税）		136 000
借：主营业务成本	7 200 000	
贷：库存商品		7 200 000

（4）检查社会保险费（包括医疗、养老、失业、工伤、生育保险费）、住房公积金、工会经费和职工教育经费等计提（分配）和支付（使用）的会计处理是否正确，依据是否充分。

（5）检查辞退福利。

① 对于职工没有选择权的辞退计划，检查按辞退职工数量、辞退补偿标准计提辞退福利负债金额是否正确。

② 对于自愿接受裁减的建议，检查按接受裁减建议的预计职工数量、辞退补偿标准（该标准确定）等计提辞退福利负债金额是否正确。

③ 检查实质性辞退工作在一年内完成，但付款时间超过一年的辞退福利，是否按折现后的金额计量，折现率的选择是否合理。

④ 检查计提辞退福利负债的会计处理是否正确，是否将计提金额计入当期管理费用。

⑤ 检查辞退福利支付凭证是否真实正确。

（6）检查非货币性福利。

① 检查以自产产品发放给职工的非货币性福利，是否根据受益对象，按照该产品的公允价值，计入相关资产成本或当期损益，同时确认应付职工薪酬；对于难以认定受益对象的非货币性福利，是否直接计入当期损益和应付职工薪酬。

② 检查无偿向职工提供住房的非货币性福利，是否根据受益对象，将该住房每期应计提的折旧计入相关资产成本或当期损益，同时确认应付职工薪酬。对于难以认定受益对象的非货币性福利，是否直接计入当期损益和应付职工薪酬。

③ 检查租赁住房等资产供职工无偿使用的非货币性福利，是否根据受益对象，将每期应付的租金计入相关资产成本或当期损益，并确认应付职工薪酬。对于难以认定受益对象的非货币性福利，是否直接计入当期损益和应付职工薪酬。

（7）检查以现金与职工结算的股份支付。

① 检查授予后立即可行权的以现金结算的股份支付，是否在授予日以承担负债的公允价值计入相关成本或费用。

② 检查完成等待期内的服务或达到规定业绩条件以后才可行权的以现金结算的股份支付，在等待期内的每个资产负债表日，是否以可行权情况的最佳估计为基础，按照承担负债的公允价值金额，将当期取得的服务计入成本或费用。在资产负债表日，后续信息表明当期承担债务的公允价值与以前估计不同的，是否进行调整，并在可行权日调整至实际可行权水平。

③ 检查可行权日之后，以现金结算的股份支付当期公允价值的变动金额，是否借记或贷记"公允价值变动损益"账户。

④ 检查在可行权日，实际以现金结算的股份支付金额是否正确，会计处理是否恰当。

（8）检查应付职工薪酬的期后付款情况，并关注在资产负债表日至财务报表批准报出日之间，是否有确凿证据表明需要调整资产负债表日原确认的应付职工薪酬事项。

（9）检查应付职工薪酬是否已按照《企业会计准则》的规定在财务报表中做出恰当的列报。

① 检查是否在附注中披露与职工薪酬有关的下列信息：

- 应当支付给职工的工薪、奖金、津贴和补贴，及其期末应付未付金额。
- 应当为职工缴纳的医疗、养老、失业、工伤和生育等社会保险费，及其期末应付未付金额。
- 应当为职工缴存的住房公积金，及其期末应付未付金额。
- 为职工提供的非货币性福利，及其计算依据。
- 应当支付的因解除劳动关系给予的补偿，及其期末应付未付金额。
- 其他职工薪酬。

② 检查因自愿接受裁减建议的职工数量、补偿标准等不确定而产生的预计负债（应付职工薪酬），是否按照《企业会计准则第 13 号——或有事项》进行披露。

知识链接-14

思考题

1. 简述工薪交易和余额的重大错报风险产生的原因。
2. 人力资源与工薪循环有哪些关键的内部控制？
3. 如何评估人力资源与工薪循环的重大错报风险？
4. 如何针对人力资源与工薪循环实施以风险为起点的控制测试？
5. 注册会计师如何针对应付职工薪酬项目开展实质性分析程序和细节测试？

关键术语

人力资源与工薪循环	Personnel and Payroll Cycle
人工成本分配表	Labor Cost Distribution
工资汇总表	Payroll Summary
工资登记簿	Payroll Ledger
工资率及扣减授权表	Rate and Deduction Authorization Form
计时卡	Time Card
计时单	Time Ticket

货币资金审计 第十五章

【教学目标】

通过对本章的学习，使学生了解货币资金的内部控制及内部控制测试；熟悉现金审计的目标、银行存款的审计目标；理解现金审计的程序、银行存款审计的程序；掌握现金审计的实质性程序、银行存款审计的实质性程序；达到能综合运用所学知识熟练地对现金、银行存款等货币资金进行审计。

【引例】

某市D公司是一家大型国有企业，2009年某市审计机关在对D公司的资产负债及损益审计中，以真实性为基础，加强了账账、账表、账证、账实间的核对检查。通过核对相关资料，审计人员首先发现D公司账上工资奖金发放数与单位人事部门制定的工资单存在差别，进而查出D公司自2006年以来将下属公司上缴的利润、股票投资收益、收回并已经核销的应收款项及返还的人寿保险费等收入截留账外，私设"小金库"用于发放员工奖金津贴和其他费用开支，涉事金额8 412万元。这种行为相当猖狂，几乎公司每一项有收入的业务都会被截留部分资金。虽然"小金库"的资金全部用在发放奖金津贴和其他集体费用开支上，未涉及私人或小集团瓜分现象，但仍然是一起严重违法乱纪行为。审计机关在查清全部事实后，及时以审计要情上报市政府，并建议有关部门依法对D公司及有关责任人做出处理处罚。由此可以看出，货币资金流动性最强，极易发生错误和舞弊，如何对货币资金进行审计就显得尤为重要。

第一节　货币资金的特点

一、货币资金的特点

货币资金是企业资产的重要组成部分，是企业资产中流动性最强的一种资产。任何企业进行生产经营活动都必须拥有一定数额的货币资金，持有一定规模的货币资金是企业生产经营活动的基本条件，可能关乎企业的命脉。货币资金主要来源于资本的投入和营业收入，主要用于资产的取得和费用的结付。总的来说，只有保持健康的、正的现金流，企业才能够继续生存；如果出现现金流逆转迹象，产生了不健康的、负的现金流，企业将会陷入财务困境，并导致对企业的持续经营能力的疑虑。

根据货币资金存放地点及用途的不同，货币资金分为库存现金、银行存款及其他货币资金。

二、货币资金与交易循环

货币资金与各交易循环均直接相关，如图 15-1 所示。需要说明的是，图 15-1 仅选取各业务循环中具有代表性的会计科目和财务报表项目予以列示，并未包括各业务循环中与货币资金有关的全部会计科目或财务报表项目。

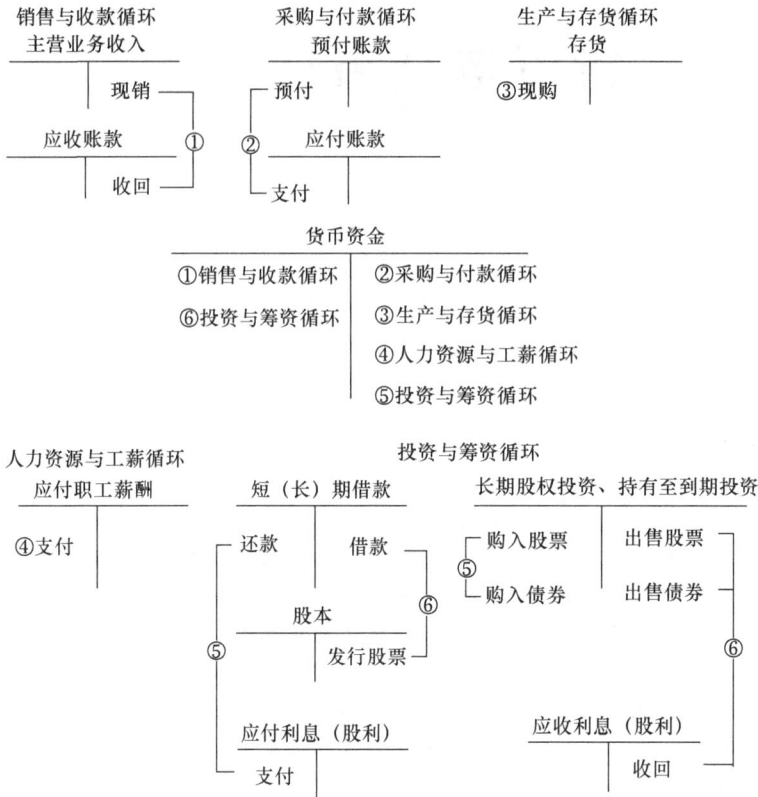

图 15-1　货币资金与交易循环的关系

三、涉及的主要凭证和会计记录

货币资金涉及的主要凭证和会计记录有：（1）现金盘点表。（2）银行对账单。（3）银行存款余额调节表。（4）有关科目的记账凭证。（5）有关会计账簿。

第二节 | 货币资金的内部控制和控制测试

由于货币资金是企业流动性最强的资产，企业必须加强对货币资金的管理，建立、健全良好的货币资金内部控制制度，确保会计记录的真实性和准确性，保护货币资金的安全完整，保证货币资金的使用符合制度规定。

一、货币资金的内部控制

一般而言，一项良好的货币资金内部控制制度应该做到：负责货币资金收支与记账的人员相分离；货币资金收入、支出要有合理、合法的凭证；全部收支及时准确入账，并且支出要有核准手续；控制现金坐支，当日收入的现金及时送存银行；按月盘点现金，编制银行存款余额调节表，做到账实相符；加强货币资金收支业务的内部审计。企业货币资金内部控制的建立、健全和有效实施以及货币资金的安全完整由本企业负责人负责。有关货币资金的内部控制应包括以下内容。

（一）岗位分工

（1）企业应当建立货币资金业务的岗位责任制，明确相关部门和岗位的职责权限，确保办理货币资金业务的不相容岗位相互分离、制约和监督。出纳人员不得兼任稽核、会计档案保管和收入、支出、费用、债权债务账目的登记工作。不得由一人办理货币资金业务的全过程。

（2）企业办理货币资金业务，应当配备合格的人员，并根据单位具体情况进行岗位轮换。办理货币资金业务的人员应当具备良好的职业道德，忠于职守、廉洁奉公、遵纪守法、客观公正，不断提高会计业务素质和职业道德水平。

（二）授权批准

（1）企业应当对货币资金业务建立严格的授权审批制度，明确审批人对货币资金业务的授权批准方式、权限、程序、责任和相关控制措施，规定经办人办理货币资金业务的职责范围和工作要求。

（2）审批人应当根据货币资金授权批准制度的规定，在授权范围内进行审批，不得超越审批权限。经办人应当在职责范围内，按照审批人的批准意见办理货币资金业务。对于审批人超越授权范围审批的货币资金业务，经办人员有权拒绝办理，并及时向审批人的上级授权部门报告。

（3）单位应当按照规定的程序办理货币资金支付业务。

（4）企业对于重要货币资金支付业务，应当实行集体决策和审批，并建立责任追究制度，防范贪污、侵占、挪用货币资金等行为。

（5）严禁未经授权的机构或人员办理货币资金业务或直接接触货币资金。

（三）现金和银行存款的管理

1. 现金的管理

现金的管理办法如下。

（1）企业应当加强现金库存限额的管理，超过库存限额的现金应及时存入银行。

（2）企业必须根据相关规定，结合本单位的实际情况，确定本单位现金的开支范围。不属于现金开支范围的业务应当通过银行转账结算。

（3）企业的现金收入应当及时存入银行，不得用于直接支付单位自身的支出。因特殊情况需坐支现金的，应事先报经开户银行审查批准。企业借出款项必须执行严格的授权审批程序，严禁擅自挪用、借出货币资金。

（4）企业取得的货币资金收入必须及时入账，不得私设"小金库"，不得账外设账，严禁收款不入账。

2. 银行存款的管理

企业应当严格按照《支付结算办法》等国家有关规定，加强对银行账户的管理，严格按照规定开立账户，办理存款、取款和结算业务。单位应当定期检查、清理银行账户的开立及使用情况，发现问题，及时处理。企业应当加强对银行结算凭证的填制、传递及保管等环节的管理与控制。

企业应当严格遵守银行结算纪律，不准签发没有资金保证的票据或远期支票，套取银行信用；不准签发、取得或转让没有真实交易和债权债务的票据，套取银行和他人资金；不准无理拒绝付款，任意占用他人资金；不准违反规定开立和使用银行账户。

企业应当指定专人定期核对银行账户，每月至少核对一次，编制银行存款余额调节表，使银行存款账面余额与银行对账单调节相符。如调节不符，应查明原因，及时处理。应当定期和不定期地进行现金盘点，确保现金账面余额与实际库存现金相符。发现不符，及时查明原因，做出处理。

（四）票据及有关印章的管理

企业应当加强与货币资金相关的票据的管理，明确各种票据的购买、保管、领用、背书转让、注销等环节的职责权限和程序，并专设登记簿进行记录，防止空白票据的遗失和被盗用。

企业应当加强银行预留印鉴的管理。财务专用章应由专人保管，个人名章必须由本人或其授权人员保管。严禁一人保管支付款项所需的全部印章。按规定需要有关负责人签字或盖章的经济业务，必须严格履行签字或盖章手续。

（五）监督检查

（1）企业应当建立对货币资金业务的监督检查制度，明确监督检查机构和人员的职责权限，定期和不定期地进行检查。

（2）货币资金监督检查的内容主要包括以下几点。

① 货币资金业务相关岗位及人员的设置情况。重点检查是否存在货币资金业务不相容和职务混岗的现象。

② 货币资金授权批准制度的执行情况。重点检查货币资金支出的授权批准手续是否健全，是否存在越权审批行为。

③ 支付款项印章的保管情况。重点检查是否存在办理付款业务所需的全部印章交由一人保管的现象。

④ 票据的保管情况。重点检查票据的购买、领用、保管手续是否齐全，票据保管是否存在漏洞。

（3）对监督检查过程中发现的货币资金内部控制中存在的薄弱环节，应当及时采取措施，对其加以纠正和完善。

二、货币资金的内部控制测试

通过对货币资金的内部控制进行测试，可以合理确定实质性测试的性质、时间和范围。

（一）了解货币资金的内部控制

审计师可以通过检查被审计单位有关内部控制的手册、流程图，或者询问被审计单位会计、出纳等相关人员，了解货币资金内部控制的设计和实际执行情况。对于小企业，由于其业务流程比较简单，可以采用文字表述的方式对其内部控制的健全程度和执行情况进行书面描述；对于大中型企业，由于其规模较大，内部控制比较复杂，通常采用调查表和流程图的方式进行了解。编制流程图是货币资金控制测试的重要步骤，在编制之前应通过询问、观察等调查手段收集必要的资料，然后根据了解的情况进行编制。如果前次审计时已就内部控制方面存在的问题给出了管理建议书，还要注意所提出的建议是否得到改进和落实。

审计师可以参照表 15-1、表 15-2 的格式与内容对被审计单位的现金及银行存款内部控制进行了解。

（二）检查货币资金内部控制是否建立并严格执行

企业应当建立对货币资金业务的监督检查制度，明确监督检查机构或人员的职责权限，定期和不定期地进行检查。对监督检查过程中发现的货币资金内部控制中存在的薄弱环节，应当及时采取措施，对齐加以纠正和完善。

对货币资金内部控制执行情况检查的内容包括：

（1）对货币资金的接触和记录是否使用了必要的安全防范措施和设备。

（2）企业是否每日清点库存现金并与账存数额核对，是否按月编制银行存款余额调节表。

（3）是否存在与本单位经营无关的款项收支情况。

（4）是否存在出租、出借银行账户的情况。

（5）货币资金和有价证券是否妥善保管，是否定期盘点、核对。

（6）拨付所属资金、公司拨入资金的核算内容是否与内部往来混淆。

表 15-1 现金内部控制调查表

被审计单位名称		编制人		日期			索引号	
调查项目		复核人		日期			页次	
调查内容			是	否	不适应	依赖与否	控制测试	
1. 现金出纳和会计岗位是否分离								
2. 现金日记账与库存现金是否每日清点核对								
3. 现金日记账与库存现金发生差异后，是否经批准才能处理								
4. 现金支出是否每日记账								
5. 库存现金是否符合限额标准，超过限额部分是否每日解缴银行								
6. 有无控制现金坐支的措施								
7. 领用现金是否经过批准								
8. 有无防止白条抵库的措施								
9. 收入现金凭证正副联是否复写			复核意见：					
10. 凭证是否连续编号								
11. 报销费用是否由报销部门审核批准								
12. 现金支票和现金印鉴是否由不同的人保管								
13. 现金支票是否连续编号								
14. 现金支票的领用是否经过批准								
15. 现金支票存根联是否妥善保管								
16. 现金日记账是否定期与现金总账核对								
审计意见：								

表 15-2 银行存款内部控制调查表

被审计单位名称		编制人		日期			索引号	
调查项目		复核人		日期			页次	
调查内容			是	否	不适应	依赖与否	控制测试	
1. 现金出纳和会计岗位是否分离								
2. 银行存款的处理和日记账的登记工作是否由专人负责								
3. 企业是否根据不同的银行账号开设银行存款日记账								
4. 银行存款日记账是否根据审核后合法的付款凭证登记								
5. 银行存款日记账是否逐笔序时登记								
6. 企业除零星支付外的支出是否通过银行结算								
7. 重大的开支项目是否经过审核批准								
8. 银行支票是否按顺序签发								
9. 是否严格控制和保管空白支票								
10. 作废支票是否加盖"作废"戳记，并与存根一并保存								
11. 开出支票是否使用支票登记簿								
12. 支票是否由出纳和有关主管人员共同签发								
13. 签发支票的印章是否妥善保管								
14. 银行存款日记账与总账是否每月末核对相符								
15. 银行存款日记账是否定期与银行对账单核对								
16. 是否定期由独立人员编制银行存款余额调节表，调节未达账项								
17. 是否按月与银行对账，做到账实相符								
18. 是否有支票申领、签发制度								
审计意见：				复核意见：				

（三）抽取并检查收款凭证

如果货币资金收款内部控制不强，很可能会发生贪污舞弊或挪用等情况。例如，在一个小企业中，出纳员同时记应收账款明细账，很可能发生循环挪用的情况。为测试货币资金收款的内部控制，审计师应选取适当样本的收款凭证，进行如下检查。

（1）核对收款凭证与存入银行账户的日期和金额是否相符。

（2）核对收款凭证与银行对账单是否相符。

（3）核对收款凭证与应收账款明细账的有关记录是否相符。

（4）核对实收金额与销售发票是否一致。

（5）检查银行送款单回单联、现金和银行存款收入凭证与日记账上的日期和金额是否相符。

（四）抽取并检查付款凭证

为测试货币资金付款内部控制，审计师应选取适当样本的付款凭证，进行如下检查：

（1）检查付款是否经过适当的授权，重大的支出项目的用款申请和审批手续是否齐全。

（2）核对现金、银行存款日记账的付款金额是否正确。

（3）核对付款凭证与银行对账单是否相符。

（4）核对付款凭证与应付账款明细账的有关记录是否相符。

（5）核对付款金额与购货发票是否相符。

（五）抽取一定期间的现金、银行存款日记账与总账核对

首先，审计师应抽取一定期间的现金、银行存款日记账，检查其有无计算错误，加总是否正确无误。如果检查中发现问题较多，说明被审计单位货币资金的会计记录不够可靠。其次，审计师应根据日记账提供的线索，核对总账中的库存现金、银行存款、应付账款等有关账户的记录。

（六）抽取一定期间的银行存款余额调节表，检查其是否按月正确编制并经复核

为证实银行存款记录的正确性，审计师必须抽取一定期间的银行存款余额调节表，将其同银行对账单、银行存款日记账及总账进行核对，确定被审计单位是否按月正确编制并复核银行存款余额调节表。

（七）检查外币资金的折算方法是否符合相关规定，是否与上年度一致

对于有外币现金、外币银行存款的被审计单位，审计师应检查外币现金日记账、外币银行存款日记账及"财务费用""在建工程"等账户的记录，确定企业对有关外币现金、外币银行存款的增减变动按业务发生时的市场汇率或业务发生时当期期初的市场汇率折合为记账本位币，所选用的方法是否前后保持一致；检查企业对外币现金、银行存款账户余额是否按期末市场汇率折合为记账本位币金额，有关汇兑损益的计算和记录是否正确。

（八）评价货币资金的内部控制

审计师在完成上述控制测试程序后，即可对货币资金内部控制的健全程度和执行情况做出评价，确定其可信赖程度以及存在的薄弱环节，并据以修订已制定的审计计划和程序，以确定实质性测试的性质、时间和范围。对控制薄弱的环节，可作为实质性测试的重点，以降低检查风险，将审计风险控制在可接受的范围之内。

第三节　货币资金的实质性程序

一、库存现金的实质性程序

（一）审计目标

库存现金包括企业的人民币现金和外币现金。现金是企业流动性最强的资产，尽管其在企业资

产总额中的比重不大，但企业发生的舞弊事件大都与现金有关，因此，注册会计师应该重视库存现金的审计。

库存现金的审计目标一般应包括（括号内的为相应的财务报表认定）：

（1）确定被审计单位资产负债表的货币资金项目中的库存现金在资产负债表日是否确实存在。（存在）

（2）确定被审计单位所有应当记录的现金收支业务是否均已记录完毕，有无遗漏。（完整性）

（3）确定记录的库存现金是否为被审计单位所拥有或控制。（权利和义务）

（4）确定库存现金以恰当的金额包括在财务报表的货币资金项目中，与之相关的计价调整已恰当记录。（计价和分摊）

（5）确定库存现金是否已按照《企业会计准则》的规定在财务报表中做出恰当列报。（列报）

（二）库存现金的实质性程序

1. 核对库存现金日记账与总账的金额是否相符，检查非记账本位币库存现金的折算汇率及折算金额是否正确

注册会计师测试现金余额的起点是，核对库存现金日记账与总账的金额是否相符。如果不相符，应查明原因，必要时应建议做出适当调整。

2. 监盘库存现金

监盘库存现金是证实资产负债表中货币资金项目下所列库存现金是否存在的一项重要审计程序。

企业盘点库存现金，通常包括对已收到但未存入银行的现金、零用金、找换金等的盘点。盘点库存现金的时间和人员应视被审计单位的具体情况而定，但现金出纳员和被审计单位会计主管人员必须参加，并由注册会计师进行监盘。盘点和监盘库存现金的步骤与方法主要有：

（1）制订监盘计划，确定监盘时间。对库存现金的监盘最好实施突击性检查，时间最好选择在上午上班前或下午下班时，盘点的范围一般包括被审计单位各部门经管的现金。在进行现金盘点前，应由出纳员将现金集中起来存入保险柜，必要时可加以封存，然后由出纳员把已办妥现金收付手续的收付款凭证登入库存现金日记账。如被审计单位库存现金存放部门有两处或两处以上，应同时进行盘点。

（2）审阅库存现金日记账并同时与现金收付凭证相核对。一方面检查库存现金日记账的记录与凭证的内容和金额是否相符；另一方面了解凭证日期与库存现金日记账日期是否相符或接近。

（3）由出纳员根据库存现金日记账加计累计数额，结出现金结余额。

（4）盘点保险柜内的现金实存数，同时由注册会计师编制"库存现金监盘表"（参见表 15-3）分币种、面值列示盘点金额。

表 15-3　　　　　　　　　　　　　　　库存现金监盘表

被审计单位：＿＿＿＿＿＿＿＿＿＿＿＿＿　　　索引号：＿＿＿＿＿＿＿＿＿＿＿＿＿

项目：＿＿＿＿＿＿＿＿＿＿＿＿＿　　　　　财务报表截止日/期间：＿＿＿＿＿＿＿

编制：＿＿＿＿＿＿＿＿＿＿＿＿＿　　　　　复核：＿＿＿＿＿＿＿＿＿＿＿＿＿

日期：＿＿＿＿＿＿＿＿＿＿＿＿＿　　　　　日期：＿＿＿＿＿＿＿＿＿＿＿＿＿

检查盘点记录				实有库存现金盘点记录				
项目	项次	人民币	某外币	面额	人民币		某外币	
				1 000 元	张	金额	张	金额
上一日账面库存余额	①							
盘点日末记账传票收入金额	②			500 元				

续表

检查盘点记录				实有库存现金盘点记录		
项目	项次	人民币	某外币	面额	人民币	某外币
盘点日未记账传票支出金额	③					
盘点日账面应有库存现金数额	④=①+②-③			100 元		
盘点日实有库存现金数额	⑤			50 元		
盘点日应有与实有库存现金差异	⑥=④-⑤			10 元		
差异原因分析	白条抵库（张）			5 元		
				2 元		
				1 元		
				0.5 元		
				0.2 元		
				0.1 元		
				合计		
追溯调整	报表日至审计日库存现金支出总额					
	报表日至审计日库存现金收入总额					
	报表日库存现金应有余额					
	报表日账面汇率					
	报表日余额折合本位币金额					
	本位币合计					

审计说明：

出纳员：　　　　　　会计主管人员：　　　　　　监盘人：　　　　　　检查日期：

（5）将盘点金额与库存现金日记账余额进行核对，如有差异，应要求被审计单位查明原因，必要时应提请被审计单位做出调整；如无法查明原因，应要求被审计单位按管理权限批准后做出调整。

（6）若有冲抵库存现金的借条、未提现的支票、未作报销的原始凭证，应在"库存现金监盘表"中注明，必要时应提请被审计单位做出调整。

（7）在非资产负债表日进行盘点和监盘时，应调整至资产负债表日的金额。

3. 分析被审计单位日常库存现金余额是否合理，关注是否存在大额未缴存的现金

4. 抽查大额库存现金收支

检查大额库存现金收支的原始凭证是否齐全，原始凭证内容是否完整、有无授权批准，记账凭证与原始凭证是否相符、账务处理是否正确、是否记录于恰当的会计期间等内容。

5. 抽查资产负债表日前后若干天的、一定金额以上的现金收支凭证实施截止测试

被审计单位资产负债表的货币资金项目中的库存现金数额，应以结账日实有数额为准。因此，注册会计师必须验证现金收支的截止日期，以确定是否存在跨期事项、是否应考虑提出调整建议。

6. 检查库存现金是否在财务报表中做出恰当列报

根据有关规定，库存现金在资产负债表的"货币资金"项目中反映，注册会计师应在实施上述审计程序后，确定"库存现金"账户的期末余额是否恰当，进而确定库存现金是否在资产负债表中被恰当披露。

二、银行存款的实质性程序

（一）审计目标

银行存款是指企业存放在银行或其他金融机构的各种款项。按照国家有关规定，凡是独立核算的企业都必须在当地银行开设账户。企业在银行开设账户以后，除按核定的限额保留库存现金外，超过限额的现金必须存入银行；除了在规定的范围内可以用现金直接支付款项外，在经营过程中所发生的一切货币收支业务，都必须通过银行存款账户进行结算。

银行存款的审计目标一般应包括（括号内的为相应的财务报表认定）：

（1）确定被审计单位资产负债表的货币资金项目中的银行存款在资产负债表日是否确实存在。（存在）

（2）确定被审计单位所有应当记录的银行存款收支业务是否均已记录完毕，有无遗漏。（完整性）

（3）确定记录的银行存款是否为被审计单位所拥有或控制。（权利和义务）

（4）确定银行存款以恰当的金额包括在财务报表的货币资金项目中，与之相关的计价调整已恰当记录。（计价和分摊）

（5）确定银行存款是否已按照企业会计准则的规定在财务报表中做出恰当列报。（列报）

（二）银行存款的实质性程序

银行存款的实质性程序一般包括。

1. 获取或编制银行存款余额明细表，复核加计是否正确，并与总账数和日记账合计数核对是否相符；检查非记账本位币银行存款的折算汇率及折算金额是否正确

注册会计师测试银行存款余额的起点是核对银行存款日记账与总账的余额是否相符。如果不相符，应查明原因，必要时应建议做出适当调整。

2. 实施实质性分析程序

计算银行存款累计余额应收利息收入，分析比较被审计单位银行存款应收利息收入与实际利息收入的差异是否恰当，评估利息收入的合理性，检查是否存在高息资金拆借，确认银行存款余额是否存在，利息收入是否已经完整记录。

3. 检查银行存单

编制银行存单检查表，检查是否与账面记录金额一致，是否被质押或限制使用，存单是否为被审计单位所拥有。

（1）对已质押的定期存款，应检查定期存单，并与相应的质押合同核对，同时关注定期存单对应的质押借款有无入账；

（2）对未质押的定期存款，应检查开户证书原件；

（3）对审计外勤工作结束日前已提取的定期存款，应核对相应的兑付凭证、银行对账单和定期存款复印件。

4. 取得并检查银行存款余额对账单和银行存款余额调节表

取得并检查银行存款余额对账单和银行存款余额调节表是证实资产负债表中所列银行存款是否存在的重要程序。银行存款余额调节表通常应由被审计单位根据不同的银行账户及货币种类分别编制，其格式如表15-4所示。具体测试程序通常包括以下内容。

表15-4　　　　　　　　　　　　　　　银行存款余额调节表

被审计单位：_____　　　　索引号：_____

　　项目：_____　　　　财务报表截止日/期间：_____

　　编制：_____　　　　复核：_____

　　日期：_____　　　　日期：_____

项　　　　目
银行对账单余额（　年　月　日）
加：企业已收，银行尚未入账金额
其中：1. ----------------------元
2. ----------------------元
减：企业已付，银行尚未入账金额
其中：1. ----------------------元
2. ----------------------元
调整后银行对账单金额
企业银行存款日记账金额（　年　月　日）
加：银行已收，企业尚未入账金额
其中：1. ----------------------元
2. ----------------------元
减：银行已付，企业尚未入账金额
其中：1. ----------------------元
2. ----------------------元
调整后企业银行存款日记账金额

经办会计人员：（签字）　　　　　　　　　　　　　　　　　　会计主管：（签字）

（1）将被审计单位资产负债表日的银行存款余额对账单与银行询证函回函核对，确认是否一致，核对账面记录的存款金额是否与对账单记录一致。

（2）获取资产负债表日的银行存款余额调节表，检查调节表中加计数是否正确，调节后的银行存款日记账余额与银行对账单余额是否一致。

（3）检查调节事项的性质和范围是否合理。

① 检查是否存在跨期收支和跨行转账的调节事项。编制跨行转账业务明细表，检查跨行转账业务是否同时对应转入和转出，未在同一期间完成的转账业务是否反映在银行存款余额调节表的调整事项中。

② 检查大额在途存款和未付票据。

检查在途存款的日期，查明发生在途存款的具体原因，追查期后银行对账单的存款记录日期，确定被审计单位与银行记账时间差异是否合理，确定在资产负债表日是否需提请被审计单位进行适当调整；检查被审计单位的未付票据明细清单，查明被审计单位未及时入账的原因，确定账簿记录时间晚于银行对账单的日期是否合理；检查被审计单位未付票据明细清单中有记录但截至资产负债表日银行对账单无记录且金额较大的未付票据，获取票据领取人的书面说明，确认资产负债表日是否需要进行调整。

（4）检查是否存在未入账的利息收入和利息支出。

（5）检查是否存在其他跨期收支事项，检查相应的原始交易单据或者银行收付款单据。

（6）当未经授权或授权不清支付货币资金的现象比较突出时，检查银行存款余额调节表中支付异常的领款（包括没有载明收款人）、签字不全、收款地址不清、金额较大票据的调整事项，确认是否存在舞弊。

5. 函证银行存款余额，编制银行函证结果汇总表，检查银行回函

应注意：

（1）向被审计单位在本期存过款的银行发函，包括零余额账户和在本期内注销的账户。

（2）确定被审计单位账面余额与银行函证结果的差异，对不符事项做出适当处理。

银行存款函证是指注册会计师在执行审计业务的过程中，需要以被审计单位的名义向有关单位发函询证，以验证被审计单位的银行存款是否真实、合法、完整。按照国际惯例，财政部和中国人民银行于 1999 年 1 月 6 日联合印发了《关于做好企业的银行存款、借款及往来款项函证工作的通知》（以下简称《通知》），《通知》对函证工作提出了明确要求，并规定：各商业银行、政策性银行、非银行金融机构要在收到询证函之日起 10 个工作日内，根据函证的具体要求，及时回函并可按照国家有关的规定收取询证费用；各有关企业或单位根据函证的具体要求回函。

函证银行存款余额是证实资产负债表所列银行存款是否存在的重要程序。通过向往来银行函证，注册会计师不仅可以了解企业资产的存在情况，还可了解企业账面反映所欠银行债务的情况，并有助于发现企业未入账的银行借款和未披露的或有负债情况。

注册会计师应当对银行存款（包括零余额账户和在本期内注销的账户）及与金融机构往来的其他重要信息实施函证程序，除非有充分的证据表明某一银行存款及与金融机构往来的其他重要信息对财务报表不重要且与之相关的重大风险很低的情况下，才可不实施函证程序。

如果不对这些项目实施函证程序，注册会计师应当在审计工作底稿中说明理由。

注册会计师需要考虑是否对在本期内注销的账户的银行进行函证，这通常是因为有可能存款账户已注销但仍有银行借款或其他负债存在。【范例 15-1】列示了银行询证函格式，供参考。

【范例 15-1】银行询证函

银行询证函

编号：

××（银行）：

本公司聘请的××会计师事务所正在对本公司××年度财务报表进行审计，按照《中国注册会计师审计准则》的要求，询证本公司与贵行相关的信息。下列信息出自本公司记录，如与贵行记录相符，请在本函下端"信息证明无误"处签单证明；如有不符，请在"信息不符"处列明不符项目及具体内容；如存在与本公司有关的未列入本函的其他重要信息，也请在"信息不符"处列出其详细资料。回函请直接寄到××会计师事务所。

回函地址：　　　　　　　　　　　　　邮编：

电话：　　　　　　　　传真：　　　　　联系人：

截至××年××月××日，本公司与贵行相关的信息列示如下：

1. 银行存款

账户名称	银行账号	币种	利率	余额	起止日期	是否被质押、用于担保或存在其他使用限制	备注

除上述列示的银行存款外，本公司并无在贵行的其他借款。

注："起止日期"一栏仅适用于定期存款，如为活期或保证金存款，可只填写"活期"或"保证金"字样。

2. 银行借款

借款人 名称	币种	本息 余额	借款 日期	到期 日期	利率	借款 条件	抵押品 担保人	备注

除上述列示的银行借款外，本公司并无在贵行的其他借款。

注：此项仅函证截至资产负债表日本公司尚未归还的借款。

3. 截至函证日之前12个月内注销的账户

账户名称	银行账号	币种	注销账户日期

除上述列示的账户外，本公司并无截至函证日之前12个月内在贵行注销的其他账户。

4. 委托存款

账户名称	银行账号	借款方	币种	利率	余额	存款起止日期	备注

除上述列示的委托存款外，本公司并无通过贵行办理的其他委托存款。

5. 委托贷款

账户名称	银行账号	资金 使用方	币种	利率	本金	利息	贷款起止日期	备注

除上述列示的委托贷款外，本公司并无通过贵行办理的其他委托贷款。

6. 担保

（1）本公司为其他单位提供的、以贵行为担保受益人的担保。

被担 保人	担保 方式	担保 金额	担保 期限	担保 事由	担保合同 编号	被担保人与贵行就担保事项往来的 内容（借款等）	备注

除上述列示的担保外，本公司并无其他以贵行为担保受益人的担保。

注：如采用抵押或质押方式提供担保的，应在备注中说明抵押物或质押物情况。

（2）贵行向本公司提供的担保

被担保人	担保方式	担保金额	担保期限	担保事由	担保合同编号	被担保人与贵行就担保事项往来的内容（借款等）	备注

除上述列示的担保外，本公司并无贵行提供的其他担保。

7. 本公司名称为出票人且由贵行承兑而尚未支付的银行承兑汇票

银行承兑汇票	票面金额	出票日	到期日

除上述列示的银行承兑汇票外，本公司并无由贵行承兑而尚未支付的其他银行承兑汇票。

8. 本公司向贵行已贴现而尚未到期的商业汇票

商业汇票号码	付款人名称	承兑人名称	票面金额	票面利率	出票日	到期日	贴现日	贴现率	贴现净额

除上述列示的商业汇票外，本公司并无向贵行已贴现而尚未到期的其他商业汇票。

9. 本公司为持票人且由贵行托收的商业汇票

商业汇票号码	承兑人名称	票面金额	出票日	到期日

除上述列示的商业汇票外，本公司并无由贵行托收的其他商业汇票。

10. 本公司为申请人，由贵行开具的、未履行完毕的不可撤销信用证

信用证号码	受益人	信用证金额	到期日	未使用金额

除上述列示的不可撤销信用证外，本公司并无由贵行开具的、未履行完毕的其他不可撤销信用证。

11. 本公司与贵行之间未履行完毕的外汇买卖合约

类别	合约号码	买卖币种	未履行的合约买卖金额	汇率	交收日期
贵行卖予本公司					
本公司卖予贵行					

除上述列示的外汇买卖合约外，本公司并无与贵行之间未履行完毕的其他外汇买卖合约。

12. 本公司存放于贵行的有价证券或其他产权文件

有价证券或其他产权文件名称	产权文件编号	数量	金额

除上述列示的有价证券或其他产权文件外，本公司并无存放于贵行的其他有价证券或其他产权文件。

注：此项不包括本公司存放在贵行保管箱中的有价证券或其他产权文件。

13. 其他重大事项

注：此项应填列注册会计师认为重大且应予函证的其他事项，如信托存款等；如无则应填写"不适用"。

（公司盖章）

年　月　日

以下仅供被询证银行使用

结论：1. 信息证明无误。
（银行盖章） 经办人：　　　　　　　　　　　年　月　日
2. 信息不符，请列示不符项目及具体内容（对于在本函前述第 1 项至第 13 项中漏列的其他重要信息，请列出详细资料）。
（银行盖章） 经办人：　　　　　　　　　　　年　月　日

6. 检查银行存款账户存款人是否为被审计单位

若存款人非被审计单位，应获取该账户户主和被审计单位的书面声明，确认资产负债表日是否需要提请被审计单位进行调整。

7. 关注是否存在质押、冻结等对变现有限制或存在境外款项

如果存在，是否已提请被审计单位作必要的调整和披露。

8. 对不符合现金及现金等价物条件的银行存款在审计工作底稿中予以列明，以考虑对现金流量表的影响

9. 抽查大额银行存款收支的原始凭证

检查原始凭证是否齐全、记账凭证与原始凭证是否相符、账务处理是否正确、是否记录于恰当的会计期间等项内容。检查是否存在非营业目的的大额货币资金转移，并核对相关账户的进账情况；如有与被审计单位生产经营无关的收支事项，应查明原因并作相应的记录。

10. 检查银行存款收支的截止是否正确

选取资产负债表日前后若干张、一定金额以上的凭证实施截止测试，关注业务内容及对应项目，如有跨期收支事项，应考虑是否提请被审计单位进行调整。

11. 检查银行存款是否在财务报表中做出恰当列报

根据有关规定，企业的银行存款在资产负债表的"货币资金"项目中反映，所以，注册会计师应在实施上述审计程序后，确定银行存款账户的期末余额是否恰当，进而确定银行存款是否在资产

负债表中被恰当披露。此外，如果企业的银行存款存在抵押、冻结等使用限制情况或者潜在回收风险，注册会计师应关注企业是否已经恰当披露有关情况。

【实例 15-1】审计师对 XY 公司 2014 年度财务报表的货币资金进行审计，实施的部分审计程序如下：

（1）2015 年 2 月 4 日对 XY 公司全部现金进行盘点监盘后，确认实有现金数额为 980 元。XY 公司 2 月 3 日账面库存现金余额为 1 600 元，2 月 4 日发生现金收支尚未登记入账，其中收入现金为 2 800 元，支出现金为 3 700 元。2015 年 1 月 1 日至 2 月 3 日现金收入总额为 157 880 元，现金支出总额为 158 180 元。

（2）取得 2014 年 12 月 31 日的银行存款调节表。

（3）向所有开户银行寄发询证函，并直接收取寄回的询证函回函。

（4）取得开户银行 2015 年 1 月 31 日的银行对账单。

问：

（1）2014 年 12 月 31 日的库存现金余额是多少？

（2）审计师向开户银行进行函证的作用有哪些？

（3）审计师应采取什么方式才能直接收回开户银行的询证函？目的是什么？

（4）审计师取得银行存款余额调节表后，应检查哪些内容？

（5）审计师索取 2015 年 1 月 31 日的银行对账单，能证实 2014 年 12 月 31 日银行存款余额调节表的哪些内容？

【解析】

（1）2014 年 12 月 31 日的库存现金余额=980+（158 180+3 700）-（157 880+2 800）=2 180（元）。

（2）审计师向银行函证，不仅查明公司的银行存款、借款的存在，而且可以发现企业未登记入账的银行存款、借款。

（3）询证函内应指明回函直接寄往审计师所在的会计师事务所，或在询证函内附上贴足邮票的以审计师所在的会计师事务所为回函地址的信封。审计师直接收回开户银行询证函的目的是为防止公司截留或更改回函。

（4）审计师应检查银行存款余额调节表中未达账项的真实性，以及资产负债表日后的入账情况。

（5）审计师索取开户银行 2015 年 1 月 31 日的银行对账单，可以证实银行存款余额调节表上在途存款和未兑现支票的真实性。

知识链接-15

思考题

❖❖❖

1. 货币资金审计的固有风险为什么比较高？

2. 简述货币资金业务的特性。

3. 简述货币资金的内部控制。

4. 简述货币资金控制测试的程序。

5. 简述库存现金审计的目标。

6. 简述库存现金盘点的特点和程序。

7. 简述现金盘点和存货盘点的区别。

8. 审查银行存款余额调节表能否直接验证期末存款余额的真实性？

9. 函证银行存款可以同时达到哪些目的？

10. 简述银行存款余额调节表的审查要点。

关键术语

银行存款余额调节表	Bank Reconciliation
现金等价物	Cash Equivalents
银行对账单	Bank Statement
银行询证函	Bank Conformation

第三篇

终结审计

第十六章 | 完成审计工作

【教学目标】

通过对本章的学习，使学生了解审计师在审计完成阶段工作的意义和主要内容；掌握期后事项和有关事项对财务报表的影响及审计程序；了解审计师如何获取作为审计证据的管理层声明。

【引例】

案例简介

台湾某农畜产品公司总资产约为3 500万美元，主要营业项目为牛、猪等的畜牧养殖业。1997年度财务报表的核查于1998年3月15日完成外勤工作，一切都在预期与掌握之中，预定同年3月25日可签发无保留意见的查核报告书。然而在印刷、校稿过程中，突然于3月18日报纸上头版新闻出现斗大标题《台湾某县发现口蹄疫》。据报道，这是我国台湾70年来首次发生重大疫情，并有扩大之趋势。同时只要是偶蹄类动物，皆有感染的可能。此后几天，疫情不断扩大，不到一星期已蔓延至全台湾地区。此时，注册会计师的工作正处于外勤工作结束、报告尚未签发的尴尬期中。为使查核报告书不至误导使用者，同时也为了明确注册会计师的法律责任，因此注册会计师开始与事务所内高级主管研究，并列出可能情况的推论。此时，台湾当局已开始屠杀并焚化病死牛、猪等偶蹄类动物。按通常情况，只要某一养殖场发现病例，该养殖场牲畜便无一幸免。具体情况如下：

（一）该公司存货中除养殖鱼及牧草不受影响外，无论是种牛、种猪、肉牛、肉猪，皆在口蹄疫侵袭之列。计算该项存货总账面价值，约占总资产的40%、流动资产的73%。因此，据以往准则记载，此案属重大事件。此时，不只企业面临高风险的经营环境，签字注册会计师稍一不慎便可能触犯一般公认审计准则。经会计师事务所慎重研究，认为除了存货价值评价外还涉及或有事项、期后事项、非常损益等会计及审计问题，甚至涉及继续经营假设的质疑等。

（二）对此案从两个基本方面加以分析，一方面，若是未感染时，此时农政单位已发布一系列防治方法及疫苗注射措施，拥有台湾最大养猪场的台湾糖业公司宣称由于平日防疫措施得当，一直未发现其散布于全省各地的养猪场有任何病例。依照惯例，只要防疫措施得当，便可视同正常情况看待。问题在于如何取得足够充分切实的证据证明"防疫措施得当"，以便注册会计师签发的专业意见报告书可作恰当的表达，而无任何财务状况及经营成果上的疑虑。另一方面，如果情况与上述相反，下述问题便会接踵而至：

（1）总资产的40%可能一夕之间全数当成损失，其金额高达140万美元。

（2）该项损失是期后事项否？如若不是，那么是否为潜在损失？是否属于或有损失？若是，程度如何？程度严重否？并如何在审计报告中表达？这一系列问题都需要注册会计师认真加以考虑。

（3）若损失严重时，该项损失究竟是否列入非常损益项目？如果是，该公司是否有继续经营能力？是否应考虑继续经营假设会受质疑？

（三）为收集充分且适当的证据以支持专业意见，尚需解决下述三个问题：

（1）如何证明未感染，并无任何之感染？

（2）即使未感染，难道不是或有事项吗？

（3）期后才发生，应否表达于1997年报表或附注内？

（四）开始从准则中寻找对策，从法律及会计、审计专业上寻求答案，并随时注意疫情发展。

注册会计师在此案中的工作

（一）先查阅工作底稿中计算资产负债表日之成本市价孰低法下的存货评价，结果并无重大差异，显然该日并无有关市价重大波动。

（二）以3月31日的市价为基础计算存货跌价损失，因为期后事项的存货价值评价有其需要，并着手撰写期后事项附注内容。

（三）着手整理应增加的审计程序

（1）与客户深入讨论本案，并做出以下结论：

① 双方同意本案为重大事项且属于或有及期后事项中的重大损失。

② 双方同意需增加必要的审计程序并延长审计报告签发日至4月5日。该审计程序如期后事项的重大损失先行估计，因为无论或有事项或期后事项都必须在报表或附注甚至审计报告中作必要的计算及说明。

③ 双方同意审计报告可能会因为增加审计程序而有所改变。简而言之，可能会签发无保留意见，即使签发无保留意见也需要加上解释说明段。

④ 双方同意着手收集防疫措施的文件及收集证据证明该公司的农场未感染口蹄疫。

（2）与客户达成协议：

① 双方共同派员收集及复核所有"未受感染"的证据。

② 客户提供已执行的防疫措施。包括：a. 已预计于月底（3月31日）以前将4万余只牲畜全数注射疫苗；b. 取得彰化县农业课证实该场已全部注射疫苗的书面证明，其副本供本所列入底稿；c. 进出农场的管制措施已全面实施；d. 所有进入农场工作人员须穿着防护衣，并且其车辆皆须喷洒药剂；e. 所有牲畜已依照大小分区隔离，相关隔离措施已有效实施，避免出现一旦部分感染全部受灾的情况。

③ 参考疫情单位发布的防疫措施要点，并逐一核对是否执行？并由双方共同派员逐一检查，其中包含财务、场长、检疫、兽医人员等。

④ 聘请中兴大学畜牧系教授以专家身份评估该农场在此防疫措施下可能遭受感染的专家意见。注册会计师凭此专家意见，列入工作底稿以便表示意见时有足够支持性文件，此项聘请及费用负担由本所支付以维护审计的独立性。

（3）商讨继续经营的可能性。几经讨论与争辩，公司方面极力认为无此最坏的可能。其认为农场经过隔离后即使某一分区猪只遭受感染也不会殃及其他分区，因此不会步入无法经营的绝境。对于这点注册会计师在无反面证据的情况下，也无法当面反驳，以专业讨论立场说明第16号审计准则对于"继续经营假设"需做评估。并说明该准则第3条所列"未投保的重大资产产生损失或灭失时，继续经营可能无法成立"在本案适用的可能性，但在心态上仍不希望发生。

（4）工作执行的结果。经过实施上述程序并复核所留下文件，并详细讨论中兴大学畜牧系教授的书面意见，最终做出发生机会不大的结论。至此，方完成增加的审计程序及作以下的结论，并签发附解释说明段的无保留意见审计报告。

① 期后事项的损失约为390万美元。因属70年来的首例且为台湾当局迁台以来未曾发生的疫情，故以未实现损失估列并以非常损益项目列示以有别于经常性之经营成果。

② 附注中说明仍有或有事项存在，因无充足证据证明已经感染且公司已经执行一系列有效的防疫措施。根据专家意见此项防疫措施应可防止疫情扩大。

③ 注册会计师的审计报告附加解释说明段，将本事件中的或有事项与期后事项作明确的划分，其中期后事项已估列存货跌价损失计若干，列于非常损益项下。或有事项因已作相当的防疫措施，根据专家意见发生感染概率较低。

④ 最后在双方满意各自目的下，完成本案的审计工作。

注册会计师事后的思考

本案例是在偶然情况下被迫面对这种情况而产生的，在执行本案例过程中主要的困惑在于考虑会计学与注册会计师的各项问题的冲突。因此，除了注册会计师专业技能的提高外，报表提供者与使用者的有关财务会计知识亦应做相应的提升。而三者对于财务报表先天性的限制及其缺陷应有共同的了解，社会应在这方面达成共识而降低许多社会成本。

第一节 | 特殊项目审计

财务报表审计中，除按业务循环完成各财务报表项目的审计测试之外，还需对一些特殊项目实施相应的审计测试，以便确定其对财务报表及审计报告的影响，如考虑被审计单位的持续经营假设的合理性、期后事项和或有事项的审计。

一、考虑持续经营假设

持续经营假设是指被审计单位在编制财务报表时，假定其经营活动在可预见的将来会继续下去，不拟也不必终止经营或破产清算，可以在正常的经营过程中变现资产、清偿债务。持续经营假设是会计确认和计量的四项基本假定之一，对财务报表的编制和审计关系重大。是否以持续经营假设为基础编制财务报表，对会计确认、计量和列报将产生很大影响。例如，对于固定资产，企业在持续经营假设基础上，以历史成本计价，并在预计使用年限内对该项资产计提折旧。通过此方式，可将资产的成本分摊到不同期间的费用中去，据以核算各个期间的损益。如果这一假设不再成立，该项资产应以清算价格计价。

通用目的财务报表是在持续经营基础上编制的，除非管理层计划将被审计单位予以清算或终止经营，或者除此之外没有其他现实可行的选择。特殊目的财务报表可以根据需要按照（或不按照）以持续经营为基础的财务报告编制基础编制（例如，在特定国家或地区，持续经营基础与某些按照计税核算基础编制的财务报表无关）。

（一）管理层的责任和注册会计师的责任

1. 管理层的责任

某些适用的财务报告编制基础明确要求管理层对持续经营能力做出评估，并规定了与此相关的需要考虑的事项和做出的披露。相关法律法规还可能对管理层评估持续经营能力的责任和相关财务报表披露做出具体规定。

而其他财务报告编制基础可能没有明确要求管理层对持续经营能力做出评估。但由于持续经营假设是编制财务报告的基本原则，即使其他财务报告编制基础没有对此做出明确规定，管理层也需要在编制财务报告时评估持续经营能力。

管理层对持续经营能力的评估涉及在特定时点对事项或情况的未来结果做出判断，这些事项或情况的未来结果具有固有不确定性。下列因素与管理层的判断相关：

（1）某一事项或情况或其结果出现的时点距离管理层做出评估的时点越远，与事项或情况的结果相关的不确定性程度将显著增加。因此，明确要求管理层对持续经营能力做出评估的大多数财务报告编制基础可能规定了管理层应当考虑所有可获得信息的期间。

（2）被审计单位的规模和复杂程度、经营活动的性质和状况以及被审计单位受外部因素影响的程度，将影响对事项或情况的结果做出判断。

（3）对未来的所有判断都以做出判断时可获得的信息为基础。管理层做出的判断在当时情况下可能是合理的，但之后发生的事项可能导致事项或情况的结果与做出的判断不一致。

2. 注册会计师的责任

在执行财务报告审计业务时，注册会计师的责任是就管理层在编制和列报财务报表时运用持续经营假设的适当性获取充分、适当的审计证据，并就持续经营能力是否存在重大不确定性得出结论。即使编制财务报表时采用的财务报告编制基础没有明确要求管理层对持续经营能力做出专门评估，注册会计师的这种责任仍然存在。

如果存在可能导致被审计单位不再持续经营的未来事项或情况，审计的固有限制对注册会计师发现重大错报能力的潜在影响会加大。注册会计师不能对这些未来事项或情况做出预测。相应地，注册会计师未在审计报告中提及持续经营的不确定性，不能被视为对被审计单位持续经营能力的保证。

（二）风险评估程序和相关活动

在按照《中国注册会计师审计准则第 1211 号——通过了解被审计单位及其环境识别和评估重大错报风险》的规定实施风险评估程序时，注册会计师应当考虑是否存在可能导致对被审计单位持续经营能力产生重大疑虑的事项或情况，并确定管理层是否已对被审计单位持续经营能力做出初步评估。

如果管理层已对持续经营能力做出初步评估，注册会计师应当与管理层进行讨论，并确定管理层是否已识别出单独或汇总起来可能导致对被审计单位持续经营能力产生重大疑虑的事项或情况；如果管理层已识别出这些事项或情况，注册会计师应当与其讨论应对计划；如果管理层未对持续经营能力做出初步评估，注册会计师应当与管理层讨论其拟运用持续经营假设的基础，询问管理层是否存在单独或汇总起来可能导致对被审计单位持续经营能力产生重大疑虑的事项或情况。

在计划审计工作和实施风险评估程序时，注册会计师应当考虑是否存在可能导致对持续经营能力产生重大疑虑的事项或情况及相关的经营风险，评价管理层对持续经营能力做出的评估，并考虑已识别的事项或情况对重大错报风险评估的影响。

被审计单位在财务、经营以及其他方面存在的某些事项或情况可能导致经营风险，这些事项或情况单独或连同其他事项或情况可能导致对持续经营假设产生重大疑虑。

1. 财务方面

被审计单位在财务方面存在的可能导致对持续经营假设产生重大疑虑的事项或情况主要包括：

（1）净资产为负或营运资金出现负数。资不抵债有可能使被审计单位在近期内无法偿还到期债务，从而引发债务危机。

（2）定期借款即将到期，但预期不能展期或偿还，或过度依赖短期借款为长期资产筹资。过度依赖短期借款为长期资产筹资，将使被审计单位长期面临巨大的短期偿债压力，如果无法及时偿还到期债务，将陷入财务困境。

（3）存在债权人撤销财务支持的迹象。如果被审计单位不再能够获得供应商正常商业信用，就意味着无法通过赊购取得生产经营所必需的原材料或其他物资，现金偿付压力巨大。一旦资金短缺，生产经营就有可能中断。

（4）历史财务报表或预测性财务报表表明经营活动产生的现金流量净额为负数。如果被审计单位的营运资金以及经营活动产生的现金流量净额出现负数，表明被审计单位的现金流量可能不能有效维持正常的生产经营，从而影响被审计单位的盈利能力和偿债能力，降低其在市场竞争中的信用等级，最终可能因资金周转困难而导致破产。

（5）关键财务比率不佳。

（6）发生重大经营亏损或用以产生现金流量的资产的价值出现大幅下跌。经营亏损可能是由于被审计单位经营管理不善引起的，也可能是行业整体不景气造成的。巨额经营亏损可能意味着被审计单位丧失盈利能力，并导致其持续经营能力存在着重大的不确定性。

（7）拖欠或停止发放股利。

（8）在到期日无法偿还债务。

（9）无法履行借款合同的条款。为了保证贷款的安全，银行往往在借款合同中订有诸如流动资金保持量、资本支出的限制等条款。一旦被审计单位无法履行这些条款，银行为保全其债权，就有可能要求被审计单位提前偿还借款，从而导致被审计单位的资金周转出现困难。

（10）与供应商由赊购变为货到付款。

（11）无法获得开发必要的新产品或进行其他必要的投资所需的资金。被审计单位无法获得必需的资金，则没有能力在盈利前景良好的项目上进行投资并获取未来收益。当现有产品失去市场竞争力时，将直接影响到被审计单位的盈利能力，从而对被审计单位的持续经营能力产生重大影响。

2. 经营方面

被审计单位在经营方面存在的可能导致对持续经营假设产生重大疑虑的事项或情况主要包括：

（1）管理层计划清算被审计单位或终止经营。

（2）关键管理人员离职且无人替代。通常，关键管理人员负责管理企业的日常经营活动，在被审计单位中起着重要作用，如果关键管理人员离职且无人替代，则会对被审计单位的经营活动产生重大不利影响，从而使持续经营能力存在重大的不确定性。

（3）失去主要市场、关键客户、特许权、执照或主要供应商。如果被审计单位失去主要市场、关键客户、特许权、执照或主要供应商，表明其在销售、经营和采购方面将面临极大困境，从而影响其持续经营能力。

（4）出现用工困难问题。一些企业的生产经营高度依赖于科技研发人员、技术熟练工人等，比如软件开发公司从事软件设计的关键人员。如果企业缺乏这些对持续经营具有决定性影响的人力资源，将可能无法持续经营。

（5）重要供应短缺。一些企业的生产经营高度依赖于重要原材料供应，一旦短缺，企业将可能无法持续经营。

（6）出现非常成功的竞争者。一旦出现非常成功的竞争者，将可能对企业产品市场、原材料供应、关键管理人员和重要员工的稳定性等诸多方面产生影响，进而可能影响企业的持续经营能力。

3. 其他方面

被审计单位在其他方面存在的可能导致对持续经营假设产生重大疑虑的事项或情况主要包括：

（1）违反有关资本或其他法定要求。被审计单位在生产经营过程中如果严重违反有关法律法规或政策，则有可能被有关部门撤销或责令关闭，或被处以较大数额的罚款，这将导致被审计单位无法持续经营或对其持续经营能力产生重大影响。

（2）未决诉讼或监管程序，可能导致其无法支付索赔金额。未决诉讼或监管程序可能导致企业财产被冻结或被有关部门责令停产整改，也可能导致其无法支付索赔金额，从而影响其持续经营。

（3）法律法规或政府政策的变化预期会产生不利影响。例如，被审计单位的利润和现金流量主要来自于对境外子公司的投资分得的红利。如果该子公司所在国家加强了外汇管制，被审计单位能否收到红利存在重大不确定性，就可能影响其持续经营。

（4）对发生的灾害未购买保险或保额不足。不可抗力因素超出了企业可控制和预测的范围，企业可能因此无法开展正常的经营活动，从而导致无法持续经营。

需要说明的是，以上是单独或汇总起来可能导致对持续经营假设产生重大疑虑的事项或情况的示例。这些示例并不能涵盖所有事项或情况，也不意味着存在其中一个或多个项目就一定表明存在重大不确定性，就必然导致被审计单位无法持续经营。某些措施通常可以减轻这些事项或情况的严重性，注册会计师对此应做出职业判断。例如，被审计单位无法正常偿还债务的影响，可能被管理层通过替代方法（如处置资产、重新安排贷款偿还或获得额外资本金计划）保持足够的现金流量所抵消。类似地，主要供应商的流失也可以通过寻找适当的替代供应来源以降低损失。在这种情况下，注册会计师不一定会得出被审计单位无法持续经营的结论。

针对有关可能导致对被审计单位持续经营能力产生重大疑虑的事项或情况的审计证据，注册会计师应当在整个审计过程中保持警觉。注册会计师对此类事项或情况的考虑应当随着审计工作的开展而不断深入。如果被审计单位存在资不抵债、无法偿还到期债务等事项或情况，这可能表明被审计单位存在因持续经营问题导致的重大错报风险，该项风险与财务报表整体广泛相关，从而会影响多项认定。

（三）评价管理层对持续经营能力做出的评估

任何企业都可能面临终止经营的风险，因此，管理层应当定期对其持续经营能力做出分析和判断，确定以持续经营假设为基础编制财务报表的适当性。管理层对被审计单位持续经营能力的评估，是注册会计师考虑管理层运用持续经营假设的一个关键部分。注册会计师应当评价管理层对持续经营能力做出的评估。

1. 管理层评估涵盖的期间

在评价管理层对被审计单位持续经营能力做出的评估时，注册会计师的评价期间应当与管理层按照适用的财务报告编制基础或法律法规（如果法律法规要求的期间更长）的规定做出评估的涵盖期间相同。

大多数明确要求管理层做出评估的财务报告编制基础都详细规定了管理层需要在多长期间考虑所有可获得的信息。持续经营假设是指被审计单位在编制财务报表时，假定其经营活动在可预见的将来会继续下去，而可预见的将来通常是指财务报表日后 12 个月。因此，管理层对持续经营能力的合理评估期间应是自财务报表日起的下一个审计期间。如果管理层评估持续经营能力涵盖的期间短于自财务报表日起的 12 个月，注册会计师应当提请管理层将其至少延长至自财务报表日起的 12 个月。

2. 管理层的评估、支持性分析和注册会计师的评价

纠正管理层缺乏分析的错误不是注册会计师的责任。在某些情况下，管理层缺乏详细分析以支持其评估，可能不妨碍注册会计师确定管理层运用持续经营假设是否适合具体情况。例如，如果被审计单位具有盈利经营的记录并很容易获得财务支持，管理层可能不需要进行详细分析就能做出评估。在这种情况下，如果其他审计程序足以使注册会计师认为管理层在编制财务报表时运用的持续经营假设适合具体情况，注册会计师可能无须实施详细的评价程序，就可以对管理层评估的适当性得出结论。

在其他情况下，注册会计师评价管理层对被审计单位持续经营能力所作的评估，可能包括评价管理层做出评估时遵循的程序、评估依据的假设、管理层的未来应对计划以及管理层的计划在当前情况下是否可行。

在评价管理层做出的评估时，注册会计师应当考虑管理层做出评估的过程、依据的假设以及应对计划。注册会计师应当考虑管理层做出的评估是否已考虑所有相关信息，其中包括注册会计师实施审计程序获取的信息。

管理层的评估所遵循的程序包括对可能导致对其持续经营能力产生重大疑虑的事项或情况的识别、对相关事项或情况结果的预测、对拟采取改善措施的考虑和计划以及最终的评情结论。在考虑管理层的评估程序时，注册会计师应当关注管理层是如何识别可能导致对其持续经营能力产生重大疑虑的事项或情况的，所识别的事项或情况是否完整，是否已对注册会计师在实施审计程序过程中发现的所有相关信息进行了充分考虑。

在考虑管理层做出的评估所依据的假设时，注册会计师应当考虑管理层对相关事项或情况结果的预测所依据的假设是否合理，并特别关注具有以下几类特征的假设：①对预测性信息具有重大影响的假设；②特别敏感的或容易发生变动的假设；③与历史趋势不一致的假设。注册会计师应当基于对被审计单位的了解，比较以前年度的预测与实际结果、本期的预测和截至目前的实际结果。如

果发现某些因素的影响尚未反映在相关预测中，注册会计师应当与管理层讨论这些因素，必要时，要求管理层对相关预测所依据的假设做出修正。

（四）超出管理层评估期间的事项或情况

可能存在着已知的事项（预定的或非预定的）或情况，是超出管理层评估期间发生的，可能导致注册会计师对管理层编制财务报表时运用持续经营假设的适当性产生怀疑。注册会计师需要对存在这些事项或情况的可能性保持警觉。由于事项或情况发生的时点距离做出评估的时点越远，与事项或情况的结果相关的不确定性的程度也相应增加，因此在考虑更远期间发生的事项或情况时，只有持续经营事项的迹象达到重大时，注册会计师才需要考虑采取进一步措施。如果识别出这些事项或情况，注册会计师可能需要提请管理层评价这些事项或情况对于其评估被审计单位持续经营能力的潜在重要性。

除询问管理层外，注册会计师没有责任实施其他任何审计程序，以识别超出管理层评估期间并可能导致对被审计单位持续经营能力产生重大疑虑的事项或情况。

（五）识别出事项或情况时实施追加的审计程序

如果识别出可能导致对持续经营能力产生重大疑虑的事项或情况，注册会计师应当通过实施追加的审计程序（包括考虑缓解因素）获取充分、适当的审计证据，以确定是否存在重大不确定性。

这些程序应当包括：

（1）如果管理层尚未对被审计单位持续经营能力做出评估，提请其进行评估。

如果管理层没有对持续经营能力做出初步评估，注册会计师应当与管理层讨论运用持续经营假设的理由，询问是否存在导致对持续经营能力产生重大疑虑的事项或情况，并提请管理层对持续经营能力做出评估。

（2）评价管理层与经营能力评估相关的未来应对计划，这些计划的结果是否可能改善目前的状况，以及管理层的计划对于具体情况是否可行。

评价管理层未来应对计划可能包括向管理层询问该计划。管理层的应对计划可能包括管理层变卖资产、对外借款、重组债务、削减或延缓开支或者获得新的资本。

（3）如果被审计单位已编制现金流量预测，且对预测的分析是评价管理层未来应对计划时考虑的事项或情况的未来结果的重要因素，评价用于编制预测的基础数据的可靠性，并确定预测所基于的假设是否具有充分的支持。

此外，注册会计师还可能：①将最近若干期间的预测性财务信息与实际结果相比较；②将本期预测性财务信息与截至目前的实际结果相比较。

如果管理层的假设包括第三方通过放弃贷款优先求偿权、承诺保持或提供补充资金或担保等方式向被审计单位提供持续的支持，且这种支持对于被审计单位的持续经营能力很重要，注册会计师可能需要考虑要求该第三方提供书面确认（包括条款和条件），并获得有关该第三方有能力提供这种支持的证据。

（4）考虑自管理层做出评估后是否存在其他可获得的事实或信息。

（5）要求管理层和治理层（如适用）提供有关未来应对计划及其可行性的书面声明。

如果合理预期不存在其他充分、适当的审计证据，注册会计师应当就对财务报表有重大影响的事项向管理层和治理层（如适用）获取书面声明。

由于管理层就持续经营能力而提出的应对计划和其他缓解措施通常基于假设基础之上，注册会计师在进行评价时，取得的审计证据多为说服性而非结论性的，因此，注册会计师应当向管理层获取有关应对计划的书面声明。

此外，尽管被审计单位当前可能是营利的，但一些特殊的事项或情况可能导致被审计单位发生重大损失。为避免诸如诉讼事项可能发生的巨额赔偿支出，管理层将会考虑主动寻求破产保护。在这种情况下，获取管理层和治理层（如适用）声明是非常有必要的。注册会计师可以要求管理层和治理层（如适用）做出如下声明："在财务报表日起的 12 个月内，管理层和治理层（如适用）没有申请破产保护的计划。"

（六）审计结论与报告

注册会计师应当根据获取的审计证据，运用职业判断，确定是否存在与事项或情况相关的重大不确定性（但这些事项或情况单独或汇总起来可能导致对被审计单位持续经营能力产生重大疑虑）并考虑对审计意见的影响。

如果注册会计师根据职业判断认为，鉴于不确定性潜在影响的重要程度和发生的可能性，为了使财务报表实现公允反映，有必要适当披露该不确定性的性质和影响，则表明存在重大不确定性。

1. 被审计单位运用持续经营假设适当但存在重大不确定性

如果认为运用持续经营假设适合具体情况，但存在重大不确定性，注册会计师应当确定：

（1）财务报表是否已充分描述可能导致对持续经营能力产生重大疑虑的主要事项或情况，以及管理层针对这些事项或情况的应对计划；

（2）财务报表是否已清楚披露可能导致对持续经营能力产生重大疑虑的事项或情况存在重大不确定性，并由此导致被审计单位可能无法在正常的经营过程中变现资产和清偿债务。

如果财务报表已做出充分披露，注册会计师应当发表无保留意见，并在审计报告中增加与持续经营相关的重大不确定事项段，强调可能导致对持续经营能力产生重大疑虑的事项或情况存在重大不确定性的事实，提醒财务报表使用者关注财务报表附注中对有关事项的披露。例如：

强调事项

我们提醒财务报表使用者关注，如财务报表附注×所述，截至20××年12月31日，该公司当年发生净亏损×元，在20××年12月31日，该公司流动负债高于资产总额×元。这些情况连同附注×所示的其他事项，表明存在可能导致对该公司持续经营能力产生重大疑虑的重大不确定性。本段内容不影响已发表的审计意见。

当存在多项对财务报表整体具有重要影响的重大不确定性时，在极少数情况下，注册会计师可能认为发表无法表示意见而非增加强调事项段是适当的。原因在于，当被审计单位存在多项可能导致对其持续经营能力产生重大疑虑的事项或情况存在重大不确定性时，如果注册会计师难以判断财务报表的编制基础是否适合继续采用持续经营假设，应将其视为对审计范围构成重大限制，注册会计师应当考虑出具无法表示意见的审计报告，而不是在意见段之后增加强调事项段。例如：

（一）无法表示意见

我们接受委托，审计××股份有限公司财务报表，包括20××年12月31日的资产负债表，20××年度的利润表、现金流量表、股东权益变动表以及财务报表附注。

我们不对后附的××公司财务报表发表审计意见。由于"形成无法表示意见的基础"部分所述事项的重要性，我们无法获取充分、适当的审计证据以作为形成合并财务报表审计意见的基础。

（二）形成无法表示意见的基础

××公司已连续3个会计年度发生巨额亏损，主要财务指标显示其财务状况严重恶化，巨额逾期债务无法偿还，且存在巨额对外担保。截至审计报告日，该公司管理层在其书面评价中表示已开始采取包括债务重组、资产置换在内的多项措施；但由于该等措施正处于实施初期，我们无法获取充分、适当的审计证据以确证其能否有效改善××公司的持续经营能力，因此，无法判断该公司继续按照持续经营假设编制20××年度财务报表是否适当。

如果财务报表未做出充分披露，注册会计师应当恰当发表保留意见或否定意见。注册会计师应当在审计报告中说明，存在可能导致对被审计单位持续经营能力产生重大疑虑的重大不确定性。以下是注册会计师发表保留意见时相关段落的举例：

（一）保留意见

我们审计了××股份有限公司财务报表，包括20××年12月31日的资产负债表，20××年度的利润表、现金流量表、股东权益变动表以及财务报表附注。

我们认为，除"形成保留意见的基础部分"所述事项可能产生的影响外，后附的××公司财务报表在所有重大方面按照《企业会计准则》的规定编制，公允反映了××公司20××年12月31日的财务状况以及20××年度的经营成果和现金流量。

（二）形成保留意见的基础

该公司融资协议期满，且未偿付余额将于20××年3月19日到期。该公司未能重新商定协议或获取替代性融资。这种情况表明存在可能导致对该公司持续经营能力产生重大疑虑的重大不确定性。因此，该公司可能无法在正常经营过程中变现资产、清偿债务。财务报表（及其附注）并未对这一事实做出全面披露。

我们按照《中国注册会计师审计准则》的规定执行了审计工作。审计报告的"注册会计师对合并财务报表审计的责任"部分进一步阐述了我们在这些准则下的责任。按照《中国注册会计师职业道德守则》，我们独立于××公司，并履行了职业道德方面的其他责任。我们相信，我们获取的审计证据是充分、适当的，为发表保留意见提供了基础。

以下是注册会计师发表否定意见时相关段落的举例：

（一）否定意见

我们审计了××股份有限公司的财务报表，包括20××年12月31日的资产负债表，20××年度的利润表、现金流量表、股东权益变动表以及财务报表附注。

我们认为，由于"形成否定意见的基础"部分所述事项的重要性，后附的××公司财务报表没有在所有重大方面按照《企业会计准则》的规定编制，未能公允反映该公司20××年12月31日的财务状况以及20××年度的经营成果和现金流量。

（二）形成否定意见的基础

该公司融资协议期满，且未偿付余额于20××年12月31日到期。该公司未能重新商定协议或获取替代性融资，正在考虑申请破产。这些情况表明存在可能导致对该公司持续经营能力产生重大疑虑的重大不确定性，因此，该公司可能无法在正常经营过程中变现资产、清偿债务。财务报表（及其附注）并未披露这一事实。

我们按照《中国注册会计师审计准则》的规定执行了审计工作。审计报告的"注册会计师对合并财务报表审计的责任"部分进一步阐述了我们在这些准则下的责任。按照《中国注册会计师职业道德守则》，我们独立于××公司，并履行了职业道德方面的其他责任。我们相信，我们获取的审计证据是充分、适当的，为发表否定意见提供了基础。

2. 运用持续经营假设不适当

如果财务报表按照持续经营基础编制，而注册会计师运用职业判断认为管理层在编制财务报表时运用持续经营假设是不适当的，则无论财务报表中对管理层运用持续经营假设的不适当性是否做出披露，注册会计师均应发表否定意见。

如果在具体情况下运用持续经营假设是不适当的，但管理层被要求或自愿选择编制财务报表，则可以采用替代基础（如清算基础）编制财务报表。注册会计师可以对财务报表进行审计，前提是注册会计师确定替代基础在具体情况下是可接受的编制基础。如果财务报表对此做出了充分披露，注册会计师可以发表无保留意见，但也可能认为在审计报告中增加强调事项段是适当或必要的，以提醒财务报表使用者注意替代基础及其使用理由。

3. **严重拖延对财务报表的批准**

如果管理层或治理层在财务报表日后严重拖延对财务报表的批准，注册会计师应当询问拖延的原因。如果认为拖延可能涉及与持续经营评估相关的事项或情况，注册会计师有必要实施前述识别出可能导致对持续经营能力产生重大疑虑的事项或情况时追加的审计程序，并就存在的重大不确定性考虑对审计结论的影响。

二、期后事项的审计

企业的经营活动是连续不断、持续进行的，但财务报表的编制却是建立在"会计分期假设"基础之上的。也就是说，作为主要审计对象的财务报表，其编制基础不过是对连续不断的经营活动的一种人为划分。因此，注册会计师在审计被审计单位某一会计年度的财务报表时，除了对所审会计年度内发生的交易和事项实施必要的审计程序外，还必须考虑所审会计年度之后发生和发现的事项对财务报表和审计报告的影响，以保证一个会计期间的财务报表的真实性和完整性。

（一）期后事项的含义和种类

期后事项是指财务报表日至审计报告日之间发生的事项，以及注册会计师在审计报告日后知悉的事实。

财务报表可能受到财务报表日后发生的事项的影响。适用的财务报告编制基础通常专门提及期后事项，将其区分为下列两类：一是对财务报表日已经存在的情况提供证据的事项，即对财务报表日已经存在的情况提供了新的或进一步证据的事项，这类事项影响财务报表金额，需提请被审计单位管理层调整财务报表及与之相关的披露信息；二是对财务报表日后发生的情况提供证据的事项，即表明财务报表日后发生的情况的事项。这类事项虽不影响财务报表金额，但可能影响对财务报表的正确理解，需提请被审计单位管理层在财务报表附注中作适当披露。

审计报告的日期应向财务报表使用者表明，以使注册会计师考虑其知悉的、截至审计报告日发生的事项和交易的影响。

1. **财务报表日后调整事项**

这类事项既为被审计单位管理层确定财务报表日账户余额提供信息，也为注册会计师核实这些余额提供补充证据。如果这类期后事项的金额重大，应提请被审计单位对本期财务报表及相关的账户金额进行调整。诸如：

（1）财务报表日后诉讼案件结案，法院判决证实了企业在财务报表日已经存在现时义务，需要调整原先确认的与该诉讼案件相关的预计负债，或确认一项新负债。

例如，被审计单位由于某种原因在财务报表日前被起诉，法院于财务报表日后判决被审计单位应赔偿对方损失。因这一负债实际上在财务报表日之前就已存在，所以，如果赔偿数额比较大，注册会计师应考虑提请被审计单位调整或增加财务报表有关负债项目的金额，并加以说明。

（2）财务报表日后取得确凿证据，表明某项资产在财务报表日发生了减值或者需要调整该项资产原先确认的减值金额。

例如，被审计单位原先对某库存商品未计提存货跌价准备，在财务报表日后不久的销售情况显示其可变现净值低于库存商品期末成本，表明该库存商品在财务报表日发生了减值，需要在被审计单位的财务报表中补记该项存货的跌价准备。

又如，财务报表日被审计单位认为可以收回的大额应收款项，因财务报表日后债务人突然破产而无法收回。在这种情况下，债务人财务状况显然早已恶化，所以注册会计师应考虑提请被审计单位计提坏账准备或增加计提坏账准备，调整财务报表有关项目的金额。

（3）财务报表日后进一步确定了财务报表日前购入资产的成本或售出资产的收入。

例如，被审计单位在财务报表日前购入一项固定资产，并投入使用。由于购入时尚未确定准确的购买价款，故先以估计的价格考虑其达到预定可使用状态前所发生的可归属于该项固定资产的运输费、装卸费、安装费和专业人员服务费等因素暂估入账，并按规定计提固定资产折旧。如果在财务报表日后商定了购买价款，取得了采购发票，被审计单位就应该据此调整该固定资产原值。

（4）财务报表日后发现了财务报表舞弊或差错。

例如，在财务报表日以前，被审计单位根据合同规定所销售的商品已经发出，当时认为与该项商品所有权相关的风险和报酬已经转移，货款能够收回，按照收入确认原则确认了收入并结转了相关成本，即在财务报表日被审计单位确认为销售实现，并在财务报表上反映。但在财务报表日后至审计报告日之间所取得的证据证明该批已确认为销售的商品确实已经退回。如果金额较大，注册会计师应考虑提请被审计单位调整财务报表有关项目的金额。

利用期后事项审计以确认被审计单位财务报表所列金额时，应对财务报表日已经存在的事项和财务报表日后出现的事项严加区分，不能混淆。如果确认发生变化的事项直到财务报表日后才发生，就不应将财务报表日后的信息并入财务报表中去。

2. 财务报表日后非调整事项

这类事项因不影响财务报表日财务状况，而不需要调整被审计单位的本期财务报表。但如果被审计单位的财务报表因此可能受到误解，就应在财务报表中以附注的形式予以适当披露。

被审计单位在财务报表日后发生的，需要在财务报表中披露而非调整的事项通常包括：

（1）财务报表日后发生重大诉讼、仲裁、承诺。

（2）财务报表日后资产价格、税收政策、外汇汇率发生重大变化。

（3）财务报表日后因自然灾害导致资产发生重大损失。

（4）财务报表日后发行股票和债券以及其他巨额举债。

（5）财务报表日后资本公积转增资本。

（6）财务报表日后发生巨额亏损。

（7）财务报表日后发生企业合并或处置子公司。

（8）财务报表日后企业利润分配方案中拟分配的以及经审议批准宣告发放的股利或利润。

如图 16-1 所示，根据期后事项的上述定义，期后事项可以按时段分为三个时段：第一个时段是财务报表日后至审计报告日，我们可以把在这一期间发生的事项称为"第一时段期后事项"；第二个时段是审计报告日后至财务报表报出日，我们可以把这一期间发现的事项称为"第二时段期后事项"；第三个时段是财务报表报出日后，我们可以把这一期间发现的事项称为"第三时段期后事项"。

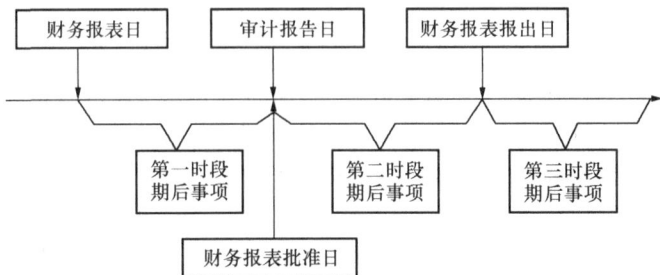

图 16-1 期后事项分段示意

图 16-1 中，财务报表日是指财务报表涵盖的最近期间的截止日期；财务报表批准日是指构成整套财务报表的所有报表（包括相关附注）已编制完成，并且被审计单位的董事会、管理层或类似机构已经认可其对财务报表负责的日期；财务报表报出日是指审计报告和已审计财务报表提供给第三方的日期。按照《中国注册会计师审计准则第 1501 号——对财务报表形成审计意见和出具审计报告》的规定，审计报告日不应早于注册会计师获取充分、适当的审计证据（包括管理层认可对财务报表的责任且已批准财务报表的证据），并在此基础上对财务报表形成审计意见的日期。因此，在实务中审计报告日与财务报表批准日通常是相同的日期。

（二）期后事项的审计

1. 主动识别财务报表日至审计报告日之间发生的事项

注册会计师应当设计和实施审计程序，获取充分、适当的审计证据，以确定所有在财务报表日至审计报告日之间发生的、需要在财务报表中调整或披露的事项均已得到识别。但是，注册会计师并不需要对之前已实施审计程序并已得出满意结论的事项执行追加审计程序。

财务报表日至审计报告日之间发生的期后事项属于第一时段期后事项。对于这一时段的期后事项，注册会计师负有主动识别的义务，应当设计专门的审计程序来识别这些期后事项，并根据这些事项的性质判断其对财务报表的影响，进而确定是进行调整还是披露。

（1）用以识别期后事项的审计程序

注册会计师应当按照审计准则的规定实施审计程序，以使审计程序能够涵盖财务报表日至审计报告日（或尽可能接近审计报告日）之间的期间。

通常情况下，针对期后事项的专门审计程序，其实施时间越接近审计报告日越好。越接近审计报告日，也就意味着离财务报表日越远，被审计单位这段时间内累积的对财务报表日已经存在的情况提供的进一步证据也就越多；越接近审计报告日，注册会计师遗漏期后事项的可能性也就越小。

在确定审计程序的性质和范围时，注册会计师应当考虑风险评估的结果。用以识别财务报表日至审计报告日之间期后事项的审计程序通常包括以下几个方面。

① 了解管理层为确保识别期后事项而建立的程序；

询问管理层和治理层（如适用），确定是否已发生可能影响财务报表的期后事项。注册会计师可以询问根据初步或尚无定论的数据做出会计处理的项目的现状，以及是否已发生新的承诺、借款或担保，是否计划出售或购置资产等；

② 查阅被审计单位的所有者、管理层和治理层在财务报表日后举行会议的纪要，在不能获取会议纪要的情况下，询问此类会议讨论的事项；

③ 查阅被审计单位最近的中期财务报表（如有）。

除这些审计程序外，注册会计师可能认为实施下列一项或多项审计程序是必要和适当的。

① 查阅被审计单位在财务报表日后最近期间内的预算、现金流量预测和其他相关的管理报告；

② 就诉讼和索赔事项询问被审计单位的法律顾问，或扩大之前口头或书面查询的范围；

③ 考虑是否有必要获取涵盖特定期后事项的书面声明以支持其他审计证据，从而获取充分、适当的审计证据。

（2）知悉对财务报表有重大影响的期后事项时的考虑

在实施上述审计程序后，如果注册会计师识别出对财务报表有重大影响的期后事项，应当确定这些事项是否按照适用的财务报告编制基础的规定在财务报表中得到恰当反映。

如果所知悉的期后事项属于调整事项，注册会计师应当考虑被审计单位是否已对财务报表做出适当的调整。如果所知悉的期后事项属于非调整事项，注册会计师应当考虑被审计单位的事项是否在财务报表附注中予以充分披露。

【实例 16-1】A 公司 2014 年报审计，审计报告日为 2015 年 3 月 5 日，对外公布财务报表为

3月25日。

（1）2014年5月30日A公司被告，12月31日A公司预计负债100万元，2015年3月1日结案赔款500万元。

（2）2014年12月31日A公司销售一批产品，已入账，2015年3月3日注册会计师获知该公司年前虚构销售，该产品未销售。试分析两种情况下注册会计师应采取的措施。

【解析】（1）此种情况下，注册会计师应主动识别该事项，收集相应的审计证据并提请管理层修改2014年的报表；如果A公司拒绝修改，注册会计师则应视其为2014年度财务报表重大错报处理，并考虑500万元未修改事项对审计报告的影响。

（2）此种情况下，对该事项注册会计师应主动识别、收集相应的审计证据，并提请管理层调整报表；如果A公司拒绝调整，注册会计师则应视其为2014年度财务报表重大错报处理，并考虑该虚构销售事项对审计报告的影响。

2. 被动识别审计报告日后至财务报表报出日前知悉的事项

在审计报告日后，注册会计师没有义务针对财务报表实施任何审计程序。审计报告日后至财务报表报出日前发现的事实属于"第二时段期后事项"，注册会计师针对被审计单位的审计业务已经结束，要识别可能存在的期后事项比较困难，因而无法承担主动识别第二时段期后事项的审计责任。但是，在这一阶段，被审计单位的财务报表尚未报出，管理层有责任将发现的可能影响财务报表的事实告知注册会计师。当然，注册会计师还可能从媒体报道、举报信或者证券监管部门告知等途径获悉影响财务报表的期后事项。

（1）知悉第二时段期后事项时的考虑

在审计报告日后至财务报表报出日前，如果知悉了某事实，且若在审计报告日知悉可能导致修改审计报告，注册会计师应当与管理层和治理层（如适用）讨论该事项；确定财务报表是否需要修改；如果需要修改，询问管理层将如何在财务报表中处理该事项。

（2）管理层修改财务报表时的处理

如果管理层修改财务报表，注册会计师应当根据具体情况对有关修改实施必要的审计程序；同时，除非下文述及的特殊情况适用，注册会计师应当将用以识别期后事项的上述审计程序延伸至新的审计报告日，并针对修改后的财务报表出具新的审计报告。新的审计报告日不应早于修改后的财务报表被批准的日期。

此时，注册会计师需要获取充分、适当的审计证据，以验证管理层根据期后事项所做出的财务报表调整或披露是否符合适用的财务报告编制基础的规定。

特殊情况是，在有关法律法规或适用的财务报告编制基础未禁止的情况下，如果管理层对财务报表的修改仅限于反映导致修改的期后事项的影响，被审计单位的董事会、管理层或类似机构也仅对有关修改进行批准，注册会计师可以仅针对有关修改将用以识别期后事项的上述审计程序延伸至新的审计报告日。在这种情况下，注册会计师应当选用下列处理方式之一。

① 修改审计报告，针对财务报表修改部分增加补充报告日期，从而表明注册会计师对期后事项实施的审计程序仅限于财务报表相关附注所述的修改。

在这种处理方式下注册会计师修改审计报告，针对财务报表修改部分增加补充报告日期，而对管理层做出修改前的财务报表出具的原审计报告日期保持不变。之所以这样处理是因为，原审计报告日期告知财务报表使用者针对该财务报表的审计工作何时完成；补充报告日期告知财务报表使用者自原审计报告日之后实施的审计程序仅针对财务报表的后续修改。有关补充报告日期的示例如下："除附注×所述事项的日期为[仅针对附注×所述修改的审计程序完成日期]之外，[原审计报告日]。"

② 出具新的或修改后的审计报告，在强调事项段或其他事项段中说明注册会计师对期后事项实施的审计程序仅限于财务报表相关附注所述的修改。

（3）管理层不修改财务报表且审计报告未提交时的处理

如果认为管理层应当修改财务报表而没有修改，并且审计报告尚未提交给被审计单位，注册会计师应当按照《中国注册会计师审计准则第 1502 号——在审计报告中发表非无保留意见》的规定发表非无保留意见，然后再提交审计报告。

（4）管理层不修改财务报表且审计报告已提交时的处理

如果认为管理层应当修改财务报表而没有修改，并且审计报告已经提交给被审计单位，注册会计师应当通知管理层和治理层（除非治理层全部成员参与管理被审计单位）在财务报表做出必要修改前不要向第三方报出。如果财务报表在未经必要修改的情况下仍被报出，注册会计师应当采取适当措施，以设法防止财务报表使用者依赖该审计报告。例如，针对上市公司，注册会计师可以利用证券传媒等刊登必要的声明，防止使用者依赖审计报告。注册会计师采取的措施取决于自身的权利和义务以及所征询的法律意见。

【实例 16-2】A 公司 2014 年报审计，审计报告日为 2015 年 3 月 5 日，对外公布财务报表为 3 月 25 日。2014 年 5 月 30 日 A 公司被告，A 公司 2014 年 12 月 31 日预计负债 100 万元，2015 年 3 月 15 日结案，判定 A 公司赔款 500 万元，注册会计师在 3 月 16 日得知该事项。试分析在此种情况下注册会计师应采取的措施？

【解析】此种情况下，注册会计师要求 A 公司修改 2014 年度财务报表：

① 若管理层修改了财务报表，则注册会计师应当根据具体情况对有关修改实施必要的审计程序；同时将用以识别期后事项的上述审计程序延伸至新的审计报告日，并针对修改后的财务报表出具新的审计报告，新的审计报告日不应早于修改后的财务报表被批准的日期。

② 若管理层拒绝修改财务报表且审计报告尚未提交给被审计单位，注册会计师应当出具非无保留意见（保留意见或否定意见）的审计报告。

③ 若管理层拒绝修改财务报表且审计报告已提交给被审计单位时，注册会计师应当通知管理层不要将财务报表和审计报告向第三方报出。如果财务报表仍被报出，注册会计师应当采取措施防止财务报表使用者信赖该审计报告。

3. 没有义务识别在财务报表报出后知悉的事项

财务报表报出日后发现的事实属于第三时段期后事项，注册会计师没有义务针对财务报表实施任何审计程序。但是，并不排除注册会计师通过媒体等其他途径获悉可能对财务报表产生重大影响的期后事项的可能性。

（1）知悉第三时段期后事项时的考虑

在财务报表报出后，如果知悉了某事实，且若在审计报告日知悉可能导致修改审计报告，注册会计师应当：

① 与管理层和治理层（如适用）讨论该事项；

② 确定财务报表是否需要修改；

③ 如果需要修改，询问管理层将如何在财务报表中处理该事项。

应当指出的是，需要注册会计师在知悉后采取行动的第三时段期后事项是有严格限制的。a. 这类期后事项应当是在审计报告日已经存在的事实。b. 该事实如果被注册会计师在审计报告日前获知，可能影响审计报告。只有同时满足这两个条件，注册会计师才需要采取行动。

（2）管理层修改财务报表时的处理

如果管理层修改了财务报表，注册会计师应当采取如下必要的措施。

① 根据具体情况对有关修改实施必要的审计程序。例如，查阅法院判决文件，复核会计处理或披露事项，确定管理层对财务报表的修改是否恰当。

② 复核管理层采取的措施能否确保所有收到原财务报表和审计报告的人士了解这一情况。

在修改了财务报表的情况下，管理层应当采取恰当措施（如上市公司可以在证券报纸、网站刊登公告，重新公布财务报表和审计报告），让所有收到原财务报表和审计报告的人士了解到这一情况。注册会计师需要对这些措施进行复核，判断它们是否能达到这样的目标。例如，上市公司管理层刊登公告的媒体是否是中国证券监督管理委员会指定的媒体，若仅刊登在其注册地的媒体上则异地的使用者可能无法了解这一情况。

③ 延伸实施审计程序，并针对修改后的财务报表出具新的审计报告。

除非上文所述的特殊情形适用，将用以识别期后事项的上述审计程序延伸至新的审计报告日，并针对修改后的财务报表出具新的审计报告，新的审计报告日不应早于修改后的财务报表被批准的日期。

④ 在特殊情况下（即上文所述），修改审计报告或提供新的审计报告。

需要提醒的是，注册会计师应当在新的或经修改的审计报告中增加强调事项段或其他事项段，提醒财务报表使用者关注财务报表附注中有关修改原财务报表的详细原因和注册会计师提供的原审计报告。

（3）管理层未采取任何行动时的处理

如果管理层没有采取必要措施确保所有收到原财务报表的人士了解这一情况，也没有在注册会计师认为需要修改的情况下修改财务报表，注册会计师应当通知管理层和治理层（除非治理层全部成员参与管理被审计单位），注册会计师将设法防止财务报表使用者信赖该审计报告。

如果注册会计师已经通知管理层或治理层，而管理层或治理层没有采取必要措施，注册会计师应当采取适当措施，以设法防止财务报表使用者信赖该审计报告。注册会计师采取的措施取决于自身的权利和义务。因此，注册会计师可能认为寻求法律意见是适当的。

【实例16-3】A公司2014年报审计，审计报告日为2015年3月5日，对外公布财务报表为3月25日。注册会计师3月28日发现A公司3月15日已结案并赔款500万元。试分析在此种情况下注册会计师应采取的措施。

【解析】此种情况下，注册会计师应要求A公司修改2014年度财务报表：

（1）若果管理层修改了财务报表，注册会计师应当根据具体情况对有关修改实施必要的审计程序；复核管理层采取的措施能否确保所有收到原财务报表和审计报告的人士了解这一情况；延伸实施审计程序，并针对修改后的财务报表出具新的审计报告。

（2）若管理层没有采取必要措施确保所有收到原财务报表的人士了解这一情况，也没有在注册会计师认为需要修改的情况下修改财务报表，注册会计师应当通知管理层和治理层（除非治理层全部成员参与管理被审计单位），注册会计师将设法防止财务报表使用者信赖该审计报告。

三、或有事项的审计

（一）或有事项的含义

或有事项，是指过去的交易或事项形成的，其结果须由某些未来事项的发生或不发生才能决定的不确定事项。常见的或有事项主要包括：未决诉讼或仲裁、债务担保、产品质量保证（含产品安全保证）、承诺、亏损合同、重组义务、环境污染整治等。

随着我国市场经济的发展，或有事项这一特定的经济现象已越来越多地存在于企业的经营活动中，并对企业的财务状况和经营成果产生重要影响。或有事项对企业潜在的财务影响究竟有多大，企业因此而承担的风险又究竟有多大，都有必要通过企业的财务报表或财务报表附注予以反映，使财务报表使用者能够获得真实、充分、详细的信息，帮助其进行正确的分析、判断。所以，注册会计师应当对或有事项实施必要的审计程序。特别需要指出的是，由于或有事项本质上属于不确定事项，相应地，其重大错报风险较高，需要注册会计师予以充分关注。

（二）或有事项的审计

之所以将或有事项的审计放到审计完成阶段，有两方面的考虑：一是有利于注册会计师掌握有关或有事项的最新信息，以提高审计效率和效果；二是在审计完成阶段，需要专门实施一些程序，验证或复核或有事项的完整性。需要指出的是，在实施其他程序的过程中，注册会计师可能已经获取了有关或有事项的部分审计证据。例如，注册会计师在函证被审计单位的银行存款时，可能已经同时函证了被审计单位向其他企业提供担保的情况或掌握了银行存款已被用于担保的事实。

注册会计师对或有事项进行审计所要达到的审计目标一般包括：确定或有事项是否存在和完整；确定或有事项的确认和计量是否符合《企业会计准则》的规定；确定或有事项的列报或披露是否恰当。

在审计或有事项时，注册会计师尤其要关注财务报表反映的或有事项的完整性。由于或有事项的种类不同，注册会计师在审计被审计单位的或有事项时，所采取的程序也各不相同。但总结起来，针对或有事项完整性的审计程序通常包括以下几方面。

（1）了解被审计单位与识别或有事项有关的内部控制。

（2）审阅截至审计工作完成日被审计单位历次董事会纪要和股东大会会议记录，确定是否存在未决诉讼或仲裁、未决索赔、税务纠纷、债务担保、产品质量保证、财务承诺等方面的记录。

（3）向与被审计单位有业务往来的银行函证，或检查被审计单位与银行之间的借款协议和往来函件，以查找有关票据贴现、背书、应收账款抵借、票据背书和担保。

（4）检查与税务征管机构之间的往来函件和税收结算报告，以确定是否存在税务争议。

（5）向被审计单位的法律顾问和律师进行函证，分析被审计单位在审计期间发生的法律费用，以确定是否存在未决诉讼、索赔等事项。

（6）向被审计单位管理层获取书面声明，声明其已按照《企业会计准则》的规定，对全部或有事项作了恰当反映。

注册会计师还应当确定或有事项的确认、计量和列报是否符合《企业会计准则第 13 号——或有事项》的规定。

（三）获取律师声明书

在对被审计单位期后事项和或有事项等进行审计时，注册会计师往往要向被审计单位的法律顾问和律师进行函证，以获取与资产负债表日业已存在的，以及资产负债表日至复函日这一时期内存在的期后事项和或有事项等有关的审计证据。被审计单位律师对函证问题的答复和说明，就是律师声明书。

对律师的函证，通常以被审计单位的名义，通过寄发审计询证函的方式实施。律师声明书所用的格式和措辞并没有定式。单位不同或情况不同，律师出具的声明书也不相同。【范例 16-1】和【范例 16-2】分别列示了律师询证函和律师询证函复函。

【范例 16-1】

律师询证函

××律师事务所并××律师：

本公司已聘请××会计师事务所对本公司××年12月31日（以下简称资产负债表日）的资产负债表以及截至资产负债表日的该年度利润表、股东权益变动表和现金流量表进行审计。为配合该项审计，谨请贵律师基于受理本公司委托的工作（诸如常年法律顾问、专项咨询和诉讼代理等），提供下述资料，并函告××会计师事务所：

一、请说明存在于资产负债表日并且自该日起至本函回复日止本公司委托贵律师代理进行的任何未决诉讼。该说明中谨请包含以下内容：

1. 案件的简要事实经过与目前的发展进程；

2. 在可能范围内，贵律师对于本公司管理层就上述案件所持看法及处理计划（如庭外和解设想）的了解，及您对可能发生结果的意见；

3. 在可能范围内，您对损失或收益发生的可能性及金额的估计。

二、请说明存在于资产负债表日并且自该日起至本函回复日止，本公司曾向贵律师咨询的其他诸如未决诉讼、追索债权、被追索债务以及政府有关部门对本公司进行的调查等可能涉及本公司法律责任的事件。

三、请说明截至资产负债表日，本公司与贵律师事务所律师服务费的结算情况（如有可能，请依服务项目区分）。

四、若无上述一、二事项，为节省您宝贵的时间，烦请填写本函背面《律师询证函复函》并签章后，按以下地址，寄往××会计师事务所（地址：××市××路××号；邮编××××××）。

谢谢合作！

××公司（盖章）

公司负责人（签章）

年　月　日

【范例 16-2】

律师询证函复函

××会计师事务所：

本律师于××期间，除向××公司提供一般性法律咨询服务，并未接受委托，代理进行或咨询如律师询证函中一、二项所述之事宜。

另截至　　年　　月　　日，该公司

□未积欠本律师事务所任何律师服务费。

□尚有本律师事务所的律师服务费计人民币＿＿＿＿＿元，未予付清。

＿＿＿＿＿＿＿律师事务所

律师：＿＿＿＿＿（签章）

年　月　日

注册会计师应根据该律师的职业水准和声誉情况来确定律师声明书的可靠性。如果注册会计师对代理被审计单位重大法律事务的律师并不熟悉，则应查询诸如该律师的职业背景、声誉及其在法律界的地位等情况，并考虑从律师协会获取信息。

如果律师声明书表明或暗示律师拒绝提供信息，或隐瞒信息，注册会计师应将其视为审计范围受到限制。

第二节　完成审计工作

审计完成阶段是审计的最后一个阶段。以财务报表审计来说，按业务循环完成各财务报表项目的审计测试和一些特殊项目的审计工作后，注册会计师在审计完成阶段应汇总审计测试结果，进行更具综合性的审计工作，如评价审计中的重大发现，汇总审计差异，评价独立性和道德问题，考虑被审计单位的持续经营假设的合理性，关注期后事项和或有事项对财务报表的影响，撰写审计总结，复核审计工作底稿和财务报表等。在此基础上，应评价审计结果，在与客户沟通以后，获取管理层声明，确定应出具审计报告的意见类型和措辞，进而编制并致送审计报告，终结审计工作。

需要说明的是，以上只是对审计完成阶段主要工作的列举，并不完整。并且，在审计实务中，这些工作有的在审计实施阶段就已经开始，比如对或有事项的关注，有的即使主要在审计完成阶段执行，也未必机械地按照上述列示顺序依次进行。

一、评价审计中的重大发现

重大发现涉及会计政策的选择、运用和一贯性的重大事项，包括相关的信息披露。这些信息披露包含但不限于说明复杂的或是不常见的交易活动、会计估计和包含管理层假设在内的不确定性。

在审计完成阶段，项目负责合伙人（或主任会计师，下同）和审计项目组需考虑的重大发现和事项包括：

（1）中期复核中的重大发现及其对审计方法的相关影响；

（2）涉及会计政策的选择、运用和一贯性的重大事项，包括相关的披露；

（3）就特别审计目标识别的重大风险，对审计策略和计划的审计程序所做的重大修正；

（4）在与管理层和其他人员讨论重大发现和事项时得到的信息；

（5）与注册会计师的最终审计结论相矛盾或不一致的信息。

对已记录的审计程序进行评估，可能全部或部分地揭示出以下事项：

（1）为了实现计划的审计目标，是否有必要对重要性进行修订；

（2）对审计策略和计划的审计程序的重大修正，包括对审计目标的重大错报风险评估水平的重要变动；

（3）对审计方法有重要影响的与财务报告相关的值得关注的内部控制的缺陷和其他弱点；

（4）财务报表中存在的重大错报或漏报，包括相关披露和其他审计调整；

（5）项目组成员内部，或项目组与项目质量控制复核人员或提供咨询的其他人员之间，就重大会计和审计事项达成最终结论所存在的意见分歧；

（6）在实施审计程序时遭遇重大困难的情形；

（7）向事务所内部有经验的专业人士或外部专业顾问咨询；

（8）与管理层或其他人员就重大发现以及与注册会计师的最终审计结论相矛盾或不一致的信息进行讨论。

注册会计师在审计计划阶段对重要性的判断，与其在评估审计差异时对重要性的判断是不同的。如果在审计完成阶段确定的修订后的重要性水平远远低于在计划阶段确定的重要性水平，注册会计师应重新评估已经获得的审计证据的充分性和适当性。重要性的任何变化都要求注册会计师重新评估重大错报上限和审计策略。

如果审计项目组内部、项目组与被咨询者之间以及项目负责合伙人与项目质量控制复核人员之间存在意见分歧，审计项目组应当遵循事务所的政策和程序予以妥善处理。

二、汇总审计差异

在完成按业务循环进行的控制测试、交易与财务报表项目的实质性程序以及特殊项目的审计后，对审计项目组成员在审计中发现的被审计单位的会计处理方法与企业会计准则的不一致，即审计差异，审计项目经理应根据审计重要性原则予以初步确定并汇总，并建议被审计单位进行调整，使经审计的财务报表所载信息能够公允地反映被审计单位的财务状况、经营成果和现金流量。对审计差异的"初步确定并汇总"直至形成"经审计的财务报表"的过程，主要是通过编制审计差异调整表和试算平衡表得以完成的。

（一）编制审计差异调整表

审计差异按是否需要调整账户记录可分为核算错误和重分类错误。核算错误是因企业对经济业务进行了不正确的会计核算而引起的错误，用审计重要性原则来衡量每一项核算错误，又可把这些核算错误区分为建议调整的不符事项和不建议调整的不符事项（即未调整不符事项）；重分类错误是因企业未按企业会计准则列报财务报表而引起的错误。例如，企业在应付账款项目中反映的预付款项、在应收账款项目中反映的预收款项等。

无论是建议调整的不符事项、重分类错误还是未调整不符事项，在审计工作底稿中通常都是以会计分录的形式反映的。由于审计中发现的错误往往不止一两项，为便于审计项目的各级负责人综合判断、分析和决定，也为了便于有效编制试算平衡表和代编经审计的财务报表，通常需要将这些建议调整的不符事项、重分类错误以及未调整不符事项分别汇总至"账项调整分录汇总表""重分类调整分录汇总表"与"未更正错报汇总表"，见表 16-1、表 16-2 及表 16-3。

表 16-1　　　　　　　　　　　　　　　　账项调整分录汇总表

序号	内容及说明	索引号	调整内容				影响利润表+（-）	影响资产负债表+（-）
			借方项目	借方金额	贷方项目	贷方金额		

与被审计单位的沟通：

参加人员：

被审计单位：_____

审计项目组：_____

被审计单位的意见：

结论：

是否同意上述审计调整：_____

被审计单位授权代表签字：_____日期：_____

表 16-2　　　　　　　　　　　　　　　　重分类调整分录汇总表

序号	内容及说明	索引号	调整项目和金额			
			借方项目	借方金额	贷方项目	贷方金额

与被审计单位的沟通：

参加人员：

被审计单位：

审计项目组：_____

被审计单位的意见：

_____

结论：

是否同意上述审计调整：_____

被审计单位授权代表签字：_____日期：_____

表 16-3　　　　　　　　　　　　　　　未更正错报汇总表

序号	内容及说明	索引号	未调整内容				备注
			借方项目	借方金额	贷方项目	贷方金额	

未更正错报的影响：

项目金额百分比计划百分比

1. 总资产
2. 净资产
3. 销售收入
4. 费用总额
5. 毛利
6. 净利润

结论：

被审计单位授权代表签字：　　　　　　　　　　　　　日期：

　　注册会计师确定了建议调整的不符事项和重分类错误后，应以书面方式及时征求被审计单位对需要调整财务报表事项的意见。若被审计单位予以采纳，应取得被审计单位同意调整的书面确认；若被审计单位不予采纳，应分析原因，并根据未调整不符事项的性质和重要程度，确定是否在审计报告中予以反映，以及如何反映。

（二）编制试算平衡表

　　试算平衡表是注册会计师在被审计单位提供未审财务报表的基础上，考虑调整分录、重分类分录等内容以确定已审数与报表披露数的表格。资产负债表和利润表的试算平衡表格式见表 16-4、表16-5。

　　（1）试算平衡表中的"期末未审数"和"审计前金额"列，应根据被审计单位提供的未审计财务报表填列。

　　（2）试算平衡表中的"账项调整"和"调整金额"列，应根据经被审计单位同意的"账项调整分录汇总表"填列。

　　（3）试算平衡表中的"重分类调整"列，应根据经被审计单位同意的"重分类调整分录汇总表"填列。

　　（4）在编制完试算平衡表后，应注意核对相应的钩稽关系。

表 16-4　　　　　　　　　　　　　　　资产负债表试算平衡表格式

项目	期末未审数	账项调整		重分类调整		期末审定数	项目	期末未审数	账项调整		重分类调整		期末审定数
		借方	贷方	借方	贷方				借方	贷方	借方	贷方	

表 16-5　　　　　　　　　　　　　　　利润表试算平衡表格式

项目	审计前金额	调整金额		审定金额
		借方	贷方	

三、复核审计工作底稿和财务报表

（一）对财务报表总体合理性实施分析程序

在审计结束或临近结束时，注册会计师运用分析程序的目的是确定经审计调整后的财务报表整体是否与对被审计单位的了解一致，是否具有合理性。注册会计师应当围绕这一目的运用分析程序。

在运用分析程序进行总体复核时，如果识别出以前未识别的重大错报风险，注册会计师应当重新考虑对全部或部分各类交易、账户余额、披露评估的风险是否恰当，并在此基础上重新评价之前计划的审计程序是否充分，是否有必要追加审计程序。

（二）评价审计结果

注册会计师评价审计结果，主要是为了确定审计意见的类型以及在整个审计工作中是否遵循了审计准则。为此，注册会计师必须完成两项工作：一是对重要性和审计风险进行最终的评价；二是对被审计单位已审计财务报表形成审计意见并草拟审计报告。

1. 对重要性和审计风险进行最终的评价

对重要性和审计风险进行最终评价，是注册会计师决定发表何种类型审计意见的必要过程。该过程可通过以下两个步骤来完成：

（1）确定可能的错报金额。可能的错报金额包括已经识别的具体错报和推断误差。

（2）根据财务报表层次的重要性水平，确定可能的错报金额的汇总数（即可能错报总额）对整个财务报表的影响程度。应当注意的是：

① "财务报表层次的重要性水平"是指审计计划阶段确定的重要性水平，如果该重要性水平在审计过程中已做过修正，则应当按修正后的财务报表层次重要性水平进行比较。

② 可能错报总额一般是指各财务报表项目可能的错报金额的汇总数，但也可能包括上一期间的任何未更正可能错报对本期财务报表的影响。上一期间的未更正可能错报与本期未更正可能错报累计起来，可能会导致本期财务报表产生重大错报。因此，注册会计师估计本期的可能错报总额时，应当包括上一期间的未更正可能错报。

注册会计师在审计计划阶段已确定了审计风险的可接受水平。随着可能错报总额的增加，财务报表可能被严重错报的风险也会增加。如果注册会计师得出结论，审计风险处在一个可接受的水平，则可以直接提出审计结果所支持的意见；如果注册会计师认为审计风险不能接受，则应追加审计测试或说服被审计单位作必要调整，以便将重要错报的风险降低到可接受的水平。否则，注册会计师应慎重考虑该审计风险对审计报告的影响。

2. 对被审计单位已审计财务报表形成审计意见并草拟审计报告

在审计过程中，要实施各种测试。这些测试通常是由参与本次审计工作的审计项目组成员来执行的，而每个成员所执行的测试可能只限于某几个领域或账项，所以，在每个业务循环或报表项目的测试都完成之后，审计项目经理应汇总所有成员的审计结果。

在完成审计工作阶段，为了对财务报表整体发表适当的意见，必须将这些分散的审计结果加以汇总和评价，综合考虑在审计过程中收集到的全部证据。负责该审计项目的合伙人对这些工作负有最终责任。在有些情况下，这些工作可以先由审计项目经理初步完成，然后再逐级交给部门经理和项目负责合伙人认真复核。

在对审计意见形成最后决定之前，会计师事务所通常要与被审计单位召开沟通会。在沟通会上，注册会计师可口头报告本次审计所发现的问题，并说明建议被审计单位作必要调整或表外披露的理由。当然，管理层也可以在会上申辩其立场。最后，通常会对需要被审计单位做出的改变达成协议。如达成了协议，注册会计师一般即可签发标准审计报告，否则，注册会计师则可能不得不发表其他类型的审计意见。注册会计师的审计意见是通过审计报告来反映的，下一章将介绍不同类型的审计报告。

3. 复核审计工作底稿

会计师事务所应当建立完善的审计工作底稿分级复核制度。如前所述，对审计工作底稿的复核可分为两个层次：项目组内部复核和独立的项目质量控制复核。

（1）项目组内部复核。项目组内部复核又分为两个层次：项目负责经理的现场复核和项目负责合伙人的复核。

① 项目负责经理的现场复核。由项目负责经理对工作底稿的复核属于第一级复核。该级复核通常在审计现场完成，以便及时发现和解决问题，争取审计工作的主动。

② 项目合伙人的复核。项目合伙人对审计工作底稿实施复核是项目组内部最高级别的复核。该复核既是对项目负责经理复核的再监督，也是对重要审计事项的把关。

（2）独立的项目质量控制复核。

项目质量控制复核是指在出具报告前，对项目组做出的重大判断和在准备报告时形成的结论做出客观评价的过程。项目质量控制复核也称独立复核。

《质量控制准则第 5101 号——会计师事务所对执行财务报表审计和审阅、其他鉴证和相关服务业务实施的质量控制》要求对上市实体财务报表审计，以及会计师事务所确定需要实施项目质量控制复核的其他业务实施项目质量控制复核，并在出具报告前完成。

对审计工作底稿进行独立复核有如下意义。

一是对审计工作结果实施最后质量控制。审计工作的高质量，在于形成审计意见的正确性。注册会计师在审计工作中将工作结果和工作过程中的各种情况记录于审计工作底稿中，并据此形成审计意见。若形成的审计意见与工作结果存在矛盾，注册会计师的工作就会失去有效性。对签发审计报告前的审计工作底稿进行独立复核，是对审计工作结果实施的最后质量控制，能避免对重大审计问题的遗留或对具体审计工作理解不透彻等情况，从而形成与审计工作结果相一致的审计意见。

二是确认审计工作已达到会计师事务所的工作标准。会计师事务所对开展各项审计工作，都应有明确、统一的标准。但在执行过程中，会计师事务所内不同注册会计师的工作质量会有差异，有的甚至可能背离统一的工作标准。因此，必须进行独立复核，严格保持整体审计工作质量的一致性，确认该审计工作已达到会计师事务所的工作标准。

三是消除妨碍注册会计师判断的偏见。在审计工作中，常常需要注册会计师对各种问题做出专业判断。注册会计师可能期望在整个审计过程中保持客观性，但如有大量问题需要解决而又经过长时间的审计，就容易丧失正确的观察、判断能力，对一些问题做出不符合事实的审计结论。而进行独立复核，可以消除妨碍注册会计师正确判断的偏见，做出符合事实的审计结论。

针对项目负责经理和项目负责合伙人的复核以及项目质量控制复核，很多会计师事务所都备有详细的业务执行复核工作核对表，项目复核可以通过填列业务执行复核工作核对表的方式来进行，这样，不仅可对那些经常容易被忽视的审计方面起到提醒作用，还有利于检查审计证据的充分性和适当性。

四、评价独立性和道德问题

《中国注册会计师审计准则第 1121 号——对财务报表审计实施的质量控制》要求项目合伙人应当考虑项目组成员是否遵守职业道德规范，在整个审计过程中对项目组成员违反职业道德规范的迹象保持警惕，并就审计业务的独立性是否得到遵守形成结论。为此，项目合伙人应该：

（1）从会计师事务所或网络事务所获取相关信息，以识别、评价对独立性产生不利影响的情形；

（2）评价已识别的违反会计师事务所独立性政策和程序的情况，以确定是否对审计业务的独立性产生不利影响；

（3）采取适当的防护措施以消除对独立性产生的不利影响，或将其降至可接受的水平。对未能解决的事项，项目合伙人应当立即向事务所报告，以便事务所采取适当的行动；

（4）记录与独立性有关的结论，以及事务所内部支持这一结论的相关讨论情况。

在签署审计报告前，项目合伙人确信，审计过程中产生的所有独立性和道德问题已经得到圆满解决，并与《中国注册会计师审计准则第 1121 号——对财务报表审计实施的质量控制》和《中国注册会计师职业道德守则》的独立性要求一致。在跨国审计业务中，项目合伙人应当确保符合被审计单位或相关国家或地区规定的独立性要求。

五、获取管理层声明

管理层声明，是指管理层向注册会计师提供的书面陈述，用以确认某些事项或支持其他审计证据。书面声明不包括财务报表及其认定，以及支持性账簿和相关记录。在本节中单独提及管理层时，应当理解为管理层和治理层（如适用）。管理层负责按照适用的财务报告编制基础编制财务报表并使其实现公允反映。

管理层声明是注册会计师在财务报表审计中需要获取的必要信息，是审计证据的重要来源。如果管理层修改书面声明的内容或不提供注册会计师要求的书面声明，可能使注册会计师警觉有存在重大问题的可能性。而且，在很多情况下，要求管理层提供书面声明而非口头声明，可以促使管理层更加认真地考虑声明所涉及的事项，从而提高声明的质量。

尽管管理层声明提供必要的审计证据，但其本身并不为所涉及的任何事项提供充分、适当的审计证据。而且，管理层已提供可靠书面声明的事实，并不影响注册会计师就管理层责任履行情况或具体认定获取的其他审计证据的性质和范围。

（一）针对管理层责任的书面声明

针对财务报表的编制，注册会计师应当要求管理层提供书面声明，确认其根据审计业务约定条款，履行了按照适用的财务报告编制基础编制财务报表并使其实现公允反映（如适用）的责任。

针对提供的信息和交易的完整性，注册会计师应当要求管理层就下列事项提供书面声明：

（1）按照审计业务约定条款，已向注册会计师提供所有相关信息，并允许注册会计师不受限制地接触所有相关信息以及被审计单位内部人员和其他相关人员；

（2）所有交易均已记录并反映在财务报表中。

如果未从管理层获取其确认已履行的责任，注册会计师在审计过程中获取的有关管理层已履行这些责任的其他审计证据是不充分的。这是因为，仅凭其他审计证据不能判断管理层是否在认可并理解其责任的基础上，编制和列报财务报表并向注册会计师提供了相关信息。例如，如果未向管理层询问其是否提供了审计业务约定条款中要求提供的所有相关信息，也没有获得管理层的确认，注册会计师就不能认为管理层已提供了这些信息。

上述书面声明，基于管理层认可并理解在审计业务约定条款中提及的管理层的责任，注册会计师要求管理层通过声明确认其已履行这些责任。注册会计师可能还要求管理层在书面声明中再次确认其对自身责任的认可与理解。当存在下列情况时，这种确认尤为适当。

（1）代表被审计单位签订审计业务约定条款的人员不再承担相关责任；

（2）审计业务约定条款是在以前年度签订的；

（3）有迹象表明管理层误解了其责任；

（4）情况的改变需要管理层再次确认其责任。

当然，再次确认管理层对自身责任的认可与理解，并不限于管理层已知的全部事项。

（二）其他书面声明

除《中国注册会计师审计准则第1341号——书面声明》和其他审计准则要求的书面声明外，如果注册会计师认为有必要获取一项或多项其他书面声明，以支持与财务报表或者一项或者多项具体认定相关的其他审计证据，注册会计师应当要求管理层提供这些书面声明。

1. 关于财务报表的额外书面声明

除了针对财务报表的编制，注册会计师应当要求管理层提供基本书面声明以确认其履行了责任外，注册会计师可能认为有必要获取有关财务报表的其他书面声明。其他书面声明可能是对基本书面声明的补充，但不构成其组成部分。其他书面声明可能包括针对下列事项做出的声明。

（1）会计政策的选择和运用是否适当；

（2）是否按照适用的财务报告编制基础对下列事项（如相关）进行了确认、计量、列报或披露。

① 可能影响资产和负债账面价值或分类的计划或意图；

② 负债（包括实际负债和或有负债）；

③ 资产的所有权或控制权，资产的留置权或其他物权，用于担保的抵押资产；

④ 可能影响财务报表的法律法规及合同（包括违反法律法规及合同的行为）。

2. 关于向注册会计师提供信息的额外书面声明

除了针对管理层提供的信息和交易的完整性的书面声明外，注册会计师可能认为有必要要求管理层提供书面声明，确认其已将注意到的所有内部控制缺陷向注册会计师通报。

3. 关于特定认定的书面声明

在获取有关管理层的判断和意图的证据时，或在对判断和意图进行评价时，注册会计师可能考虑下列一项或多项事项。

（1）被审计单位以前对声明的意图的实际实施情况；

（2）被审计单位选取特定措施的理由；

（3）被审计单位实施特定措施的能力；

（4）是否存在审计过程中已获取的、可能与管理层判断或意图不一致的任何其他信息。

此外，注册会计师可能认为有必要要求管理层提供有关财务报表特定认定的书面声明，尤其是支持注册会计师就管理层的判断或意图或者完整性认定从其他审计证据中获取的了解。例如，如果管理层的意图对投资的计价基础非常重要，但若不能从管理层获取有关该项投资意图的书面声明，注册会计师就不可能获取充分、适当的审计证据。尽管这些书面声明能够提供必要的审计证据，但其本身并不能为财务报表特定认定提供充分、适当的审计证据。另外，为了获取所要求的书面声明，注册会计师可能需要就有关事项向管理层沟通。例如，审计准则要求注册会计师应当累积审计过程中识别出的错报，除非错报明显微小。注册会计师需要确定临界值，高于临界值的错报不能被视作是明显微小的错报。为了获取所要求的书面声明，注册会计师可能认为需要向管理层通报临界值。

（三）书面声明的日期和涵盖的期间

书面声明的日期应当尽量接近对财务报表出具审计报告的日期，但不得在审计报告日后。书面声明应当涵盖审计报告针对的所有财务报表和期间。

由于书面声明是必要的审计证据，在管理层签署书面声明前，注册会计师不能发表审计意见，也不能签署审计报告。并且，由于注册会计师关注截至审计报告日发生的、可能需要在财务报表中做出相应调整或披露的事项，书面声明的日期应当尽量接近对财务报表出具审计报告的日期，但不得在其之后。

在某些情况下，注册会计师在审计过程中获取有关财务报表特定认定的书面声明可能是适当的。

此时，可能有必要要求管理层更新书面声明。管理层有时需要再次确认以前期间做出的书面声明是否依然适当，因此，书面声明需要涵盖审计报告中提及的所有期间。注册会计师和管理层可能认可某种形式的书面声明，以更新以前期间所作的书面声明。更新后的书面声明需要表明，以前期间所做的声明是否发生了变化，以及发生了什么变化。

在实务中可能会出现这样的情况，即在审计报告中提及的所有期间内，现任管理层均尚未就任。他们可能由此声称无法就上述期间提供部分或全部书面声明。然而，这一事实并不能减轻现任管理层对财务报表整体的责任。相应地，注册会计师仍然需要向现任管理层获取涵盖整个相关期间的书面声明。

（四）书面声明的形式

书面声明应当以声明书的形式致送注册会计师。在某些国家或地区，法律法规可能要求管理层对自身责任做出公开的书面陈述。尽管这种陈述是向财务报表使用者或相关机构提供的，但注册会计师可能认为，它是部分或全部书面声明的一种适当形式。因此，这种陈述所涵盖的相关事项不必包括在声明书中。

【范例16-3】列示了一种声明书的范例。介绍一下与该声明书相关的几点背景信息：（1）被审计单位采用《企业会计准则》编制财务报表；（2）所要求的书面声明不存在例外情况。如果存在例外情况，则需要对本参考格式列示的书面声明的内容予以调整，以反映这些例外情况。

【范例16-3】

声明书

（致注册会计师）：

本声明书是针对你们审计××公司截至20××年12月31日的年度财务报表提供的。审计的目的是对财务报表发表意见，以确定财务报表是否在所有重大方面已按照《企业会计准则》的规定编制，并实现公允反映。

尽我们所知，并在做出了必要的查询和了解后，我们确认：

一、财务报表

（1）我们已履行（插入日期）签署的审计业务约定书中提及的责任，即根据《企业会计准则》的规定编制财务报表，并对财务报表进行公允反映；

（2）在做出会计估计时使用的重大假设（包括与公允价值计量相关的假设）是合理的；

（3）已按照《企业会计准则》的规定对关联方关系及其交易做出恰当的会计处理和披露；

（4）根据企业会计准则的规定，所有需要调整或披露的资产负债表日后事项都已得到调整或披露；

（5）未更正错报，无论是单独还是汇总起来，对财务报表整体的影响均不重大。未更正错报汇总表附在本声明书后；

（6）插入注册会计师可能认为适当的其他任何事项。

二、提供的信息

（1）我们已向你们提供下列工作条件：

① 允许接触我们注意到的、与财务报表编制相关的所有信息（如记录、文件和其他事项）。

② 提供你们基于审计目的要求我们提供的其他信息。

③ 允许在获取审计证据时不受限制地接触你们认为必要的本公司内部人员和其他相关人员。

（2）所有交易均已记录并反映在财务报表中。

（3）我们已向你们披露了由于舞弊可能导致的财务报表重大错报风险的评估结果。

（4）我们已向你们披露了我们注意到的、可能影响本公司的与舞弊或舞弊嫌疑相关的所有信息，这些信息涉及本公司的：

① 管理层；

② 在内部控制中承担重要职责的员工；

③ 其他人员（在舞弊行为导致财务报表重大错报的情况下）。

（5）我们已向你们披露了从现任和前任员工、分析师、监管机构等方面获知的、影响财务报表的舞弊指控或舞弊嫌疑的所有信息。

（6）我们已向你们披露了所有已知的、在编制财务报表时应当考虑其影响的违反或涉嫌违反法律法规的行为。

（7）我们已向你们披露了我们注意到的关联方的名称和特征、所有关联方关系及其交易。

（8）插入注册会计师可能认为必要的其他任何事项。

附：未更正错报汇总表

××公司	××公司管理层
（盖章）	（签名并盖章）
中国××市	二〇×二年×月×日

（五）对书面声明可靠性的疑虑以及管理层不提供要求的书面声明

1. 对书面声明可靠性的疑虑

（1）对管理层的胜任能力、诚信、道德价值观或勤勉尽责存在疑虑

如果对管理层的胜任能力、诚信、道德价值观或勤勉尽责存在疑虑，或者对管理层在这些方面的承诺或贯彻执行存在疑虑，注册会计师应当确定这些疑虑对书面或口头声明和审计证据总体的可靠性可能产生的影响。注册会计师可能认为，管理层在财务报表中做出不实陈述的风险很大，以至于审计工作无法进行。在这种情况下，除非治理层采取适当的纠正措施，否则注册会计师可能需要考虑解除业务约定（如果法律法规允许）。很多时候，治理层采取的纠正措施可能并不足以使注册会计师发表无保留意见。

（2）书面声明与其他审计证据不一致

如果书面声明与其他审计证据不一致，注册会计师应当实施审计程序以设法解决这些问题。注册会计师可能需要考虑风险评估结果是否仍然适当。如果认为不适当，注册会计师需要修正风险评估结果，并确定进一步审计程序的性质、时间安排和范围，以应对评估的风险。如果问题仍未解决，注册会计师应当重新考虑管理层的胜任能力、诚信、道德价值观或勤勉尽责的评估，或者重新考虑对管理层在这些方面的承诺或贯彻执行的评估，并确定书面声明与其他审计证据的不一致对书面或口头声明和审计证据总体的可靠性可能产生的影响。

如果认为书面声明不可靠，注册会计师应当采取适当措施，包括确定其对审计意见可能产生的影响。

2. 管理层不提供要求的书面声明

如果管理层不提供要求的一项或多项书面声明，注册会计师应当：

（1）与管理层讨论该事项；

（2）重新评价管理层的诚信，并评价该事项对书面或口头声明和审计证据总体的可靠性可能产生的影响；

（3）采取适当措施，包括确认该事项对审计意见可能产生的影响。

如果存在下列情形之一，注册会计师应当对财务报表发表无法表示意见：

（1）注册会计师对管理层的诚信产生重大疑虑，以至于认为其做出的书面声明不可靠；

（2）管理层不提供审计准则要求的书面声明。

如果注册会计师认为有关这些事项的书面声明不可靠，或者管理层不提供有关这些事项的书面声明，则注册会计师无法获取充分、适当的审计证据，这对财务报表的影响可能是广泛的，并不局

限于财务报表的特定要素、账户或项目。在这种情况下，注册会计师需要对财务报表发表无法表示意见。

另外，管理层对注册会计师所要求的书面声明的内容做出调整，并不意味着管理层不提供书面声明。然而，做出调整的真正原因可能影响审计意见的类型。例如：

（1）有关管理层财务报表编制责任履行情况的书面声明可能声称，除了与适用的财务报告编制基础的某一要求有重大不符外，管理层认为财务报表已按照适用的财务报告编制基础编制。由于注册会计师认为管理层已提供可靠的书面声明，需要按照《中国注册会计师审计准则第 1502 号——在审计报告中发表非无保留意见》的规定，考虑不符事项对审计意见的影响。

（2）有关管理层向注册会计师提供审计业务约定条款中要求提供的所有相关信息的责任的书面声明，可能声称除火灾中毁损的信息外，管理层认为其已向注册会计师提供了所有相关信息。由于注册会计师认为管理层已提供了可靠的书面声明，需要按照《中国注册会计师审计准则第 1502 号——在审计报告中发表非无保留意见》的规定，考虑火灾中毁损信息对财务报表产生影响的广泛性，进而确定其对审计意见的影响。

知识链接-16

思考题

1．审计师在评价审计结果时如何考虑重要性和审计风险？
2．审计师评价审计结果时如何复核审计工作底稿？
3．什么是期后事项？其对审计结论和审计报告有何影响？
4．什么是或有事项？审计师为何需要对其审计？
5．什么是管理层声明？审计师获取的管理层声明对审计结论和报告有什么影响？

关键术语

期后事项	Subsequent Events
或有事项	Contingent Liabilities and Commitments
持续经营	Going Concern
管理层声明	Management Statement
审计调整	Audit Adjustment

审计报告 第十七章

【教学目标】

通过对本章的学习，使学生了解审计报告的含义、作用和种类；掌握注册会计师审计报告的基本内容，审计意见的类型及其确定条件；了解编制审计报告的基本要求和主要步骤；了解国家审计报告、内部审计报告的内容及编制；理解管理建议书的基本内容及编制要求。

【引例】

背景材料

HT会计师事务所成立于2001年，注册资本56万元，股东7名，现有从业人员50人，其中执业注册会计师15人。近年以HT会计师事务所为平台相继成立了HT税务师事务所、HT资产评估事务所、HT工程造价公司。

YC公司为民营企业，成立于2001年，注册资本3 000万元，现有员工1 600余人，主要进行电器生产、销售，有两家控股子公司。截至2009年年底，公司资产总额39 561.36万元，净资产3 700.63万元；2009年销售收入48 070.34万元，净利润190.03万元。

2010年年初，某省财政厅监督检查局接到举报，反映HT会计师事务所为YC公司2008年度、2009年度出具虚假审计报告，并提供了虚假审计报告复印件及其他资料。该局对举报情况高度重视，迅速成立调查组，进行认真的调查核实，确认了HT会计师事务所和YC公司的违规事实，并进行了相应的处理。

违规事实

（一）HT会计师事务所

YC公司因财务指标不符合银行贷款条件，为了能够获得银行贷款，不惜铤而走险，试图通过提供虚假会计报表逃避监管。该公司财务负责人黄某先是找到A会计师事务所，该所为其出具了一份真实的审计报告，之后黄某提出让其出具虚假审计报告的要求（审计报告正文一致，报告附表是假的），被A会计师事务所拒绝。随后黄某又找到HT会计师事务所非注册会计师张某，张某答应了其要求，并到YC公司执行了部分审计程序，制作了工作底稿，加盖了未到审计现场的注册会计师王某某、陈某某印章和HT会计师事务所公章。随后张某和黄某把事先做好的虚假报表替换审计报告后附的真实报表，黄某又把虚假审计报告提供给银行，YC公司获得了银行贷款。HT会计师事务所在本报告的签发、审核、送达中管理不善、存在漏洞，同时还存在多份审计报告执业质量较差等问题。

（二）YC公司

YC公司2009年和2010年连续两个年度对外提供虚假财务会计报告；会计基础工作薄弱、会计核算不规范；存在违反《财政违法行为处罚处分条例》规定的违规资金4 379万元。

处理结果

（一）HT会计师事务所

HT会计师事务所执业质量较差等行为违反了《注册会计师法》第二十一条、第三十一条和《会计师事务所审批和监督暂行办法》第五十六条的有关规定，根据相关规定，该省财政厅依法给予HT会计师事务所暂停执业3个月、没收3.15万元并处罚款3.15万元的行政处罚，并给予注册会计师王某某和陈某某警告的行政处罚。

（二）YC公司

YC公司的上述行为违反了《会计法》第九条、第十三条和《财政违法行为处罚处分条例》等规定，根据相关规定，该省财政厅依法给予YC公司罚款5万元、董事长罚款2万元、财务负责人罚款1万元并吊销会计从业资格证书的行政处罚；同时收回YC公司违规资金4 379万元，并要求对其他会计违规事项进行相应整改。

第一节 | 审计报告概述

一、审计报告的含义和作用

审计报告是指审计人员根据相关规范的要求，在执行审计工作的基础上，对被审计事项发表审计意见的书面文件。

审计报告是审计人员在完成审计工作后向委托人、授权人提交的最终产品，具有以下作用。

（一）鉴证作用

审计人员以独立的第三者身份，通过审计报告对被审计单位财务报表所反映的财务状况、经营成果和现金流量情况等是否合法、公允，发表自己的意见，做出客观的鉴证。审计人员接受审计授权人、委托人的授权或委托，按照法定程序，运用专门的审计方法，对被审计人承担和履行经济责任的情况进行审计后，有责任向授权人或委托人报告审计工作的完成情况及查明的结果。审计报告就是审计人员向审计授权人或委托人出具的发表审计意见，提出审计建议的一项重要文件。这种鉴证作用，在注册会计师出具的审计报告中尤其突出。注册会计师发表的审计意见、签发的审计报告是具有法律效力的证明文件，可以起到经济鉴证作用，能够得到政府有关部门及社会各界的广泛认同，既可以让政府有关部门了解企业真实情况，为其做出有关宏观调控决策提供重要依据，也可以为企业的投资者和债权人及其他利害关系人进行经济决策提供主要依据。

（二）保护作用

审计人员对被审计单位出具的不同类型审计意见的审计报告，将影响到财务报表信息使用者对财务报表的信赖程度，尤其是揭露被审计单位存在的重大财务和舞弊行为，从而能够在一定程度上对被审计单位的投资者、债权人及其他利害关系人的利益起到保护作用。

（三）证明作用

审计报告是对审计人员审计任务完成情况及其结果所作的总结，它可以表明审计工作的质量并明确注册会计师的审计责任。因此，审计报告可以对审计工作质量和审计人员的审计责任起证明作用。通过审计报告，可以证明审计人员在审计过程中是否实施了必要的审计程序，是否以审计工作底稿为依据发表审计意见，发表的审计意见是否与被审计单位的实际情况相一致，审计工作的质量是否符合要求。通过审计报告，可以证明审计人员对审计责任的履行情况。

二、审计报告的类型

审计报告可以按照不同标准，划分为不同的类型。

（一）按照审计报告的格式分为统一（或标准）格式审计报告和非统一（或非标准）格式审计报告

（1）统一（或标准）格式审计报告，是格式和措辞基本统一的审计报告。为避免理解上的混乱，规范审计业务，审计职业界常常通过准则等形式统一规定审计报告的格式和措辞。统一（或标准）格式审计报告一般用于对外公布，由于格式和措辞是审计准则统一规定的，便于报告使用者理解审计报告的含义。

统一（或标准）格式审计报告按照其意见的性质又可以分为标准审计报告和非标准审计报告。

① 标准审计报告是不含有说明段、强调事项段、其他事项段或其他任何修饰性用语的无保留意见的审计报告。无保留意见是审计人员认为财务报表在所有重大方面按照适用的财务报告编制基础编制并实现公允反映时发表的审计意见。包含其他报告责任段，但不含有强调事项段或其他事项段的无保留意见的审计报告也被视为标准审计报告。

② 非标准审计报告是带强调事项段或其他事项段的无保留意见的审计报告和非无保留意见的审计报告。非无保留意见的审计报告包括保留意见的审计报告、否定意见的审计报告和无法表示意见的审计报告。

（2）非统一（或非标准）格式审计报告，是格式和措辞不统一，可以根据具体审计项目及审计的具体情况来决定格式和措辞的审计报告。

（二）按照审计报告使用的目的分为公布目的审计报告和非公布目的审计报告

（1）公布目的审计报告一般是用于对企业投资者、债权人等非特定利害关系人公布的审计报告。在出具这种审计报告时，应同时附送已审计的财务报表。

（2）非公布目的审计报告一般是用于经营管理、合并或业务转让、融通资金等特定目的而实施审计的审计报告。这种审计报告是报送给特定使用者的，如经营者、合并或业务转让的关系人、提供信用的金融机构等。

（三）按照审计报告的详略程度分为简式审计报告和详式审计报告

（1）简式审计报告是审计人员对应公布的财务报表进行审计后所编制的简明扼要的审计报告。其反映的内容是非特定多数的利害关系人共同认为的必要的审计事项，具有记载事项为法令或审计准则所规定的特征，格式统一，一般适用于公布目的。

（2）详式审计报告是审计人员对审计对象所有重要的经济业务和情况都要进行详细的说明与分析的审计报告。它主要用于帮助被审计单位改善经营管理，其内容比简式审计报告丰富、详细，没有统一的格式，一般适用于非公布目的。

第二节　注册会计师审计报告

一、审计报告的基本内容

注册会计师对企业财务报表的审计报告应当包括下列基本内容。

（一）标题

审计报告应当具有标题，统一规范为"审计报告"。

考虑到这一标题已广为社会公众接受，因此，我国注册会计师出具的审计报告的标题没有包含"独立"两个字，但注册会计师在执行财务报表审计业务时，应当遵守独立性的要求。

（二）收件人

审计报告的收件人是指注册会计师按照业务约定书的要求致送审计报告的对象，一般是指审计业务的委托人。审计报告应当按照审计业务的约定载明收件人的全称。

注册会计师应当与委托人在业务约定书中约定致送审计报告的对象，以防止在此问题上发生分歧或审计报告被委托人滥用。针对整套通用目的财务报表出具的审计报告，审计报告的致送对象通常为被审计单位的股东或治理层。

（三）审计意见段

审计报告的第一部分应当包含审计意见，并以"审计意见"作为标题。审计意见段还应当包括下列几个方面。

（1）指出被审计单位的名称；

（2）说明财务报表已经审计；

（3）指出构成整套财务报表的每一财务报表的名称；

（4）提及财务报表附注；

（5）指明构成整套财务报表的每一财务报表的日期或涵盖的期间。

将上述方面加以概括，审计意见段应当说明：注册会计师审计了后附的被审计单位的财务报表，包括指明适用的财务报告编制基础规定的构成整套财务报表的每一财务报表的名称、日期或涵盖的期间以及重要会计政策概要和其他解释性信息。

如果知悉已审计财务报表将包括在含有其他信息的文件（如年度报告）中，在列报格式允许的情况下，注册会计师可以考虑指出已审计财务报表在该文件中的页码。这有助于财务报表使用者识别与审计报告相关的财务报表。

此外，审计意见应当涵盖由适用的财务报告编制基础所确定的整套财务报表。在许多通用目的编制基础中，财务报表包括资产负债表、利润表、所有者权益变动表、现金流量表，以及重要会计政策概要和其他解释性信息。补充信息也可能被认为是财务报表的必要组成部分。

如果对财务报表发表无保留意见，除非法律法规另有规定，审计意见应当使用"我们认为，财务报表在所有重大方面按照[适用的财务报告编制基础（如企业会计准则等）]编制，公允反映了……"的措辞。

（四）形成审计意见的基础段

该部分应当紧接在审计意见部分之后，以"形成审计意见的基础"为标题并包括下列方面：

（1）说明注册会计师按照审计准则的规定执行了审计工作；

（2）提及审计报告中用于描述审计准则规定的注册会计师责任的部分；

（3）声明注册会计师按照与审计相关的职业道德要求独立于被审计单位，并按照这些要求履行了职业道德方面的其他责任。声明中应当指明适用的职业道德要求，如中国注册会计师职业道德守则；

（4）说明注册会计师是否相信获取的审计证据是充分、适当的，为发表审计意见提供基础。

（五）管理层对财务报表的责任段

审计报告应当包含标题为"管理层对财务报表的责任"的段落，用以描述被审计单位中负责编制财务报表的人员的责任。管理层对财务报表的责任段应当说明，编制财务报表是管理层的责任，这种责任包括：

（1）按照适用的财务报告编制基础编制财务报表，使其实现公允反映，并设计、执行和维护必要的内部控制，以使财务报表不存在由于舞弊或错误导致的重大错报；

（2）评估被审计单位的持续经营能力和使用持续经营假设是否适当，并披露与持续经营相关的事项（如适用）。对该评估责任的说明应当包括描述在何种情况下使用持续经营假设是适当的。

注册会计师按照审计准则的规定执行审计工作的前提是管理层和治理层（如适用，在某些国家或地区，恰当的术语可能是"治理层"）认可其按照适用的财务报告编制基础编制财务报表，使其实现公允反映（如适用）的责任，并认可其设计、执行和维护内部控制，以使编制的财务报表不存在由于舞弊或错误导致的重大错报的责任；管理层评估被审计单位的持续经营能力和使用持续经营假设是否适当，并披露与持续经营相关的事项的责任。审计报告中对管理层责任的说明包括提及这两种责任，这有助于向财务报表使用者解释执行审计工作的前提。

在某些情况下，根据某一国家或地区的法律法规或被审计单位的性质，管理层需要承担与财务报表编制相关的额外责任，注册会计师可以在上述责任的基础上增加对额外责任的说明。

审计报告提及的管理层责任，与在审计业务约定书或其他适当形式的书面协议中约定的责任在表述形式上保持一致。而且，审计准则允许注册会计师做出以下灵活处理：如果法律法规规定了管理层和治理层（如适用）与财务报告相关的责任，注册会计师根据判断可能确定法律法规规定的责任与《中国注册会计师审计准则第 1111 号——就审计业务约定条款达成一致意见》的规定在效果上是等同的。对于在效果上等同的责任，注册会计师可以使用法律法规的措辞，在业务约定书或其他适当形式的书面协议中描述管理层的责任。在这种情况下，注册会计师也可以在审计报告中使用这些措辞描述管理层的责任。

一些法律法规可能提及管理层对会计账簿和记录或会计系统的适当性所负的责任。但由于会计账簿和记录或会计系统是内部控制必要的组成部分，所以，无论在审计业务约定书或其他适当形式的书面协议中，还是在审计报告的管理层对财务报表的责任段中，都没有特别提及。

（六）注册会计师对财务报表审计的责任段

审计报告应当包含标题为"注册会计师对财务报表审计的责任"的段落。注册会计师的责任段应当说明下列内容。

（1）说明注册会计师的目标是对财务报表整体是否不存在由于舞弊或错误导致的重大错报获取合理保证，并出具包含审计意见的审计报告；

（2）说明合理保证是高水平的保证，但并不能保证按照审计准则执行的审计在某一重大错报存在时总能发现；

（3）说明错报可能由于舞弊或错误导致。

在说明错报可能由于舞弊或错误导致时，注册会计师应当从下列两种做法中选取一种：

（1）描述如果合理预期错报单独或汇总起来可能影响财务报表使用者依据财务报表做出的经济决策，则错报是重大的；

（2）根据适用的财务报告编制基础，提供关于重要性的定义或描述。

注册会计师对财务报表审计的责任部分还应当包括下列内容：

（1）说明在按照审计准则执行审计工作的过程中，注册会计师运用职业判断，并保持职业怀疑；

（2）通过说明注册会计师的责任，对审计工作进行描述。这些责任包括：

① 识别和评估由于舞弊或错误导致的财务报表重大错报风险，对这些风险有针对性地设计和实施审计程序，获取充分、适当的审计证据，作为发表审计意见的基础。由于舞弊可能涉及串通、伪造、故意遗漏、虚假陈述或凌驾于内部控制之上，未能发现由于舞弊导致的重大错报的风险高于未能发现由于错误导致的重大错报的风险。

② 了解与审计相关的内部控制，以设计恰当的审计程序，但目的并非对内部控制的有效性发表意见。当注册会计师有责任在财务报表审计的同时对内部控制的有效性发表意见时，应当略去上述"目的并非对内部控制的有效性发表意见"的表述。

③ 评价管理层选用会计政策的恰当性和做出会计估计及相关披露的合理性。

④ 对管理层使用持续经营假设的恰当性得出结论。同时，基于所获取的审计证据，对是否存在与特定事项或情况相关的重大不确定性，从而可能导致对被审计单位的持续经营能力产生重大疑虑得出结论。如果注册会计师得出结论认为存在重大不确定性，审计准则要求注册会计师在审计报告中提请报表使用者注意财务报表中的相关披露；如果披露不充分，注册会计师应当发表非无保留意见。注册会计师的结论基于审计报告日可获得的信息。然而，未来的事项或情况可能导致被审计单位不能持续经营。

⑤ 评价财务报表的总体列报、结构和内容（包括披露），并评价财务报表是否公允反映相关交

易和事项。

注册会计师对财务报表审计的责任部分还应当包括下列内容：

（1）说明注册会计师与治理层就计划的审计范围、时间安排和重大审计发现等进行沟通，包括沟通注册会计师在审计中识别的值得关注的内部控制缺陷；

（2）对于上市实体财务报表审计，指出注册会计师就遵守关于独立性的相关职业道德要求向治理层提供声明，并与治理层沟通可能被合理认为影响注册会计师独立性的所有关系和其他事项，以及相关的防范措施（如适用）；

（3）对于上市实体财务报表审计，以及决定按照《中国注册会计师审计准则第1504号——在审计报告中沟通关键审计事项》的规定沟通关键审计事项的其他情况，说明注册会计师从与治理层沟通的事项中确定哪些事项对当期财务报表审计最为重要，因而构成关键审计事项。注册会计师在审计报告中描述这些事项，除非法律法规不允许公开披露这些事项，或在极其罕见的情形下，注册会计师合理预期在审计报告中沟通某事项造成的负面后果超过产生的公众利益方面的益处，因而确定不应在审计报告中沟通该事项。

除审计准则规定的注册会计师责任外，如果注册会计师在对财务报表出具的审计报告中履行其他报告责任，应当在审计报告中将其单独作为一部分，并以"对其他法律和监管要求的报告"为标题，或使用适合于该部分内容的其他标题，除非其他报告责任与审计准则所要求的报告责任涉及相同的主题。如果涉及相同的主题，其他报告责任可以在审计准则所要求的同一报告要素部分列示。

如果将其他报告责任在审计准则要求的同一报告要素部分列示，审计报告应当清楚区分其他报告责任和审计准则要求的报告责任。如果审计报告为其他报告责任单设一部分，注册会计师对财务报表审计的责任应当置于"对财务报表审计的报告"标题下；"对其他法律和监管要求的报告"部分置于"对财务报表审计的报告"部分之后。

（七）注册会计师的签名和盖章

项目合伙人的姓名应当包含在对上市实体整套通用目的财务报表出具的审计报告中。此外，审计报告应当由注册会计师签名并盖章。注册会计师在审计报告上签名并盖章，有利于明确法律责任。《财政部关于注册会计师在审计报告上签名盖章有关问题的通知》[财会（2001）1035号]明确规定：

"一、会计师事务所应当建立健全全面质量控制政策与程序以及各审计项目的质量控制程序，严格按照有关规定和本通知的要求在审计报告上签名盖章。

二、审计报告应当由两名具备相关业务资格的注册会计师签名盖章并经会计师事务所盖章方为有效。

（一）合伙会计师事务所出具的审计报告，应当由一名对审计项目负最终复核责任的合伙人和一名负责该项目的注册会计师签名盖章。

（二）有限责任会计师事务所出具的审计报告，应当由会计师事务所主任会计师或其授权的副主任会计师和一名负责该项目的注册会计师签名盖章。"

（八）会计师事务所的名称、地址和盖章

审计报告应当载明会计师事务所的名称和地址，并加盖会计师事务所公章。

根据《中华人民共和国注册会计师法》的规定，注册会计师承办业务，由其所在的会计师事务所统一受理并与委托人签订委托合同。因此，审计报告除了应由注册会计师签名和盖章外，还应载明会计师事务所的名称和地址，并加盖会计师事务所公章。

注册会计师在审计报告中载明会计师事务所地址时，标明会计师事务所所在的城市即可。在实务中，审计报告通常载于会计师事务所统一印刷的、标有该所详细通信地址的信笺上，因此，无需在审计报告中注明详细地址。此外，根据国家工商行政管理部门的有关规定，在主管登记

机关管辖区内，已登记注册的企业名称不得相同。因此，在同一地区内不会出现重名的会计师事务所。

（九）报告日期

审计报告应当注明报告日期。审计报告日不应早于注册会计师获取充分、适当的审计证据（包括管理层认可对财务报表的责任且已批准财务报表的证据），并在此基础上对财务报表形成审计意见的日期。在确定审计报告日时，注册会计师应当确信已获取下列两方面的审计证据：（1）构成整套财务报表的所有报表（包括相关附注）已编制完成；（2）被审计单位的董事会、管理层或类似机构已经认可其对财务报表负责。

审计报告的日期向审计报告使用者表明，注册会计师已考虑其知悉的、截至审计报告日发生的事项和交易的影响。注册会计师对审计报告日后发生的事项和交易的责任，在《中国注册会计师审计准则第 1332 号——期后事项》中做出了规定。因此，审计报告的日期非常重要。注册会计师对不同时段的财务报表日后事项有着不同的责任，而审计报告的日期是划分时段的关键时点。由于审计意见是针对财务报表发表的，并且编制财务报表是管理层的责任，所以，只有在注册会计师获取证据证明构成整套财务报表的所有报表（包括相关附注）已经编制完成，并且管理层已认可其对财务报表的责任的情况下，注册会计师才能得出已经获取充分、适当的审计证据的结论。在实务中，注册会计师在正式签署审计报告前，通常把审计报告草稿和已审计财务报表草稿一同提交给管理层。如果管理层批准并签署已审计财务报表，注册会计师即可签署审计报告。注册会计师签署审计报告的日期通常与管理层签署已审计财务报表的日期为同一天，或晚于管理层签署已审计财务报表的日期。

在审计实务中，可能发现被审计单位根据法律法规的要求或出于自愿选择，将适用的财务报告编制基础没有要求的补充信息与已审计财务报表一同列报。例如，被审计单位列报补充信息以增强财务报表使用者对适用的财务报告编制基础的理解，或者对财务报表的特定项目提供进一步解释。这种补充信息通常在补充报表中或作为额外的附注进行列示。注册会计师应当评价被审计单位是否清楚地将这些补充信息与已审计财务报表予以区分。如果被审计单位未能予以清楚区分，注册会计师应当要求管理层改变未审计补充信息的列报方式。如果管理层拒绝改变，注册会计师应当在审计报告中说明补充信息未审计。

对于适用的财务报告编制基础没有要求的补充信息，如果由于其性质和列报方式导致不能使其清楚地与已审计财务报表予以区分，从而构成财务报表必要的组成部分，这些补充信息应当涵盖在审计意见中。例如，财务报表附注中关于该财务报表符合另一财务报告编制基础的程度的解释，属于这种补充信息，审计意见也涵盖与财务报表进行交叉索引的附注或补充报表。

【范例 17-1】列示了对按照企业会计准则编制的财务报表出具的标准审计报告示例。【范例 17-1】的背景信息如下：（1）对上市实体整套财务报表进行审计。该审计不属于集团审计（即不适用《中国注册会计师审计准则第 1401 号——对集团财务报表审计的特殊考虑》）；（2）管理层按照企业会计准则编制财务报表；（3）审计业务约定条款体现了《中国注册会计师审计准则第 1111 号——就审计业务约定条款达成一致意见》关于管理层对财务报表责任的描述；（4）基于获取的审计证据，注册会计师认为发表无保留意见是恰当的；（5）适用的相关职业道德要求为中国注册会计师职业道德守则；（6）基于获取的审计证据，根据《中国注册会计师审计准则第 1324 号——持续经营》，注册会计师认为可能导致对被审计单位持续经营能力产生重大疑虑的相关事项或情况不存在重大不确定性；（7）已按照《中国注册会计师审计准则第 1504 号——在审计报告中沟通关键审计事项》就关键审计事项进行了沟通；（8）负责监督财务报表的人员与负责编制财务报表的人员不同；（9）除财务报表审计外，按照法律法规的要求，注册会计师负有其他报告责任，且注册会计师决定在审计报告中履行其他报告责任。

【范例17-1】对按照企业会计准则编制的财务报表出具的标准审计报告

审计报告

××股份有限公司全体股东：

一、对财务报表审计的报告^①

（一）审计意见

我们审计了××股份有限公司（以下简称公司）财务报表，包括20×1年12月31日的资产负债表，20×1年度的利润表、现金流量表、所有者权益变动表以及财务报表附注。

我们认为，后附的财务报表在所有重大方面按照企业会计准则的规定编制，公允反映了公司20×1年12月31日的财务状况以及20×1年度的经营成果和现金流量。

（二）形成审计意见的基础

我们按照《中国注册会计师审计准则》的规定执行了审计工作。审计报告的"注册会计师对财务报表审计的责任"部分进一步阐述了我们在这些准则下的责任。按照中国注册会计师职业道德守则，我们独立于公司，并履行了职业道德方面的其他责任。我们相信，我们获取的审计证据是充分、适当的，为发表审计意见提供了基础。

（三）关键审计事项

关键审计事项是根据我们的职业判断，认为对本期财务报表审计最为重要的事项。这些事项是在对财务报表整体进行审计并形成意见的背景下进行处理的，我们不对这些事项提供单独的意见。

[按照《中国注册会计师审计准则第1504号——在审计报告中沟通关键审计事项》的规定描述每一关键审计事项。]

（四）管理层和治理层对财务报表的责任

管理层负责按照《企业会计准则》的规定编制财务报表，使其实现公允反映，并设计、执行和维护必要的内部控制，以使财务报表不存在由于舞弊或错误导致的重大错报。

在编制财务报表时，管理层负责评估公司的持续经营能力，披露与持续经营相关的事项（如适用），并运用持续经营假设，除非管理层计划清算公司、停止营运或别无其他现实的选择。

治理层负责监督公司的财务报告过程。

（五）注册会计师对财务报表审计的责任

我们的目标是对财务报表整体是否不存在由于舞弊或错误导致的重大错报获取合理保证，并出具包含审计意见的审计报告。合理保证是高水平的保证，但并不能保证按照审计准则执行的审计在某一重大错报存在时总能发现。错报可能由舞弊或错误所导致，如果合理预期错报单独或汇总起来可能影响财务报表使用者依据财务报表做出的经济决策，则错报是重大的。

在按照审计准则执行审计的过程中，我们运用了职业判断，保持了职业怀疑。我们同时：

（1）识别和评估由于舞弊或错误导致的财务报表重大错报风险；对这些风险有针对性地设计和实施审计程序；获取充分、适当的审计证据，作为发表审计意见的基础。由于舞弊可能涉及串通、伪造、故意遗漏、虚假陈述或凌驾于内部控制之上，未能发现由于舞弊导致的重大错报的风险高于未能发现由于错误导致的重大错报的风险。

（2）了解与审计相关的内部控制，以设计恰当的审计程序，但目的并非对内部控制的有效性发表意见。

（3）评价管理层选用会计政策的恰当性和做出会计估计及相关披露的合理性。

---

① 如果审计报告中不包含"按照相关法律法规的要求报告的事项"部分，则不需要加入此标题。

（4）对管理层使用持续经营假设的恰当性得出结论。同时，基于所获取的审计证据，对是否存在与事项或情况相关的重大不确定性，从而可能导致对公司的持续经营能力产生重大疑虑得出结论。如果我们得出结论认为存在重大不确定性，审计准则要求我们在审计报告中提请报告使用者注意财务报表中的相关披露；如果披露不充分，我们应当发表非无保留意见。我们的结论基于审计报告日可获得的信息。然而，未来的事项或情况可能导致公司不能持续经营。

（5）评价财务报表的总体列报、结构和内容（包括披露），并评价财务报表是否公允反映交易和事项。

除其他事项外，我们与治理层就计划的审计范围、时间安排和重大审计发现（包括我们在审计中识别的值得关注的内部控制缺陷）进行沟通。

我们还就遵守关于独立性的相关职业道德要求向治理层提供声明，并就可能被合理认为影响我们独立性的所有关系和其他事项，以及相关的防范措施（如适用）与治理层进行沟通。

从与治理层沟通的事项中，我们确定哪些事项对当期财务报表审计最为重要，因而构成关键审计事项。我们在审计报告中描述这些事项，除非法律法规不允许公开披露这些事项，或在极其罕见的情形下，如果合理预期在审计报告中沟通某事项造成的负面后果超过产生的公众利益方面的益处，我们确定不应在审计报告中沟通该事项。

二、对其他法律和监管要求的报告

[本部分的格式和内容，取决于法律法规对其他报告责任的性质的规定。法律法规规范的事项（其他报告责任）应当在本部分处理，除非那些其他报告责任与审计准则所要求的报告责任涉及相同的主题。如果涉及相同的主题，其他报告责任可以在审计准则所要求的同一报告要素部分中列示。当其他报告责任和审计准则规定的报告责任涉及同一主题，并且审计报告中的措辞能够将其他报告责任与审计准则规定的责任予以清楚地区分（如差异存在）时，允许将两者合并列示（即包含在对财务报表审计的报告部分中，并使用适当的副标题）。]

负责审计并出具审计报告的项目合伙人是[姓名]。

××会计师事务所 　　　　　　　　　　　　　　　　中国注册会计师：×××
（盖章）　　　　　　　　　　　　　　　　　　　　　　（签名并盖章）

　　　　　　　　　　　　　　　　　　　　　　　　中国注册会计师：×××
　　　　　　　　　　　　　　　　　　　　　　　　　（签名并盖章）

中国××市 　　　　　　　　　　　　　　　　　　　二○×二年×月×日

【范例17-2】列示了对按照《企业会计准则》编制的合并财务报表出具的标准审计报告示例。【范例17-2】的背景信息如下：（1）对上市实体整套合并财务报表进行审计。该审计属于集团审计（即适用《中国注册会计师审计准则第1401号——对集团财务报表审计的特殊考虑》）；（2）管理层按照《企业会计准则》编制合并财务报表；（3）审计业务约定条款体现了《中国注册会计师审计准则第1111号——就审计业务约定条款达成一致意见》关于管理层对合并财务报表责任的描述；（4）基于获取的审计证据，注册会计师认为发表无保留意见是恰当的；（5）适用的相关职业道德要求为《中国注册会计师职业道德守则》；（6）基于获取的审计证据，根据《中国注册会计师审计准则第1324号——持续经营》，注册会计师认为可能导致对被审计单位持续经营能力产生重大疑虑的相关事项或情况不存在重大不确定性；（7）已按照《中国注册会计师审计准则第1504号——在审计报告中沟通关键审计事项》就关键审计事项进行了沟通；（8）负责监督合并财务报表的人员与负责编制合并财务报表的人员不同；（9）除合并财务报表审计外，按照法律法规的要求，注册会计师负有其他报告责任，且注册会计师决定在审计报告中履行其他报告责任。

【范例17-2】对按照《企业会计准则》编制的合并财务报表出具的标准审计报告

审计报告

××股份有限公司全体股东：

一、对合并财务报表审计的报告[①]

（一）审计意见

我们审计了××股份有限公司及其子公司（以下简称集团）合并财务报表，包括20×1年12月31日的合并资产负债表，20×1年度的合并利润表、合并现金流量表、合并股东权益变动表以及合并财务报表附注。

我们认为，后附的合并财务报表在所有重大方面按照企业会计准则的规定编制，公允反映了集团20×1年12月31日的财务状况以及20×1年度的经营成果和现金流量。

（二）形成审计意见的基础

我们按照《中国注册会计师审计准则》的规定执行了审计工作。审计报告的"注册会计师对合并财务报表审计的责任"部分进一步阐述了我们在这些准则下的责任。按照《中国注册会计师职业道德守则》，我们独立于集团，并履行了职业道德方面的其他责任。我们相信，我们获取的审计证据是充分、适当的，为发表审计意见提供了基础。

（三）关键审计事项

关键审计事项是根据我们的职业判断，认为对本期合并财务报表审计最为重要的事项。这些事项是在对合并财务报表整体进行审计并形成意见的背景下进行处理的，我们不对这些事项提供单独的意见。

[按照《中国注册会计师审计准则第1504号——在审计报告中沟通关键审计事项》的规定描述每一关键审计事项。]

（四）管理层和治理层对合并财务报表的责任

管理层负责按照《企业会计准则》的规定编制合并财务报表，使其实现公允反映，并设计、执行和维护必要的内部控制，以使合并财务报表不存在由于舞弊或错误导致的重大错报。

在编制合并财务报表时，管理层负责评估集团的持续经营能力，披露与持续经营相关的事项（如适用），并运用持续经营假设，除非管理层计划清算集团、停止营运或别无其他现实的选择。治理层负责监督集团的财务报告过程。

（五）注册会计师对合并财务报表审计的责任

我们的目标是对合并财务报表整体是否不存在由于舞弊或错误导致的重大错报获取合理保证，并出具包含审计意见的审计报告。合理保证是高水平的保证，但并不能保证按照审计准则执行的审计在某一重大错报存在时总能发现。错报可能由舞弊或错误所导致，如果合理预期错报单独或汇总起来可能影响财务报表使用者依据合并财务报表做出的经济决策，则错报是重大的。

在按照审计准则执行审计的过程中，我们运用了职业判断，保持了职业怀疑。我们同时：

（1）识别和评估由于舞弊或错误导致的合并财务报表重大错报风险；对这些风险有针对性地设计和实施审计程序；获取充分、适当的审计证据，作为发表审计意见的基础。由于舞弊可能涉及串通、伪造、故意遗漏、虚假陈述或凌驾于内部控制之上，未能发现由于舞弊导致的重大错报的风险高于未能发现由于错误导致的重大错报的风险。

（2）了解与审计相关的内部控制，以设计恰当的审计程序，但目的并非对内部控制的有效性发表意见。

（3）评价管理层选用会计政策的恰当性和做出会计估计及相关披露的合理性。

（4）对管理层使用持续经营假设的恰当性得出结论。同时，基于所获取的审计证据，对是否存

---

① 如果审计报告中不包含"按照相关法律法规的要求报告的事项"部分，则不需要加入此标题。

在与事项或情况相关的重大不确定性,从而可能导致对集团的持续经营能力产生重大疑虑得出结论。如果我们得出结论认为存在重大不确定性,审计准则要求我们在审计报告中提请报告使用者注意合并财务报表中的相关披露;如果披露不充分,我们应当发表非无保留意见。我们的结论基于审计报告日可获得的信息。然而,未来的事项或情况可能导致集团不能持续经营。

(5)评价合并财务报表的总体列报、结构和内容(包括披露),并评价合并财务报表是否公允反映交易和事项。

(6)就集团中实体或业务活动的财务信息获取充分、适当的审计证据,以对合并财务报表发表意见。我们负责指导、监督和执行集团审计。我们对审计意见承担全部责任。

除其他事项外,我们与治理层就计划的审计范围、时间安排和重大审计发现(包括我们在审计中识别的值得关注的内部控制缺陷)进行沟通。

我们还就遵守关于独立性的相关职业道德要求向治理层提供声明,并就可能被合理认为影响我们独立性的所有关系和其他事项,以及相关的防范措施(如适用)与治理层进行沟通。

从与治理层沟通的事项中,我们确定哪些事项对当期合并财务报表审计最为重要,因而构成关键审计事项。我们在审计报告中描述这些事项,除非法律法规不允许公开披露这些事项,或在极其罕见的情形下,如果合理预期在审计报告中沟通某事项造成的负面后果超过产生的公众利益方面的益处,我们确定不应在审计报告中沟通该事项。

二、对其他法律和监管要求的报告

[本部分的格式和内容,取决于法律法规对其他报告责任的性质的规定。法律法规规范的事项(其他报告责任)应当在本部分处理,除非那些其他报告责任与审计准则所要求的报告责任涉及相同的主题。如果涉及相同的主题,其他报告责任可以在审计准则所要求的同一报告要素部分中列示。当其他报告责任和审计准则规定的报告责任涉及同一主题,并且审计报告中的措辞能够将其他报告责任与审计准则规定的责任予以清楚地区分(如差异存在)时,允许将两者合并列示(即包含在对合并财务报表审计的报告部分中,并使用适当的副标题)。]

负责审计并出具审计报告的项目合伙人是[姓名]。

××会计师事务所　　　　　　　　　　　　　中国注册会计师:×××
(盖章)　　　　　　　　　　　　　　　　　　　　(签名并盖章)
　　　　　　　　　　　　　　　　　　　　　　中国注册会计师:×××
　　　　　　　　　　　　　　　　　　　　　　　　(签名并盖章)

中国××市　　　　　　　　　　　　　　　　二〇×二年×月×日

二、审计意见的类型

(一)审计意见的形成

注册会计师应当就财务报表是否在所有重大方面按照适用的财务报告编制基础编制并实现公允反映形成审计意见。为了形成审计意见,针对财务报表整体是否不存在由于舞弊或错误导致的重大错报,注册会计师应当得出结论,确定是否已就此获取合理保证。

在得出结论时,注册会计师应当考虑下列方面:

1. 按照《中国注册会计师审计准则第 1231 号——针对评估的重大错报风险采取的应对措施》的规定,是否已获取充分、适当的审计证据

在得出总体结论之前,注册会计师应当根据实施的审计程序和获取的审计证据,评价对认定层次重大错报风险的评估是否仍然适当。在形成审计意见时,注册会计师应当考虑所有相关的审计证

据，无论该证据与财务报表认定相互印证还是相互矛盾。

如果对重大的财务报表认定没有获取充分、适当的审计证据，注册会计师应当尽可能获取进一步的审计证据。

2. 按照《中国注册会计师审计准则第 1251 号——评价审计过程中识别出的错报》的规定，未更正错报单独或汇总起来是否构成重大错报

在确定时，注册会计师应当考虑。

（1）相对特定类别的交易、账户余额或披露以及财务报表整体而言，错报的金额和性质以及错报发生的特定环境；

（2）与以前期间相关的未更正错报对相关类别的交易、账户余额或披露以及财务报表整体的影响。

3. 评价财务报表是否在所有重大方面按照适用的财务报告编制基础编制

注册会计师应当依据适用的财务报告编制基础特别评价下列内容。

（1）财务报表是否充分披露了选择和运用的重要会计政策。

（2）选择和运用的会计政策是否符合适用的财务报告编制基础，并适合被审计单位的具体情况。会计政策是被审计单位在会计确认、计量和报告中采用的原则、基础和会计处理方法。被审计单位选择和运用的会计政策既应符合适用的财务报告编制基础，也应适合被审计单位的具体情况。在考虑被审计单位选用的会计政策是否适当时，注册会计师还应当关注重要的事项。重要事项包括重要项目的会计政策和行业惯例、重大和异常交易的会计处理方法、在新领域和缺乏权威性标准或共识的领域采用重要会计政策产生的影响、会计政策的变更等。

（3）管理层做出的会计估计是否合理。会计估计通常是指被审计单位以最近可利用的信息为基础对结果不确定的交易或事项所做的判断。由于会计估计的主观性、复杂性和不确定性，管理层做出的会计估计发生重大错报的可能性较大。因此，注册会计师应当判断管理层做出的会计估计是否合理，确定会计估计的重大错报风险是否是特别风险，是否采取了有效的措施予以应对。

（4）财务报表列报的信息是否具有相关性、可靠性、可比性和可理解性。财务报表反映的信息应当符合信息质量特征，具有相关性、可靠性、可比性和可理解性。注册会计师应当根据《企业会计准则——基本准则》的规定，考虑财务报表反映的信息是否符合信息质量特征。

（5）财务报表是否做出充分披露，使财务报表预期使用者能够理解重大交易和事项对财务报表所传递的信息的影响。按照通用目的编制基础编制的财务报表通常反映被审计单位的财务状况、经营成果和现金流量。对于通用目的的财务报表，注册会计师需要评价财务报表是否做出充分披露，以使财务报表预期使用者能够理解重大交易和事项对被审计单位财务状况、经营成果和现金流量的影响。

（6）财务报表使用的术语（包括每一财务报表的标题）是否适当。

在评价财务报表是否在所有重大方面按照适用的财务报告编制基础编制时，注册会计师还应当考虑被审计单位会计实务的质量，包括表明管理层的判断可能出现偏向的迹象。

管理层需要对财务报表中的金额和披露做出大量判断。在考虑被审计单位会计实务的质量时，注册会计师可能注意到管理层判断中可能存在的偏向。注册会计师可能认为缺乏中立性产生的累积影响，连同未更正错报的影响，导致财务报表整体存在重大错报。管理层缺乏中立性可能影响注册会计师对财务报表整体是否存在重大错报的评价。缺乏中立性的迹象包括下列情形：

（1）管理层对注册会计师在审计期间提请其注意的错报进行选择性更正。例如，如果更正某一错报将增加盈利，则对该错报予以更正，反之如果更正某一错报将减少盈利，则对该错报不予更正。

（2）管理层在做出会计估计时可能存在偏见。

《中国注册会计师审计准则第 1321 号——审计会计估计（包括公允价值会计估计）和相关披露》涉及管理层在做出会计估计时可能存在的偏见。在得出某项会计估计是否合理的结论时，可能存在管理层偏见的迹象本身并不构成错报。然而，这些迹象可能影响注册会计师对财务报表整体是否不

存在重大错报的评价。

4. 评价财务报表是否实现公允反映

在评价财务报表是否实现公允反映时，注册会计师应当考虑下列内容：（1）财务报表的整体列报、结构和内容是否合理；（2）财务报表（包括相关附注）是否公允地反映了相关交易和事项。

5. 评价财务报表是否恰当提及或说明适用的财务报告编制基础

管理层和治理层（如适用）编制的财务报表需要恰当说明适用的财务报表编制基础。由于这种说明向财务报表使用者告知编制财务报表所依据的编制基础，因此非常重要。但只有财务报表符合适用的财务报告编制基础（在财务报表所涵盖的期间内有效）的所有要求，声明财务报表按照该编制基础编制才是恰当的。在对适用的财务报告编制基础的说明中使用不严密的修饰语或限定性的语言（如"财务报表实质上符合国际财务报告准则的要求"）是不恰当的，因为这可能误导财务报表使用者。

在某些情况下，财务报表可能声明按照两个财务报告编制基础（如某一国家或地区的财务报告编制基础和国际财务报告准则）编制。这可能是因为管理层被要求或自愿选择同时按照两个编制基础的规定编制财务报表，在这种情况下，两个财务报告编制基础都是适用的财务报告编制基础。只有当财务报表分别符合每个财务报告编制基础的所有要求时，声明财务报表按照这两个编制基础编制才是恰当的。财务报表需要同时符合两个编制基础的要求并且不需要调节，才能被视为按照两个财务报告编制基础编制。在实务中，同时遵守两个编制基础的可能性很小，除非某一国家或地区采用另一财务报告编制基础（如国际财务报告准则）作为本国或地区的财务报告编制基础，或者已消除遵守另一财务报告编制基础的所有障碍。

（二）无保留意见的审计报告

无保留意见的审计报告是注册会计师对被审计单位的财务报表，依照审计准则的要求进行审计后，确认被审计单位采用的会计处理方法遵循了适用的会计准则及相关会计制度的规定，财务报表反映的内容符合被审计单位的实际情况，财务报表内容完整、表达清楚、无重要遗漏，报表项目的分类和编制方法符合规定要求，因而对被审计单位的财务报表无保留地表示满意时，所出具的审计报告。无保留意见意味着注册会计师认为财务报表的反映是公允的，能满足非特定多数的利害关系人的共同需要，并对所表示的意见负责。

注册会计师实施审计后，认为被审计单位财务报表的编制同时符合下述情况时，应出具无保留意见的审计报告：（1）财务报表在所有重大方面按照适用的财务报告编制基础编制并实现公允反映；（2）不存在未调整的对财务报表整体产生影响的重大错报；（3）注册会计师已经按照审计准则的规定计划和实施审计工作，并获取充分、适当的审计证据。

注册会计师在出具无保留意见的审计报告时，应当以"我们认为"这一术语作为意见段的开头，以表明本段内容为审计人员提出的意见，并表示其承担对该审计报告意见的责任。

（三）非无保留意见的审计报告

1. 非无保留意见的含义

非无保留意见是指对财务报表发表保留意见、否定意见或无法表示意见。当存在下列情形之一时，注册会计师应当在审计报告中发表非无保留意见。

（1）根据获取的审计证据，得出财务报表整体存在重大错报的结论。为了形成审计意见，针对财务报表整体是否不存在由于舞弊或错误导致的重大错报，注册会计师应当得出结论，确定是否已就此获取合理保证。在得出结论时，注册会计师需要评价未更正错报对财务报表的影响。

错报是指某一财务报表项目的金额、分类、列报或披露，与按照适用的财务报告编制基础应当列示的金额、分类、列报或披露之间存在的差异。财务报表的重大错报可能源于以下几个方面。

① 选择的会计政策的恰当性。

在选择的会计政策的恰当性方面，当出现下列情形时，财务报表可能存在重大错报。

A．选择的会计政策与适用的财务报告编制基础不一致；

B．财务报表（包括相关附注）没有按照公允列报的方式反映交易和事项。

财务报告编制基础通常包括对会计处理、披露和会计政策变更的要求。如果被审计单位变更了重大会计政策，且没有遵守这些要求，财务报表可能存在重大错报。

② 对所选择的会计政策的运用。

在对所选择的会计政策的运用方面，当出现下列情形时，财务报表可能存在重大错报。

A．管理层没有按照适用的财务报告编制基础的要求一贯运用所选择的会计政策，包括管理层未在不同会计期间或对相似的交易和事项一贯运用所选择的会计政策（运用的一致性）；

B．不当运用所选择的会计政策（如运用中的无意错误）。

③ 财务报表披露的恰当性或充分性。

在财务报表披露的恰当性或充分性方面，当出现下列情形时，财务报表可能存在重大错报。

A．财务报表没有包括适用的财务报告编制基础要求的所有披露；

B．财务报表的披露没有按照适用的财务报告编制基础列报；

C．财务报表没有做出必要的披露以实现公允反映。

（2）无法获取充分、适当的审计证据，不能得出财务报表整体不存在重大错报的结论。

如果注册会计师能够通过实施替代程序获取充分、适当的审计证据，则无法实施特定的程序并不构成对审计范围的限制。

下列情形可能导致注册会计师无法获取充分、适当的审计证据（也称为审计范围受到限制）。

① 超出被审计单位控制的情形。

超出被审计单位控制的情形，例如：A．被审计单位的会计记录已被毁坏；B．重要组成部分的会计记录已被政府有关机构无限期地查封。

② 与注册会计师工作的性质或时间安排相关的情形。

与注册会计师工作的性质或时间安排相关的情形，例如：A．被审计单位需要使用权益法对联营企业进行核算，注册会计师无法获取有关联营企业财务信息的充分、适当的审计证据以评价是否恰当的运用了权益法；B．注册会计师接受审计委托的时间安排，使注册会计师无法实施存货监盘；C．注册会计师确定仅实施实质性程序是不充分的，但被审计单位的控制是无效的。

③ 管理层施加限制的情形。

管理层对审计范围施加的限制致使注册会计师无法获取充分、适当的审计证据的情形，例如：A．管理层阻止注册会计师实施存货监盘；B．管理层阻止注册会计师对特定账户余额实施函证。

管理层施加的限制可能对审计产生其他影响，如注册会计师对舞弊风险的评估和对业务保持的考虑。

2．确定非无保留意见的类型

注册会计师确定恰当的非无保留意见类型，取决于下列事项：（1）导致非无保留意见的事项的性质，是财务报表存在重大错报，还是在无法获取充分、适当的审计证据的情况下，财务报表可能存在重大错报；（2）注册会计师就导致非无保留意见的事项对财务报表产生或可能产生影响的广泛性做出的判断。

广泛性是描述错报影响的术语，用以说明错报对财务报表的影响，或者由于无法获取充分、适当的审计证据而未发现的错报（如存在）对财务报表可能产生的影响。根据注册会计师的判断，对财务报表的影响具有广泛性的情形包括：（1）不限于对财务报表的特定要素、账户或项目产生影响；（2）虽然仅对财务报表的特定要素、账户或项目产生影响，但这些要素、账户或项目是或可能是财务报表的主要组成部分；（3）当与披露相关时，产生的影响对财务报表使用者理解财务报表至关重要。

表17-1列了注册会计师对导致发生非无保留意见的事项的性质和这些事项对财务报表产生或可能产生影响的广泛性做出的判断，以及注册会计师的判断对审计意见类型的影响。

表 17-1　　　　　　　　　　非无保留意见事项对审计意见的影响

导致发生非无保留意见的事项的性质	这些事项对财务报表产生或可能产生影响的广泛性	
	重大但不具有广泛性	重大且具有广泛性
财务报表存在重大错报	保留意见	否定意见
无法获取充分、适当的审计证据	保留意见	无法表示意见

在确定非无保留意见的类型时还需注意以下两点：

一是在承接审计业务后，如果注意到管理层对审计范围施加了限制，且认为这些限制可能导致对财务报表发表保留意见或无法表示意见，注册会计师应当要求管理层消除这些限制。如果管理层拒绝消除限制，除非治理层全部成员参与管理被审计单位，注册会计师应当就此事项与治理层沟通，并确定能否实施替代程序以获取充分、适当的审计证据。如果无法获取充分、适当的审计证据，注册会计师应当通过下列方式确定其影响：（1）如果未发现的错报（如存在）可能对财务报表产生的影响重大，但不具有广泛性，应当发表保留意见；（2）如果未发现的错报（如存在）可能对财务报表产生的影响重大且具有广泛性，以至于发表保留意见不足以反映情况的严重性，应当在可行时解除业务约定（除非法律法规禁止）。当然，注册会计师应当在解除业务约定前，与治理层沟通在审计过程中发现的、将会导致发表非无保留意见的所有错报事项；如果在出具审计报告之前解除业务约定被禁止或不可行，应当发表无法表示意见。

在某些情况下，如果法律法规要求注册会计师继续执行审计业务，则注册会计师可能无法解除审计业务约定。这种情况可能包括：（1）注册会计师接受委托审计公共部门实体的财务报表；（2）注册会计师接受委托审计涵盖特定期间的财务报表，或若接受一定期间的委托，在完成财务报表审计前或在受托期间结束前，不允许解除审计业务约定。在这些情况下，注册会计师可能认为需要在审计报告中增加其他事项段。

二是如果认为有必要对财务报表整体发表否定意见或无法表示意见，注册会计师不应在同一审计报告中对按照相同财务报告编制基础编制的单一财务报表或者财务报表特定要素、账户或项目发表无保留意见。在同一审计报告中包含无保留意见，将会与对财务报表整体发表的否定意见或无法表示意见相矛盾。

当然，对经营成果、现金流量（如相关）发表无法表示意见，而对财务状况发表无保留意见，这种情况可能是被允许的。因为在这种情况下，注册会计师并没有对财务报表整体发表无法表示意见。

（1）保留意见的审计报告。当存在下列情形之一时，注册会计师应当发表保留意见的审计报告。

① 在获取充分、适当的审计证据后，注册会计师认为错报单独或汇总起来对财务报表影响重大，但不具有广泛性。

注册会计师在获取充分、适当的审计证据后，只有当认为财务报表就整体而言是公允的，但还存在对财务报表产生重大影响的错报时，才能发表保留意见。如果注册会计师认为错报对财务报表产生的影响极为严重且具有广泛性，则应发表否定意见。因此，保留意见被视为注册会计师在不能发表无保留意见情况下最不严厉的审计意见。

② 注册会计师无法获取充分、适当的审计证据以作为形成审计意见的基础，但认为未发现的错

报（如存在）对财务报表可能产生的影响重大，但不具有广泛性。

注册会计师因审计范围受到限制而发表保留意见还是无法表示意见，取决于无法获取的审计证据对形成审计意见的重要性。注册会计师在判断重要性时，应当考虑有关事项潜在影响的性质和范围以及在财务报表中的重要程度。只有当未发现的错报（如存在）对财务报表可能产生的影响重大但不具有广泛性时，才能发表保留意见。

（2）否定意见的审计报告。在获取充分、适当的审计证据后，如果认为错报单独或汇总起来对财务报表的影响重大且具有广泛性，注册会计师应当发表否定意见的审计报告。

（3）无法表示意见的审计报告。如果无法获取充分、适当的审计证据以作为形成审计意见的基础，并认为未发现的错报（如存在）对财务报表可能产生的影响重大且具有广泛性，注册会计师应当发表无法表示意见。在极其特殊的情况下，可能存在多个不确定事项，即使注册会计师对每个单独的不确定事项获取了充分、适当的审计证据，但由于不确定事项之间可能存在相互影响，以及可能对财务报表产生累积影响，注册会计师不可能对财务报表形成审计意见。在这种情况下，注册会计师应当发表无法表示意见的审计报告。

3. 非无保留意见的审计报告的格式和内容

对于非无保留意见的审计报告的格式和内容需要注意以下几个方面。

（1）形成非无保留意见的基础段。

① 审计报告格式和内容的一致性。

如果对财务报表发表非无保留意见，注册会计师应当将标准无保留意见审计报告中的"审计意见"标题改为如"保留意见""否定意见"或"无法表示意见"，同时将"形成审计意见的基础"这一标题修改为恰当的标题，如"形成保留意见的基础""形成否定意见的基础"或"形成无法表示意见的基础"对导致发表非无保留意见的事项进行描述。

审计报告格式和内容的一致性有助于提高使用者的理解和识别存在的异常情况。因此，尽管不可能统一非无保留意见的措辞和对导致非无保留意见的事项的说明，但仍有必要保持审计报告格式和内容的一致性。

② 量化财务影响。

如果财务报表中存在与具体金额（包括定量披露）相关的重大错报，注册会计师应当在形成审计意见的基础段说明并量化该错报的财务影响。举例来说，如果存货被高估，注册会计师就可以在审计报告的形成审计意见的基础段说明该重大错报的财务影响，即量化其对所得税、税前利润、净利润和股东权益的影响。如果无法量化财务影响，注册会计师应当在形成审计意见的基础段说明这一情况。

③ 存在与叙述性披露相关的重大错报。

如果财务报表中存在与叙述性披露相关的重大错报，注册会计师应当在形成审计意见的基础段解释该错报错在何处。

④ 存在与应披露而未披露信息相关的重大错报。

如果财务报表中存在与应披露而未披露信息相关的重大错报，注册会计师应当：A. 与治理层讨论未披露信息的情况；B. 在形成审计意见的基础段描述未披露信息的性质；C. 如果可行并且已针对未披露信息获取了充分、适当的审计证据，在形成审计意见的基础段包含对未披露信息的披露，除非法律法规禁止。

如果存在下列情形之一，则导致在形成审计意见的基础段披露遗漏的信息是不可行的：A. 管理层还没有做出这些披露，或管理层已做出但注册会计师不易获取这些披露；B. 根据注册会计师的判断，在审计报告中披露该事项过于庞杂。

⑤ 无法获取充分、适当的审计证据。

如果因无法获取充分、适当的审计证据而导致发表非无保留意见，注册会计师应当在导致非无保留意见的事项段中说明无法获取审计证据的原因。

⑥ 披露其他事项。

即使发表了否定意见或无法表示意见，注册会计师也应当在形成审计意见的基础段说明注意到的、将导致发表非无保留意见的所有其他事项及其影响。这是因为，对注册会计师注意到的其他事项的披露可能与财务报表使用者的信息需求相关。

（2）审计意见段。

① 标题。

在发表非无保留意见时，注册会计师应当对审计意见段使用恰当的标题，如"保留意见""否定意见"或"无法表示意见"。审计意见段的标题能够使财务报表使用者清楚注册会计师发表了非无保留意见，并能够表明非无保留意见的类型。

② 发表保留意见。

当由于财务报表存在重大错报而发表保留意见时，注册会计师应当根据适用的财务报告编制基础在审计意见段中说明：注册会计师认为，除了形成保留意见的基础段所述事项产生的影响外，财务报表在所有重大方面按照适用的财务报告编制基础编制，并实现公允反映，参考格式见【范例17-3】。

当无法获取充分、适当的审计证据而导致发表保留意见时，注册会计师应当在审计意见段中使用"除……可能产生的影响外"等措辞，参考格式见【范例17-5】。

当注册会计师发表保留意见时，在审计意见段中使用"由于上述解释"或"受……影响"等措辞是不恰当的，因为这些措辞不够清晰或没有足够的说服力。

③ 发表否定意见。

当发表否定意见时，注册会计师应当根据适用的财务报告编制基础在审计意见段中说明：注册会计师认为，由于形成否定意见的基础段所述事项的重要性，财务报表没有在所有重大方面按照适用的财务报告编制基础编制，未能实现公允反映，参考格式见【范例17-4】。

④ 发表无法表示意见。

当由于无法获取充分、适当的审计证据而发表无法表示意见时，注册会计师应当在审计意见段中说明：由于形成无法表示意见的基础段所述事项的重要性，注册会计师无法获取充分、适当的审计证据以为发表审计意见提供基础，因此，注册会计师不对这些财务报表发表审计意见，参考格式见【范例17-6】。

（3）非无保留意见对审计报告要素内容的修改。

当发表保留意见或否定意见时，注册会计师应当修改形成审计意见的基础段，在对注册会计师是否获取了充分、适当的审计证据以作为形成审计意见的基础的说明中，包含恰当的措辞如"保留"或"否定"。

当由于无法获取充分、适当的审计证据而发表无法表示意见时，注册会计师应当修改审计报告的审计意见段中财务报表已经审计的说明，改为注册会计师接受委托审计财务报表。应当修改形成审计意见的基础段的描述，不应包含审计报告中用于描述注册会计师责任的部分和说明注册会计师是否已获取充分、适当的审计证据以作为形成审计意见的基础。还应当修改注册会计师对财务报表审计的责任段中对注册会计师责任的表述，并仅能包含如下内容：①注册会计师的责任是按照《中国注册会计师审计准则》的规定，对被审计单位财务报表执行审计工作，以出具审计报告；②但由于形成无法表示意见的基础段所述的事项，注册会计师无法获取充分、适当的审计证据以作为发表审计意见的基础；③注册会计师在独立性和职业道德其他要求方面的责任。

4. 非无保留意见的审计报告的参考格式

（1）【范例 17-3】列示了由于财务报表存在重大错报而出具保留意见的审计报告。其背景信息如下：①对上市实体整套财务报表进行审计。该审计不属于集团审计（即不适用《中国注册会计师审计准则第 1401 号——对集团财务报表审计的特殊考虑》）；②管理层按照企业会计准则编制财务报表；③审计业务约定条款体现了《中国注册会计师审计准则第 1111 号——就审计业务约定条款达成一致意见》关于管理层对财务报表责任的描述；④存货存在错报，该错报对财务报表影响重大但不具有广泛性（即保留意见是恰当的）；⑤适用的相关职业道德要求为《中国注册会计师职业道德守则》；⑥基于获取的审计证据，根据《中国注册会计师审计准则第 1324 号——持续经营》，注册会计师认为可能导致对被审计单位持续经营能力产生重大疑虑的相关事项或情况不存在重大不确定性；⑦已按照《中国注册会计师审计准则第 1504 号——在审计报告中沟通关键审计事项》就关键审计事项进行了沟通；⑧负责监督财务报表的人员与负责编制财务报表的人员不同；⑨除财务报表审计外，按照法律法规的要求，注册会计师负有其他报告责任，且注册会计师决定在审计报告中履行其他报告责任。

【范例 17-3】由于财务报表存在重大错报而出具保留意见的审计报告

审计报告

××股份有限公司全体股东：

一、对财务报表审计的报告[①]

（一）保留意见

我们审计了××股份有限公司（以下简称公司）财务报表，包括20×1年12月31日的资产负债表，20×1年度的利润表、现金流量表、股东权益变动表以及财务报表附注。

我们认为，除"形成保留意见的基础"部分所述事项产生的影响外，后附的财务报表在所有重大方面按照《企业会计准则》的规定编制，公允反映了公司20×1年12月31日的财务状况以及20×1年度的经营成果和现金流量。

（二）形成保留意见的基础

公司20×1年12月31日资产负债表中存货的列示金额为×元。管理层根据成本对存货进行计量，而没有根据成本与可变现净值孰低的原则进行计量，这不符合企业会计准则的规定。公司的会计记录显示，如果管理层以成本与可变现净值孰低来计量存货，存货列示金额将减少×元。相应地，资产减值损失将增加×元，所得税、净利润和股东权益将分别减少×元、×元和×元。

我们按照中国注册会计师审计准则的规定执行了审计工作。审计报告的"注册会计师对财务报表审计的责任"部分进一步阐述了我们在这些准则下的责任。按照《中国注册会计师职业道德守则》，我们独立于公司，并履行了职业道德方面的其他责任。我们相信，我们获取的审计证据是充分、适当的，为发表保留意见提供了基础。

（三）关键审计事项

关键审计事项是根据我们的职业判断，认为对本期财务报表审计最为重要的事项。这些事项是在对财务报表整体进行审计并形成意见的背景下进行处理的，我们不对这些事项提供单独的意见。除"形成保留意见的基础"部分所述事项外，我们确定下列事项是需要在审计报告中沟通的关键审计事项。

［按照《中国注册会计师审计准则第1504号——在审计报告中沟通关键审计事项》的规定描述每一关键审计事项。］

（四）管理层和治理层对财务报表的责任

管理层负责按照企业会计准则的规定编制财务报表，使其实现公允反映，并设计、执行和维护必要的内部控制，以使财务报表不存在由于舞弊或错误导致的重大错报。

---

① 如果审计报告中不包含"按照相关法律法规的要求报告的事项"部分，则不需要加入此标题。

在编制财务报表时，管理层负责评估公司的持续经营能力，披露与持续经营相关的事项（如适用），并运用持续经营假设，除非管理层计划清算公司、停止营运或别无其他现实的选择。

治理层负责监督公司的财务报告过程。

（五）注册会计师对财务报表审计的责任

我们的目标是对财务报表整体是否不存在由于舞弊或错误导致的重大错报获取合理保证，并出具包含审计意见的审计报告。合理保证是高水平的保证，但并不能保证按照审计准则执行的审计在某一重大错报存在时总能发现。错报可能由舞弊或错误所导致，如果合理预期错报单独或汇总起来可能影响财务报表使用者依据财务报表做出的经济决策，则错报是重大的。

在按照审计准则执行审计的过程中，我们运用了职业判断，保持了职业怀疑。我们同时：

（1）识别和评估由于舞弊或错误导致的财务报表重大错报风险；对这些风险有针对性地设计和实施审计程序；获取充分、适当的审计证据，作为发表审计意见的基础。由于舞弊可能涉及串通、伪造、故意遗漏、虚假陈述或凌驾于内部控制之上，未能发现由于舞弊导致的重大错报的风险高于未能发现由于错误导致的重大错报的风险。

（2）了解与审计相关的内部控制，以设计恰当的审计程序，但目的并非对内部控制的有效性发表意见。

（3）评价管理层选用会计政策的恰当性和做出会计估计及相关披露的合理性。

（4）对管理层使用持续经营假设的恰当性得出结论。同时，基于所获取的审计证据，对是否存在与事项或情况相关的重大不确定性，从而可能导致对公司的持续经营能力产生重大疑虑得出结论。如果我们得出结论认为存在重大不确定性，审计准则要求我们在审计报告中提请报告使用者注意财务报表中的相关披露；如果披露不充分，我们应当发表非无保留意见。我们的结论基于审计报告日可获得的信息。然而，未来的事项或情况可能导致公司不能持续经营。

（5）评价财务报表的总体列报、结构和内容（包括披露），并评价财务报表是否公允反映交易和事项。

除其他事项外，我们与治理层就计划的审计范围、时间安排和重大审计发现（包括我们在审计中识别的值得关注的内部控制缺陷）进行沟通。

我们还就遵守关于独立性的相关职业道德要求向治理层提供声明，并就可能被合理认为影响我们独立性的所有关系和其他事项，以及相关的防范措施（如适用）与治理层进行沟通。

从与治理层沟通的事项中，我们确定哪些事项对当期财务报表审计最为重要，因而构成关键审计事项。我们在审计报告中描述这些事项，除非法律法规不允许公开披露这些事项，或在极其罕见的情形下，如果合理预期在审计报告中沟通某事项造成的负面后果超过产生的公众利益方面的益处，我们确定不应在审计报告中沟通该事项。

二、对其他法律和监管要求的报告

[本部分的格式和内容，取决于法律法规对其他报告责任的性质的规定。]

负责审计并出具审计报告的项目合伙人是[姓名]。

××会计师事务所　　　　　　　　　　　　中国注册会计师：×××

（盖章）　　　　　　　　　　　　　　　　　（签名并盖章）

　　　　　　　　　　　　　　　　　　　　中国注册会计师：×××

　　　　　　　　　　　　　　　　　　　　（签名并盖章）

中国××市　　　　　　　　　　　　　　　二〇×二年×月×日

（2）【范例17-4】列示了由于合并财务报表存在重大错报而出具否定意见的审计报告。其背景信息如下：①对上市实体整套合并财务报表进行审计。该审计属于集团审计，被审计单位拥有多个子公司（即适用《中国注册会计师审计准则第 1401 号——对集团财务报表审计的特殊考虑》）；②管理层按照企业会计准则编制合并财务报表；③审计业务约定条款体现了《中国注册会计师审计准则第 1111 号——就审计业务约定条款达成一致意见》关于管理层对财务报表责任的描述；④合并财务报表因未合并某一子公司而存在重大错报，该错报对合并财务报表影响重大且具有广泛性（即否定意见是恰当的），但量化该错报对合并财务报表的影响是不切实际的；⑤适用的相关职业道德要求为中国注册会计师职业道德守则；⑥基于获取的审计证据，根据《中国注册会计师审计准则第 1324 号——持续经营》，注册会计师认为可能导致对被审计单位持续经营能力产生重大疑虑的相关事项或情况不存在重大不确定性；⑦适用《中国注册会计师审计准则第 1504 号——在审计报告中沟通关键审计事项》。然而，注册会计师认为，除形成否定意见的基础部分所述事项外，无其他关键审计事项；⑧负责监督合并财务报表的人员与负责编制合并财务报表的人员不同；⑨除合并财务报表审计外，按照法律法规的要求，注册会计师负有其他报告责任，且注册会计师决定在审计报告中履行其他报告责任。

【范例 17-4】由于合并财务报表存在重大错报而出具否定意见的审计报告

审计报告

××股份有限公司全体股东：

一、对合并财务报表审计的报告

（一）否定意见

我们审计了××股份有限公司及其子公司（以下简称集团）的合并财务报表，包括20×1年12月31日的合并资产负债表，20×1年度的合并利润表、合并现金流量表、合并股东权益变动表以及合并财务报表附注。

我们认为，由于"形成否定意见的基础"部分所述事项的重要性，后附的集团合并财务报表没有在所有重大方面按照《企业会计准则》的规定编制，未能公允反映集团20×1年12月31日的合并财务状况以及20×1年度的合并经营成果和合并现金流量。

（二）形成否定意见的基础

如财务报表附注×所述，20×1年集团通过非同一控制下的企业合并获得对XYZ公司的控制权，因未能取得购买日XYZ公司某些重要资产和负债的公允价值，故未将XYZ公司纳入合并财务报表的范围。按照《企业会计准则》的规定，该集团应将这一子公司纳入合并范围，并以暂估金额为基础核算该项收购。如果将XYZ公司纳入合并财务报表的范围，后附的集团合并财务报表的多个报表项目将受到重大影响。但我们无法确定未将XYZ公司纳入合并范围对合并财务报表产生的影响。

我们按照中国注册会计师审计准则的规定执行了审计工作。审计报告的"注册会计师对合并财务报表审计的责任"部分进一步阐述了我们在这些准则下的责任。按照《中国注册会计师职业道德守则》，我们独立于集团，并履行了职业道德方面的其他责任。我们相信，我们获取的审计证据是充分、适当的，为发表否定意见提供了基础。

（三）关键审计事项

除"形成否定意见的基础"部分所述事项外，我们认为，没有其他需要在我们的报告中沟通的关键审计事项。

（四）管理层和治理层对合并财务报表的责任

管理层负责按照企业会计准则的规定编制合并财务报表，使其实现公允反映，并设计、执行和维护必要的内部控制，以使合并财务报表不存在由于舞弊或错误导致的重大错报。

在编制合并财务报表时，管理层负责评估集团的持续经营能力，披露与持续经营相关的事项（如适用），并运用持续经营假设，除非管理层计划清算集团、停止营运或别无其他现实的选择。

治理层负责监督集团的财务报告过程。

（五）注册会计师对合并财务报表审计的责任

我们的目标是对合并财务报表整体是否不存在由于舞弊或错误导致的重大错报获取合理保证，并出具包含审计意见的审计报告。合理保证是高水平的保证，但并不能保证按照审计准则执行的审计在某一重大错报存在时总能发现。错报可能由舞弊或错误所导致，如果合理预期错报单独或汇总起来可能影响财务报表使用者依据合并财务报表做出的经济决策，则错报是重大的。

在按照审计准则执行审计的过程中，我们运用了职业判断，保持了职业怀疑。我们同时：

（1）识别和评估由于舞弊或错误导致的合并财务报表重大错报风险；对这些风险有针对性地设计和实施审计程序；获取充分、适当的审计证据，作为发表审计意见的基础。由于舞弊可能涉及串通、伪造、故意遗漏、虚假陈述或凌驾于内部控制之上，未能发现由于舞弊导致的重大错报的风险高于未能发现由于错误导致的重大错报的风险。

（2）了解与审计相关的内部控制，以设计恰当的审计程序，但目的并非对内部控制的有效性发表意见。

（3）评价管理层选用会计政策的恰当性和做出会计估计及相关披露的合理性。

（4）对管理层使用持续经营假设的恰当性得出结论。同时，基于所获取的审计证据，对是否存在与事项或情况相关的重大不确定性，从而可能导致对集团的持续经营能力产生重大疑虑得出结论。如果我们得出结论认为存在重大不确定性，审计准则要求我们在审计报告中提请报告使用者注意合并财务报表中的相关披露；如果披露不充分，我们应当发表非无保留意见。我们的结论基于审计报告日可获得的信息。然而，未来的事项或情况可能导致集团不能持续经营。

（5）评价合并财务报表的总体列报、结构和内容（包括披露），并评价合并财务报表是否公允反映交易和事项。

（6）就集团中实体或业务活动的财务信息获取充分、适当的审计证据，以对合并财务报表发表意见。我们负责指导、监督和执行集团审计。我们对审计意见承担全部责任。

除其他事项外，我们与治理层就计划的审计范围、时间安排和重大审计发现（包括我们在审计中识别的值得关注的内部控制缺陷）进行沟通。

我们还就遵守关于独立性的相关职业道德要求向治理层提供声明，并就可能被合理认为影响我们独立性的所有关系和其他事项，以及相关的防范措施（如适用）与治理层进行沟通。

从与治理层沟通的事项中，我们确定哪些事项对当期合并财务报表审计最为重要，因而构成关键审计事项。我们在审计报告中描述这些事项，除非法律法规不允许公开披露这些事项，或在极其罕见的情形下，如果合理预期在审计报告中沟通某事项造成的负面后果超过产生的公众利益方面的益处，我们确定不应在审计报告中沟通该事项。

二、对其他法律和监管要求的报告

［本部分的格式和内容，取决于法律法规对其他报告责任的性质的规定。］

负责审计并出具审计报告的项目合伙人是［姓名］。

××会计师事务所   中国注册会计师：×××

  （盖章）   （签名并盖章）

                                          中国注册会计师：×××

                                            （签名并盖章）

中国××市   二〇×二年×月×日

（3）【范例 17-5】列示了由于注册会计师无法获取充分、适当的审计证据而出具保留意见的审计报告。其背景信息如下：①对上市实体整套合并财务报表进行审计。该审计属于集团审计，被审计单位拥有多个子公司（即适用《中国注册会计师审计准则第 1401 号——对集团财务报表审计的特殊考虑》）；②管理层按照《企业会计准则》编制合并财务报表；③审计业务约定条款体现了《中国注册会计师审计准则第1111号——就审计业务约定条款达成一致意见》关于管理层对财务报表责任的描述；④对一家境外联营公司，注册会计师无法获取充分、适当的审计证据，这一事项对合并财务报表影响重大但不具有广泛性（即保留意见是恰当的）；⑤适用的相关职业道德要求为《中国注册会计师职业道德守则》；⑥基于获取的审计证据，根据《中国注册会计师审计准则第1324号——持续经营》，注册会计师认为可能导致对被审计单位持续经营能力产生重大疑虑的相关事项或情况不存在重大不确定性；⑦已按照《中国注册会计师审计准则第1504号——在审计报告中沟通关键审计事项》就关键审计事项进行了沟通；⑧负责监督合并财务报表的人员与负责编制合并财务报表的人员不同；⑨除合并财务报表审计外，按照法律法规的要求，注册会计师负有其他报告责任，且注册会计师决定在审计报告中履行其他报告责任。

【范例17-5】 由于注册会计师无法获取关于一家境外联营公司的充分、适当的审计证据而发表保留意见的审计报告

审计报告

××股份有限公司全体股东：

一、对合并财务报表审计的报告

（一）保留意见

我们审计了××股份有限公司及其子公司（以下简称集团）合并财务报表，包括20×1年12月31日的合并资产负债表，20×1年度的合并利润表、合并现金流量表、合并股东权益变动表以及合并财务报表附注。

我们认为，除"形成保留意见的基础部分"所述事项可能产生的影响外，后附的集团合并财务报表在所有重大方面按照企业会计准则的规定编制，公允反映了集团20×1年12月31日的合并财务状况以及20×1年度的合并经营成果和合并现金流量。

（二）形成保留意见的基础

如财务报表附注×所述，集团于20×1年取得了境外XYZ公司30%的股权，因能够对XYZ公司施加重大影响，故采用权益法核算该项股权投资，于20×1年度确认对XYZ公司的投资收益×元，截至20×1年12月31日合并资产负债表上反映的该项股权投资为×元。由于我们未被允许接触XYZ公司的财务信息、管理层和执行XYZ公司审计的注册会计师，我们无法就该项股权投资的账面价值以及集团确认的20×1年度对XYZ公司的投资收益获取充分、适当的审计证据，也无法确定是否有必要对这些金额进行调整。

我们按照中国注册会计师审计准则的规定执行了审计工作。审计报告的"注册会计师对合并财务报表审计的责任"部分进一步阐述了我们在这些准则下的责任。按照《中国注册会计师职业道德守则》，我们独立于集团，并履行了职业道德方面的其他责任。我们相信，我们获取的审计证据是充分、适当的，为发表保留意见提供了基础。

（三）关键审计事项

关键审计事项是根据我们的职业判断，认为对本期财务报表审计最为重要的事项。这些事项是在对财务报表整体进行审计并形成意见的背景下进行处理的，我们不对这些事项提供单独的意见。除"形成保留意见的基础"部分所述事项外，我们确定下列事项是需要在审计报告中沟通的关键审计事项。

[按照《中国注册会计师审计准则第1504号——在审计报告中沟通关键审计事项》的规定描述每一关键审计事项。]

（四）管理层和治理层对合并财务报表的责任

管理层负责按照《企业会计准则》的规定编制合并财务报表，使其实现公允反映，并设计、执行和维护必要的内部控制，以使合并财务报表不存在由于舞弊或错误导致的重大错报。

在编制合并财务报表时,管理层负责评估集团的持续经营能力,披露与持续经营相关的事项(如适用),并运用持续经营假设,除非管理层计划清算集团、停止营运或别无其他现实的选择。治理层负责监督集团的财务报告过程。

(五)注册会计师对合并财务报表审计的责任

我们的目标是对合并财务报表整体是否不存在由于舞弊或错误导致的重大错报获取合理保证,并出具包含审计意见的审计报告。合理保证是高水平的保证,但并不能保证按照审计准则执行的审计在某一重大错报存在时总能发现。错报可能由舞弊或错误所导致,如果合理预期错报单独或汇总起来可能影响财务报表使用者依据合并财务报表做出的经济决策,则错报是重大的。

在按照审计准则执行审计的过程中,我们运用了职业判断,保持了职业怀疑。我们同时:

(1)识别和评估由于舞弊或错误导致的合并财务报表重大错报风险;对这些风险有针对性地设计和实施审计程序;获取充分、适当的审计证据,作为发表审计意见的基础。由于舞弊可能涉及串通、伪造、故意遗漏、虚假陈述或凌驾于内部控制之上,未能发现由于舞弊导致的重大错报的风险高于未能发现由于错误导致的重大错报的风险。

(2)了解与审计相关的内部控制,以设计恰当的审计程序,但目的并非对内部控制的有效性发表意见。

(3)评价管理层选用会计政策的恰当性和做出会计估计及相关披露的合理性。

(4)对管理层使用持续经营假设的恰当性得出结论。同时,基于所获取的审计证据,对是否存在与事项或情况相关的重大不确定性,从而可能导致对集团的持续经营能力产生重大疑虑得出结论。如果我们得出结论认为存在重大不确定性,审计准则要求我们在审计报告中提请报告使用者注意合并财务报表中的相关披露;如果披露不充分,我们应当发表非无保留意见。我们的结论基于审计报告日可获得的信息。然而,未来的事项或情况可能导致集团不能持续经营。

(5)评价合并财务报表的总体列报、结构和内容(包括披露),并评价合并财务报表是否公允反映交易和事项。

(6)就集团中实体或业务活动的财务信息获取充分、适当的审计证据,以对合并财务报表发表意见。我们负责指导、监督和执行集团审计。我们对审计意见承担全部责任。

除其他事项外,我们与治理层就计划的审计范围、时间安排和重大审计发现(包括我们在审计中识别的值得关注的内部控制缺陷)进行沟通。

我们还就遵守关于独立性的相关职业道德要求向治理层提供声明,并就可能被合理认为影响我们独立性的所有关系和其他事项,以及相关的防范措施(如适用)与治理层进行沟通。

从与治理层沟通的事项中,我们确定哪些事项对当期合并财务报表审计最为重要,因而构成关键审计事项。我们在审计报告中描述这些事项,除非法律法规不允许公开披露这些事项,或在极其罕见的情形下,如果合理预期在审计报告中沟通某事项造成的负面后果超过产生的公众利益方面的益处,我们确定不应在审计报告中沟通该事项。

二、对其他法律和监管要求的报告

[本部分的格式和内容,取决于法律法规对其他报告责任的性质的规定。]

负责审计并出具审计报告的项目合伙人是[姓名]。

××会计师事务所   中国注册会计师:×××
(盖章)   (签名并盖章)
              中国注册会计师:×××
            (签名并盖章)

中国××市   二○×二年×月×日

（4）【范例17-6】列示了由于注册会计师无法针对财务报表多个要素获取充分、适当的审计证据而出具无法表示意见的审计报告。其背景信息如下：①对非上市实体整套合并财务报表进行审计。该审计属于集团审计，被审计单位拥有多个子公司（即适用《中国注册会计师审计准则第1401号——对集团财务报表审计的特殊考虑》）；②管理层按照《企业会计准则》编制合并财务报表；③审计业务约定条款体现了《中国注册会计师审计准则第1111号——就审计业务约定条款达成一致意见》关于管理层对财务报表责任的描述；④对合并财务报表的某个要素，注册会计师无法获取充分、适当的审计证据。在本例中，对一家合营企业的投资占该被审计单位净资产的比例超过90%，但注册会计师无法获取该合营企业财务信息的审计证据。无法获取充分、适当的审计证据对合并财务报表可能产生的影响重大且具有广泛性（即无法表示意见是恰当的）；⑤适用的相关职业道德要求为中国注册会计师职业道德守则；⑥负责监督合并财务报表的人员与负责编制合并财务报表的人员不同；⑦按照审计准则要求在注册会计师的责任部分做出更有限的表述；⑧除合并财务报表审计外，按照法律法规的要求，注册会计师负有其他报告责任，且注册会计师决定在审计报告中履行其他报告责任。

【范例17-6】由于注册会计师无法针对合并财务报表单一要素获取充分、适当的审计证据而发表无法表示意见的审计报告

审计报告

××股份有限公司全体股东：

一、对合并财务报表审计的报告

（一）无法表示意见

我们接受委托，审计××股份有限公司及其子公司（以下简称集团）合并财务报表，包括20×1年12月31日的合并资产负债表，20×1年度的合并利润表、合并现金流量表、合并股东权益变动表以及合并财务报表附注。

我们不对后附的集团合并财务报表发表审计意见。由于"形成无法表示意见的基础"部分所述事项的重要性，我们无法获取充分、适当的审计证据以作为形成合并财务报表审计意见的基础。

（二）形成无法表示意见的基础

集团对合营企业XYZ公司的投资在该集团的合并资产负债表中金额为X元，占该集团20×1年12月31日净资产的90%以上。我们未被允许接触XYZ公司的管理层和注册会计师，包括XYZ公司注册会计师的审计工作底稿。因此，我们无法确定是否有必要对XYZ公司资产中集团共同控制的比例份额、XYZ公司负债中集团共同承担的比例份额、XYZ公司收入和费用中集团的比例份额，以及合并现金流量表和合并股东权益变动表中的要素做出调整。

（三）管理层和治理层对合并财务报表的责任

管理层负责按照《企业会计准则》的规定编制合并财务报表，使其实现公允反映，并设计、执行和维护必要的内部控制，以使合并财务报表不存在由于舞弊或错误导致的重大错报。

在编制合并财务报表时，管理层负责评估集团的持续经营能力，披露与持续经营相关的事项（如适用），并运用持续经营假设，除非管理层计划清算集团、停止营运或别无其他现实的选择。

治理层负责监督集团的财务报告过程。

（四）注册会计师对合并财务报表审计的责任

我们的责任是按照《中国注册会计师审计准则》的规定，对被审计单位合并财务报表执行审计工作，以出具审计报告。但由于"形成无法表示意见的基础"部分所述的事项，我们无法获取充分、适当的审计证据以作为发表审计意见的基础。

按照《中国注册会计师职业道德守则》，我们独立于集团，并履行了职业道德方面的其他责任。

二、对其他法律和监管要求的报告

[本部分的格式和内容，取决于法律法规对其他报告责任的性质的规定。]

负责审计并出具审计报告的项目合伙人是[姓名]。

××会计师事务所 　　　　　　　　　　　　　中国注册会计师：×××

（盖章） 　　　　　　　　　　　　　　　　　　（签名并盖章）

　　　　　　　　　　　　　　　　　　　　　中国注册会计师：×××

　　　　　　　　　　　　　　　　　　　　　　（签名并盖章）

中国××市 　　　　　　　　　　　　　　　　二〇××年×月×日

三、审计报告的强调事项段

（一）强调事项段的含义

审计报告的强调事项段是指审计报告中含有的一个段落，该段落提及已在财务报表中恰当列报或披露的事项，根据注册会计师的职业判断，该事项对财务报表使用者理解财务报表至关重要。

（二）增加强调事项段的情形

如果认为有必要提醒财务报表使用者关注已在财务报表中列报或披露，且根据职业判断认为对财务报表使用者理解财务报表至关重要的事项，注册会计师在已获取充分、适当的审计证据证明该事项在财务报表中不存在重大错报，且该事项未被确定为将要在审计报告中沟通的关键审计事项，应当在审计报告中增加强调事项段。

注册会计师可能认为需要增加强调事项段的情形举例如下。

（1）异常诉讼或监管行动的未来结果存在不确定性。

（2）提前应用（在允许的情况下）对财务报表有广泛影响的新会计准则。

（3）存在已经或持续对被审计单位财务状况产生重大影响的特大灾难。

强调事项段的过多使用会降低注册会计师沟通所强调事项的有效性。此外，与财务报表中的列报或披露相比，在强调事项段中包括过多的信息，可能隐含着这些事项未被恰当列报或披露。因此，强调事项段应当仅提及已在财务报表中列报或披露的信息。

（三）在审计报告中增加强调事项段时注册会计师采取的措施

如果在审计报告中增加强调事项段，注册会计师应当采取下列措施：

（1）将强调事项段紧接在形成审计意见的基础段之后；

（2）使用"强调事项"或其他适当标题；

（3）明确提及被强调事项以及相关披露的位置，以便能够在财务报表中找到对该事项的详细描述；

（4）指出审计意见没有因该强调事项而改变。

由于增加强调事项段是为了提醒财务报表使用者关注某些事项，并不影响注册会计师的审计意见，为了使财务报表使用者明确这一点，注册会计师应当在强调事项段中指明，该段内容仅用于提醒财务报表使用者关注，并不影响已发表的审计意见。具体讲，增加强调事项段不能代替下列情形。

① 根据审计业务的具体情况，注册会计师需要发表保留意见、否定意见或无法表示意见（参见《中国注册会计师审计准则第 1502 号——在审计报告中发表非无保留意见》）；

② 适用的财务报告编制基础要求管理层在财务报表中做出的披露。

【范例 15-7】列示了带强调事项段的保留意见审计报告的示例，其背景信息如下：（1）对非上市实体整套财务报表进行审计。该审计不属于集团审计（即不适用《中国注册会计师审计准则第1401号——对集团财务报表审计的特殊考虑》）；（2）管理层按照企业会计准则编制财务报表；（3）审计业务约定条款体现了《中国注册会计师审计准则第1111号——就审计业务约定条款达成一致意见》关于管理层对财务报表责任的描述；（4）由于偏离企业会计准则的规定导致发表保留意见；（5）适用的相关职业道德要求为中国注册会计师职业道德守则；（6）基于获取的审计证据，根据《中国注册会计师审计准则第1324号——持续经营》，注册会计师认为可能导致对被审计单位持续经营能力产生重大疑虑的相关事项或情况不存在重大不确定性；（7）在财务报表日至审计报告日之间，被审计单位的生产设备发生了火灾，被审计单位已将其作为期后事项披露。根据注册会计师的判断，该事项对财务报表使用者理解财务报表至关重要，但在当期财务报表审计中不是重点关注过的事项；（8）注册会计师未被要求，并且也决定不沟通关键审计事项；（9）负责监督财务报表的人员与负责编制财务报表的人员不同；（10）除财务报表审计外，按照法律法规的要求，注册会计师负有其他报告责任，且注册会计师决定在审计报告中履行其他报告责任。

【范例17-7】由于偏离适用的财务报告编制基础导致的带强调事项段的保留意见审计报告

审计报告

××股份有限公司全体股东：

一、对财务报表出具的审计报告

（一）保留意见

我们审计了××股份有限公司（以下简称公司）财务报表，包括20×1年12月31日的资产负债表，20×1年度的利润表、现金流量表、股东权益变动表以及财务报表附注。

我们认为，除"形成保留意见的基础"部分所述事项产生的影响外，后附的财务报表在所有重大方面按照企业会计准则的规定编制，公允反映了公司20×1年12月31日的财务状况以及20×1年度的经营成果和现金流量。

（二）形成保留意见的基础

公司20×1年12月31日资产负债表中反映的交易性金融资产为×元，公司管理层对这些交易性金融资产未按照公允价值进行后续计量，而是按照其历史成本进行计量，这不符合企业会计准则的规定。如果按照公允价值进行后续计量，公司20×1年度利润表中公允价值变动损益将减少×元，20×1年12月31日资产负债表中交易性金融资产将减少×元，相应地，所得税、净利润和股东权益将分别减少×元、×元和×元。

我们按照中国注册会计师审计准则的规定执行了审计工作。审计报告的"注册会计师对财务报表审计的责任"部分进一步阐述了我们在这些准则下的责任。按照中国注册会计师职业道德守则，我们独立于公司，并履行了职业道德方面的其他责任。我们相信，我们获取的审计证据是充分、适当的，为发表保留意见提供了基础。

（三）强调事项——火灾的影响

我们提醒财务报表使用者注意财务报表附注×，该附注描述了火灾对公司的生产设备造成的影响。本段内容不影响已发表的审计意见。

（四）管理层和治理层对财务报表的责任

管理层负责按照企业会计准则的规定编制财务报表，使其实现公允反映，并设计、执行和维护必要的内部控制，以使财务报表不存在由于舞弊或错误导致的重大错报。

在编制财务报表时，管理层负责评估公司的持续经营能力，披露与持续经营相关的事项（如适用），并运用持续经营假设，除非管理层计划清算公司、停止营运或别无其他现实的选择。

治理层负责监督公司的财务报告过程。

（五）注册会计师对财务报表审计的责任

我们的目标是对财务报表整体是否不存在由于舞弊或错误导致的重大错报获取合理保证，并出具包含审计意见的审计报告。合理保证是高水平的保证，但并不能保证按照审计准则执行的审计在某一重大错报存在时总能发现。错报可能由舞弊或错误所导致，如果合理预期错报单独或汇总起来可能影响财务报表使用者依据财务报表做出的经济决策，则错报是重大的。

在按照审计准则执行审计的过程中，我们运用了职业判断，保持了职业怀疑。我们同时：

（1）识别和评估由于舞弊或错误导致的财务报表重大错报风险；对这些风险有针对性地设计和实施审计程序；获取充分、适当的审计证据，作为发表审计意见的基础。由于舞弊可能涉及串通、伪造、故意遗漏、虚假陈述或凌驾于内部控制之上，未能发现由于舞弊导致的重大错报的风险高于未能发现由于错误导致的重大错报的风险。

（2）了解与审计相关的内部控制，以设计恰当的审计程序，但目的并非对内部控制的有效性发表意见。

（3）评价管理层选用会计政策的恰当性和做出会计估计及相关披露的合理性。

（4）对管理层使用持续经营假设的恰当性得出结论。同时，基于所获取的审计证据，对是否存在与事项或情况相关的重大不确定性，从而可能导致对公司的持续经营能力产生重大疑虑得出结论。如果我们得出结论认为存在重大不确定性，审计准则要求我们在审计报告中提请报告使用者注意财务报表中的相关披露；如果披露不充分，我们应当发表非无保留意见。我们的结论基于审计报告日可获得的信息。然而，未来的事项或情况可能导致公司不能持续经营。

（5）评价财务报表的总体列报、结构和内容（包括披露），并评价财务报表是否公允反映交易和事项。

除其他事项外，我们与治理层就计划的审计范围、时间安排和重大审计发现（包括我们在审计中识别的值得关注的内部控制缺陷）进行沟通。

我们还就遵守关于独立性的相关职业道德要求向治理层提供声明，并就可能被合理认为影响我们独立性的所有关系和其他事项，以及相关的防范措施（如适用）与治理层进行沟通。

从与治理层沟通的事项中，我们确定哪些事项对当期财务报表审计最为重要，因而构成关键审计事项。我们在审计报告中描述这些事项，除非法律法规不允许公开披露这些事项，或在极其罕见的情形下，如果合理预期在审计报告中沟通某事项造成的负面后果超过产生的公众利益方面的益处，我们确定不应在审计报告中沟通该事项。

二、对其他法律和监管要求的报告

[本部分的格式和内容，取决于法律法规对其他报告责任的性质的规定。]

负责审计并出具审计报告的项目合伙人是[姓名]。

××会计师事务所　　　　　　　　　　　　　中国注册会计师：×××

（盖章）　　　　　　　　　　　　　　　　　　　（签名并盖章）

　　　　　　　　　　　　　　　　　　　　　　中国注册会计师：×××

　　　　　　　　　　　　　　　　　　　　　　　（签名并盖章）

中国××市　　　　　　　　　　　　　　　　二〇×二年×月×日

四、审计报告的关键审计事项段

（一）关键审计事项段的含义

关键审计事项段是指审计报告中含有的一个段落，该段落提及注册会计师根据职业判断认为对当期财务报表审计最为重要的事项。关键审计事项选自与治理层沟通的事项。

（二）需要增加关键审计事项段的情形

除非存在下列情形之一，注册会计师应当在审计报告中逐项描述关键审计事项：

（1）法律法规禁止公开披露某事项；

（2）在极其罕见的情形下，如果合理预期在审计报告中沟通某事项造成的负面后果超过产生的公众利益方面的益处，注册会计师确定不应在审计报告中沟通该事项，被审计单位已公开披露与该事项有关信息的除外。

（三）在审计报告中增加关键审计事项段时注册会计师采取的措施

如果注册会计师决定在审计报告中沟通关键审计事项或法律法规要求注册会计师在审计报告中沟通关键审计事项，则注册会计师应当从与治理层沟通的事项中确定在执行审计工作时重点关注过的事项。在确定时，注册会计师应当考虑下列方面：

（1）按照《中国注册会计师审计准则第 1211 号——通过了解被审计单位及其环境识别和评估重大错报风险》的规定，评估的重大错报风险较高的领域或识别出的特别风险；

（2）与财务报表中涉及重大管理层判断（包括被认为具有高度不确定性的会计估计）的领域相关的重大审计判断；

（3）当期重大交易或事项对审计的影响。

注册会计师应当从根据以上因素确定的、在执行审计工作时重点关注过的事项中，确定哪些事项对当期财务报表审计最为重要，从而构成关键审计事项，并在对财务报表形成审计意见后，以在审计报告中描述关键审计事项的方式沟通这些事项。

为此，注册会计师应当在审计报告中单设一部分，以"关键审计事项"为标题，并在该部分使用恰当的子标题逐项描述关键审计事项。关键审计事项部分的引言应当同时说明下列事项：

（1）关键审计事项是注册会计师根据职业判断，认为对当期财务报表审计最为重要的事项；

（2）关键审计事项的处理是以对财务报表整体进行审计为背景的，注册会计师对财务报表整体形成审计意见，而不对关键审计事项单独发表意见。

在审计报告的关键审计事项部分逐项描述关键审计事项时，注册会计师应当分别索引至财务报表的相关披露（如有），并同时说明下列内容：

（1）该事项被认定为审计中最为重要的事项之一，因而被确定为关键审计事项的原因；

（2）该事项在审计中是如何应对的。

虽然导致非无保留意见的事项，及导致对被审计单位持续经营能力产生重大疑虑的事项或情况存在重大不确定性，就其性质而言都属于关键审计事项。然而，这些事项不得在审计报告的关键审计事项部分进行描述。注册会计师应当按照适用的审计准则的规定报告这些事项，并在关键审计事项部分提及形成保留（否定）意见的基础部分或与持续经营有关的重大不确定性部分。此外，注册会计师在对财务报表发表无法表示意见时，不得沟通关键审计事项，除非法律法规要求沟通。

（四）与治理层的沟通

注册会计师应当就下列事项与治理层沟通：

（1）注册会计师确定的关键审计事项；

（2）根据被审计单位和审计业务的具体情况，注册会计师确定不存在需要在审计报告中沟通的关键审计事项（如适用）。

五、审计报告的其他事项段

（一）其他事项段的含义

其他事项段是指审计报告中含有的一个段落，该段落提及未在财务报表中列报或披露的事项，根据注册会计师的职业判断，该事项与财务报表使用者理解审计工作、注册会计师的责任或审计报告相关。

（二）需要增加其他事项段的情形

对于未在财务报表中列报或披露，但根据职业判断认为与财务报表使用者理解审计工作、注册会计师的责任或审计报告相关且未被法律法规禁止的事项，且该事项未被确定为将要在审计报告中沟通的关键审计事项，如果认为有必要沟通，注册会计师应当在审计报告中增加其他事项段，并使用"其他事项"或其他适当标题。注册会计师应当将其他事项段紧接在审计意见段和强调事项段（如有）之后。如果其他事项段的内容与其他报告责任部分相关，这一段落也可以置于审计报告的其他位置。

具体讲，需要在审计报告中增加其他事项段的情形包括以下几方面。

1. 与使用者理解审计工作相关的情形

在极其特殊的情况下，即使由于管理层对审计范围施加的限制导致无法获取充分、适当的审计证据可能产生的影响具有广泛性，注册会计师也不能解除业务约定。在这种情况下，注册会计师可能认为有必要在审计报告中增加其他事项段，解释为何不能解除业务约定。

2. 与使用者理解注册会计师的责任或审计报告相关的情形

法律法规或得到广泛认可的惯例可能要求或允许注册会计师详细说明某些事项，以进一步解释注册会计师在财务报表审计中的责任或审计报告。在这种情况下，注册会计师可以使用一个或多个子标题来描述其他事项段的内容。

但增加其他事项段不涉及以下两种情形：（1）除根据审计准则的规定有责任对财务报表出具审计报告外，注册会计师还有其他报告责任；（2）注册会计师可能被要求实施额外的规定的程序并予以报告，或对特定事项发表意见。

3. 对两套以上财务报表出具审计报告的情形

被审计单位可能按照通用目的编制基础（如×国财务报告编制基础）编制一套财务报表，且按照另一个通用目的编制基础（如国际财务报告准则）编制另一套财务报表，并委托注册会计师同时对两套财务报表出具审计报告。如果注册会计师已确定两个财务报告编制基础在各自情形下是可接受的，可以在审计报告中增加其他事项段，说明该被审计单位根据另一个通用目的编制基础（如国际财务报告准则）编制了另一套财务报表以及注册会计师对这些财务报表出具了审计报告。

4. 限制审计报告分发和使用的情形

为特定目的编制的财务报表可能按照通用目的编制基础编制，因为财务报表预期使用者已确定这种通用目的财务报表能够满足他们对财务信息的需求。由于审计报告旨在提供给特定使用者，注册会计师可能认为在这种情况下需要增加其他事项段，说明审计报告只是提供给财务报表预期使用者，不应被分发给其他机构或人员或者被其他机构或人员使用。

需要注意的是，其他事项段的内容明确反映了未被要求在财务报表中列报或披露的其他事项。其他事项段不包括法律法规或其他职业准则（如《中国注册会计师职业道德守则》中与信息保密相关的规定）禁止注册会计师提供的信息。其他事项段也不包括要求管理层提供的信息。

此外，其他事项段放置的位置取决于拟沟通信息的性质。当增加其他事项段旨在提醒使用者关注与其理解同财务报表审计相关的事项时，该段落需要紧接在审计意见段和强调事项段之后；当增加其他事项段旨在提醒使用者关注与审计报告中提及的其他报告责任相关的事项时，该段落可以置于"按照相关法律法规的要求报告的事项"的部分内；当其他事项段与注册会计师的责任或使用者理解审计报告相关时，可以单独作为一部分，置于"对财务报表出具的审计报告"和"按照相关法律法规的要求报告的事项"之后。

（三）与治理层的沟通

如果拟在审计报告中增加强调事项段或其他事项段，注册会计师应当就该事项和拟使用的措辞与治理层沟通。

与治理层的沟通能使治理层了解注册会计师拟在审计报告中所强调的特定事项的性质，并在必要时为治理层提供向注册会计师做出进一步澄清的机会。当然，当审计报告中针对某一特定事项增加其他事项段在连续审计业务中重复出现时，注册会计师可能认为没有必要在每次审计业务中重复沟通。

【范例17-8】列示了包含关键审计事项部分、强调事项段及其他事项段的审计报告的示例，其背景信息如下：（1）对上市实体整套财务报表进行审计。该审计不属于集团审计（即不适用《中国注册会计师审计准则第1401号——对集团财务报表审计的特殊考虑》）；（2）管理层按照《企业会计准则》编制财务报表；（3）审计业务约定条款体现了《中国注册会计师审计准则第1111号——就审计业务约定条款达成一致意见》关于管理层对财务报表责任的描述；（4）基于获取的审计证据，注册会计师认为发表无保留意见是恰当的；（5）适用的相关职业道德要求为中国注册会计师职业道德守则；（6）基于获取的审计证据，根据《中国注册会计师审计准则第1324号——持续经营》，注册会计师认为可能导致对被审计单位持续经营能力产生重大疑虑的相关事项或情况不存在重大不确定性；（7）在财务报表日至审计报告日之间，被审计单位的生产设备发生了火灾，被审计单位已将其作为期后事项披露。根据注册会计师的判断，该事项对财务报表使用者理解财务报表至关重要，但在当期财务报表审计中不是重点关注过的事项；（8）已经按照《中国注册会计师审计准则第1504号——在审计报告中沟通关键审计事项》就关键审计事项进行了沟通；（9）已列报对应数据，且上期财务报表已由前任注册会计师审计。法律法规不禁止注册会计师提及前任注册会计师对对应数据出具的审计报告，并且注册会计师已决定提及；（10）负责监督财务报表的人员与负责编制财务报表的人员不同；（11）除财务报表审计外，按照法律法规的要求，注册会计师负有其他报告责任，且注册会计师决定在审计报告中履行其他报告责任。

【范例17-8】包含关键审计事项部分、强调事项段及其他事项段的审计报告

审计报告

××股份有限公司全体股东：

一、对财务报表出具的审计报告

（一）审计意见

我们审计了××股份有限公司（以下简称公司）财务报表，包括20×1年12月31日的资产负债表，20×1年度的利润表、现金流量表、股东权益变动表以及财务报表附注。

我们认为，后附的财务报表在所有重大方面按照企业会计准则的规定编制，公允反映了公司20×1年12月31日的财务状况以及20×1年度的经营成果和现金流量。

（二）形成审计意见的基础

我们按照《中国注册会计师审计准则》的规定执行了审计工作。审计报告的"注册会计师对财务报表审计的责任"部分进一步阐述了我们在这些准则下的责任。按照中国注册会计师职业道德守则，我们独立于公司，并履行了职业道德方面的其他责任。我们相信，我们获取的审计证据是充分、适当的，为发表审计意见提供了基础。

（三）强调事项

我们提醒财务报表使用者注意财务报表附注×，该附注描述了火灾对公司的生产设备造成的影响。本段内容不影响已发表的审计意见。

（四）关键审计事项

关键审计事项是根据我们的职业判断，认为对本期财务报表审计最为重要的事项。这些事项是在对财务报表整体进行审计并形成意见的背景下进行处理的，我们不对这些事项提供单独的意见。

［按照《中国注册会计师审计准则第1504号——在审计报告中沟通关键审计事项》的规定描述每一关键审计事项。］

（五）其他事项

20×0年12月31日的资产负债表，20×0年度的利润表、现金流量表、股东权益变动表以及财务报表附注由其他会计师事务所审计，并于20×1年3月31日发表了无保留意见。

（六）管理层及治理层对财务报表的责任

管理层负责按照企业会计准则的规定编制财务报表，使其实现公允反映，并设计、执行和维护必要的内部控制，以使财务报表不存在由于舞弊或错误导致的重大错报。

在编制财务报表时，管理层负责评估公司的持续经营能力，披露与持续经营相关的事项（如适用），并运用持续经营假设，除非管理层计划清算公司、停止营运或别无其他现实的选择。

治理层负责监督公司的财务报告过程。

（七）注册会计师对财务报表审计的责任

我们的目标是对财务报表整体是否不存在由于舞弊或错误导致的重大错报获取合理保证，并出具包含审计意见的审计报告。合理保证是高水平的保证，但并不能保证按照审计准则执行的审计在某一重大错报存在时总能发现。错报可能由舞弊或错误所导致，如果合理预期错报单独或汇总起来可能影响财务报表使用者依据财务报表做出的经济决策，则错报是重大的。

在按照审计准则执行审计的过程中，我们运用了职业判断，保持了职业怀疑。我们同时：

（1）识别和评估由于舞弊或错误导致的财务报表重大错报风险；对这些风险有针对性地设计和实施审计程序；获取充分、适当的审计证据，作为发表审计意见的基础。由于舞弊可能涉及串通、伪造、故意遗漏、虚假陈述或凌驾于内部控制之上，未能发现由于舞弊导致的重大错报的风险高于未能发现由于错误导致的重大错报的风险。

（2）了解与审计相关的内部控制，以设计恰当的审计程序，但目的并非对内部控制的有效性发表意见。

（3）评价管理层选用会计政策的恰当性和做出会计估计及相关披露的合理性。

（4）对管理层使用持续经营假设的恰当性得出结论。同时，基于所获取的审计证据，对是否存在与事项或情况相关的重大不确定性，从而可能导致对公司的持续经营能力产生重大疑虑得出结论。如果我们得出结论认为存在重大不确定性，审计准则要求我们在审计报告中提请报告使用者注意财务报表中的相关披露；如果披露不充分，我们应当发表非无保留意见。我们的结论基于审计报告日可获得的信息。然而，未来的事项或情况可能导致公司不能持续经营。

（5）评价财务报表的总体列报、结构和内容（包括披露），并评价财务报表是否公允反映交易和事项。

除其他事项外，我们与治理层就计划的审计范围、时间安排和重大审计发现（包括我们在审计中识别的值得关注的内部控制缺陷）进行沟通。

我们还就遵守关于独立性的相关职业道德要求向治理层提供声明，并就可能被合理认为影响我们独立性的所有关系和其他事项，以及相关的防范措施（如适用）与治理层进行沟通。

从与治理层沟通的事项中，我们确定哪些事项对当期财务报表审计最为重要，因而构成关键审计事项。我们在审计报告中描述这些事项，除非法律法规不允许公开披露这些事项，或在极其罕见的情形下，如果合理预期在审计报告中沟通某事项造成的负面后果超过产生的公众利益方面的益处，我们确定不应在审计报告中沟通该事项。

二、对其他法律和监管要求的报告

[本部分的格式和内容，取决于法律法规对其他报告责任的性质的规定。]

负责审计并出具审计报告的项目合伙人是[姓名]。

××会计师事务所   中国注册会计师：×××

（盖章）   （签名并盖章）

中国注册会计师：×××

（签名并盖章）

中国××市   二〇×二年×月×日

第三节 编制审计报告的要求和步骤

为保证审计报告的真实性和合法性，审计人员除了要知悉发表不同审计意见的条件外，还必须明确审计报告的编制要求与编制步骤等。审计报告的真实性即审计报告应如实反映审计范围、审计依据、已实施的审计程序和应发表的审计意见；审计报告的合法性是指审计报告的编制和出具必须符合《审计法》《注册会计师法》和审计准则等有关规范的规定。

一、审计报告的编制要求

审计报告是审计人员用以表明审计意见、提出审计结论的书面文件，是审计工作的最终成果。它既是一种信息报告，又是一种证明文件。审计人员应掌握撰写审计报告的基本要求，并使编制的审计报告符合基本要求。这些基本要求包括：

1. 语言清晰简练

审计报告是以文字表达审计意见的书面文件。因此编制审计报告时，文字必须清晰，便于审计报告的使用者理解，避免产生误解，不能似是而非，对于应当肯定或否定的问题，一定要用确切、恰当的文字来说明。对于审计报告的使用者来说，只有文字清晰易于理解的审计报告才是有价值的。编制审计报告应力求在行文和用语上实现规范化，使内容连贯、逻辑严谨、行文简练、概念准确、措辞适当。

2. 证据充分适当

审计报告是审计工作的最终成果，具有传达审计信息和证明的作用。因此编制审计报告时，用以支持审计意见的各种证据必须充分适当，这也是发挥审计报告作用的关键所在。为此，编制审计报告所列事实或材料必须真实可靠、准确无误，同时这些事实或材料必须足够充分、证明力强，足以支持审计意见和审计结论，使审计报告令人信服。

3. 态度客观公正

由于审计报告是报告使用人进行决策的重要依据，因此编制审计报告时，审计人员的态度应客观公正，不能自以为是或先入为主。在进行执业、判断和做出结论时，必须客观公正，遵守审计准则。只有做到客观公正，审计意见才能准确、恰当，才能使审计报告具有权威性。尤其是审计报告中所做的审计评价，必须实事求是。对问题的定性要有充分的法律法规依据和事实依据，切忌带有个人成见或单凭印象草率行事。

4. 内容全面合法

内容全面是指审计报告的基本构成要素必须齐全完备，审计报告的每一个要素，都有其特定功用。因此，如果缺少某一个基本要素，审计报告所提供的信息质量就会受到影响。但内容全面并非面面俱到，在说明和表达审计意见时，应突出重点，充分揭示被审计单位存在的影响财务报表的重要事项。同时，审计报告的要素与报告编制必须符合《审计法》《注册会计师法》和审计准则等规定，即保证审计报告的内容合法。

需要指出的是，审计报告的使用人必须明确审计报告是审计人员对被审计单位在特定时日或特定期间内与财务报表反映有关的所有重大方面发表审计意见，而不是对被审计单位的全部经营管理活动提出审计意见。同时，审计人员应当要求委托人按照审计业务约定书的要求使用审计报告。委托人或其他第三者因使用审计报告不当而造成的后果，与审计人员及审计机构无关。

二、审计报告的编制步骤

审计报告通常由审计项目负责人编制。编制审计报告时，审计项目负责人应当仔细查阅审计人员在审计过程中形成的审计工作底稿，并认真检查审计人员的审计是否严格遵循了审计准则的要求，被审计单位是否按照适用的报表编制基础的规定以及有关协议、合同、章程的要求编制财务报表，进行相关的会计工作，使审计人员能够在按照审计准则要求进行审计并形成一整套审计工作底稿的基础上，根据被审计单位对相关的会计制度和利害关系人的有关要求的执行情况，提出客观、公正、实事求是的审计意见。一般来说，审计人员编制审计报告遵循以下步骤。

1. 整理和分析审计工作底稿

在执行审计过程中，审计人员所积累的很多审计工作底稿是分散的、不系统的。在编写审计报告时，首先需要整理这些审计工作底稿。在整理过程中，要对所有审计工作底稿进行分析，把那些有价值的、重要的审计工作底稿挑选出来，形成初步的审计结论，作为编制审计报告的基础。审计小组的每位成员都应整理好自己的审计工作底稿，回顾是否有遗漏的环节，着重列举审计中所发现的问题。审计项目负责人应对全部审计工作底稿中的记录、证据和有关结论，进行检查、复核和分析。通过对审计工作底稿的检查、复核和分析，进行去伪存真的思考筛选，按其重要性从中提炼出有价值的资料，并对审计人员在审计过程中是否严格遵循了审计准则要求进行检查，从而全面总结审计工作，做出综合结论。对审计工作底稿进行整理和分析的情况，也应当以书面形式在审计工作底稿中予以记录和说明。

2. 提请被审计单位调整财务报表

审计人员在整理和分析审计工作底稿的基础上，向被审计单位通报审计情况、初步结论和对会计事项、报表项目的调整意见，提请被审计单位予以调整。一般来说，对于被审计单位会计记录或确认与计量上的错误和差错，审计人员应提请被审计单位更正，并相应调整财务报表中的有关项目。对于被审计单位会计处理不当、期后事项和或有事项，审计人员应分别不同情况提请被审计单位调整财务报表，或在财务报表附注中予以披露，有的还需要审计人员在其审计报告中加以说明。对于需要调整的事项，审计人员应与被审计单位会计机构负责人协商，尽量取得一致的意见，然后由会计机构编制调整记录，对财务报表进行调整，调整后的财务报表可以作为审计报告的附列报表。

3. 确定审计意见的类型和措辞

审计人员在了解被审计单位是否接受提出的调整意见和是否已经做出调整后，可以确定审计意见的类型和措辞。如果被审计单位财务报表已根据审计人员的调整意见做了调整，除专门要求说明外，审计报告不必将被审计单位已调整的事项再做说明。如果被审计单位不接受调整建议，审计人员应当根据需要调整事项的性质和重要程度，确定审计意见的类型和措辞。对于被审计单位资产负债表日与审计报告日之间发生的期后事项及其影响，确定是否在审计报告或其附件中进行说明。对于被审计单位截止报告日仍然存在的未确定事项，审计人员应根据其性质、重要程度和可预知的结果对财务报表反映的影响程度，确定是否在审计报告或其附件中进行说明。对于委托的审计项目，如果委托人已聘请其他审计机构审计了其中的某一部分或某项内容，审计人员在确定审计意见时应注意划清与其他审计机构及其审计人员之间的责任，不应对委托项目的全部内容发表审计意见，并在审计报告中予以说明。

4. 拟定审计报告提纲，编制和出具审计报告

审计人员在整理、分析审计工作底稿和提请被审计单位调整财务报表，并根据被审计单位财务报表调整情况确定审计意见的类型和措辞后，应拟定审计报告提纲，概括和汇总审计工作底稿所提供的资料。审计报告提纲既要总结和肯定成绩，又要列明查出的问题，对查出的问题应正确定性按不同性质加以归纳整理，并正确量化。

审计报告提纲没有固定的格式，审计人员应根据审计报告的种类和具体情况确定其结构与内容。审计报告一般由审计项目负责人编写，如由其他人员编写，则必须经审计项目负责人复核、校对。审计报告完稿后，应经审计机构业务负责人复核，并根据其修改意见修改定稿。如果审计证据不足以发表审计意见，则应要求审计人员追加审计程序，以确保审计证据的充分性与适当性，进而确保审计意见客观、公正和实事求是。审计报告经复核、修改定稿并完成签署后，正本送委托人，副本归档留存。

第四节 国家审计报告

我国国家审计的审计报告是审计机关实施审计后，对被审计单位的财政收支、财务收支的真实、合法、效益发表审计意见的书面文件。

一、国家审计报告的种类

（一）按照出具审计报告的主体不同分为审计组的审计报告和审计机关的审计报告

根据《审计法》的规定，我国国家审计的审计报告包括审计组的审计报告和审计机关的审计报告两种。审计组的审计报告是审计组对审计事项实施审计后，就审计实施情况和审计结果向派出的审计机关提交的书面报告。而审计机关的审计报告则是审计结果的最终载体和全面反映，是审计机关对被审计单位的财政收支或财务收支的真实、合法、效益发表审计意见的审计结论性法律文件。

（二）按照报告的对象、目的及内容的不同分为审计决定书、审计结果报告与审计工作报告

审计决定书是审计机关对被审计单位违反国家规定的财政财务收支行为依法做出的对被审计单位进行处理处罚的书面文件。审计决定书是国家审计特有的一种书面文件，它既是审计机关向被审计单位传达处理、处罚决定的法律文书，又是要求被审计单位强制执行的依据。审计结果报告是审计机关依照法律规定，每年向政府首长和上一级审计机关提交的，关于上一年度审计本级预算执行情况和其他财政收支情况结果的报告。而审计工作报告则是审计机关依照法律规定，受本级人民政府委托，向本级人大常委会提交的关于审计上一年度本级预算执行和其他财政收支审计工作情况的报告。

二、国家审计报告的基本内容

根据国家审计准则的有关规定，国家审计报告应当包括以下基本要素。

（1）审计依据。即实施审计所依据的法律、法规、规章的具体规定。

（2）被审计单位的基本情况。包括被审计单位的经济性质、管理体制、财政、财务隶属关系或者国有资产监督管理关系，以及财政收支、财务收支状况等。

（3）被审计单位的会计责任。一般表述为被审计单位应对其提供的与审计相关的会计资料、其他证明材料的真实性和完整性负责。

（4）实施审计的基本情况。一般包括审计范围、审计方式和审计实施的起止时间。其中审计范围应说明审计所涉及的被审计单位财政收支、财务收支所属的会计期间和有关的审计事项。

（5）审计评价意见。即根据不同的审计目标，以审计结果为基础，对被审计单位财政收支、财务收支真实、合法和效益情况发表评价意见。①真实性。主要评价被审计单位的会计处理遵循相关会计准则、会计制度的情况，以及相关会计信息与实际财政收支、财务收支状况和业务经营活动成果的符合程度。②合法性。主要评价被审计单位的财政收支、财务收支符合相关法律法规、规章和其他规范性文件的程度。③效益性。主要评价被审计单位财政收支、财务收支及其经济活动的经济、效率和效果的实现程度。需要指出的是，发表审计评价意见应运用审计人员的专业判断，并考虑重要性水平、可接受的审计风险、审计发现问题的金额大小、性质和情节等因素。此外审计机关只对所审计的事项发表审计评价意见，对审计过程中未涉及、审计证据不充分、评价依据或标准不明确以及超越审计职责范围的事项，不发表审计评价意见。

（6）审计发现的事实和定性及相关决定。包括审计查出的被审计单位违反国家规定的财政收支、财务收支行为的事实和定性、处理处罚决定及法律法规、规章依据、有关移送处理的决定。

（7）意见和建议。即对被审计单位提出改进财政收支、财务收支管理的意见和建议。

【范例 17-9】×市文体旅游局 20××年度预算执行审计报告

审计报告

根据《中华人民共和国审计法》第十六条的规定，我局派出审计组，自20××年×月×日至×月×日，对×市文体旅游局20××年度预算执行情况进行了审计，本次审计重点审计了局机关及下属二级单位市博物馆、市美术馆、市中体大队、市体育运动学校、市足球管理中心等7家单位。审计工作得到市文体旅游局的支持和配合，进展顺利，市文体旅游局及有关下属单位对其提供的财务会计资料及其他相关资料的真实性和完整性负责。×市审计局的责任是依法独立实施审计并出具审计报告。

一、被审计单位基本情况

×市文体旅游局为市政府工作部门。主要职能是：贯彻执行国家、省、市有关文化艺术、广播电影电视、新闻出版、文物和旅游工作的法律法规和政策……组织开展文化、体育、旅游行业的对外交流与合作。

市文化旅游局系统共设×个处室，×家事业单位，行政编制×人，行政事务编制×人，事业编制×人，雇员编制×人，试训运动员员额编制×人。局机关及下属二级单位均单独进行会计核算。

根据市财政、监察等部门的要求，市文体旅游局从×年开始，在政府在线网站公开本系统预算、决算信息。

二、审计结果和审计评价意见

（一）审计结果

20××年度×市文体旅游局（系统）部门预算批复×万元，预算追加×万元。

（1）收支情况：……

（2）结余情况：……

（3）政府采购执行情况：……

（二）审计评价意见

审计表明，×市文体旅游局系统总体预算执行情况较好，单位建立健全了财务管理制度，规范预算经费和专项经费收支管理……每年聘请社会审计组织对所属各单位进行财务收支审计，对专项资金项目进行专项审计和绩效评价。20××年度采购申报工作执行情况良好，7家单位中有6家政府采购在本年度申报完毕。但审计也发现存在部分单位个别项目预算约束刚性不强、编制和执行不一致、预算执行率偏低、向自有账户转移预算资金等问题。

审计同时关注文化体制改革、文化产业发展、加大文化投入政策执行情况。审计显示：……

三、审计发现的主要问题和处理意见

（一）预算刚性不强

（1）预算追加率偏高……

（2）项目支出执行率偏低……

（3）在预算执行率偏低的同时，部分项目也存在超支的情况……

上述事项违反了《中华人民共和国预算法》第四十七条"各级政府、各部门、各单位的支出必须按照预算执行"的规定。

根据《财政违法行为处罚条例》第七条关于"财政预决算的编制部门和执行部门及其工作人员有下列违反国家有关预算管理规定之一的，责令改正……（三）违反规定调整预算"的规定，责令今后予以改正。市文体旅游局应认真执行国家预算法规和《×市本级政府预算准则》……

……

四、审计建议

（1）市文体旅游局要……

（2）建议市财政部门……

对本次审计发现的问题，请市文体旅游局自收到本报告之日起×日内，将整改情况书面报告×市审计局。

本报告及有关整改情况随后将以适当方式公告。

×年×月×日（公章）

三、国家审计报告的编制、复核及审定程序

根据《审计法》、国家审计准则及其他相关规定，国家审计报告的编制、复核及审定程序如下。

（1）审计组实施审计后，撰写审计组的审计报告。

（2）审计组的审计报告经审计组长审核后，送达被审计单位征求意见。被审计单位在接到审计组的审计报告之日起10日内，将其书面意见送交审计组；10日内未提出书面意见的，视同无异议，并由审计人员予以注明。

（3）审计组认真核实被审计单位的书面意见并做出书面说明，必要时修改审计报告，并将审计组的审计报告、被审计单位的书面意见、审计组的书面说明、审计实施方案、审计工作底稿、审计证据以及其他有关材料，报送审计组所在部门。

（4）审计组所在部门接收并复核审计组的审计报告。审计部门复核的事项主要包括：①审计实施方案确定审计目标是否实现；②审计事实是否清楚；③审计证据是否充分、适当；④适用的法律法规、规章是否正确；⑤评价、定性、处理、处罚和移送处理是否恰当；⑥其他需复核的事项。审计组所在部门复核后需代拟审计机关的审计报告，对被审计单位违反国家规定的财政收支、财务收支行为需要依法进行处理、处罚的，该部门应代拟审计决定书，对审计发现的依法应由其他有关部门纠正、处理、处罚或

追究有关责任人员行政责任、刑事责任的问题，审计组所在部门应代拟审计移送处理书。

（5）审计机关复核机构或专职复核人员复核审计组所在部门代拟的审计报告、审计决定书和审计移送处理书。审计机关复核的事项主要包括：①主要事实的表述是否清楚；②适用的法律、法规、规章是否正确；③评价、定性、处理、处罚和移送处理是否恰当；④审计程序是否符合规定；⑤其他需复核的事项。

（6）审计报告等文件经过复核后，由审计机关审定。一般审计事项的审计报告，可以由审计机关主管领导审定；重大事项的审计报告，应由审计机关审计业务会议审定。审计机关审定的事项主要包括：①与审计事项有关的事实是否清楚，证据是否充分、适当；②被审计单位对审计报告的意见和复核机构或复核人员提出的复核意见是否正确；③审计评价意见是否恰当；④定性、处理、处罚意见是否准确、合法、适当。

（7）对被审计单位和有关责任人员违反国家规定的财政收支、财务收支行为做出较大数额罚款的审计决定前，告知其有要求举行听证的权利，并按照规定组织听证。

（8）审计机关分管领导或主要负责人签发审计机关的审计报告、审计决定书、审计移送处理书等审计法律文书。

（9）审计机关将审计机关的审计报告、审计决定书送达被审计单位和有关主管机关、单位，将审计移送处理书送达有关主管机关。

（10）审计机关依照有关规定向社会公告审计机关的审计报告。

第五节 内部审计报告

内部审计报告是内部审计人员根据审计计划对被审计单位实施必要的审计程序后，就被审计单位经营活动和内部控制的适当性、合法性和有效性出具的书面文件。内部审计人员应在审计实施结束后，以经过核实的审计证据为依据，形成审计结论与建议，出具审计报告。如有必要，内部审计人员可以在审计过程中提交期中报告，以便及时采取有效的纠正措施改善经营活动和内部控制。

一、内部审计报告的基本内容

根据内部审计准则的有关规定，内部审计报告应包括下列基本内容。

（1）标题。标题应能反映审计的性质，力求言简意赅，并有利于归档和索引。

（2）收件人。收件人应当是对审计项目有管理和监督责任的机构或个人。

（3）正文。包括：审计概况，即说明审计立项依据、审计目的和范围、审计重点和审计标准等内容；审计依据，即声明内部审计是按照内部审计准则的规定实施，若存在未遵循该准则的情形，应对其做出解释和说明；审计发现，即内部审计人员在对被审计单位的经营与内部控制的检查和测试过程中所得到的积极或消极的事实；审计结论，即根据已查明的事实，对被审计单位经营活动和内部控制所作的评价；审计建议，即针对审计发现的主要问题，提出的改善经营活动和内部控制的建议；其他方面。

（4）附件。附件是对审计报告正文进行补充说明的文字和数字材料。一般包括相关问题的计算及分析程序等审计过程、审计发现问题的详细说明、被审计单位及被审计责任人的反馈意见等。

（5）签章报告。

（6）日期。

（7）其他。

【范例 17-10】××集团分公司年度内部审计报告

审计报告

公司领导：

根据集团安排，审计部于×年×月×日至×月×日对××分公司××年×月×日至××年×月×日的经营成果、财务状况、内部控制制度的建立和执行情况进行全面审计。××公司分系集团全资子公司（控股子公司），审计组是在确保公司管理层提供真实、完整的资料基础上，依据《企业会计准则》《内部审计基本准则》《企业内部控制规范》，实施了包括盘点等我们认为必要的审计程序，现将审计结果报告如下：

一、审计总体评价

从整体上看，……

二、审计发现的问题

（一）经营绩效方面

……

二、审计结论

……

三、审计建议

……

附表：

1. 资产负债表

2. 利润表

3. 调整事项汇总表

4. 其他需要提供附表

××集团有限公司审计部

×年×月×日（公章）

二、内部审计报告的编制、复核及分发程序

根据《审计法》、内部审计准则及其他相关规定，内部审计报告的编制、复核及分发程序如下。

（1）审计项目负责人应在实施必要的审计程序后，编制审计报告，并向被审计单位征求反馈意见。

（2）审计报告经过必要的修改后，应连同被审计单位的反馈意见及时送内部审计机构负责人复核。内部审计机构应建立健全审计报告分级复核制度，明确规定各级复核的要求和责任。

（3）内部审计机构应将审计报告提交被审计单位，并要求被审计单位在规定期限内落实纠正措施。

（4）内部审计机构应及时地将审计报告归入审计档案，妥善保存。

第六节　管理建议书

一、管理建议书的含义和作用

（一）管理建议书的含义

管理建议书是审计人员在执行审计过程中或完成审计工作后，就被审计单位内部控制的评审结

果提供建议的一种正式文件。提交管理建议书大多不作为审计约定项目的内容。

（二）管理建议书的性质

管理建议书既不是审计的委托事项，也不是承接会计咨询业务的报告。编制和出具管理建议书是审计人员的职业责任，是对被审计单位提供的一种有价值的服务。管理建议书不对外公布，一般只向被审计单位管理层提供。就其性质而言，管理建议书所提出的问题及改进建议不具有公证性和强制性，只是一种有价值的咨询意见。

（三）管理建议书的作用

根据管理建议书的含义和性质，可以知道管理建议书具有重要作用，其主要表现为：一方面，由于现代审计是内部控制与风险管理评价基础审计，审计人员在审计过程中按规定需要评审被审计单位的内部控制与风险管理，通过管理建议书，审计人员可以针对被审计单位内部控制与风险管理的缺陷、弱点及漏洞，提供进一步完善内部控制、改进会计工作、提高经营管理水平的参考意见，从而促使被审计单位注意完善内部控制，改进经营管理，预防错误和弊端的发生。另一方面，通过管理建议书，审计人员事先提出被审计单位内部控制的改进建议，从而有助于把审计人员的法律责任降到最低。可见管理建议书对于被审计单位及其管理层和审计机构及其审计人员，都具有重要的作用。

审计人员在实施审计过程中，可以了解到被审计单位内部控制和经营管理中的不足和缺陷。职业责任要求审计人员对审计过程中注意到的内部控制的一般问题，可以采用口头或其他适当方式向被审计单位有关人员提出，而对审计过程中注意到的内部控制重大缺陷，应当告知被审计单位管理层。必要时，审计人员可根据对被审计单位内部控制的观察、了解，运用其执业经验和职业判断，向被审计单位出具管理建议书，以期通过提出改进建议帮助被审计单位完善内部控制，改进财务工作，提高经营管理水平。管理建议书所提改进建议的广度、深度及效果，往往也是委托人决定是否聘任或续聘审计人员担任审计的重要因素。

二、管理建议书的内容

一般来说，向被审计单位提交管理建议书，是审计人员基于对被审计单位关心的态度和负责的精神而从事的一项非法定的服务业务，社会公众对此也无明确的统一要求。但是管理建议书是审计人员针对其在审计过程中注意到的、可能导致被审计单位财务报表产生重大错报或漏报的内部控制的重大缺陷所提出的书面改进建议，因此，在管理建议书中应说明审计的范围和目的、发现的问题与缺陷，以及对内部控制的改进建议等。具体来说，管理建议书一般应包括如下内容。

（1）标题。标题应清晰明了，可统一为"管理建议书"。

（2）收件人。收件人是管理建议书应致送的对象。由于审计过程中涉及的内部控制范围广，需要进行沟通的人员层次较多，管理建议书的致送对象不是唯一的，其与审计报告的致送对象也不完全一致。因此，审计人员可以根据管理建议书应致送的对象，填写具体的收件人，以使那些有权限对存在的缺陷采取措施的部门、机构及人员都能了解管理建议书的内容。为了将各种情况包括在内，管理建议书的收件人应包括被审计单位管理部门或董事会、股东会、营销部门等能够对存在的缺陷采取措施的机构及人员，通常为被审计单位的管理层。

（3）财务报表审计目的及管理建议书的性质。审计人员从事财务报表审计的目的，是对被审计单位财务报表发表客观公正的审计意见，每个审计委托都应当形成一个审计报告。而管理建议书只是针对与财务报表审计相关的内部控制重大缺陷提出的改进建议，不是审计的必然结果。审计人员出具管理建议书，不影响其应当发表的审计意见，也不能减轻发表不当审计意见的责任。

（4）内部控制重大缺陷及其影响和改进建议。管理建议书应指明审计人员在对被审计单位审计过程中注意到的内部控制设计及运行方面的重大缺陷，既包括前期建议改进但本期仍然存在的重大缺陷，也包括本期审计中发现的重大缺陷，但并非内部控制可能存在的全部缺陷。管理建议书不仅应当指明审计人员在审计过程中注意到的内部控制设计及运行方面的重大缺陷，而且应当指明内部控制重大缺陷对财务报表可能产生的影响，以及相应的改进建议。

（5）使用范围及使用责任。管理建议书应当指明其使用范围，并要求被审计单位合理使用，即应指明其仅供被审计单位管理层内部参考，如果因使用不当造成的后果与审计人员及其所在审计机构无关。审计人员还应在管理建议书中明确，未经审计人员同意，被审计单位不得将管理建议书提供给第三方，否则审计人员对任何其他人不承担责任。由于内部控制固有的限制，审计人员无法对此做出充分保证；同时审计人员提出的管理建议书是以控制测试为基础，不可能揭示被审计单位内部控制中现存的全部问题及由此引发的所有错弊。管理建议书不应被视为审计人员对被审计单位内部控制整体发表的意见，也不能减轻或免除被审计单位管理层建立健全、持续改进内部控制的责任。

（6）签章。管理建议书应由审计人员签章，并加盖审计机构公章，以表明管理建议书是以审计机构的名义向被审计单位管理层提供的。

（7）日期。管理建议书应注明日期，以表明所进行工作的责任期限。该日期应为完成外勤工作日。

三、编制和出具管理建议书的要求

编制和出具管理建议书的基本要求有以下3个。

（1）在编制管理建议书之前，审计人员应对业已记录在审计工作底稿中的内部控制重大缺陷及其改进建议进行复核，并将经过复核的审计工作底稿作为编制管理建议书的依据。

（2）仔细分析审计工作底稿中有关内部控制缺陷及其改进建议的详细资料，据以确定管理建议书的基本内容。审计人员应按照被审计单位内部控制缺陷对财务报表的影响程度，由大到小依次排列并将其反映在管理建议书中。对于审计过程中已向被审计单位提出，而被审计单位未调整或未改进的重要事项应在管理建议书中详细说明。

（3）在出具管理建议书之前，审计人员应与被审计单位有关人员就管理建议书的相关内容进行讨论，以确认所述重大缺陷是否属实，确保管理建议书内容真实，阐述客观，所提管理建议书更具有针对性，更切合实际。此外，为了维护管理层的声誉，保护被审计单位的商业秘密，审计人员未征得被审计管理层同意，不得将管理建议书的内容泄露给任何第三者。

知识链接-17

思考题

1．什么是审计报告？它有哪些作用和类型？

2．注册会计师的审计报告包括哪些基本内容？

3．什么是标准审计报告与非标准审计报告？其出具的条件各有哪些？

4．注册会计师审计报告的强调事项段中的强调事项有哪些？

5．编制审计报告的要求与步骤有哪些？

6．管理建议书的含义、性质及编制要求是什么？

关键术语

审计报告	Audit Report
无保留意见	Unqualified Opinion
保留意见	Qualified Opinion
无法表示意见	Disclaimer of Opinion
否定意见	Adverse Opinion

第四篇

内部控制审计

内部控制审计 | 第十八章

【教学目标】

通过对本章的学习，使学生理解内部控制审计的含义、特征和内容，熟悉内部控制审计的流程，能够熟练撰写内部控制审计报告。

【引例】

云南绿大地生物科技股份有限公司始建于1996年，公司主营绿化工程设计及施工，绿化苗木种植及销售，2007年在深圳中小板上市。

自上市以来，绿大地公司乱象频现。2009年绿大地的业绩预告频繁变脸，变了5次"戏法"后，2009年的净利润从最初的盈利1.04亿元变为最终的亏损1.5亿元。同一时期，绿大地公司总经理、财务总监和多名董事辞职。此外，2008年至2011年间3次更换审计机构。

2010年3月7日绿大地公司因涉嫌信息披露违规被中国证监会立案调查，2010年12月30日再次因涉嫌信息违规披露、未披露重要信息接受调查，2011年3月21日中国证监会认定绿大地存在虚增资产、虚增收入、虚增利润等多项违法违规行为。

值得注意的是，作为保障财务报告质量的内部控制自评和审计机制并没有发挥应有的作用。2007年至2011年绿大地均披露了内部控制评价报告，2007年、2010年还聘请会计师事务所出具了内部控制审计报告，但只有2010年的内部控制自评报告和审计报告做出了内部控制失效的结论。事实上，立案调查的结果表明，2007年至2010年绿大地的内部控制都存在着重大缺陷，公司的内部控制体系是失效的。

绿大地"欺诈门"最终让欺诈者付出了沉重的代价，多位绿大地的高管被判处有期徒刑，绿大地IPO时聘任的会计师事务所深圳市鹏城会计师事务所被中国证监会剥夺了证券、期货从业资格，并最终并入国富浩华会计师事务所。

绿大地"欺诈门"对注册会计师的重要启示是在审计过程中不能仅关注与财务报告相关的内部控制，而应全面地测试与评价企业内部控制体系的有效性，这样才能得出真实的审计结论。

资料来源：摘自胡为民主编《中国上市公司内部控制报告（2012）》

第一节 | 内部控制审计概述

一、内部控制审计的含义、特征和内容

（一）内部控制审计的含义

内部控制审计是指，注册会计师接受委托，对被审计单位特定基准日财务报告内部控制设计与运行的有效性进行审计，发表审计意见。

要想全面把握内部控制审计的定义，应当注意以下几点。

1. 企业内部控制审计基于特定基准日

注册会计师基于基准日（如12月31日）对企业的内部控制的有效性发表意见，而不是对财务报表涵盖的整个期间企业的内部控制的有效性发表意见。但这并不意味着注册会计师只关注企业基准日当天的内部控制，而是要考察企业一个时期内（足够长的一段时间）内部控制的设计和运行情

况，体现内部控制这个过程向前的延伸性。注册会计师所采用内部控制审计的程序和方法，也体现了这种延伸性。

2. 企业内部控制审计的范围

《企业内部控制审计指引》第四条第二款规定，注册会计师应当对财务报告内部控制的有效性发表审计意见，并对内部控制审计过程中注意到的非财务报告内部控制的重大缺陷，在内部控制审计报告中增加"非财务报告内部控制重大缺陷描述段"予以披露。

财务报告内部控制，是指企业为了合理保证财务报告及相关信息真实完整而设计和运行的内部控制，以及用于保护资产安全的内部控制中与财务报告可靠性目标相关的控制。主要包括下列方面的政策和程序：（1）合理保证充分、适当的记录准确、公允地反映企业的交易或事项；（2）合理保证按照企业会计准则的规定编制财务报表；（3）合理保证收入和支出的发生以及资产的取得、使用或处置经过适当授权；（4）合理保证及时防止或发现并纠正未经授权的、对财务报表有重大影响的交易或事项。

非财务报告内部控制，是指除财务报告内部控制之外的其他控制，通常是指为了合理保证经营的效率效果、遵守法律法规、实现发展战略而设计和运行的控制，以及用于保护资产安全的内部控制中与财务报告可靠性无关的控制。

3. 企业内控责任与注册会计师审计责任

《企业内部控制审计指引》第三条规定，建立健全和有效实施内部控制、评价内部控制的有效性，是被审计单位董事会（或类似决策机构）的责任。按照《企业内部控制审计指引》的要求，在实施审计工作的基础上对内部控制的有效性发表审计意见，是注册会计师的责任。

（二）内部控制审计的特征

内部控制审计除了具备独立性、权威性等审计的一般特征外，还具有以下3方面突出特征。

1. 与财务报表审计的关联性

企业的内部控制通常被认为是企业财务报表编制的环境因素和形成机制，因此在财务报表审计中所获取的证据能够为内部控制审计所利用。同时，现代意义上的财务报表审计也离不开对企业内部控制的了解和测试，以控制审计风险和提高审计效率。从这个意义上，内部控制审计与财务报表审计可以进行整合。另外，受投资者需求、注册会计师专业能力和成本效益等因素的影响，注册会计师应主要关注与财务报表相关的内部控制，即将审计重点确定为财务报告内部控制。同时，要对内部控制审计过程中注意到的非财务报告内部控制的重大缺陷，在内部控制审计报告中增加"非财务报告内部控制重大缺陷描述段"予以披露。

2. 审计范围的扩展性

内部控制审计的范围是指在实现内部控制审计目标时，注册会计师根据审计准则和职业判断实施恰当的审计程序的总和。恰当的审计程序是指审计程序的性质、时间和范围是恰当的。企业内部控制体系覆盖企业经营和管理的方方面面，使企业内部控制审计的范围具有扩展性。企业的内部控制是否存在缺陷尤其是重大缺陷，需要通过内部控制在一段时期的持续和一贯的表现来验证，注册会计师在对特定基准日内部控制的有效性发表意见前，需要获取内部控制在一段足够长的时间有效运行的证据，结合拟了解和测试的控制的性质和重要程度来考虑审计范围。

3. 内部控制审计的局限性

由于内部控制存在固有限制，存在不能防止和发现错报的可能性，且由于情况变化可能导致内部控制变得不恰当，或对控制政策和程序遵循的程度降低等情况，因此，根据内部控制审计结果来推测未来内部控制的有效性具有一定风险。另外，内部控制审计工作不能对被审计单位内部控制和整体不存在重大缺陷提供绝对保证。

（三）内部控制审计的内容

内部控制审计与财务报表审计在审计目的、了解和测试内部控制的目的、测试范围、测试时间、测试样本量和结果报告等方面存在差异。

1. 审计目的

内部控制审计的目的在于对财务报告内部控制的有效性发表审计意见，并对内部控制审计过程中注意到的非财务报告内部控制的重大缺陷，在内部控制审计报告中增加"非财务报告内部控制重大缺陷描述段"予以披露。财务报表审计的目的在于对财务报表是否符合企业会计准则，是否公允地反映被审计单位的财务状况和经营成果发表意见。

2. 了解和测试内部控制的目的

内部控制审计了解和测试内部控制的目的是对内部控制设计和运行的有效性发表意见。财务报表审计了解内部控制的目的是评估重大错报风险，测试内部控制是为了进一步证明了解内部控制时得出的初步结论，了解和测试内部控制的最终目的是对财务报表发表审计意见。

3. 测试范围

内部控制审计对所有重要账户、各类交易和列报的相关认定，都要了解和测试相关的内部控制。财务报表审计只在以下两种情况下强制要求进行内部控制测试：（1）在评估认定层次重大错报风险时，预期控制的运行是有效的；（2）仅通过实质性程序并不能提供认定层次充分、适当的审计证据。

4. 测试时间

内部控制审计对特定基准日内部控制的有效性发表意见，不需要测试整个会计期间，但要测试足够长的时间。财务报表审计一旦确定需要测试，则需测试内部控制在整个拟信赖期间运行的有效性。

5. 测试样本量

内部控制审计对结论可靠性的要求高，测试的样本量大。财务报表审计对结论可靠性要求取决于计划从控制测试中得到的保证程度，样本量相对较小。

6. 结果报告

内部控制审计的结果报告要对外披露，并以正面、积极的方式对内部控制是否有效发表审计意见。财务报表审计通常不对外披露内部控制的情况，除非是内部控制影响到对财务报表发发的审计意见；可以通过管理建议书的方式向管理层或治理层报告财务报表审计过程中发现的内部控制重大缺陷，但注册会计师没有义务专门实施审计程序，以发现和报告内部控制存在的重大缺陷。

（四）整合审计

《企业内部控制审计指引》第五条规定，注册会计师可以单独进行内部控制审计，也可以将内部控制审计与财务报表审计整合进行（以下称整合审计）。

理解这一规定，有两点需要明确：一是内部控制审计与财务报表审计是两种不同的审计业务，两种审计的目标不同；二是内部控制审计与财务报表审计可以整合起来进行。

1. 内部控制审计与财务报表审计的异同

内部控制审计要求对企业内部控制设计和运行的有效性进行测试，财务报表审计也要求了解企业的内部控制，并在需要时测试内部控制，这是两种审计的相同之处，也是整合审计中可以整合的部分。但由于两种审计的目标不同，《企业内部控制审计指引》要求在整合审计中，注册会计师对内部控制设计和运行的有效性进行测试，要同时实现两个目标：（1）获取充分、适当的证据，支持在内部控制审计中对内部控制有效性发表的意见；（2）获取充分、适当的证据，支持在财务报表审计中对控制风险的评估结果。

2. 两种审计的整合

财务报告内部控制审计与财务报表审计通常使用相同的重要性（重要性水平），在实务中两者很难分开。因为注册会计师在审计财务报表时需获得的信息在很大程度上依赖注册会计师对内部控制有效性得出的结论。注册会计师可以利用在一种审计中获得的结果为另一种审计中的判断和拟实施的程序提供信息。

实施财务报表审计时，注册会计师可以利用内部控制审计的结果来修改实质性程序的性质、时间安排和范围，并且可以利用该结果来支持分析程序中所使用的信息的完整性和准确性。在确定实质性程序的性质、时间安排和范围时，注册会计师需要慎重考虑已识别出的控制缺陷。实施内部控制审计时，注册会计师需要评估财务报表审计时实质性程序中发现问题的影响。最重要的是，注册会计师需要重点考虑财务报表审计过程中发现的财务报表错报，考虑这些错报对评价内控有效性的影响。

二、中外内部控制审计的发展历程

（一）国外内部控制审计的发展历程

在企业尤其是金融企业和上市公司中推行内部控制注册会计师审计制度由来已久。1991 年美国颁布《联邦储蓄保险公司法案》，要求资产高于 2 亿美元的金融机构管理层提供内部控制有效性评价报告，同时要求此类金融机构"聘请独立审计师出于鉴证之目的而对其内部控制进行评估并报告结果"。

安然公司等一系列会计丑闻彻底打垮了投资者对美国资本市场的信心，也催生了 2002 年 7 月美国国会和政府通过了《萨班斯—奥克斯利法案》。该法案第一次对财务报告内部控制的有效性提出了明确的要求，其涉及内部控制的条款主要有：

（1）第 103 款规定，对管理层财务报告内部控制评估的审计师报告，需要评价公司的内部控制政策和程序是否包括详细程度合理的记录，以准确公允地反映公司的资产交易和处置情况；内部控制是否能合理保证公司对发生的交易活动进行了必要的记录，以满足财务报告编制符合公认会计原则的要求；为是否合理保证公司的管理层和董事会对公司的收支活动进行了合理授权。

（2）第 302 款规定，公司首席执行官和首席财务官应当对所提交的年度或季度报告签署书面证明，证明报告中涉及内部控制的内容包括：签字人员有责任建立和维护一套内部控制程序，并且这套内部控制程序的设计应当确保企业内部其他管理人员都能够知道公司及其纳入合并范围的子公司的所有重大信息，尤其在定期报告编制期间；保证在财务报告编制之前 90 天内已经对公司内部控制的有效性进行了评价；将关于内部控制有效性的结论反映在报告中；向外部审计师和公司董事会下的审计委员会报告了在内部控制设计或运行中对公司财务信息的记录、加工、汇总和报告产生不利影响的所有重大控制缺陷以及重要控制弱点。

（3）第 404 款规定，根据 1934 年证券交易法中 13（a）或 15（d）款要求递交年报的公司，管理层需要对财务报告的内部控制进行报告。同时，该条款要求这些公司的审计师对管理层的评估进行认证和报告。

2006 年，日本颁布《金融机构与交易法》，借鉴美国模式建立了日本公众公司的内部控制审计制度；同年，欧盟修订"欧洲议会和欧盟理事会指令"，明确要求注册会计师应向公司审计委员会报告财务报告内部控制重大缺陷。通过实施企业内控审计来识别、分析、认定、报告内部控制缺陷尤其是重大缺陷，是注册会计师审计的重要职责。

（二）国内内部控制审计的发展历程

1. 对内部控制审计的认知

国内学术界和审计实践界对内部控制审计含义探讨的代表性观点如下。

（1）一种观点认为内部控制审计是从以传统的会计事项为基础的详细审计转化和发展过来的一种新型审计方式，指出内部控制审计的定义是以内部控制为对象，在评审被审计单位内部控制制度的基础上，决定抽查会计资料的内容、范围和程序，据以进行符合性和实质性测试的一种审计方法。

（2）另一种观点认为内部控制审计是传统审计向管理审计发展过程中的一种延伸审计方法，指出内部控制审计是审计组织在开展财务收支审计、任期经济责任审计、经济效益审计等管理型审计项目过程中的伴生品，是以促进企业加强管理、提高效益为目的的一种建设性的审计方式，是对客户的一种附加服务。

2. 内部控制审计披露要求

1996 年财政部发布《独立审计具体准则第 9 号——内部控制和审计风险》，首次提出内部控制审计概念。

2001 证监会发布的《公开发行证券信息披露内容与格式准则第 1 号——招股说明书》和《公开发行证券信息披露内容与格式准则第 11 号——上市公司发行新股招股说明书》强制要求发行人在"治理结构"部分披露管理层对内部控制制度的完整性、合理性及有效性的自我评估意见，同时应披露注册会计师关于发行人内部控制制度评价报告的结论性意见。

2001 年财政部发布的《内部会计控制规范——基本规范》指出，单位可以聘请中介机构或相关专业人员对本单位的内部会计控制的建立健全及有效实施进行评价，接受委托的中介机构或相关专业人员应当对委托单位内部会计控制的重大缺陷提出书面报告。

2006 年上海证券交易所发布的《上海证券交易所内部控制指引》强制要求上市公司董事会在披露年度报告的同时，披露年度内部控制自我评估报告，并披露会计师事务所对内部控制自我评估的核实评价意见。

2007 年证监会发布的《公开发行证券信息披露内容与格式准则第 2 号——年度报告的内容与格式》鼓励央企控股的、金融类及其他有条件的上市公司披露董事会出具的、经审计机构核实评价的公司内部控制自我评估报告。

2010 年财政部、审计署、证监会、银监会和保监会联合发布的《企业内部控制审计指引》要求注册会计师应当对财务报告内部控制的有效性发表审计意见，并对内部控制审计过程中注意到的非财务报告内部控制的重大缺陷，在内部控制审计报告中增加"非财务报告内部控制重大缺陷描述段"予以披露。该要求自 2011 年 1 月 1 日起首先在境内外同时上市的公司施行，自 2012 年 1 月 1 日起扩大到上海证券交易所和深圳证券交易所主板上市的公司施行，在此基础上择机在中小板和创业板上市公司实施，并鼓励非上市大中型企业提前执行。

2012 年财政部发布的《关于 2012 年主板上市公司分类分批实施企业内部控制规范体系的通知》要求：（1）中央和地方国有控股上市公司，应于 2012 年全面实施企业内部控制规范体系，并在披露 2012 年公司年报的同时，披露董事会对公司内部控制的自我评价报告以及注册会计师出具的财务报告内部控制审计报告；（2）非国有控股主板上市公司，且于 2011 年 12 月 31 日公司总市值（证监会算法）在 50 亿元以上，同时 2009 年至 2011 年平均净利润在 3 000 万元以上的，应在披露 2013 年公司年报的同时，披露董事会对公司内部控制的自我评价报告以及注册会计师出具的财务报告内部控制审计报告；（3）其他主板上市公司，应在披露 2014 年公司年报的同时，披露董事会对公司内部控制的自我评价报告以及注册会计师出具的财务报告内部控制审计报告；（4）特殊情况：一是主板上市公司因进行破产重整、借壳上市或重大资产重组，无法按照规定时间建立健全内控体系的，原则上应在相关交易完成后的下一个会计年度年报披露的同时，披露内部控制自我评价报告和审计报告，且不早于参照上述（1）至（2）原则确定的披露时间；二是新上市的主板上市公司应于上市当年开始建设内控体系，并在上市的下一年度年报披露的同时，披露内部控制自我评价报告和审计报告，且不早于参照上述（1）至（3）原则确定的披露时间。此外，证监会要求深圳、上海主板上市公司每年都要执行内部控制审计，国家控股的中小板上市公司每两年执行内部控制审计。

第二节 内部控制审计的执行

一、计划审计工作

《企业内部控制审计指引》第六条指出，注册会计师应当恰当地计划内部控制审计工作，配备具有专业胜任能力的项目组，并对助理人员进行适当的督导。

（一）接受委托

注册会计师应当在了解被审计单位基本情况的基础上，考虑自身能力和能否保持独立性，初步评估审计风险，确定是否接受委托。一般来说，注册会计师在接受委托之前应确信：（1）委托单位的董事会必须承担建立内部控制并保证其有效性的责任；（2）董事会要根据适当的、可验证的标准对其内部控制的有效性做出评价；（3）客观上存在或可以收集到支持董事会对内部控制评价的证据，或者说董事会关于其内部控制有效性的认定必须是可以通过收集证据加以验证的。

如果接受委托，会计师事务所应当与委托人就约定事项达成一致意见，并签订业务约定书。业务约定书应当包括以下主要内容：（1）委托目的；（2）委托业务的性质；（3）审计范围；（4）被审核单位管理层的责任和注册会计师的责任；（5）内部控制的固有限制；（6）评价内部控制有效性的标准；（7）报告分发和使用的限制。

（二）编制审计计划

1. 总体要求

注册会计师必须就内部控制审计业务进行充分的计划以便获取足够的证据来形成审计结论。审计计划的编制应当在充分了解被审计单位内部控制情况的基础上进行，其内容包括选派合适的人员、拟定实施的程序、安排程序的实施时间、确定评价的标准、实施过程的监督等。整合审计中项目组人员的配备比较关键。在计划审计工作时，项目合伙人需要统筹考虑审计工作，挑选相关领域的人员组成项目组，同时对项目组成员进行培训和督导，以合理安排审计工作。

在编制审计计划前，注册会计师应当向董事会或管理层获取书面声明或书面认定以及内部控制手册、流程图、调查问卷和备忘录等文件。董事会关于内部控制的书面认定应当包括：确认董事会在建立和保持内部控制方面的责任；申明董事会已经对内部控制的有效性进行了评价；申明董事会已做出特定日期与财务报表相关的内部控制有效性的认定；申明董事会在其声明书中已经揭示了其内部控制设计和执行中存在的重大缺陷；申明董事会已向注册会计师告知发生的重大舞弊，以及虽不属重大但涉及管理人员或在内部控制过程中起关键作用的员工的其他舞弊；申明在董事会做出声明书之后，内部控制有无变化、是否出现了一些可能影响内部控制的因素，包括董事会针对内部控制的重大缺陷所采取的改进措施等。如果董事会拒绝出具书面认定，则应认为注册会计师的审核范围受到了限制，并要考虑董事会其他声明的可靠性。

2. 重视风险评估的作用

根据《企业内部控制审计指引》第八条规定，在内部控制审计中，注册会计师应当以风险评估为基础，确定重要账户、列报及其相关认定，选择拟测试的控制，并确定针对所选定控制所需收集的证据。注册会计师应当对委托人企业概况、其主要经营活动以及所在行业进行了解，并且对内部控制风险进行评估。

在评估内部控制风险时，应当考虑以下因素：（1）被审核单位所在行业的情况，包括行业景气程度、经营风险、技术进步等；（2）被审计单位的内部情况，包括企业的组织结构、经营特征、资本构成、生产和业务流程、员工素质等；（3）被审计单位近期在经营和内部控制方面的变化；（4）董事会的诚信、能力及发生舞弊的可能性；（5）董事会评价内部控制有效性的方法和证据；（6）对重要性水平、固有风险及其他与确定内部控制重大缺陷有关的因素的初步判断；（7）特定内部控制的性质及其在内部控制整体中的重要性；（8）对内部控制有效性的初步判断。

此外，注册会计师还需要关注与评价被审计单位财务报表发生重大错报的可能性和内部控制有效性相关的公开信息以及企业经营活动的相对复杂程度。

在内部控制审计中，注册会计师应当以风险评估为基础，确定重要账户、列报及其相关认定，选择拟测试的控制，以及确定针对所选定控制所需收集的证据。

内部控制的特定领域存在重大缺陷的风险越高，给予该领域的审计关注就越多。内部控制不能防止或发现并纠正由于舞弊导致的错报风险，通常高于其不能防止或发现并纠正由错误导致的错报风险。注册会计师应当更多地关注高风险领域，而没有必要测试那些即使有缺陷也不可能导致财务报表重大错报的控制。

在进行风险评估以及确定审计程序时，企业的组织结构、业务流程或业务单元的复杂程度可能产生的重要影响均是注册会计师应当考虑的因素。

3. 利用其他相关人员的工作

在计划审计工作时，注册会计师需要评估是否利用他人（包括企业的内部审计人员、内部控制评价人员、其他人员以及董事会及其审计委员指导下的第三方）的工作以及利用的程序，以减少本应由注册会计师执行的工作。

如果决定利用内部审计人员的工作，注册会计师可依据《中国注册会计师审计准则第1411号——利用内部审计人员的工作》的规定，利用委托单位内部审计师对内部控制所做的测试和评价来了解内部控制、评估控制风险。内部审计的工作结果也是董事会、管理层评价内部控制有效性的重要基础。

如果其他注册会计师负责审计企业的一个或多个分部、分支机构、子公司等组成部分的财务报表和内部控制，注册会计师应当按照《中国注册会计师审计准则第1401号——对集团财务报表审计的特殊考虑》的规定，确定是否利用其他注册会计师的工作。

当然，建立健全和有效实施内部控制，评价内部控制的有效性是企业董事会的责任。按照《企业内部控制审计指引》的要求，在实施审计工作的基础上对内部控制的有效性发表审计意见，是注册会计师的责任。因此，注册会计师应当对发表的审计意见独立承担责任，其责任不因利用企业内部审计人员、内部控制评价人员和其他相关人员的工作而减轻。无论是否利用其他注册会计师的工作，注册会计师都不应在内部控制审计报告中提及其他注册会计师的工作。

二、实施审计工作

（一）自上而下的方法

《企业内部控制审计指引》第十条规定，注册会计师应当按照自上而下的方法实施审计工作。自上而下的方法是注册会计师识别风险、选择拟测试控制的基本思路。自上而下的方法按照下列思路展开：（1）从财务报表初步了解内部控制的整体风险；（2）识别企业层面控制；（3）识别重要账户、列报及其相关认定；（4）了解错报的可能来源；（5）选择拟测试的控制。

在财务报告内控审计中，自上而下的方法始于财务报表层次，以注册会计师对财务报告内部控制整体风险的了解开始，然后，注册会计师将关注重点放在企业层面的控制上，并将工作逐渐下移至重大账户、列报及相关的认定。这种方法引导注册会计师将注意力放在显示有可能导致财务报表及相关列报发生重大错报的账户、列报及认定上。之后，注册会计师验证其了解到的业务流程中存在的风险，并就已评估的每个相关认定的错报风险选择足以应对这些风险的业务层面控制进行测试。在非财务报告内控审计中，自上而下的方法始于企业层面控制，并将审计测试工作逐步下移到业务层面控制。

（二）识别企业层面控制

从财务报表层次初步了解财务报告内部控制整体风险是自上而下方法的第一步。通过了解企业与财务报告相关的整体风险，注册会计师首先可以识别出为保持有效的财务报告内部控制而必需的企业层面内部控制。此外，由于对企业层面内部控制的评价结果将影响注册会计师测试其他控制的性质、时间安排和范围，因此，注册会计师可以考虑在执行业务的早期阶段对企业层面内部控制进行评价。

1. 评价企业层面控制的精确度

不同的企业层面控制在性质和精确度上存在差异，这些差异可能对其他控制及其测试产生影响。

（1）某些企业层面控制，如与控制环境相关的控制，对及时防止或发现相关认定的错报的可能性有重要影响。虽然这种影响是间接的，但这些控制仍然可能影响注册会计师拟测试的其他控制，以及测试程序的性质、时间安排和范围。

（2）某些企业层面控制旨在识别其他控制可能出现的失效情况，能够监督其他控制的有效性，但还不足以精确到及时防止或发现相关认定的错报。当这些控制运行有效时，注册会计师可以减少对其他控制的测试。

（3）某些企业层面控制本身能够精确到足以及时防止或发现相关认定的错报。如果一项企业层面控制足以应对已评估的错报风险，注册会计师就不必测试与该风险相关的其他控制。

2. 企业层面控制的内容

企业层面控制包括：（1）与控制环境（内部环境）相关的控制；（2）针对管理层凌驾于控制之上的风险而设计的控制；（3）企业的风险评估过程；（4）集中化的处理和控制，包括共享的服务环境；（5）监控经营成果的控制；（6）监督其他控制的控制，包括内部审计职能、审计委员会的活动及内部控制自我评价；（7）对期末财务报告流程的控制；（8）针对重大经营控制及风险管理实务的政策。

（三）识别重要账户、列报及其相关认定

为识别重要账户、列报及其相关认定，注册会计师应当从下列方面评价财务报表项目及附注的错报风险因素：（1）账户的规模和构成；（2）易于发生错报的程度；（3）账户中处理的或列报中反映的交易的业务量、复杂性及同质性；（4）账户或列报的性质；（5）与账户或列报相关的会计处理及报告的复杂程度；（6）账户发生损失的风险；（7）由账户或列报中反映的活动引起重大或有负债的可能性；（8）账户记录中是否涉及关联方交易；（9）账户或列报的特征与前期相比发生的变化。

如果某潜在重要账户或列报的各组成部分存在的风险差异较大，企业可能需要采用不同的控制以应对这些风险，注册会计师应当分别予以处理。

（四）了解错报的可能来源

在识别重要账户、列报及其相关认定时，注册会计师还应当确定导致财务报表发生重大错报的潜在错报的可能来源。注册会计师可通过考虑在特定的重要账户或列报中错报可能发生的领域和原因，确定潜在错报的可能来源。

注册会计师应当执行下列工作，了解潜在错报的可能来源以选择拟测试的控制：（1）了解与相关认定有关的交易的处理流程，包括这些交易如何生成、批准、处理及记录；（2）验证注册会计师已识别出业务流程中可能发生重大错报（包括舞弊导致的错报）的环节；（3）识别管理层用于应对这些潜在错报的控制；（4）识别管理层用于及时防止或发现未经授权的、导致财务报表发生重大错

报的资产取得、使用或处置的控制。穿行测试通常是达到上述目的最有效的方式。

（五）选择拟测试的控制

注册会计师应当评价控制是否足以应对评估的每个相关认定的错报风险，并选择其中对形成评价结论具有重要影响的控制进行测试。

对特定的相关认定而言，可能有多项控制应对评估的错报风险；反之，一项控制可能应对评估的多个相关认定的错报风险。注册会计师没有必要测试与某个相关认定有关的所有控制。

在确定是否测试某项控制时，注册会计师应当考虑该项控制单独或连同其他控制，是否足以应对评估的某项相关认定的错报风险，而不论该项控制的分类和名称如何。

（六）测试控制设计和运行的有效性

1. 内部控制设计和运行有效性

《企业内部控制审计指引》第十四条规定："注册会计师应当测试内部控制设计与运行的有效性。如果某项控制由拥有必要授权和专业胜任能力的人员按照规定的程序与要求执行，能够实现控制目标，表明该项控制的设计是有效的。如果某项控制正在按照设计运行，执行人员拥有必要授权和专业胜任能力，能够实现控制目标，表明该项控制的运行是有效的。"

2. 与控制相关的风险与拟获取证据的关系

在测试所选定控制的有效性时，注册会计师需要根据与控制相关的风险确定所需获取的证据。与控制相关的风险包括控制可能无效的风险和因控制无效而导致重大缺陷的风险。与控制相关的风险越高，注册会计师需要获取的证据就越多。

与某项控制相关的风险受下列因素的影响：（1）该项控制拟防止或发现并纠正的错报的性质和重要程度；（2）相关账户、列报及其认定的固有风险；（3）相关账户或列报是否曾经出现错报；（4）交易的数量和性质是否发生变化，进而可能对该项控制设计或运行的有效产生不利影响；（5）企业层面控制（特别是对控制有效性的内部监督和自我评价）的有效性；（6）该项控制的性质及其执行频率；（7）该项控制对其他控制（如内部环境或信息技术一般控制）有效性的依赖程度；（8）该项控制的执行或监督人员的专业胜任能力，以及其中的关键人员是否发生变化；（9）该项控制是人工控制还是自动化控制；（10）该项控制的复杂程度，以及在运行过程中依赖判断的程度。

3. 控制测试程序

注册会计师在测试控制运行的有效性时，应当综合运用询问适当人员、观察企业经营活动、检查相关文件以及重新执行控制等程序。

注册会计师实施控制测试的程序，按提供证据的效力，由弱到强排序为：询问、观察、检查、重新执行。询问本身并不能为得出控制是否有效的结论提供充分、适当的证据。

控制测试程序的性质在很大程度上取决于拟测试控制的性质。某些控制可能存在反映控制运行有效性的文件记录，而另外一些控制，如管理理念和经营风格，可能没有书面的运行证据。对缺乏正式的控制运行证据的企业或业务单元，注册会计师可以通过询问并结合运用其他程序，如观察活动、检查非正式的书面记录和重新执行某些控制，获取有关控制是否有效的充分、适当的证据。

注册会计师通过测试控制有效性获取的证据，取决于其实施程序的性质、时间安排和范围的组合。此外，就单项控制而言，注册会计师应当根据与控制相关的风险对测试程序的性质、时间安排和范围进行适当的组合，以获取充分、适当的证据。

4. 控制测试涵盖的期间

对某项控制，测试的范围越大，获取的证据就越多。控制测试涵盖的期间越长，提供的控制有效性的证据越多。控制测试实施的时间越接近管理层评估日，提供的控制有效性的证据越有力。为获取充分、适当的证据，注册会计师应当在下列两个因素之间做出平衡，以确定控制测试的时间：

（1）尽量在接近管理层评估日实施控制测试；（2）控制测试需要涵盖足够长的期间。

注册会计师旨在对截至某特定日期（通常是年末）内部控制的有效性出具报告。如果已获取截至期中某日期控制运行有效性的证据，注册会计师应当确定还需要获取哪些补充证据，以证实剩余期间控制的运行情况。在将期中测试的结果更新至年末时，注册会计师当考虑下列因素以确定需获取的补充证据：（1）管理层评估日之前测试的特定控制，包括与控制相关的风险、控制的性质和测试的结果；（2）期中获取的有关证据的充分、适当性；（3）剩余期间的长短；（4）期中测试之后，内部控制发生重大变化的可能性。

5. 控制发生变化时的处理

在管理层评估日之前，管理层可能为提高控制效率、效果或弥补控制缺陷而改变企业的控制。如果新控制实现了相关控制目标，且运行足够长的时间，注册会计师能够通过对控制进行测试评价其设计和运行的有效性，则无需测试被取代的控制。如果被取代控制的运行有效性对控制风险的评估有重大影响，注册会计师应当测试被取代控制的设计和运行的有效性。

6. 发现控制偏差时的处理

如果发现控制偏差，注册会计师应当确定其对与所测试控制相关的风险评估、需要获取的证据以及控制运行有效性结论的影响。由于有效的内部控制不能为实现控制目标提供绝对保证，单项控制并非一定要毫无偏差地运行，才被认为是有效的。

（七）连续审计时的特殊考虑

在连续审计中，注册会计师在确定测试的性质、时间安排和范围时，还需要考虑以前年度执行内部控制审计时了解的情况。

影响连续审计中与某项控制相关的风险的因素除"与控制相关的风险与拟获取证据的关系"中所列的 10 项因素外，还包括：（1）以前年度审计中所实施程序的性质、时间安排和范围；（2）以前年度对控制的测试结果；（3）上次审计之后，控制或其运行流程是否发生变化，尤其是考虑 IT 环境的变化。

在考虑上述所列的风险因素以及连续审计中可获取的进一步信息之后，只有当认为与控制相关的风险水平比以前年度有所下降时，注册会计师在本年度审计中才可以减少测试。

为保证控制测试的有效性，使测试具有可预见性，并能应对环境的变化，注册会计师需要每年改变控制测试的性质、时间安排和范围。每年在期中不同的时段测试控制，并增加或减少所执行测试的数量和种类，或者改变所使用测试程序的组合等。

三、内部控制审计评价

（一）设计缺陷和运行缺陷

如果某项控制的设计、实施或运行不能及时防止或发现并纠正财务报表错报，则表明内部控制存在缺陷。如果企业缺少能及时防止或发现并纠正财务报表错报的必要控制，同样表明存在内部控制缺陷。

内部控制缺陷包括设计缺陷和运行缺陷。设计缺陷是指缺少为实现控制目标所必需的控制，或者现有控制设计不适当，即使正常运行也难以实现控制目标。运行缺陷是指设计适当的控制没有按设计意图运行，或者执行人员缺乏必要授权或专业胜任能力，无法有效实施控制。

（二）重大缺陷、重要缺陷和一般缺陷

内部控制存在的缺陷，按严重程度可分为重大缺陷、重要缺陷和一般缺陷。重大缺陷，指一个或多个控制缺陷的组合，可能导致企业严重偏离控制目标。具体到财务报告内部控制上，就是内部控制中存在的、可能导致不能及时防止或发现并纠正财务报表重大错报的一个或多个控制缺陷的组合。重要缺陷，指一个或多个控制缺陷的组合，其严重程度和经济后果低于重大缺陷，但仍有可能导致企业偏离控制目标。具体就是内部控制中存在的、其严重程度不如重大缺陷、但足以引起企业财务报告监督人员关注的一个或多个控制缺陷的组合。一般缺陷，指除重大缺陷、重要缺陷之外的其他缺陷。

注册会计师需要评价其注意到的各项控制缺陷的严重程度，以确定这些缺陷单独或组合起来是否构成重大缺陷。但是，在计划和实施审计工作时，不要求注册会计师寻找单独或组合起来不构成重大缺陷的控制缺陷。

下列迹象可能表明企业的内部控制存在重大缺陷：（1）注册会计师发现董事、监事和高级管理人员舞弊；（2）企业更正已经公布的财务报表；（3）注册会计师发现当期财务报表存在重大错报，而内部控制在运行过程中未能发现该错报；（4）企业审计委员会和内部审计机构对内部控制的监督无效。

财务报告内部控制缺陷的严重程度取决于：（1）控制缺陷导致账户余额或列报错报的可能性；（2）因一个或多个控制缺陷的组合导致潜在错报的金额大小。

控制缺陷的严重程度与账户余额或列报是否发生错报无必然对应关系，而取决于控制缺陷是否可能导致错报。评价控制缺陷时，注册会计师需要根据财务报表审计中确定的重要性水平，支持对财务报告控制缺陷重要性的评价。注册会计师需要运用职业判断，考虑并衡量定量和定性因素。同时要对整个思考判断过程进行记录，尤其是详细记录关键判断和得出结论的理由。而且，对于"可能性"和"重大错报"的判断，在评价控制缺陷严重性的记录中，注册会计师需要给予明确的考量和陈述。

四、完成审计工作

（一）形成审计意见

注册会计师需要评价从各种来源获取的证据，包括对控制的测试结果、财务报表审计中发现的错报以及已识别的所有控制缺陷，以形成对内部控制有效性的意见。在评价证据时，注册会计师需要查阅本年度与内部控制相关的内部审计报告或类似报告，并评价这些报告中提到的控制缺陷。

只有在审计范围没有受到限制时，注册会计师才能对内部控制的有效性形成意见。如果审计范围受到限制，注册会计师需要解除业务约定或出具无法表示意见的内部控制审计报告。

（二）获取管理层书面声明

注册会计师需要取得经企业认可的书面声明，书面声明需要包括下列内容：（1）企业董事会认可其对建立健全和有效实施内部控制负责；（2）企业已对内部控制的有效性做出自我评价，并说明评价时采用的标准以及得出的结论；（3）企业没有利用注册会计师执行的审计程序及其结果作为自我评价的基础；（4）企业已向注册会计师披露识别出的内部控制所有缺陷，并单独披露其中的重大缺陷和重要缺陷；（5）对于注册会计师在以前年度审计中识别的、已与审计委员会沟通的重大缺陷和重要缺陷，企业是否已经采取措施予以解决；（6）在企业内部控制自我评价基准日后，内部控制是否发生重大变化，或者存在对内部控制具有重要影响的其他因素。

此外，书面声明中还包括导致财务报表重大错报的所有舞弊，以及不会导致财务报表重大错报，但涉及管理层和其他在内部控制中具有重要作用的员工的所有舞弊。

如果企业拒绝提供或以其他不当理由回避书面声明，注册会计师需要将其视为审计范围受到限制，解除业务约定或出具无法表示意见的内部控制审计报告。同时，注册会计师需要评价企业拒绝提供书面声明对其他声明（包括在财务报表审计中获取的声明）的可靠性产生的影响。

注册会计师需要按照《中国注册会计师审计准则第 1341 号——书面声明》的规定，确定声明书的签署者、声明书涵盖的期间以及何时获取更新的声明书等。

（三）沟通相关事项

注册会计师需要与企业沟通审计过程中识别的所有控制缺陷。对于其中的重大缺陷和重要缺陷，需要以书面形式与董事会和经理层沟通。《中国注册会计师审计准则第 1152 号——向治理层和管理层通报内部控制缺陷》要求注册会计师以书面形式及时向治理层通报审计过程中识别出的值得关注的内部控制缺陷。其中，值得关注的内部控制缺陷包括重大缺陷和重要缺陷。

对于重大缺陷，注册会计师需要以书面形式与企业的董事会及其审计委员会进行沟通。如果认为审计委员会和内部审计机构对内部控制的监督无效，注册会计师需要就此以书面形式直接与董事会和经理层沟通。对于重要缺陷，注册会计师需要以书面形式与审计委员会沟通。

虽然并不要求注册会计师执行足以识别所有控制缺陷的程序，但是，注册会计师需要沟通其注意到的内部控制的所有缺陷。如果发现企业存在或可能存在舞弊或违反法规行为，注册会计师需要按照《中国注册会计师审计准则第 1141 号——财务报表审计中与舞弊相关的责任》《中国注册会计师审计准则第 1142 号——财务报表审计中对法律法规的考虑》的规定，确定并履行自身的责任。

第三节　内部控制审计报告

一、总体要求

注册会计师需要评价根据审计证据得出的结论，以作为对内部控制的有效性形成审计意见的基础。注册会计师需要在审计报告中清楚地表达对内部控制有效性的意见，并对出具的审计报告负责。注册会计师在整合完成内部控制审计和财务报表审计后，需要分别对内部控制和财务报表出具审计报告。

二、标准内部控制审计报告

（一）标准内部控制审计报告的含义和出具条件

1. 标准内部控制审计报告的含义

当注册会计师出具的无保留意见的内部控制审计报告不附加说明段、强调事项段或任何修饰性用语时，该报告称为标准内部控制审计报告。

2. 标准内部控制审计报告的出具条件

符合下列所有条件的，注册会计师应当对财务报告内部控制出具无保留意见的内部控制审计报告。

（1）企业按照《企业内部控制基本规范》《企业内部控制应用指引》《企业内部控制评价指引》以及企业自身内部控制制度的要求，在所有重大方面保持了有效的内部控制；

（2）注册会计师已经按照《企业内部控制审计指引》的要求计划和实施审计工作，在审计过程中未受到限制。

（二）标准内部控制审计报告的构成要素

标准内部控制审计报告包括下列要素。

（1）标题。内部控制审计报告的标题统一规范为"内部控制审计报告"。

（2）收件人。内部控制审计报告的收件人是指注册会计师按照业务约定书的要求致送内部控制审计报告的对象，一般指审计业务的委托人。

（3）引言段。内部控制审计报告的引言段说明企业的名称和内部控制已经过审计。

（4）企业对内部控制的责任段。企业对内部控制的责任段说明，按照《企业内部控制基本规范》《企业内部控制应用指引》《企业内部控制评价指引》的规定，建立健全和有效实施内部控制，并评价其有效性是企业董事会的责任。

（5）注册会计师的责任段。注册会计师的责任段说明，在实施审计工作的基础上，对财务报告内部控制的有效性发表审计意见，并对注意到的非财务报告内部控制的重大缺陷进行披露是注册会计师的责任。

（6）内部控制固有局限性的说明段。内部控制无论如何有效，都只能为企业实现控制目标提供合理保证。内部控制实现目标的可能性受其固有限制的影响，注册会计师需要在内部控制固有局限性的说明段说明，内部控制具有固有局限性，存在不能防止和发现错报的可能性。此外，由于情况的变化可能导致内部控制变得不恰当，或对控制政策和程序遵循的程度降低，根据内部控制审计结果推测未来内部控制的有效性具有一定风险。

（7）财务报告内部控制审计意见段。

（8）非财务报告内部控制重大缺陷描述段。对于审计过程中注意到的非财务报告内部控制缺陷，如果发现某项或某些控制对企业发展战略、法规遵循、经营的效率效果等控制目标的实现有重大不利影响，确定该项非财务报告内部控制缺陷为重大缺陷的，应当以书面形式与企业董事会和经理层沟通，提醒企业加以改进；同时在内部控制审计报告中增加非财务报告内部控制重大缺陷描述段，对重大缺陷的性质及其对实现相关控制目标的影响程度进行披露，提示内部控制审计报告使用者注意相关风险，但无须对其发表审计意见。

（9）注册会计师的签名和盖章。

（10）会计师事务所的名称、地址及盖章。

（11）报告日期。如果内部控制审计和财务报表审计整合进行，注册会计师对内部控制审计报告和财务报表审计报告需要签署相同的日期。

【范例18-1】标准内部控制审计报告

内部控制审计报告

××股份有限公司全体股东：

按照《企业内部控制审计指引》及中国注册会计师执业准则的相关要求，我们审计了××股份有限公司（以下简称××公司）××年××月××日的财务报告内部控制的有效性。

一、企业对内部控制的责任

按照《企业内部控制基本规范》《企业内部控制应用指引》《企业内部控制评价指引》的规定，建立健全和有效实施内部控制，并评价其有效性是企业董事会的责任。

二、注册会计师的责任

我们的责任是在实施审计工作的基础上，对财务报告内部控制的有效性发表意见，并对注意到的非财务报告内部控制的重大缺陷进行披露。

三、内部控制的固有局限性

内部控制具有固有局限性，存在不能防止和发现错报的可能性。此外，由于情况的变化导致内部控制变得不恰当，或对控制政策和程序的遵循程度降低，根据内部控制审计结果推测未来内部控制有效性具有一定的风险。

四、财务报告内部控制审计意见

我们认为，××公司按照《企业内部控制基本规范》及相关规定在所有重大方面保持了有效的财务报告内部控制。

五、非财务报告内部控制的重大缺陷

在内部控制审计过程中，我们注意到××公司的非财务报告内部控制存在重大缺陷（描述该缺陷的性质及其对实现相关控制目标的影响程度）。由于存在上述重大缺陷，我们提醒报告使用者注意相关风险。需要指出的是，我们并不对××公司的非财务报告内部控制发表意见或提供保证。本段内容不影响对财务报告内部控制有效性发表的审计意见。

××会计师事务所	中国注册会计师：×××
（盖章）	（签名并盖章）
	中国注册会计师：×××
	（签名并盖章）
中国××市	二〇××年××月××日

三、非标准内部控制审计报告

（一）带强调事项段的非标准内部控制审计报告

注册会计师认为财务报告内部控制虽不存在重大缺陷，但仍有一项或者多项重大事项需要提请内部控制审计报告使用人注意的，需要在内部控制审计报告中增加强调事项段予以说明。注册会计师需要在强调事项段中指明该段内容仅用于提醒内部控制审计报告使用者关注，并不影响对财务报告内部控制发表的审计意见。

【范例 18-2】带强调事项段的内部控制审计报告

内部控制审计报告

××股份有限公司全体股东：

按照《企业内部控制审计指引》及中国注册会计师执业准则的相关要求，我们审计了××股份有限公司（以下简称××公司）××年××月××日的财务报告内部控制的有效性。

一、企业对内部控制的责任

按照《企业内部控制基本规范》《企业内部控制应用指引》《企业内部控制评价指引》的规定，建立健全和有效实施内部控制，并评价其有效性是企业董事会的责任。

二、注册会计师的责任

我们的责任是在实施审计工作的基础上，对财务报告内部控制的有效性发表意见，并对注意到的非财务报告内部控制的重大缺陷进行披露。

三、内部控制的固有局限性

内部控制具有固有局限性，存在不能防止和发现错报的可能性。此外，由于情况的变化导致内部控制变得不恰当，或对控制政策和程序的遵循程度降低，根据内部控制审计结果推测未来内部控制有效性具有一定的风险。

四、财务报告内部控制审计意见

我们认为，××公司按照《企业内部控制基本规范》及相关规定在所有重大方面保持了有效的财务报告内部控制。

五、非财务报告内部控制的重大缺陷

在内部控制审计过程中，我们注意到××公司的非财务报告内部控制存在重大缺陷（描述该缺陷的性质及其对实现相关控制目标的影响程度）。由于存在上述重大缺陷，我们提醒报告使用者注意相关风险。需要指出的是，我们并不对××公司的非财务报告内部控制发表意见或提供保证。本段内容不影响对财务报告内部控制有效性发表的审计意见。

六、强调事项

我们提醒内部控制审计报告使用者关注（描述强调事项的性质及其内部控制的重大影响）。本段内容不影响对财务报告内部控制发表的审计意见。

××会计师事务所   中国注册会计师：×××

（盖章）   （签名并盖章）

                                          中国注册会计师：×××

                                            （签名并盖章）

中国××市   二〇××年××月××日

（二）否定意见的内部控制审计报告

注册会计师认为财务报告内部控制存在一项或多项重大缺陷的，除非审计范围受到限制，需要对财务报告内部控制发表否定意见。注册会计师出具否定意见的内部控制审计报告，还需要包括重大缺陷的定义、重大缺陷的性质及其对财务报告内部控制的影响程度。

【范例18-3】否定意见的内部控制审计报告

内部控制审计报告

××股份有限公司全体股东：

按照《企业内部控制审计指引》及中国注册会计师执业准则的相关要求，我们审计了××股份有限公司（以下简称××公司）××年××月××日的财务报告内部控制的有效性。

一、企业对内部控制的责任

按照《企业内部控制基本规范》《企业内部控制应用指引》《企业内部控制评价指引》的规定，建立健全和有效实施内部控制，并评价其有效性是企业董事会的责任。

二、注册会计师的责任

我们的责任是在实施审计工作的基础上，对财务报告内部控制的有效性发表意见，并对注意到的非财务报告内部控制的重大缺陷进行披露。

三、内部控制的固有局限性

内部控制具有固有局限性，存在不能防止和发现错报的可能性。此外，由于情况的变化导致内部控制变得不恰当，或对控制政策和程序的遵循程度降低，根据内部控制审计结果推测未来内部控制有效性具有一定的风险。

四、导致否定意见的事项

重大缺陷，是指一个或多个控制缺陷的组合，可能导致企业严重偏离控制目标。

（指出注册会计师已识别出的重大缺陷，并说明重大缺陷的性质及其对财务报告内部控制的影响程度）。

有效的内部控制能够为财务报告及其信息的真实完整提供合理保证，而上述重大缺陷使××公司内部控制失去这一功能。

五、财务报告内部控制审计意见

我们认为，由于存在上述重大缺陷及其对实现控制目标的影响，××公司未能按照《企业内部控制基本规范》和相关规定在所有重大方面保持有效的财务报告内部控制。

六、非财务报告内部控制的重大缺陷

在内部控制审计过程中，我们注意到××公司的非财务报告内部控制存在重大缺陷（描述该缺陷的性质及其对实现相关控制目标的影响程度）。由于存在上述重大缺陷，我们提醒报告使用者注意相关风险。需要指出的是，我们并不对××公司的非财务报告内部控制发表意见或提供保证。本段内容不影响对财务报告内部控制有效性发表的审计意见。

××会计师事务所   中国注册会计师：×××

（盖章）   （签名并盖章）

                                        中国注册会计师：×××

                                                （签名并盖章）

中国××市   二○××年××月××日

（三）无法表示意见的内部控制审计报告

注册会计师只有实施了必要的审计程序，才能对内部控制的有效性发表意见。注册会计师审计范围受到限制的，需要解除业务约定或出具无法表示意见的内部控制审计报告，并就审计范围受到限制的情况以书面形式与董事会进行沟通。

注册会计师在出具无法表示意见的内部控制审计报告时，需要在内部控制审计报告中指明审计范围受到限制，无法对内部控制的有效性发表意见，并单设段落说明无法表示意见的实质性理由。注册会计师不应在内部控制审计报告中指明所执行的程序，也不应描述内部控制审计的特征，以避免对无法表示意见的误解。注册会计师在已执行的有限程序中发现财务报告内部控制存在重大缺陷的，需要在内部控制审计报告中对重大缺陷做出详细说明。

【范例18-4】无法表示意见的内部控制审计报告
内部控制审计报告

××股份有限公司全体股东：

我们接受委托，对××股份有限公司（以下简称××公司）××年××月××日的财务报告内部控制进行审计。

一、企业对内部控制的责任

按照《企业内部控制基本规范》《企业内部控制应用指引》《企业内部控制评价指引》的规定，建立健全和有效实施内部控制，并评价其有效性是企业董事会的责任。

二、内部控制的固有局限性

内部控制具有固有局限性，存在不能防止和发现错报的可能性。此外，由于情况的变化导致内部控制变得不恰当，或对控制政策和程序的遵循程度降低，根据内部控制审计结果推测未来内部控制有效性具有一定的风险。

三、导致无法表示意见的事项

（描述审计范围受到限制的具体情况）。

四、财务报告内部控制审计意见

由于审计范围受到上述限制，我们未能实施必要的审计程序以获取发表意见所需的充分、适当证据，因此，我们无法对××公司财务报告内部控制的有效性发表意见。

五、识别的财务报告内部控制重大缺陷

（如在审计范围受到限制前，执行有限程序未能识别出重大缺陷，则应删除本段）。

重大缺陷，是指一个或多个控制缺陷的组合，可能导致企业严重偏离控制目标。

尽管我们无法对××公司财务报告内部控制的有效性发表意见，但在我们实施的有限程序的过程中，发现了以下重大缺陷：

（指出注册会计师已识别出的重大缺陷，并说明重大缺陷的性质及其对财务报告内部控制的影响程度）。

有效的内部控制能够为财务报告及其信息的真实完整提供合理保证，而上述重大缺陷使××公司内部控制失去这一功能。

六、非财务报告内部控制的重大缺陷

在内部控制审计过程中，我们注意到××公司的非财务报告内部控制存在重大缺陷（描述该缺陷的性质及其对实现相关控制目标的影响程度）。由于存在上述重大缺陷，我们提醒报告使用者注意相关风险。需要指出的是，我们并不对××公司的非财务报告内部控制发表意见或提供保证。本段内容不影响对财务报告内部控制有效性发表的审计意见。

××会计师事务所　　　　　　　　　　　中国注册会计师：×××

（盖章）　　　　　　　　　　　　　　　　（签名并盖章）

　　　　　　　　　　　　　　　　　　　中国注册会计师：×××

　　　　　　　　　　　　　　　　　　　　（签名并盖章）

中国××市　　　　　　　　　　　　　二○××年××月××日

（四）期后事项与非标准内部控制审计报告

在企业内部控制自我评价基准日并不存在，但在该基准日之后至审计报告日之前（以下简称期后期间）内部控制可能发生变化，或出现其他可能对内部控制产生重要影响的因素。注册会计师需要询问是否存在这类变化或影响因素，并获取企业关于这些情况的书面声明。

注册会计师知悉对企业内部控制自我评价基准日内部控制有效性有重大负面影响的期后事项的，需要对财务报告内部控制发表否定意见。注册会计师不能确定期后事项对内部控制有效性的影响程度的，需要出具无法表示意见的内部控制审计报告。

在出具内部控制审计报告之后，如果知悉在审计报告日已存在的、可能对审计意见产生影响的情况，注册会计师需要按照《中国注册会计师审计准则第1332号——期后事项》的规定办理。

（五）记录审计工作

注册会计师需要按照《中国注册会计师审计准则第1131号——审计工作底稿》的规定，编制内部控制审计工作底稿，完整记录审计工作情况。

内部控制审计工作底稿为注册会计师提供证据，作为得出企业内控有效性结论的基础，同时证明注册会计师按照《企业内部控制审计指引》、相关执业准则和相关法律法规的规定计划和执行了审计工作。

记录完备的内部控制审计工作底稿有助于项目组计划和实施审计工作；有助于负责督导的项目组成员按照《中国注册会计师审计准则第1121号——对财务报表审计实施的质量控制》的规定，履行指导、监督与复核审计工作的责任；有助于项目组说明其执行审计工作的情况；有助于保留对未来审计工作持续产生重大影响的事项的记录；有助于会计师事务所按照《质量控制准则第5101号——

会计师事务所对执行财务报表审计和审阅、其他鉴证和相关服务业务实施的质量控制》的规定，实施质量控制复核与检查；有助于会计师事务所接受来自政府监管部门和注册会计师协会的执业质量检查。

知识链接-18

注册会计师需要在内部控制审计工作底稿中记录下列内容：（1）内部控制审计计划及重大修改情况；（2）相关风险评估和选择拟测试的内部控制的主要过程及结果；（3）测试内部控制设计与运行有效性的程序及结果；（4）对识别的控制缺陷的评价；（5）形成的审计结论和意见；（6）其他重要事项。

思考题

1．简述国外内部控制审计的发展历程。
2．简述国内内部控制审计的发展历程。
3．内部控制审计具有哪些特征？如何理解这些特征？
4．如何理解整合审计？
5．内部控制设计和运行有效性测试的程序有哪些？
6．标准内部控制审计报告的出具有哪些条件？
7．标准内部控制审计报告有哪些要素？

关键术语

内部控制   Internal Control
内部控制审计   Internal Control Auditing

参 考 文 献

[1] 中国注册会计师协会. 审计[M]. 北京：经济科学出版社，2015.

[2] 刘明辉，史德刚. 审计（第 5 版）[M]. 大连：东北财经大学出版社，2015.

[3] 叶忠明. 审计学原理[M]. 大连：东北财经大学出版社，2014.

[4] 张永国. 财务审计（第 2 版）[M]. 大连：东北财经大学出版社，2015.

[5] 伍利娜，戚务君. 高级审计学：实证视野下的审计研究[M]. 北京：北京大学出版社，2013.

[6] 徐政旦，谢荣，朱荣恩. 审计研究前沿[M]. 上海：上海财经大学出版社，2011.

[7] 陈汉文. 实证审计理论[M]. 北京：中国人民大学出版社，2012.

[8] 谢荣. 高级审计理论与实务[M]. 北京：经济科学出版社，2011.

[9] 刘明辉. 高级审计研究[M]. 大连：东北财经大学出版社，2011.

[10] 王光远，黄京菁. 审计学（第 2 版）[M]. 大连：东北财经大学出版社，2011.

[11] 朱锦余. 审计（第 3 版）[M]. 大连：东北财经大学出版社，2011.

[12] 谢盛纹. 审计学（第 2 版）[M]. 大连：东北财经大学出版社，2011.

[13] 陈汉文. 审计学（第 2 版）[M]. 沈阳：辽宁人民出版社，2008.

[14] 朱荣恩. 审计学（第 3 版）[M]. 北京：高等教育出版社，2008.

[15] 李凤鸣. 审计学原理[M]. 上海：复旦大学出版社，2006.

[16] 张庆龙. 内部审计理论与方法：基于 2013 内部审计准则的解释[M]. 北京：中国财政经济出版社，2014.

[17] 张庆龙. 成为明日胜任的内部审计师[M]. 北京：中国财政经济出版社，2014.

[18] 袁小勇. 内部审计——怎样才能有所作为[M]. 北京：经济科学出版社，2012.

[19] 时现. 内部审计学[M]. 北京：中国时代经济出版社，2009.

[20] Robert R. Moeller（罗伯特·穆勒）. 布林克现代内部审计：通用知识体系（第 7 版）[M]. 章之旺，译. 北京：电子工业出版社，2015.

[21] 宋常. 审计学（第 5 版）[M]. 北京：中国人民大学出版社，2011.

[22] 叶陈刚. 审计学[M]. 北京：机械工业出版社，2011.

[23] 李寿喜. 审计学原理——面向人性缺陷的治理技术[M]. 北京：经济管理出版社，2012.

[24] 宋蔚蔚. 内部控制理论与实务[M]. 北京：北京交通大学出版社，清华大学出版社，2010.

[25] 盛永志. 企业内部控制审计[M]. 北京：清华大学出版社，2011.

[26] 张庆龙. 政府审计学[M]. 北京：人民大学出版社，2015.

[27] 彭毅林. 审计学[M]. 四川：西南财经大学，2012.

[28] 李三喜，徐荣才. 基于风险管理的内部控制审计流程·审计实务·审计模板[M]. 北京：中国市场出版社，2013.

[29] 张红英，等. 国际内部审计专业实务框架——阐释与应用[M]. 上海：立信会计出版社，2010.

[30] 张红英，等. 中国内部审计准则——阐释与应用[M]. 上海：立信会计出版社，2007.

[31] 中国注册会计师协会. 企业内部控制审计工作底稿编制指南[M]. 北京：中国财政经济出版社，2011.

[32] 中国注册会计师协会. 财务报表审计工作底稿编制指南[M]. 北京：经济科学出版社，2012.

[33] 中国注册会计协会. 中国注册会计师执业准则应用指南2010[M]. 北京：中国财政经济出版社，2010.

[34] 北京兆泰投资顾问有限公司. 美国公众公司会计监管委员会审计及相关专业实务准则[M]. 北京：法律出版社，2013.

[35] W. 罗伯特·克涅科，史蒂文·E. 索尔特里奥，布莱恩·巴卢. 审计：增信服务与风险[M]. 大连：东北财经大学出版社，2011.

[36] （美）阿尔文·A. 阿伦斯，兰德尔·J. 埃尔德，马克·S. 比斯利. 审计与保证服务——整合法（第 9 版）[M]. 张龙平，谢盛纹，译. 大连：东北财经大学出版社，2005.

[37] （美）道格拉斯·R. 卡迈克尔，约翰·J. 威林翰，卡罗·A. 沙勒. 审计概念与方法[M]. 刘明辉，胡英坤，译. 大连：东北财经大学出版社，1999.

[38] Larry E. Rittenberg，Bradley J. Schwieger. 审计学：变化环境中的概念（第 5 版）[M]. 程新生，译. 叶陈刚，校. 北京：清华大学出版社，2007.

[39] 国际审计与鉴证准则理事会. 国际审计准则（2012 Edtion）[M]. 中国注册会计师协会. 北京：中国财政经济出版社，2013.

[40] 芮怀涟，王诗仪. 备战新审计报告[J]. 中国注册会计师，2015，(6).

[41] 蔡根. 重拳出击力除弊病——某会计师事务所违法出具审计报告案例分析[J]. 财政监督，2014，(7).

[42] 卢洁. 社会审计目标及其确立的影响因素分析[J]. 商业时代，2010，(21).

[43] 杨荣美. 试论审计计划[J]. 会计之友，2006，(4).

[44] 潘远增，廖德英，或有事项及期后事项的特殊案例剖析——口蹄疫事件查核程序及报告书[J]. 财会通讯，2001，(1).

[45] 陈晓芳，邓明然. 注册会计师的审计目标[J]. 中南财经大学学报，2000，(5).

[46] 中华人民共和国审计署. 中华人民共和国国家审计准则[S]. 2010.

[47] 中国内部审计协会. 第1101号——内部审计基本准则[S]. 2013.

[48] 中国内部审计协会. 第2101号内部审计具体准则——审计计划[S]. 2013.

[49] 中国内部审计协会. 第2102号内部审计具体准则——审计通知书[S]. 2013.

[50] 中国内部审计协会. 第2103号内部审计具体准则——审计证据[S]. 2013.

[51] 中国内部审计协会. 第2104号内部审计具体准则——审计工作底稿[S]. 2013.

[52] 中国内部审计协会. 第2106号内部审计具体准则——审计报告[S]. 2013.

[53] 中国内部审计协会. 第2107号内部审计具体准则——后续审计[S]. 2013.

[54] 中国内部审计协会. 第2302号内部审计具体准则——与董事会或者最高管理层的关系[S]. 2013.

[55] 中国注册会计师协会.中国注册会计师审计准则第1101号——注册会计师的总体目标和审计工作的基本要求[S]. 2010.

[56] 中国注册会计师协会. 中国注册会计师审计准则第1111号——就审计业务约定条款达成一致意见[S]. 2010.

[57] 中国注册会计师协会. 中国注册会计师审计准则第1121号——对财务报表审计实施的质量控制[S]. 2010.

[58] 中国注册会计师协会. 中国注册会计师审计准则第1131号——审计工作底稿[S]. 2010.

[59] 中国注册会计师协会. 中国注册会计师审计准则第1141号——财务报表审计中与舞弊相关的责任[S]. 2010.

[60] 中国注册会计师协会. 中国注册会计师审计准则第1151号——与治理层的沟通[S]. 2010.

[61] 中国注册会计师协会. 中国注册会计师审计准则第1152号——向治理层和管理层通报内部控制缺陷[S]. 2010.

[62] 中国注册会计师协会. 中国注册会计师审计准则第1211号——通过了解被审计单位及其环境识别和评估重大错报风险[S]. 2010.

[63] 中国注册会计师协会. 中国注册会计师审计准则第1221号——计划和执行审计工作时的重要性 [S]. 2010.

[64] 中国注册会计师协会.中国注册会计师审计准则第1231号——针对评估的重大错报风险采取的应对措施[S].2010.

[65] 中国注册会计师协会. 中国注册会计师审计准则第1251号——评价审计过程中识别出的错报[S]. 2010.

[66] 中国注册会计师协会. 中国注册会计师审计准则第1301号——审计证据[S]. 2010.

[67] 中国注册会计师协会. 中国注册会计师审计准则第1312号——函证[S]. 2010.

[68] 中国注册会计师协会. 中国注册会计师审计准则第1313号——分析程序[S]. 2010.

[69] 中国注册会计师协会. 中国注册会计师审计准则第1323号——关联方[S]. 2010.

[70] 中国注册会计师协会. 质量控制准则第5101号——会计师事务所对执行财务报表审计和审阅、其他鉴证和相关服务业务实施的质量控制[S]. 2010.

[71] 财政部等五部委. 企业内部控制基本规范[S]. 2008.

[72] 财政部等五部委. 企业内部控制评价指引[S]. 2010.

[73] 财政部等五部委. 企业内部控制审计指引[S]. 2010.

[74] Asokan Anandarajan，Gary Kleinman. International Auditing Standards in the United States: Comparing and Understanding Standards for ISA and Pcaob[M]. Business Expert Press，2014.

[75] Joanne M. Flood. Wiley Practitioner's Guide to GAAS 2016: Covering all SASs, SSAEs, SSARSs, PCAOB Auditing Standards, and Interpretations [M]. Wiley，2016.

[76] Katharine Bagshaw，John Selwood . Core Auditing Standards for Practitioners，[M]. John Wiley & Sons Ltd，2014.

[77] Rick Hayes，Philip Wallage，Hans Gortemaker. Principles of Auditing: An Introduction to International Standards on Auditing (3rd Edition) [M]. Pearson，2015.

[78] Richard Pawarski. Examination of Section 404 Audit Fees and Effectiveness of Internal Control Report Under Auditing Standard No.5. [M]. Proquest, Umi Dissertation Publishing，2011.

[79] Alvin A. Arens，Randal J. Eldredge，Mark S. Beasley. Auditing and Assurance Services: An Integrated Approach（the Fourteenth edition）[M]. Prentice Hall，2013.

[80] Robyn Moroney，Fiona Campbell，Jane Hamilton. Auditing A Practical Approach 2E（2nd edition）[M]. John Wiley & Sons Australia Ltd，2013.

[81] William F，Messier J R. Auditing and Assurance Service: A Systematic Approach（3nd edition）[M]. McGraw-Hill，2003.